Duden Trainer

Einstellungstests für den öffentlichen Dienst

Duden Trainer

Einstellungstests für den öffentlichen Dienst

Assessment-Center & Co. erfolgreich bestehen

von Hans-Georg Willmann
in Zusammenarbeit mit der Dudenredaktion

Dudenverlag
Berlin

Die **Duden-Sprachberatung** beantwortet Ihre Fragen zu Rechtschreibung, Zeichensetzung, Grammatik u. Ä. **montags bis freitags zwischen 09:00 und 17:00 Uhr.**

Aus Deutschland: **09001 870098** (1,99 € pro Minute aus dem Festnetz)
Aus Österreich: **0900 844144** (1,80 € pro Minute aus dem Festnetz)
Aus der Schweiz: **0900 383360** (3,13 CHF pro Minute aus dem Festnetz)
Die Tarife für Anrufe aus den Mobilfunknetzen können davon abweichen.
Den kostenlosen Newsletter der Duden-Sprachberatung können Sie unter www.duden.de/newsletter abonnieren.

Bibliografische Information der Deutschen Nationalbibliothek
Die Deutsche Nationalbibliothek verzeichnet diese Publikation in der Deutschen Nationalbibliografie; detaillierte bibliografische Daten sind im Internet über http://dnb.d-nb.de abrufbar.

D C B A
Bibliographisches Institut GmbH, Mecklenburgische Straße 53, 14197 Berlin

Redaktionelle Leitung Iris Glahn
Autor Hans-Georg Willmann
Konzeption des Kapitels »Testteil: Deutsche Sprache« Dr. Anja Steinhauer

Herstellung Maike Häßler
Layout init – Büro für Gestaltung, Bielefeld
Umschlaggestaltung Büroecco, Augsburg
Umschlagabbildung © istock.com (Susan Chiang)
Satz Buch und Gestaltung, Britta Dieterle und Andrea Päch
Grafiken Jörg Metze, Paul Daniel, atelier f:50, Berlin
Druck und Bindung Heenemann GmbH & Co. KG, Bessemerstr. 83–91, 12103 Berlin

Printed in Germany

ISBN 978-3-411-75484-7
Auch als E-Book erhältlich unter: ISBN 978-3-411-91163-9
www.duden.de

Berufsbilder im
öffentlichen Dienst
Einstellungstests im
öffentlichen Dienst
Vorbereitung auf
tellungsverfahren im
öffentlichen Dienst
Erfahrungsberichte
Zum Umgang mit
dem *Duden Trainer*
Berufsbilder im
öffentlichen Dienst
Einstellungstests im
öffentlichen Dienst
Vorbereitung auf
tellungsverfahren im
öffentlichen Dienst
Erfahrungsberichte
Zum Umgang mit
dem *Duden Trainer*
Berufsbilder im
öffentlichen Dienst
Einstellungstests im
öffentlichen Dienst
Vorbereitung auf
tellungsverfahren im
öffentlichen Dienst
Erfahrungsberichte
Zum Umgang mit
dem *Duden Trainer*
Berufsbilder im
öffentlichen Dienst
Einstellungstests im
öffentlichen Dienst
Vorbereitung auf
tellungsverfahren im
öffentlichen Dienst
Erfahrungsberichte
Zum Umgang mit
dem *Duden Trainer*
Berufsbilder im
öffentlichen Dienst
Einstellungstests im
öffentlichen Dienst
Vorbereitung auf
tellungsverfahren im
öffentlichen Dienst
Erfahrungsberichte
Zum Umgang mit
dem *Duden Trainer*
Berufsbilder im
öffentlichen Dienst

Der öffentliche Dienst als Arbeitgeber

Einleitung

Der öffentliche Dienst ist der größte Arbeitgeber Deutschlands. Rund 4,6 Millionen Menschen arbeiten täglich in der öffentlichen Verwaltung daran, das gesellschaftliche Zusammenleben von rund 80 Millionen Bundesbürgern reibungsfrei zu ermöglichen. Die Aufgabenfelder sind dabei so zahlreich und vielfältig wie die Bereiche des Zusammenlebens selbst. Auf Kommunal-, Landes- und Bundesebene sind das beispielsweise die Bereiche

- Finanzen und Wirtschaft,
- Wissenschaft, Forschung und Kunst,
- Jugend und Sport,
- Schule und Bildung,
- Umwelt, Klima und Energiewirtschaft,
- Verkehr und Infrastruktur,
- Wohnungssicherung und Unterkünfte,
- Integration,
- Feuerwehr,
- Polizei und viele mehr.

Damit bietet der öffentliche Dienst zahlreiche Karrieremöglichkeiten für Berufseinsteiger und berufserfahrene Arbeitskräfte. Besonders in Zeiten unsicherer Arbeitsplätze werden Ausbildungs- und Arbeitsstellen im öffentlichen Dienst für Bewerberinnen und Bewerber attraktiv. Aber nicht nur der Sicherheitsaspekt spielt eine Rolle bei der Wahl des Arbeitgebers »öffentlicher Dienst«. Weitere Vorteile einer Arbeit in der öffentlichen Verwaltung sind die Vereinbarkeit von Familie und Beruf sowie eine sozial verantwortliche und sinnstiftende Tätigkeit. All diese Gründe führen zu einer hohen Zahl an Bewerberinnen und Bewerbern.

Doch wer beim öffentlichen Dienst einen Ausbildungs-, Studien- oder Arbeitsplatz erhalten möchte oder in eine höhere Position aufsteigen will, muss sich in einem standardisierten Einstellungstestverfahren bewähren. Hier werden geeignete Kandidaten für die unterschiedlichsten Positionen im mittleren, gehobenen und höheren nichttechnischen und technischen Dienst ausgewählt. Überprüft werden dabei

- die Allgemeinbildung,
- die Belastbarkeit,
- die intellektuelle Leistungsfähigkeit,
- die persönlichen Einstellungen und das Sozialverhalten sowie
- weitere stellenbezogene Qualifikationen.

Das Einstellungsverfahren im öffentlichen Dienst kann sich aus mehreren Bausteinen zusammensetzen: Obligatorisch für alle Ausbildungs- und Arbeitsstellen auf allen Ebenen (einfacher, mittlerer, gehobener und höherer Dienst) im öffentlichen Dienst ist ein Vorstellungsgespräch. Für Ausbildungsstellen im technischen und nichttechnischen Dienst werden zusätzlich oft schriftliche Einstellungstests durchgeführt:

- zur Allgemeinbildung (besonders Sprachbeherrschung, Rechtschreibung, Grammatik, Ausdrucksfähigkeit, korrekte Darstellung von Sachverhalten, Allgemeinwissen sowie Rechenfähigkeiten)
- zum logisch-analytischen Denken
- zum konzentrierten Arbeiten

Für Positionen im gehobenen und höheren Dienst müssen Bewerberinnen und Bewerber außerdem Persönlichkeitsfragebogen ausfüllen und verschiedene Assessment-Center-Aufgaben (beispielsweise eine Präsentationsaufgabe oder ein Rollenspiel) meistern.

Grundsätzlich sollten Sie für eine Tätigkeit im öffentlichen Dienst auf Kommunal-, Landes- oder Bundesebene

- eine gute schriftliche und mündliche Beherrschung der deutschen Sprache,
- ein gutes Allgemeinwissen,
- Rechenfertigkeiten sowie
- die Fähigkeiten, logisch-analytisch zu denken und auch unter Druck konzentriert zu arbeiten,

mitbringen. Außerdem sind eine ausgeprägte Serviceeinstellung, Gewissenhaftigkeit und ein selbstsicheres Auftreten wichtig.

Die umfangreichen Testbausteine in einem Einstellungsverfahren im öffentlichen Dienst sind nicht einfach. Mit ein wenig Vorbereitung werden Sie bei der Überprüfung Ihrer Fähigkeiten und Ihrer Persönlichkeit jedoch punkten können und die Tests nervenschonend und erfolgreich meistern. Wir zeigen Ihnen in diesem *Duden Trainer* die gängigsten Testverfahren, Fragebogen und Aufgaben und wie Sie diese am besten bestehen. Zunächst sehen wir uns aber die verschiedenen Berufsbilder und möglichen Karrierewege im öffentlichen Dienst an.

Berufsbilder im öffentlichen Dienst

Das Ausbildungs-, Studien- und Arbeitsangebot im öffentlichen Dienst ist sehr vielfältig. Die klassischen Funktionsbereiche der öffentlichen Verwaltung sind:

- Justiz
- Polizei
- Feuerwehr
- Steuerverwaltung
- Bildung
- Gesundheits- und soziale Dienste
- agrar- und umweltbezogene Dienste
- technische Dienste
- wissenschaftliche Dienste
- allgemeine Dienste

Auf Bundesebene unterscheidet man nach Laufbahnen:

- nichttechnischer Verwaltungsdienst
- technischer Verwaltungsdienst
- sprach- und kulturwissenschaftlicher Dienst
- naturwissenschaftlicher Dienst
- agrar-, forst- und ernährungswissenschaftlicher Dienst
- gesundheitswissenschaftlicher Dienst
- sportwissenschaftlicher Dienst
- kunstwissenschaftlicher Dienst
- tierärztlicher Dienst

Strukturell unterscheidet man zwischen Stellen im einfachen, mittleren, gehobenen und höheren nichttechnischen oder technischen Dienst auf Bundes-, Landes- oder Kommunalebene. Außerdem existieren zwei unterschiedliche Formen des Arbeitsverhältnisses: das Beamtentum und die Tarifbeschäftigung als Arbeiter oder Angestellter. Die folgenden Ausführungen sollen Ihnen einen Überblick über die verschiedenen Karrierewege im öffentlichen Dienst ermöglichen. Sie erheben keinen

Anspruch auf Vollständigkeit. Verschaffen Sie sich zusätzliche Informationen zu weiteren Berufsbildern im öffentlichen Dienst über die Blätter zur Berufskunde der Bundesagentur für Arbeit sowie im Internet auf den Seiten der für Sie infrage kommenden Institutionen auf Bundes-, Landes- oder Kommunalebene.

Vielfältige Karrierewege

Der einfache Dienst in der öffentlichen Verwaltung bietet heute nur noch wenige Stellen, da die Anforderungen im Arbeitsleben deutlich gestiegen sind. Mögliche Einsatzfelder sind beispielsweise

- die Post- und Kurierstellen,
- der Botendienst,
- die Hausverwaltung oder der Hausordnungsdienst sowie
- einfache Helfertätigkeiten zum Beispiel in den Bereichen des Gebäudemanagements, des Garten- oder des Straßenbaus.

Diese Arbeitsfelder erfordern keine behördeninterne Ausbildung. Das heißt, jeder, der an einer solchen Tätigkeit interessiert ist, kann sich darauf bewerben. Wer zu einem Einstellungsverfahren eingeladen wird, muss in der Regel ein klassisches Vorstellungsgespräch durchlaufen.

Der mittlere Dienst bildet die breite Basis in der öffentlichen Verwaltungsarbeit und ist schwerpunktmäßig auf praktische und unterstützende Aufgaben ausgerichtet. Im nichttechnischen Dienst handelt es sich dabei hauptsächlich um Verwaltungsstellen in den unterschiedlichsten Behörden. Voraussetzung hierfür ist entweder eine behördeninterne Ausbildung zum Beamten im mittleren nichttechnischen Verwaltungsdienst oder eine Ausbildung zum Verwaltungsfachangestellten. Da der Bedarf an Mitarbeiterinnen und Mitarbeitern im öffentlichen Dienst stark zugenommen hat, bestehen auch Chancen für externe Bewerberinnen und Bewerber, die sich mit einer kaufmännischen Ausbildung, zum Beispiel als Kauffrau für Bürokommunikation oder als Immobilienkaufmann, für entsprechende Positionen bewerben. In der Regel müssen Kandidaten, die zu einem Einstellungsverfahren eingeladen werden,

- unterschiedliche schriftliche Einstellungstests (Sprachbeherrschung, Allgemeinwissen, Rechenfähigkeit),
- Aufgaben zur Überprüfung fachlicher Qualifikationen (Umgang mit dem PC) und
- ein klassisches Vorstellungsgespräch

durchlaufen.

Im mittleren technischen Dienst gibt es ganz unterschiedliche Berufsbilder. Das geht von »A« wie »Fachkraft für Abwassertechnik« bis »Z« wie »Tierpfleger Fachrichtung Zootierpflege«. Nahezu jede handwerklich-technische Ausbildung kann für den mittleren technischen Dienst infrage kommen: Elektroniker, Gärtner, Tischler, Industriemechaniker u. v. m. Arbeitgeber im öffentlichen Dienst suchen hier nicht nur ausgebildete und erfahrene Arbeitskräfte, sondern auch Auszubildende, u. a. auch für die Beamtenlaufbahn zum Beispiel als Beamte im mittleren feuerwehrtechnischen Dienst.

Der gehobene Dienst stellt die mittlere Führungsebene in der öffentlichen Verwaltung dar. Hier übernimmt man bereits leitende Funktionen im nichttechnischen Verwaltungsdienst bzw. im technischen Dienst. Wer zu einem Einstellungsverfahren eingeladen wird, muss sich auf eine umfangreichere Überprüfung seiner Fähigkeiten, seiner Persönlichkeit und seines Sozialverhaltens einstellen. Neben einem Vorstellungsgespräch und unterschiedlichen Tests zur Überprüfung Ihrer intellektuellen und fachlichen Fähigkeiten werden auch verschiedene Assessment-Center-Aufgaben gestellt, um Ihre Führungsqualitäten und Ihr Kommunikationsvermögen, Ihre Serviceorientierung und weitere Charaktereigenschaften zu überprüfen.

Der höhere Dienst bildet die oberste Laufbahngruppe im öffentlichen Dienst. Zugangsvoraussetzung ist ein abgeschlossenes Hochschulstudium. Für Bewerber »von außen« wird im Regelfall ein Universitätsstudium gefordert. Für interne Bewerberinnen und Bewerber, die sich aus der Laufbahn des gehobenen Dienstes heraus für den höheren Dienst bewerben, wird teilweise auch ein Fachhochschulstudium akzeptiert. Aufgrund der besonderen Position der Mitarbeiter im höheren Dienst der »öffentlichen Hand« gilt für alle Bewerberinnen und Bewerber die Voraussetzung, dass die Eignung für eine Einstellung als Beamter gegeben sein muss. Dazu zählt auch die gesundheitliche Eignung (es findet eine medizinische Untersuchung statt). Wer die Einstellungsvoraussetzungen erfüllt, wird im Einstellungstestverfahren auf »Herz und Nieren« geprüft: In umfangreichen, teilweise mehrtägigen Einstellungsverfahren (zum Beispiel bei Polizei und Feuerwehr, vgl. *Duden Trainer Einstellungstests für Polizei und Feuerwehr*) werden

- Ihre Allgemeinbildung
- Ihre Belastbarkeit,
- Ihre intellektuelle Leistungsfähigkeit,
- Ihre Persönlichkeit,
- Ihre Einstellungen und
- Ihr Sozialverhalten

auf den Prüfstand gestellt. Wer im Einstellungsverfahren als geeignet eingestuft und eingestellt wird, durchläuft anschließend in der Regel einen Vorbereitungsdienst für den höheren Dienst und wird auf seine verantwortungsvolle Tätigkeit, beispielsweise als Beamter bei der Gewerbeaufsichtsverwaltung, bei der Deutschen Bundesbank, bei der Bundesagentur für Arbeit oder bei der Steuerverwaltung vorbereitet. Im Vorbereitungsdienst werden den Kandidaten die notwendigen berufsbezogenen fachlichen und sozialen Kompetenzen vermittelt.

Informieren Sie sich bei Ihrer Stellenrecherche besonders auch über die jeweiligen Zugangsvoraussetzungen bzw. Laufbahnvoraussetzungen für die von Ihnen angestrebte Ausbildungs-, Studien- bzw. Arbeitsstelle. Und beachten Sie unbedingt die Bewerbungsfristen. Besonders bei Ausbildungs- und Studienplätzen im öffentlichen Dienst werden die Stellen in der Regel gut ein Jahr im Voraus ausgeschrieben. Die Einstellungsverfahren und die Auswahl geeigneter Kandidaten sowie die Verteilung der Kandidaten auf die begehrten Ausbildungs- und Studienplätze findet also bis zu einem Jahr vor einem tatsächlichen Einstieg im öffentlichen Dienst statt.

Einstellungstests im öffentlichen Dienst

Wer zu einem Einstellungstest im öffentlichen Dienst eingeladen wird, hat bereits einige Schritte erfolgreich gemeistert: von der Stellenrecherche über die Klärung der Zugangsvoraussetzungen, die Entscheidung, sich zu bewerben, die Anfertigung aussagekräftiger und ansprechender Bewerbungsunterlagen bis zu eventuellen Vorabtelefonaten mit dem zuständigen Personalamt bzw. den Fachabteilungsleitern der jeweiligen Arbeitsbereiche. Spätestens jetzt sollten Sie sich Gedanken über Ihre digitale Identität machen. Welche Daten findet ein potenzieller zukünftiger Arbeitgeber über Sie im Internet?

Achtung: Ihre Daten im Internet

Vorsicht vor einem allzu freizügigen Umgang mit Ihren persönlichen Daten in sozialen Netzwerken wie Facebook, Google+, LinkedIn, Twitter usw. Die Daten, die Sie im Internet von sich preisgeben, können Sie nicht mehr kontrollieren.
Der öffentliche Dienst ist ein besonderer Arbeitgeber. Alle öffentlichen Arbeitgeber haben ein Interesse daran, die persönlichen Daten ihrer aktuellen und zukünftigen Mitarbeiterinnen und Mitarbeiter (und damit auch Ihre Daten) zu schützen. Damit soll der Gefahr der Bedrohung oder Erpressung von Staatsbediensteten vorgebeugt werden.
Es gibt immer wieder Menschen oder Gruppierungen, die versuchen, Druck auf Mitarbeiter der »öffentlichen Hand« auszuüben, um diese zu bestimmten Diensthandlungen zu zwingen. Denken Sie nur einmal an die Bereiche Polizei, Gericht, Zoll oder Finanzamt. Aber auch bei Bewilligungen von Wohnungsgeld, Kindergeld, Arbeitslosengeld oder von Zuschüssen anderer Art besteht die Gefahr, dass Sie als Mitarbeiterin oder Mitarbeiter im öffentlichen Dienst unter Druck geraten, wenn verfängliche Fotos oder allzu freizügige Informationen über Sie im Internet zu finden sind. Fotos von ausgelassenen Partys, Ihre bevorzugten Reiseziele, Dinge, die Sie einkaufen, Namen von Freunden oder besondere Hobbys – das alles lässt Rückschlüsse auf Sie ziehen und macht Sie angreifbar.
Bedenken Sie auch, dass immer mehr Personalverantwortliche in den sozialen Netzwerken nachsehen, welche Daten über Bewerberinnen und Bewerber dort zu finden sind. Für Personaler gilt zwar: Nur was Kandidaten in beruflichen Portalen (z. B. XING, LinkedIn) von sich preisgeben, darf im Bewerbungsprozess berücksichtigt werden. Informationen z. B. aus Facebook-Profilen oder getwitterten Mitteilungen dürfen höchstens selektiv und nur in Ausnahmefällen genutzt werden, weil die Nutzung solcher sozialer Netzwerke eher privat stattfindet und damit das Bewerbungsverfahren nicht beeinflussen sollte. Aber auch Personaler sind Menschen: Was sie einmal über einen Bewerber – aus welchen Quellen auch immer – im Netz gelesen haben, bleibt unter Umständen hängen und beeinflusst deren Entscheidung. Es gilt also: Je mehr persönliche Daten Sie im Internet von sich preisgeben, desto eingeschränkter sind Ihre späteren beruflichen Einsatzmöglichkeiten – und das nicht nur im öffentlichen Dienst. Wir empfehlen Ihnen deshalb: Gehen Sie bewusst und vorsichtig mit Ihren Daten im Netz um. Beschränken Sie Ihr sichtbares Profil auf einen kleinen Kreis an Menschen, denen Sie vertrauen können.

Aufgabentypen

Die Zusammensetzung der Tests bei einem Einstellungsverfahren des öffentlichen Dienstes ist durchweg sehr ähnlich. Nur die Gewichtung und der Zuschnitt der Aufgabentypen variieren, je nachdem auf welchen Ausbildungs-, Studien- oder Arbeitsplatz Sie sich beworben haben. Zum Beispiel kann bei Bewerberinnen und Bewerbern für einen Ausbildungsplatz zum Verwaltungsfachangestellten im mittleren nichttechnischen Dienst ein schriftlicher Einstellungstest durchgeführt werden. Dieser besteht in der Regel aus Aufgaben

- zur Allgemeinbildung,
- zur Belastbarkeit sowie
- zur intellektuellen Leistungsfähigkeit.

Wer bei diesen Tests erfolgreich abschneidet, wird zu einem Vorstellungsgespräch eingeladen. Hier dreht sich alles um die Motivation, die Ausstrahlung und die persönliche Passung für eine Arbeit im öffentlichen Dienst.
Ein Ingenieur, der sich für den höheren technischen Dienst bewirbt, muss zusätzlich mit verschiedenen Assessment-Center-Aufgaben und einem Persönlichkeitsfragebogen rechnen. Denn bei zukünftigen Führungskräften der »öffentlichen Hand« geht es auch darum, die persönlichen Einstellungen, Charaktereigenschaften und das Sozialverhalten hinsichtlich der Führungskompetenzen zu prüfen. Wir geben Ihnen hier einen Überblick über alle gängigen Testaufgabentypen der Einstellungsverfahren im öffentlichen Dienst. Alle Aufgaben in diesem *Duden Trainer* lassen sich den folgenden vier »Test«-Typen zuordnen:

Tests: Allgemeinbildung

Die Allgemeinbildung eines Kandidaten verrät viel über seinen schulischen und beruflichen Werdegang. Zur Allgemeinbildung zählen neben den Kulturtechniken und damit dem »sprachlichen Verständnis«, dem »mathematischen Verständnis« sowie dem »technischen Verständnis« auch das »Allgemeinwissen« eines Kandidaten. Übliche Testaufgaben betreffen die Bereiche:

- **deutsche Sprache** (Rechtschreibung, Zeichensetzung, Wort- und Satzgrammatik, Fremdwörter, Fähigkeit, Sachverhalte korrekt darzustellen)
- **Fremdsprachen** (In der Regel geht es hier um die Fremdsprache Englisch. Da Deutschland ein Zuwanderungsland ist und die Integrationspolitik eine zunehmend wichtige Rolle spielt, werden jedoch auch weitere Fremdsprachen gerne gesehen und je nach zu besetzender Position auch getestet. Beispielsweise die Fremdsprache Arabisch für eine Arbeitsstelle beim Bundesamt für Migration und Flüchtlinge. Überprüft werden bei allen Fremdsprachen: Rechtschreibung, Wort- und Satzgrammatik)
- **Allgemeinwissen** (Fragen zu: Politik, Geschichte, Wirtschaft, Gesellschaft, Kultur, Naturwissenschaft und Technik, Geografie und Landeskunde, Personen und Persönlichkeiten, Sport, Computer und Internet, Entdeckungen und Erfindungen)
- **Fachwissen** (Fragen zur öffentlichen Verwaltung, zur Bundesrepublik Deutschland, zu Europa und ggf. zu weiteren wichtigen Fakten)
- **praktische Mathematik** (Grundrechenarten, Dezimal- und Bruchrechnen,

Prozent- und Zinsrechnen, Maße und Gewichte, Kopfrechnen, Textaufgaben)
- **technisches Verständnis** (physikalische Zusammenhänge, mechanisches Verständnis)

Tests: Belastbarkeit

Konzentrations- und Merkfähigkeitstests prüfen die Fähigkeit eines Kandidaten, auch unter Belastung konzentriert zu arbeiten (Arbeitsgeschwindigkeit und -effizienz sowie Sorgfalt bei der Bearbeitung von Aufgaben) und die Fähigkeit, sich an Zahlen, Daten, Fakten und Zusammenhänge zu erinnern.

- Übliche **Testaufgaben zum konzentrierten Arbeiten** sind:
  - konzentriertes Rechnen
  - Ziffern oder Buchstaben zählen
  - d/b/q-Test
  - Symbole zuordnen
  - Zahlen und Wörter einprägen
  - Figuren einprägen
  - Wortgruppen erkennen
  - genaues Beobachten
  - Buchstaben in einfachen Wörtern ergänzen
  - Zahlen markieren
  - Buchstaben einkreisen
  - Adressen überprüfen – Original und Abschrift
  - geometrische Figuren markieren

- Übliche **Testaufgaben zur Merkfähigkeit** sind:
  - Begriffe merken
  - Geschichten merken
  - Orientierungsvermögen zeigen
  - Lebenslauf einprägen
  - Stadtplan einprägen
  - Labyrinth einprägen
  - Verkehrsfotos merken
  - geometrische Figuren und Zahlen merken
  - Vokabeln merken
  - Zahlen merken
  - Postleitzahlen und Städte merken

Tests: Intellektuelle Leistungsfähigkeit

Die intellektuelle Leistungsfähigkeit eines Kandidaten setzt sich aus den Bereichen »abstrakt-logisches Denken«, »sprachlogisches Denken«, »räumliches Vorstellungsvermögen« sowie »kreatives Denken« zusammen. In den vier Testbereichen werden üblicherweise die folgenden Testaufgaben durchgeführt:

- **abstrakt-logisches Denken**
  - Symbolreihen fortführen
  - Wochentage herausfinden
  - Schlussfolgerungen ziehen
  - Zahlenreihen fortführen
  - Zahlenmatrizen erkennen
  - Flussdiagramme ergänzen
  - abwegige Schlussfolgerungen ziehen
  - Tatsachen und Meinungen erkennen

- **sprachlogisches Denken**
  - Wortanalogien finden
  - Wortauswahl treffen
  - Oberbegriffe finden
  - Wortbedeutungen erkennen
  - Buchstabenreihen logisch fortführen

- **räumliches Vorstellungsvermögen**
  - Seitenflächen zählen
  - Figuren zusammenfalten
  - Figurenreihen fortführen
  - Figuren zuordnen
  - Figurenfehler entdecken
  - Würfel drehen
  - visuelle Analogien erkennen
  - Spiegelbilder wiedererkennen

- **kreatives Denken**
  - Wörter finden
  - Verwendungsmöglichkeiten finden
  - Sätze bilden
  - Figuren erstellen
  - Logos erfinden
  - Gleichungen aufstellen
  - Eigenschaften benennen
  - Erklärungen finden

Tests: Persönlichkeit, Einstellung und Sozialverhalten

Allgemeinbildung, Belastbarkeit und intellektuelle Leistungsfähigkeit sind wichtige Voraussetzungen für den beruflichen Erfolg im öffentlichen Dienst. Aber auch die soziale Kompetenz spielt für viele Berufe und generell für die Zusammenarbeit im beruflichen Kontext eine große Rolle. Was für ein Mensch sind Sie? Was treibt Sie an? Welche Charaktereigenschaften und Wesenszüge bringen Sie mit? All dies will ein möglicher zukünftiger Arbeitgeber bei einem Einstellungsverfahren herausfinden. Dazu werden Ihnen schriftliche Persönlichkeitsfragebogenverfahren vorgelegt, verschiedene Assessment-Center-Aufgaben gestellt und man führt ein Vorstellungsgespräch mit Ihnen.
Erfahrungsgemäß kommt dabei Folgendes auf Sie zu:

- **Persönlichkeitsfragebogen**
  - Fünf-Persönlichkeitsfaktoren-Fragebogen, beispielsweise das NEO-Persönlichkeitsinventar Big Five
  - berufsbezogene Inventare zur Persönlichkeitsbeschreibung, zum Beispiel das Bochumer Inventar zur berufsbezogenen Persönlichkeitsbeschreibung oder der 16-Persönlichkeitsfaktoren-Test
  - unterschiedliche biografische Fragebogen
- **Assessment-Center-Aufgaben**
  - Präsentationen, unter anderem auch die Selbstpräsentation in einer Vorstellungsrunde
  - Gruppenübungen, in der Regel in Form einer Gruppendiskussion
  - Rollenspiele, zum Beispiel Mitarbeiter-, Verhandlungs-, Kunden- oder Beratungsgespräche
  - Postkorbübungen
  - Feedbackrunden zur Selbsteinschätzung
- **Vorstellungsgespräch**
  halb- oder ganz strukturierte Interviews, in denen die Bereiche Motivation, fachliche Kompetenzen, persönliche Kompetenzen und je nach Position auch die Führungskompetenzen hinterfragt werden

Ablauf von Einstellungsverfahren im öffentlichen Dienst

Je nachdem um welchen Ausbildungs-, Studien- oder Arbeitsplatz es sich handelt, müssen Sie im Einstellungsverfahren des öffentlichen Dienstes lediglich mit einem Vorstellungsgespräch, mit mehr oder weniger umfangreichen schriftlichen Eignungstests und einem Vorstellungsgespräch oder mit der ganzen Palette an eignungsdiagnostischen Maßnahmen – den schriftlichen Eignungstests, dem Vorstellungsgespräch und verschiedenen Assessment-Center-Aufgaben – rechnen. Für den höheren Dienst wird zusätzlich auch die gesundheitliche Eignung überprüft und bei speziellen Dienstherren, wie beispielsweise bei Polizei und Feuerwehr, findet auch ein Sporttest statt. Der Ablauf der Einstellungsverfahren variiert entsprechend wie folgt:

Vorstellungsgespräch

In der schriftlichen Einladung zu einem Vorstellungsgespräch erfahren Sie in der Regel

- wann Sie sich wo einfinden sollten,
- wer Ihnen im Vorstellungsgespräch gegenübersitzen wird und
- wie lange das Gespräch in etwa dauern wird.

Je nach Position müssen Sie sich auf eine Gesprächsdauer von 45 bis 90 Minuten einstellen und mit drei bis sechs Gesprächspartnern rechnen (Amtsleiter, Abteilungsleiter, ein Vertreter des Personalrats, ggf. ein Schwerbehindertenbeauftragter, ein Vertreter des Personalamts und ggf. ein externer Berater). Der Gesprächsverlauf ist in der Regel standardisiert, d. h. jede Bewerberin und jeder Bewerber bekommt die gleichen Fragen in der gleichen Reihenfolge gestellt, damit die Gleichberechtigung gewährleistet ist. Nach der Begrüßung und einem kleinen Small Talk beginnt das Vorstellungsgespräch oft mit der Vorstellung der Vertreter des Auswahlgremiums. Danach werden Ihnen Fragen zu Ihrem beruflichen Werdegang, zu Ihrer Motivation, Ihren Charaktereigenschaften und zu Ihren Einstellungen, zu Fähigkeiten und Kompetenzen und zu Ihrem möglichen Eintrittstermin gestellt. Nachdem man auch Ihnen die Möglichkeit gegeben hat, eigene Fragen zu stellen, endet das Vorstellungsgespräch mit der Verabschiedung und einer Aussage über den weiteren Verlauf des Stellenbesetzungsverfahrens. Nach dem Gespräch ist das Einstellungsverfahren beendet und Sie erhalten in der Regel bald danach eine Zu- oder Absage.

Schriftliche Eignungstests und Vorstellungsgespräch

Werden im Einstellungsverfahren auch schriftliche Eignungstests durchgeführt, finden diese in der Regel in einem ersten Schritt statt. Das heißt, nach erfolgreicher Bewerbung (Sie erfüllen die Voraussetzungen für die Stelle grundsätzlich) erhalten Sie eine Einladung zu einem schriftlichen Test. Je nach Anzahl und Zusammensetzung der schriftlichen Eignungstests dauert der gesamte Test zwischen zwei und vier Stunden. Manche Arbeitgeber im öffentlichen Dienst gehen – wie es in der freien Wirtschaft schon länger üblich ist – dazu über, die schriftlichen Eignungstests in Form eines Online-Tests durchzuführen. Hier erhalten Sie einen Code, mit dem Sie sich zu Hause im Internet einloggen können und so Zugang zu den schriftlichen Tests erhalten.
Schneiden Sie bei diesen Tests – egal ob online oder »offline« – erfolgreich ab, kommt eine Einladung zu einem Vorstellungsgespräch (vergleiche oben).

Schriftliche Eignungstests, Persönlichkeitsfragebogen, Assessment-Center-Aufgaben und Vorstellungsgespräch

Bei der Besetzung von Stellen im gehobenen und höheren Dienst der öffentlichen Verwaltung müssen Bewerberinnen und Bewerber mit der ganzen Palette eignungsdiagnostischer Maßnahmen rechnen: schriftliche Eignungstests, Persönlichkeitsfragebogen, Vorstellungsgespräch und Assessment-Center-Aufgaben. Für Positionen bzw. eine Laufbahn im höheren Dienst und generell für alle Beamtenpositionen und -laufbahnen wird zusätzlich auch die gesundheitliche Eignung überprüft.
Handelt es sich um eine Position bei der Polizei, der Feuerwehr oder dem Zoll wird

außerdem ein Sporttest durchgeführt (vgl. *Duden Trainer Einstellungstests für Polizei und Feuerwehr*).
In der Regel findet auch bei diesen umfangreichen Einstellungsverfahren im ersten Schritt ein schriftlicher Eignungstest statt (vergleiche oben). Nach erfolgreichem Bestehen folgt in der Regel eine Einladung zu einem Assessment-Center, das je nach Anzahl der Aufgaben einen halben bis einen ganzen Tag dauern kann und oft auch ein abschließendes Vorstellungsgespräch beinhaltet (vergleiche oben). Bei einem mehrstündigen Einstellungsverfahren mit unterschiedlichen Assessment-Center-Aufgaben sollten Sie darauf achten, dass auch die vermeintlich lockeren Elemente zwischen den einzelnen Aufgaben (Kaffeepausen, Vorbereitungs- und Wartezeiten) Teil der Auswahl sind und damit Prüfungen darstellen.

Vorbereitung auf Einstellungsverfahren im öffentlichen Dienst

Die schriftlichen Einstellungstests, die Persönlichkeitsfragebogen und Assessment-Center-Aufgaben eines Einstellungsverfahrens im öffentlichen Dienst dienen dazu herauszufinden, ob eine Bewerberin oder ein Bewerber geeignet ist, eine ihr oder ihm zugedachte Aufgabe zu erfüllen. Im Einstellungsverfahren müssen Sie einem möglichen neuen Arbeitgeber also beweisen, dass Sie über die nötigen Kompetenzen und die persönlichen Voraussetzungen verfügen, um ein erfolgreicher Auszubildender oder Mitarbeiter für die öffentliche Verwaltung zu werden.

- Wie viel fachliches Wissen bringen Sie bereits mit?
- Welche Fähigkeiten haben Sie?
- Wie stark ist Ihre Leistungsmotivation ausgeprägt?
- Wirken Sie vertrauenswürdig und sympathisch?
- Traut man Ihnen zu, als Mitarbeiterin oder Mitarbeiter zukünftig gute Arbeit zu leisten?
- Können sich die Vertreterinnen und Vertreter des Auswahlgremiums vorstellen, mit Ihnen als Kollegin oder Kollege zusammenzuarbeiten?

Um einen guten Eindruck zu machen, sollten Sie sich bei den verschiedenen Stufen im Einstellungsverfahren offen, freundlich, kommunikativ und aktiv zeigen. Erscheinen Sie immer pünktlich zu den einzelnen Tests und Aufgaben. Wählen Sie eine angemessene Kleidung, das heißt, kleiden Sie sich nicht zu salopp. Und achten Sie auf Ihre Körpersprache, denn es zählt nicht nur, was Sie sagen, sondern auch, wie Sie es sagen und was Sie dabei von sich zeigen.

Vor dem Einstellungsverfahren

Eine gute Vorbereitung hilft Ihnen, mit den anspruchsvollen schriftlichen Einstellungstests und Persönlichkeitsfragebogen, den verschiedenen Assessment-Center-Aufgaben und im Vorstellungsgespräch besser zurechtzukommen. Ein Patentrezept, wie Sie sich persönlich am besten auf Ihr individuelles Einstellungsverfahren vorbereiten, gibt es nicht. Aber es gibt eine *Best Practice*, d. h. es gibt einen guten Weg, wie Sie mit hoher Wahrscheinlichkeit mit einem guten Ergebnis bei einem Auswahlverfahren des öffentlichen Dienstes abschneiden. Berücksichtigen Sie bei Ihrer Vorbereitung stets die drei Ebenen:

- organisatorische Vorbereitung
- emotionale Vorbereitung
- intellektuelle Vorbereitung

Sammeln Sie alle Informationen über das Einstellungsverfahren

Machen Sie sich mit der Prüfungssituation »Test« bereits im Vorfeld vertraut. In der Regel erhalten Sie ein Einladungsschreiben für ein Einstellungsverfahren, aus dem hervorgeht, wann Sie wo und mit welchen Dingen im Gepäck erscheinen sollen. Aus der Einladung gehen erfahrungsgemäß auch der Inhalt sowie die Dauer der einzelnen Bausteine des Einstellungsverfahrens, der gesamte zeitliche Ablauf und die Namen der Gesprächspartner hervor. Sollte das nicht der Fall sein, lohnt es sich zunächst, im Internet zu recherchieren, ob Sie entsprechende Details zum Einstellungsverfahren für die zukünftige Einsatzstelle herausfinden können. Wenn nicht, sollten Sie sich unbedingt telefonisch bei der zuständigen Person im Personalamt bzw. in der zuständigen Fachabteilung erkundigen. Denn nur wenn Sie wissen, was auf Sie zukommt, können Sie Ihre organisatorische und inhaltliche Vorbereitung optimal gestalten und sich emotional auf das einstellen, was Sie erwartet. Schauen Sie sich dazu auch in einschlägigen Fachforen im Internet nach weiteren Informationen über Ihr persönliches Einstellungsverfahren um.

Planen Sie genügend Zeit für Ihre Vorbereitung ein

Gleichgültig, ob Sie sich für einen Ausbildungs-, Studien- oder Arbeitsplatz, für eine Beamtenlaufbahn oder für ein Anstellungsverhältnis bewerben, planen Sie unbedingt genug Zeit ein, um sich auf Ihr persönliches Einstellungsverfahren vorzubereiten. Eine Vorbereitung über einen längeren Zeitraum ist dabei Erfolg versprechender, als eine »Übernacht-Vorbereitung«. Denn das umfangreiche Wissen, die Bearbeitungsstrategien, die Taktiken sowie das zuversichtliche Gefühl, dass Sie Ihrem anspruchsvollen Einstellungsverfahren gewachsen sein werden, entwickeln sich langsam – eben nicht über Nacht.

Üben, üben, üben

Trainieren Sie mithilfe des *Duden Trainer* die anspruchsvollen schriftlichen Eignungstests so lange, bis Sie sich sicher fühlen und eine hohe Punktzahl erreichen. Dokumentieren Sie den Verlauf Ihrer Testergebnisse und prüfen Sie selbst, in welchen Bereichen Sie bereits gut abschneiden und in welchen Tests Sie noch weiter üben müssen. Bereiten Sie sich auch auf die verschiedenen Assessment-Center-Aufgaben und das Vorstellungsgespräch intensiv vor. Üben Sie mit Ihren Freunden die Vorstellungsrunde und Selbstpräsentation, Gruppendiskussionen, unterschiedliche Rollenspiele und die verschiedenen Interviewsituationen, die auf

Sie zukommen werden. Nutzen Sie dazu die Beschreibungen und Fragen in diesem *Duden Trainer*.

Ein Tag vor dem Einstellungsverfahren

Am Tag vor einem Einstellungsverfahren sollten Sie früh schlafen gehen, denn für die anspruchsvollen schriftlichen Eignungstests, die Assessment-Center-Aufgaben und die Fragen im Vorstellungsgespräch brauchen Sie Ihre volle Konzentration und Ihre ganze Energie. Verzichten Sie also lieber auf die Disco oder die Party am Vorabend, trinken Sie keinen Alkohol und nehmen Sie auch keine Schlaf- oder Beruhigungsmittel. Denn diese Medikamente haben oft noch am nächsten Tag eine beruhigende (einschläfernde) Wirkung und Sie sollten zu Ihrem wichtigen Einstellungsverfahren nicht müde erscheinen.

Was tun bei Prüfungsangst?

Wenn Sie trotz Ihrer guten Vorbereitung zu Prüfungsangst neigen, sollten Sie Entspannungsmethoden wie autogenes Training oder progressive Muskelentspannung nutzen. Verzichten Sie unbedingt auf Beruhigungsmittel oder andere pharmazeutische Produkte zur Angstbehandlung, die machen Sie nur müde und träge. Und das macht bestimmt keinen guten Eindruck bei den Vertreterinnen und Vertretern des Auswahlgremiums.
Die folgenden beiden klassischen Entspannungsmethoden erfordern etwas Übung. Wer unter Prüfungsangst leidet, kann damit jedoch auf natürlichem Wege selbst dazu beitragen, ruhiger und gelassener in ein Einstellungsverfahren zu gehen.

Autogenes Training Setzen Sie sich bequem auf einen Stuhl. Ihre Beine lassen Sie angewinkelt und parallel nebeneinanderstehen. Ihre Füße berühren den Boden. Ihre Arme legen Sie auf Ihren Oberschenkeln oder den Armlehnen ab. Schließen Sie die Augen und richten Sie Ihre Aufmerksamkeit auf Ihre Atmung.
Konzentrieren Sie sich zuerst auf die Atemformel: *Die Atmung ist ruhig – und regelmäßig.* Sagen Sie sich diesen Satz ganz langsam und ruhig innerlich drei- bis sechsmal vor. Genießen Sie die einsetzende Entspannung, die sich mit jedem Atemzug immer mehr vertiefen kann, ohne dass Sie Ihre Atmung weiter beeinflussen müssen.
Konzentrieren Sie sich dann auf die Ruheformel: *Ich bin ganz ruhig – Ruhe.* Sagen Sie sich auch diesen Satz innerlich drei- bis sechsmal vor. Anschließend aktivieren Sie sich wieder: Dehnen und strecken Sie Ihre Arme und Beine, atmen Sie tief durch und öffnen Sie Ihre Augen. Insgesamt dauert diese Übung nur wenige Minuten. Danach fühlen Sie sich ruhiger, entspannter und gelassener.

Progressive Muskelentspannung Das Prinzip der progressiven Muskelentspannung ist einfach. Verschiedene Muskelpartien werden nacheinander angespannt und nach kurzer Zeit wieder losgelassen. Machen Sie erst mit der linken Hand eine Faust – dann öffnen Sie sie wieder. Spannen Sie jetzt den linken Arm an, lassen Sie wieder los, ziehen Sie anschließend die linke Schulter nach oben – und lassen Sie sie wieder sinken. Wiederholen Sie das Gleiche mit dem rechten Arm. Ziehen Sie dann die Stirnmuskulatur nach oben – dann lassen Sie los, pressen die Augen zusammen – und entspannen wieder.
Diese Anspannungs-Entspannungs-Übungen können Sie nacheinander mit möglichst vielen Muskelgruppen durchführen.

Damit werden Entspannungssignale ans Gehirn gesendet und Sie werden sich automatisch ruhiger fühlen.

Falls Sie extrem unter Prüfungsangst leiden, sollten Sie die professionelle Hilfe von Fachleuten in Anspruch nehmen. Erfahrene Ärzte oder Psychologen können Ihnen bestimmt helfen.

Nehmen Sie diese Dinge mit zum Einstellungsverfahren

Nehmen Sie eine Armbanduhr mit, um sich immer einen Überblick über die Zeit verschaffen zu können. Denken sie auch an Notizpapier und Stifte. Erfahrungsgemäß werden Sie bei einem Einstellungsverfahren zwar mit diesen Dingen versorgt, doch wenn das nicht so sein sollte, sind Sie gut gerüstet. Denken Sie auch an Kopien Ihrer Bewerbungsunterlagen. So können Sie sich vor einem Interview noch einmal in Erinnerung rufen, wie Sie sich schriftlich präsentiert haben: Sie sollten beispielsweise die gleiche Bewerbungsmotivation, die Sie bereits in Ihrem Bewerbungsanschreiben genannt haben, auch mündlich in einem Interview ausführen können bzw. in einem biografischen Fragebogen angeben. Wenn Sie ein mehrstündiges, vielleicht sogar eintägiges Einstellungsverfahren vor sich haben, sollten Sie auch Wasser, Traubenzucker, Bonbons oder kleine Schokoriegel einpacken. Die einzelnen Stufen eines Einstellungsverfahrens sind anstrengend und wenn Ihr Blutzuckerspiegel sinkt, sinkt auch Ihre Konzentration. Da hilft die schnelle Zufuhr von Zucker. Und denken Sie auch an Schmerztabletten. Wenn die Anspannung zu groß wird und zu Kopfschmerzen führt, ist schnelle Linderung wichtig.

Beim Einstellungsverfahren

Erster Eindruck und Körpersprache

Bei einem Einstellungsverfahren will man sehen, was für ein Mensch Sie sind. Hier spielt der berühmte erste Eindruck eine wichtige Rolle. Er entscheidet oft darüber, wie Sie im weiteren Verlauf des Verfahrens von den Beobachterinnen und Beobachtern, aber auch von den übrigen Teilnehmerinnen und Teilnehmern des Einstellungsverfahrens wahrgenommen werden. Wenn die Weiche erst einmal auf Sympathie gestellt ist, werden Sie es sehr viel leichter haben, die Vertreterinnen und Vertreter im Auswahlgremium zu überzeugen.

Ihre Wirkung auf andere entsteht

- durch das, was Sie sagen (Sprache: formal und inhaltlich),
- dadurch, wie Sie es sagen (Sprechweise: schnell/langsam, laut/leise, Sprachklang, Dialekt), und
- durch das, was Sie von sich zeigen (Kleidung, Aussehen, Auftreten, Körpersprache),

also durch verbale und nonverbale Kommunikation.

Machen Sie sich bewusst, dass auch Ihre nonverbale Kommunikation bewertet wird. Um das Auswahlgremium von sich zu überzeugen, ist es wichtig, dass Sie sich angemessen kleiden und gepflegt erscheinen. Wählen Sie also keine Freizeitkleidung und achten Sie darauf, dass alles frisch gewaschen und gebügelt ist. Und erscheinen Sie ausgeschlafen zu den möglicherweise mehreren Terminen im Einstellungsverfahren.

Mit Ihrer Körpersprache drücken Sie aus, wie es Ihnen emotional geht. Hochgezogene Schultern, eine in Falten gelegte Stirn, die Hand zur Faust geballt oder der erhobene Zeigefinger – das alles sind deutliche Körpersignale, aus denen die Beobachterinnen und Beobachter in einem Einstellungsverfahren ihre Schlüsse ziehen. Besonders achten die Vertreterinnen und Vertreter des Auswahlgremiums auf den Blickkontakt, auf Ihre Gesten und Ihre Mimik, auf Ihre Körperhaltung und -bewegung, darauf, wie Sie sprechen, und auf Ihren Geruch.

Die Körpersprache eines Menschen ist sehr eng mit seiner Persönlichkeit verbunden. Eher unsichere Menschen bewegen sich beispielsweise ganz anders als eher selbstsichere Menschen. Sehr motivierte Bewerberinnen und Bewerber zeigen eine andere Körperhaltung als weniger motivierte Kandidaten. Eher freundliche Persönlichkeiten zeigen eine andere Mimik als eher unfreundliche Menschen. Da uns unsere Körpersprache in der Regel nicht bewusst ist, können und sollten wir nicht versuchen, etwas einzustudieren, das uns nicht entspricht. Abgesehen davon, dass sich eine einstudierte Körpersprache über die Dauer eines längeren Einstellungsverfahrens gar nicht durchhalten lässt, wirken Sie damit auch unglaubwürdig. Also »verbiegen« Sie sich nicht. Aber achten Sie darauf, dass Sie Blickkontakt mit Ihrem Gegenüber halten, dass Sie ab und an lächeln, und konzentrieren Sie sich, dann wirken Sie bereits freundlich, motiviert und sicher.

Bewertungskriterien im Überblick

Bei einem Einstellungsverfahren werden Bewerberinnen und Bewerber normalerweise anhand der folgenden Kriterien bewertet:

Persönlichkeit:

- Wie gehen Sie mit sich und anderen um?
- Sind Sie sympathisch und vertrauenswürdig?
- Haben Sie berufsrelevante Eigenschaften?
- Sind Sie beispielsweise zuverlässig, aufgeschlossen und durchsetzungsfähig?
- Passen Sie zur Organisation? Verfügen Sie über eine geeignete persönliche Einstellung?

Motivation:

- Sind Sie lern- und arbeitswillig?
- Sind Sie interessiert und engagiert?
- Können Sie sich mit den Aufgaben, die in der jeweiligen Dienststelle zu erledigen sind, identifizieren?

Kompetenz:

- Über welche berufsrelevanten Fähigkeiten, Fertigkeiten, Wissensinhalte und Erfahrungen verfügen Sie bereits?

Es ist bekanntlich gar nicht so einfach, über seine eigene Persönlichkeit, seine Motivation und seine Kompetenzen zu sprechen. Erfahrungsgemäß ist für uns selbst vieles selbstverständlich, da wir uns im (Arbeits-) Alltag in der Regel keine Gedanken darüber machen, wie wir sind, was wir wollen und was wir können. Wir »sind« und »machen« einfach. Es lohnt sich deshalb besonders vor einem Einstellungsverfahren, sich selbst zu reflektieren und sich einmal die folgenden Fragen zu stellen:

1) Welche bisherigen Berufserfahrungen kann ich auf der angestrebten Position (in der angestrebten Ausbildung / im Studium) besonders gut einsetzen?

2) Welche Fähigkeiten und Stärken qualifizieren mich für die angestrebte Position (die angestrebte Ausbildung / das Studium) besonders?
3) Welche Eigenschaften und Persönlichkeitsmerkmale sind von besonderer Relevanz für die angestrebte Position (die angestrebte Ausbildung / das Studium)?
4) Welchen Mehrwert kann ich dem zukünftigen Arbeitgeber auf der angestrebten Position (bei der angestrebten Ausbildung / beim Studium) bieten?
5) Warum habe ich mich gerade für diese Laufbahn/Dienststelle und diese Position (Ausbildung/Studium) beworben?

Auf den folgenden Seiten erfahren Sie, mit welchen Strategien Sie bei den jeweiligen schriftlichen Einstellungstests zur Allgemeinbildung, zu Ihrer kognitiven Belastbarkeit und intellektuellen Leistungsfähigkeit vorgehen können, um zu punkten. Außerdem finden Sie im letzten großen Kapitel umfangreiche Tipps zum Umgang mit den unterschiedlichen Persönlichkeitsfragebogen sowie eine ausführliche Beschreibung der relevanten Bewertungskriterien für die einzelnen Assessment-Center-Aufgabentypen. Im Unterkapitel »Vorstellungsgespräch« geben wir zusätzliche Tipps, wie Sie Ihr Gegenüber von sich, von Ihrer Persönlichkeit und von Ihren Fähigkeiten überzeugen können. Sehen Sie sich zunächst aber einige Erfahrungsberichte an, um ein Gefühl für die Einstellungsverfahren im öffentlichen Dienst zu bekommen.

Erfahrungsberichte

Die folgenden drei Erfahrungsberichte verdeutlichen die Zusammenstellung der Aufgabentypen und den Ablauf verschiedener Einstellungsverfahren im öffentlichen Dienst. Verschaffen Sie sich damit einen ersten Eindruck, was Sie bei den schriftlichen Eignungstests, den Assessment-Center-Aufgaben und im Vorstellungsgespräch erwarten kann.

Landesverwaltung: Referentin im Referat Jugendpolitik

Ich bin 29 Jahre alt und habe das Studium der Verwaltungswissenschaften mit einem sehr guten Abschlussdiplom erfolgreich beendet. Gleich nach meinem Studium bin ich bei einer namhaften Stiftung als Projektmitarbeiterin eingestiegen. Mittlerweile arbeite ich seit drei Jahren dort und habe bereits die Leitung bei einzelnen Teilprojekten übernommen. Aber die Stelle ist befristet und deshalb habe ich mich auf eine Ausschreibung der Landesregierung als Referent(in) im öffentlichen Dienst im Referat Jugendpolitik und dort im Bereich außerschulische Jugendbildung und Partizipation junger Menschen an der Gesellschaft beworben.

Stufe 1: Assessment-Center-Aufgaben

Meine Bewerbung war erfolgreich und ich erhielt die Einladung zu einem Auswahltag. Da in der Einladung nur wenige Informationen zum Ablauf und zu den Aufgaben der ersten Stufe im Einstellungsverfahren zu finden waren, rief ich den Referatsleiter unter der angegebenen Telefonnummer an, um mich für die Einladung zu bedanken, um den Termin zu bestätigen und um nach weiteren Details zum Auswahltag zu fragen. Der Referatsleiter war sehr freundlich und gab mir folgende Informationen:

Zum Ablauf und den Aufgaben:

1. Strukturierte Vorstellungsrunde in der Bewerbergruppe von zehn Kandidaten
2. Gruppendiskussion über ein jugendpolitisches Thema
3. Organisationsaufgabe (Postkorb)
4. Gemeinsames Mittagessen
5. Präsentation zu einem vorgegebenen Thema
6. Abschlussrunde

Start sei um 8.30 Uhr und der Auswahltag dauere bis circa 17.30 Uhr. Ich habe mich bedankt und dann intensiv auf die unterschiedlichen Aufgaben vorbereitet.

Der Auswahltag hat in der darauffolgenden Woche am Donnerstag um 8.30 Uhr begonnen. Meine neun Mitbewerberinnen und Mitbewerber hatten sich bereits kurz nach acht in der Verwaltungsstelle der Landesregierung eingefunden. Da ich ebenfalls schon etwas früher da war, suchte ich das Gespräch mit anderen Kandidaten.

Punkt 8.30 Uhr kam der Referatsleiter zusammen mit der Referentin der Personalstelle und holte uns ab. In einem größeren Besprechungsraum, in dem bereits ein weiterer Vertreter des Fachreferats, ein Personalrat und die Gleichstellungsbeauftragte sowie ein externer Berater der Landesregierung, ein Psychologe, warteten, haben wir mit der Vorstellungsrunde begonnen. Zunächst wurden wir alle noch einmal über die Rollen der Vertreterinnen und Vertreter des Auswahlgremiums, den Ablauf und den Inhalt des Einstellungsverfahrens informiert. Dann ging es richtig los: Jeweils zwei Bewerber sollten sich zusammentun und sich 15 Minuten lang gegenseitig zu den Themen Herkunft, Werdegang, Motivation für die Stelle als Referent(in) Jugendpolitik und Karrierepläne interviewen. Danach sollten wir uns jeweils fünf Minuten gegenseitig vor der Gruppe vorstellen. Das hat Spaß gemacht, war aber auch ganz schön anstrengend, denn ich musste mir unter der Anspannung viele Details über eine andere Bewerberin merken.

Um 10.00 Uhr war die Vorstellungsrunde beendet und das Eis gebrochen. In einer kurzen Kaffeepause haben wir uns alle angeregt miteinander unterhalten.

Danach erhielt jeder Kandidat einen Fachartikel zu einem jugendpolitischen Thema, den er 30 Minuten lang studieren sollte. Die Aufgabenstellung lautete: »Sie planen als Referent(in) für jugendpolitische Fragestellungen in Ihrem Team ein Projekt zur Partizipation benachteiligter junger Menschen an der Gesellschaft. Lesen Sie den 15-seitigen Fachartikel aufmerksam durch und fassen Sie die wichtigsten Aspekte für eine Diskussion über die Projektkonzeption in Ihrem Team zusammen.«

Danach wurden wir aufgefordert, uns in einer 30-minütigen Gruppendiskussion gemeinsam auf wesentliche Aspekte für einen Projektantrag zu einigen, um Fördergelder bei der Europäischen Union zu beantragen. Die Diskussion verlief sehr harmonisch. Alle Teilnehmer brachten sich mehr oder weniger in die gemeinsame Lösungsfindung ein und am Ende hatten wir tatsächlich zehn wichtige Punkte auf der Flipchart stehen, die wir in »unserem« Projektantrag formulieren würden.

Dann folgte sofort der nächste Test: Es handelte sich um eine Art Postkorbaufgabe. Jedenfalls bekam jeder Teilnehmer eine Aktenmappe mit Arbeitsvorgängen und die Aufgabe, innerhalb von 30 Minuten einen Zeitplan zu erstellen, in welcher Reihenfolge die einzelnen Arbeitsvorgänge abzuarbeiten sind und warum. Natürlich – so die Anweisung – sei die Zeit, die zur Bearbeitung der Arbeitspakete zur Verfügung steht, knapp, da es Freitagnachmittag 14.00 Uhr und am kommenden Montag ein Feiertag sei. Für kommenden Dienstag hätte ich zudem – so die Anweisung – einen Urlaubstag eingereicht. Das Problem bestand also darin, dass es unmöglich war, alle Arbeitsaufträge in der noch verbleibenden Zeit bis zum Wochenende zu bearbeiten, und dass eine Priorisierung nötig war. Meine Aktenmappe beinhaltete zehn verschiedene Papiere mit unterschiedlichen Aufgaben:

- Eine eilige E-Mail des Referatsleiters zur Urlaubsplanung in der Abteilung ist zu beantworten.
- Eine Vertreterin der Presse will ein Statement zur steigenden Jugendkriminalität in der Stadt; ein Artikel soll in der Samstagsausgabe der Regionalzeitung erscheinen.
- Ein Anruf aus der Familie: Bitte um dringenden Rückruf.
- Ein 20-seitiger Projektantrag muss unbedingt gegengelesen werden, damit er noch fristgerecht am Dienstagmorgen an die Bundesregierung geschickt werden kann. Sonst besteht die Gefahr, dass Fördergelder in Höhe von 30 000 Euro nicht zugeteilt werden.
- Der Abteilungsleiter bittet darum, dass ein Einarbeitungsplan für die neue Praktikantin erstellt wird. Die Praktikantin wird am Dienstag um 8.00 Uhr ihren ersten Praktikumstag antreten.
- Für das verlängerte Wochenende ist ein Musicalbesuch mit dem Partner geplant. Bei der Kartenreservierung gab es Schwierigkeiten und die Karten müssen dringend vor 18.00 Uhr persönlich abgeholt werden, sonst platzt das Wochenende.
- Die Blumen einer Kollegin müssen auf jeden Fall noch gegossen werden, sonst sind sie bis nächste Woche Mittwoch vertrocknet.
- Die Anfrage einer Jugendeinrichtung muss dringend bearbeitet werden. Anlass: Ein Referent hat für die Jubiläumsveranstaltung Ende des Monats abgesagt.
- Das Telefon klingelt und ein Kollege erzählt aufgeregt, was ihm eben passiert ist. Er ist kaum zu bremsen.
- Ein Erinnerungszettel: Quartalsablage unbedingt vor Urlaub erledigen.

Der Zeitdruck war immens und ich musste mich sehr konzentrieren, um die einzelnen Papiere in meiner Aktenmappe zu lesen, zu verstehen und Prioritäten festzulegen.

Danach fand ein gemeinsames Mittagessen in der Verwaltungskantine statt. Drei der fünf Vertreter des Auswahlgremiums begleiteten uns. Die Atmosphäre war locker. Nach vier intensiven Stunden fiel die Anspannung von mir ab. Trotzdem habe ich darauf geachtet, gute Manieren zu zeigen, anderen die Tür aufzuhalten, mit dem Essen erst zu beginnen, nachdem alle am Tisch saßen, und nicht mit vollem Mund zu sprechen.

Um 13.30 Uhr ging es weiter mit einer Präsentationsaufgabe. Jeder Kandidat erhielt einen Zeitungsartikel zum Thema »Partizipation junger Menschen an der Gesellschaft« und sollte nun zehn Minuten lang einen fünfminütigen Vortrag dazu ausarbeiten. Das Thema lag mir, denn Jugendpolitik ist schon seit meinem Studium mein Steckenpferd und war auch ein Schwerpunkt in meiner Stiftungsarbeit. Und das Thema des Zeitungsartikels kannte ich gut. Mein Vortrag vor Publikum (die Mitbewerber und die Vertreter des Auswahlgremiums) lief gut. Ich fühlte mich sicher, habe strukturiert vorgetragen und einen guten Kontakt mit meinen Zuhörern aufgebaut. Nachdem alle zehn Kandidaten vorgetragen hatten, wurden wir in der Runde gefragt, welcher Vortrag uns am besten gefallen hätte und aus welchem Vortrag wir am wenigsten mitgenommen hätten. Dann folgte noch jeweils eine kritische Nachfrage an jeden einzelnen Kandidaten, bevor wir in eine längere Kaffeepause entlassen wurden.

Nach einer Stunde, in der sich das Auswahlgremium beraten und seine Beobachtungen ausgetauscht hat, fand eine Abschlussrunde statt. Dazu fanden sich alle im Besprechungszimmer ein und das Gremium fragte in die Runde, wie wir das Einstellungsverfahren bis hierher erlebt hätten, was wir positiv und was negativ gefunden hätten und wie wir unsere eigenen Leistungen einschätzten. Dann informierte uns das Auswahlgremium, dass die Bewertungen und die Beurteilung der Einzelleistungen in den nächsten Tagen stattfinden werde und wir telefonisch Bescheid bekämen, ob wir eine Runde weiter seien und zu einem Vorstellungsgespräch eingeladen würden. Um 17.30 Uhr war der Auswahltag und damit die erste Stufe im Einstellungsverfahren zu Ende.

Ich hatte den Eindruck, eine ganz gute Leistung erbracht zu haben. Gut gefallen haben mir die einzelnen Assessment-Center-Aufgaben. Sie waren praxisnah und nicht absichtlich besonders stressig angelegt – und ich konnte zeigen, was ich kann. Weniger gut fand ich, dass die Rückmeldung zum Ergebnis erst eineinhalb Wochen später per Telefon gegeben wurde.

Stufe 2: Vorstellungsgespräch

Aber immerhin, ich habe es in die nächste Runde zum Vorstellungsgespräch geschafft. Die Einladung erhielt ich wieder per Post: »... freuen wir uns, Ihnen mitteilen zu können, dass Sie es in die nächste Runde geschafft haben. Bitte finden Sie sich am Mittwoch, den ... um 10.30 Uhr in der Dienststelle ... ein.« Das Einladungsschreiben enthielt weitere Informationen über die Dauer des Termins und die anwesenden Gesprächspartner. Dennoch rief ich den Referatsleiter an, um ihm persönlich mitzuteilen, dass ich mich über die Einladung freue und den Termin selbstverständlich wahrnehmen werde. Das Vorstellungsgespräch dauerte eineinhalb Stunden. Anwesend waren dieselben sechs Personen, die bereits bei der Durchführung der Assessment-Center-Aufgaben dabei waren. Deshalb entfiel die Vorstellungsrunde der Verwaltungsmitarbeiter. Ich hingegen wurde gebeten, mich und meinen beruflichen Werdegang mit Bezug zur Position der Referentin im Referat für Jugendpolitik vorzustellen. Es folgten zahlreiche Fragen:

- zu meiner Motivation, im öffentlichen Dienst und auf der angestrebten Position arbeiten zu wollen
- zu meinen Fähigkeiten und Stärken, die ich auf der Position besonders einbringen kann

- zu meinen Eigenschaften und Persönlichkeitsmerkmalen, die ich für besonders wichtig halte, um im Referat für Jugendpolitik gute Arbeit leisten zu können
- zu möglichen Schwächen und Entwicklungsfeldern
- zu meinen beruflichen Zielen
- zu meinen Freizeitaktivitäten und
- zu meiner Verfügbarkeit

Danach durfte ich meine eigenen Fragen stellen – und das tat ich dann auch. Zum Beispiel:

- wie viele Mitarbeiterinnen und Mitarbeiter im Referat für Jugendpolitik arbeiten,
- wie die Einarbeitung genau aussehen würde und
- was sich der Abteilungsleiter von seinem neuen Referenten besonders wünscht.

Das Interview war sehr intensiv. Die Vertreterinnen und Vertreter des Auswahlgremiums fragten abwechselnd und machten sich viele Notizen. Aber ich hatte mich auf das Vorstellungsgespräch gut vorbereitet und wusste genau, warum ich gerade auf dieser Position arbeiten will und was ich dafür an Fähigkeiten und persönlichen Stärken mitbringe. Zum Schluss wurde ich freundlich und verbindlich verabschiedet. Man wolle sich in den nächsten zwei Tagen bei mir melden. Und das hat der Referatsleiter dann auch getan. Am nächsten Tag rief er mich persönlich an, um mir mitzuteilen, dass ich die Stelle bekomme. Ich habe mich riesig gefreut.

Stufe 3: Medizinische Einstellungsuntersuchung

Da es sich bei der Position der Referentin im Referat für Jugendpolitik der Landesregierung um eine Stelle im höheren Dienst handelt und ich die Möglichkeit der Verbeamtung habe, musste ich vor der definitiven Einstellungszusage noch eine Gesundheitsprüfung bestehen. Hier wurde meine gesundheitliche Eignung für den höheren Staatsdienst geprüft, also ob ich körperliche oder psychische Einschränkungen habe, die mir den Staatsdienst unmöglich machen würden. Da ich körperlich und psychisch völlig gesund bin, habe ich auch diese Hürde genommen und so stand einer Einstellung nichts mehr im Weg.

Kommunalverwaltung: duales Studium Bachelor of Arts (B. A.) Management in öffentlichen Unternehmen und Einrichtungen

Ich habe mich schon immer für den öffentlichen Dienst als Arbeitgeber interessiert. Meine Eltern arbeiten beide in der Stadtverwaltung und so lag es für mich nahe, mich für die Zeit nach meinem Abi um eine Ausbildung oder ein duales Studium bei der Stadt zu bewerben. Die Bewerbungsfristen – das wusste ich aus dem Internet – enden bereits gut ein Jahr vor Beginn der Ausbildung bzw. des Studiums und so hatte ich mich schon während der 11. Klasse über meine Möglichkeiten informiert. Schließlich habe ich mich für ein duales Studium »Management in öffentlichen Unternehmen und Einrichtungen« entschieden, das mit dem Bachelor of Arts abschließt. Damit habe ich die Chance, danach in den gehobenen Dienst zu kommen. Meine Bewerbung habe ich dann bereits im September, also fast ein Jahr vor meinem Abi (ich war auf einem G8-Gymnasium) eingereicht.
Meine Bewerbungsunterlagen und mein Notenschnitt der 11. Klasse haben die Stadt überzeugt und so wurde ich bereits

im November zu einem schriftlichen Eignungstest eingeladen.

Stufe 1: Schriftlicher Eignungstest

Der schriftliche Eignungstest umfasste die Bereiche »Allgemeinwissen«, »Verwaltungswissen«, »Englisch«, Aufgaben zum »konzentrierten Arbeiten« und zur »Merkfähigkeit« sowie eine »Postkorbübung« (das ist eine Assessment-Center-Aufgabe, die jeder Bewerber allein für sich bearbeitet). Alles zusammen dauerte insgesamt dreieinhalb Stunden, inklusive Pause. Der Test fand gemeinsam mit 21 weiteren Bewerberinnen und Bewerbern in einem großen Konferenzraum statt. Das war erst einmal komisch, denn jeder arbeitete für sich allein.

Zunächst musste ich 45 Minuten lang Fragen zu Politik und Gesellschaft, zur Geschichte, zu Wirtschaft und Finanzen und zu weiteren Bereichen des Allgemeinwissens beantworten. Dann folgten 15 Minuten lang Fragen zur öffentlichen Verwaltung und zu den Strukturen der Bundesrepublik Deutschland – beispielsweise Fragen zum Beamtenrecht, zur Beamtenlaufbahn, zum Wahlrecht und zur Wirtschaftsordnung in Deutschland. In einem 30-minütigen Englischtest musste ich einen Lückentext ergänzen, einen kurzen Text über Migrationspolitik aus dem Englischen ins Deutsche übersetzen und einen eigenen kurzen Text über meine beruflichen Ziele im öffentlichen Dienst auf Englisch schreiben.

Dann gab es erst einmal eine 15-minütige Pause. Danach ging es mit Aufgaben zur Konzentration und zur Merkfähigkeit weiter. 45 Minuten lang musste ich Ziffern und Buchstaben zählen, »d« von »p« und »q« unterscheiden, Zahlen unterstreichen, Symbole einkreisen, Abschriften überprüfen, mir Vokabeln merken, Begriffe einprägen, Postleitzahlen und Städte richtig merken und einiges mehr. Das war wirklich anstrengend und ich war froh, als die Dreiviertelstunde endlich vorbei war.

Nach einer weiteren 15-minütigen Pause erhielt jeder von uns eine Mappe mit zahlreichen Arbeitsvorgängen: den »Postkorb«. Dieser Postkorb enthielt zahlreiche Dienstaufgaben, die innerhalb von 60 Minuten nach Wichtigkeit und Dringlichkeit priorisiert werden sollten. Ich musste also erkennen, welche Aufgaben am wichtigsten und gleichzeitig dringend sind, und diese auf der Bearbeitungsliste ganz nach oben setzen und begründen, warum. Das war nicht ganz einfach, denn im Postkorb waren sehr viele unterschiedliche und sehr umfangreiche Aufgaben. Es dauerte allein 30 Minuten, bis ich mir da einen Überblick verschafft hatte. Und dann auch noch zu entscheiden, was am wichtigsten ist und was ganz dringend gemacht werden muss – das war echt eine Herausforderung.

Ich kann nur jedem empfehlen, so einen schriftlichen Einstellungstest nicht auf die leichte Schulter zu nehmen. Ohne Vorbereitung hätte ich sicherlich nicht so gut abgeschnitten. Nicht nur bei den vielen Fragen zum Allgemein- und zum Verwaltungswissen hat es mir geholfen, dass ich vorher geübt hatte. Besonders auch bei der Postkorbaufgabe war es sehr hilfreich, so etwas schon einmal vorher ausprobiert zu haben.

Die Mitteilung, dass ich eine Stufe weiterkomme, erhielt ich schon in der Folgewoche, aber das Vorstellungsgespräch sollte erst im Januar stattfinden. Das fand ich nicht so gut, denn ich wollte unbedingt so schnell wie möglich eine definitive Zu- oder Absage, um zu wissen, woran ich war.

Stufe 2: Vorstellungsgespräch
Im Januar fand dann endlich mein Vorstellungsgespräch statt. In der Einladung dazu waren lediglich der Ort und die Zeit genannt. Ich rief bei der angegebenen Telefonnummer an, bedankte mich für die Einladung, bestätigte den Termin und fragte, wie lange das Vorstellungsgespräch dauern wird und wer meine Gesprächspartner sein werden.
Deshalb war ich auch nicht überrascht, als mir im Vorstellungsgespräch gleich fünf Personen gegenübersaßen. Das ist im öffentlichen Dienst häufig der Fall, denn hier gelten besondere Regeln für Transparenz und Gleichberechtigung bei der Personalauswahl. Das alles wird dadurch sichergestellt, dass auch Vertreter des Personalrats, gegebenenfalls Gleichstellungs- und/oder Schwerbehindertenbeauftragte, Vertreter des Personalamts, das für die Ausbildung zuständig ist, und auch Vertreter von Fachabteilungen anwesend sein können.
Das Gespräch dauerte eine Stunde und begann mit einer kurzen Vorstellungsrunde meiner Gesprächspartner. Danach sollte ich von mir erzählen: Ich sollte meine Motivation darlegen, warum ich meine berufliche Laufbahn beim öffentlichen Dienst starten will, was ich bereits über den öffentlichen Dienst weiß und welche Fähigkeiten und Eigenschaften ich dafür mitbringe. Dann wurde in die Tiefe gefragt: welche Fächer mir in der Schule am meisten Spaß machen, warum meine Note in Mathematik nicht so gut ist, was ich über die aktuelle Flüchtlingssituation und die Berichterstattung in den Medien denke, wo ich mich beruflich in fünf bis zehn Jahren sehe, was ich in meiner Freizeit am liebsten mache usw. Jeder Gesprächspartner stellte nacheinander Fragen und notierte sich Stichworte zu meinen Antworten. Zum Schluss durfte ich auch noch Fragen stellen. Ich hatte mich ja vorab schon gut informiert und wusste schon einiges über den dualen Ausbildungsgang »Management in öffentlichen Unternehmen und Einrichtungen« und so habe ich gefragt, wie die Praxisblöcke in der Verwaltung konkret aussehen und was der Stadt als Arbeitgeber bei ihren Auszubildenden am wichtigsten ist. Dann war die Stunde auch schon vorbei und ich wurde freundlich verabschiedet und um ein wenig Geduld gebeten, da eine Entscheidung erst bis Mitte Februar getroffen werde.
Diese Wartezeit kam mir wirklich lang vor. Endlich habe ich in der ersten Februarwoche einen Brief erhalten. Darin stand: »... freuen wir uns, Ihnen mitteilen zu können, dass wir uns für Sie entschieden haben.« Das hat mich natürlich riesig gefreut. Ich werde mein Abi im Juni erfolgreich abschließen und im September geht es dann schon los mit meinem dualen Studium »Management in öffentlichen Unternehmen und Einrichtungen«.

Bundesagentur für Arbeit: Angestellter in der Abteilung IT-Service
Ich habe vor einigen Jahren meinen Fachhochschulabschluss als Fachinformatiker erfolgreich bestanden und zunächst bei verschiedenen Arbeitgebern in den Bereichen Systemadministration und Kundensupport gearbeitet. Als ich mich bei der Bundesagentur für Arbeit auf die Position »Fachinformatiker Systemadministration als Angestellter im gehobenen Dienst in der Abteilung IT-Service« beworben habe, war ich 34 Jahre alt. Das Einstellungsverfahren bestand aus drei Blöcken und wurde an einem einzigen Tag von 8.00 Uhr

bis 14.30 Uhr durchgeführt. Mit mir waren noch weitere drei Bewerberinnen und Bewerber eingeladen. Das Ganze begann mit den schriftlichen Tests.

Stufe 1: Schriftliche Testverfahren

Zweieinhalb Stunden lang musste ich meine deutschen und englischen Sprachkenntnisse, mein Allgemeinwissen, meine Merk- und Konzentrationsfähigkeit und mein logisches Denkvermögen unter Beweis stellen. Bei den Tests handelte es sich um die klassischen Aufgaben, die man aus den Testbüchern kennt. Ich hatte mich darauf vorbereitet und fühlte mich bei der Bearbeitung sicher. Außerdem wurden die Tests am Computer durchgeführt. Das hat mir gefallen. Danach gab es erst mal eine Pause.

Stufe 2: Assessment-Center-Aufgaben

Nach der Pause ging es mit zwei Assessment-Center-Aufgaben weiter. Die erste Aufgabe bestand darin, in der Gruppe zu diskutieren. Das Thema: »Welche IT-Serviceleistungen sollte die Bundesagentur für Arbeit outsourcen, welche nicht?« Bei dieser Aufgabe wurden wir von den Vertretern der Agentur beobachtet. Und da ich mich auch auf eine Gruppendiskussion vorbereitet hatte, wusste ich, dass es dabei besonders auf mein Sozialverhalten und auf meine Kommunikationsfähigkeit ankommt. Die zweite Assessment-Center-Aufgabe war ein Rollenspiel. Mein Gesprächspartner und ich mussten abwechselnd die Rolle des Angestellten der Abteilung IT-Service einnehmen und die Rolle eines aufgebrachten »internen Kunden« (ein Abteilungsleiter einer anderen Fachabteilung der Bundesagentur für Arbeit), dem bei einem IT-Problem geholfen werden sollte. Typische Kundensupport-Arbeit: Als IT-Service-Mitarbeiter den Gesprächspartner erst einmal ernst nehmen und beruhigen. Dann klären, welches Problem er hat, und helfen. Das kannte ich aus meiner vorherigen beruflichen Tätigkeit und hier konnte ich echt punkten. Danach gab es noch eine kurze Feedbackrunde, in der wir gefragt wurden, was wir glauben besonders gut bzw. weniger gut gemacht zu haben und was wir beim nächsten Mal anders bzw. besser machen würden. Dann war erst einmal Mittagspause.

Stufe 3: Vorstellungsgespräch

Nach dem Essen in der Betriebskantine ging es mit den Einzelgesprächen weiter. Das Vorstellungsgespräch war auf eine Stunde und fünfzehn Minuten ausgelegt. Darin wurden die klassischen Fragen gestellt, wobei den Gesprächspartnern meine Motivation besonders wichtig schien:

- Warum wollen Sie für die Bundesagentur für Arbeit arbeiten?
- Warum haben Sie sich nicht schon früher dafür interessiert?
- Was wissen Sie über die Strukturen der Bundesagentur für Arbeit?
- Warum wollen Sie in den öffentlichen Dienst?
- Was ist für Sie das Besondere an einer Stelle im öffentlichen Dienst?
- Wo sehen Sie sich beruflich in zehn Jahren?

Außerdem wurden mir meine Testergebnisse und meine Leistungen bei den Assessment-Center-Aufgaben zurückgemeldet. Meine Testwerte waren sehr gut. Mein Sozialverhalten und meine Kommunikationsfähigkeit wurden insgesamt als gut bewertet. Als kritische Rückmeldung gab man mir mit, im Gespräch und in der Diskussion mehr darauf zu achten, wenn mein Gegenüber im Verständnis der technischen Abläufe nicht ganz so schnell ist – und technische Details ggf. etwas langsamer und ausführlicher zu erläutern. Aber insgesamt habe ich eine überzeugende Leistung gezeigt.

Wenige Tage später erhielt ich die Zusage für den Job. Rückblickend hat sich meine gute Vorbereitung richtig gelohnt. Ich hatte mir schon vorher sehr genau überlegt, warum ich gerade zur Bundesagentur für Arbeit und im öffentlichen Dienst arbeiten will, und ich habe mich sehr gut auf alle Tests, auf die Assessment-Center-Aufgaben und auf die möglichen Fragen im Vorstellungsgespräch vorbereitet. Das war unbedingt notwendig und hat mir ein sicheres Gefühl gegeben.

Zum Umgang mit dem *Duden Trainer*

Der *Duden Trainer – Einstellungstests für den öffentlichen Dienst* ist nach einem bestimmten System aufgebaut. Alle schriftlichen Tests zur kognitiven Leistungsfähigkeit (Allgemeinbildung, Belastbarkeit, intellektuelle Leistungsfähigkeit) und zur Persönlichkeit werden zunächst erklärt. Dann folgen die Aufgaben, die Sie in einer bestimmten Zeit bearbeiten müssen. In der realen Testsituation ist es ähnlich. Bei der Bearbeitung der meisten Tests stehen Sie unter Zeitdruck. Deshalb empfehlen wir Ihnen, die Testbearbeitung in diesem Buch einmal unter möglichst »realen« Bedingungen, d. h. unter Zeitdruck, durchzuführen.
Achten Sie darauf, dass Sie mit der Aufgabenbearbeitung erst beginnen, wenn Sie die Aufgabenstellung verstanden haben. Dann läuft die Uhr.
In den meisten Fällen werden Sie die große Menge an Testaufgaben in der vorgegebenen kurzen Zeit nicht erfolgreich bearbeiten können. Das ist hier im Buch genauso wie in der realen Testsituation. Schriftliche Tests zur kognitiven Leistungsfähigkeit sind darauf ausgelegt, dass erfahrungsgemäß kein Kandidat in der vorgegebenen Zeit 100 Prozent erreicht. Der Schwierigkeitsgrad der Aufgaben steigt und die Zeitvorgabe ist zu knapp, um alle Aufgaben richtig zu lösen. Dadurch stehen Sie zusätzlich unter Druck.

Weitere spezielle Tipps zur Vorbereitung und Strategien zur Bearbeitung der einzelnen Testaufgaben finden Sie in den jeweiligen Kapiteln.

Die Auswertungs- und Bewertungshinweise zu den Persönlichkeitsfragebogenverfahren und den unterschiedlichen Assessment-Center-Aufgaben haben wir in den entsprechenden Kapiteln »Persönlichkeitsfragebogen« und »Assessment-Center-Aufgaben« aufgeführt.

Unser Anliegen ist es, dass Sie sich mithilfe des vorliegenden *Duden Trainer* mit den verschiedenen Testaufgabentypen vertraut machen, um besser zu wissen, was in einem Einstellungsverfahren im öffentlichen Dienst auf Sie zukommen kann. Wir wissen aus unserer jahrelangen Testpraxis, dass Sie bei Einstellungstests wesentlich besser abschneiden werden, wenn Sie die Testaufgaben, die Sie erwarten, zuvor geübt haben.

Wir wünschen Ihnen viel Erfolg bei Ihrem Einstellungsverfahren im öffentlichen Dienst!

Rechtschreibung
Richtig schreiben
Buchstaben ergänzen
Fremdwörter
ss und ß
roß- und Kleinschreibung
etrennt- und Zusammen-
schreibung
Kommasetzung
ückentext Kommasetzung
Diktat
Grammatik
Verbformen
Präpositionen
Konjunktionen
Wortbedeutungen
Gegensätzliche Begriffe
Sprichwörter
Sätze vervollständigen
Sätze korrigieren
Die Zeiten
Wortbedeutungen
chtig schreiben und über-
setzen
Lückentext
Politik und Gesellschaft
Geschichte
Wirtschaft und Finanzen
Kunst und Kultur
Naturwissenschaft und
Technik
ografie und Landeskunde
Persönlichkeiten
Sport
Computer und Internet
Entdeckungen und
Erfindungen
Abkürzungen
trukturen der öffentlichen
Verwaltung
turen der Bundesrepublik
Deutschland
Europäische Strukturen
Grundrechenarten
Kopfrechnen
Kettenrechnen
Textaufgaben
imal- und Bruchrechnung
ozent- und Zinsrechnung
Maße und Gewichte
Schätzaufgaben
Dreisatz

Tests: Allgemeinbildung

Deutsche Sprache

Die deutsche Sprache ist selbst für Muttersprachler nicht immer einfach zu handhaben. Da die Grammatikregeln oder die korrekte Rechtschreibung oft komplex sind, ist das Überprüfen der Deutschkenntnisse nahezu bei allen Berufsgruppen essenziell. Der Grund hierfür ist, dass die Hauptgeschäftssprache Deutsch ist. Aber auch darüber hinaus ist die korrekte Anwendung der eigenen Sprache elementar, damit Sie sich mit Kunden, Kollegen und Vorgesetzten einwandfrei verständigen und auch komplexe Arbeitsanweisungen ohne Probleme befolgen können. In Eignungstests wird daher eine Vielzahl an Fähigkeiten abgefragt. Hierzu zählen Rechtschreibkenntnisse, wie zum Beispiel die Groß- und Kleinschreibung, aber auch Grammatikkenntnisse, wie zum Beispiel die richtige Verwendung von Konjunktionen und Präpositionen. Für Ihre persönliche Auswertung der Aufgaben gilt generell: Wenn Sie in der vorgegebenen Zeit mindestens **50 Prozent der Aufgaben** richtig gelöst haben, ist das bereits ein befriedigendes Ergebnis. Haben Sie zwischen **60 und 75 Prozent der Aufgaben** richtig gelöst, entspricht das einer sehr guten Leistung. **100 Prozent** sind erfahrungsgemäß nicht oder nur schwer zu erreichen.

Rechtschreibung

Markieren Sie die nach den aktuellen Regeln der Rechtschreibung richtige Schreibweise. Achtung: Es kann vorkommen, dass mehr als eine Lösung korrekt ist.

Trainingsaufgaben

Für die 30 Aufgaben haben Sie **2 Minuten** Zeit.

1)
a) Akkustik
b) Ackustik
c) Akustik
d) Akustick

2)
a) Atrappe
b) Attrappe
c) Artrappe
d) Adrappe

3)
a) dementsprechend
b) demendtsprechend
c) demendsprechend
d) demendsprechent

4)
a) Carisma
b) Charissma
c) Kharisma
d) Charisma

5)
a) Athmosphäre
b) Athmosphere
c) Atmosfäre
d) Atmosphäre

6)
a) Mikrofon
b) Miekrofon
c) Mikrofohn
d) Mikrophon

7)
a) Apartheit
b) Apartheid
c) Appartheid
d) Apartheidt

8)
a) Widerspiegelung
b) Wiederspiegelung
c) Widerspigelung
d) Wiederspiegellung

9)
a) Asymetrie
b) Asymmethrie
c) Asimmetrie
d) Asymmetrie

10)
a) Ballettaufführung
b) Balletaufführung
c) Ballettaufführung
d) Balettaufführung

11)
a) Fittnessstudio
b) Fitnessstudio
c) Fitnesstudio
d) Fittnesstudio

12)
a) Garderobe
b) Gaderobe
c) Garderrobe
d) Gaderrobe

13)
a) Maschinenbauingenieur
b) Maschienenbauingenieur
c) Maschienenbauingeneur
d) Maschinenbauingeneur

14)
a) grießgrämig
b) griesgrämig
c) griesgremig
d) griescremig

15)
a) vielversprechent
b) viel versprechend
c) vielversprächend
d) vielversprechend

16)
a) aufs Geradewohl losgehen
b) auf's Geradewohl losgehen
c) aufs Geratewohl losgehen
d) aufs Geratewohl los gehen

17)
a) die Geißelnahme beenden
b) die Geißelname beenden
c) die Geiselname beenden
d) die Geiselnahme beenden

18)
a) eine neu beseitete Gitarre
b) eine neu besaitete Gitarre
c) eine neu besaitete Gittarre
d) eine neu beseitete Gitarre

19)
a) keine Mine verziehen
b) keine Miene ferziehen
c) keine Miene verziehen
d) keine Mine verzieen

20)
a) eine aufwendige Inzenierung
b) eine aufwendige Inszenierung
c) eine aufwendige Inszenirung
d) eine aufwändige Inszenierung

21)
a) eine hanebüchene Beschuldigung
b) eine hanebüchene Beschulldigung
c) eine hahnebüchene Beschulldigung
d) eine hahnebüchene Beschuldigung

22)
a) die Miete im voraus bezahlen
b) die Mite im Voraus bezahlen
c) die Miete im Voraus bezahlen
d) die Miete imvoraus bezahlen

23)
a) mit Inkrafttreten des Gesetzes
b) mit in Krafttreten des Gesetzes
c) mit in Kraft treten des Gesetzes
d) mit Inkraftreten des Gesetzes

24)
a) explizit da rauf hinweisen
b) explizit darauf hinweisen
c) expliziet darauf hin weisen
d) explizid darauf hinweisen

25)
a) Betrunkene, die vor der Bar krakehlen
b) Betrunkene, die vor der Bar krahkeelen
c) Betrunkene, die vor der Bar grakeelen
d) Betrunkene, die vor der Bar krakeelen

26)
a) gang und gebe sein
b) gang und gäbe sein
c) Gang und Gebe sein
d) Gang und Gäbe sein

27)
a) sich Kopf über in die Arbeit stürzen
b) sich kopfüber in die Arbeit stürtzen
c) sich Kopfüber in die Arbeit stürtzen
d) sich kopfüber in die Arbeit stürzen

28)
a) definitiv Recht haben
b) definitiv rechthaben
c) definitif recht haben
d) definitiv recht haben

29)
a) eine prophylaktische Massnahme treffen
b) eine profilaktische Maßnahme treffen
c) eine prophylacktische Maßnahme treffen
d) eine prophylaktische Maßnahme treffen

30)
a) Spaghetthi
b) Spaghetti
c) Spagetti
d) Spagettie

Lösungen

1) c
2) b
3) a
4) d
5) d
6) a und d
7) b
8) a
9) d
10) c
11) b
12) a
13) a
14) b
15) b und d
16) c
17) d
18) b
19) c
20) b und d
21) a
22) c
23) a
24) b
25) d
26) b
27) d
28) a und d
29) d
30) b und c

Kommentierte Lösungen

Zu 1c) *Akustik*
Das Wort kommt vom griechischen *akoustikós* für »das Gehör betreffend« und wird mit einem einfachen *k* geschrieben.

Zu 2b) *Attrappe*
Dieses Wort für eine täuschend ähnliche Nachbildung von etwas schreibt sich tatsächlich mit Doppel-t und Doppel-p, obwohl sein französischer Vorgänger *attrape* heißt. Aber hier spielt noch der germanische Ursprung von *trappe* für »Falle, Schlinge« mit hinein.

Zu 3a) *dementsprechend*
Dieses Wort wird zusammengeschrieben, da es sich um eine Zusammensetzung handelt. Nur in sehr wenigen, bestimmten Kontexten könnte man auch eine Wendung aus zwei Wörtern vermuten (etwa: *eine dem [Gesagten] entsprechende Antwort).*

Zu 4d) *Charisma*
Das Substantiv stammt aus dem Griechischen und wird trotz seiner Aussprache mit [k-] wie das Herkunftswort mit *Ch-* geschrieben. Der Plural lautet entweder *Charismen* oder *Charismata.*

Zu 5d) *Atmosphäre*
Das Wort kommt aus dem Griechischen: von griechisch *atmós* für »Dunst« und *sphaĩra* für »(Erd)kugel«. Daher wird das Wort ohne *h* nach dem *t* geschrieben.

Zu 6a) *Mikrofon* und d) *Mikrophon*
Fremdwörter auf *-fon/-phon* können im Deutschen entweder mit *f* oder mit *ph* geschrieben werden, da die meisten schon weitgehend eingedeutscht sind.

Zu 7b) *Apartheid*
Im Gegensatz zu deutschen Substantiven auf *-heit* wie *Menschheit, Freiheit* endet das aus dem Afrikaans stammende Wort mit einem *-d.* Der erste Teil kommt von *apart* für »besonders, einzeln«.

Zu 8a) *Widerspiegelung*
Der erste Bestandteil dieses Wortes geht auf *wider* mit der Bedeutung »gegen« zurück, daher wird es nur mit einem einfachen *i* geschrieben.

Zu 9d) *Asymmetrie*
Das Wort stammt aus dem Griechischen: *asymmetría* aus: a- für »nicht, un-« und *Symmetrie.*

Zu 10c) *Ballettaufführung*
Das Wort *Ballett* kommt aus dem Italienischen. Dort heißt es *balletto,* was eine Verkleinerungsform von *ballo* für »Tanz« ist. Daher wird es auch im Deutschen mit Doppel-l und Doppel-t geschrieben.

Zu 11b) *Fitnessstudio*
Da *Fitness* mit *ss* geschrieben wird und *Studio* mit einem *s* beginnt, werden beim Zusammensetzen der beiden Wörter auch alle Buchstaben beibehalten, also steht dreimal das *s.*

Zu 12a) *Garderobe*
Das Substantiv *Garderobe* kommt aus dem Französischen: aus *garde* und *robe,* bedeutet also eigentlich »Kleiderverwahrung«.

Zu 13a) *Maschinenbauingenieur*
Maschine schreibt sich, wie viele Fremdwörter mit lang gesprochenem *i,* ohne ein Dehnungszeichen wie ein *h (ihm)* oder *e (Wiese)* – vgl. auch die Regeln zu langen Vokalen im Kapitel »Richtig schreiben« auf S. 84.

Zu 14b) *griesgrämig*
Dieses Adjektiv war bereits im 15. Jahrhundert als *grisgramig* bekannt und hat nichts mit dem Getreide *Grieß* zu tun, sondern geht auf *gries* für »grau« zurück.

Zu 15b) *viel versprechend* und d) *vielversprechend*
Für diese Verbindung aus einem Adjektiv und einem Partizip gibt es zwei mögliche Schreibungen: Die eigentliche Grundform *viel versprechen* muss man getrennt schreiben, daher gilt diese Schreibung dann auch für das Partizip *viel versprechend.* Aber immer wenn solche Partizipien als Adjektive gebraucht werden, ist ebenso die Zusammenschreibung möglich: *vielversprechend.*

Zu 16c) *aufs Geratewohl losgehen*
Diese feste Wendung mit der Bedeutung »auf gut Glück« leitet sich ab von der Aufforderung »Gerate wohl!«

Zu 17d) *die Geiselnahme beenden*
Das Wort *Geisel* darf nicht mit *Geißel* verwechselt werden. *Geisel* kommt aus dem mittelhochdeutschen *gīsel* (althochdeutsch gīsal) für »Pfand«.

Zu 18b) *eine neu besaitete Gitarre*
Man muss hier die gleichlautenden Wörter *Seite* (z. B. eines Buches) und *Saite* (z. B. eines Streich- oder anderen Instruments) genau unterscheiden.

Zu 19c) *keine Miene verziehen*
Man darf die beiden Wörter *Miene* und *Mine* nicht verwechseln. Das einen Gesichtsausdruck bezeichnende Substantiv *Miene* wird mit *-ie-* geschrieben; das einen unterirdischen Gang, einen Sprengkörper oder eine Kugelschreibereinlage bezeichnende Substantiv *Mine* dagegen mit einfachem *-i-*.

Zu 20b) *eine aufwendige Inszenierung* und d) *eine aufwändige Inszenierung*
Da man das Adjektiv *aufwendig/aufwändig* vom Verb *aufwenden,* aber auch vom Substantiv *Aufwand* ableiten kann, sind auch beide Schreibweisen zulässig.

Zu 21a) *eine hanebüchene Beschuldigung*
Das Wort *hanebüchen* für »empörend, unerhört, skandalös« kommt von mittelhochdeutsch *hagenbüechīn* für »grob, derb, klotzig« (= »aus Hagebuchenholz bestehend«, das ist das Holz der Hainbuche).

Zu 22c) *die Miete im Voraus bezahlen*
Die mit einem Artikel verschmolzene Präposition *(in + dem)* zeigt an, dass es sich hier um eine Substantivierung handelt und *voraus* großgeschrieben wird.

Zu 23a) *mit Inkrafttreten des Gesetzes*
Verbale Wendungen aus mehreren Bestandteilen wie *in Kraft treten* werden bei der Substantivierung zu einem einzigen zusammengesetzten Wort: *das Inkrafttreten.*

Zu 24b) *explizit darauf hinweisen*
Es handelt sich hier um drei Wörter, wobei das Fremdwort *explizit* vom lateinischen *explicitus* für »klar« kommt.

Zu 25d) *Betrunkene, die vor der Bar krakeelen*
Das Verb *krakeelen* für »laut schreien« kommt aus dem Niederländischen *kreelen* und wird daher mit *ee* geschrieben.

Zu 26b) *gang und gäbe sein*
Diese feste Wendung kommt von *gängig* und dem mittelhochdeutschen *gaebe* für »angenehm, gültig«.

Zu 27d) *sich kopfüber in die Arbeit stürzen*
Diese adverbiale Bestimmung wird klein- und zusammengeschrieben.

Zu 28a) *definitiv Recht haben* und d) *definitiv recht haben*
Da man die Wendung *recht/Recht haben* grammatikalisch in verschiedener Weise deuten kann, sind auch zwei Schreibweisen zugelassen: *1. Du hast Recht.* (Was?) *2. Du hast ja so recht.* (Wie?)

Zu 29d) *eine prophylaktische Maßnahme treffen*
Dieses für das deutsche Schriftbild untypische Wort kommt wieder mal aus dem Griechischen und ist in dieser Schreibung auch bei uns üblich.

Zu 30b) *Spaghetti* und c) *Spagetti*
Für das aus dem Italienischen stammende Wort gibt es die Ursprungsschreibung mit *gh* und die eingedeutschte Form ohne *h* – beides ist korrekt.

Tipps zur Rechtschreibung

Gleich klingende Wörter

Besondere Schwierigkeiten bereiten Wörter, die gleich klingen, aber unterschiedlich geschrieben werden und damit jeweils eine andere Bedeutung haben. Die wichtigsten dieser »Paare« sind:

- ***seit*** und ***seid***
  - ***seid*** ist die Verbform der zweiten Person Plural von *sein: Seid ihr dabei?*
  - ***seit*** kommt als Präposition *(Seit seiner Prüfung ...)* und als Konjunktion *(Seit sie Sport treibt ...)* vor.
- ***Stadt*** und ***statt***
  - Wörter mit ***Stadt-*** haben etwas mit der Bedeutung »größerer Ort« zu tun: *Stadtzentrum, Städtetag.*
  - Bei Wörtern mit ***statt-*** hilft es meistens, wenn man darauf achtet, ob sie etwas mit der Bedeutung *Statt* = »Platz, Stelle« zu tun haben: *stattfinden, Gaststätte.*

- ***wieder*** und ***wider***
    - Das Wörtchen ***wider*** drückt einen Gegensatz aus. Solche Verbindungen werden immer zusammengeschrieben: *widersprechen* (= sich **gegen** die Meinung eines anderen äußern), *widerstehen* (= sich **gegen** jemanden oder etwas behaupten).
    - Das Adverb ***wieder*** drückt eine Wiederholung im Sinne von »erneut« oder »zurück« aus: *Ich werde es dir wiedergeben, wenn wir uns wiedersehen / wieder sehen.*
- ***tod-*** und ***tot-***
  Man hört den Unterschied am Ende nicht und einen Bedeutungsunterschied gibt es auch nicht, daher die Faustregel:
    - Zusammengesetzte **Verben** werden meist mit ***tot*** gebildet: *totkriegen, totlaufen.*
    - Zusammengesetzte **Adjektive** werden meist mit ***tod*** gebildet: *todkrank, todsicher.*
- ***das*** und ***dass***
    - ***das*** ist entweder ein **Artikel** bei einem Substantiv (es kann auch *dieses* oder *jenes* stehen: *das Auto*), ein **Relativpronomen** (es leitet einen Nebensatz ein, man kann es durch *welches* ersetzen: *das Auto, das da steht*) oder ein **Demonstrativpronomen** am Anfang eines Satzes (*Das ist schön.*).
    - ***dass*** leitet einen Nebensatz ein und kann nicht durch *dieses, jenes* oder *welches* ersetzt werden (*Er sagt,* ***dass*** *er gerne zur Arbeit geht.*).

Achtung

Wenn man unsicher ist, mit welchem Konsonanten (Mitlaut) ein Wort oder ein Wortstamm endet, hilft oft eine Verlängerungsprobe weiter: Man bildet ein verwandtes Wort, indem eine Endung wie -e, en, -er, -es, -in, -ung an den Wortstamm angehängt wird. Wenn man dann das Wort deutlich ausspricht, kann man den korrekten Konsonanten hören:

b oder p?	*lie**b** → lie**b**en, hu**p**! → hu**p**en*
d oder t?	*Wal**d** → Wäl**d**er, kal**t** → käl**t**er*
g oder k?	*Ta**g** → Ta**g**e; Tan**k** → tan**k**en*
s oder ß?	*lie**s**! → le**s**en, lie**ß** → la**ss**en*

Drei gleiche Konsonanten
Wenn drei gleiche Konsonanten aufeinandertreffen, werden sie auch alle geschrieben. Man kann einen Bindestrich setzen, wenn einem das übersichtlicher erscheint. Dann wird das Wort nach dem Bindestrich allerdings großgeschrieben, wenn es ein Substantiv ist: *Schwimmmeisterschaft* oder *Schwimm-Meisterschaft.*
Achtung: Das sollte man nur machen, wenn das Wort sonst schlecht lesbar ist!

Getrennt oder zusammen?
Wir geben hier nur einen sehr kurzen Überblick über dieses umfangreiche Gebiet der Rechtschreibung, detailliertere Informationen gibt es im Kapitel »Getrennt- und Zusammenschreibung« auf S. 104. Ob man Wörter getrennt oder zusammenschreibt, hängt im Wesentlichen von ihrer Bedeutung ab:

- Bilden diese Wörter eine Sinneinheit oder stehen sie in einem übertragenen Sinn? Dann schreibt man sie oft zusammen:

krankschreiben, kopfstehen, umhinkommen

- In anderen Fällen schreibt man eher getrennt:
  geschenkt bekommen, gefangen halten
- Oft gibt es auch beide Möglichkeiten, weil es keine klare Entscheidung gibt:
  etwas geringachten / gering achten, sich über etwas klarwerden / klar werden
- Häufig kann man es auch an der **Betonung** merken:
  - Wird der erste Bestandteil betont, dann schreibt man zusammen:
    aufeinanderstapeln, abwärtslaufen, wiederkehren
  - Wird (auch) der letzte Bestandteil betont, schreibt man getrennt:
    seitwärts einparken, abwärts rennen (und nicht [abwärts] gehen, also mit Betonung auf dem Verb)

Richtig schreiben

Sie sehen eine Vielzahl von Wörtern. Prüfen Sie, ob sie nach der neuen Rechtschreibung richtig geschrieben sind. Wenn nicht, notieren Sie das Wort in korrekter Schreibweise.

Trainingsaufgaben
Für die 60 Wörter haben Sie **4 Minuten** Zeit.

1) Bahnfart ____________
2) Zyklus ____________
3) Erdnuß ____________
4) Vliegenfischer ____________
5) Bährenmutter ____________
6) Stadtstraße ____________
7) Efiziens ____________
8) Rückgrat ____________
9) antibakteriel ____________
10) Termometer ____________
11) Dissertation ____________
12) Mehrwasser ____________
13) Reeling ____________
14) Evoluzion ____________
15) kriminell ____________
16) Kolumne ____________
17) flankiren ____________
18) Glutamad ____________
19) bischen ____________
20) antiauthoritär ____________
21) pathetisch ____________
22) Stehgreif ____________
23) Hypotese ____________
24) Injektzion ____________
25) Jonglör ____________
26) ratifizieren ____________
27) gewaldig ____________
28) Alligator ____________
29) Deskalation ____________
30) Fokusierung ____________
31) hundertfach ____________
32) Einfallspinsel ____________
33) Bagette ____________
34) Impresionissmus ____________
35) Rytmus ____________
36) verwelgen ____________
37) Chirugie ____________
38) ausserdem ____________
39) Analphabetismus ____________
40) Rabarber ____________
41) Aszendent ____________
42) Keiser ____________
43) Endgelt ____________
44) meandern ____________
45) ökumänisch ____________
46) appellieren ____________
47) Aggresion ____________
48) echauffieren ____________
49) totmüde ____________
50) Abonement ____________

51) Gitarre
52) wiederstehen
53) zielorientiert
54) Hallterung
55) Philosophie
56) Postleitzahl
57) Bohje
58) Messehalle
59) morgentlich
60) Aneckdote

Lösungen

1) Bahnfahrt
2) Zyklus (richtig)
3) Erdnuss
4) Fliegenfischer
5) Bärenmutter
6) Stadtstraße (richtig)
7) Effizienz
8) Rückgrat (richtig)
9) antibakteriell
10) Thermometer
11) Dissertation (richtig)
12) Meerwasser
13) Reling
14) Evolution
15) kriminell (richtig)
16) Kolumne (richtig)
17) flankieren
18) Glutamat
19) bisschen
20) antiautoritär
21) pathetisch (richtig)
22) Stegreif
23) Hypothese
24) Injektion
25) Jongleur
26) ratifizieren (richtig)
27) gewaltig
28) Alligator (richtig)
29) Deeskalation
30) Fokussierung
31) hundertfach (richtig)
32) Einfaltspinsel
33) Baguette
34) Impressionismus
35) Rhythmus
36) verwelken
37) Chirurgie
38) außerdem
39) Analphabetismus (richtig)
40) Rhabarber
41) Aszendent (richtig)
42) Kaiser
43) Entgelt
44) mäandern
45) ökumenisch
46) appellieren (richtig)
47) Aggression
48) echauffieren (richtig)
49) todmüde
50) Abonnement
51) Gitarre (richtig)
52) widerstehen
53) zielorientiert (richtig)
54) Halterung
55) Philosophie (richtig)
56) Postleitzahl (richtig)
57) Boje
58) Messehalle (richtig)
59) morgendlich
60) Anekdote

Kommentierte Lösungen

Zu 1) *Bahnfahrt:*
Wie das Verb *fahren* wird auch *Fahrt* mit Dehnungs-h geschrieben.

Zu 2) *Erdnuss:*
Nach einem kurzen Vokal muss der scharfe s-Laut mit ss geschrieben werden.

Zu 4) *Fliegenfischer:*
Es gibt nicht viele Wörter im Deutschen, die den f-Laut mit *v* schreiben (wie *Vogel* und *Vater) – Fliege* gehört nicht dazu.

Zu 5) *Bärenmutter:*
Nicht alle lang gesprochenen Vokale haben ein Dehnungszeichen bei sich – solche Wörter (wie eben *Bär)* muss man sich einprägen.

Zu 7) *Effizienz:*
Wie auch viele andere Fremdwörter *(Lizenz, Referenz, Essenz)* schreibt man *Effizienz* hinten mit *z*.

Zu 8) *Rückgrat:*
Beim zweiten Teil der Zusammensetzung handelt es sich um die Temperatureinheit *Grad,* sondern um das Wort *Grat,* das eine Anhöhe, einen Bergrücken bezeichnet.

Zu 9) *antibakteriell:*
Die Endung *-iell* ist bei Fremdwörtern häufig und wird mit Doppel-l geschrieben. Vgl. auch das Kapitel »Fremdwörter« auf S. 89.

Zu 10) *Thermometer:*
In vielen Fremdwörtern kommt *th* vor, so auch in allen, die mit dem Wortbildungselement *therm* (zu griech. *thermós:* »warm, heiß«) gebildet werden. Vgl. auch das Kapitel »Fremdwörter« auf S. 89.

Zu 12) *Meerwasser:*
Hier handelt es sich um Wasser aus dem *Meer* – das hat nichts mit der Steigerung von *viel (mehr)* zu tun.

Zu 13) *Reling:*
Im Wort *Reling* für »Schiffsgeländer« gibt es kein Dehnungszeichen.

Zu 14) *Evolution:*
Die Endung *-tion* ist in vielen Fremdwörtern geläufig und schreibt sich nur sehr selten mit dem eingedeutschten *z* statt *t.* Vgl. auch das Kapitel »Fremdwörter« auf S. 89.

Zu 17) *flankieren:*
Die Endung *-ieren* ist bei Verben aus fremden Sprachen häufig zu finden – sie schreibt sich immer mit *ie.* Vgl. auch das Kapitel »Fremdwörter« auf S. 89.

Zu 18) *Glutamat:*
Hier kann die Verlängerungsprobe helfen, indem man den Plural oder den Genitiv bildet: *die Glutamate, des Glutamates* – dann hört man den t-Laut deutlich.

Zu 20) *antiautoritär:*
Das Wort *autoritär* hat mit dem Wort *Autor* zu tun und dieses geht zurück auf das französische *auteur* und das lateinische *auctor* – nirgendwo ist also ein *h* zu finden.

Zu 22) *Stegreif:*
Dieses Wort kommt nur noch in der Wendung »aus dem Stegreif« vor und bedeutet so viel wie »Steigbügel«. Man macht also etwas improvisierend – ohne vom Pferd abzusteigen.

Zu 23) *Hypothese:*
Wie bei sehr vielen Fremdwörtern aus dem Griechischen und Lateinischen wird auch hier *th* geschrieben. Vgl. auch das Kapitel »Fremdwörter« auf S. 89.

Zu 24) *Injektion:*
Die in vielen Fremdwörtern vorkommende Substantivendung *-tion* wird nicht mit *z* geschrieben. Vgl. auch das Kapitel »Fremdwörter« auf S. 89.

Zu 25) *Jongleur:*
Bei vielen Wörtern aus dem Französischen ist die Eindeutschung noch nicht so weit fortgeschritten, dass die Endung *-eur* der deutschen Aussprache angepasst und mit *ö* geschrieben wird. Auch bei *Jongleur* ist die französische Schreibung (noch?) die korrekte auch im deutschen Text. Vgl. auch das Kapitel »Fremdwörter« auf S. 89.

Zu 29) *Deeskalation:*
Hier kommen zwei Wortbildungselemente zusammen: *De-* und *Eskalation* – es soll einer Eskalation entgegengewirkt werden.

Zu 30) *Fokussierung:*
Da nach einem kurzen Vokal (hier dem *u*) in der Regel ein doppelter Konsonant folgt, liegt die Schreibung mit *ss* nahe.

Zu 32) *Einfaltspinsel:*
Der erste Teil dieser Zusammensetzung geht auf *Einfalt* (von *einfältig)* zurück und hat nichts mit *Einfall* zu tun.

Zu 33) *Baguette:*
Im Französischen ist die Buchstabenfolge *-gue-* häufig, weil sie auf die Ausspracheweise des *g* hinweist – das ist im Deutschen nicht nötig, aber das Wort ist als solches in den deutschen Wortschatz übernommen worden. Vgl. auch das Kapitel »Fremdwörter« auf S. 89.

Zu 34) *Impressionismus:*
Der doppelte Konsonant *ss* zeigt hier den kurz auszusprechenden Vokal *e* an, der vorausgeht.

Zu 35) *Rhythmus:*
Wie in vielen Wörtern aus dem Lateinischen kommen hier die Buchstabenfolgen *rh* und *th* vor – nur eben beide in einem Wort.

Zu 36) *verwelken:*
Hier hört man den Unterschied zwischen g und *k* in der Aussprache deutlich.

Zu 38) *außerdem:*
Nach einem Doppellaut wie *au* kann im Deutschen kein *ss* stehen, der scharfe s-Laut wird dann immer mit *ß* geschrieben.

Zu 40) *Rhabarber:*
Die Schreibweise dieses nicht einfachen Wortes muss man schlicht lernen.

Zu 42) *Kaiser:*
Das Substantiv *Kaiser* gehört zu den Wörter mit *ai*, die man sich einprägen sollte.

Zu 43) *Entgelt:*
Wörter mit *End-/end-* kommen immer von »Ende« und drücken aus, dass etwas den endgültigen Schlusspunkt darstellt, auf das Ende zugeht bzw. das Ende erwarten lässt. In allen anderen Fällen, die nicht vom Wort »Ende« abgeleitet sind, steht die Vorsilbe *Ent-/ent-*.

Zu 44) *mäandern:*
Dieses Verb kommt von *Mäander,* dem Namen eines Flusses, und bezeichnet die schlangenförmige Bewegung von Flüssen.

Zu 49) *todmüde:*
In zusammengesetzten Wörtern, die *Tod* oder *tot* enthalten, hört sich das *d* bzw. *t* gleich an. Als Faustregel kann man sich merken, dass zusammengesetzte Verben meist mit *tot-* gebildet werden und zusammengesetzte Adjektive meist mit *tod-*.

Zu 50) *Abonnement:*
Wie schon im Französischen wird dieses Wort auch im Deutschen mit *nn* geschrieben.

Zu 52) *widerstehen:*
Die Präposition *wider* drückt in Verbverbindungen einen Gegensatz aus, z. B. *widersprechen* (= sich gegen die Meinung eines anderen äußern). Das Adverb *wieder* dagegen drückt in Verbverbindungen eine Wiederholung im Sinne von »erneut« oder »zurück« aus.

Zu 57) *Boje:*
Hier handelt es sich um ein Wort, das ohne Dehnungszeichen geschrieben wird.

Zu 59) *morgendlich:*
Analog zu *abendlich* wird auch *morgendlich* mit »d« geschrieben.

Zu 60) *Anekdote:*
In Fremdwörtern ist die »deutsche« Doppelung *ck* nicht üblich und so wird auch *Anekdote* nur mit einfachem *k* geschrieben.

Tipps zum richtigen Schreiben

Lange Vokale

Für die Kennzeichnung von **lang gesprochenen Vokalen** gibt es verschiedene Möglichkeiten:

- **Dehnungs-h:** auf den Vokal folgt der Buchstabe h: *lehren, Ruhm, Sohn, Höhle, zahm*
- **Doppelvokal:** ***aa, ee, oo:*** *Seele, Moos, Saal* (aber: *Säle!*).
- **Dehnungs-e,** besonders bei langem i *(siegen, Stiefel, ich blieb)*, auch in Fremdwörtern, die mit langem i enden *(Genie, Lotterie, Biologie)*.

Oft steht ein langer Vokal auch ohne Dehnungszeichen: *Rose, Lügen, Krone, Hase, Segen.*

Kurze Vokale

Für die Kennzeichnung von **kurz gesprochenen Vokalen** gibt es die beiden folgenden Möglichkeiten:

- **Verdoppelung des nachfolgenden Konsonanten,** dazu zählen auch *ck* und *tz* (nur ganz wenige Fremdwörter haben *kk* oder *zz*): *E**bb**e, Be**tt**, ho**ff**en, kli**rr**en, Ba**ll**, ko**mm**en, Ne**nn**er, Pa**pp**e; ba**ck**en, Mü**ck**e, A**kk**ord, Sa**kk**o, Ka**tz**e, Ri**tz**e, Mozzarella, Pizza.*
- **Konsonantenhäufung** (es folgen zwei oder mehrere verschiedene Konsonanten): *Schra**nk**, Sti**ft**, La**mp**e, Kli**ng**el, Bi**ld**, A**mp**el, Pa**lm**e, Hä**lft**e.*

Gleich klingende Silben und Laute

Manchmal sind es nicht ganze Wörter, sondern nur Silben oder Buchstaben, die gleich klingen, aber unterschiedlich geschrieben werden – auch hier gibt es häufig Bedeutungsunterschiede! Hier die wichtigsten:

- ***ent-*** und ***end-***
  - Zusammensetzungen und Ableitungen mit ***end-*** kommen von »Ende«: *endlich, endgültig, endlos, Endlager, Endeffekt, Endfassung, Endprodukt, Endzeit*
  - In allen anderen Fällen, die nicht vom Wort »Ende« abgeleitet sind, steht die Vorsilbe ***ent-:*** *entzünden, entkleiden, entleeren, entflammbar, Entlassung, Entscheidung*
- ***ä/e*** und ***äu/eu***
  Ob man ein Wort mit *e* oder *ä* bzw. mit *eu* oder *äu* schreibt, kann man in der Regel nicht hören. In diesen Fällen hilft der Wortstamm:
  - Wenn es ein verwandtes Wort mit *a* oder *au* gibt, schreibt man das Wort mit **ä** oder **äu:** *älter → alt, Ställe → Stall, bräunlich → braun, Säugling → saugen.*
  - Wenn es keine Parallelen gibt, schreibt man das Wort meist mit ***e*** oder ***eu:*** *rechnen, teuer.*

  Daher gibt es auch zwei mögliche Schreibungen für *aufwendig/aufwändig:* Man kann es herleiten vom Verb *aufwenden* oder vom Substantiv *Aufwand.*
- Bei den Silben ***-ant/-ent*** bzw. ***-and/-end*** als Nachsilben hilft es, eine gebeugte Form zu bilden:

- *Konfirmand – Konfirmandin,* aber: *Informant – Informanten*
- *Dividend – Dividenden,* aber: *Präsident – Präsidenten*

Schwierige Fälle: ***ei*** und ***ai*** sowie der x-Laut und der z-Laut

Bei manchen Wörtern gibt es keine Regel und keinen Trick – man muss sie einfach auswendig lernen. Dies gilt vor allem für Wörter mit *ei/ai* sowie für die x- und z-Laute.

- Mit ***ai*** werden nicht viele Wörter geschrieben: *Kaiser, Laib, Hai, Mai, Froschlaich*
- Der **x-Laut** kann auf verschiedene Weise geschrieben werden:
  - *x: Hexe*
  - *chs: Lachs*
  - *gs: flugs*
  - *ks: Keks*
  - *cks: Klacks*
- Der **z-Laut** kann geschrieben werden als:
  - *z: Kerze*
  - *tz: Katze*
  - *t: Kaution*

Buchstaben ergänzen

Sie sehen Wörter, bei denen ein oder mehrere Buchstaben fehlen. Ergänzen Sie die Buchstaben so, dass die Wörter nach der neuen Rechtschreibung richtig geschrieben sind.

Trainingsaufgaben

Für die 50 Wörter haben Sie **2 Minuten** Zeit.

1) Anwei ___ ung
2) Lü ___ ke
3) Ap ___ etit
4) Ar ___ tbrief
5) Gebur ___ stag
6) ___ ogelhaus
7) Abschlu ___
8) Ma ___ nung
9) Mit ___ eilung
10) Nachla ___
11) nä ___ lich
12) Notwendi ___ keit
13) Of ___ enbarung
14) O ___ ortunismus
15) pe ___ imistisch
16) Karame ___
17) di ___ kutieren
18) pe ___ antisch
19) Pat ___ ologie
20) pr ___ chtig
21) kolo ___ al
22) plum ___
23) Rei ___ ender
24) rückwär ___ s
25) schlie ___ en
26) abwei ___ end
27) Artis ___
28) Kalen ___ er
29) i ___ un
30) Be ___ ren
31) ma ___ len
32) im ___ onieren
33) in ___ antil
34) Le ___ rbuch
35) Massa ___ er
36) ___ ielfraß
37) Pseu ___ onym
38) Regelmä ___ igkeit
39) Ver ___ ielfäl ___ igung
40) Wechselseiti ___ kei ___
41) Bungalo ___
42) Essen ___
43) No ___ wendi ___ keit
44) Nuan ___ e
45) ___ ausen ___ sassa
46) Res ___ ektlosigkei ___
47) Kon ___ en ___ ionalstrafe
48) ___ aulen ___ er
49) A ___ sol ___ ent
50) A ___ resse

Lösungen

1) Anwei**s**ung
2) Lü**ck**e
3) Ap**p**etit
4) Ar**zt**brief
5) Gebur**t**stag
6) **V**ogelhaus
7) Abschlu**ss**
8) Ma**h**nung
9) Mi**tt**eilung
10) Nachla**ss**
11) nä**m**lich
12) Notwendi**g**keit
13) O**ff**enbarung
14) O**pp**ortunismus
15) pe**ss**imistisch
16) Karame**ll**
17) di**s**kutieren
18) pe**d**antisch
19) Pat**h**ologie
20) pr**ä**chtig
21) kolo**ss**al
22) plum**p**
23) Rei**s**ender
24) rückwär**t**s
25) schlie**ß**en
26) abwei**s**end
27) Artis**t**
28) Kalen**d**er
29) i**mm**un
30) B**ee**ren
31) ma**h**len
32) im**p**onieren
33) in**f**antil
34) Le**h**rbuch
35) Massa**k**er
36) **V**ielfraß
37) Pseu**d**onym
38) Regelmä**ß**igkeit
39) Ver**v**ielfä**lt**igung
40) Wechselseiti**g**kei**t**
41) Bungalo**w**
42) Essen**z**
43) No**t**wendi**g**keit
44) Nuan**c**e
45) **T**ausen**d**sassa
46) Res**p**ektlosigkei**t**
47) Kon**v**en**t**ionalstrafe
48) **F**aulen**z**er
49) A**b**sol**v**ent
50) A**d**resse

Tipps zum Buchstabenergänzen

Miss-/-nis

- Die Vorsilbe ***Miss-/miss-*** schreibt man immer mit *ss*: *Missverständnis – missmutig*
- Die Nachsilbe ***-nis*** hingegen schreibt man mit einfachem *s*. Der Plural jedoch wird mit *ss* geschrieben: *das Geheimnis – die Geheimnisse*

kk/zz

- Die Konsonantenverbindungen ***kk*** und ***zz*** schreibt man heute nur noch in einigen Fremdwörtern: *Akkord, Mokka, Mozzarella, Pizza, Razzia, Sakko*
- Sonst werden sie durch ***ck*** und ***tz*** ersetzt: *Hetze, Katze, motzen, Ritze*

Das lange *i*

- In vielen Wörtern wird das lange *i* durch ein darauffolgendes *e*, also als ***ie*** gekennzeichnet:
  Brief, Dieb, Fieber, zufrieden, sieben, viel
- Manchmal (aber selten) wird das lange *i* als ***ih*** oder ***ieh*** wiedergegeben:
  ihm, ihn, ihr;
  fliehen, Vieh, wiehern, ziehen
- In den meisten Fremdwörtern wird das lange *i* als einfaches *i* geschrieben:
  Exil, Kamin, Krise, Krokodil, Musik, Spirale, Termin, Tiger

- Aber die betonten Nachsilben ***-ie, -ier*** und ***-ieren,*** die vor allem in Fremdwörtern vorkommen, werden mit ***ie*** geschrieben:
  Garantie, Scharnier, Turnier, gratulieren, studieren, trainieren

Fremdwörter

Bitte markieren Sie alle nach den aktuellen Regelungen der Rechtschreibung richtigen Schreibvarianten.

Trainingsaufgaben

Für die 30 Aufgaben haben Sie **2 Minuten** Zeit.

1)
a) Chauffeur
b) Chaufeur
c) Schoffeur

2)
a) Konnotation
b) Konnottation
c) Connotation

3)
a) Protagonnist
b) Protagonist
c) Prottagonist

4)
a) Emmission
b) Emission
c) Ämission

5)
a) Hypotese
b) Hypothäse
c) Hypothese

6)
a) Blasphemie
b) Blasphämie
c) Plasphemie

7)
a) Suplimierung
b) Sublimmierung
c) Sublimierung

8)
a) Verifikation
b) Werifikation
c) Värifikation

9)
a) Akribie
b) Ackribie
c) Akribi

10)
a) Epitaf
b) Eppitaf
c) Epitaph

11)
a) Millieu
b) Milieu
c) Milliö

12)
a) Metafer
b) Mettafa
c) Metapher

13)
a) synthethisch
b) syntetisch
c) synthetisch

14)
a) Syntaks
b) Syntax
c) Süntaks

15)
a) Stygmatisierung
b) Schtigmatisierung
c) Stigmatisierung

16)
a) Ambivalenz
b) Ambiwalenz
c) Ambivalens

17)
a) Eloquens
b) Äloquenz
c) Eloquenz

18)
a) Homahge
b) Homage
c) Hommage

19)
a) Iniziation
b) Initiation
c) Innitiation

20)
a) Kongruenz
b) Kongruens
c) Kongruänz

21)
a) intregant
b) intriegant
c) intrigant

22)
a) Präferenz
b) Preferenz
c) Präferens

23)
a) Expossee
b) Exposé
c) Ekspossee

24)
a) Vignete
b) Vignette
c) Wignette

25)
a) Apell
b) Appäll
c) Appell

26)
a) sukzässive
b) suksessive
c) sukzessive

27)
a) Akquisition
b) Aquisition
c) Akwisition

28)
a) amortisieren
b) armortisieren
c) ammotisieren

29)
a) Kommolitone
b) Kommilitone
c) Komilitone

30)
a) Korifäe
b) Choryphäe
c) Koryphäe

Lösungen

1) a
2) a
3) b
4) b
5) c
6) a
7) c
8) a
9) a
10) c
11) b
12) c
13) c
14) b
15) c
16) a
17) c
18) c
19) b
20) a
21) c
22) a
23) b
24) b
25) c
26) c
27) a
28) a
29) b
30) c

Kommentierte Lösungen

Zu 1a) *Chauffeur:*
Bei vielen Wörtern aus dem Französischen ist die Eindeutschung schon so weit fortgeschritten, dass die Endung *-eur* der deutschen Aussprache angepasst und mit *ö* geschrieben wird. Bei anderen Wörtern (wie *Chauffeur)* ist dies nicht Fall – man muss sich diese einfach merken.

Zu 4b) *Emission:*
Man schreibt das Wort mit einem *m* und zwei *ss* – merken kann man es sich eigentlich ganz gut, da das *E* zu Beginn nicht kurz ausgesprochen wird.

Zu 5c) *Hypothese:*
Wie auch beim Wort *These* ist das *th* aus dem Griechischen hier beibehalten worden.

Zu 6a) *Blasphemie:*
Wie bei vielen Wörtern aus dem Lateinischen und dem Griechischen ist das *ph* erhalten geblieben.

Zu 9a) *Akribie:*
Das ist ein nicht ganz einfacher Fall, denn das erste *i* wird trotz langer Aussprache ohne Dehnungszeichen geschrieben, das zweite im Auslaut dagegen mit einem Dehnungs-e.

Zu 10c) *Epitaph:*
Die Schreibung vieler Fremdwörter muss man schlicht lernen.

Zu 11b) *Milieu:*
Ein gesprochenes »lj« kann auch wie hier mit nur einem *l* geschrieben werden.

Zu 12c) *Metapher:*
Dass ein f-Laut in Fremdwörtern als *ph* geschrieben wird, ist ein häufiges Phänomen.

Zu 13c) *synthetisch:*
Auch in Fremdwörtern ist in der Nachsilbe *-tisch* in der Regel kein *th* zu finden.

Zu 14b) *Syntax:*
Wie in Fremdwörtern üblich, ist das gesprochene »ü« auch hier als *y* zu finden.

Zu 19b) *Initiation:*
Das gesprochene »ts« wird in Fremdwörtern auf verschiedene Arten geschrieben, aber sehr häufig ist es als Buchstabenfolge *ti* zu finden – hier gleich zweimal.

Zu 23b) *Exposé:*
Da es im Deutschen den Akzent nicht gibt, werden viele geläufige Wörter in der Weise eingedeutscht, dass ein Wort mit lang gesprochenem e statt des Akzents mit Doppel-e geschrieben wird. *Exposé* als bildungssprachliches Wort gehört auch dazu – man kann es mit Akzent *Exposé* oder ohne Akzent *Exposee* schreiben.

Zu 24b) *Vignette:*
Wie bei vielen Wörtern aus dem Französischen schreibt man den uns fremden Laut »nj« mit *gn.*

Zu 26c) *sukzessive:*
Im Lateinischen noch mit *cc* geschrieben, ist dieses Wort im Deutschen der Aussprache angepasst worden und schreibt sich mit *kz.*

Zu 27a) *Akquisition:*
Die für das Deutsche sehr ungewöhnliche Schreibweise mit »kqu« kommt daher, dass das Wort *Akquisition* auf das lateinische *acquisitio* zurückgeht.

Zu 28a) *amortisieren:*
Auch wenn das *a* zu Beginn nicht eindeutig lang gesprochen wird, folgt nur ein *m* anstelle eines Doppel-m. Und da das Wort für »nach und nach tilgen« auf das französische *amortir* (= »abtöten« zu lateinisch *mortuus* für »tot« mit der Vorsilbe a-) zurückgeht, darf nach dem *a* auch kein *r* folgen.

Zu 29b) *Kommilitone:*
Schon im Lateinischen wurde dieses Wort für »Mitsoldat, Waffenbruder« mit Doppel-m geschrieben; und auch heute noch in seiner Bedeutung »Studienkollege« ist das beibehalten worden.

Zu 30c) *Koryphäe:*
Dieses Wort ist wirklich kompliziert – und zudem wird es trotz ähnlicher Herkunft (aus dem Griechischen) und gleichem Anlaut nicht wie *Chor* oder *Choral* mit *Ch-* geschrieben, sondern mit *K-*.

Tipps zu Fremdwörtern

Fremdwörter werden häufig anders geschrieben als gesprochen. Dabei richten sich Schreibung und Aussprache eines Fremdworts in den meisten Fällen nach den Regeln der Herkunftssprache.

- **Fremdwörter aus dem Lateinischen oder dem Griechischen** werden häufig mit ***ph, rh, th*** oder ***y*** geschrieben: *Physik, Rheuma, Rhythmus, Theater, Lyrik.*
- Substantivische Fremdwörter **enden** häufig **auf *ie:*** *Demokratie, Geografie.*
- Verbale Fremdwörter **enden** häufig **auf *ieren:*** *flanieren, reparieren.*
- Fremdwörter haben **im Wortinneren** meist nur **ein einfaches *i:*** *Tiger, Maschine.*

Werden Fremdwörter oft verwendet, gleichen sie sich in ihrer Schreibung häufig der deutschen Sprache an: *Graphik – Grafik, Friseur – Frisör, Cousine – Kusine.* Die Schreibung der meisten Fremdwörter muss man sich schlicht einprägen! Lesen Sie viel und wiederholen Sie diese Übung mehrfach.

- Für die Schreibung von **Fremdwörtern aus dem Englischen** gilt:
  - Was wie ein langes »i« klingt, wird oft *ee* oder *ea* geschrieben: *Teenager, Jeans*
  - Ein gehörtes »ei« wird häufig als *y* oder als *i* geschrieben: *Recycling, Design, live*
- Bei der Schreibung von **Fremdwörtern aus dem Französischen** gilt Folgendes:
  - Ein gesprochenes »u« wird meist *ou* geschrieben: *Souvenir, Tourist*
  - Was ähnlich klingt wie ein deutsches »ä« wird *ai* geschrieben: *Palais, Saison*
  - Ein gesprochenes »lj« oder »ij« wird oft *ill* geschrieben: *Medaille, Taille*
  - Gesprochenes »ö« schreibt man *eu: Kontrolleur, Masseur*
  - Was wie ein [ʒ] klingt, wird vor *e* oder *i* als g geschrieben: *Garage, Passagier*

ss und ß

Bitte vervollständigen Sie die Lücken nach den aktuellen Regelungen der Rechtschreibung mit »ss« bzw. »ß«.

Trainingsaufgaben

Für die 20 Aufgaben haben Sie **30 Sekunden** Zeit.

1) Ma___enmedien
2) Flu___
3) Ma___band
4) schwei___na___
5) Fu___gänger
6) ma___geblich
7) Kongre___
8) Stre___
9) Blö___e
10) Gru___
11) Ku___
12) mü___en
13) Fu___ball
14) wä___rig
15) rei___en
16) Schlo___
17) au___er
18) Spa___
19) Flei___
20) Stra___e

Lösungen

1) ss
2) ss
3) ß
4) ß, ss
5) ß
6) ß
7) ss
8) ss
9) ß
10) ß
11) ss
12) ss
13) ß
14) ss
15) ß
16) ss
17) ß
18) ß
19) ß
20) ß

Kommentierte Lösungen

Zu 1) *Ma**ss**enmedien:*
Weil das *a* kurz ausgesprochen wird, folgt *ss*, denn nach einem kurzen Vokal wird der stimmlose s-Laut in der Regel als *ss* geschrieben.

Zu 2) *Flu**ss**:*
Auch hier ist der Vokal, das *u*, kurz, daher steht *ss*, denn nach einem kurzen Vokal wird der stimmlose s-Laut in der Regel als *ss* geschrieben.

Zu 3) *Ma**ß**band:*
Dieses *a* wird lang ausgesprochen, daher folgt *ß*, denn nach einem langen Vokal wird der stimmlose s-Laut als *ß* geschrieben.

Zu 4) *schwei**ß**na**ss**:*
Nach einem Doppellaut (Diphthong) wird der stimmlose s-Laut als *ß* geschrieben, also steht nach dem *ei* ein *ß*. Am Ende des Wortes steht vor dem stimmlosen s-Laut ein kurzes *a*, also steht *ss*.

Zu 5) *Fu**ß**gänger:*
Nach einem langen Vokal wird der stimmlose s-Laut als *ß* geschrieben – und das *u* wird hier lang ausgesprochen.

Zu 6) *ma**ß**geblich:*
Auch hier wird der Vokal (das *a)* lang ausgesprochen, daher folgt *ß*, denn nach einem langen Vokal wird der stimmlose s-Laut als *ß* geschrieben.

Zu 7) *Kongre**ss**:*
Nach einem kurzen Vokal am Wortende, hier dem *e*, wird der stimmlose s-Laut in der Regel als *ss* geschrieben.

Zu 8) *Stre**ss**:*
Wie schon beim Beispiel davor wird nach einem kurzen Vokal am Wortende der stimmlose s-Laut in der Regel als *ss* geschrieben.

Zu 9) *Blö**ß**e:*
Nach einem langen Vokal wird der stimmlose s-Laut als *ß* geschrieben – das gilt auch für die Umlaute *ä, ö* und *ü*.

Zu 10) *Gru**ß**:*
Das *u* wird lang ausgesprochen, daher wird der stimmlose s-Laut danach als *ß* geschrieben.

Zu 11) *Ku**ss**:*
Dieses *u* wird kurz ausgesprochen, daher wird der stimmlose s-Laut danach als *ss* geschrieben.

Zu 12) *müssen:*
Der Umlaut *ü* wird hier kurz ausgesprochen, also wird der stimmlose s-Laut danach als *ss* geschrieben.

Zu 13) ***Fußball:***
Weil das *u* lang ausgesprochen wird und der folgende s-Laut stimmlos ist, wird dieser als *ß* geschrieben.

Zu 14) *wässrig:*
Nach dem kurzen Umlaut *ä* wird der stimmlose s-Laut als *ss* geschrieben.

Zu 15) *reißen:*
Nach dem Doppellaut (Diphthong) *ei* wird der folgende stimmlose s-Laut grundsätzlich als *ß* geschrieben.

Zu 16) *Schloss:*
Nach einem kurzen Vokal wird der stimmlose s-Laut als *ss* geschrieben.

Zu 17) *außer:*
Auch das *au* ist ein Doppellaut (Diphthong), also wird der folgende stimmlose s-Laut als *ß* geschrieben.

Zu 18) *Spaß:*
Nach einem langen Vokal wird der stimmlose s-Laut als *ß* geschrieben.

Zu 19) *Fleiß:*
Und wieder ein Doppellaut (Diphthong): Der auf *ei* folgende stimmlose s-Laut wird als *ß* geschrieben.

Zu 20) *Straße:*
Auch hier wird das *a* zweifellos lang ausgesprochen, also muss der stimmlose s-Laut danach als *ß* geschrieben werden.

Tipps zu ss und ß

s-Laut nach kurzem Vokal

Nach einem **kurzen betonten Vokal** (Selbstlaut) wird der s-Laut als ss geschrieben, wenn er **am Ende des Wortstamms** oder des ganzen Wortes steht (er ist dann immer automatisch stimmlos, also scharf oder gezischt, denn im Deutschen werden alle Konsonanten am Ende einer Silbe oder eines Wortes automatisch stimmlos):

- Es heißt also *Fluss* und *bissig.*
- Aber: *Fest, raspeln* (der s-Laut steht hier nicht am Wortstammende, denn das *s* ist vor der Endung *-eln).*

Einige, meist kurze Wörter bilden Ausnahmen: *bis, Bus, das, was.*

s-Laut nach langem Vokal

Nach einem **langen Vokal** (Selbstlaut) oder Doppellaut (Diphthong) wie *ai, ei, au, äu, eu* schreibt man den s-Laut als

- ***ß*, wenn er scharf** (stimmlos, »gezischt«) ausgesprochen wird: *Fuß, fleißig,*
- ***s*, wenn er weich** (stimmhaft, »gesummt«) ausgesprochen wird: *Reise, Häuser.*

Achtung

Besonders bei unregelmäßigen Verben muss man auf die Länge des Vokals achten:
fressen: *es frisst – es fraß*
gießen: *er gießt – er goss*

Sonderregeln

- Wird ein Wort in **Großbuchstaben** geschrieben, so wird das *ß* grundsätzlich durch Doppel-*S* ersetzt: *Straße* → *STRASSE.* Dies gilt auch, wenn dadurch Missverständnisse entstehen könnten: *Maße* → *MASSE.*

Groß- und Kleinschreibung

Bitte entscheiden Sie unter Verwendung der aktuellen Regeln zur Groß- und Kleinschreibung, ob die Lücken jeweils durch einen Groß- oder einen Kleinbuchstaben ergänzt werden müssen.

Trainingsaufgaben

Für die 30 Aufgaben haben Sie **2 Minuten** Zeit.

1) Sehr geehrte Frau Mayer, vielen Dank für __hren Brief!
2) Obwohl wir uns lange nicht gesehen haben, gibt es nicht viel __eues.
3) Im __llgemeinen geht er gern ins Kino.
4) Ich habe __uch heute im Unterricht vermisst.
5) Sie war die __ufmerksamste und __lügste unter allen Studentinnen.
6) Trotz des Nachhilfeunterrichts fiel ihm das __echnen noch immer schwer.
7) Dürfte ich __ie bitten, __hrem Chef auszurichten, dass ich um Rückruf bitte?
8) Am __iebsten verbrachte er __onntags seine Zeit im Bett.
9) Er wünschte ihr zum Abschied alles __ute.
10) Das __rüne ist mein Auto.
11) Ich will __uretwegen keinen Ärger bekommen.
12) Bei der Suche nach dem Täter fischte die Polizei noch immer im __rüben
13) __enn das Wetter so bleibt, fahren wir ins __rüne.
14) Der __tlantische Ozean ist das zweitgrößte Weltmeer.
15) Nach __llem, was man so hört, sollte man sich aufs __chlimmste gefasst machen.
16) Schon allein bei dem Gedanken daran, vor der ganzen Klasse sprechen zu müssen, wurde ihr __ngst und __ange.
17) Er hoffte, dass bald endlich etwas __utes passieren würde, nachdem er in den vergangenen Monaten __iniges ertragen musste.
18) Zum Leidwesen seiner Mitspieler würfelte er eine __echs nach der __nderen.

19) Sie suchte diesen gewissen _emand, mit dem sie durch _ick und _ünn gehen konnte.

20) Der Geschäftstermin wurde auf _orgen _ormittag verschoben.

21) Die Prüfung war sehr schwer, aber er hat sein _estes gegeben.

22) Kurz und klar _esagtes ist am _eichtesten zu verstehen.

23) Nur keine _ange, es wird schon alles klappen.

24) Weil er zu viel Alkohol getrunken hatte, trug er _llein _chuld an dem Unfall.

25) Ihre gemeinsame Zeit würde _orgen enden und so war die Stimmung dieses letzten _bends eine ganz _esondere.

26) Der _leine Hund ist niedlicher als der _roße.

27) Bei allen Entscheidungen ist es wichtig, das _ro und _ontra sorgfältig abzuwägen.

28) Wegen ihres _rödelns war sie _chuld daran, dass er seinen Zug verpasste.

29) Mittlerweile bereute sie, ihn _estern _acht noch angerufen zu haben.

30) Er wollte auch während seines Urlaubs über die Entwicklungen auf dem _aufenden gehalten werden.

Lösungen

1) Ihren
2) Neues
3) Allgemeinen
4) euch
5) aufmerksamste, klügste
6) Rechnen
7) Sie, Ihrem
8) liebsten, sonntags
9) Gute
10) grüne
11) euretwegen
12) Trüben
13) Wenn, Grüne
14) Atlantische
15) allem, Schlimmste
16) angst und bange
17) Gutes, einiges
18) Sechs, anderen
19) Jemand, dick und dünn
20) morgen Vormittag
21) Bestes
22) Gesagtes, leichtesten
23) Bange
24) allein, Schuld
25) morgen, Abends, besondere
26) kleine, große
27) Pro und Contra
28) Trödelns, schuld
29) gestern Nacht
30) Laufenden

Kommentierte Lösungen

Zu 1) *Sehr geehrte Frau Mayer, vielen Dank für* ***I****hren Brief!*
Die Höflichkeitsanrede wird grundsätzlich großgeschrieben – und im Brief, wie hier, allemal.

Zu 2) *Obwohl wir uns lange nicht gesehen haben, gibt es nicht viel* ***N****eues.*
Hier wird die Substantivierung des Adjektivs *neu* durch das unbestimmte Zahlwort davor *(viel)* angezeigt).

Zu 3) *Im* ***A****llgemeinen geht er gern ins Kino.*
Die Substantivierung ist deutlich zu erkennen: Ein Artikel und eine Präposition stehen verschmolzen davor *(im = in dem).*

Zu 4) *Ich habe* ***e****uch heute im Unterricht vermisst.*
Die vertrauliche Anrede wird kleingeschrieben – es sei denn, sie taucht im Brief auf, was hier nicht der Fall ist.

Zu 5) *Sie war die* ***a****ufmerksamste und* ***k****lügste unter allen Studentinnen.*
Allein stehende Adjektive mit Artikel, die sich auf ein vorher oder nachher genanntes Substantiv beziehen, sind nicht substantiviert und werden daher kleingeschrieben – und hier beziehen sich die Adjektive *aufmerksamste* und *klügste* auf die später genannten *Studentinnen.*

Zu 6) *Trotz des Nachhilfeunterrichts fiel ihm das* ***R****echnen noch immer schwer.*
Diese Substantivierung des Verbs *rechnen* ist durch den Artikel *das* augenfällig.

Zu 7) *Dürfte ich* ***S****ie bitten,* ***I****hrem Chef auszurichten, dass ich um Rückruf bitte?*
Die Höflichkeitsanrede wird mit allen ihren Pronomen (Fürwörtern) großgeschrieben.

Zu 8) *Am* ***l****iebsten verbrachte er* ***s****onntags seine Zeit im Bett.*
Die Zeitangabe *sonntags* ist kein Substantiv und daher kleinzuschreiben – und auch die höchste Steigerungsform (der Superlativ) von *lieb (am liebsten)* bleibt klein.

Zu 9) *Er wünschte ihr zum Abschied alles* ***G****ute.*
Hier liegt eine Substantivierung vor, angezeigt durch *alles.*

Zu 10) *Das* ***g****rüne ist mein Auto.*
Das Adjektiv *grün* bezieht sich auf *Auto,* daher handelt es sich nicht eine Substantivierung.

Zu 11) *Ich will* ***e****uretwegen keinen Ärger bekommen.*
Die vertrauliche Anrede wird kleingeschrieben.

Zu 12) *Bei der Suche nach dem Täter fischte die Polizei noch immer im* ***T****rüben.*
Hier liegt eine Substantivierung vor, angezeigt durch den mit der Präposition verschmolzenen Artikel: *im (= in dem).*

Zu 13) ***W****enn das Wetter so bleibt, fahren wir ins* ***G****rüne.*
Satzanfänge werden großgeschrieben, ebenso Substantivierungen. Letztere erkennt man auch hier an dem Artikel und der Präposition: *ins (= in das).*

Zu 14) *Der* ***A****tlantische Ozean ist das zweitgrößte Weltmeer.*
Eigennamen, auch geografische, werden großgeschrieben.

Zu 15) Auch wenn es wie substantiviert aussieht (z. B. in Verbindung mit Artikel oder Präposition) wird *all-* immer kleingeschrieben. *Nach* ***a****llem, was man so hört, sollte man sich aufs* ***S****chlimmste gefasst machen.*
Hier wird die Substantivierung wieder einmal durch den mit der Präposition verschmolzenen Artikel angezeigt *(aufs = auf das Schlimmste).*

Zu 16) *Schon allein bei dem Gedanken daran, vor der ganzen Klasse sprechen zu müssen, wurde ihr* ***a****ngst und* ***b****ange.*
Das Paar ***a****ngst und* ***b****ange* wird nur in Verbindung mit den Verben *sein, bleiben* und *werden* kleingeschrieben (ebenso wie die Wörter *gram, leid, pleite, schuld).* Also: *Ihr wird angst* (wie?) und *sie hat Angst* (was?).

Zu 17) *Er hoffte, dass bald endlich etwas* ***G****utes passieren würde, nachdem er in den vergangenen Monaten* ***e****iniges ertragen musste.*
Die Substantivierung *Gutes* erkennt man an *etwas.* Und das Wörtchen *einiges* gehört zu den Fürwörtern, die grundsätzlich kleingeschrieben werden.

Zu 18) *Zum Leidwesen seiner Mitspieler würfelte er eine* ***S****echs nach der* ***a****nderen.*
Hier handelt es sich bei der Sechs um eine Substantivierung, wie der Artikel zeigt. Nur das unbestimmte Wörtchen *andere* muss kleingeschrieben werden.

Zu 19) *Sie suchte diesen gewissen* ***J****emand, mit dem sie durch* ***d****ick und* ***d****ünn gehen konnte.*
Auch Wörter anderer Wortarten können als Substantive verwendet werden und dann schreibt man sie ebenfalls groß – hier das unbestimmte Fürwort (Pronomen) *jemand.* Feste Verbindungen aus Präposition und Adjektiv ohne Artikel werden kleingeschrieben, wenn sie adverbial (als Umstandsangaben) gebraucht werden, so zum Beispiel *durch dick und dünn, über kurz oder lang.*

Zu 20) *Der Geschäftstermin wurde auf morgen* ***V****ormittag verschoben.*
Hier liegt die Verbindung von einer Zeitangabe *morgen* mit einem Tageszeitsubstantiv *(Vormittag)* vor und beide behalten ihre Schreibung bei.

Zu 21) *Die Prüfung war sehr schwer, aber er hat sein* ***B****estes gegeben.*
Hier erkennt man die Substantivierung an dem besitzanzeigenden Fürwort (Pronomen) *sein*, das ja ein Bezugswort *(das Beste)* braucht.

Zu 22) *Kurz und klar* ***G****esagtes ist am* ***l****eichtesten zu verstehen.*
In diesem Fall hat die Substantivierung *Gesagtes* ebenfalls Attribute bei sich, nämlich *kurz und klar.* Die Höchststufe der Steigerung (der Superlativ) wird immer kleingeschrieben, weil man sie mit »wie?« erfragt: »Wie ist es zu verstehen? Am leichtesten.«

Zu 23) *Nur keine* ***B****ange, es wird schon alles klappen.*
In diesem Beispiel steht *Bange* nicht mit einem der Verben *sein/bleiben/werden,* also wird das Wort als Substantiv großgeschrieben.

Zu 24) *Weil er zu viel Alkohol getrunken hatte, trug er* ***a****llein* ***S****chuld an dem Unfall.*
Auch *schuld/Schuld* wird nur in Verbindung mit den Verben *sein, bleiben* und *werden* kleingeschrieben (ebenso wie die Wörter *angst* und *bange, gram, leid, pleite).* Also muss hier die Großschreibung gelten: *Er hat/trägt Schuld (was?).*

Zu 25) *Ihre gemeinsame Zeit würde* ***m****orgen enden und so war die Stimmung dieses letzten* ***A****bends eine ganz* ***b****esondere.*
Hier haben wir eine ganz normale kleinzuschreibende Zeitangabe *(morgen)* und ein Substantiv *(der Abend).* Das Adjektiv am Satzende *(besondere)* bezieht sich wiederum auf das vorher genannte *Stimmung* und wird daher ganz normal als Beifügung dazu kleingeschrieben.

Zu 26) *Der* ***k****leine Hund ist niedlicher als der* ***g****roße.*
Allein stehende Adjektive mit Artikel, die sich auf ein vorher oder nachher genanntes Substantiv beziehen, sind nicht substantiviert und werden daher kleingeschrieben:

Zu 27) *Bei allen Entscheidungen ist es wichtig, das* ***P****ro und* ***K****ontra sorgfältig abzuwägen.*
Auch Präpositionen können substantiviert sein – der Artikel *das* macht das deutlich.

Zu 28) *Wegen ihres* ***T****rödelns war sie* ***s****chuld daran, dass er seinen Zug verpasste.*
Die Substantivierung des Verbs *trödeln* wird in diesem Satz durch das besitzanzeigende Fürwort *ihres* angezeigt, es handelt sich um *ihr Trödeln.* Und *schuld* steht mit dem Verb *sein,* also wird es kleingeschrieben.

Zu 29) *Mittlerweile bereute sie, ihn* ***g****estern* ***N****acht noch angerufen zu haben.*
Ähnlich wie in Satz 20 liegt hier die Verbindung einer Zeitangabe (hier *gestern*) mit einem Tageszeitsubstantiv *(Nacht)* vor und beide behalten ihre Schreibung bei.

Zu 30) *Er wollte auch während seines Urlaubs über die Entwicklungen auf dem* ***L****aufenden gehalten werden.*
Die Substantivierung hier erkennt man an dem Artikel und der Präposition: *auf dem.*

Tipps zur Groß- und Kleinschreibung

Großschreibung

- **Satzanfänge** und **Überschriften** schreibt man groß.
- **Substantive** und **Substantivierungen** (Wörter, die zu Substantiven geworden sind) schreibt man groß. Das erkennt man oft an einem dazugehörigen Artikel, Pronomen (Fürwort wie *mein, unser*), Adjektiv, einer Präposition (Verhältniswort wie *in, auf …*): *ein Haus, vierzig Bewerber, das Wichtigste, viel Unnützes, beim Arbeiten.* Substantiviert werden können alle möglichen Wörter:
    - Verben: *das viele **Telefonieren,** am **Gelingen** beteiligt sein*
    - Adjektive: *das **Größte,** nichts **Wesentliches,** den **Kürzeren** ziehen*
    - Partizipien (Mittelwörter): *der **Lesende,** nichts **Gedrucktes***
    - Zahlwörter: *die Prüfung mit einer **Zwei** bestehen*
    - Interjektionen (Ausrufewörter): *mit großem **Ach** und **Weh***
    - Konjunktionen (Bindewörter) und Präpositionen: *das Wenn und Aber, das Für und Wider*
    - Pronomen: *Das ist ein **Er,** keine **Sie.***
- **Paarformeln** zur Bezeichnung von Personen schreibt man groß: *Arm und Reich kamen angelaufen, Groß und Klein waren begeistert.*
- **Eigennamen** und **feste Begriffe** schreibt man groß. Dazu zählen:
    - Titel-, Ehren- und Amtsbezeichnungen: *der Regierende Bürgermeister* (Berlin)
    - geografische Namen: *das Tote Meer*
    - historische Ereignisse oder Epochen: *der Zweite Weltkrieg*
    - besondere Kalendertage: *der Heilige Abend*
    - Klassifizierungen in Botanik und Zoologie: *die Schwarze Witwe*
    - Sterne und Sternbilder: *Großer Wagen, Kleiner Bär*
- Die **Höflichkeitsanrede *Sie*** und ihre Pronomen (Fürwörter wie ***Ihnen, Ihre, Ihr*** usw.) schreibt man groß. Die Pronomen der vertraulichen Anrede *du* und *ihr* (also Plural!) sowie die entsprechenden Pronomen werden kleingeschrieben – nur in Briefen kann man sie wie die Höflichkeitsanrede auch großschreiben.
- **Tageszeiten als Substantive** schreibt man **groß.** Man erkennt sie meist am Artikel oder an einer Präposition: *der Morgen, zu Mittag essen, gegen Abend, vor Mitternacht.* Zeitangaben können auch im Genitiv stehen. Sie haben dann ein -s angehängt: *des Abends.*

Kleinschreibung

- Alle Wörter, die **keine Substantive** sind, werden **kleingeschrieben,** wenn sie wie ihre ursprüngliche Wortart verwendet werden: Verben und Partizipien *(schreiben, lesend, gerechnet)*, Adjektive *(gut, bunt)*, Adverbien *(heute, gern, abends)*, Artikel *(der, die, das, ein)*, Pronomen *(du, er, sein)*, Präpositionen *(neben, in, unter)*, Konjunktionen *(wenn, trotzdem)* und Zahlwörter *(drei, viel, wenig)*.
- Die vier Zahladjektive ***viel – wenig – ein – andere*** werden in der Regel in allen Formen kleingeschrieben. Auch die Pronomen ***manche – jede – beide – einige*** werden kleingeschrieben.
- **Zeitangaben als Adverbien** (wie *vorgestern, gestern, heute, morgen und übermorgen)* werden kleingeschrieben, ebenso die Zeitangaben, denen ein -s angehängt wurde: *morgens, mittags, abends* (Vorsicht: nicht verwechseln

mit den Tageszeiten im Genitiv: *morgens ↔ des Morgens*).

Groß- und Kleinschreibung möglich

- Die **höchste Steigerungsstufe von Adjektiven,** die mit ***auf das / aufs*** gebildet wird und sowohl mit »Wie?« als auch mit »Auf was?« erfragt werden kann, darf groß- oder kleingeschrieben werden:
  Dieses Verhalten wurde auf das Schärfste/schärfste verurteilt.
- **Sprachbezeichnungen** können Adjektive (Kleinschreibung) oder Substantive (Großschreibung) sein. Als Adjektive kann man sie meist mit »Wie?« erfragen, als Substantive mit »Was?«
  Beim Bewerbungsgespräch ist englisch (wie?) / *Englisch* (was?) *zu sprechen.*
  Für diesen Job braucht man Englisch (was?).
- Auch **Farbadjektive** können als Substantive gebraucht werden. Dann kann man sie nicht durch »Wie?« erfragen:
  *Das **B**lau der Uniform ist schön.* (Was?)
  *Die Uniform ist **b**lau.* (Wie?)

Zahlwörter

- **Grundzahlen** werden kleingeschrieben:
  *Ich habe **vierzehn** Bewerbungen geschrieben. Der Termin ist um **zehn.***
  Nur wenn sie als Substantiv gebraucht werden, werden Grundzahlen großgeschrieben: *Die **Sechs** gewinnt. Ich habe eine **Zwei** in der Prüfung.*
- **Ordnungszahlen** werden kleingeschrieben, wenn sie ein Bezugswort bei sich haben: *Er war der **erste** Läufer im Ziel.*
  Sie werden großgeschrieben, wenn sie als Substantiv gebraucht werden: *die Rechte **Dritter**, der **Nächste**, er war **Letzter***

Getrennt- und Zusammenschreibung

Bitte entscheiden Sie unter Verwendung der aktuellen Regeln zur Getrennt- und Zusammenschreibung, welche Schreibweise richtig ist.

Trainingsaufgaben

Für die 20 Aufgaben haben Sie **2 Minuten** Zeit.

1)
a) Weil es ihm auch morgens noch nicht besser ging, ließ er sich krank schreiben.
b) Weil es ihm auch morgens noch nicht besser ging, ließ er sich krankschreiben.

2)
a) Im Kopfrechnen war sie noch nie gut.
b) Im Kopf rechnen war sie noch nie gut.

3)
a) Sein Auto hatte er nach dem Schulabschluss geschenkt bekommen.
b) Sein Auto hatte er nach dem Schulabschluss geschenktbekommen.

4)
a) Sie war es leid, sich ständig mit dem Thema auseinander setzen zu müssen.
b) Sie war es leid, sich ständig mit dem Thema auseinandersetzen zu müssen.

5)
a) In der Post Schlange stehen zu müssen, ist oftmals eine Geduldsprobe.
b) In der Post Schlangestehen zu müssen, ist oftmals eine Geduldsprobe.

6)
a) An hand seiner DNA konnte der Täter identifiziert werden.
b) Anhand seiner DNA konnte der Täter identifiziert werden.

7)
a) Lass dir von deinem Kollegen bloß nichts weismachen.
b) Lass dir von deinem Kollegen bloß nichts weis machen.

8)
a) Als das Essen endlich serviert wurde, war es nur noch lau warm.
b) Als das Essen endlich serviert wurde, war es nur noch lauwarm.

9)
a) Seine Freunde beschrieben ihn als sehr anlehnungsbedürftig.
b) Seine Freunde beschrieben ihn als sehr anlehnungs bedürftig.

10)
a) Das letzte Stück des Weges mussten sie zufuß gehen.
b) Das letzte Stück des Weges mussten sie zu Fuß gehen.

11)
a) Im Urlaub wollte sie am Strand liegen und Sonnen baden.
b) Im Urlaub wollte sie am Strand liegen und sonnenbaden.

12)
a) Irgendwann wollte sie die Stadt verlassen und aufs Land ziehen.
b) Irgend wann wollte sie die Stadt verlassen und aufs Land ziehen.

13)
a) Es gibt noch soviele Länder, die sie gern bereisen möchte.
b) Es gibt noch so viele Länder, die sie gern bereisen möchte.

14)
a) Sie begrüßt ihn freudestrahlend.
b) Sie begrüßt ihn Freude strahlend.

15)
a) Sie wusste, dass es ihr schwer fallen würde, das Angebot abzulehnen.
b) Sie wusste, dass es ihr schwerfallen würde, das Angebot abzulehnen.

16)
a) Um ungestört nachdenken zu können, ging er gern in den Wald.
b) Um ungestört nach denken zu können, ging er gern in den Wald.

17)
a) Soviel er weiß, ist sie erst kürzlich nach Berlin gezogen.
b) So viel er weiß, ist sie erst kürzlich nach Berlin gezogen.

18)
a) Der Arzt riet ihr, sie solle kürzer treten.
b) Der Arzt riet ihr, sie solle kürzertreten.

19)
a) Wenn er viel zu tun hat, ist er meist sehr kurz angebunden.
b) Wenn er viel zu tun hat, ist er meist sehr kurzangebunden.

20)
a) Nach all der Zeit hatten sich die beiden so sehr aneinander gewöhnt, dass sie kaum ohneeinander auskamen.
b) Nach all der Zeit hatten sich die beiden so sehr aneinandergewöhnt, dass sie kaum ohne einander auskamen.

Lösungen

1) b
2) a
3) a
4) b
5) a
6) b
7) a
8) b
9) a
10) b
11) b
12) a
13) b
14) a
15) b
16) a
17) a
18) b
19) a
20) a

Kommentierte Lösungen

Zu 1b) *Weil es ihm auch morgens noch nicht besser ging, ließ er sich **krankschreiben**.*
Hier ist durch die Verbindungen von Adjektiv + Verb eine neue Gesamtbedeutung entstanden (»krank schreiben« gibt es nur, wenn jemand in nicht gesundem Zustand etwas schreibt).

Zu 2a) *Im **Kopfrechnen** war sie noch nie gut.*
Verbindungen von Substantiv + Verb schreibt man zusammen, wenn das Substantiv verblasst, d. h. als solches im Kontext kaum mehr erkennbar ist oder keinen Sinn ergibt: *heimfahren, irreführen, kopfstehen, teilnehmen.* Auch die substantivierten Formen müssen dann natürlich zusammengeschrieben werden.

Zu 3a) *Sein Auto hatte er nach dem Schulabschluss **geschenkt bekommen**.*
Verbindungen aus einem Partizip und einem Verb werden im Normalfall als zwei Wörter getrennt geschrieben: *geschenkt bekommen, getrennt schreiben, verloren gehen.*

Zu 4b) *Sie war es leid, sich ständig mit dem Thema **auseinandersetzen** zu müssen.*
Verbindungen von Adverb + Verb werden meistens zusammengeschrieben. Entscheidend ist dabei, wo die Betonung liegt: Wird der erste Bestandteil, also das Adverb, betont, schreibt man zusammen: *abwärtsfließen, aufeinanderlegen, (sich mit etwas) auseinandersetzen, wiederkommen (zurückkommen).*

Zu 5a) *In der Post **Schlange stehen** zu müssen, ist oftmals eine Geduldsprobe.*
Verbindungen von Substantiv + Verb schreibt man getrennt, wenn das Substantiv als eigenständig angesehen wird: *Auto fahren, Feuer fangen, Schlange stehen, Schlittschuh laufen.*

Zu 6b) ***Anhand** seiner DNA konnte der Täter identifiziert werden.*
Eine Verbindung aus Präposition + Substantiv schreibt man zusammen, wenn das Substantiv verblasst und die Verbindung zu einer neuen Präposition bzw. einem Adverb geworden ist – *anhand* hat nichts mehr konkret mit der Hand zu tun.

Zu 7a) *Lass dir von deinem Kollegen bloß nichts **weismachen**.*
Das hat nichts mit der Farbbezeichnung *weiß* zu tun, sondern kommt schon aus dem Mittelhochdeutschen: *wīs machen = klug machen, belehren, kundtun.* Da heute »wīs« *(weis)* allein nicht mehr existiert, muss zusammengeschrieben werden.

Zu 8b) *Als das Essen endlich serviert wurde, war es nur noch* ***lauwarm****.*
Wenn der erste Bestandteil die Bedeutung vermindert oder verstärkt, schreibt man Verbindungen aus zwei Adjektiven zusammen.

Zu 9a) *Seine Freunde beschrieben ihn als sehr* ***anlehnungsbedürftig****.*
Verbindungen aus einem Substantiv und einem Partizip oder Adjektiv werden grundsätzlich zusammengeschrieben, wenn sie ein Fugenelement haben wie hier das *-s-*.

Zu 10b) *Das letzte Stück des Weges mussten sie* ***zu Fuß*** *gehen.*
Das ist eine Verbindung von zwei Wörtern, die beide ganz selbstständig und wörtlich zu verstehen sind.

Zu 11b) *Im Urlaub wollte sie am Strand liegen und* ***sonnenbaden****.*
Hier deutet mehreres auf die Zusammenschreibung hin: das Fugenelement *-n-*, die Tatsache, dass das Ganze für eine Wortgruppe steht, die übertragene Bedeutung ...

Zu 12a) ***Irgendwann*** *wollte sie die Stadt verlassen und aufs Land ziehen.*
Verbindungen mit *-irgend* und einem Fragewort *(wann, wer, wie, wo, wohin)* oder mit *-ein, -etwas, -jemand* schreibt man prinzipiell zusammen: *irgendwer, irgendwo, irgendjemand.*

Zu 13b) *Es gibt noch* ***so viele*** *Länder, die sie gern bereisen möchte.*
Verbindungen aus den Wörtern ***so, wie, zu*** und einem Adjektiv (Eigenschaftswort) oder Adverb (Umstandswort) wie *viel/viele, wenig/wenige* werden getrennt geschrieben – wenn es sich nicht um Konjunktionen (Bindewörter) handelt.

Zu 14a) *Sie begrüßt ihn* ***freudestrahlend****.*
Das hier ist eine Verbindung aus Substantiv + Partizip. Solche Verbindungen schreibt man zusammen, wenn sie anstelle einer Wortgruppe stehen und dabei etwas eingespart wird, zum Beispiel ein Artikel oder eine Präposition. Auch wenn das Substantiv in dieser Form nicht selbstständig vorkommt, wird zusammengeschrieben:
freudestrahlend = ***vor*** *Freude strahlend*
herzerquickend = ***das*** *Herz erquickend*
staubtrocken = trocken ***wie*** *Staub*

Zu 15b) *Sie wusste, dass es ihr* ***schwerfallen*** *würde, das Angebot abzulehnen.*
Verbindungen von Adjektiv + Verb schreibt man zusammen, wenn durch die Verbindung eine neue Gesamtbedeutung, also ein neues eigenständiges Wort entsteht: *(jemanden) freisprechen, heiligsprechen, krankschreiben, kürzertreten, schwerfallen (Mühe verursachen).*

Zu 16a) *Um ungestört* ***nachdenken*** *zu können, ging er gern in den Wald.*
Die Gesamtbedeutung des Wortes ist ganz eigenständig gegenüber den beiden Bestandteilen »nach« und »denken«, daher muss zusammengeschrieben werden.

Zu 17a) ***Soviel*** *er weiß, ist sie erst kürzlich nach Berlin gezogen.*
Konjunktionen, also Bindewörter, die zum Beispiel einen Nebensatz einleiten, werden zusammengeschrieben, auch wenn es gleichlautende Wortgruppen mit eigener Bedeutung gibt. Das betrifft zum Beispiel: *sobald – sofern – sooft – soviel – soweit – nachdem – seitdem – indem.*

Die Konjunktion *soviel* etwa bedeutet »nach dem, was« oder »in wie großem Maß auch immer«; die Wortgruppe *so viel* dagegen »bis zu dem Maß«.

Zu 18b) *Der Arzt riet ihr, sie solle **kürzertreten**.*
Und wieder liegt eine Verbindungen von Adjektiv + Verb vor, die man zusammenschreiben muss, weil durch die Verbindung eine neue Gesamtbedeutung entstanden ist.

Zu 19a) *Wenn er viel zu tun hat, ist er meist sehr **kurz angebunden**.*
Die Betonung liegt hier klar auf beiden Bestandteilen, was schon für die Getrenntschreibung spricht. Außerdem ist der erste Bestandteil *kurz* durch das *sehr* erweitert – auch dann muss stets getrennt geschrieben werden.

Zu 20a) *Nach all der Zeit hatten sich die beiden so sehr **aneinander gewöhnt,** dass sie kaum **ohneeinander** auskamen.*
Ohneeinander wird wie *miteinander* zusammengeschrieben. Bei dieser Verbindungen von Adverb *(aneinander)* + Verb *(gewöhnen)* liegt der Akzent auf beiden Bestandteilen, sodass getrennt geschrieben wird.

Tipps zur Getrennt- und Zusammenschreibung
Zur Getrennt- und Zusammenschreibung gibt es sehr viele Regeln, da es das umfangreichste Gebiet der Rechtschreibung ist. Daher finden Sie die genaueren Erläuterungen zu den einzelnen Schreibungen jeweils bei der Lösung.

Faustregeln zum Verb:

- **Verbindungen aus Verb + Verb** werden in der Regel getrennt geschrieben: *kassieren lernen, spazieren gehen, arbeiten wollen.*
  Die Wahl hat man bei *kennenlernen / kennen lernen* und bei Verbindungen von Verb + *bleiben* oder *lassen*, wenn die Verbindung eine eigene **(übertragene)** Bedeutung hat: *liegen bleiben / liegenblieben (unerledigt bleiben)* – aber nur: *liegen bleiben (im Bett).*
- **Verbindungen von Adverb + Verb** werden meistens zusammengeschrieben; entscheidend ist die Betonung:
  - Wird der erste Bestandteil betont, schreibt man zusammen: *v**o**rwärtskommen.*
  - Wird (auch) der zweite Bestandteil betont, schreibt man getrennt: ***rückwärts ein**parken.*
- **Verbindungen von Adjektiv + Verb** schreibt man nur zusammen, wenn durch die Verbindung eine neue Gesamtbedeutung, also ein neues eigenständiges Wort entsteht: *jemanden freisprechen, heiligsprechen, krankschreiben, kürzertreten, schwerfallen (Mühe verursachen).*

Faustregeln zur Schreibung von Adjektiven:

- Verbindungen von ***nicht*** mit Adjektiven können ***getrennt oder zusammengeschrieben*** werden: *nicht öffentlich / nichtöffentlich, nicht rostend / nichtrostend.*
- Zusammen schreibt man **zusammengesetzte Adjektive,**
  - wenn der erste Bestandteil die Bedeutung vermindert oder verstärkt: ***bitter**kalt, **brand**aktuell, **super**klug;*
  - wenn einer der beiden Bestandteile nicht allein vorkommen kann: *groß**spurig,** letzt**malig,** viel**deutig.***

- Eine **Verbindung aus Substantiv + Partizip** schreibt man **zusammen,** wenn sie anstelle einer Wortgruppe steht und dabei mindestens ein Wort eingespart wird *(staubtrocken = trocken **wie** Staub)* oder wenn das Substantiv in dieser Form nicht selbstständig vorkommt *(**fried**liebend, **nutz**bringend)*.

Faustregeln zur Verbindung von Präpositionen mit Substantiven:

- Eine **Verbindung aus Präposition + Substantiv** schreibt man **zusammen,** wenn das Substantiv verblasst und die Verbindung zu einem neuen Wort geworden ist:
  anhand, infolge, inmitten, zufolge.
- Viele häufig gebrauchte Verbindungen aus Präposition und Substantiv nähern sich der Zusammenschreibung, man darf sie **zusammen- oder getrennt** schreiben:
  anstelle / an Stelle
  aufgrund / auf Grund
  infrage / in Frage (stellen)
  instand / in Stand (setzen)
  mithilfe / mit Hilfe
  zugunsten / zu Gunsten
  zulasten / zu Lasten
  zuleide / zu Leide (tun)

soweit / so weit und ähnliche Verbindungen:

Konjunktionen (Wörter, die Sätze verbinden) werden in der Regel zusammengeschrieben. Manchmal gibt es allerdings gleichlautende Wortgruppen (die getrennt geschrieben werden) mit eigener Bedeutung, das kann zu Verwirrung führen:

- ***soweit*** ist eine **Konjunktion** und bedeutet »in dem Maße wie / sofern«:
  Soweit der Vorrat reicht, werden wir satt.
- ***so weit*** ist eine **adverbiale Fügung** (»bis hierhin«):
  So weit ist es noch bis zur nächsten Hütte.
- Dasselbe gilt auch für:
  - *sobald / so bald (Sobald ich fertig bin, komme ich raus. So bald schaffe ich das nicht.)*
  - *sooft / so oft*
  - *nachdem / nach dem*
  - *seitdem / seit dem*
  - *indem / in dem*

Kommasetzung

Entscheiden Sie, bei welchen Sätzen die Kommasetzung korrekt ist.

Trainingsaufgaben

Für die 20 Aufgaben haben Sie **2 Minuten** Zeit.

1)
a) Sie war Mutter, Ehefrau, Tochter, und Schwester.
b) Sie war Mutter, Ehefrau, Tochter und Schwester.

2)
a) Heute ist er sehr müde, weil er wenig geschlafen hat.
b) Heute ist er sehr müde weil er wenig geschlafen hat.

3)
a) Er kommt entweder zu spät oder gar nicht, aber niemals pünktlich.
b) Er kommt entweder zu spät, oder gar nicht, aber niemals pünktlich.

4)
a) Seine Hoffnung sie würde mit ins Kino kommen erfüllte sich nicht.
b) Seine Hoffnung, sie würde mit ins Kino kommen, erfüllte sich nicht.

5)
a) Nach langer Zeit des Wartens und mit großer Ungeduld stand er nun auf dem Bahnsteig und sah dem einfahrenden Zug entgegen.
b) Nach langer Zeit des Wartens und mit großer Ungeduld, stand er nun auf dem Bahnsteig und sah dem einfahrenden Zug entgegen.

6)
a) Sie konnte es kaum glauben, als sie die Neuigkeiten erfuhr.
b) Sie konnte es kaum glauben als sie die Neuigkeiten erfuhr.

7)
a) Auch in diesem Stadtteil gibt es einige Häuser die noch nicht renoviert wurden.
b) Auch in diesem Stadtteil gibt es einige Häuser, die noch nicht renoviert wurden.

8)
a) Derjenige, der dieses Lied geschrieben hat muss sehr traurig gewesen sein.
b) Derjenige, der dieses Lied geschrieben hat, muss sehr traurig gewesen sein.

9)
a) Er fuhr nicht nur Ski, sondern auch Snowboard.
b) Er fuhr nicht nur Ski sondern auch Snowboard.

10)
a) Einerseits würde sie heute Abend gern tanzen gehen, andererseits muss sie morgen in aller Frühe aufstehen.
b) Einerseits würde sie heute Abend gern tanzen gehen andererseits muss sie morgen in aller Frühe aufstehen.

11)
a) Mit dem neuen Auto konnte man viel schneller fahren als mit dem alten.
b) Mit dem neuen Auto konnte man viel schneller fahren, als mit dem alten.

12)
a) Katharina bitte beeile dich, wir sind spät dran!
b) Katharina, bitte beeile dich, wir sind spät dran!

13)
a) Wenn man etwas gern tut ist es auch nicht so schlimm, wenn man länger arbeiten muss.
b) Wenn man etwas gern tut, ist es auch nicht so schlimm, wenn man länger arbeiten muss.

14)
a) Berlin, die Hauptstadt Deutschlands, ist immer eine Reise wert.
b) Berlin, die Hauptstadt Deutschlands ist immer eine Reise wert.

15)
a) Es war vorherzusehen dass das Vorhaben scheitern musste.
b) Es war vorherzusehen, dass das Vorhaben scheitern musste.

16)
a) Weil sie ihn reden ließ, sich alles, was er zu sagen hatte, genau anhörte und ruhig blieb, kippte die Stimmung nicht.
b) Weil sie ihn reden ließ, sich alles was er zu sagen hatte genau anhörte und dabei ganz ruhig blieb, kippte die Stimmung nicht.

17)
a) Wer nicht hören will muss fühlen.
b) Wer nicht hören will, muss fühlen.

18)
a) Als sie noch schlief, machte er schon Frühstück.
b) Als sie noch schlief machte er schon Frühstück.

19)
a) Sie liebte es einfach ihren Gedanken nachzuhängen.
b) Sie liebte es, einfach ihren Gedanken nachzuhängen.

20)
a) Bei dem Versuch, einige Stufen zu überspringen, stürzte sie und brach sich das Bein.
b) Bei dem Versuch einige Stufen zu überspringen, stürzte sie, und brach sich das Bein.

Lösungen

1) b
2) a
3) a
4) b
5) a
6) a
7) b
8) b
9) a
10) a
11) a
12) b
13) b
14) a
15) b
16) a
17) b
18) a
19) b
20) a

Kommentierte Lösungen

Zu 1b) *Sie war Mutter, Ehefrau, Tochter und Schwester.*
Zwischen den Gliedern einer Aufzählung steht ein Komma – es sei denn, es steht eine Konjunktion wie *und*, die das Komma ersetzt.

Zu 2a) *Heute ist er sehr müde, weil er wenig geschlafen hat.*
Dieses klassische Satzgefüge aus Hauptsatz und Nebensatz wird mit einem Komma zwischen beiden Teilsätzen getrennt.

Zu 3a) *Er kommt entweder zu spät oder gar nicht, aber niemals pünktlich.*
Hier greift die Regelung, dass ein Komma gesetzt wird, wenn eine entgegenstellende Konjunktion zwischen Satzgliedern steht – das *aber* stellt den Gegensatz dar.

Zu 4b) *Seine Hoffnung, sie würde mit ins Kino kommen, erfüllte sich nicht.*
Dieser Satz hat eine Infinitivgruppe *(sie würde mit ins Kino kommen)*, die von dem Substantiv *Hoffnung* abhängt. Daher muss sie mit einem Komma abgetrennt werden.

Zu 5a) *Nach langer Zeit des Wartens und mit großer Ungeduld stand er nun auf dem Bahnsteig und sah dem einfahrenden Zug entgegen.*
Hier sind keine Aufzählungen zu finden (nur die Satzglieder »nach langer Zeit des Wartens« und »mit großer Ungeduld«, die mit einem »und« verbunden sind) und es gibt auch keinen Nebensatz – also steht gar kein Komma im Satz.

Zu 6a) *Sie konnte es kaum glauben, als sie die Neuigkeiten erfuhr.*
Auch hier wieder ein klassisches Satzgefüge aus Hauptsatz und Nebensatz – also steht ein Komma zwischen beiden Teilsätzen.

Zu 7b) *Auch in diesem Stadtteil gibt es einige Häuser, die noch nicht renoviert wurden.*
Hier handelt es sich nach dem Komma um einen Relativsatz, also einen Nebensatz, der sich auf ein vorher genanntes Substantiv bezieht, hier *Häuser.*

Zu 8b) *Derjenige, der dieses Lied geschrieben hat, muss sehr traurig gewesen sein.*
Und noch einmal findet sich ein Relativsatz in dem Satzgefüge – diesmal als eingeschobener Nebensatz, denn der übergeordnete Hauptsatz geht danach weiter. Daher müssen zwei Kommas gesetzt werden.

Zu 9a) *Er fuhr nicht nur Ski, sondern auch Snowboard.*
Die Konjunktion *sondern* gehört zu den entgegenstellenden Konjunktionen, vor denen ein Komma stehen muss.

Zu 10a) *Einerseits würde sie heute Abend gern tanzen gehen, andererseits muss sie morgen in aller Frühe aufstehen.*
Diese Satzreihe besteht aus zwei voneinander unabhängigen Hauptsätzen – und da diese nicht mit einer Konjunktion wie *und* verbunden sind, müssen sie mit einem Komma voneinander getrennt werden.

Zu 11a) *Mit dem neuen Auto konnte man viel schneller fahren als mit dem alten.*
Hier gibt es einen Vergleich *(als mit dem alten)*, der aber keinen vollständigen Satz darstellt – daher steht kein Komma. Nur einen Vergleichssatz muss man mit Komma abtrennen, etwa: *Mit dem neuen Auto konnte man viel schneller fahren, als man das mit dem alten konnte.*

Zu 12b) *Katharina, bitte beeile dich, wir sind spät dran!*
Auch hier ist eine Satzreihe vorhanden, aber vorher ist noch eine Anrede zu finden. Zunächst muss also die Anrede vom Rest abgetrennt werden (erstes Komma), das zweite Komma steht dann zwischen den beiden Hauptsätzen.

Zu 13b) *Wenn man etwas gern tut, ist es auch nicht so schlimm, wenn man länger arbeiten muss.*
Das ist ein komplexer Satz, der aus einem Hauptsatz und zwei Nebensätzen besteht. Der erste Nebensatz steht gleich zu Beginn des Satzgefüges und gibt die Bedingung an *(wenn man etwas gern tut)*, dann folgt der »Kernsatz« und anschließend noch ein Nebensatz *(wenn man länger arbeiten muss)*. Da sowohl der vorangestellte als auch der nachgestellte Nebensatz mit einem Komma abgetrennt wird, stehen zwei Kommas im Satz.

Zu 14a) *Berlin, die Hauptstadt Deutschlands, ist immer eine Reise wert.*
Nähere Bestimmungen, die ihrem Bezugswort nachgestellt sind, werden mit Kommas abgegrenzt – so auch hier: *die Hauptstadt Deutschlands* ist nähere Bestimmung zu *Berlin*.

Zu 15b) *Es war vorherzusehen, dass das Vorhaben scheitern musste.*
Ein dass-Satz ist immer ein Nebensatz, daher muss ein Komma stehen, um ihn vom übergeordneten Satz abzugrenzen.

Zu 16a) *Weil sie ihn reden ließ, sich alles, was er zu sagen hatte, genau anhörte und dabei ganz ruhig blieb, kippte die Stimmung nicht.*
Das erste Komma rührt von der Aufzählung der zwei Nebensätze her *(weil sie ihn reden ließ, [weil sie] sich alles …)*; das zweite und das dritte Komma grenzen einen Relativsatz ab *(was er zu sagen hatte)*, der von *alles* abhängt, und das letzte Komma grenzt die aufgezählten Nebensätze vom übergeordneten Hauptsatz *(… kippte die Stimmung nicht)* ab.

Zu 17b) *Wer nicht hören will, muss fühlen.*
Dieser vorangestellte Nebensatz ist von der Funktion her ein Subjektsatz (wer muss fühlen?), dennoch muss er mit einem Komma abgetrennt werden.

Zu 18a) *Als sie noch schlief, machte er schon Frühstück.*
Der Nebensatz, der mit der Konjunktion *als* eingeleitet ist, ist hier dem Hauptsatz vorangestellt – in jedem Fall muss er mit einem Komma von ihm abgetrennt werden.

Zu 19b) *Sie liebte es, einfach ihren Gedanken nachzuhängen.*
Die Infinitivkonstruktion *(einfach ihren Gedanken nachzuhängen)* wird hier mit dem Wörtchen *es* angekündigt. Daher muss sie mit einem Komma vom Rest des Satzes abgetrennt werden.

Zu 20b) *Bei dem Versuch, einige Stufen zu überspringen, stürzte sie und brach sich das Bein.*
Hier hängt die Infinitivkonstruktion *(einige Stufen zu überspringen)* von dem Substantiv *Versuch* ab – auch das ein Zeichen dafür, dass ein Komma stehen muss.
(s. Tipps zur Kommasetzung bei Infinitivgruppen S. 118)

Lückentext Kommasetzung

Bitte setzen Sie im Text die fehlenden Kommas ein. Sie haben hierfür **2 Minuten** Zeit.

Die Hochzeit von Katrin und Stefan soll ein Fest werden an das sie gern zurückdenken. Damit dieser Wunsch auch Realität wird bedarf es jedoch intensiver Vorbereitung. Nachdem der Termin endlich festgelegt worden war musste zunächst ein passender Ort für die Feier gefunden werden was sich als recht schwierig erwies. Als sich das Brautpaar endlich auf eine Lokalität die beiden gefiel geeinigt hatte musste geplant werden wer eingeladen werden soll. Während Stefan lieber in kleinem Kreise heiraten wollte schwebte Katrin ein rauschendes Fest mit Familie Freunden und Kollegen vor. Außerdem möchte sie natürlich ihr wunderschönes Brautkleid das sie sich anfertigen lassen will vor so vielen Gästen wie möglich präsentieren. Stefan der Bräutigam in spe hatte dafür nur bedingt Verständnis; und so blieb ein kleiner Zwist bei dem Katrin schließlich doch ihren Willen durchsetzte nicht aus. Einigkeit hingegen besteht hinsichtlich des Hochzeitsessens denn sowohl Katrin als auch Stefan lieben es ausgiebig zu schlemmen. Auch der Kauf der Eheringe die schön schlicht sein sollten gestaltete sich unkompliziert. Nachdem alle Einladungen verschickt worden sind haben beide nun erst einmal Zeit um etwas durchzuatmen. Doch die Ruhe währt nicht lange denn schließlich muss noch einiges organisiert werden. Von der Dekoration über die Musikauswahl bis hin zur Sitzordnung gibt es noch allerlei Dinge zu erledigen. Glücklicherweise können sich die beiden auch auf ihre Trauzeugen die viel Organisatorisches übernehmen verlassen. So sehr die Brautleute auch ihren großen Tag herbeisehnen so sehr freuen sie sich auch schon auf die Flitterwochen in denen sie sich von dem ganzen Vorbereitungsstress erholen können. Um ihre Hochzeitsreise in vollen Zügen genießen zu können haben sich Katrin und Stefan für einen Urlaub an den traumhaften Stränden der Malediven entschieden. Bis es so weit ist liegen allerdings noch allerhand Vorbereitung und natürlich der sprichwörtlich schönste Tag des Lebens ihr Hochzeitstag vor den beiden.

Lösung

Die Hochzeit von Katrin und Stefan soll ein Fest werden, an das sie gern zurückdenken. Damit dieser Wunsch auch Realität wird, bedarf es jedoch intensiver Vorbereitung. Nachdem der Termin endlich festgelegt worden war, musste zunächst ein passender Ort für die Feier gefunden werden, was sich als recht schwierig erwies. Als sich das Brautpaar endlich auf eine Lokalität, die beiden gefiel, geeinigt hatte, musste geplant werden, wer eingeladen werden soll. Während Stefan lieber in kleinem Kreise heiraten wollte, schwebte Katrin ein rauschendes Fest mit Familie, Freunden und Kollegen vor. Außerdem möchte sie natürlich ihr wunderschönes Brautkleid, das sie sich anfertigen lassen will, vor so vielen Gästen wie möglich präsentieren. Stefan, der Bräutigam in spe, hatte dafür nur bedingt Verständnis; und so blieb ein kleiner Zwist, bei dem Katrin schließlich doch ihren Willen durchsetzte, nicht aus. Einigkeit hingegen besteht hinsichtlich des Hochzeitsessens, denn sowohl Katrin als auch Stefan lieben es, ausgiebig zu schlemmen. Auch der Kauf der Eheringe, die schön schlicht sein sollten, gestaltete sich unkompliziert. Nachdem alle Einladungen verschickt worden sind, haben beide nun erst einmal Zeit, um etwas durchzuatmen. Doch die Ruhe währt nicht lange, denn schließlich muss noch einiges organisiert werden. Von der Dekoration über die Musikauswahl bis hin zur Sitzordnung gibt es noch allerlei Dinge zu erledigen. Glücklicherweise können sich die beiden auch auf ihre Trauzeugen, die viel Organisatorisches übernehmen, verlassen. So sehr die Brautleute auch ihren großen Tag herbeisehnen, so sehr freuen sie sich auch schon auf die Flitterwochen, in denen sie sich von dem ganzen Vorbereitungsstress erholen können. Um ihre Hochzeitsreise in vollen Zügen genießen zu können, haben sich Katrin und Stefan für einen Urlaub an den traumhaften Stränden der Malediven entschieden. Bis es so weit ist, liegen allerdings noch allerhand Vorbereitung und natürlich der sprichwörtlich schönste Tag des Lebens, ihr Hochzeitstag, vor den beiden.

Bitte setzen Sie im Text die fehlenden Kommas ein. Sie haben hierfür **2 Minuten** Zeit.

Christian kocht für sein Leben gern. Diese Leidenschaft hat er von seinem Vater der ebenfalls ein begeisterter Koch ist mitbekommen. Am liebsten veranstaltet er am Wochenende ganze Menüs die mehrere Gänge umfassen für seine Freunde. Um das bewerkstelligen zu können ist gute Vorbereitung das A und O wie er weiß. Die Einkäufe der Lebensmittel die er benötigt erledigt er meist schon am Vortag. Um sich unnötigen Stress zu ersparen kocht er zudem nur Gerichte von denen er weiß dass sie ihm auch gelingen. Damit er nicht den ganzen Abend in der Küche stehen muss achtet er zudem stets darauf bereits so viel wie möglich zubereiten zu können bevor die Gäste kommen. Für den Fall dass in der Küche doch mal etwas schiefgeht sorgt er auch immer dafür Alternativen im Haus zu haben damit im Falle eines Falles trotzdem etwas serviert werden kann. Aber wie zu erwarten ist Christian dem Meisterkoch so etwas ohnehin noch nie passiert. Besonders gut ist er darin köstliche ausgefallene aber auch sehr kalorienreiche Desserts zu zaubern. Dafür achtet er bei der Vorspeise und beim Hauptgang darauf Speisen zu kochen die nicht nur möglichst frisch gesund und leicht sind sondern eben auch noch ausreichend Appetit für die opulente Nachspeise lassen. Seine Freunde schätzen Christian für seine Gastfreundschaft die er regelmäßig eindrucksvoll unter Beweis stellt sehr. Nicht nur dass er exzellent kocht auch als Gastgeber macht er eine hervorragende Figur. Trotz der Mühe die er auf die Zubereitung der Gerichte verwendet wirkt er nie gestresst sondern nimmt sich stets die Zeit um mit seinen Gästen zusammen zu sein. Kein Wunder also dass Christians Essenseinladungen immer wieder gern angenommen werden.

Lösung

Christian kocht für sein Leben gern. Diese Leidenschaft hat er von seinem Vater, der ebenfalls ein begeisterter Koch ist, mitbekommen. Am liebsten veranstaltet er am Wochenende ganze Menüs, die mehrere Gänge umfassen, für seine Freunde. Um das bewerkstelligen zu können, ist gute Vorbereitung das A und O, wie er weiß. Die Einkäufe der Lebensmittel, die er benötigt, erledigt er meist schon am Vortag. Um sich unnötigen Stress zu ersparen, kocht er zudem nur Gerichte, von denen er weiß, dass sie ihm auch gelingen. Damit er nicht den ganzen Abend in der Küche stehen muss, achtet er zudem stets darauf, bereits so viel wie möglich zubereiten zu können, bevor die Gäste kommen. Für den Fall, dass in der Küche doch mal etwas schiefgeht, sorgt er auch immer dafür, Alternativen im Haus zu haben, damit im Falle eines Falles trotzdem etwas serviert werden kann. Aber wie zu erwarten, ist Christian, dem Meisterkoch, so etwas ohnehin noch nie passiert. Besonders gut ist er darin, köstliche, ausgefallene, aber auch sehr kalorienreiche Desserts zu zaubern. Dafür achtet er bei der Vorspeise und beim Hauptgang darauf, Speisen zu kochen, die nicht nur möglichst frisch, gesund und leicht sind, sondern eben auch noch ausreichend Appetit für die opulente Nachspeise lassen. Seine Freunde schätzen Christian für seine Gastfreundschaft, die er regelmäßig eindrucksvoll unter Beweis stellt, sehr. Nicht nur, dass er exzellent kocht, auch als Gastgeber macht er eine hervorragende Figur. Trotz der Mühe, die er auf die Zubereitung der Gerichte verwendet, wirkt er nie gestresst, sondern nimmt sich stets die Zeit, um mit seinen Gästen zusammen zu sein. Kein Wunder also, dass Christians Essenseinladungen immer wieder gern angenommen werden.

Tipps zur Kommasetzung

Das Komma zwischen Sätzen

- **Zwei Hauptsätze** werden durch Komma voneinander getrennt, wenn sie nicht durch die Konjunktionen *und* bzw. *oder* verbunden sind (in diesen Fällen kann allerdings ein Komma stehen, um die Gliederung des Satzes zu verdeutlichen bzw. um Missverständnisse zu vermeiden, es ist also freigestellt). Bei entgegenstellenden Konjunktionen wie *aber, jedoch, doch, sondern* muss ein Komma gesetzt werden.
  Ich bin müde und ich muss arbeiten.
  Ich bin müde(,) und ich muss arbeiten, um alles zu schaffen, weil meine Chefin verreist ist.
  Ich bin müde, aber ich muss arbeiten.
- **Hauptsatz und Nebensatz** (Gliedsatz) werden mit Komma voneinander getrennt. Oft werden Nebensätze von einer Konjunktion (Bindewort) wie *als, obwohl, weil, wenn* eingeleitet; sie können am Anfang, am Ende oder in der Mitte des Satzgefüges stehen:
  Weil ich so viel arbeiten muss, habe ich keine Zeit.
  Ich habe keine Zeit, weil ich so viel arbeiten muss.
  Ich habe, weil ich so viel arbeiten muss, keine Zeit.

Das Komma bei Aufzählungen

- Das Komma trennt die einzelnen Glieder einer Aufzählung voneinander. Kein Komma steht, wenn die einzelnen Glieder mit den Konjunktionen *und, oder, sowie, entweder – oder, sowohl – als auch, weder – noch* verbunden sind:

Der Maurer arbeitet schnell, preiswert, zuverlässig, sauber.
Der Maurer arbeitet schnell und preiswert sowie zuverlässig und sauber.

- Es muss aber ein Komma gesetzt werden, wenn die Glieder durch entgegenstellende Wörter wie *aber, jedoch, doch, sondern* verbunden sind:
  Der Maurer arbeitet preiswert, zuverlässig und sauber, ***aber*** *zeitaufwendig.*

Vergleiche

- **Einfache** Vergleiche stehen **ohne Komma:**
  Er ist größer als sie.
- **Satzwertige** Vergleiche (das heißt, es handelt sich um einen Vergleichssatz mit z. B. einem Verb) stehen **mit Komma:**
  Er ist größer, als sie es jemals ***sein wird.***

Das Komma bei Infinitivgruppen

Bei einer Infinitivgruppe muss in drei Fällen ein Komma gesetzt werden:

- Sie wird mit ***als, (an)statt, außer, ohne*** oder ***um*** eingeleitet:
  Der Kollege konnte nichts Besseres tun, ***als*** *noch eine Weile zu warten.*
- Sie hängt von einem **Substantiv** ab:
  Sie fasste den ***Entschluss,*** *bald zu kündigen.*
- Sie wird durch ein **hinweisendes Wort** angekündigt (oder wieder aufgenommen):
- ***Es*** *ist unsere Absicht, die Torte zu verzieren. – Die Torte zu verzieren,* ***das*** *ist unsere Absicht.*

Das Komma bei Partizipgruppen

- Um einen Satz zu gliedern, **kann** man Partizipgruppen mit einem Komma abtrennen, muss es aber nicht:
  Das ist(,) grob gerechnet(,) die Hälfte.
  Er stand(,) ein Sektglas in der Hand haltend(,) dem Chef gegenüber.
- Das Komma muss gesetzt werden, wenn sich in einem Satz ein Wort oder ein Ausdruck findet, der auf die Partizipgruppe hinweist:
  Über das ganze Gesicht strahlend, ***so*** *ging die Kundin aus der Bank.*
- Auch nachgetragene Partizipgruppen müssen als Zusatz mit Komma abgegrenzt werden: *Frau Schmidt,* ***früher bei uns angestellt,*** *ist jetzt bei der Konkurrenz.*

Zusätze und Nachträge

Zusätze und Nachträge werden mit Komma abgetrennt. Dies gilt für:

- Einschübe:
  Am nächsten Samstag, ***es ist der 9. Juli,*** *findet hier ein Vortrag statt.*
- Appositionen (Beifügungen):
  Patrick aus dem Archiv, ***ein abenteuerlustiger Weltenbummler,*** *und unser Redakteur Tim,* ***ein begeisterter Fotograf,*** *präsentieren Bilder ihrer letzten Reise.*
- nachgestellte Erläuterungen, die z. B. eingeleitet werden mit *also, besonders, das heißt, insbesondere, nämlich, und zwar, vor allem, zum Beispiel:*
  Vor allem das Klima, ***besonders die großen Temperaturschwankungen,*** *hat den beiden zu schaffen gemacht.*

Diktat

Lassen Sie sich den folgenden Text von jemandem diktieren und am besten auch von einer anderen Person korrigieren.

Der elektronische Personalausweis

Die Ausstellung des 2010 eingeführten elektronischen Personalausweises ist zwar dreimal so teuer wie die seines Vorgängers, aber dafür weist er auch zahlreiche neue Funktionen auf. Er enthält einen Computerchip, der ein berührungsloses Auslesen der auf ihm gespeicherten Daten per Funk ermöglicht. Mit Ausnahme der eigenhändigen Unterschrift, der Körpergroße und der Augenfarbe werden alle auf dem Ausweis aufgedruckten Daten einschließlich des Lichtbilds auf dem Chip digital gespeichert. Im Unterschied zu dem in Deutschland 2005 eingeführten biometrischen Reisepass ist die Speicherung von Fingerabdrücken des rechten und linken Zeigefingers dagegen optional. Ihre freiwillige Speicherung darf jedoch ausschließlich zur Überprüfung der Echtheit des Ausweises und der Identität des Inhabers durch hoheitliche Stellen genutzt werden. Darüber hinaus werden mit dem scheckkartengroßen Personalausweis die hoheitlichen Aufgaben von Polizei, Zoll oder Meldebehörden erleichtert und sicherer gemacht. Außerdem bietet er dem Inhaber die Möglichkeiten, sich mit der Online-Ausweisfunktion elektronisch zu authentifizieren – etwa im Internet, bei Banken oder Behörden – und die elektronische Signatur zu nutzen, mit der Dokumente und Verträge online unterzeichnet werden können. Um diese Internetnutzung des elektronischen Ausweises effektiv anzukurbeln, hat das Innenministerium eine Million Kartenlesegeräte gekauft und kostenlos verteilt; die dafür aufgewendeten 24 Millionen Euro wurden dem Konjunkturpaket entnommen.

(196 Wörter)

Stammzellenforschung

Stammzellen sind Mutterzellen, aus denen sich neue, spezialisierte Zelltypen oder neues Gewebe züchten lassen. Sie stellen daher einen wichtigen Hoffnungsträger in der Regenerationsmedizin dar, wo sie beispielsweise bei der Behandlung der Leukämie oder der Organregeneration nach Krankheiten eingesetzt werden.
Man unterscheidet embryonale und adulte Stammzellen. Erstere können sich zu jeder im Körper vorkommenden Zell- und Gewebeform entwickeln. Letztere nur zu bestimmten Gewebetypen. Embryonale Stammzellen sind also vielseitiger zu gebrauchen, aber gerade ihre Verwendung in der medizinischen Forschung ist Gegenstand kontroverser Debatten und wird in vielen Ländern aus ethischen Gründen stark reglementiert. Zur Gewinnung menschlicher embryonaler Stammzellen benötigt man Embryonen, die nach wenigen Tagen bei der Entnahme der Stammzellen aber wieder getötet werden. Und an dieser »verbrauchenden« Embryonenforschung entzündet sich in Deutschland die Kritik: Die Gegner sehen in einem Embryo ein menschliches Wesen, dessen Leben unter den Schutz des Grundgesetzes fällt, welches Vorrang vor dem unumstrittenen therapeutischen Potenzial der Forschung hat. Eine andere Befürchtung der Gegner embryonaler Stammzellenforschung scheint mittlerweile Wirklichkeit geworden zu sein. In den USA ist es Forschern 2013 offenbar gelungen, Embryonen durch Klonen von Hautzellen eines Erwachsenen zu erzeugen. Damit haben sie gezeigt, dass es prinzipiell möglich ist, auch Babys zu klonen, wenngleich das nicht das erklärte Ziel ihrer Forschungen war.

(203 Wörter)

Wie viele Fehler haben Sie? 5 Fehler entsprechen einer befriedigenden, 3 Fehler einer guten und 0 Fehler einer sehr guten Leistung.

Tipps fürs Diktat

Da in Diktaten Rechtschreibkenntnisse jeder Art benötigt werden, hier zur Übersicht ein paar grundsätzliche Tipps. Nicht für alles gibt es eindeutige und nachvollziehbare Regeln – Sprache ist eben nicht immer logisch. Daher muss man sich die Wörter, die sich den Regeln entziehen, gut einprägen. Neben dem Üben der Rechtschreibung wird es auf jeden Fall helfen, so viel wie möglich zu lesen. Durch das Lesen prägt man sich automatisch die Wörter und deren Schreibweise ein.

Wortpaare mit unterschiedlicher Schreibung

Aufpassen muss man bei einigen gleichklingenden Wörtern – diese muss man kennen und auf die jeweilige Bedeutung achten, denn einen Unterschied hört man nicht:

- *Bote* ↔ *Boote*
- *Grad* ↔ *Grat*
- *Hain* ↔ *Hein*
- *Lehre* ↔ *Leere*
- *Laib* ↔ *Leib*
- *Lärche* ↔ *Lerche*
- *Lid* ↔ *Lied*
- *Mal* ↔ *Mahl*
- *seit* ↔ *seid*
- *Seite* ↔ *Saite*
- *Stil* ↔ *Stiel*
- *Wagen* ↔ *Waagen*
- *Waise* ↔ *Weise*
- *wider* ↔ *wieder*

Tipp

Manche Wörter werden anders geschrieben als solche, in denen die Laute genauso klingen, auch hier hilft nur: auswendig lernen!

- *Hoheit* ↔ *Rohheit*
- *Geier* ↔ *Reiher*
- *Seligkeit* ↔ *Seele*
- *löhnen* ↔ *frönen*

Tipp zu den s-Lauten

- Ein **einfaches s** schreibt man
  - nach einem Konsonanten *(Sims)*,
  - für stimmhaftes s am Wortanfang *(**S**onne)*,
  - für stimmhaftes s nach einem Vokal *(Rose)*, Zwielaut *(Reise)* oder Umlaut *(böse)* in der Wortmitte.
- Ein **ss** schreibt man,
  - wenn ein s-Laut nach einem kurzen Vokal steht, der s-Laut wird dann kurz und scharf (stimmlos) ausgesprochen *(Kasse)*.
- Das **scharfe ß** wird ebenfalls stimmlos ausgesprochen. Es steht
  - nach einem langen Vokal *(Straße)* oder Umlaut *(Füße)* oder
  - nach den Zwielauten *ei, eu, au, äu* *(reißen, scheußlich, außen, äußerst)*.

Angst und Bange / angst und bange

Bei den Wörtern *Angst, Bange, Gram, Leid, Pleite* und *Schuld* muss man sich die Schreibweise ganz genau einprägen:

- Wenn sie als Substantive auftreten, dann schreibt man sie groß:
  Ich habe Angst. – Mich trifft die Schuld.
- Wenn sie mit ***sein*** oder ***werden*** verbunden sind, dann schreibt man sie klein:
  Ihm wird angst und bange. – Ich bin schuld.

Uhrzeiten

- Bei Uhrzeiten werden ***halb*** und ***viertel*** in der Regel kleingeschrieben:
  Der Bus kommt um halb neun.
  Die Schule beginnt um drei viertel acht.
- Aber: Wenn das *Viertel* als Substantiv gebraucht wird, dann schreibt man es groß:
  Drei Viertel der Klasse sind krank.
  Schulschluss ist um (ein) Viertel vor eins.

Bruchzahlen

- Bruchzahlen werden **in der Regel kleingeschrieben:**
  Ich nehme ein viertel Kilo Äpfel.
- Werden Bruchzahlen allerdings **als Substantiv** gebraucht, dann schreibt man sie **groß:**
  Ein Fünftel der Befragten stimmte zu.
  Die Stadt hat zwei Drittel mehr Schulden gemacht.

Grammatik

Bitte bearbeiten Sie die Aufgaben und beachten Sie dabei die Regeln der deutschen Grammatik.

Trainingsaufgaben

Für die 55 Aufgaben haben Sie **10 Minuten** Zeit.

1) Bestimmen Sie die Wortarten der im Kasten aufgeführten Wörter.

Bett – Schlüssel – er – stündlich – laufen – mein – glauben – Becher – du – genügend – erbost – kalkulieren – nehmen – richtig – Tapete – unsere

Verben: laufen, glauben, kalkulieren, nehmen

Substantive: Schlüssel, Bett, Becher, Tapete

Adjektive: stündlich, genügend, erbost, ~~kalkulieren, ne~~, richtig

Pronomen: er, mein, du, unsere

2) Ordnen Sie zu, um welche Wortart es sich handelt.

Präposition (Verhältniswort) – Personalpronomen (persönliches Fürwort) – Substantiv – Possessivpronomen (besitzanzeigendes Fürwort) – Konjunktion (Bindewort) – Verb – Adjektiv – Artikel

über ______

denn ______

schön ______

die ______

dein ______

wir ______

Wille ______

Lies! ______

Ordnen Sie zu, ob es sich jeweils um ein persönliches Fürwort (Personalpronomen) oder ein besitzanzeigendes Fürwort (Possessivpronomen) handelt.

3) sie ______

4) sein ______

5) ich ______

6) du ______

7) deines ______

Ergänzen Sie – wenn möglich – die Steigerungsformen der entsprechenden Adjektive. Beachten Sie, dass manche Adjektive nicht gesteigert werden können. Lassen Sie die Zeile in einem solchen Fall frei.

8) klein kleiner, am kleinsten

9) gut ______

10) alt älter, am ältesten

11) laut lauter, am lautesten

12) einzig ______

13) Ergänzen Sie die folgende Tabelle.

Grundform (Positiv)	höchste Steigerung (Superlativ)
der gutbezahlte Job	der bestbezahlteste Job
das gutgelesene Buch	das meistgelesene Buch
das gutgehütete Geheimnis	das bestgehütete Geheimnis
	der nächstliegende Gedanke
das hochgelobte Buch	das höchstgelobte Buch

Wählen Sie das korrekte Wort aus.

14) Ein Lied, das begeisterte
a) das begeisterte Lied
b) das begeisternde Lied
c) das begeisterne Lied

15) Ein Argument, das überzeugte
a) ein überzeugtes Argument
b) ein übergezeugtes Argument
c) ein überzeugendes Argument

16) Der Junge, der fror
a) der frierende Junge
b) der gefrorene Junge
c) der gefrierende Junge

Ergänzen Sie das entsprechende Nomen zum Verb.

17) einnehmen Einnahme
18) verstehen Verständnis
19) abbrechen Abbruch
20) verlieren Verlust
21) versäumen Versäumnis

Ergänzen Sie das entsprechende Verb zum Nomen.

22) Furcht fürchten
23) Abgabe abgeben
24) Verbot verbieten
25) Fahrt fahren
26) Absicht absehen

Formulieren Sie die folgenden Sätze so um, dass aus den unterstrichenen Satzgliedern Nebensätze werden.

Beispiel: Wir erinnerten uns der schon gesehenen Filme. Wir erinnerten uns, welche Filme wir schon gesehen hatten.

27) Er möchte unsere Unterstützung nicht.
Er möchte, dass wir ihn nicht unterstützen

28) Zur Klärung des Sachverhalts hörten wir alle Beteiligten an.

29) Nach dem Essen machten wir einen Spaziergang.
wir machten einen Spaziergang nachdem wir gegessen hatten

30) Wegen des schlechten Wetters gehen wir nicht wandern.
wir gehen nicht wandern, weil schlechtes Wetter ist

31) Beim Joggen hat sie immer die besten Ideen.
Sie hat immer die besten Ideen wenn sie joggen geht

Formulieren Sie die folgenden Sätze so um, dass aus den unterstrichenen Nebensätzen Satzglieder werden.

32) Obwohl das Verkehrsaufkommen zunimmt, fahren immer mehr Menschen Auto.

____

____

33) Wenn er nicht ausreichend trainiert, wird er das Tennismatch verlieren.

____

____

34) Weil er grob foul gespielt hatte, bekam ein Spieler die rote Karte.

____

____

35) Wenn das Spiel zu Ende ist, denkt der Profi an die nächste Begegnung.

____

____

36) Während es regnet, möchte er nicht mit dem Fahrrad fahren.

____

____

37) Im folgenden Text sind die einzusetzenden Wörter im 1. Fall, dem Nominativ, angegeben. Setzen Sie die richtigen Formen ein und bestimmen Sie den Fall.

Linus wird **von seinen Kollegen (Dativ)** nur »der Drückeberger« genannt. Besonders gut ist er im Erfinden ________________ ________________ (________________) *(fadenscheinige Ausreden)*. So ist er der Erste, der sich bei ________________ (________________) *(neue Aufgaben)* drückt und vor ________________ (________________) *(der Chef)* so tut, als sei er sehr beschäftigt. Bei den meisten ________________ (________________) *(seine Kollegen)* kommt dieses Verhalten gar nicht gut an, denn die müssen die ________________ (________________) *(unerledigte Aufgaben)* übernehmen, obwohl die meisten eigentlich in ________________ (________________) *(sein Aufgabenbereich)* fallen. Alle hoffen daher, dass ihm entweder ________________ (________________) *(schlechte Beurteilungen)* erteilt werden oder er die ________________ (________________) *(fristlose Kündigung)* erhalten wird.

Wandeln Sie die vorgegebenen Sätze in die indirekte Rede um.

38) Katja sagte: »Ich fahre morgen in den Urlaub.«

Katja sagte sie fahre morgen in den Urlaub

39) Klaus sagte: »Ich bin erleichtert, dass alles geklappt hat.«

Klaus Sagte er sei erleichtert, dass alles geklappt hätte

40) Der Dieb schrie mich an: »Geben Sie mir Ihre Geldbörse!«

Der Dieb schrie sie an, sie solle ihm die Geldbörse geben

Wandeln Sie die Fragen in indirekte Fragesätze um.

41) Christian fragt sich: »Werde ich alles schaffen, was ich mir vorgenommen habe?«

Werde ich alles schaffen können/werden was ich mir vorgenommen hätte

42) Katrin fragt sich: »Kommt er wohl pünktlich?«

wird er wohl pünchlich kommen?

43) Sie fragten sich: »Wird unser neuer Chef einen guten Führungsstil haben?«

Wird unser neuer Chef einen guten Führungsstil haben werden

Bilden Sie den Plural des jeweils vorgegebenen Wortes.

44) der Mann die Männer

45) das Haus die Häuser

46) das Ereignis die Ereignisse

47) das Hobby die Hobbies

48) der Teller die Teller

49) das Ventil die Ventile

50) der Bonus die Boni

51) das Praktikum die Practicas

52) das Sandwich die Sandwiches

53) der Index die Indexe

54) die GmbH die GmbH's

55) die Zwiebel die Zwiebel

Lösungen

1) **Verben:** laufen, glauben, kalkulieren, nehmen
   Substantive: Bett, Schlüssel, Becher, Tapete
   Adjektive: stündlich, genügend, erbost, richtig
   Pronomen: er, mein, du, unsere
2) *über:* Präposition
   denn: Konjunktion
   schön: Adjektiv
   die: Artikel
   dein: Possessivpronomen
   wir: Personalpronomen
   Wille: Substantiv
   Lies!: Verb
3) *sie* – Personalpronomen
4) *sein* – Possessivpronomen
5) *ich* – Personalpronomen
6) *du* – Personalpronomen
7) *deines* – Possessivpronomen
8) klein – kleiner – am kleinsten
9) gut – besser – am besten
10) alt – älter – am ältesten
11) laut – lauter – am lautesten
12) einzig (nicht steigerbar)
13) der gutbezahlte Job – **der bestbezahlte Job**
    das vielgelesene / viel gelesene Buch – **das meistgelesene Buch**
    das gutgehütete Geheimnis – **das bestgehütete Geheimnis**
    der naheliegende / nahe liegende Gedanke – **der nächstliegende Gedanke**
    das hochgelobte Buch – **das höchstgelobte Buch**
14) b) das begeisternde Lied
15) c) ein überzeugendes Argument
16) a) der frierende Junge
17) Einnahme
18) Verständnis
19) Abbruch
20) Verlust
21) Versäumnis
22) fürchten
23) abgeben
24) verbieten
25) fahren
26) beabsichtigen
27) Er möchte nicht, dass wir ihn unterstützen.
28) Um den Sachverhalt zu klären, hörten wir alle Beteiligten an.
29) Nachdem wir gegessen hatten / Als das Essen beendet war, machten wir einen Spaziergang.
30) Weil das Wetter schlecht ist, gehen wir nicht wandern.
31) Wenn/Während sie joggt, hat sie immer die besten Ideen.
32) Trotz des zunehmenden Verkehrsaufkommens fahren immer mehr Menschen Auto.
33) Ohne ausreichendes Training wird er das Tennismatch verlieren.
34) Wegen eines groben Foulspiels bekam ein Spieler die rote Karte.
35) Nach dem Ende des Spiels denkt der Profi an die nächste Begegnung.
36) Bei Regen möchte er nicht mit dem Fahrrad fahren.
37) fadenscheiniger Ausreden (Genitiv) – neuen Aufgaben (Dativ) – dem Chef (Dativ) – seiner Kollegen (Genitiv) – unerledigten Aufgaben (Akkusativ) – seinen Aufgabenbereich (Akkusativ) – schlechte Beurteilungen (Nominativ) – fristlose Kündigung (Akkusativ)
38) Katja sagte, sie fahre am folgenden Tag in den Urlaub. (Oder: ..., dass sie am folgenden Tag in den Urlaub fährt/fahre.)
39) Klaus sagte, er sei erleichtert, dass alles geklappt habe/hat.

40) Der Dieb schrie mich an, ich solle ihm meine Geldbörse geben. (Oder: ..., dass ich ihm meine Geldbörse geben soll/solle.)
41) Christian fragt sich, ob er alles schaffen werde/wird, was er sich vorgenommen hat.
42) Katrin fragt sich, ob er wohl pünktlich komme/kommt.
43) Sie fragten sich, ob ihr neuer Chef einen guten Führungsstil haben werde/wird.
44) die Männer
45) die Häuser
46) die Ereignisse
47) die Hobbys
48) die Teller
49) die Ventile
50) die Boni oder Bonusse oder Bonus
51) die Praktika
52) die Sandwiches
53) die Indexe oder Indizes oder Indices
54) die GmbHs
55) die Zwiebeln

Tipps zur Grammatik

Kenntnisse der Grammatik sind unerlässlich, um sich sicher und gewandt in der deutschen Sprache bewegen zu können. Das gilt sowohl für den schriftlichen als auch für den mündlichen Ausdruck. Da die Grammatik alle Bereiche der deutschen Sprache betrifft, seien hier nur einige kurze Hinweise gegeben.

Die Wortarten

- **Substantive** (Hauptwörter) haben in der Regel einen Singular *(das Kind)* und einen Plural *(die/mehrere Kinder)* und können – je nachdem, welche Rolle sie im Satz einnehmen – in verschiedenen Fällen stehen:
  - Nominativ (1. Fall): Wer oder was? → *das Kind*
  - Genitiv (2. Fall): Wessen? → *des Kindes*
  - Dativ (3. Fall): Wem? → *dem Kind*
  - Akkusativ (4. Fall): Wen oder was? → *das Kind*
- **Verben** (Tätigkeitswörter) gibt es in verschiedenen Zeitformen; diese werden bei schwachen Verben regelmäßig gebildet *(lachen – lachte – gelacht)* und bei starken Verben unregelmäßig *(gehen – ging – gegangen)*. Verben bezeichnen:
  - eine Handlung: *schreiben, laufen, lesen*
  - einen Vorgang: *einschlafen, regnen, wachsen*
  - einen Zustand: *sein, stehen, wohnen*
- **Adjektive** (Eigenschaftswörter) beschreiben Eigenschaften oder Merkmale: *schön, dick, hoch*
- **Adverbien** (Umstandswörter) bestimmen die örtlichen, zeitlichen oder sonstigen Umstände eines Geschehens und sind nicht veränderbar: *draußen – oben, jetzt – abends – zwischendurch, notfalls – folglich*
- **Pronomen** (Fürwörter) stehen stellvertretend für ein Substantiv; es gibt:
  - Personalpronomen: *ich, du, er, sie, es, wir, ihr, sie*
  - Possessivpronomen: *mein, dein, sein, ihr, sein, unser, ihr, euer*
  - Demonstrativpronomen: *dieser, jene, solches, dasselbe*
  - Indefinitpronomen: *jemand, niemand, etwas, nichts, alle, jeder, mehrere, etliche, man*
- **Präpositionen** (Verhältniswörter) geben Beziehungsverhältnisse an und kommen immer mit einem übergeordneten Wort vor (meist Substantiv oder Prono-

men): *vor (dem Haus), nach (zwei Stunden), wegen (der Ferien)*. Die einzelnen Präpositionen ziehen jeweils einen bestimmten Fall nach sich, zum Beispiel:
  - Genitiv nach ***trotz:*** *trotz des Regens*
  - Dativ nach ***mit:*** *mit dem Auto*
  - Akkusativ nach ***ohne:*** *ohne meine Mutter*
- **Konjunktionen** (Bindewörter) verbinden Sätze, Wörter und Wortgruppen, zum Beispiel: *und – oder, aber – trotzdem, während – bevor*
- **Zahlwörter** können sein:
  - Grundzahlen: *fünfzig (Rosen), die sieben (Geißlein)*
  - Ordnungszahlen: *(der) dritte (Mann), (am) ersten (Tag)*
  - unbestimmte Zahlwörter: *einige (Tage), viele (Versuche), manche (Tiere), etliche (Erfolge)*
  - Vervielfältigungszahlen: *einfach, zweifach ..., einmalig, zweimalig*
- **Interjektionen** sind Ausrufe, die oft mit einem Komma oder Ausrufezeichen abgetrennt werden, meist in gesprochener Sprache oder in Comics vorkommen und nicht veränderbar sind: *Hä? – Oh! – Na ja! – Ach! – Tja!*
- Artikel sind Begleiter von Substantiven: *der, die, das, ein, eine*

Steigerung von Adjektiven

- Adjektive können als einzige Wortart gesteigert werden, das heißt, es werden Vergleichsformen gebildet. Es gibt außer der Grundform *(billig, groß, klug)* zwei Stufen:
  - **Komparativ** (erste Steigerungsstufe): wird gebildet, indem man ***-er*** an die Grundform anhängt *(a, o* und *u* werden in der Regel zu *ä, ö* oder *ü): billig-er, größ-er, klüg-er*
  - **Superlativ** (zweite Steigerungsstufe): wird gebildet durch das Voranstellen des Wörtchens *am* und das Anhängen von *-sten:* am *billigsten, am größten, am klügsten*
    Ein paar Adjektive haben unregelmäßige Steigerungsformen, die man auswendig lernen muss (z. B. *gut – besser – beste, viel – mehr – meiste)* und manche Adjektive lassen sich gar nicht steigern, weil ihre Bedeutung kein Mehr zulässt (z. B. *blind, einzig, quadratisch)*.

Partizipien in adjektivischer Funktion

Von Verben kann man zwei Arten von Partizipien bilden: das Partizip Präsens und das Partizip Perfekt *(schreiben – schreibend – geschrieben, fressen – fressend – gefressen)*.
- Das Partizip Präsens ist eine Art Verlaufsform; es bildet ab, was gerade passiert:
  das schreibende Kind, die fressende Katze, die einstürzenden Gebäude
- Das Partizip Perfekt schildert eher einen Zustand, ein Ergebnis:
  der geschriebene Text, die gefressene Maus, die eingestürzten Gebäude

Satzglieder und Nebensätze

Bestimmte Angaben in einem Satz (zum Beispiel zur Zeit, zum Ort, zum Grund etc.) kann man entweder mithilfe von adverbialen Bestimmungen, also Satzgliedern, machen oder mithilfe von Nebensätzen. Je nach Kontext kann das eine oder das andere sinnvoller sein:
Falls die Sonne scheint, gehen wir ins Schwimmbad.
→ Bei Sonnenschein gehen wir ins Schwimmbad.

Als das Fest beendet war, fing es an zu regnen.
→ *Nach dem Fest fing es an zu regnen.*

Weil es regnet, fällt das Konzert aus.
→ *Wegen des Regens fällt das Konzert aus.*

Achtung

Wenn es sich »nur« um Satzglieder handelt, darf kein Komma stehen!

Die indirekte Rede

- Die Äußerungen der **indirekten Rede** stehen üblicherweise im Konjunktiv I; wenn die indirekte Rede in einem *dass*-Satz wiedergegeben wird, ist der Konjunktiv nicht nötig, aber möglich. Nur wenn der Konjunktiv I nicht vom Indikativ zu unterscheiden ist *(wir kommen)*, ist der Konjunktiv II *(wir kämen)* zulässig. Wichtig: Bei der Umwandlung von direkter in indirekte Rede müssen alle Hinweise auf Personen, Zeit und Ort an die neue Perspektive angepasst werden:
  *Frau Müller sagte: »**Ich** bin **morgen** nicht **hier.**«*
  → *Frau Müller sagte, **sie** sei **am nächsten Tag** nicht **dort.***
- Ein **indirekter Fragesatz** wird durch die gleichen Fragewörter eingeleitet wie der direkte Fragesatz (z. B. *was?, wann?, wer?, warum?)* oder bei Entscheidungsfragen durch ***ob.*** Nach indirekten Fragesätzen steht kein Fragezeichen; sie stehen häufig im Indikativ.
  Der Chef fragt: »Kommt Frau Goll?«
  → *Der Chef fragt, **ob** Frau Goll komme/kommt.*

Pluralbildung

Es gibt verschiedene Möglichkeiten, den Plural eines Wortes zu bilden.

- Plural auf ***-e:*** *Tisch – Tische, Bach – Bäche*
- Plural auf ***-(e)n:*** *Gabel – Gabeln, Mensch – Menschen*
- Plural auf ***-er:*** *Bild – Bilder, Rand – Ränder, Ei – Eier*
- Plural auf ***-s:*** *Oma – Omas, Handy – Handys*
- Plural = Singular: *das Ufer – die Ufer*

Verbformen

Bilden Sie aus den vorgegebenen Verbformen den Infinitiv und tragen Sie diesen jeweils in das entsprechende Feld ein.

Trainingsaufgaben

Für die 30 Aufgaben haben Sie **3 Minuten** Zeit.

1) empfing ____ empfangen
2) gebeten ____ bitten
3) aß ____ essen
4) wusch ____ waschen
5) gesunken ____ sinken
6) gescholten ____ schelten
7) schwamm ____ schwimmen
8) flöge ____ fliegen
9) gegossen ____ gießen
10) schoss ____ schießen
11) gebunden ____ binden
12) gedachte ____ gedenken
13) geschoben ____ schieben
14) schlug ____
15) gewogen ____
16) geflossen ____
17) brächtest ____
18) geboren ____
19) wuchs ____
20) gewunden ____

Ordnen Sie die Wörter den richtigen Zeitformen zu.

21) *gelaufen – laufen – ist gelaufen*

Infinitiv: ____

Partizip II: ____

Perfekt: ____

22) *wird schreiben – hatte geschrieben – schrieb*

Präteritum: ____

Plusquamperfekt: ____

Futur I: ____

23) *brächte – bring – wird gebracht haben*

Futur II: ____

Konjunktiv II: ____

Imperativ: ____

Ergänzen Sie die geforderten Formen für das angegebene Verb jeweils im Konjunktiv I und Konjunktiv II.

24) ***kommen***

Konjunktiv I: er ____

ihr ____

Konjunktiv II: er ____

ihr ____

25) ***haben***

Konjunktiv I: du ____

wir ____

Konjunktiv II: du ____

wir ____

Bilden Sie die Befehlsformen (Imperative) zu den folgenden Infinitiven in Singular und Plural.

	Imperativ Singular	Imperativ Plural
26) essen		
27) kommen		
28) sein		
29) nehmen		
30) machen		

Lösungen

1) *empfing – empfangen*
Hier handelt es sich um die 3. Person Singular in der einfachen Vergangenheit (Präteritum oder Imperfekt).

2) *gebeten – bitten*
Hier handelt es sich um das Partizip Perfekt, das zum Beispiel zur Bildung der zusammengesetzten Vergangenheitsformen benötigt wird (Perfekt und Plusquamperfekt).

3) *aß – essen*
Hier handelt es sich um die einfache Vergangenheit (Präteritum oder Imperfekt) in der 1. oder 3. Person Singular.

4) *wusch – waschen*
Hier handelt es sich ebenfalls um die einfache Vergangenheit (Präteritum oder Imperfekt) in der 1. oder 3. Person Singular.

5) *gesunken – sinken*
Das ist das Partizip Perfekt, das zum Beispiel zur Bildung der zusammengesetzten Vergangenheitsformen benötigt wird (Perfekt und Plusquamperfekt).

6) *gescholten – schelten*
Auch hier handelt es sich um das Partizip Perfekt, das außer zur Bildung der zusammengesetzten Vergangenheitsformen auch für das Passiv benötigt wird.

7) *schwamm – schwimmen*
Hier handelt es sich wieder um die einfache Vergangenheit (Präteritum oder Imperfekt) in der 1. oder 3. Person Singular.

8) *flöge – fliegen*
Das ist eine Konjunktivform, und zwar der Konjunktiv II für die 1. oder 3. Person Singular.

9) *gegossen – gießen*
Das ist wieder das Partizip Perfekt, das zum Beispiel auch für das Passiv benötigt wird.

10) *schoss – schießen*
Hier handelt es sich wieder um die einfache Vergangenheit (Präteritum oder Imperfekt) in der 1. oder 3. Person Singular.

11) *gebunden – binden*
Das ist wieder das Partizip Perfekt, das außer zur Bildung der zusammengesetzten Vergangenheitsformen auch für das Passiv benötigt wird.

12) *gedachte – gedenken*
Hier handelt es sich wieder um die einfache Vergangenheit (Präteritum oder Imperfekt) in der 1. oder 3. Person Singular.

13) *geschoben – schieben*
Das ist wieder das Partizip Perfekt, das außer zur Bildung der zusammengesetzten Vergangenheitsformen auch für das Passiv benötigt wird.

14) *schlug – schlagen*
Hier handelt es sich wieder um die einfache Vergangenheit (Präteritum oder Imperfekt) in der 1. oder 3. Person Singular.

15) *gewogen – wiegen*
Das ist wieder das Partizip Perfekt, das außer zur Bildung der zusammengesetzten Vergangenheitsformen auch für das Passiv benötigt wird.

16) *geflossen – fließen*
Das ist wieder das Partizip Perfekt, das außer zur Bildung der zusammengesetzten Vergangenheitsformen auch für das Passiv benötigt wird.

17) *brächtest – bringen*
Das ist wieder die Form des Konjunktivs II. Hier für die 2. Person Singular.

18) *geboren – gebären*
Das ist wieder das Partizip Perfekt.

19) *wuchs – wachsen*
Und noch einmal die einfache Vergangenheit (Präteritum oder Imperfekt) für die 1. oder 3. Person Singular.

20) *gewunden – winden*
Und zum Abschluss noch ein Partizip Perfekt.

21) Infinitiv – *laufen*, Partizip II – *gelaufen*, Perfekt – *ist gelaufen*

22) Präteritum – *schrieb*, Plusquamperfekt – *hatte geschrieben*, Futur I – *wird schreiben*

23) Futur II – *wird gebracht haben*, Konjunktiv II – *brächte*, Imperativ – *bring*

24) Konjunktiv I: *er/sie/es komme, ihr kommet*; Konjunktiv II: *er/sie/es käme, ihr kämet*

25) Konjunktiv I: *du habest, wir haben*;
Konjunktiv II: *du hättest, wir hätten*

26) iss – esst
27) komm – kommt
28) sei – seid
29) nimm – nehmt
30) mach – macht

Tipps zum Infinitiv, zum Imperativ und zum Konjunktiv

Alle unregelmäßigen Verben – und das sind viele wichtige und geläufige Verben – bilden die verschiedenen Zeitformen mit anderen Vokalen als denen, die sie im Infinitiv haben; das liegt in der Sprachentwicklungsgeschichte begründet. Viele Konjunktivformen werden hier mit Umlauten *(ä, ö, ü)* gebildet – auch das ist bei den regelmäßigen Verben nicht der Fall.

Das Verb

Der **Infinitiv** (Grundform), das **Präteritum** und das **Partizip Perfekt** bilden die sogenannten Stammformen des Verbs. Von diesen drei Formen lassen sich im Deutschen alle anderen Formen des Verbs (wie Futur, Passiv etc.) ableiten. Aufpassen muss man besonders bei den unregelmäßigen Verben, denn dort wechselt der Vokal:

- *rechnen – rechnete – gerechnet*
- *laufen – lief – gelaufen*
- *gehen – ging – gegangen*

Befehlsformen (Imperative)

- Bei den meisten Verben wird heute der Imperativ Singular **ohne Endungs-e** gebildet – und vor allem **ohne Apostroph:**
  Wasch *deine Hände!*
  Steig *ein!*
  Sag *die Wahrheit!*

- Bei den Verben, die auf ***-ern*** oder ***-eln*** enden, muss aber ein **Endungs-e** gesetzt werden, das *e* in der Mitte kann man auch weglassen:
  Hand[e]le *stets umsichtig!*
  Samm[e]le *alles auf!*
  Trau[e]re *nicht zu lange!*
- Im Allgemeinen steht ein **Endungs-e** auch bei Verben mit ***-d*** oder ***-t*** und Konsonant + ***m*** oder ***n*** vor der Endung:
  Achte *darauf!*
  Binde *das zu!*
  Atme *ruhig!*
  Rechne *sorgfältig!*
- Unregelmäßige Verben, bei denen das *e* bei der Konjugation zu *i* wird *(lesen – du liest, geben – du gibst, sprechen – du sprichst, werfen – du wirfst)*, bilden auch immer (außer beim Verb *werden*) den **Imperativ mit i:**
  Lies *dieses Buch!*
  Gib *mir das her!*
  Sprich *nicht so laut!*
  Wirf *nicht so weit!*
- Der Imperativ für die **Höflichkeitsform** wird wie die 3. Person Plural des Konjunktiv Präsens gebildet, die bei allen Verben (außer *sein!*) gleich der normalen Indikativform ist:
  Nehmen *Sie Platz!*
  Räumen *Sie die Unfallstelle!*
  Seien *Sie* (nicht: *Sind Sie!*) *vorsichtig!*

Der Konjunktiv

- Der **Konjunktiv I** (den man für die indirekte Rede braucht) wird gebildet, indem man an den **Präsensstamm** *(sag-, sprech-, bring-)* die Endungen ***-e, -est, -e, -en, -et, -en*** anhängt. Daher sind bei den regelmäßigen Verben die Formen weitgehend identisch mit den »normalen« Indikativformen:
  ich sag-e, du sag-est, er/sie/es sag-e, wir sag-en, ihr sag-et, sie sag-en.
  Die Formen des Konjunktivs I gibt es in der
  - Gegenwart: *Er sagt, er* ***habe*** *gute Laune.*
  - Vergangenheit: *Er sagt, er* ***habe*** *gute Laune* ***gehabt.***
  - Zukunft: *Er sagt, er* ***werde*** *gute Laune* ***haben.***
- Der **Konjunktiv II** (den man verwendet, wenn etwas nicht wirklich der Fall/vorstellbar/wünschenswert ist) wird gebildet, indem man an den **Präteritumstamm** *(gehen → ging-)* die Endungen ***-e, -est, -e, en, -et, -en*** anhängt:
  ich ging-e, du ging-est, er ging-e, wir ging-en, ihr ging-et, sie ging-en.
  Bei starken Verben wird der Stammvokal zu einem Umlaut *(kommen → kam-):*
  ich käm-e, du käm-est, er käm-e, wir käm-en, ihr käm-et, sie käm-en.

Präpositionen

Bitte kreuzen Sie an, welche Präposition den Satz sinnvoll ergänzt.

Trainingsaufgaben

Für die 15 Aufgaben haben Sie **30 Sekunden** Zeit.

1) Er hat die Zusage ________ drei Tagen bekommen.

a) seit
b) vor
c) an

2) Seit er sie kennt, schwebt er ________ Wolke 7.

a) auf
b) über
c) neben

3) In den Ferien fährt sie ________ ihren Eltern.

a) bei
b) zu
c) nach

4) Sie ist ________ zwei Wochen aus dem Urlaub zurückgekommen.

a) bei
b) seit
c) vor

5) ________ aller Fixkosten bleibt am Monatsende nicht mehr viel Geld übrig.

a) Zuzüglich
b) Abzüglich
c) Mangels

6) ________ eines Zugausfalls kam er unpünktlich.

a) Aufgrund
b) Dank
c) Trotz

7) Nach dem Schock steht sie noch immer völlig ________ sich.

a) neben
b) auf
c) außer

8) ________ Bauarbeiten ist das Gebäude vorübergehend nicht betretbar.

a) Durch
b) Wegen
c) Aus

9) Nach Feierabend fährt sie an heißen Tagen gern noch ________ den See.

a) unter
b) auf
c) an

10) Er hatte sie ________ ihrem Umzug in eine andere Stadt nicht mehr gesehen.

a) während
b) seit
c) von

11) Nach seiner Erbschaft verfügt er

_______ eine stattliche Summe.

a) über
b) um
c) auf

12) Sie arbeitete nicht _______ den Vorschriften und erhielt daher eine Verwarnung.

a) zufolge
b) infolge
c) gemäß

13) _______ Alternativen mussten sie nun doch in die Wohnung am Stadtrand ziehen.

a) Wegen
b) Mangels
c) Dank

14) Die Entscheidung liegt _______ seinem Ermessen

a) bei
b) an
c) in

15) Mit seinen Geschäftspraktiken bewegt

er sich oft _______ der Grenze

des Legalen.

a) an
b) auf
c) bei

Lösungen

1) b
2) a
3) b
4) c
5) b
6) a
7) a
8) b
9) c
10) b
11) a
12) c
13) b
14) c
15) a

Kommentierte Lösungen

Zu 1) *Er hat die Zusage **vor** drei Tagen bekommen.*
Mit der Präposition *vor* wird ein Zeitpunkt angegeben, zu dem sich etwas ereignet hat – hier ist es ein bestimmter Zeitpunkt, der drei Tage zurückliegt.

Zu 2) ***Seit** er sie kennt, schwebt er auf Wolke 7.*
Mit der Präposition *seit* wird eine Zeitspanne angegeben – hier ist es die Zeitspanne vom Zeitpunkt des Kennenlernens bis heute, also dem Sprechzeitpunkt.

Zu 3) *In den Ferien fährt sie **zu** ihren Eltern.*
Angaben der Richtung oder des Ortes können mit unterschiedlichen Präpositionen gemacht werden, das ist oft eine Frage des Sprachgebrauchs. *Sie fährt wohin? Zu ihren Eltern.*

Zu 4) *Sie ist **vor** zwei Wochen aus dem Urlaub zurückgekommen.*
Mit der Präposition *vor* wird ein Zeitpunkt angegeben, zu dem sich etwas ereignet hat – hier ist es ein bestimmter Zeitpunkt, der zwei Wochen zurückliegt.

Zu 5) ***Abzüglich** aller Fixkosten bleibt am Monatsende nicht mehr viel Geld übrig.*
Die Präposition *abzüglich* steht mit Genitiv und gibt an, dass etwas von einer vorher definierten Summe abgezogen wird, sodass sich eine neue Summe ergibt – hier das Geld, das am Monatsende übrig bleibt.

Zu 6) ***Aufgrund** eines Zugausfalls kam er unpünktlich.*
Die Präposition *aufgrund* gibt einen Grund an, es ist eine sogenannte kausale Präposition. Hier ist der Zugausfall der Grund für die Unpünktlichkeit.

Zu 7) *Nach dem Schock steht sie noch immer völlig **neben** sich.*
Die örtliche Präposition *neben* ist hier Teil einer Redewendung – »neben sich stehen« wird im Sinne von »nicht ganz bei Sinnen sein« verstanden.

Zu 8) ***Wegen** Bauarbeiten ist das Gebäude vorübergehend nicht betretbar.*
Die Präposition *wegen* gibt einen Grund an, es ist eine sogenannte kausale Präposition. Hier sind die Bauarbeiten der Grund, warum das Gebäude vorübergehend nicht betretbar ist.

Zu 9) *Nach Feierabend fährt sie an heißen Tagen gern noch **an** den See.*
Angaben der Richtung oder des Ortes können mit unterschiedlichen Präpositionen gemacht werden. Bei Gewässern ist *an* üblich – *an den See, ans Meer.*

Zu 10) *Er hatte sie **seit** ihrem Umzug in eine andere Stadt nicht mehr gesehen.*

Mit der Präposition *seit* wird eine Zeitspanne angegeben – hier ist es die Zeitspanne vom Zeitpunkt des Umzugs bis heute, dem Sprechzeitpunkt.

Zu 11) *Nach seiner Erbschaft verfügt er* ***über*** *eine stattliche Summe.*
Die Verbindung »verfügen *über* etwas« ist eine feste präpositionale Verbindung, die sich so im deutschen Wortschatz findet.

Zu 12) *Sie arbeitete nicht* ***gemäß*** *den Vorschriften und erhielt daher eine Verwarnung.*
Die Präposition *gemäß* steht mit dem Dativ und bedeudet »nach, entsprechend, zufolge«.

Zu 13) ***Mangels*** *Alternativen mussten sie nun doch in die Wohnung am Stadtrand ziehen.*
Die Präposition *mangels* kann anstelle der präpositionalen Wortgruppe »aus Mangel an« stehen und ist oft in der Amtssprache zu finden.

Zu 14) *Die Entscheidung liegt* ***in*** *seinem Ermessen.*
Hier handelt es sich um ein feste Wendung, die die Präposition *in* erfordert.

Zu 15) *Mit seinen Geschäftspraktiken bewegt er sich oft* ***an*** *der Grenze des Legalen.*
Hier wird die lokale Präposition *an* verwendet, die den Ort angibt, also mit dem Dativ steht (»Wo bewegt er sich?).

Tipps zu Präpositionen

Präpositionen geben Verhältnisse oder Beziehungen an und kommen immer mit einem zugehörigen Wort vor, das ist in der Regel ein Substantiv oder ein Pronomen. Man kann mit Präpositionen Angaben zu verschiedenen Umständen machen

- **Ort:** *Sie ist* ***in*** *der Nähe. Komm zu mir.*
- **Zeit:** *Ich komme* ***nach*** *dem Essen. Händewaschen* ***vor*** *dem Essen.*
- **Art und Weise:** *Er kam* ***ohne*** *mein Wissen.*
- **Grund:** *Sie friert* ***wegen*** *der Kälte.*

Sie können auch mit den nachfolgenden Artikeln zu einem Wort verschmelzen:
Er ist ***im*** *[= in dem] Garten.*
Komm ***ins*** *[= in das] Haus.*
Präpositionen bestimmen, in welchem Fall ihr Bezugswort stehen muss. Bei den lokalen (örtlichen) Präpositionen gibt es oft zwei Möglichkeiten: Auf die Frage *wo?* steht der Dativ, auf die Frage *wohin?* der Akkusativ:
Das Bild hängt ***an der*** *Wand (wo?).*
Er hängt das Bild ***an die*** *Wand (wohin?).*
Das Buch liegt ***auf dem*** *Tisch (wo?).*
Sie legt das Buch ***auf den*** *Tisch (wohin?).*

Konjunktionen

Bitte setzen Sie die Konjunktionen aus der Wortliste so in die entsprechenden Lücken ein, dass der Satz die vorangestellte Aussage sinngemäß wiedergibt.

Trainingsaufgaben

Für die 15 Aufgaben haben Sie **1 Minute** Zeit.

sondern (2 ×) • damit • obwohl (2 ×) • weil (2 ×) • um • sowohl – als auch • nachdem • und (2 ×) • wenn • aber (2 ×)

1) Er ist müde. Er hat schlecht geschlafen.

   Er ist müde, ________ er schlecht geschlafen hat.

2) Er macht viele Überstunden. Trotzdem hat er seit Jahren keine Gehaltserhöhung bekommen.

   Er macht viele Überstunden, ________ er seit Jahren keine Gehaltserhöhung bekommen hat.

3) Sie wohnt nicht in Berlin. Sie wohnt in Köln.

   Sie wohnt nicht in Berlin, ________ in Köln.

4) Er nimmt einen früheren Zug. Er will keinesfalls zu spät kommen.

   Er nimmt einen früheren Zug, ________ er keinesfalls zu spät kommt.

5) Das Wetter war sehr wechselhaft.

   Innerhalb einer Stunde gab es ________ Regen ________ Sonne.

6) Wer nicht schwimmen kann, sollte besser nicht ins Meer gehen.

   Man sollte besser nicht ins Meer gehen, ________ man nicht schwimmen kann.

7) Die Mannschaft strengte sich sehr an. Sie wollte das Spiel gewinnen.

   Die Mannschaft strengte sich an, ________ das Spiel zu gewinnen.

8) Es klingelt an der Tür. Sie machte nicht auf.

   Es klingelt an der Tür, ________ sie öffnete nicht.

9) Sie geht ins Fitnessstudio. Sie geht nach dem Einkaufen dorthin.

   Sie geht ins Fitnessstudio, ________ sie beim Einkaufen war.

10) Es ist heiß. Die Sonne brennt.

    Es ist heiß ________ die Sonne brennt.

11) Sie hat viel gelernt. Sie wollte die Klausur gut bestehen.

    Sie hat viel gelernt, ________ sie die Klausur gut bestehen wollte.

12) Er findet das Buch spannend. Den Film findet er besser.

Er findet das Buch spannend,

__________ den Film findet er besser.

13) Sie heißt nicht Christina. Sie heißt Christine.

Sie heißt nicht Christina, __________

Christine.

14) Er hat keine Zeit. Er kann nicht ins Kino gehen.

Er hat keine Zeit __________ kann

nicht ins Kino gehen.

15) Sie kann nicht einschlafen. Sie ist sehr müde.

Sie kann nicht einschlafen,

__________ sie sehr müde ist.

Lösungen

1) weil
2) obwohl
3) sondern
4) damit
5) sowohl – als auch
6) wenn
7) um
8) aber
9) nachdem
10) und
11) weil
12) aber
13) sondern
14) und
15) obwohl

Kommentierte Lösungen

Zu 1) *Er ist müde, **weil** er schlecht geschlafen hat.*
Die Konjunktion *weil* gehört zu den kausalen Konjunktionen; diese leiten Aussagen ein, die einen Grund angeben. Andere Konjunktionen des Grundes sind *da* und *denn.* Allerdings ist *denn* eine nebenordnende Konjunktion, die zwei Hauptsätze miteinander verbindet; *weil* und *da* verbinden einen Nebensatz mit einem Hauptsatz.

Zu 2) *Er macht viele Überstunden, **obwohl** er seit Jahren keine Gehaltserhöhung bekommen hat.*
Die Konjunktion *obwohl* gehört zu den Konjunktionen, die Aussagen einleiten, die eine Einschränkung oder einen Gegensatz angeben. In diesem Fall ist es eine unterordnende Konjunktion, die einen Nebensatz an einen Hauptsatz anschließt. In diese Gruppe gehört auch die Konjunktion *obgleich.*

Zu 3) *Sie wohnt nicht in Berlin, **sondern** in Köln.*
Die Konjunktion *sondern* gehört zu den Konjunktionen, die Aussagen einleiten, die eine Einschränkung oder einen Gegensatz angeben. Andere Konjunktionen dieser Art sind etwa *doch* und *aber.*

Zu 4) *Er nimmt einen früheren Zug, **damit** er keinesfalls zu spät kommt.*
Die Konjunktion *damit* gehört zu den finalen Konjunktionen, die Aussagen einleiten, die einen Zweck angeben. In diese Gruppe gehört etwa auch die Konjunktion *dass.*

Zu 5) *Das Wetter war sehr wechselhaft. Innerhalb einer Stunde gab es **sowohl** Regen **als auch** Sonne.*
Die Konjunktion *sowohl ... als auch* reiht Wörter oder Sätze aneinander. Dieselbe Funktion haben die Konjunktionen *und, sowie, oder.*

Zu 6) *Man sollte besser nicht ins Meer gehen, **wenn** man nicht schwimmen kann.*
Die Konjunktion *wenn* gehört zu den unterordnenden Konjunktionen, die Aussagen einleiten, die eine Bedingung angeben. In diese Gruppe gehört etwa auch die Konjunktion *falls.*

Zu 7) *Die Mannschaft strengte sich an, **um** das Spiel zu gewinnen.*
Die Konjunktion *um* gehört zu den finalen Konjunktionen, die Aussagen einleiten, die ein Ziel oder einen Zweck angeben. In diese Gruppe gehört etwa auch die Konjunktion *damit.*

Zu 8) *Es klingelt an der Tür, **aber** sie öffnete nicht.*
Die Konjunktion *aber* gehört zu den Konjunktionen, die Aussagen einleiten, die eine Einschränkung oder einen Gegensatz angeben. In diesem Fall ist es eine nebenordnende Konjunktion, die zwei Hauptsätze miteinander verbindet.

Zu 9) *Sie geht ins Fitnessstudio, **nachdem** sie beim Einkaufen war.*
Die Konjunktion *nachdem* gehört zu den Konjunktionen, die Aussagen einleiten, die eine Zeit angeben. In diesem Fall ist es eine unterordnende Konjunktion, die einen Nebensatz an einen Hauptsatz anschließt. In diese Gruppe gehören auch die Konjunktionen *während* und *bevor.*

Zu 10) *Es ist heiß **und** die Sonne brennt.*
Die Konjunktion *und* reiht Wörter oder Sätze aneinander. Hier sind es zwei Hauptsätze, die miteinander verbunden sind, es ist also eine nebenordnende Konjunktion. Dieselbe Funktion hat die Konjunktion *oder.*

Zu 11) *Sie hat viel gelernt, **weil** sie die Klausur gut bestehen wollte.*
Die Konjunktion *weil* gehört zu den Konjunktionen, die Aussagen einleiten, die eine Begründung angeben. Sie leitet einen kausalen (begründenden) Nebensatz ein.

Zu 12) *Er findet das Buch spannend, **aber** den Film findet er besser.*
Die Konjunktion *aber* gehört zu den Konjunktionen, die Aussagen einleiten, die eine Einschränkung oder einen Gegensatz angeben. In diesem Fall ist es eine nebenordnende Konjunktion, die zwei Hauptsätze miteinander verbindet.

Zu 13) *Sie heißt nicht Christina, **sondern** Christine.*
Die Konjunktion *sondern* gibt eine Einschränkung oder einen Gegensatz an; sie kann Sätze oder Satzteile verbinden.

Zu 14) *Er hat keine Zeit **und** kann nicht ins Kino gehen.*
Die Konjunktion *und* verbindet Sätze oder Satzteile – hier kann das zweite »er« sogar eingespart werden.

Zu 15) *Sie kann nicht einschlafen, **obwohl** sie sehr müde ist.*
Die Konjunktion *obwohl* leitet einen Nebensatz ein und gehört zu den Konjunktionen, die eine Einschränkung oder einen Gegensatz angeben.

Tipps zu Konjunktionen
Konjunktionen sind Bindewörter, sie verbinden Sätze, Wortgruppen und Wörter. Es gibt zwei Gruppen von Konjunktionen: nebenordnende und unterordnende Konjunktionen.

- **Nebenordnende Konjunktionen** verbinden gleichrangige (Teil-)Sätze, Wörter und Wortgruppen. Zu ihnen gehören
  - Konjunktionen, die Sätze, Wortgruppen und Wörter nur **aneinanderreihen:** *und, sowie, oder, sowohl ... als auch, entweder ... oder,*
  - Konjunktionen, die **Gegensätze** und **Einschränkungen** angeben: *aber, doch,*
  - Konjunktionen, die einen **Grund** angeben: *denn.*
- **Unterordnende Konjunktionen** verbinden einen Nebensatz mit einem Hauptsatz. Sie leiten Aussagen ein zu folgenden Umständen:
  - **Zeit:** *während, bevor, nachdem*
  - **Grund:** *da, weil*

- **Zweck:** *dass, damit*
- **Bedingungen:** *falls, wenn*
- **Einschränkungen** oder **Gegensätze:** *obwohl, obgleich*

Wortbedeutungen

Wählen Sie bitte aus den unten stehenden Vorschlägen jeweils das Wort aus, das die gleiche oder eine sehr ähnliche Bedeutung wie das bereits vorgegebene hat.

Trainingsaufgaben

Für die 50 Aufgaben haben Sie **5 Minuten** Zeit.

angeln – Angst – Anschrift – Antwort – Aufstand – ausreichend – bedeutsam – begrenzt – beharrlich – Beifall – bekommen – bezahlbar – bloß – dick – direkt – eben – Eloquenz – Exzess – falsch – Firmament – fleißig – gefährlich – Gegner – Gemahl – geräuschvoll – geschickt – Getränk – gleichgültig – häufig – hoffnungsfroh – Kaff – Kontext – Kopf – lahm – modern – nachfolgend – rätselhaft – Rauschmittel – Realität – Rudel – schmutzig – selbstbezogen – sofort – streiten – Übung – unabhängig – ungefährlich – voll – vorläufig – wohlschmeckend

1) unsauber ______
2) Erwiderung ______
3) strebsam ______
4) Wirklichkeit ______
5) langsam ______
6) riskant ______
7) Konkurrent ______
8) lecker ______
9) erschwinglich ______
10) Maßlosigkeit ______
11) laut ______
12) Dorf ______
13) hinlänglich ______
14) Redegewandtheit ______
15) unverzüglich ______
16) limitiert ______
17) Droge ______
18) egoistisch ______
19) Rebellion ______
20) harmlos ______
21) hartnäckig ______
22) geradeheraus ______
23) fingerfertig ______
24) Gebräu ______
25) anschließend ______
26) zanken ______
27) Haupt ______
28) fischen ______
29) optimistisch ______
30) Ehemann ______
31) flach ______
32) Himmel ______
33) inkorrekt ______
34) Applaus ______
35) Herde ______
36) wichtig ______
37) Adresse ______
38) gefüllt ______
39) Furcht ______
40) autonom ______
41) provisorisch ______
42) Routine ______

43) lediglich ____________________

44) teilnahmslos ____________________

45) beleibt ____________________

46) geheimnisvoll ____________________

47) Zusammenhang ____________________

48) zeitgemäß ____________________

49) oftmals ____________________

50) erhalten ____________________

Lösungen

1) unsauber – schmutzig
2) Erwiderung – Antwort
3) strebsam – fleißig
4) Wirklichkeit – Realität
5) langsam – lahm
6) riskant – gefährlich
7) Konkurrent – Gegner
8) lecker – wohlschmeckend
9) erschwinglich – bezahlbar
10) Maßlosigkeit – Exzess
11) laut – geräuschvoll
12) Dorf – Kaff
13) hinlänglich – ausreichend
14) Redegewandtheit – Eloquenz
15) unverzüglich – sofort
16) limitiert – begrenzt
17) Droge – Rauschmittel
18) egoistisch – selbstbezogen
19) Rebellion – Aufstand
20) harmlos – ungefährlich
21) hartnäckig – beharrlich
22) geradeheraus – direkt
23) fingerfertig – geschickt
24) Gebräu – Getränk
25) anschließend – nachfolgend
26) zanken – streiten
27) Haupt – Kopf
28) fischen –angeln
29) optimistisch – hoffnungsfroh
30) Ehemann – Gemahl
31) flach – eben
32) Himmel – Firmament
33) inkorrekt – falsch
34) Applaus – Beifall
35) Herde – Rudel
36) wichtig – bedeutsam
37) Adresse – Anschrift
38) gefüllt – voll
39) Furcht – Angst
40) autonom – unabhängig
41) provisorisch – vorläufig
42) Routine – Übung
43) lediglich – bloß
44) teilnahmslos – gleichgültig
45) beleibt – dick
46) geheimnisvoll – rätselhaft
47) Zusammenhang – Kontext
48) zeitgemäß – modern
49) oftmals – häufig
50) erhalten – bekommen

Tipps zu Wortbedeutungen

Grundsätzlich muss man die Bedeutung eines Wortes kennen, also gelernt haben. Daher können wir hier keine Regeln, sondern lediglich ein paar Tipps zum besseren Verständnis geben.

Wortfamilien: Wörter, die auf den gleichen Wortstamm zurückgehen, bilden zusammen eine Wortfamilie. Sie sind durch die verschiedenen Arten der Wortbildung entstanden und haben alle das gleiche Kernwort: *Recht, rechtens, gerecht, Unrecht, Berechtigung, rechtfertigen, richten, richtig, Gericht.*
Auf der anderen Seite kann ein Wort mehrere Bedeutungen haben, die z. B. inhaltlich oder vom Aussehen her zusammenhängen. Das kommt etwa vor, wenn neue Dinge benannt werden müssen und man nach Wörtern sucht, die es schon gibt: Die *Computermaus* ist wegen der ähnlichen Form nach dem Tier *Maus* benannt. Für die Rechtschreibung spielt das keine Rolle, da ein solches Wort nur eine Schreibweise hat.

»Teekesselchen«: Wenn es gar keinen Zusammenhang zwischen den zwei Bedeutungen gibt, handelt es sich in der Regel um zwei unterschiedliche Wörter wie *Hahn,* das einen Wasserhahn und ein Tier bezeichnen kann – das sind die klassischen Teekesselchen. Solche Wörter werden häufig durch zwei Einträge im Wörterbuch kenntlich gemacht. Manchmal ist es schwer, zu entscheiden, ob es sich um ein Wort mit zwei Bedeutungen handelt oder um zwei verschiedene Wörter, da der gemeinsame Ursprung möglicherweise in der Sprachgeschichte liegt. Für die Rechtschreibung ist aber auch das nicht wichtig, denn sie ist bei beiden gleich.

Wortfelder: Unterschiedliche Wörter, die die gleiche Bedeutung haben, gehören einem gemeinsamen Wortfeld an – sie werden **Synonyme** genannt. Meistens haben zwei Wörter aber nicht genau die gleiche, sondern nur eine ähnliche Bedeutung, sie unterscheiden sich durch Kleinigkeiten. Sie können

- stilistisch voneinander abweichen *(Kopf – Haupt)*,
- in verschiedenen Regionen gebräuchlich sein *(Frikadelle – Fleischpflanzerl)*,
- aus verschiedenen Sprachen kommen *(Trottoir – Bürgersteig)* oder
- in verschiedenen Zusammenhängen verwendet werden (privat, beruflich, amtlich).

Gegensätzliche Begriffe

Wählen Sie bitte aus den unten stehenden Vorschlägen jeweils das passende Antonym des vorgegebenen Wortes aus.

Trainingsaufgaben

Für die 50 Aufgaben haben Sie **5 Minuten** Zeit.

abstoßend – annehmen – Antipathie – antworten – Armut – artig – Bescheidenheit – bitter – dilettantisch – Ende – eng – erlauben – farblos – fern – flüstern – Frieden – Gelassenheit – geöffnet – geschmacklos – großzügig – hart – kindisch – klug – labil – Lärm – Nachfolger – Nachkommen – nachsichtig – nackt nüchtern – Original – Pessimismus – Praxis – Rückstand – Schatten – schweigsam – spannend – Stärke – stumpf – tadeln – tapfer – Tiefe – trübe – überall – unbekannt – veraltet – Verlust – vertraut – wach – weinen

1) weich ____________
2) klar ____________
3) Reichtum ____________
4) dumm ____________
5) Krieg ____________
6) ungezogen ____________
7) betrunken ____________
8) Sympathie ____________
9) geizig ____________
10) feige ____________
11) streng ____________
12) Nervosität ____________
13) langweilig ____________
14) süß ____________
15) scharf ____________
16) Stille ____________
17) nah ____________
18) Schwäche ____________
19) bunt ____________
20) Höhe ____________
21) lachen ____________
22) Arroganz ____________
23) nirgendwo ____________
24) Theorie ____________
25) fragen ____________
26) ablehnen ____________
27) professionell ____________
28) zeitgemäß ____________
29) Licht ____________
30) bekleidet ____________
31) Vorsprung ____________
32) erwachsen ____________
33) verbieten ____________
34) stabil ____________
35) Vorfahren ____________
36) fremd ____________
37) berühmt ____________
38) geschmackvoll ____________
39) Optimismus ____________
40) geräumig ____________
41) Gewinn ____________
42) schreien ____________

43) Beginn ______________________

44) loben ______________________

45) müde ______________________

46) Duplikat ______________________

47) redselig ______________________

48) geschlossen ______________________

49) anziehend ______________________

50) Vorgänger ______________________

Lösungen

1) weich – hart
2) klar – trübe
3) Reichtum – Armut
4) dumm – klug
5) Krieg – Frieden
6) ungezogen – artig
7) betrunken – nüchtern
8) Sympathie – Antipathie
9) geizig – großzügig
10) feige – tapfer
11) streng – nachsichtig
12) Nervosität – Gelassenheit
13) langweilig – spannend
14) süß – bitter
15) scharf – stumpf
16) Stille – Lärm
17) nah – fern
18) Schwäche – Stärke
19) bunt – farblos
20) Höhe – Tiefe
21) lachen – weinen
22) Arroganz – Bescheidenheit
23) nirgendwo – überall
24) Theorie – Praxis
25) fragen – antworten
26) ablehnen – annehmen
27) professionell – dilettantisch
28) zeitgemäß – veraltet
29) Licht – Schatten
30) bekleidet – nackt
31) Vorsprung – Rückstand
32) erwachsen – kindisch
33) verbieten – erlauben
34) stabil – labil
35) Vorfahren – Nachkommen
36) fremd – vertraut
37) berühmt – unbekannt
38) geschmackvoll – geschmacklos
39) Optimismus – Pessimismus
40) geräumig – eng
41) Gewinn – Verlust
42) schreien – flüstern
43) Beginn – Ende
44) loben – tadeln
45) müde – wach
46) Duplikat – Original
47) redselig – schweigsam
48) geschlossen – geöffnet
49) anziehend – abstoßend
50) Vorgänger – Nachfolger

Tipps zu gegenteiligen Begriffen

Ein Gegensatzwort, in der Sprachwissenschaft auch »Antonym« genannt, wird im Deutschen häufig mit der Vorsilbe *-un* gebildet: *Sinn – Unsinn, gebildet – ungebildet.* Da dies aber nicht bei allen Wörtern funktioniert und im laufenden Text zudem stilistisch unschön sein kann, ist es wichtig, zu möglichst vielen Wörtern die Gegenteile zu kennen, um sich variantenreich ausdrücken zu können.

Achtung

Es gibt auch vermeintliche Gegensatzpaare, die **nicht** als solche fungieren:

- *Mut* und *Unmut*
- *Kosten* und *Unkosten*
- *heimlich* und *unheimlich*
- *ziemlich* und *unziemlich*
- *Tiefe* und *Untiefe*

Sprichwörter

Sprichwörter sind überlieferte feste Redewendungen, deren Sinn sich nicht immer aus der wörtlichen Bedeutung erschließt. Es sind in der Regel Lebensweisheiten, die auf langer Erfahrung beruhen und in einer bestimmten Wendung prägnant auf den Punkt gebracht werden. Sprichwörter sind meist unbekannten Ursprungs und im Wortlaut unveränderlich, das heißt, sie werden immer in den gleichen Worten zitiert. Allerdings werden sie gelegentlich auch sprachspielerisch bewusst abgewandelt oder erweitert – verstehen kann dies dann nur, wer den Originalwortlaut kennt. Um sich also sicher und wortgewandt in der deutschen Sprache bewegen zu können, ist eine Kenntnis der wichtigsten und geläufigsten Sprichwörter wichtig.

Bitte markieren Sie die richtige Bedeutung der jeweiligen Sprichwörter.

Trainingsaufgaben

Für die 15 Aufgaben haben Sie **2 Minuten** Zeit.

1) Auch ein blindes Huhn findet mal ein Korn.
a) Jeder hat mal Glück.
b) Auch ohne Sehkraft lässt sich etwas erkennen.
c) Man sollte sich weniger auf seinen Sehsinn, sondern vielmehr auf seinen Geruchssinn verlassen.

2) Wie man in den Wald hineinruft, so schallt es heraus.
a) Auf alles, was man sagt, antwortet immer irgendjemand.
b) So wie man andere behandelt, wird man auch selbst behandelt
c) Im Wald gibt es viel Echo.

3) Rom wurde nicht an einem Tag erbaut.
a) Die Römer haben langsam gearbeitet.
b) In Rom dauert alles länger als woanders.
c) Alles dauert seine Zeit.

4) Der Apfel fällt nicht weit vom Stamm.
a) Ein Kind ist seinen Eltern sehr ähnlich.
b) Die Frucht ist immer in der Nähe des Baumes zu finden.
c) Ein Apfel fällt sehr schnell runter.

5) Eine Schwalbe macht noch keinen Sommer.
a) Im Sommer fliegen alle Schwalben in den Süden.
b) Man sollte keine voreiligen Schlüsse ziehen.
c) Wenn die Schwalben kommen, wird es wärmer.

6) Blut ist dicker als Wasser.
a) Keine Bindung ist so stark wie die zwischen Verwandten.
b) Blut hat eine andere Konsistenz als Wasser.
c) Die Herkunft ist sehr wichtig.

7) Nichts wird so heiß gegessen, wie es gekocht wird.
a) Es lässt sich nie verhindern, dass das Essen bis zum Servieren abkühlt.
b) Man sollte das Essen nicht sofort essen, nachdem es gekocht wurde.
c) Die Dinge sind letztlich nicht so schlimm, wie sie anfangs scheinen.

8) Hunde, die bellen, beißen nicht.
a) Hunden beißen immer, ohne vorher zu bellen.
b) Jemand, der zu laut droht, wird seine Drohungen nicht in die Tat umsetzen.
c) Vor bellenden Hunden muss man keine Angst haben.

9) Steter Tropfen höhlt den Stein.
a) Irgendwann wird auch der härteste Mensch weich.
b) Wasser hat gewaltige Kraft.
c) Das ständige Wiederholen von etwas führt schließlich zum Ziel.

10) Reden ist Silber, Schweigen ist Gold.
a) Wer reden kann, kann auch schweigen.
b) Schweigen wiegt schwerer als Reden.
c) Manchmal ist es besser, nichts zu sagen statt etwas Unpassendes.

11) Wie man sich bettet, so liegt man.
a) Jeder sollte für erholsamen Schlaf sorgen.
b) Es liegt an einem selbst, wie man sein Leben gestaltet, und für die Konsequenzen seines Tuns ist jeder selbst verantwortlich.
c) Wer ein schlechtes Bett hat, liegt auch unbequem.

12) Wer im Glashaus sitzt, sollte nicht mit Steinen werfen.
a) Wer alles offen zur Schau stellt, muss sich nicht wundern, wenn er kritisiert wird.
b) Wenn man jemanden angreift, sollte man trotzdem darauf achten, dass nichts dauerhaft zu Bruch geht.
c) Man sollte andere nicht für etwas kritisieren, das man selbst tut.

13) Der Krug geht so lange zum Brunnen, bis er bricht.
a) Wenn man nicht will, dass etwas kaputt geht, sollte man vorsichtig damit umgehen.
b) Manche Wege sollte man besser nicht gehen.
c) Etwas kann nicht auf Dauer gut gehen.

14) Lieber den Spatz in der Hand als die Taube auf dem Dach.
a) Obwohl etwas weit weg ist, macht es noch mehr Dreck als etwas, das ganz nah ist.
b) Man sollte sich lieber mit etwas Kleinem begnügen, das man sicher hat, als nach etwas Unerreichbarem zu streben und am Ende womöglich ohne etwas dazustehen.
c) Aus der Nähe wirken die Dinge kleiner und ungefährlicher als aus der Ferne.

15) Man muss das Eisen schmieden, solange es heiß ist.
a) Man sollte den richtigen Moment für etwas nutzen, bevor es zu spät ist.
b) Wenn etwas erkaltet ist, kann man es nicht mehr aufwärmen.
c) Wenn etwas erkaltet ist, kann man es nicht mehr formen.

16) Wer anderen eine Grube gräbt, fällt selbst hinein.
a) Man sollte die Grube nie so tief graben, dass man selbst hineinfallen könnte.
b) Man sollte sich nur um seine eigenen Angelegenheiten kümmern.
c) Wer anderen schaden will, läuft Gefahr, sich dabei selbst zu schaden.

17) Hochmut kommt vor dem Fall.
a) Wer sich selbst überschätzt, muss mit seinem Scheitern rechnen.
b) Wer großmütig ist, fällt nicht.
c) Mit Arroganz kommt man weiter.

18) In der Not frisst der Teufel Fliegen.
a) Manchmal sind die einfachsten Dinge die besten.
b) In Notsituationen tut man Dinge, die man sonst nicht tun würde.
c) Auch verwöhnte Menschen müssen sich manchmal mit einfachen Dingen zufriedengeben.

19) Alle Wege führen nach Rom.
a) Jeder soll so leben, wie er will.
b) Rom ist der Mittelpunkt der Erde.
c) Man kann auf verschiedene Weise zum Ziel kommen.

20) Komm ich übern Hund, komm ich auch übern Schwanz.
a) Ein Hund macht viel Arbeit.
b) Man muss den Hund von hinten aufzäumen.
c) Wenn der größte oder wichtigste Teil von etwas bewältigt ist, bekommt man den Rest auch noch hin.

21) Man soll den Tag nicht vor dem Abend loben.
a) Man sollte sich nicht verfrüht über etwas freuen, das noch nicht sicher ist.
b) Abendstund' hat Gold im Mund.
c) Der Abend muss halten, was der Tag verspricht.

22) Einem geschenkten Gaul schaut man nicht ins Maul.
a) Ein Geschenk sollte man sich lieber nicht allzu genau anschauen.
b) Man sollte kein Geschenk von Fremden annehmen.
c) Ein Geschenk kritisiert man nicht.

23) Viele Köche verderben den Brei.
a) Viele Leute können nicht mal die einfachsten Dinge.
b) Selbst die schlimmsten Dinge können immer noch schlimmer werden.
c) Wenn zu viele Leute bei einer Sache mitreden und mitentscheiden, kann daraus nichts Gutes werden.

24) Ein gebranntes Kind scheut das Feuer.
a) Man sollte alles meiden, was brennt.
b) Wer eine schlechte Erfahrung gemacht hat, wird zukünftig sehr vorsichtig sein.
c) Kinder haben Angst vor Feuer.

25) Schlafende Hunde soll man nicht wecken.
a) Man sollte manche Dinge einfach gut sein lassen, bevor daraus viel Ärger entsteht.
b) Hunde, die schlafen und dann geweckt werden, gelten als besonders aggressiv.
c) Wer einmal schläft, den soll man schlafen lassen.

Lösungen

1) a
2) b
3) c
4) a
5) b
6) a
7) c
8) b
9) c
10) c
11) b
12) c
13) c
14) b
15) a
16) c
17) a
18) b
19) c
20) c
21) a
22) c
23) c
24) b
25) a

Sätze vervollständigen

Häufig sind es nur Nuancen, ganz kleine Unterschiede, die die Bedeutung eines Wortes ausmachen –, aber gerade dann ist es besonders wichtig, das tatsächlich Gemeinte korrekt auszudrücken. Gerade bei Fremdwörtern, die oft ähnlich klingen, aber Unterschiedliches meinen, sollte man sich des exakten Sinns bewusst sein, sonst kann es zu peinlichen Situationen kommen.

Bitte wählen Sie das Wort aus, das den Satz sinnvoll vervollständigt.

Trainingsaufgaben

Für die 20 Aufgaben haben Sie **2 Minuten** Zeit.

1) Der ____Autor____ des Buches schlittert in der Erzählung von einer Katastrophe in die nächste.

a) Regisseur
b) Protagonist
c) Autor

2) Wie heißt es so schön: Kleine ____Taten____ erhalten die Freundschaft.

a) Komplimente
b) Taten
c) Geschenke

3) Für die Planung des weiteren Vorgehens müssen alle denkbaren ____Szenarien____ in Betracht gezogen werden.

a) Szenarien
b) Erlebnisse
c) Zufälligkeiten

4) Aufgrund der schlechten Arbeitsbedingungen ihrer Angestellten sollte diese Firma von ihren Kunden ____eliminiert____ werden.

a) bestreikt
b) boykottiert
c) eliminiert

5) Obwohl sie das stets vermeiden wollten, tragen heute beide ____das gleiche____ Kleid.

a) das selbe
b) dasselbe
c) das gleiche

6) Hinsichtlich des weiteren Vorgehens haben die Geschäftsführer zum Leidwesen ihrer Mitarbeiter ____differierende____ Ansichten.

a) differierende
b) differenzierende
c) differenzierte

7) Formell gesehen, entspricht die Arbeit allen Anforderungen, aber inhaltlich ist sie leider sehr schwach.

a) Formalistisch
b) Formell
c) Formal

8) Nicht zuletzt dank ihrer idealistischen Weltanschauung setzt sie sich unermüdlich für die gute Sache ein.

a) idealistischen
b) ideellen
c) idealen

9) Heutzutage sind leider viele Menschen psychisch überlastet.

a) psychologisch
b) psychisch
c) psychiatrisch

10) Eine übermäßig autoritäre Erziehung kann Kinder einschüchtern und ängstigen.

a) autoritative
b) autorisierte
c) autoritäre

11) Es ist durchaus legitim, in dieser Angelegenheit einen anderen Standpunkt zu vertreten.

a) legal
b) legalisierend
c) legitim

12) Die meisten Abstürze passieren in scheinbar harmlosem Gelände.

a) anscheinend
b) scheinbar
c) durchscheinend

13) Wenn er seine Gefühle nicht verbalisiert, ist es schwer zu verstehen, was in ihm vorgeht.

a) verbalisiert
b) problematisiert
c) tabuisiert

14) Aufgrund der aktuellen Ereignisse ist dieses Thema politisch besonders relevant.

a) realistisch
b) relevant
c) redundant

15) Um auf alle Eventualitäten vorbereitet zu sein, sollten wir noch einen alternativen Plan in petto haben.

a) alternistischen
b) androgynen
c) alternativen

16) Dank der innovativen Technologie wurden sie schnell Marktführer in ihrem Segment.

a) innovativen
b) investigativen
c) investigatorischen

17) Auch wenn es ihr schwerfiel, war es doch wichtig, die Angelegenheit aufs Tapet zu bringen.

a) Tablett
b) Tapet
c) Trapez

18) Bei aller Brisanz steht dieses Thema ganz oben auf der Agenda.

a) Agentur
b) Agonie
c) Agenda

19) Um diese Ausbildung beginnen zu können, ist ein Schulabschluss obligatorisch.

a) obligatorisch
b) obsolet
c) obliegend

20) Da Anwesenheit bei dem Treffen optional ist, muss er seinen anderen Termin nicht zwingend verschieben.

a) optimistisch
b) optional
c) optimal

Lösungen

1) b
2) c
3) a
4) b
5) c
6) a
7) c
8) a
9) b
10) c
11) c
12) b
13) a
14) b
15) c
16) a
17) b
18) c
19) a
20) b

Kommentierte Lösungen

Zu 5c) *das gleiche*
Hier gilt es, eine wichtige Unterscheidung zu treffen: Es handelt sich bei den beiden Ausdrücken ***dasselbe*** und ***das gleiche*** jeweils um eine Übereinstimmung, eine Gleichheit. Allerdings ist einmal von einer Gleichheit des Dings auszugehen: bei *demselben Kleid* handelt es sich um ein einziges, bestimmtes Kleid. Das andere Mal dagegen ist »nur« von einer Übereinstimmung der Art oder der Gattung die Rede: bei *dem gleichen Kleid* handelt es sich um ein Kleid, das es in gleichem Aussehen (in Serie gefertigt) viele Male gibt.

Zu 7c) *formal*
Die Adjektive ***formal*** und ***formell*** sind ebenfalls zu unterscheiden: Während *formal* »die Form betreffend« bedeutet (»Die Arbeit bereitet ihm formale Schwierigkeiten«), hat *formell* die Bedeutung »den äußeren Formen gemäß«, »förmlich« (»Er hat sich formell entschuldigt«).

Zu 9b) *psychisch*
Auch hier muss unterschieden werden: ***psychisch*** bedeutet allgemein »auf die Psyche bezogen, das Gemüt / die Seele betreffend, emotional, gefühlsmäßig, geistig, innerlich, nervlich, seelisch«. Die anderen beiden Adjektive betreffen bestimmte Fachgebiete, nämlich ***psychiatrisch*** »die Psychiatrie betreffend, auf ihr beruhend; mit den Mitteln, Methoden der Psychiatrie«, und ***psychologisch*** »die Psychologie betreffend, auf der Psychologie beruhend; mit den Mitteln der Psychologie«.

Zu 11c) *legitim*
Während ***legal*** mit den Bedeutungen »gesetzlich [erlaubt], dem Gesetz gemäß, rechtmäßig; mit behördlicher Genehmigung« ausschließlich auf das Gesetzliche abzielt, bedeutet ***legitim*** »allgemein anerkannt, begreiflich, begründet, berechtigt«, bezieht sich also nicht auf juristisch Festgelegtes.

Zu 12b) *scheinbar*
Zwischen den beiden Wörtchen ***anscheinend*** und ***scheinbar*** gibt es einen klaren Bedeutungsunterschied: Mit *anscheinend* wird die Vermutung zum Ausdruck gebracht, dass etwas so ist, wie es erscheint; es sieht also so aus / hat den Anschein, als sei es so und vermutlich ist es auch tatsächlich so (»Anscheinend ist ihm das nicht klar.«). Das Adjektiv *scheinbar* dagegen besagt, dass etwas nur dem Schein nach, nicht aber in Wirklichkeit so ist, wie es sich darstellt (»Das ist nur ein scheinbarer Widerspruch.«). Dieses Wort steht

also im Gegensatz zu *wirklich, wahr, tatsächlich.*

Zu 17b) *Tapet*
Die umgangssprachliche Redewendung *etwas aufs* ***Tapet*** *bringen* bedeutet so viel wie »etwas zur Sprache bringen« (nach dem gleichbedeutenden französischen *mettre [une affaire] sur le tapis)* und bedeutet eigentlich wörtlich »etwas auf den Konferenztisch legen«, denn mit »tapis« wird die Decke auf einem Konferenztisch bezeichnet.

Sätze korrigieren

In den folgenden Sätzen sind ein oder mehrere Fehler versteckt. Korrigieren Sie diese bitte nach den aktuellen Regeln der Rechtschreibung und der Grammatik.

Trainingsaufgaben

Für die 20 Aufgaben haben Sie **8 Minuten** Zeit.

1) Das schöne am tanzen ist, das man sich zum Rytmus der Musik bewegen kann und trotzdem ins schwitzen kommt.

, dass Rhythmus
Schwitzen

2) Um die Klausur zu bestehen, müssen wir diesesmal fleißiger lernen als das letztemal.

dieses Mal letzte
Mal

3) Sie ärgerte sich entsprechend ihres Temparaments masslos über seine Dickköpfichkeit.

maßlos dick.

4) Dass zumindestens dir die DVD's gefallen haben, freut mich sehr.

5) Es müssen dringent einige Reume renowiert werden.

dringend Räume
renoviert

6) Der nächstliegendste Gedanke war, die Maschiene erst zu reperieren.

Maschine
reparieren

7) Wiederstandslos lies er die Morahlprehdigt über sich ergehen und projezierte seinen Ärger nach Innen.

8) Die Freude, sie entlich kennenzulernen, war ganz seiner Seits.

9) Das er dass wirklich getan hatte, konnte er selbst noch gar nicht richtich glauben.

10) Er selbst ist telephonisch fast nie zu ereichen, weswegen er eine Säkretärin ein gestellt hat.

11) Durch das stendige widerholen des Lernstoffes fülte er sich gut auf die Prüfunk vorbereitet.

12) Den Tieger sieht sie sich im Zoh am Liebsten an und kann stundenlang vor ihm und dessen großen Käfig verharren.

13) Sein Klischehdenken lehnte sie endschieden ab.

14) Am Kamien zu sitzen ist besonderst im Winter sehr heimelich.

15) Er hatte überhaupd keinen Apetit auf dass Essen, das sie gekocht hatte.

16) Wieoft hab ich meinem Sohn gesagt: »Wasch' dir die Hände vor dem essen und vor allem ess mehr langsam.«

17) Er erklärte, dass er jetzt in eine Sitzung müsse und für Niemanden zu sprechen wäre.

18) Seine Lösung wurde insbesonders vom Chef als die optimalste gelohbt.

19) Als die Mutter mit Ihren Zwillingsbabies den Kreissaal verlies, gab es ein großes hallo.

20) Das Studio hatte sich das Verfahren zwar lizensieren lassen aber die Gefahren des Piercing waren ihm nichts desto trotz bewußt.

Kommentierte Lösungen

Zu 1) *Das **S**chöne am **T**anzen ist, da**ss** man sich zum **Rh**y**th**mus der Musik bewegen kann und trotzdem ins **S**chwitzen kommt.*
In diesem Satz gibt es gleich drei Substantivierungen, die man am Artikel *(**das** Schöne)* bzw. an einem Artikel, der mit einer Präposition verschmolzen ist *(**am** Tanzen, **ins** Schwitzen)*, erkennt.
Beim *dass* handelt es sich um die Konjunktion, und das Fremdwort *Rhythmus* wird mit *rh* geschrieben.

Zu 2) *Um die Klausur zu bestehen, müssen wir diese**s** **M**al fleißiger lernen als das letzte **M**al.*
Bei *dieses Mal* handelt es sich um zwei eigenständige Wörter – im Gegensatz zum Adverb *diesmal*. Das Gleiche gilt für *das letzte Mal*.

Zu 3) *Sie ärgerte sich entsprechend ihre**m** Temp**e**rament ma**ß**los über seine Dickköpfi**g**keit.*
Die Präposition *entsprechend* steht mit dem Dativ, nicht mit dem Genitiv.
Nach einem lang gesprochenen Vokal (hier dem *a*) muss der scharfe s-Laut als *ß* geschrieben werden.
Und die Endung *-ig* wird zwar meist als »ich« ausgesprochen, aber dennoch mit g geschrieben. Man kann nach verwandten Wörtern suchen: *seine dickköpfige Art.*

Zu 4) *Dass zumindest dir die DVD**s** gefallen haben**,** freut mich sehr.*
Es handelt sich hier um die Konjunktion »dass«, daher muss auch der »dass«-Satz als Nebensatz mit einem Komma vom übergeordneten Satz abgetrennt werden.
Die Zusammenziehung von *zumindest* und *mindestens* zu einem Wort ist nicht korrekt.
Buchstabenkurzwörter erhalten ein Plural-s wie andere Wörter auch und dieses darf nicht mit einem Apostroph abgetrennt werden.

Zu 5) *Es müssen dringen**d** einige R**äu**me reno**v**iert werden.*
Dass das *d* am Wortende wie ein *t*, also hart ausgesprochen wird, liegt an der sogenannten Auslautverhärtung, nach der im Deutschen alle Laute am Ende eines Wortes oder einer Silbe stimmlos ausgesprochen werden. Man kann die Verlängerungsprobe anwenden, um die korrekte Schreibung zu erkennen: *eine dringen**de** Renovierung.*
Räume kommt vom Singular *Raum*, also wird das *au* zu *äu*.
In Fremdwörtern wird häufig ein *v* geschrieben, selten ein *w*.

Zu 6) *Der nächstliege**nde** Gedanke war, die Masch**i**ne erst zu rep**a**rieren.*
Bei zusammengesetzten Adjektiven oder Partizipien darf immer nur ein Bestandteil gesteigert werden: *naheliegend – nächstliegend.*
Das Verb *reparieren* geht auf das lateinische *reparare* zurück und wird mit *a* geschrieben.

Zu 7) *W**i**derstandslos lie**ß** er die Mor**al**pre**d**igt über sich ergehen und proj**i**zierte seinen Ärger nach **i**nnen.*
Der *Widerstand* hat etwas mit der Bedeutung »gegen« zu tun und nicht mit der Bedeutung »zurück«, daher schreibt sich dieses *wider* ohne *ie*.
Verben, die im Infinitiv ein *ss* haben (wie hier *lassen*), können in den gebeugten Formen trotzdem ein *ß* haben – wenn der Vokal vor dem scharfen s-Laut in der

neuen Form lang gesprochen wird (wie bei *ließ*).
In Fremdwörtern werden die lang gesprochenen Vokale oft nicht mit Doppelvokal oder Dehnungs-h gekennzeichnet, sondern bleiben unmarkiert: *Moral, Predigt.*
Das Verb *projizieren* leitet sich nicht von *Projektion* ab, sondern direkt vom lateinischen Verb *proicere.*
Die Fügungen »nach innen«, »von innen«, »nach außen« oder »von außen« werden alle kleingeschrieben.

Zu 8) *Die Freude, sie en**d**lich kennenzulernen, war ganz seine**rse**its.*
Das Wort *endlich* hat etwas mit der Bedeutung »Ende« zu tun, daher wird es mit *d* geschrieben.

Zu 9) *Da**ss** er da**s** wirklich getan hatte, konnte er selbst noch gar nicht richti**g** glauben.*
Hier kann das erste Wort des Satzes nicht durch ein anderes Wort ersetzt werden, daher muss es sich um die Konjunktion *dass* handeln, die mit *ss* geschrieben wird.

Zu 10) *Er selbst ist tele**f**onisch fast nie zu e**rr**eichen, weswegen er eine **S**ekretärin ei**n**gestellt hat.*
Das Fremdwort *Telefon* hat sich so im deutschen Wortschatz etabliert, dass es gar nicht mehr als fremd angesehen wird – daher gibt es seit über zwei Jahrzehnten nur noch die Schreibung mit *f.*

Zu 11) *Durch das st**ä**ndige **Wie**derholen des Lernstoffes f**üh**lte er sich gut auf die Prüfun**g** vorbereitet.*
Wie schon die Grundform *fühlen* schreibt man auch die gebeugten Formen mit Dehnungs-h – im Gegensatz zum Wort *Prüfung,* das trotz der langen Aussprache ein einfaches *ü* hat.
Mit der Verlängerungsprobe hört man, dass am Ende das weiche g stehen muss: *Prüfungen.*

Zu 12) *Den Tiger sieht sie sich im Zo**o** am **l**iebsten an und kann stundenlang vor ihm und dessen groß**em** Käfig verharren.*
Das Wort *Tiger* gehört zu den Wörtern mit einem langen i, ohne dass dieses verdeutlicht wird – im Gegensatz zu *Zoo,* das einen Doppelvokal aufweist. Der Superlativ, die höchste Steigerungsstufe, wird kleingeschrieben – auch wenn das Wörtchen »am« davorsteht. Und das Adjektiv *groß* muss hier stark gebeugt werden, da kein Artikel (z. B. »vor *dem* großen Käfig«) davorsteht, der die Beugung anzeigen würde.

Zu 13) *Sein Klisch**ee**denken lehnte sie en**t**schieden ab.*
Das Wort *entschieden* hat nichts mit der Bedeutung »Ende« zu tun, sondern hat die Vorsilbe *ent-,* daher wird es mit *t* geschrieben.

Zu 14) *Am Kam**in** zu sitzen ist besonder**s** im Winter sehr heimeli**g.***
Die meisten Fremdwörter haben im Wortinneren ein einfaches *i,* auch wenn es lang ausgesprochen wird. *Kamin* lässt sich zurückführen auf lateinisch *caminus* = »Feuerstätte« und griechisch *káminos* = »Brat-, Schmelzofen«.

Zu 15) *Er hatte überhau**p**t keinen A**pp**etit auf da**s** Essen, das sie gekocht hatte.*
Hier handelt es sich um das Relativpronomen *das,* das durch *welches* ersetzt werden könnte: ... *das Essen, welches sie gekocht hatte.*

Zu 16) *Wie **o**ft hab ich meinem Sohn gesagt: »Wasc**h** dir die Hände vor dem **E**ssen und vor allem **i**ss langsam**er**.«*
Schon die Betonung legt die Getrenntschreibung der beiden Wörter *wie* und *oft* nahe.
Das Verb *essen* ist hier substantiviert, was man an der Präposition und dem Artikel *(vor dem ...)* erkennen kann.
Der Imperativ ohne Endungs-*e* wird ohne Apostroph geschrieben; und Verben mit einem *i* beim Konjugieren *(essen – du isst)* bilden den Imperativ ebenfalls mit *i*.
Die Steigerungsform der Adjektive wird mit der Endung *-er* gebildet.

Zu 17) *Er erklärte, dass er jetzt in eine Sitzung müsse und für **n**iemanden zu sprechen **sei**.*
Pronomen werden immer kleingeschrieben, auch wenn sie wie Substantive gebraucht werden.
In der indirekten Rede wird der Konjunktiv I verwendet, wenn er als solcher zu erkennen ist.

Zu 18) *Seine Lösung wurde insbesonde**re** vom Chef als die **optimale** gel**ob**t.*
Die Verschmelzung aus *insbesondere* und *besonders* ist nicht korrekt.
Manche Wörter drücken bereits ein Höchstmaß aus und können daher nicht gesteigert werden, so auch *optimal (= am besten)*.

Zu 19) *Als die Mutter mit **i**hren Zwillingsbab**y**s den Krei**ß**saal verlie**ß**, gab es ein großes **H**allo.*
Der Plural aus dem Englischen kommender Wörter auf *-y* wird ganz normal mit einem deutschen Plural-*s* gebildet.
Das Wort *Kreißsaal* kommt vom veralteten Verb *kreißen* (»gebären, in Geburtswehen liegen«), was wiederum wie *kreischen* auf ein mittelhochdeutsches *krizen* für »schreien, stöhnen« zurückzuführen ist.
Dass *hallo* hier substantiviert ist, sieht man an dem Artikel und dem Adjektiv *(ein großes ...)*.

Zu 20) *Das Studio hatte sich das Verfahren zwar lizen**z**ieren lassen**,** aber die Gefahren des Piercing**s** waren ihm nicht**sd**est**ot**rotz bewu**sst**.*
Eingedeutschte Anglizismen werden wie deutsche Wörter dekliniert und so erhalten Wörter auf *-ing* ein Genitiv-s.
Als eine umgangssprachliche Fügung wird *nichtsdestotrotz* zusammengeschrieben, wie auch *nichtsdestoweniger* und *nichtsdestominder*.
Der scharfe s-Laut nach einem kurzen Vokal wird als *ss* geschrieben.

Tipps zum Thema Sätze korrigieren

das und *dass*

Ein häufig gemachter Fehler ist die nicht korrekte Unterscheidung von ***das*** und ***dass***. Dabei ist es eigentlich gar nicht schwierig – man macht eine Ersatzprobe: Wenn man das fragliche Wort ersetzen kann durch *dies(es)*, *jenes* oder *welches*, dann handelt es sich um *das* mit einfachem *s*. Die Konjunktion *dass* kann man durch nichts ersetzen. (Vgl. auch Kapitel »Rechtschreibung«, S. 77.)

Es gibt drei Fälle, in denen *das* ersetzt werden kann:

- *Das/das* als bestimmter Artikel:
  Das Buch ist super.
  (Ersatzprobe: ***Dieses*** *Buch ist super*).
- *Das/das* als Relativpronomen:
  Das Buch, **das** ich meine, ist super.
  (Ersatzprobe: *Das Buch,* ***welches*** *ich meine, ...*)

- *Das/das* als Demonstrativpronomen:
  Das ist nicht dein Ernst.
  (Ersatzprobe: ***Dies*** *ist nicht dein Ernst*).
- *Dass/dass* = Konjunktion:
  Dass das Buch super ist, dachte ich mir.

Achtung

Manchmal muss man besonders aufpassen, weil die Sätze ähnlich aussehen:

- Ich hoffe sehr, ***dass*** das Buch spannend ist.
- Ich hoffe sehr, ***das*** Buch ist spannend.

- Gleichklingende Laute am Wortende:

Im Auslaut kann man die Laute *b – d – g* und *p – t – k* oft nicht unterscheiden. Durch die Verlängerung des Wortes wird der Unterschied zwischen den weichen, stimmhaften Lauten *b – d – g* und den harten, stimmlosen Lauten *p – t – k* hörbar. Man kann das betreffende Wort verlängern, indem man den Plural bildet, das Wort anders dekliniert oder ein verwandtes Wort sucht:

das Rad – die Räder
der Rat – raten
der Berg – die Berge
das Werk – die Werke
die Saat – die Saaten
der Pfad – die Pfade
das Balg – die Bälger
der Kalk – des Kalkes
der Raub – des Raubes
der Lump – die Lumpen

Fremdsprache Englisch

Die englische Sprache ist mittlerweile in fast allen Berufen essenziell und deshalb auch ein fundamentaler Bestandteil in Eignungstests. Auch wenn Kenntnisse in der Fremdsprache Englisch meist schon im Lebenslauf angegeben werden, werden Ihre Fähigkeiten oftmals noch einmal in den relevanten Themenbereichen überprüft. Hier geht es weniger um fachspezifische Vokabeln und Kenntnisse, sondern eher um Ihr Können in den allgemeinen Grundlagen der Fremdsprache. In Lückentexten sollen die passenden Zeitformen von regelmäßigen und unregelmäßigen Verben ergänzt werden. Ein weiterer Aufgabentyp prüft, wie präzise Sie die Wortbedeutung bestimmter Wörter wiedergeben können oder wie gut Ihre Grammatik- und Rechtschreibkenntnisse sind. Je nach Berufsfeld und Anforderungen können neben Englisch auch weitere Fremdsprachen Bestandteil eines Eignungstests sein. Für Ihre persönliche Auswertung der Aufgaben gilt generell: Wenn Sie in der vorgegebenen Zeit mindestens **50 Prozent der Aufgaben** richtig gelöst haben, ist das bereits ein befriedigendes Ergebnis. Haben Sie zwischen **60 und 75 Prozent der Aufgaben** richtig gelöst, entspricht das einer sehr guten Leistung. **100 Prozent** sind erfahrungsgemäß nicht oder nur schwer zu erreichen.

Die Zeiten

Die folgenden Fragen testen Ihre Englischkenntnisse im Bereich der Zeiten. Je Frage ist hierbei einer der vier angegebenen Lösungsvorschläge korrekt.

Trainingsaufgaben

Für die 30 Aufgaben haben Sie **3 Minuten** Zeit.

1) Wie lautet die korrekte Zeitform:
You (laugh) | present perfect progressive?
a) You have been laughing.
b) You laughed.
c) You laugh.
d) You were laughing.

2) Wie lautet die korrekte Zeitform:
She (say) | present perfect simple?
a) She was saying.
b) She says.
c) She will say.
d) She has said.

3) Wie lautet die korrekte Zeitform:
They (walk) | present progressive?
a) They will walk.
b) They are walking.
c) They have been walking.
d) They walked.

4) Wie lautet die korrekte Zeitform:
She (buy) | simple present?
a) She buys.
b) She will buy.
c) She has bought.
d) She is buying.

5) Wie lautet die korrekte Zeitform:
You (do) | future II progressive?
a) You did.
b) You have been doing.
c) You do.
d) You will have been doing.

6) Wie lautet die korrekte Zeitform:
We (feel) | conditional I progressive?
a) We would be feeling.
b) We will feel.
c) We have been feeling.
d) We are feeling.

7) Wie lautet die korrekte Zeitform:
He (move) | future I simple?
a) He was moving.
b) He will move.
c) He moved.
d) He has been moving.

8) Wie lautet die korrekte Zeitform:
They (fight) | conditional I simple?
a) They were fighting.
b) They have been fighting.
c) They would fight.
d) They will fight.

9) Wie lautet die korrekte Zeitform:
You (choose) | future II simple?
a) You have chosen.
b) You will have chosen.
c) You choose.
d) You will choose.

10) Wie lautet die korrekte Zeitform:
I (bet) | past perfect simple?
a) I bet.
b) I had bet.
c) I was beting.
d) I have been betting.

11) Wie lautet die korrekte Zeitform:
He (drink) | conditional II progressive?
a) He drinks.
b) He has been drinking.
c) He would have been drinking.
d) He is drinking.

12) Wie lautet die korrekte Zeitform:
We (fly) | present progressive?
a) We are flying.
b) We have been flying.
c) We flew.
d) We will fly.

13) Wie lautet die korrekte Zeitform:
He (hear) | present progressive?
a) He was hearing.
b) He is hearing.
c) He heard.
d) He has been hearing.

14) Wie lautet die korrekte Zeitform:
She (know) | future I simple?
a) She knew.
b) She knows.
c) She has been knowing.
d) She will know.

15) Wie lautet die korrekte Zeitform:
They (lay) | simple past?
a) They laid.
b) They have been laying.
c) They were laying.
d) They lay.

16) Wie lautet die korrekte Zeitform:
You (lead) | conditional II progressive?
a) You were leading.
b) You lead.
c) You would have been leading.
d) You will lead.

17) Wie lautet die korrekte Zeitform:
He (hit) | present perfect simple?
a) He was hitting.
b) He has hit.
c) He will hit.
d) He has been hitting.

18) Wie lautet die korrekte Zeitform:
We (light) | future I simple?
a) We were lighting.
b) We are lighting.
c) We have been lighting.
d) We will light.

19) Wie lautet die korrekte Zeitform:
She (mean) | present perfect simple?
a) She means.
b) She meant.
c) She will mean.
d) She has meant.

20) Wie lautet die korrekte Zeitform:
They (shake) | future II progressive?
a) They are shaking.
b) They will shake.
c) They shook.
d) They will have been shaking.

21) Wie lautet die korrekte Zeitform:
Harry (sing) | simple present?
a) Harry was singing.
b) Harry sung.
c) Harry sings.
d) Harry has been singing.

22) Wie lautet die korrekte Zeitform:
He (sell) | future I simple?
a) He is selling.
b) He sold.
c) He has been selling.
d) He will sell.

23) Wie lautet die korrekte Zeitform:
She (teach) | conditional I progressive?
a) She was teaching.
b) She would be teaching.
c) She taught.
d) She teaches.

24) Wie lautet die korrekte Zeitform:
They (tell) | past perfect simple?
a) They tell.
b) They will tell.
c) They had told.
d) They have been telling.

25) Wie lautet die korrekte Zeitform:
She (wear) | simple past?
a) She was wearing.
b) She wears.
c) She has been wearing.
d) She wore.

26) Wie lautet die korrekte Zeitform:
I (write) | simple present?
a) I will write.
b) I was writing.
c) I write.
d) I have been writing.

27) Wie lautet die korrekte Zeitform:
We (win) | present perfect progressive?
a) We won.
b) We have been winning.
c) We are winning.
d) We had won.

28) Wie lautet die korrekte Zeitform:
She (weave) | future II simple?
a) She will have woven.
b) She weaves.
c) She will weave.
d) She has been weaving.

29) Wie lautet die korrekte Zeitform:
He (swim) | present progressive?
a) He was swimming.
b) He swims.
c) He is swimming.
d) He has been swimming.

30) Wie lautet die korrekte Zeitform:
She (dream) | present perfect simple?
a) She dreams.
b) She will dream.
c) She has dreamt.
d) She has been dreaming.

Lösungen

1) a
2) d
3) b
4) a
5) d
6) a
7) b
8) c
9) b
10) b
11) c
12) a
13) b
14) d
15) a
16) c
17) b
18) d
19) d
20) d
21) c
22) d
23) b
24) c
25) d
26) c
27) b
28) a
29) c
30) c

Wortbedeutungen

Die folgenden Fragen testen Ihre Englischkenntnisse im Bereich der Wortbedeutungen. Je Aufgabe ist hierbei einer der vier angegebenen Lösungsvorschläge korrekt.

Trainingsaufgaben

Für die 30 Aufgaben haben Sie **3 Minuten** Zeit.

1) Wie lautet die korrekte Bedeutung für: »reliable«?
a) verlässlich
b) lügen
c) überholen
d) tadeln

2) Wie lautet die korrekte Bedeutung für: »opponent«?
a) Anschuldigung
b) Gegner
c) Schweiz
d) Feind

3) Wie lautet die korrekte Bedeutung für: »frenchman«?
a) Franzose
b) Frömmigkeit
c) Zungenkuss
d) Koch

4) Wie lautet die korrekte Bedeutung für: »immortality«?
a) Gott
b) Unsterblichkeit
c) Belästigung
d) Sterblichkeit

5) Wie lautet die korrekte Bedeutung für: »to hide«
a) schlagen
b) klettern
c) verstecken
d) springen

6) Wie lautet die korrekte Bedeutung für: »fork«?
a) Messer
b) Löffel
c) Nebel
d) Gabel

7) Wie lautet die korrekte Bedeutung für: »to connect«?
a) verbinden
b) erstellen
c) gründen
d) fangen

8) Wie lautet die korrekte Bedeutung für: »mind«?
a) Gehirn
b) Geist
c) Mappe
d) Karte

9) Wie lautet die korrekte Bedeutung für: »lodge«?
a) Loge
b) Gesetz
c) Gebiet
d) Hütte

10) Wie lautet die korrekte Bedeutung für: »already«?
a) bereits
b) niemals
c) vielleicht
d) fertig sein

11) Wie lautet die korrekte Bedeutung für: »to wait«?
a) bedienen
b) weißen
c) warten
d) servieren

12) Wie lautet die korrekte Bedeutung für: »to hesitate«?
a) beeilen
b) zögern
c) entschließen
d) zusammenschließen

13) Wie lautet die korrekte Bedeutung für: »development«?
a) Prozession
b) Gottesdienst
c) Rückschritt
d) Entwicklung

14) Wie lautet die korrekte Bedeutung für: »to deal with sth.«?
a) fahren mit
b) mit etwas fertig werden
c) anfangen mit
d) fortschreiten mit

15) Wie lautet die korrekte Bedeutung für: »refugee«?
a) Stiefmütterchen
b) Obdachloser
c) Kleid
d) Flüchtling

16) Wie lautet die korrekte Bedeutung für: »frock«?
a) Kleid
b) Wald
c) Frosch
d) Gipfel

17) Wie lautet die korrekte Bedeutung für: »parish«?
a) Muschel
b) Strand
c) Kürbis
d) Kirchengemeinde

18) Wie lautet die korrekte Bedeutung für: »native«?
a) naiv
b) narrativ
c) einheimisch
d) national

19) Wie lautet die korrekte Bedeutung für: »to deform«?
a) verwandeln
b) verformen
c) verwesen
d) verändern

20) Wie lautet die korrekte Bedeutung für: »to bet«?
a) gewinnen
b) verlieren
c) sich bemächtigen
d) wetten

21) Wie lautet die korrekte Bedeutung für: »multiplication«?
a) Vermehrung
b) Multiplikatoren
c) Menge
d) Gewühl

22) Wie lautet die korrekte Bedeutung für: »because«?
a) deswegen
b) wenn
c) weil
d) insbesondere

23) Wie lautet die korrekte Bedeutung für: »to toss sth.«?
a) zuprosten
b) etwas werfen
c) etwas portionieren
d) etwas kauen

24) Wie lautet die korrekte Bedeutung für: »grievous«?
a) belastend
b) toll
c) schmerzlich
d) erfreulich

25) Wie lautet die korrekte Bedeutung für: »to dance«?
a) laufen
b) tanzen
c) springen
d) singen

26) Wie lautet die korrekte Bedeutung für: »exercise«?
a) Rechnung
b) Beständigkeit
c) Übung
d) Gebrauch

27) Wie lautet die korrekte Bedeutung für: »rhythm«?
a) Tanz
b) Rheuma
c) Aruba
d) Rhythmik

28) Wie lautet die korrekte Bedeutung für: »jail«?
a) Gefängnis
b) Kette
c) Armband
d) Heiland

29) Wie lautet die korrekte Bedeutung für: »figure«?
a) Körper
b) Leiche
c) Spielfigur
d) Gestalt

30) Wie lautet die korrekte Bedeutung für: »against«?
a) kontra
b) angenommen
c) insbesondere
d) pro

Lösungen

1) a
2) b
3) a
4) b
5) c
6) d
7) a
8) b
9) d
10) a
11) c
12) b
13) d
14) b
15) d
16) a
17) d
18) c
19) b
20) d
21) a
22) c
23) b
24) c
25) b
26) c
27) d
28) a
29) d
30) a

Richtig schreiben und übersetzen

Die folgenden Fragen testen Ihre Englischkenntnisse. Je Aufgabe ist hierbei einer der vier angegebenen Lösungsvorschläge korrekt.

Trainingsaufgaben

Für die 50 Aufgaben haben Sie **8 Minuten** Zeit.

1) Wie lautet die englische Übersetzung für: »Ich war noch niemals in San Francisco.«?
a) I've never been to San Francisco.
b) I go not in San Francisco.
c) I have never to San Francisco
d) In San Francisco I was never.

2) Wie lautet die englische Übersetzung für: »Könnten Sie vielleicht ...«?
a) Can you maybe?
b) Could you possibly?
c) Can you probably?
d) Could you may be?

3) Wie lautet die englische Übersetzung für: »Es ist vielleicht zu spät.«?
a) It is maybe too late.
b) It's getting late.
c) It may be too late.
d) We might be too late.

4) Wie lautet die englische Übersetzung für: »Sie kommt vielleicht morgen.«?
a) She comes tomorrow.
b) She will come tomorrow.
c) She may come tomorrow.
d) She coming tomorrow.

5) Wie lautet die englische Übersetzung für: »Schön, dich zu sehen.«?
a) Beautiful to see you.
b) Nice to look at you.
c) I like to see you.
d) Good to see you.

6) Wie lautet die englische Übersetzung für: »Also gut.«?
a) However, it's good.
b) All right then.
c) Good.
d) Also nice.

7) Wie lautet die englische Übersetzung für: »wann immer du willst«?
a) any time
b) always
c) at all times
d) whenever

8) Wie lautet die englische Übersetzung für: »Ich freue mich drauf.«?
a) I'm looking forward to it.
b) I'm happy to it.
c) Can't wait.
d) I'm pleased to it.

9) Wie lautet die englische Übersetzung für: »Beziehungen spielen lassen«?
a) to let relationships play
b) to have connections
c) to pull strings
d) to allow relationships to play

10) Wie lautet die englische Übersetzung für: »auf den Boden der Wirklichkeit zurückkommen«?
a) back on the floor of reality
b) to come back down to earth
c) back to reality
d) to come back on the bottom of reality

11) Wie schreibt sich das englische Wort für: »atmen«?
a) to breethe
b) to breace
c) to brathe
d) to breathe

12) Wie schreibt sich das englische Wort für: »Zunge«?
a) toughe
b) tounge
c) thong
d) tongue

13) Wie lautet das englische Wort für: »Übergewicht«?
a) highway
b) fatness
c) overweight
d) over weight

14) Wie schreibt sich das englische Wort für: »Löffel«?
a) spoof
b) spoon
c) spoun
d) spon

15) Wie lautet das englische Wort für: »Tabelle«?
a) liner
b) calculator
c) tab
d) spreadsheet

16) Wie schreibt sich das englische Wort für: »Seife«?
a) soup
b) sup
c) soop
d) soap

17) Wie ist die korrekte Schreibweise für: »Nachbarn«?
a) neighborrs
b) naighours
c) neighbours
d) neigbors

18) Wie ist die korrekte Schreibweise für: »Farbe«?
a) kolor
b) calor
c) collor
d) colour

19) Wie ist die korrekte Schreibweise für: »Korrektur«?
a) correction
b) corecction
c) Correction
d) corrective

20) Wie ist die korrekte Schreibweise für: »Garantie«?
a) garantie
b) guarante
c) guaarantee
d) guarantee

21) Wie lautet der englische Ausdruck für: »absagen«?
a) to call off
b) to say off
c) to tell off
d) to ask off

22) Wie lautet das englische Wort für: »absichtlich«?
a) intention
b) extra
c) on purpose
d) accidentally

23) Wie lautet die englische Übersetzung für: »18.05 Uhr«?
a) six past five
b) six hours and five minutes
c) six o'clock and five
d) five past six pm

24) Wie lautet die englische Übersetzung für: »6.15 Uhr«?
a) six o'clock and a quarter
b) six fifty
c) a quarter past six
d) one quarter past seven

25) Wie lautet die englische Übersetzung für: »7.55 Uhr«?
a) five to eight
b) seven to fifty-five
c) It's almost eight.
d) fifty-five minutes after seven

26) Wie lautet die englische Übersetzung für: »Aus den Augen aus dem Sinn«?
a) out of the eyes, out of the mind
b) out of sight, out of mind
c) out of my eyes, out of my sense
d) over eyes, off the mind

27) Wie lautet die englische Übersetzung für: »Es schüttet wie aus Kübeln.«?
a) It's raining like buckets.
b) It's pouring like buckets.
c) It's raining kittens and rabbits.
d) It's raining cats and dogs.

28) Wie lautet die englische Übersetzung für: »zwei Fliegen mit einer Klappe schlagen«?
a) kill two birds with one stone
b) kill two flies with one cover
c) two flies with one cover
d) hitting two flies with only one single cover

29) Wie lautet die englische Übersetzung für: »ohne Fleiß kein Preis«?
a) without effort no price
b) no pain, no gain
c) no effort, no gain
d) no study, no price

30) Wie lautet die englische Übersetzung für: »ein Wolf im Schafspelz«?
a) a wolf in sheepskin
b) a wolf wearing sheepskin
c) a wolf in sheep's clothing
d) a wolf looking like a sheep

31) Wie lautet die englische Übersetzung für: »Einem geschenkten Gaul schaut man nicht ins Maul.«?
a) Do not look in the mouth of a gift horse.
b) A given horse you don't look in the mouth.
c) Don't look a gift horse in the mouth.
d) Do not look into the mouth of a given horse.

32) Wie lautet die englische Übersetzung für: »Wo ein Wille ist, ist auch ein Weg.«?
a) Where there's a will, there's a way.
b) Where a will there's a way.
c) With enough willpower you'll find your way.
d) With will there's a way.

33) Finden Sie die jeweils bestmögliche Antwort für »Where is the cinema?«.
a) It's at 7 pm this evening.
b) It's in the boot of our car.
c) Across the park and on the bench.
d) Down the street, on your right.

34) Finden Sie die jeweils bestmögliche Antwort für »How much do the grapes weigh?«.
a) three spoonfuls
b) six hundred grams
c) twelve gallons
d) sixteen units

35) Wie lautet die korrekte Schreibweise für: »Braut«?
a) pride
b) brithe
c) bride
d) bite

36) Wie lautet das Gegenteil zu: »above«?
a) about
b) over
c) below
d) next to

37) Wie lautet das Gegenteil zu: »always«?
a) sometimes
b) usually
c) never
d) occasionally

38) Wie lautet die englische Übersetzung für: »Das stimmt sicher.«?
a) Maybe it's true.
b) It's probably true.
c) I'm sure it's true.
d) It's correct.

39) Wie lautet die englische Übersetzung für: »Das kann nicht wahr sein.«?
a) It can't be true.
b) It's not real.
c) I can't believe it.
d) No, it's not.

40) Wie lautet die englische Übersetzung für: »Ist schon gut.«?
a) It's not good.
b) It doesn't matter.
c) It's good.
d) Well done.

41) Wie lautet die englische Übersetzung für: »Wie geht's dir?«?
a) How are you?
b) How goes you?
c) Are you ok?
d) How is you?

42) Wie wird die Zahl 2 983 im Englischen geschrieben?
a) two nine eight three
b) two thousand ninety eight three
c) two thousand nine hundred and eighty-three
d) two thousand ninety hundred and eighty three

43) Wie wird die Zahl 100 im Englischen geschrieben?
a) houndred
b) one hunred
c) hundred
d) one hundred

44) Wie wird die Zahl 444 im Englischen geschrieben?
a) fourth-four-four
b) four hundred and four
c) four hundred and forty-four
d) fourth-four hundred

45) Wie lautet die englische Übersetzung für: »Note«?
a) note
b) grade
c) notice
d) certificate

46) Wie schreibt sich die englische Übersetzung für: »Spende«?
a) dounation
b) downation
c) donation
d) donashion

47) Wie lautet die englische Übersetzung für: »Büroklammer«?
a) paper climp
b) bureau clip
c) office clamp
d) paper clip

48) Wie schreibt sich: »Boot«?
a) baot
b) boat
c) boot
d) bouat

49) Wie schreibt sich: »Strand«?
a) beash
b) biatsh
c) beach
d) beatsh

50) Wie schreibt sich: »Versicherung«?
a) inshurance
b) insurance
c) inshuranze
d) insuranze

Kommentierte Lösungen

Zu 1) Die richtige Antwort hier lautet: a) »I've never been to San Francisco«.
Die Antwortmöglichkeit b) »I go not in San Francisco« ist falsch, unter anderem weil das Verb »to go« in der falschen Zeitform steht. Es müsste im Present Perfect stehen, da diese Zeitform ausdrückt, dass eine Handlung in der Vergangenheit begonnen hat, bis in die Gegenwart hinein andauert und noch weiter andauern kann. Ebenso wird die falsche Präposition verwendet. Anstelle von »in« müsste »to« stehen, da die Präposition »to« mit Verben der Bewegung verbunden wird, wie z. B. in »She is coming to the party« oder »We are moving to New York«.
Bei der Antwort c) »I have never to ...« fehlt das Vollverb, da es sich bei dem Verb »have« nur um ein Hilfsverb handelt.
Die Antwortmöglichkeit d) »In San Francisco I was never« ist falsch formuliert, da der englische Satzbau der Formel »Subjekt-Prädikat-Objekt« folgt. Zudem wurde mit dem Simple Past eine falsche Vergangenheitsform gewählt, da diese in dem Kontext ausdrückt, dass die Person noch nie in San Francisco war und es auch nie dorthin schaffen wird.

Zu 2) Die richtige Antwort hier lautet: b) »Could you possibly?«
Bei Antwortmöglichkeit a) »Can you maybe?« ist zwar nicht die Grammatik fehlerhaft, aber der sehr umgangssprachliche und wenig förmliche Ton ist an dieser Stelle nicht passend.
Antwortmöglichkeit c) »Can you probably?« ist kein üblicher Ausdruck, da »probably« mit »wahrscheinlich«, nicht aber mit »vielleicht« übersetzt werden kann.
Antwort d) »Could you may be?« ist grammatikalisch falsch. Denn hier werden das Modalverb »may« und das Verb »to be« miteinander kombiniert.

Zu 3) Die richtige Antwortet hier lautet: c) »It may be too late«.
Bei der Antwortmöglichkeit a) drückt die Wendung »It is« eine Gewissheit aus, während »maybe« (vielleicht) eine Ungewissheit ausdrückt und dem widerspricht. Die Möglichkeit b) »It's getting late« wird mit »Es wird Zeit« übersetzt und ist somit mit dem Ausgangssatz nicht identisch. Möglichkeit d) »We might be too late« passt nicht zum Ausgangssatz, da die 1. Person Plural verwendet wird, nämlich »we«.

Zu 4) Die richtige Antwort hier lautet: c) »She may come tomorrow«.
Antwortmöglichkeit a) ist zwar richtig konjugiert, da »She comes tomorrow« mit »Sie kommt morgen« übersetzt werden kann, aber diese Formulierung drückt eine Gewissheit aus, die im Kontrast zum Ausgangssatz steht. Ebenso verhält es sich bei der Möglichkeit b) »She will come tomorrow«. Es bedeutet »Sie wird morgen kommen«. Antwortmöglichkeit d) ist grammatikalisch falsch, da es korrekt »She is coming tomorrow« heißen und somit in der Zeitform des Present Progressive stehen müsste.

Zu 5) Die richtige Antwort hier lautet: d) »Good to see you«.
Die Antwortmöglichkeit a) »Beautiful to see you« ergibt keinen Sinn. Das Adjektiv »beautiful« beschreibt in der Regel eine äußere und sichtbare Schönheit. Möglichkeiten b) »Nice to look at you« bedeutet »Schön, dich anzusehen« und gibt den

Sinn des vorgegebenen Satzes nicht korrekt wieder. Die Möglichkeit c) »I like to see you« bedeutet übersetzt: »Ich mag es, dich zu sehen« und gibt ebenfalls nicht den Sinn des Ausgangssatzes wieder.

Zu 6) Die richtige Antwort hier lautet: b) »All right then«.
Die Antwortmöglichkeiten a) »However, it's good« und d) »Also nice« sind Nonsens und Möglichkeit c) »good« bedeutet nur »gut«.

Zu 7) Die richtige Antwort hier lautet: a) »any time«.
Die Antwortmöglichkeit b) »always« bedeutet »immer«. Möglichkeit c) »at all times« bedeutet »jederzeit« und Möglichkeit d) »whenever« bedeutet »wann auch immer«. Diese Häufigkeitsadverbien können so nicht als Übersetzung für den angegebenen Satz dienen.

Zu 8) Die richtige Antwort hier lautet: a) »I'm looking forward to it«.
Die Antwortmöglichkeiten b) »I'm happy to it« ist grammatikalisch falsch. Möglichkeit c) ist zwar grammatikalisch korrekt, vermittelt aber nicht den Sinn des angegebenen Satzes. »Can't wait« bedeutet »Ich kann es kaum erwarten«. Antwortmöglichkeit d) »I'm pleased to it« ist unvollständig, da diese Konstruktion noch ein Verb benötigt, »to be pleased« kann man korrekt nur in ein paar Fällen anwenden, wie z. B. »I'm pleased to meet you« oder »I'm pleased to announce/hear/report«.

Zu 9) Die richtige Antwort hier lautet: c) »to pull strings«.
Die Antwortmöglichkeiten a) »to let relationships play« und d) »to allow relationships to play« sind wortgetreue Übersetzungen aus dem Deutschen und hier falsch. Möglichkeit b) ist zwar grammatikalisch korrekt, vermittelt aber nicht den Sinn des angegebenen Satzes, denn »to have connections« heißt übersetzt: »Beziehungen haben«.

Zu 10) Die richtige Antwort hier lautet: b) »to come back down to earth«.
Die Antwortmöglichkeiten a) »back on the floor of reality« und d) »to come back on the bottom of reality« sind wortgetreue Übersetzungen aus dem Deutschen und hier falsch. Möglichkeit c) ist zwar grammatikalisch korrekt, aber nicht sinngemäß übersetzt, denn »back to reality« bedeutet »zurück in die Realität«.

Zu 11d) to breathe

Zu 12d) tongue

Zu 13c) overweight

Zu 14b) spoon

Zu 15d) spreadsheet

Zu 16d) soap

Zu 17c) neighbours

Zu 18d) colour

Zu 19) Die richtige Antwort hier lautet: a) »correction«.
Die Antwortmöglichkeit c) »Correction« ist falsch, da Substantive im Englischen immer kleingeschrieben werden.

Zu 20d) guarantee

Zu 21) Die hier richtige Antwortmöglichkeit ist a) »to call off«.
Antwortmöglichkeit c) »to tell off« bedeutet »jemanden ausschimpfen« und die Möglichkeiten b) »to say off« und d) »to ask off« sind Nonsens.

Zu 22) Die hier richtige Antwortmöglichkeit ist c) »on purpose«.
Antwortmöglichkeit a) »intention« bedeutet »Absicht«. Die Möglichkeit b) »extra« bedeutet im Englischen »zusätzlich« und passt nicht zur Frage. Möglichkeit d) »accidentally« bedeutet »aus Versehen«.

Zu 23) Die hier richtige Antwortmöglichkeit ist d) »five past six pm«.
Es ist in der englischen Sprache üblich, die Stunden nur bis 12 durchzuzählen und danach von Neuem zu beginnen. Um zwischen Vormittags- und Nachmittagsstunden zu unterscheiden, verwendet man die Zusätze *am* »ante meridiem« für den Vormittag und *pm* »post meridiem« für den Nachmittag.
Die Antwortmöglichkeit a) »six past five« bedeutet demnach entweder 05.06 Uhr oder 17.06 Uhr. Möglichkeiten b) »six hours and five minutes« drückt eine Zeitspanne von sechs Stunden und fünf Minuten aus, aber nicht den Zeitpunkt 18.05 Uhr. Und d) »six o'clock and five« ist falsch, da die Wendung »o'clock« nur bei vollen Stunden angewendet wird.

Zu 24) Die hier richtige Antwortmöglichkeit ist c) »a quarter past six«. In der englischen Sprache wird »viertel vor« mit »a quarter to« und »viertel nach« mit »a quarter past« übersetzt.
Die Antwortmöglichkeit a) »six o'clock and a quarter« ist falsch siehe Kommentar zu Lösung 23). Die Antwortmöglichkeit b) »six fifty« bedeutet entweder 06.50 Uhr oder 18.50 Uhr. Möglichkeit d) »one quarter past seven« ist nicht falsch, bedeutet aber 07.15 Uhr oder 19.15 Uhr.

Zu 25) Die hier richtige Antwortmöglichkeit ist: a) »five to eight«. Diese Art der Zeitangabe entspricht der deutschen Ausdrucksweise »fünf vor acht«. Bis zur halben Stunde sagt man im Englischen »past« und nach der halben Stunde »to«.
Antwortmöglichkeit c) »It's almost eight« ist zwar auch eine Zeitangabe, jedoch nicht so exakt wie Möglichkeit a). Die Antwortmöglichkeit b) »seven to fifty-five« ergibt keinen Sinn. Möglichkeit d) »fifty-five minutes after seven ...« ist zwar nicht falsch, aber kein üblicher Ausdruck.

Zu 26) Die hier richtige Antwortmöglichkeit ist: b) »out of sight, out of mind«.
Antwortmöglichkeiten a) und c) entsprechen einer wortwörtlichen Übersetzung aus dem Deutschen und sind hier nicht korrekt. Möglichkeit d) ergibt im Englischen keinen Sinn.

Zu 27) Die hier richtige Antwortmöglichkeit ist: d) »It's raining cats and dogs«.
Die korrekte Antwort ist eine in der englischen Sprache gebräuchliche Redewendung.

Zu 28) Die hier richtige Antwortmöglichkeit ist: a) »Kill two birds with one stone«.
Die korrekte Antwort ist eine in der englischen Sprache gebräuchliche Redewendung.

Zu 29) Die hier richtige Antwortmöglichkeit ist: b) »no pain, no gain«.

Die korrekte Antwort ist eine in der englischen Sprache gebräuchliche Redewendung.

Zu 30) Die hier richtige Antwortmöglichkeit ist: c) »a wolf in sheep's clothing«.
Die korrekte Antwort ist eine in der englischen Sprache gebräuchliche Redewendung.

Zu 31) Die hier richtige Antwortmöglichkeit ist: c) »Don't look a gift horse in the mouth«.
Die korrekte Antwort ist eine in der englischen Sprache gebräuchliche Redewendung.

Zu 32) Die hier richtige Antwortmöglichkeit ist: a) »Where there's a will, there's a way«.
Die korrekte Antwort ist eine in der englischen Sprache gebräuchliche Redewendung.

Zu 33) Die Möglichkeit d) ist die richtige Antwort »Down the street, on your right«.
Antwortmöglichkeit a) »It's at 7 pm this evening« ist eine Zeitangabe und keine korrekte Antwort auf die Frage »Where?«. Es bedeutet »Es findet heute Abend um 19 Uhr statt«.
Antwortmöglichkeit b) »It's in the boot of our car« beantwortet die Frage »Where?«, bedeutet aber »Es ist im Kofferraum«. Die Möglichkeit c) »Across the park and on the bench« ist zwar auch ein Antwort auf die Frage »Where?«, bedeutet aber »Durch den Park und auf der Bank«.

Zu 34) Die richtige Antwort ist b) »six hundred grams«.
Möglichkeit a) ist zwar auch eine Maßeinheit, wird aber für das Abmessen von Flüssigkeiten angewandt. Ebenso ist die Antwort c) eine Maßeinheit für Flüssigkeiten. 1 Gallone entspricht ungefähr 3,8 Litern. Die Antwortmöglichkeit d) »sixteen units« ist falsch, da die Einheit dazu dient, Alkohol abzumessen. »Two units« entsprechen ungefähr einer Flasche Bier.

Zu 35) Die hier richtige Antwortmöglichkeit ist: c) »bride«.
Das englische Wort »pride« bedeutet Hochmut und das Wort »bite« ist der Biss. Antwortmöglichkeit b) »brithe« ist kein englisches Wort.

Zu 36c) below

Zu 37c) never

Zu 38) Die richtige Antwort hier ist: c) »I'm sure it's true«.
Die Antwortmöglichkeiten a) »Maybe it's true« ist grammatikalisch korrekt, drückt aber einen Zweifel aus: »Vielleicht ist es wahr«. Die Möglichkeit b) »It's probably true« drückt ebenso einen Zweifel aus wie Möglichkeit a) »Es ist wahrscheinlich wahr«. Die Antwortmöglichkeit c) »It's correct« bedeutet schlicht »Es ist richtig«.

Zu 39) Die richtige Antwort hier ist: a) »It can't be true«.
Die Antwortmöglichkeit b) »It's not real« bedeutet überstetzt »Es ist nicht real«. Die Möglichkeit c) »I can't believe it« passt in den Kontext, bedeutet aber »Ich kann es nicht glauben«. Die Antwortmöglichkeit d) ist nur eine Verneinung und bedeutet »Nein, das ist es nicht«.

Zu 40) Die richtige Antwort hier ist: b) »It doesn't matter«.

Die Antwortmöglichkeiten a) »It's not good« und Möglichkeit c) »It's good« bedeuten »Es ist nicht gut« und »Es ist gut« und treffen somit nicht die Aussage des vorgegebenen Satzes. Möglichkeit d) ist zwar ebenfalls grammatikalisch korrekt, trifft aber nicht die Aussage des Satzes, da »Well done« »Gut gemacht« bedeutet.

Zu 41) Die richtige Antwort hier ist: a) »How are you?«.
Die Antwortmöglichkeit c) »Are you ok?« passt ebenfalls in den Kontext, drückt aber mehr ein besorgtes Nachfragen aus, in etwa »Geht's dir gut?«. Möglichkeit b) »How goes you?« ist wortwörtlich vom Deutschen ins Englische übersetzt und Möglichkeit d) »How is you?« ist grammatikalisch falsch, da die korrekte Konjugation des Verbs »to be« für die 2. Person Singular »are« lauten müsste.

Zu 42c) two thousand nine hundred and eighty-three

Zu 43d) one hundred

Zu 44c) four hundred and forty-four

Zu 45) Die richtige Antwort hier ist: b) »grade«.
Antwortmöglichkeit a) »note« bedeutet übersetzt »Notiz«, Möglichkeit c) »notice« bedeutet »Bekanntmachung«, und Möglichkeit d) »certificate« bedeutet »Zertifikat«.

Zu 46c) donation

Zu 47d) paper clip

Zu 48b) boat

Zu 49c) beach

Zu 50b) insurance

Lückentext

Vervollständigen Sie bitte den vorgegebenen Text. Dazu setzen Sie das Wort in die richtige (Zeit-)Form.

Trainingsaufgaben
Für jede Aufgabe haben Sie **5 Minuten** Zeit.

Lückentext 1

»I first met Brian when I was looking for someone to share the apartment I was renting. I was new in San Francisco, therefore I put an advertisement in the local newspaper and he ____________ (1 – be) one of the people who answered it. When we ____________ (2 – meet), we hit it off straightaway and I ____________ (3 – tell) him he could move in. ____________ (4 – live) with Brian was really fun. We soon found out that we had a lot in common and ____________ (5 – quick) became best friends. We always had really good discussions about everything that was important to us at the time like literature or other things like ____________ (6 – cook). We also liked the same music and I think that's important when you're sharing a home. We ____________ (7 – fall out) a couple of times about the housework. Brian ____________ (8 – think) I'm a messy person, but I think life's too short to worry about things like that. When we graduated, four years ago, we went our separate ways and since then our lives ____________ (9 – be) very different. I went back to the small town where I grew up and got a job as an elementary school teacher. I ____________ (10 – like) my job because I enjoy having a direct impact on the lives of children. I'm living with my sister's family because I'm not earning very much. Brian thinks I'm crazy because money is very important to him now, but I get a lot of personal satisfaction from my job. He ____________ (11 – earn) a lot of money, but he rarely has time to see his family and friends. I don't see him very often now. When he ____________ (12 – come) down for the holidays we have a laugh together, but our lifestyles are so different now, that we don't have very much to talk about.«

Lückentext 2

Tina and I got on very ______________ (1 – good) together at college. When we first ______________ (2 – meet), we clicked straightaway and we ended up ______________ (3 – share) an apartment for nearly four years together. We ______________ (4 – have) the same attitude towards the important things in life and the only thing we argued about was the housework. I'm a very tidy person and Tina is the opposite. I don't think she ever found out where we kept the cleaning agents! When I left college, I ______________ (5 – move) to New York and got a job at a big law firm. I ______________ (6 – have | work) long hours and I don't really enjoy what I ______________ (7 – do), but I earn a very good salary. I'm very ambitious. I enjoy ______________ (8 – spend) money on cars, expensive clothes and ______________ (9 – go) to good restaurants. Tina's working really hard as well, but she's not earning much. I don't understand why she is doing it – it seems way too idealistic to me. Anyway, it ______________ (10 – mean) that our lifestyles are very different now, so we've simply drifted apart. However, we still talk on the phone and when I go to her hometown to visit her, we have a laugh. I know she ______________ (11 – be) always be my best friend and be there for me.

Lösungen Lückentext 1

1) was
2) met
3) told
4) living
5) quickly
6) cooking
7) fell out
8) thinks
9) have been
10) like
11) earns
12) comes

Lösungen Lückentext 2

1) well
2) met
3) sharing
4) had
5) moved
6) have to work
7) am doing
8) spending
9) going
10) means
11) will

Allgemeinwissen

Die Überprüfung Ihres Allgemeinwissens ist ein wesentlicher Bestandteil in Eignungstests. Damit will man herausfinden, inwieweit Sie sich in relevanten Themenbereichen wie beispielsweise Politik, Gesellschaft, Geschichte, Wirtschaft, Naturwissenschaft und Technik, aber auch der Kunst auskennen. Eine gute Allgemeinbildung lässt Rückschlüsse auf ein breites Interesse Ihrerseits zu und ist für jeden Arbeitgeber wichtig. Für Ihre persönliche Auswertung der Aufgaben gilt generell: Wenn Sie in der vorgegebenen Zeit mindestens **50 Prozent der Aufgaben** richtig gelöst haben, ist das bereits ein befriedigendes Ergebnis. Haben Sie zwischen **60 und 75 Prozent der Aufgaben** richtig gelöst, entspricht das einer sehr guten Leistung. **100 Prozent** sind erfahrungsgemäß nicht oder nur schwer zu erreichen.

Politik und Gesellschaft

Die folgenden Fragen testen Ihr Allgemeinwissen in der Kategorie Politik und Gesellschaft. Je Aufgabe ist hierbei einer der vier angegebenen Lösungsvorschläge korrekt.

Trainingsaufgaben

Für die 30 Aufgaben haben Sie **7 Minuten** Zeit.

1) Was gehört in Deutschland nicht zur Exekutive?
a) die Polizei
b) die Gerichte
c) das Finanzamt
d) die Ministerien

2) Welches deutsche Bundesland nennt sich nicht Freistaat?
a) Thüringen
b) Sachsen-Anhalt
c) Sachsen
d) Bayern

3) Was ist keine staatliche Gewalt in Deutschland?
a) Legislative
b) Judikative
c) Exekutive
d) Direktive

4) Zwei Parteien – eine davon war die NSDAP – wurden vom Bundesverfassungsgericht bisher verboten. Welche war die andere?
a) RAF
b) DKP
c) NPD
d) KPD

5) Welches Grundrecht ist in Artikel 1 des Grundgesetzes der Bundesrepublik Deutschland garantiert?
a) die Unantastbarkeit der Menschenwürde
b) das Recht auf Leben
c) Religionsfreiheit
d) Meinungsfreiheit

6) Die Amtszeit des Bundesratspräsidenten beträgt ...
a) ein Jahr
b) vier Jahre
c) fünf Jahre
d) max. zwölf Jahre

7) Welche Abkürzung steht für den deutschen Auslandsgeheimdienst?
a) BKA
b) MAD
c) BND
d) BfV

8) Wie viele Mitglieder hat der Bundesrat?
a) 16
b) 69
c) 299
d) 598

9) Welche der vier Regionen bezeichnet keinen Regierungsbezirk von Bayern?
a) Niederbayern
b) Oberpfalz
c) Schwaben
d) Allgäu

10) Welches ist das Mindestalter, um in Deutschland zum Bundeskanzler gewählt werden zu können?
a) 18 Jahre
b) 25 Jahre
c) 27 Jahre
d) 40 Jahre

11) In der Bundesrepublik Deutschland wird der Bundespräsident nicht direkt vom Volk gewählt. Wer wählt in Deutschland das Staatsoberhaupt?
a) Bundesversammlung
b) Bundesrat
c) Bundestag
d) Bundesregierung

12) Wann trat das BGB, das Bürgerliche Gesetzbuch, in Deutschland in Kraft?
a) 1896
b) 1900
c) 1976
d) 1990

13) In welcher deutschen Stadt hat das Bundesarbeitsgericht seinen Sitz?
a) Erfurt
b) Karlsruhe
c) München
d) Kassel

14) Die Bundesrepublik Deutschland ist ein demokratischer und sozialer ...
a) Staatenverbund
b) Bundesstaat
c) Staatenbund
d) Zentralstaat

15) Mit der Vollendung welchen Lebensjahres ist man in Deutschland eidesfähig? Ab dem ...
a) vierzehnten
b) sechzehnten
c) achtzehnten
d) einundzwanzigsten

16) Welcher dieser vier früheren deutschen Bundeskanzler amtierte am längsten?
a) Ludwig Erhard
b) Helmut Schmidt
c) Willy Brandt
d) Gerhard Schröder

17) Zu welcher Versicherung gehört die Pflegeversicherung?
a) Sozialversicherung
b) Unfallversicherung
c) Hausratversicherung
d) Haftpflicht- und Feuerversicherung

18) Welche der Infektionskrankheiten ist in Deutschland keine meldepflichtige Krankheit?
a) Masern
b) Typhus
c) Aids
d) Cholera

19) Nach dem Inkrafttreten des EU-Reformvertrags teilen sich 25 Staaten die 751 Sitze des Europäischen Parlaments. Wie viele davon stehen Deutschland zu?
a) 54
b) 73
c) 74
d) 96

20) Die deutschen Bundesländer wirken an der Gesetzgebung des Bundes mit durch ...
a) den Bundesrat
b) die Bundesversammlung
c) den Bundestag
d) die Bundesregierung

21) Wie heißt der Amtssitz des deutschen Bundespräsidenten in Berlin?
a) Bundespräsidialamt
b) Schloss Bellevue
c) Palast der Republik
d) Villa Hammerschmidt

22) Welches Amt gehört in Deutschland zur Gemeindeverwaltung?
a) Pfarramt
b) Ordnungsamt
c) Finanzamt
d) Auswärtiges Amt

23) Wie ist die Bezeichnung für das Parlament der USA?
a) Kongress
b) Union
c) Senat
d) House of Lords

24) Mit der Revolution in Tunesien 2010 begann der ...
a) Arabische Frühling
b) Afrikanische Sommer
c) Muslimische Herbst
d) Tunesische Winter

25) Mit welchen Worten beginnt der Text der Nationalhymne der Bundesrepublik Deutschland?
a) Auferstanden aus Ruinen
b) Einigkeit und Recht und Freiheit
c) Blüh im Glanze dieses Glückes
d) Deutschland, Deutschland, über alles

26) Welches ist die älteste deutsche Partei, die heute noch in Parlamenten vertreten ist?
a) CDU
b) CSU
c) FDP
d) SPD

27) Wie heißt die Hauptstadt Hessens?
a) Frankfurt am Main
b) Mainz
c) Wiesbaden
d) Bonn

28) In welcher deutschen Stadt leben die meisten Menschen?
a) München
b) Hamburg
c) Köln
d) Berlin

29) Welches ist das bevölkerungsreichste Bundesland Deutschlands?
a) Nordrhein-Westfalen
b) Bayern
c) Baden-Württemberg
d) Hessen

30) Im Wappen welches Bundeslandes der Bundesrepublik Deutschland ist kein Tier abgebildet?

a) Nordrhein-Westfalen
b) Sachsen
c) Baden-Württemberg
d) Schleswig-Holstein

Lösungen

1) b
2) b
3) d
4) d
5) a
6) a
7) c
8) b
9) d
10) a
11) a
12) b
13) a
14) b
15) b
16) b
17) a
18) c
19) d
20) a
21) b
22) b
23) a
24) a
25) b
26) d
27) c
28) d
29) a
30) b

Geschichte

Die folgenden Fragen testen Ihr Allgemeinwissen in der Kategorie Geschichte. Je Aufgabe ist hierbei einer der vier angegebenen Lösungsvorschläge korrekt.

Trainingsaufgaben

Für die 30 Aufgaben haben Sie **7 Minuten** Zeit.

1) Wie hieß der erste römische Kaiser?
a) Augustus
b) Caesar
c) Nero
d) Cicero

2) Welche Stadt gilt als älteste Stadt Deutschlands?
a) Trier
b) Köln
c) Lübeck
d) Cottbus

3) Wer war der Erfinder des Buchdrucks mit beweglichen Metalllettern?
a) Leonardo da Vinci
b) Johannes Gutenberg
c) Albert Einstein
d) Thomas Alva Edison

4) Nach welchem Seefahrer wurde der Kontinent Amerika benannt?
a) Christoph Kolumbus
b) Ferdinand Magellan
c) Vasco da Gama
d) Amerigo Vespucci

5) Wer gilt als theologischer Begründer der Reformation?
a) Martin Luther
b) Karl V.
c) Albrecht Dürer
d) Ignatius von Loyola

6) In welchem Jahr begann der Dreißigjährige Krieg?
a) 1518
b) 1618
c) 1718
d) 1818

7) Wann setzte sich die Epoche der Aufklärung in Europa durch?
a) 20. Jahrhundert
b) 14. Jahrhundert
c) 16. Jahrhundert
d) 18. Jahrhundert

8) Welche Forderung gehörte nicht zu jenen der Französischen Revolution?
a) Fraternité
b) Liberté
c) Egalité
d) Rentabilité

9) Welches im Zweiten Weltkrieg zerstörte und originalgetreu wiederaufgebaute Gebäude wurde 1985 in Dresden feierlich wieder eröffnet?
a) Frauenkirche
b) Semperoper
c) Zwinger
d) Schloss Pillnitz

10) Welches Ereignis löste 1914 den Ersten Weltkrieg aus?
a) »Hunnenrede« Kaiser Wilhelms II.
b) Attentat von Sarajevo
c) Novemberrevolution
d) »Schwarzer Freitag«

11) Wie hieß der Führer der indischen Unabhängigkeitsbewegung?
a) Giuseppe Garibaldi
b) Leon Gambetta
c) Mahatma Gandhi
d) Charles de Gaulle

12) In welchem Jahr endete der Zweite Weltkrieg?
a) 1939
b) 1942
c) 1945
d) 1948

13) Welcher der vier Präsidenten der USA ist nicht ermordet worden?
a) Abraham Lincoln
b) James A. Garfield
c) John Adams
d) John F. Kennedy

14) Wie hieß der Mann, der am 20. Juli 1969 als erster Mensch einen Fuß auf den Mond setzte?
a) Louis Armstrong
b) John Armstrong
c) Peter Armstrong
d) Neil Armstrong

15) Welches der Länder war das letzte, das von Deutschland im Zweiten Weltkrieg angegriffen wurde?
a) Sowjetunion
b) Frankreich
c) Norwegen
d) Polen

16) »333 – bei Issos Keilerei.« Der Merkspruch ist so manchem geläufig, aber wer besiegte eigentlich wen im Jahr 333 v. Chr.?
a) Die Spartaner die Athener
b) Die Athener die Spartaner
c) Die Griechen die Perser
d) Die Perser die Griechen

17) Am 20. Juli 1944 wurde von einer Gruppe von Wehrmachtsoffizieren ein Anschlag auf Hitler verübt. Der Deckname dieses Putschversuchs war Unternehmen ...
a) Weserübung
b) Seelöwe
c) Barbarossa
d) Walküre

18) Bismarck führte zwischen 1884 und 1889 die Sozialversicherung ein. Was gehörte damals noch nicht zur Sozialversicherung?
a) Krankenversicherung
b) Unfallversicherung
c) Rentenversicherung
d) Arbeitslosenversicherung

19) Wer war der erste Präsident der DDR?
a) Wilhelm Pieck
b) Johannes Dieckmann
c) Friedrich Ebert
d) Theodor Heuss

20) In welchem Jahr fand in Deutschland die Revolution statt, die unter dem Namen »Märzrevolution« Eingang in die Geschichtsbücher fand?
a) 1789
b) 1848
c) 1917
d) 1918

21) Welches war die offizielle Bezeichnung für die deutschen Streitkräfte von 1919 bis 1935?
a) Bundeswehr
b) Reichswehr
c) Wehrmacht
d) Volksarmee

22) Welches bedeutende Ereignis der deutschen Geschichte fand nicht an einem 9. November statt?
a) Reichspogromnacht
b) Fall der Berliner Mauer
c) Gründung des Deutschen Reiches
d) Novemberrevolution

23) In welcher Stadt wurde das Deutsche Kaiserreich gegründet?
a) Frankfurt am Main
b) Berlin
c) Versailles
d) Aachen

24) Was fand nicht im Jahr der Machtergreifung Hitlers 1933 statt?
a) Zerschlagung der Gewerkschaften
b) Bücherverbrennungen
c) Erlass der Rassengesetze
d) Beginn der Judenverfolgung

25) Wem erklärte Deutschland zu Beginn des Ersten Weltkriegs den Krieg?
a) Frankreich
b) Russland
c) Großbritannien
d) Italien

26) Wann beendeten die westlichen Alliierten formal den Kriegszustand mit Deutschland?
a) 1945
b) 1951
c) 1952
d) 1955

27) Gegen wen richtete sich Bismarcks Kulturkampf?
a) Freimaurer
b) Sozialisten
c) katholische Kirche
d) Völkerbund

28) Im Jahr 1962 zwang eine innenpolitische Affäre Franz Josef Strauß zum Rücktritt vom Amt des Bundesverteidigungsministers. Wie wird die Affäre genannt?
a) Guillaume-Affäre
b) Starfighter-Affäre
c) Spiegelaffäre
d) Parteispendenaffäre

29) Welcher deutsche Herrscher trat 1077 den sprichwörtlich gewordenen Gang nach Canossa an?
a) Heinrich I.
b) Maximilian I.
c) Heinrich IV.
d) Gregor VII.

30) Welcher englische König gilt als so tugendhaft und ritterlich, dass er in mehreren Filmen (darunter »Robin Hood«) Erwähnung fand?
a) Heinrich VIII.
b) Richard I. Löwenherz
c) Johann Ohneland
d) Wilhelm I.

Lösungen

1) a
2) a
3) b
4) d
5) a
6) b
7) d
8) d
9) b
10) b
11) c
12) c
13) c
14) d
15) a
16) c
17) d
18) d
19) a
20) b
21) b
22) c
23) c
24) c
25) b
26) b
27) c
28) c
29) c
30) b

Wirtschaft und Finanzen

Die folgenden Fragen testen Ihr Allgemeinwissen in der Kategorie Wirtschaft und Finanzen. Je Aufgabe ist hierbei einer der vier angegebenen Lösungsvorschläge korrekt.

Trainingsaufgaben

Für die 30 Fragen haben **7 Minuten** Zeit.

1) Welches war bzw. ist keine deutsche Notenbank?
a) Deutsche Bundesbank
b) Deutsche Bank
c) Bank deutscher Länder
d) Deutsche Notenbank

2) Welche Gewerkschaft ist die derzeit größte Einzelgewerkschaft in Deutschland?
a) GEW
b) IGM
c) ver.di
d) IG BCE

3) Wie viele verschiedene Motive sind auf den Rückseiten der acht deutschen Euromünzen abgebildet?
a) Eines
b) Drei
c) Vier
d) Acht

4) Bei welchem Bodenschatz ist Deutschland das weltgrößte Förderland?
a) Kaolin
b) Steinkohle
c) Kalisalz
d) Braunkohle

5) Welches ist die älteste deutsche Messestadt?
a) Hannover
b) Frankfurt
c) Leipzig
d) Düsseldorf

6) Wie hieß die europäische Währungseinheit vor der Einführung des Euro?
a) Mark
b) ERE
c) ECU
d) Gulden

7) Eines der Unternehmen war kein im Zuge der Privatisierung der Deutschen Bundespost entstandenes Nachfolgeunternehmen. Welches?
a) Deutsche Telekom
b) Deutsche Post
c) Deutsche Postbank
d) Deutscher Postreisedienst

8) Welches ist ein bekanntes in Deutschland vergebenes Umweltsiegel?
a) Ökosiegel
b) Blauer Engel
c) TransFair
d) Grüner Punkt

9) Welcher deutsche Aktienindex ist ein Auswahlindex für Aktien von 50 kleineren Unternehmen?
a) STOXX®
b) SDAX®
c) XETRA®
d) ISIN

10) Wie heißt die Steuer, die seit 2009 auf alle Kapitalerträge und Erlöse aus Wertpapierverkäufen erhoben wird?
a) Quellensteuer
b) Kapitalertragsteuer
c) Abgeltungsteuer
d) Körperschaftsteuer

11) Mit welchem Land schloss die Bundesrepublik Deutschland 1955 das erste Anwerbeabkommen für ausländische Arbeitnehmer, die sogenannten Gastarbeiter?
a) Marokko
b) Griechenland
c) Vietnam
d) Italien

12) Das Aufkommen welcher Steuer steht Bund und Ländern jeweils zur Hälfte zu?
a) Stromsteuer
b) Erbschaftsteuer
c) Grundsteuer
d) Körperschaftsteuer

13) Die Motive der Euroscheine sind Architekturelemente verschiedener Epochen der europäischen Kulturgeschichte. Welche Epoche zeigt der 50-Euro-Schein?
a) Romanik
b) Gotik
c) Renaissance
d) Barock

14) Hinter dem Ursprung welches Markennamens verbirgt sich keine Abkürzung eines Personennamens?
a) Tchibo
b) Haribo
c) Labello®
d) Eduscho

15) Wer vertritt die Interessen der deutschen Wirtschaft gegenüber der Bundespolitik?
a) Bundesverband der Industrie
b) Industrie- und Handelskammertag
c) Bundesvereinigung der Arbeitgeberverbände
d) Gewerkschaftsbund

16) Drei der Steuerarten wurden in Deutschland mittlerweile abgeschafft. Welche wird noch erhoben?
a) Salzsteuer
b) Kaffeesteuer
c) Zuckersteuer
d) Teesteuer

17) Welche Kraftfahrtversicherung ist eine Pflichtversicherung?
a) KFZ-Haftpflichtversicherung
b) Fahrzeugteilversicherung
c) Fahrzeugvollversicherung
d) Kraftfahrtunfall-Versicherung

18) Zum Handelsbündnis der Hanse gehörten im 14. und 15. Jahrhundert rund 70 deutsche Städte. Welche der Städte war keine Hansestadt?
a) Köln
b) Stralsund
c) Leipzig
d) Magdeburg

19) Wann wurde die Mark in Deutschland als gesetzliches Zahlungsmittel eingeführt?
a) 1838
b) 1873
c) 1924
d) 1948

20) Welcher Index gibt die Kursentwicklung des deutschen Anleihemarkts wieder?
a) CDAX®
b) DAX®
c) PEX®
d) REX®

21) Woran kann man bei Eurobanknoten erkennen, aus welchem Land das Geld ursprünglich stammt?
a) an der Seriennummer
b) am Motiv der Rückseite
c) am Druckereicode
d) an keinem dieser Merkmale

22) Welche Unternehmensrechtsform nach deutschem Recht ist keine Personengesellschaft?
a) OHG
b) GmbH
c) KG
d) GmbH & Co kg

23) Wer hat in Deutschland das Recht, Euromünzen auszugeben und in Umlauf zu bringen?
a) Europäische Zentralbank
b) Deutsche Bundesbank
c) Deutsche Bank
d) Münzprägeanstalten

24) Welches der folgenden Gebiete ist nicht Gegenstand der Volkswirtschaftslehre?
a) mikroökonomische Zusammenhänge
b) Wirtschaftspolitik
c) Finanzwissenschaften
d) Untersuchung der Funktionsmechanismen einzelner Betriebe

25) Ab dem 1. Januar 2015 ergaben sich für die deutschen Bürger einige Neuerungen. So hat z. B. die Deutsche Post ihre Preise geändert. Wie viel kostet nun das Porto für einen Standardbrief?
a) 60 Cent
b) 54 Cent
c) 62 Cent
d) 58 Cent

26) Wie viel dürfen Minijobber, die vorher maximal 400 € monatlich erwirtschaften konnten, nun verdienen?
a) 420 €
b) 450 €
c) 470 €
d) 490 €

27) In welchem Jahr ereignete sich der »Schwarze Freitag«?
a) 1929
b) 1949
c) 1938
d) 1984

28) Wer schrieb das Buch »das Kapital«?
a) Karl Marx
b) Helmut Hesse
c) Günter Grass
d) John Grisham

29) Wie werden anhaltend steigende Börsenkurse bezeichnet?
a) Hausse
b) Baisse
c) Run-up
d) Rallye

30) Was gehört nicht zu den EU-Konvergenzkriterien (auch Maastricht-Kriterien genannt)?
a) Preisniveaustabilität
b) Wechselkurskriterium
c) langfristige Zinssätze
d) Saldokriterium

Lösungen

1) b
2) b
3) b
4) d
5) b
6) c
7) d
8) b
9) b
10) c
11) d
12) d
13) c
14) c
15) b
16) b
17) a
18) c
19) b
20) d
21) d
22) b
23) b
24) d
25) c
26) b
27) a
28) a
29) a
30) d

Kunst und Kultur

Die folgenden Fragen testen Ihr Allgemeinwissen in der Kategorie Kunst und Kultur. Je Aufgabe ist hierbei einer der vier angegebenen Lösungsvorschläge korrekt.

Trainingsaufgaben

Für die 30 Fragen haben Sie **7 Minuten** Zeit.

1) Wer wurde nicht zum Opfer der Streiche von Max und Moritz?
a) Onkel Fritze
b) Schneider Böck
c) Lehrer Lämpel
d) Maler Klecksel

2) Im Deutschen gibt es zahlreiche englische Fremdwörter, aber auch das Englische hat deutsche Wörter übernommen. Welches zählt nicht dazu?
a) Schnitzel
b) Sauerkraut
c) Hamburger
d) Bratwurst

3) Welcher der Preise ist kein Literaturpreis?
a) Friedenspreis des Deutschen Buchhandels
b) Kleist-Preis
c) Geschwister-Scholl-Preis
d) Deutscher Buchpreis

4) Das Woodstock-Festival, an dem über 400 000 Menschen teilnahmen, gilt als ein Höhepunkt der amerikanischen Hippiebewegung. In welchem Jahr fand es statt?
a) 1963
b) 1958
c) 1975
d) 1969

5) Auf wen geht das Standardwerk für die deutsche Rechtschreibung zurück?
a) Brüder Grimm
b) Friedrich Arnold Brockhaus
c) Joseph Meyer
d) Konrad Duden

6) Welches ist die sprichwörtliche Gretchenfrage?
a) Wer darf ihn nennen?
b) Wo warst du, Adam?
c) Was macht die Kunst?
d) Wie hast du's mit der Religion?

7) Wer komponierte mit der 1627 uraufgeführten Oper »Dafne« die erste deutsche Oper?
a) Heinrich Schütz
b) Dietrich Buxtehude
c) Georg Friedrich Händel
d) Georg Philipp Telemann

8) Welches ist keine Bildergeschichte von Wilhelm Busch?
a) Pater Filucius
b) Hans Huckebein
c) Bruder Lustig
d) Balduin Bählamm

9) Welches Werk stammt nicht aus der Feder des deutschsprachigen Schriftstellers Franz Kafka?
a) Der Steppenwolf
b) Der Prozeß
c) Der Verschollene
d) Das Schloß

10) Welche literarische Stilepoche dauerte in Deutschland etwa von 1770 bis 1785?
a) Romantik
b) Sturm und Drang
c) Realismus
d) Weimarer Klassik

11) Neben Goethe ist Schiller der wohl bedeutendste deutsche Dichter. Welches war sein literarisches Erstlingswerk?
a) Wilhelm Tell
b) Die Räuber
c) Demetrius
d) Kabale und Liebe

12) Von welchem Komponisten stammt »Ein deutsches Requiem«?
a) Kurt Weill
b) Wolfgang Amadeus Mozart
c) Johannes Brahms
d) Anton Bruckner

13) Aus der Familie Mann gingen bedeutende Autoren hervor. Welcher Mann war kein Schriftsteller?
a) Golo Mann
b) Heinrich Mann
c) Thomas Mann
d) Klaus Mann

14) Wer war der Komponist der Dreigroschenoper?
a) Hanns Eisler
b) Paul Dessau
c) Bertolt Brecht
d) Kurt Weill

15) Welchem Schauspiel von Friedrich Schiller entstammt das Zitat »Die Axt im Hause erspart den Zimmermann«?
a) Die Jungfrau von Orléans
b) Wilhelm Tell
c) Götz von Berlichingen
d) Wallensteins Tod

16) Welche der umgangssprachlichen Wendungen ist aus Goethes »Faust«?
a) des Pudels Kern
b) Donner und Doria!
c) seine Pappenheimer kennen
d) der Dritte im Bunde

17) Welcher der Romane stammt nicht von Heinrich Böll?
a) Gruppenbild mit Dame
b) Haus ohne Hüter
c) Billard um halb zehn
d) Deutschstunde

18) Welchen Buchstaben gibt es nur im deutschen Alphabet?
a) »ä«
b) »ö«
c) »ß«
d) »œ«

19) Nach wem sind die Kulturinstitute benannt, deren Aufgabe es ist, die Kenntnis der deutschen Sprache im Ausland zu fördern?
a) Max Planck
b) Johann Wolfgang Goethe
c) Robert Koch
d) Ludwig Boltzmann

20) Außer in Deutschland ist Deutsch in sechs anderen europäischen Ländern Amtssprache. Welches Land gehört nicht dazu?
a) Luxemburg
b) Frankreich
c) Belgien
d) Italien

21) Welches ist laut einer 2007 durchgeführten Umfrage das bekannteste deutsche Märchen?
a) Dornröschen
b) Hänsel und Gretel
c) Schneewittchen
d) Rotkäppchen

22) Welcher Schriftsteller wird nicht zur Stilepoche der Romantik gerechnet?
a) Heinrich von Kleist
b) Joseph von Eichendorff
c) Gerhart Hauptmann
d) E. T. A. Hoffmann

23) Welche der deutschen Popgruppen ist eine Punkband?
a) Scooter
b) Fanta4
c) Die Toten Hosen
d) Fettes Brot

24) Mit welchem Werk, das als erste deutsche Dichtung in die Weltliteratur einging, wurde Goethe über die Grenzen Frankfurts hinaus berühmt?
a) Faust. Erster Teil
b) West-östlicher Divan
c) Egmont
d) Die Leiden des jungen Werthers

25) Was bedeutet die auf das Lateinische zurückgehende Abkürzung »e. g.«?
a) und so weiter
b) umgekehrt
c) das heißt
d) beispielsweise

26) Welcher Philosoph war kein Vertreter des deutschen Idealismus?
a) Johann Gottlieb Fichte
b) Arthur Schopenhauer
c) Georg Wilhelm Friedrich Hegel
d) Friedrich Wilhelm Schelling

27) Ende der 1960er-Jahre brachten die Rastafaris einen bestimmen Musikstil in die Popmusik ein. Um welchen handelt es sich?
a) Hip-Hop
b) Reggae
c) Disco
d) Soul

28) Welches Geschlecht kommt bei deutschen Hauptwörtern am häufigsten vor?
a) männlich
b) weiblich
c) sächlich
d) Jedes Geschlecht kommt gleich häufig vor.

29) Wie wird die Sprachgrenze zwischen niederdeutschen und hochdeutschen Dialekten bezeichnet?
a) Benrather Linie
b) Weißwurstäquator
c) Dialektkontinuum
d) Das-dat-Linie

30) Von wem stammt das Kinderbuch »Der Struwwelpeter«?
a) E. T. A. Hoffmann
b) Hoffmann von Fallersleben
c) Heinrich Hoffmann
d) Hugo von Hofmannsthal

Lösungen

1) d
2) c
3) a
4) d
5) d
6) d
7) a
8) c
9) a
10) b
11) b
12) c
13) a
14) d
15) b
16) a
17) d
18) c
19) b
20) b
21) c
22) c
23) c
24) d
25) d
26) b
27) b
28) b
29) a
30) c

Naturwissenschaft und Technik

Die folgenden Fragen testen Ihr Allgemeinwissen in der Kategorie Naturwissenschaft und Technik. Je Aufgabe ist hierbei einer der vier angegebenen Lösungsvorschläge korrekt.

Trainingsaufgaben

Für die 30 Aufgaben haben Sie **7 Minuten** Zeit.

1) Mit welchem Gerät misst man elektrische Spannungen?
a) Thermometer
b) Galvanometer
c) Amperemeter
d) Voltmeter

2) Was ist eine Mimose?
a) eine Hautkrankheit
b) eine tropische Pflanze
c) ein biochemischer Vorgang
d) ein Südseefisch

3) Womit misst man die Stärke eines Erdbebens?
a) Juraskala
b) Richterskala
c) Meterskala
d) Barskala

4) Welches dieser Minerale ist am härtesten und wird daher als Schneidstoff für Werkzeuge genutzt?
a) Rubin
b) Saphir
c) Diamant
d) Aluminium

5) Auf welcher physikalischen Größe beruht die Wirkungsweise einer Zentrifuge?
a) Radialkraft
b) Drehimpuls
c) Fliehkraft
d) Keine der Antworten ist richtig.

6) Ein Protein besteht aus einer Vielzahl von Molekülen. Wie werden diese genannt?
a) Fettsäuren
b) Enzyme
c) Aminosäuren
d) Lipide

7) Welchen Wert hat die Kreiszahl Pi?
a) 7,585
b) 3,1419
c) 11,725
d) 3,2761

8) Unter welcher Bezeichnung wird das physikalische Prinzip »Einfallswinkel gleich Ausfallswinkel« zusammengefasst?
a) Reflexionsgesetz
b) Einfallgesetz
c) Winkelgesetz
d) Ausfallgesetz

9) Ein Lichtjahr steht für die folgende Einheit:
a) Geschwindigkeit
b) Gewicht
c) Dauer
d) Entfernung

10) Welches Tier ist in der Lage, sich im Spiegel zu erkennen?
a) Hund
b) Affe
c) Elefant
d) Schwein

11) Welche dieser Zahlen ist keine Quadratzahl?
a) 25
b) 81
c) 121
d) 155

12) Worauf bezieht sich der Satz des Pythagoras?
a) Sinuskurven
b) Kreisinhalte
c) quadratische Vierecke
d) rechtwinkelige Dreiecke

13) Wie nennt man die Basiseinheit elektrischer Stromstärke?
a) Kilogramm
b) Sekunde
c) Ampere
d) Kelvin

14) Was steht bei Darwins Theorie im Vordergrund?
a) die natürliche Auslese
b) Aminosäuren
c) molekularbiologische Methoden
d) Fotosynthese

15) Welche der folgenden Bezeichnungen umschreibt eine der häufigsten Essstörungen, die Fettleibigkeit?
a) Anorexia nervosa
b) Bulimia nervosa
c) Adipositas
d) Binge-Eating-Störung

16) Endorphine machen nicht nur glücklich, sondern auch ...
a) wach
b) hungrig
c) durstig
d) süchtig

17) Der Parasympathikus ist ...
a) eine Sehne im Knie
b) eine Pilzart mit großem Schirm
c) ein Hormon in der Schilddrüse
d) ein Teil des vegetativen Nervensystems

18) Welches der folgenden Hormone ist kein menschliches Geschlechtshormon?
a) Progesteron
b) Testosteron
c) Östrogen
d) Thyreotropin

19) Wie lautet der Oberbegriff für Wahrscheinlichkeitstheorie und mathematische Statistik?
a) Arithmetik
b) Kombinatorik
c) Algebra
d) Stochastik

20) Wie nennt man ein negativ geladenes Atom oder Molekül?
a) Kation
b) Solution
c) Anion
d) Pion

21) Wie groß ist die Fläche eines Blattes Papier der Größe DIN A4?
a) viertel m^2
b) achtel m^2
c) sechzehntel m^2
d) zweiunddreißigstel m^2

22) Warum kommen Regenwürmer bei Regen an die Erdoberfläche?
a) um nicht zu ertrinken
b) um abzukühlen
c) um die Erde abzuspülen
d) um Nahrung zu sammeln

23) Steht »deka« vor einer Einheit, vervielfacht sich diese wie oft?
a) hundertfach
b) zehnfach
c) tausendfach
d) fünffach

24) Was wird bei der Fotovoltaik umgewandelt?
a) Licht in elektrische Energie
b) Licht in Wärme
c) Energie in Licht
d) Windenergie in Strom

25) Die Ordnungszahl eines chemischen Elements ist identisch mit seiner …
a) Neutronenzahl
b) Protonenzahl
c) Elektronenzahl
d) Ionenzahl

26) Was speichern Kamele in ihren Höckern?
a) Fett
b) Wasser
c) Milch
d) Keine Antwort ist richtig.

27) Gefährliche chemische Substanzen werden mit Symbolen und Buchstaben gekennzeichnet. Was bedeutet in diesem Zusammenhang das Symbol T+?
a) reizend
b) ätzend
c) sehr giftig
d) hoch ätzend

28) Die Zellen des menschlichen Körpers sind einem ständigen Erneuerungsprozess unterworfen. Wie heißt dieser Prozess?
a) Osmose
b) Skoliose
c) Mitose
d) Symbiose

29) Mithilfe welches Gerätes misst man Radioaktivität?
a) Geigerzähler
b) Radiointerferometer
c) Radiometer
d) Photonenzähler

30) Warum kann ein Elektroauto aus dem Stand auch bei relativ geringer Leistung relativ schnell beschleunigen?
a) Es wird besonders windschlüpfrig gebaut.
b) Elektromotoren haben generell eine stärkere Leistung als Verbrennungsmotoren.
c) Elektromotoren liefern bei der ersten Umdrehung das volle Drehmoment.
d) Durch die schmalen Reifen wird die Reibung minimiert.

Lösungen

1) d
2) b
3) b
4) c
5) c
6) c
7) b
8) a
9) d
10) b
11) d
12) d
13) c
14) a
15) c
16) d
17) d
18) d
19) d
20) c
21) c
22) a
23) b
24) a
25) b
26) a
27) c
28) c
29) a
30) c

Geografie und Landeskunde

Die folgenden Fragen testen Ihr Allgemeinwissen in der Kategorie Geografie und Landeskunde. Je Aufgabe ist hierbei einer der vier angegebenen Lösungsvorschläge korrekt.

Trainingsaufgaben

Für die 30 Aufgaben haben Sie **7 Minuten** Zeit.

1) Was ist das bevölkerungsreichste Bundesland Deutschlands?
a) Bayern
b) Baden-Württemberg
c) Hessen
d) Nordrhein-Westfalen

2) Wie heißt die Hauptstadt der Türkei?
a) Ankara
b) Izmir
c) Istanbul
d) Antalya

3) Welches ist der höchste Berg der Erde?
a) Mount McKinley
b) Zugspitze
c) Kilimandscharo
d) Mount Everest

4) In welcher Stadt befindet sich der Sitz des Parlaments der Europäischen Union?
a) Den Haag
b) Straßburg
c) Brüssel
d) Genf

5) Welche Stadt wird auch als »Elbflorenz« bezeichnet?
a) Meißen
b) Hamburg
c) Magdeburg
d) Dresden

6) In welcher Stadt liegt die älteste deutsche Universität?
a) Heidelberg
b) Köln
c) Berlin
d) München

7) Welches dieser weltberühmten Museen befindet sich in New York?
a) Louvre
b) Guggenheim Museum
c) Eremitage
d) Prado

8) Wo liegt die größte barocke Schlossanlage in Deutschland?
a) Ludwigsburg
b) Mannheim
c) Würzburg
d) München

9) Welche Stadt wurde 330 n. Chr. in Konstantinopel umbenannt und heißt heute Istanbul?
a) Byzanz
b) Alexandria
c) Korinth
d) Syrakus

10) Welche deutsche Stadt hat nach Berlin die meisten Einwohner?
a) Köln
b) München
c) Hamburg
d) Leipzig

11) Wie lautet der Name des Schlosses, das der preußische König Friedrich II., der Große, in Potsdam errichten ließ?
a) Belvedere
b) Sanssouci
c) Versailles
d) Neuschwanstein

12) Wie heißt das Gebirge, das einen Teil der Grenze zwischen Asien und Europa darstellt?
a) Himalaya
b) Kaukasus
c) Alpen
d) Ural

13) Wie heißt die Hauptstadt Lettlands?
a) Riga
b) Reval
c) Liebau
d) Tallin

14) Welches Land grenzt nicht direkt an Ungarn?
a) Kroatien
b) Rumänien
c) Polen
d) Serbien

15) Welche Staaten sind Teil des Maghreb?
a) Mali, Niger und Tschad
b) Ägypten, Saudi-Arabien und Jordanien
c) Tunesien, Algerien und Marokko
d) Äthiopien, Uganda und Sudan

16) Welcher Ort ist das Ziel des Jakobswegs?
a) Sevilla
b) Jakobstad
c) Tschenstochau
d) Santiago de Compostela

17) Zu welchem Land gehört die Insel Korsika?
a) Italien
b) Griechenland
c) Spanien
d) Frankreich

18) Welches ist flächenmäßig die kleinste Republik der Erde?
a) Monaco
b) Vatikanstadt
c) Nauru
d) San Marino

19) Welche Insel liegt nicht in der Nordsee?
a) Helgoland
b) Fehmarn
c) Sylt
d) Juist

20) Welche Stadt wirbt damit, die nördlichste Stadt Europas zu sein?
a) Tromsø
b) Hammerfest
c) Kirkenes
d) Harstad

21) In welcher Stadt befindet sich die »Spanische Treppe«?
a) Madrid
b) Lima
c) Rom
d) Medellín

22) Welche beiden Erdteile trennt die Straße von Gibraltar?
a) Afrika und Amerika
b) Asien und Europa
c) Afrika und Europa
d) Asien und Afrika

23) Welcher heutige EU-Mitgliedsstaat war nie Teil der Sowjetunion?
a) Finnland
b) Estland
c) Litauen
d) Lettland

24) Die legendäre Route 66 beginnt in Chicago und endet in ...
a) Las Vegas
b) Los Angeles
c) New Orleans
d) New York

25) Wo liegt das »Zweistromland«?
a) Iran
b) Indien
c) Irak
d) Türkei

26) Zu welchem europäischen Staat gehören die Azoren?
a) Spanien
b) Portugal
c) Frankreich
d) England

27) Welches ist kein Mitgliedstaat der EU?
a) Dänemark
b) Großbritannien
c) Schweiz
d) Polen

28) Welches Land liegt nicht an der Donau?
a) Ungarn
b) Bulgarien
c) Rumänien
d) Slowenien

29) An wie viele Länder grenzt die Bundesrepublik Deutschland?
a) 6
b) 7
c) 8
d) 9

30) Welches der folgenden Bundesländer gehörte nicht zum Gebiet der ehemaligen Deutschen Demokratischen Republik?
a) Brandenburg
b) Sachsen
c) Niedersachsen
d) Thüringen

Lösungen

1) d
2) a
3) d
4) b
5) d
6) a
7) b
8) b
9) a
10) c
11) b
12) d
13) a
14) c
15) c
16) d
17) d
18) c
19) b
20) b
21) c
22) c
23) a
24) b
25) c
26) b
27) c
28) d
29) d
30) c

Persönlichkeiten

Die folgenden Fragen testen Ihr Allgemeinwissen in der Kategorie Persönlichkeiten. Je Aufgabe ist hierbei einer der vier angegebenen Lösungsvorschläge korrekt.

Trainingsaufgaben

Für die 20 Aufgaben haben Sie **5 Minuten** Zeit.

1) Welches war die erste Frau, die als Ministerpräsidentin eines deutschen Bundeslandes amtierte?
a) Ursula von der Leyen
b) Angela Merkel
c) Heide Simonis
d) Rosa Luxemburg

2) Welcher Schauspieler spielte in dem Film »Casablanca« die Hauptrolle?
a) Humphrey Bogart
b) Burt Lancaster
c) James Stewart
d) Orson Wells

3) Wer war der erste amerikanische Präsident?
a) John F. Kennedy
b) John Adams
c) George Washington
d) Thomas Jefferson

4) Wer schrieb den Roman »Der Fänger im Roggen«?
a) Edgar Allen Poe
b) Ernest Hemingway
c) George Orwell
d) J. D. Salinger

5) Wer steht symbolisch für die deutsche Frauenbewegung?
a) Stefanie Müller
b) Alice Müller
c) Nicole Schwarzer
d) Alice Schwarzer

6) Welcher Kölner Oberbürgermeister wurde später deutscher Bundeskanzler?
a) Konrad Adenauer
b) Helmut Kohl
c) Gerhard Schröder
d) Willy Brandt

7) Welchem Gebiet widmete sich Albrecht Dürer?
a) der Musik
b) der Malerei
c) der Biologie
d) der Architektur

8) Alexander von Humboldt war ...?
a) Mathematiker
b) Naturforscher
c) Architekt
d) Komponist

9) Wer gilt als Begründer der Sowjetunion?
a) Wladimir Lenin
b) Josef Stalin
c) Wladimir Putin
d) Gorbatschow

10) Wer sagte 1963 den berühmten Satz »Ich bin ein Berliner«?
a) Ronald Reagan
b) John F. Kennedy
c) Bill Clinton
d) George Bush

11) Von welcher Schauspielerin fertigte Andy Warhol in Serie gereihte Porträts an?
a) Audrey Hepburn
b) Rita Hayworth
c) Marilyn Monroe
d) Grace Kelly

12) Welcher griechische Held war nur an seiner Ferse verwundbar?
a) Odysseus
b) Theseus
c) Perseus
d) Achilles

13) Welche Regierungschefin wurde als »eiserne Lady« bezeichnet?
a) Indira Gandhi
b) Margaret Thatcher
c) Angela Merkel
d) Hillary Clinton

14) Wodurch wurde Edward Snowden bekannt?
a) Tötung Osama Bin Ladens
b) Überleben des 11. Septembers
c) Führen der Occupy-Bewegung
d) Enthüllungen über weltweite Spionagepraktiken von Geheimdiensten

15) In welchem Land wurde Che Guevara geboren?
a) Kuba
b) Bolivien
c) Spanien
d) Argentinien

16) Wie heißt der Autor des Romans »Anna Karenina«?
a) Fjodor Michailowitsch Dostojewski
b) Nikolaj Wassiljewisch Gogol
c) Lew Nikolajewitsch Graf Tolstoj
d) Iwan Sergejewitsch Turgenew

17) Welcher britische Schriftsteller war der Schöpfer von James Bond?
a) James Matthew Barrie
b) Ian Fleming
c) Michael Bond
d) Daniel Craig

18) Welcher Künstler erlangte als »Verpackungskünstler« Weltruf?
a) Nam June Paik
b) Andy Warhol
c) Dennis Oppenheim
d) Christo

19) Wer gilt als Begründer der Psychoanalyse?
a) Alexander Mitscherlich
b) Alfred Adler
c) Carl Gustav Jung
d) Sigmund Freud

20) Welcher dieser Philosophen formulierte den kategorischen Imperativ?
a) Karl Marx
b) Immanuel Kant
c) Georg Wilhelm Friedrich Hegel
d) Martin Heidegger

Lösungen

1) c
2) a
3) c
4) d
5) d
6) a
7) b
8) b
9) a
10) b
11) c
12) d
13) b
14) d
15) d
16) c
17) b
18) d
19) d
20) b

Sport

Die folgenden Fragen testen Ihr Allgemeinwissen in der Kategorie Sport. Je Aufgabe ist hierbei einer der vier angegebenen Lösungsvorschläge korrekt.

Trainingsaufgaben

Für die 20 Aufgaben haben Sie **5 Minuten** Zeit.

1) Triathlon ist eine Kombination welcher drei Sportarten?
a) Schießen, Skilanglauf und Abfahrtslauf
b) Schwimmen, Radfahren und Laufen
c) Skilanglauf, Laufen und Radfahren
d) Wasserspringen, Schwimmen und Laufen

2) Wann nahm die DDR zum ersten Mal mit einer eigenen Mannschaft an den Olympischen Spielen teil?
a) 1952
b) 1956
c) 1964
d) 1968

3) Wie hieß das Maskottchen zur Fußball-WM in Deutschland 2006?
a) Goleo
b) Fuleco
c) Footix
d) Striker

4) Seit wann findet die Fußball-Weltmeisterschaft der Frauen statt?
a) 1979
b) 1983
c) 1987
d) 1991

5) Wer gewann bei der Fußball-Weltmeisterschaft 2006 in Deutschland den Titel?
a) Spanien
b) Italien
c) Brasilien
d) Argentinien

6) Wann gewann Max Schmeling den Weltmeistertitel im Boxen?
a) 1920
b) 1940
c) 1954
d) 1930

7) Unter welchem Trainer wurde Deutschland 1990 Fußball-Weltmeister in Italien?
a) Berti Vogts
b) Jürgen Klinsmann
c) Rudi Völler
d) Franz Beckenbauer

8) Welches ist die populärste Sportart in den USA?
a) Football
b) Baseball
c) Basketball
d) Fußball

9) Wie lang ist ein Marathonlauf?
a) 52,190 km
b) 43,125 km
c) 39,150 km
d) 42,195 km

10) Wie heißt das »Nationalspiel« der Franzosen?
a) Cricket
b) Rugby
c) Boule
d) Boccia

11) Welche der folgenden Sportarten wird ohne Netz gespielt?
a) Badminton
b) Volleyball
c) Tennis
d) Squash

12) Welche Sportart ist seit Beginn der Olympischen Spiele in der Antike unverändert und ununterbrochen im Programm?
a) Fünfkampf
b) Boxen
c) Fechten
d) Kurzstreckenlauf

13) Wie heißt das moderne Sportgerät, bei dem man auf einem Band zwischen zwei Befestigungspunkten balanciert?
a) Flyline
b) Hangline
c) Slackline
d) Freeline

14) Welches Land stellt die Rekordweltmeistermannschaft im Fußball der Männer?
a) Brasilien
b) Deutschland
c) Italien
d) Argentinien

15) Welcher dieser Bälle fliegt am schnellsten?
a) Fussball
b) Federball
c) Tennisball
d) Golfball

16) Welche Sportart weist die effektiv kürzeste Spielzeit auf?
a) Basketball
b) Handball
c) Rugby
d) Eishockey

17) Wie viele Spieler eines Volleyballteams stehen gleichzeitig auf dem Feld?
a) sechs
b) sieben
c) acht
d) neun

18) Wer erzielte 1954 den Siegtreffer der deutschen Fußballnationalmannschaft im Endspiel der Fußballweltmeisterschaft?
a) Helmut Rahn
b) Fritz Walter
c) Ottmar Walter
d) Hans Schäfer

19) In welcher Sportart gibt es keine Abseitsregelung?
a) Basketball
b) Eishockey
c) Rugby
d) Die Abseitsregelung existiert in allen genannten Sportarten.

20) Im Reitsport ist eine Amazone eine ...
a) Turnierreiterin
b) Pferderasse
c) Siegertrophäe
d) Dressurfigur

Lösungen

1) b
2) d
3) a
4) d
5) b
6) d
7) d
8) a
9) d
10) c
11) d
12) d
13) c
14) a
15) b
16) a
17) a
18) a
19) a
20) a

Computer und Internet

Die folgenden Fragen testen Ihr Allgemeinwissen in der Kategorie Computer und Internet. Je Aufgabe ist hierbei einer der vier angegebenen Lösungsvorschläge korrekt.

Trainingsaufgaben

Für die 20 Aufgaben haben Sie **7 Minuten** Zeit.

1) Welches ist die weltweit größte Computermesse?
a) Systems
b) CeBIT
c) Comdex
d) Internet-World

2) Was versteht man in Computerfachkreisen unter einem »Bug«?
a) Programmfehler
b) Virus
c) Social Media Plattform
d) ein Betriebssystem

3) Welche Endung bezeichnet kein Bildformat?
a) .doc
b) .gif
c) .jpg
d) .png

4) Wofür verwendet man das Programm »PowerPoint«?
a) zur Erstellung von Präsentationen
b) zur Erstellung von Textdokumenten
c) zum Bearbeiten von Bildern und Videos
d) zur Erstellung von Tabellen

5) Was versteht man unter einem »Browser«?
a) ein Programm zur Darstellung von Webseiten
b) ein Programm zur Suche von Bilddateien
c) ein Programm für Mac
d) die App eines PC-Programms

6) Wozu führt die Option »bcc« beim Senden von E-Mails?
a) Die Adressen weiterer Empfänger einer E-Mail sind nicht sichtbar.
b) Eine E-Mail wird an mehrere Empfänger gesendet.
c) Eine E-Mail wird zu einem späteren Zeitpunkt versandt.
d) Eine E-Mail wird anonym versandt.

7) Was versteht man unter »Spam«?
a) E-Mails von unbekannten Absendern
b) unerwünschte Werbe-E-Mails
c) Webseiten mit illegalen Downloads
d) Webseiten mit illegalen Inhalten

8) Wofür verwendet man meist einen »Router«?
a) zum Herunterladen von Musik
b) zum externen Speichern von Dateien
c) zur Verschlüsselung von sicheren Internetinhalten
d) zur Internetanbindung

9) Was zählt nicht zu »Hardware«?
a) ein Drucker
b) ein Laufwerk
c) ein Textverarbeitungsprogramm
d) eine Grafikkarte

10) Aus wie vielen Megabyte besteht ein Gigabyte?
a) 10
b) 100
c) 1000
d) 10000

11) Was macht ein »Blogger«?
a) Er programmiert Computerviren.
b) Er verfasst oder veröffentlicht Beiträge im Internet.
c) Er repariert Computer.
d) Er ist spezialisiert auf Computersicherheit.

12) Was versteht man unter einem Hacker? Eine Person, die ...
a) über ein Netzwerk in Computersysteme eindringt
b) schnell mit einem Computer Texte verfassen kann
c) über viel Computerwissen verfügt
d) ein Hardwarespezialist ist

13) Was ist eine App?
a) ein Speicherformat
b) eine Hardwarekomponente
c) ein Betriebssystem
d) eine Anwendungssoftware

14) Was ist in einem Tablet-Computer integriert?
a) ein Drucker
b) ein CD-Laufwerk
c) ein Projektor
d) eine Tastatur

15) Welche Taste befindet sich auf herkömmlichen Tastaturen in der oberen linken Ecke?
a) Einfügen
b) Escape
c) F1
d) Steuerungstaste

16) Was versteht man unter einem »Smartphone«?
a) ein Mobiltelefon mit viel Speicherkapazität
b) ein Mobiltelefon mit mehr Computer-Funktionalität und -konnektivität
c) ein Telefon, mit dem man mobil telefonieren kann
d) ein Mobiltelefon mit Touchscreen

17) Linux ist ein ...
a) Laptop-Hersteller
b) Softwareprogramm
c) Webbrowser
d) Betriebssystem

18) Wofür verwendet man HTML?
a) zur Erstellung von Webseiten
b) zur grafischen Darstellung von Daten
c) zur Übersetzung von Texten
d) Keine der Antworten ist richtig.

19) Die Geschwindigkeit eines Internetanschlusses wird angegeben in ...
a) Megahertz
b) RAM
c) Megabytes
d) Kbps

20) Was ist keine Methode des Internetzugangs?
a) ISDN
b) CPU
c) DSL
d) Keine der Antworten ist richtig.

21) Wie viele Bits können auf einem ein Kilobyte großen Datenträger gespeichert werden?
a) 1000
b) 8192
c) 1024
d) 4096

22) Welche Maßeinheit gibt das Auflösungsvermögen von Druckern und Scannern an?
a) dpi
b) ASA
c) rem
d) Bd

23) Woraus wird das beispielsweise für die Chipherstellung benötigte Silizium gewonnen?
a) Kaolin
b) Bauxit
c) Sand
d) Flussspat

24) Welches Datenübertragungssystem wurde von dem britischen Physiker Tim Berners-Lee erfunden?
a) das World Wide Web
b) das Internet
c) die E-Mail
d) der Bildschirmtext

25) Welche Organisation ist für die Zuteilung von Top-Level-Domains im Internet zuständig?
a) ICAO
b) ICOMOS
c) ICANN
d) DENIC

26) Die Top-Level-Domain »at« – der Ländercode als Teil des Domainnamens im Internet – steht für ...
a) Australien
b) Ägypten
c) Österreich
d) Antarktis

27) Wie nennt man Computerspiele, bei denen der Spieler in einer frei begehbaren, dreidimensionalen Spielwelt andere Spieler oder computergesteuerte Gegner mit Schusswaffen bekämpft?
a) Jump'n'run
b) Adventure
c) Ego-Shooter
d) Beat 'em up

28) Welche dieser Abkürzungen bezeichnet keine Programmiersprache?
a) FORTAN
b) COBOL
c) BASIC
d) EXE

29) Im Jahr 1943 prognostizierte der damalige IBM-Chef Thomas Watson den weltweiten Bedarf an Computern. An welche Zahl dachte er dabei?
a) 50 000
b) 500
c) 5
d) 5 000 000

30) Wie groß war der Anteil der deutschen Haushalte mit einem Internetzugang im Jahr 2011?
a) 77 %
b) 58 %
c) 84 %
d) 43 %

Lösungen

1) b
2) a
3) a
4) a
5) a
6) a
7) b
8) d
9) c
10) c
11) b
12) a
13) d
14) d
15) b
16) b
17) d
18) a
19) d
20) b
21) b
22) a
23) c
24) a
25) c
26) c
27) c
28) d
29) c
30) a

Entdeckungen und Erfindungen

Die folgenden Fragen testen Ihr Allgemeinwissen in der Kategorie Entdeckungen und Erfindungen. Je Aufgabe ist hierbei einer der vier angegebenen Lösungsvorschläge korrekt.

Trainingsaufgaben

Für die 15 Aufgaben haben Sie **3 Minuten** Zeit.

1) Zwischen welchen beiden Städten verkehrte 1835 die erste deutsche Eisenbahn?
a) Leipzig und Dresden
b) Berlin und Potsdam
c) Nürnberg und Fürth
d) München und Augsburg

2) Wer gilt als Erfinder von Facebook?
a) Steve Jobs
b) Chad Hurley
c) Sean Parker
d) Mark Zuckerberg

3) Wer gilt als Begründer der modernen Zahlentheorie?
a) Georg Cantor
b) Carl Friedrich Gauß
c) Bernhard Riemann
d) Johannes Kepler

4) Für welchen Zweck wurde der Eiffelturm gebaut?
a) als Sendeturm
b) als Aussichtsturm für die Weltausstellung
c) für das Guinessbuch der Rekorde
d) als Touristenattraktion

5) Wo verkehrte die erste U-Bahn der Welt?
a) Paris
b) London
c) Moskau
d) Berlin

6) Wo wurde das Papier erfunden?
a) China
b) Ägypten
c) Rom
d) Persien

7) Welches maßgebliche Ereignis fand 1492 statt?
a) Erfindung von Pulver für Feuerwaffen
b) Entdeckung Amerikas
c) Erfindung des Buchdrucks
d) Bestimmung des Längengrads

8) Welche Stadt wurde als Nullmeridian festgesetzt?
a) London
b) Paris
c) Greenwich
d) St. Petersburg

9) Auf wen geht die Erfindung und kommerzielle Verbreitung des Telefons zurück?
a) Thomas Alva Edison
b) Marie Curie
c) Johann Phillip Reis
d) Alexander G. Bell

10) Nikolaus Kopernikus entdeckte ...?
a) dass die Erde sich um die Sonne dreht
b) dass die Sonne sich um die Erde dreht
c) die Jupitermonde
d) den Planeten Mars

11) Sir Isaac Newton entdeckte ...?
a) das Rad
b) die Glühlampe
c) das Gesetz der Schwerkraft
d) die Vererbungsgesetze

12) Wo wurde 1945 die erste Atombombe gezündet?
a) Nagasaki
b) Tschernobyl
c) Fukushima
d) Hiroshima

13) Wer gilt als Erfinder des Schreibtelegrafen?
a) Benjamin Franklin
b) Samuel Morse
c) Thomas Alva Edison
d) John Adams

14) Wer ist kein Gründungsmitglied der RAF gewesen?
a) Andreas Baader
b) Gudrun Ensslin
c) Horst Mahler
d) Rudi Dutschke

15) Wer gilt als Erfinder des Kugelschreibers?
a) László József Bíró
b) Artur Fischer
c) Slavoljub Eduard Penkala
d) Milton Reynolds

Lösungen

1) c
2) d
3) b
4) b
5) b
6) a
7) b
8) c
9) d
10) a
11) c
12) d
13) b
14) d
15) a

Abkürzungen

Die folgenden Fragen testen Ihr Allgemeinwissen in der Kategorie Abkürzungen. Je Aufgabe ist hierbei einer der vier angegebenen Lösungsvorschläge korrekt.

Trainingsaufgaben

Für die 10 Aufgaben haben Sie **1 Minute** Zeit.

1) Was bedeutet die Abkürzung »SGB«?
a) Senatsgesetzbuch
b) Steuergesetzbuch
c) Sozialgesetzbuch
d) Strafgesetzbuch

2) Was bedeutet die Abkürzung »UStG«?
a) Umsatzsteuergesetz
b) Umweltsteuergesetz
c) Urheberrechtsgesetz
d) Unfallstrafgesetz

3) Was bedeutet die Abkürzung »z. H.«?
a) zu Herrn
b) zum Holen
c) zu Hause
d) zu Händen

4) Was bedeutet die Abkürzung »a. D.«?
a) als Direktmandat
b) außer Debatte
c) außer Dienst
d) als Denkanstoß

5) Was bedeutet die Abkürzung »BND«?
a) Bundesnetzdienst
b) Bundesnachrichtendienst
c) Beamtennachtdienst
d) Bundesnaturdenkmal

6) Was bedeutet die Abkürzung »DAX«?
a) Dollar-Aktienindex
b) Dritter Arbeitsindex
c) Deutscher Aktiencodex
d) Deutscher Aktienindex

7) Was bedeutet die Abkürzung »AG«?
a) Arbeitsgestaltung
b) Aktiengesellschaft
c) Aktiengruppe
d) Arbeitsgericht

8) Was bedeutet die Abkürzung »BIP«?
a) Bruttoindexpreis
b) Bundesinnenpräsident
c) Bruttoinlandsprodukt
d) Bundesinlandsprodukt

9) Was bedeutet die Abkürzung »DGB«?
a) Grundgesetz für die Bundesrepublik Deutschland
b) Deutscher Gewerkschaftsbund
c) Deutsches Grundbuch
d) Deutsche Güterbahngesellschaft

10) Was bedeutet die Abkürzung »StVO«?
a) Stadtverfassungsorganisation
b) Strafverfassungsordnung
c) Steuerverwaltungsordnung
d) Straßenverkehrsordnung

Lösungen

1) c
2) a
3) d
4) c
5) b
6) d
7) b
8) c
9) b
10) d

Fachwissen: öffentlicher Dienst

Einstellungsverfahren im öffentlichen Dienst beinhalten oft auch Fragen zur öffentlichen Dienststruktur, zur Struktur der Bundesrepublik Deutschland und zur Struktur der Europäischen Union. Damit soll überprüft werden, inwieweit Sie sich mit dem Aufbau und den Aufgaben der »öffentlichen Hand« auseinandergesetzt haben. Wer hier punktet, signalisiert hohe Motivation für die und großen Realitätsbezug zu den kommenden Aufgaben in der öffentlichen Verwaltung.
Für Ihre Auswertung der Aufgaben gilt generell: Wenn Sie in der vorgegebenen Zeit mindestens **50 Prozent der Aufgaben** richtig gelöst haben, ist das bereits ein befriedigendes Ergebnis. Haben Sie zwischen **60 und 75 Prozent der Aufgaben** richtig gelöst, entspricht das einer sehr guten Leistung. **100 Prozent** sind erfahrungsgemäß nicht oder nur schwer in der vorgegebenen Zeit zu erreichen.

Strukturen der öffentlichen Verwaltung

Die folgenden Fragen testen Ihr Fachwissen im Bereich der öffentlichen Verwaltung. Wie gut kennen Sie sich in den Strukturen des öffentlichen Dienstes aus? Je Aufgabe ist nur einer der vier angegebenen Lösungsvorschläge korrekt. Markieren Sie den jeweils richtigen Buchstaben.

Trainingsaufgaben

Für die 12 Aufgaben haben Sie **5 Minuten** Zeit.

1) Welche Angehörigen des öffentlichen Dienstes können hoheitliche Befugnisse übernehmen?
a) ausschließlich Beamte
b) ausschließlich Angestellte
c) Beamte und Angestellte
d) nur Richter, Polizisten und Zollbeamte

2) Der Deutsche Beamtenbund ...
a) ist eine Arbeitsgemeinschaft deutscher Bundesbeamter
b) ist eine Interessenvertretung von Beamten und Angestellten
c) ist eine tarifrechtliche Vereinbarung der Beamten mit dem Staat
d) war eine Partei der Weimarer Republik

3) Ein Beamter auf Probe ...
a) macht ein Praktikum in der öffentlichen Verwaltung
b) ist noch nicht verbeamtet
c) hat in der Regel ein Studium oder eine Ausbildung absolviert
d) muss sich nach einem Disziplinarvergehen bewähren

4) Beamte auf Lebenszeit ...
a) können überhaupt nicht entlassen werden
b) können mit einer Kündigungsfrist von sechs Monaten entlassen werden
c) können nur entlassen werden, wenn sie selbst zustimmen
d) können bei Dienstvergehen entlassen werden

5) Ein föderalistischer Staat ...
a) ist ein demokratischer Staat, der hauptsächlich Rohstoffe exportiert
b) subventioniert seine Unternehmen mit Steuergeldern
c) verfolgt das Ziel, seine Exporte zu maximieren
d) besteht aus einzelnen Teilstaaten, die relativ eigenständig sind

6) Das Polizeirecht in Deutschland für die Polizeien der Länder ist ...
a) Landesrecht
b) Bundesrecht
c) EU-Recht
d) NATO-Recht

7) Was ist keine Einstellungsvoraussetzung für den mittleren feuerwehrtechnischen Dienst?
a) Hauptschulabschluss
b) abgeschlossene Berufsausbildung – meist in einem Handwerk
c) Bürger eines Staates der EU
d) allgemeine Hochschulreife

8) Wer sind die Träger der öffentlichen Verwaltung?
a) der Bund, die Länder und die Kommunen
b) Deutschland und Europa
c) die Bundesminister
d) die Europäische Union

9) Aus wie vielen Abgeordneten setzt sich der Deutsche Bundestag zusammen?
a) 512
b) 630
c) 820
d) 860

10) Welcher der Gewalten gehört die Polizei an?
a) Judikative
b) Exekutive
c) Administrative
d) Legislative

11) Welche Einrichtung gehört nicht zum öffentlichen Dienst?
a) Deutsche Rentenversicherung
b) Deutsche Bahn
c) Deutsche Bundesbank
d) Bundeswehr

12) Wie werden die Gehälter der nicht verbeamteten Beschäftigten des öffentlichen Dienstes bestimmt?
a) durch spezielle Tarifverträge für den öffentlichen Dienst
b) durch individuelle Verhandlungen in den Vorstellungsgesprächen
c) anhand der geltenden Tarifverträge der privaten Wirtschaft
d) durch Verordnung der Regierung

Kommentierte Lösungen

Zu 1c) *Beamte und Angestellte*
Unter »hoheitlichen Befugnissen« versteht man Befugnisse, die durch öffentliches Recht verliehen werden. Unter »öffentlichem Recht« versteht man dasjenige Recht, das die Verhältnisse zwischen den Trägern der Staatsgewalt und privatrechtlichen Personen, also beispielsweise einzelnen Menschen oder Wirtschaftsunternehmen, regelt. Diese besonderen Befugnisse besitzen alle Beamten und Angestellten der öffentlichen Verwaltung.

Zu 2b) *ist eine Interessenvertretung von Beamten und Angestellten*
Der Deutsche Beamtenbund (DBB) ist ein Dachverband mehrerer Gewerkschaften, der die Interessen von Angehörigen des öffentlichen Dienstes und von Angestellten im privaten Dienstleistungsbereich vertritt. Der DBB ist zusammen mit dem Deutschen Gewerkschaftsbund (DGB) und ver.di maßgeblich an den Tarifverhandlungen im öffentlichen Dienst beteiligt.

Zu 3c) *hat in der Regel ein Studium oder eine Ausbildung absolviert*
Ein Beamter auf Probe hat in der Regel im Rahmen eines Vorbereitungsdienstes ein Studium oder eine Ausbildung absolviert. Er ist bereits verbeamtet und kann nach Ablauf der Probezeit zum Beamten auf Lebenszeit ernannt werden.

Zu 4d) *können bei Dienstvergehen entlassen werden*
Wird ein Dienstvergehen in einem Disziplinarverfahren entsprechend sanktioniert oder begeht ein Beamter auf Lebenszeit außerhalb des Dienstes eine Straftat, die mit zwölf Monaten Freiheitsentzug geahndet wird, kann er auch gegen seinen Willen entlassen werden. Außerdem kann ein Dienstherr einen Beamten auf Lebenszeit aus gesundheitlichen Gründen entlassen oder vorzeitig in den Ruhestand versetzen.

Zu 5d) *besteht aus einzelnen Teilstaaten, die relativ eigenständig sind*
Die Bundesrepublik Deutschland besteht aus einzelnen Teilstaaten, die eigene Verwaltungen besitzen, selbstständig Steuern erheben und viele weitere landeshoheitliche Aufgaben eigenständig regeln. Dieses staatliche Organisationsprinzip nennt man »Föderalismus«.

Zu 6a) Landesrecht
Organisation, Aufgaben und Befugnisse sind hauptsächlich in den Polizeigesetzen der Länder geregelt. Dies ist im Grundgesetz festgelegt. Die Ausübung aller staatlichen Befugnisse ist grundsätzlich Ländersache (vgl. Art. 30 GG).

Zu 7d) *allgemeine Hochschulreife*
Die allgemeine Hochschulreife ist keine Einstellungsvoraussetzung für den mittleren feuerwehrtechnischen Dienst, jedoch für den höheren feuerwehrtechnischen Dienst.

Zu 8a) *der Bund, die Länder und die Kommunen*
Die Träger der öffentlichen Verwaltung sind der Bund, die Länder und die Kommunen. Wird die Verwaltung durch Bund und Länder ausgeübt, spricht man von »unmittelbarer Staatsverwaltung«.

Zu 9b) *630*
Der Deutsche Bundestag wird vom Volk gewählt und setzt sich aus 630 Abgeordneten der gewählten Parteien zusammen.

Zu 10b) *Exekutive*
Die Polizei gehört zur Exekutive, also zur »vollziehenden Gewalt«. Sie wird auch als »Exekutivorgan des Staates« bezeichnet. Ihre Befugnisse sind im Polizeirecht geregelt.

Zu 11b) *Deutsche Bahn*
Sowohl die Deutsche Rentenversicherung als auch die Deutsche Bundesbank sind eine Körperschaft des öffentlichen Rechts. Beide zählen damit zum (mittelbaren) öffentlichen Dienst. Die Bundeswehr ist Teil des unmittelbaren öffentlichen Dienstes. Die Deutsche Bahn befindet sich zwar zu 100 Prozent in Staatsbesitz, ist aber eine privatrechtlich organisierte Aktiengesellschaft und gehört damit nicht zum öffentlichen Dienst im engeren Sinne.

Zu 12a) *durch spezielle Tarifverträge für den öffentlichen Dienst*
Die Gehälter der nicht verbeamteten Beschäftigten im öffentlichen Dienst richten sich nach den Tarifverträgen für den öffentlichen Dienst (TVöD). Sie werden von Regierungsvertretern mit den verschiedenen Gewerkschaften (Deutscher Beamtenbund, DBB; Deutscher Gewerkschaftsbund, DGB; Vereinte Dienstleistungsgewerkschaft, ver.di) ausgehandelt. Auf Bundes- und Landesebene gelten unterschiedliche Abkommen.

Strukturen der Bundesrepublik Deutschland

Die folgenden Fragen testen Ihr Fachwissen über die Strukturen der Bundesrepublik Deutschland. Wie gut kennen Sie sich hier aus? Je Aufgabe ist wieder nur einer der vier angegebenen Lösungsvorschläge korrekt. Markieren Sie den jeweils richtigen Buchstaben.

Trainingsaufgaben

Für die 12 Aufgaben haben Sie **5 Minuten** Zeit.

1) Wessen Interessen werden in der Kommunalpolitik vertreten?
a) Landkreis und Gemeinde
b) Bund
c) Interessen der hiesigen Vereine
d) Alle Antworten sind richtig.

2) Wer bestimmt in Deutschland die Minister und Richtlinien der Politik?
a) Bundesrat
b) Bundespräsident
c) Bundeskanzler
d) Bundestag

3) Welche Wirtschaftsordnung hat die Bundesrepublik Deutschland?
a) Planwirtschaft
b) freie Marktwirtschaft
c) soziale Marktwirtschaft
d) Verwaltungswirtschaft

4) Wer debattiert und verabschiedet den Bundeshaushalt der Bundesrepublik Deutschland?
a) Bundesminister
b) Bundesversammlung
c) Bundestag
d) Bundeskanzler

5) Wie lange dauert im Normalfall eine Wahlperiode im Deutschen Bundestag?
a) 2 Jahre
b) 4 Jahre
c) 5 Jahre
c) 8 Jahre

6) Was versteht man unter »Gewaltenteilung«?
a) die unterschiedlichen Parteien bei einer Tarifverhandlung
b) die Vermittlung in der Mediation
c) die Trennung der Funktionen von Gesetzgebung, Rechtsprechung und Verwaltung in einem Staat oder Gemeinwesen
d) die Einteilung der Bundeswehrstreitkräfte in Luftwaffe, Marine und Heer

7) Was versteht man unter »passivem Wahlrecht«?
a) die Möglichkeit, seine Wahlstimme auf jemand anderen zu übertragen
b) die Möglichkeit der Briefwahl
c) die Möglichkeit, selbst gewählt zu werden
d) die Wahlausübung durch einen Vormund

8) Wann trat das Grundgesetz in Kraft?
a) 1945
b) 1948
c) 1949
d) 1952

9) Was versteht man unter »parlamentarischer Demokratie«?
a) eine Demokratie, in der der Regierungschef direkt vom Parlament gewählt wird
b) eine Demokratie, an deren Spitze der Bundespräsident steht
c) ein Regierungssystem, in dem das Parlament die oberste Entscheidungsmacht hat
d) keine der genannten Antworten

10) Was wird am 3. Oktober in Deutschland gefeiert?
a) der Mauerfall
b) Tag der Arbeit
c) die Wiedervereinigung Deutschlands
d) Reformationstag

11) Was versteht man unter einer »Fraktion« in der Politik?
a) eine Mehrheit im Bundestag
b) einen Zusammenschluss von Abgeordneten
c) einen parlamentarischen Beirat
d) einen auf Zeit gebildeten Ausschuss zur Untersuchung bestimmter Angelegenheiten

12) Wie setzt sich die Bundesversammlung zusammen?
a) ausschließlich aus Politikern
b) aus Mitgliedern des Bundestages und Vertretern der Länder
c) ausschließlich aus Vertretern des Bundestages
d) aus den Ministerpräsidenten der einzelnen Länder

Kommentierte Lösungen

Zu 1a) *Landkreis und Gemeinde*
Unter »Kommunalpolitik« versteht man die politische Arbeit in den Kommunen (=Gemeinden und Landkreise). In Deutschland können die Kommunen ihre Angelegenheiten per Grundgesetz garantiert eigenverantwortlich regeln. Zu diesem Zweck wählen alle deutschen und EU-Bürger, die mindestens 16 bzw. 18 Jahre alt sind, in ihren Gemeinden das Kommunalparlament sowie den Bürgermeister bzw. den Landrat. Die Bundesländer stecken den Rahmen der kommunalen Selbstverwaltung in ihren Kommunalverfassungen und Gemeindeordnungen ab.

Zu 2c) *Bundeskanzler*
Der Bundeskanzler ist faktisch der mächtigste deutsche Politiker und bestimmt die Richtlinien der Politik und sein Kabinett (Minister), das allerdings vom Bundespräsidenten ernannt werden muss.

Zu 3c) *soziale Marktwirtschaft*
Die soziale Marktwirtschaft gilt heute als Grundlage der deutschen Wirtschafts- und Sozialordnung. In der sozialen Marktwirtschaft ist der Staat dafür verantwortlich, auf sozialen Ausgleich hinzuwirken. Das Modell der sozialen Marktwirtschaft wurde von Ludwig Erhard entworfen. Es baut auf den Elementen der freien Marktwirtschaft auf, wird jedoch durch wettbewerbspolitische und regulierende Maßnahmen des Staates ergänzt.

Zu 4c) *Bundestag*
Der Bundesfinanzminister legt alljährlich einen Haushaltsentwurf vor, der vom Bundestag ohne Zustimmung des Bundesrates beschlossen wird. Die Regierung verteidigt ihre Finanzpolitik in der Generaldebatte über den Haushalt. Die Opposition nutzt diese Gelegenheit, der Bundesregierung Mängel und Fehler in der Finanzpolitik vorzuwerfen.

Zu 5b) *4 Jahre*
Die Wahlperiode, auch »Legislaturperiode« genannt, beginnt mit dem Zusammentritt des neuen Bundestages, der spätestens am 30. Tag nach der Bundestagswahl zusammenkommen muss. Damit endet auch die Wahlperiode des vorangegangenen Bundestages. Eine Ausnahme von der Regelung gibt es, wenn der Bundestag aufgelöst wird. Dann müssen Neuwahlen innerhalb von 60 Tagen stattfinden.

Zu 6c) *die Trennung der Funktionen von Gesetzgebung, Rechtsprechung und Verwaltung in einem Staat oder Gemeinwesen*
Das Prinzip der Gewaltenteilung gehört zu unserer Demokratie und ist im Grundgesetz verankert. Die staatliche Gewalt ist in mehrere Gewalten aufgeteilt: Die legislative (gesetzgebende), die exekutive (vollziehende) und die judikative (Recht sprechende) Gewalt sollen sich gegenseitig kontrollieren und die staatliche Macht begrenzen.

Zu 7c) *die Möglichkeit, selbst gewählt zu werden*
Man unterscheidet zwischen dem aktiven und dem passiven Wahlrecht. Menschen mit aktivem Wahlrecht dürfen wählen, Personen mit passivem Wahlrecht dürfen kandidieren und gewählt werden. Bei öffentlichen Wahlen in heutigen Demokratien besitzt meist derselbe Personenkreis beide Rechte gleichzeitig.

Zu 8c) *1949*
Das Grundgesetz der Bundesrepublik Deutschland wurde am 23. Mai 1949 erlassen.

Zu 9a) *eine Demokratie, in der der Regierungschef direkt vom Parlament gewählt wird*
Als parlamentarische Demokratie gilt die Bundesrepublik Deutschland deshalb, weil der Regierungschef, also der Bundeskanzler, direkt durch das Parlament, den Bundestag, gewählt wird. Im Gegensatz zu einer präsidialen Demokratie hat der Bundespräsident in der Bundesrepublik Deutschland fast nur repräsentative Funktionen. Er hat weder ein Vetorecht, noch kann er entscheidende Regierungsämter besetzen.

Zu 10c) *die Wiedervereinigung Deutschlands*
Am 3. Oktober 1990 trat die DDR der Bundesrepublik bei. Dieser Tag wird als Wiedervereinigung Deutschlands gefeiert.

Zu 11b) *einen Zusammenschluss von Abgeordneten*
Unter einer »Fraktion« versteht man einen freiwilligen Zusammenschluss von Abgeordneten zur Durchsetzung ihrer politischen Interessen und Ziele in einem Parlament. In der Regel bilden die jeweiligen Parteien jeweils eine Fraktion.

Zu 12b) *aus Mitgliedern des Bundestages und Vertretern der Länder*
Die Bundesversammlung wird vom Bundestagspräsidenten einberufen und ihre einzige Aufgabe besteht in der Wahl des Bundespräsidenten. Diese Bundesversammlung setzt sich zusammen aus den Mitgliedern des Bundestages und Abgesandten der Landesparlamente.

Europäische Strukturen

Die folgenden Fragen testen Ihr Fachwissen über die Strukturen Europas. Wie gut kennen Sie sich hier aus? Je Aufgabe ist wieder nur einer der vier angegebenen Lösungsvorschläge korrekt. Markieren Sie den jeweils richtigen Buchstaben.

Trainingsaufgaben

Für die 12 Aufgaben haben Sie **5 Minuten** Zeit.

1) Die Gesamtbevölkerung der Europäischen Union liegt bei rund ...
a) 280 Millionen
b) 500 Millionen
c) 800 Millionen
d) 900 Millionen

2) Es gibt vier kodifizierte Grundfreiheiten der Europäischen Union. Welche sind das?
a) Freiheit der Staaten, der Gewalten, des Volkes und der Wissenschaft
b) Freiheit des Warenverkehrs, Freiheit des Personenverkehrs, Dienstleistungsfreiheit und Freiheit des Kapitalverkehrs
c) Freiheit der Politik, der Koalitionen, der Regierungen und der Staaten
d) Keine der Antworten trifft zu.

3) Was versteht man unter der Abkürzung EFTA?
a) Europäisches freies Tarifabkommen
b) European Free Trade Association
c) Europäische Friedenstag-Arbeitsgemeinschaft
d) Keine der Antworten trifft zu.

4) Von wie vielen Abgeordneten wird Deutschland im Europaparlament vertreten?
a) 78
b) 99
c) 106
d) 216

5) Von wem wird das Europaparlament gewählt?
a) von allen wahlberechtigten Bürgerinnen und Bürgern der Europäischen Union
b) von den jeweiligen Staatsoberhäuptern der Mitgliedsstaaten
c) von dazu ernannten Wahlfrauen und Wahlmännern der Mitgliedsstaaten
d) von den Abgeordneten der Regierungen der Mitgliedsstaaten

6) Welche Aussage zum EU-Gesetzgebungsverfahren trifft zu?
a) Der Rat der Europäischen Union ist gelegentlich an der Verabschiedung der Gesetze beteiligt.
b) Das Initiativrecht zur Einbringung von Gesetzesvorschlägen liegt bei der Europäischen Kommission.
c) Das Parlament der Europäische Union muss allen Gesetzen zustimmen.
d) Keine der Aussagen trifft zu.

7) In welchem Jahr wurde die Europäische Union gegründet?
a) 1949
b) 1957
c) 1989
d) 2002

8) Wie viele Mitgliedsstaaten hat die Europäische Union aktuell (2015)?
a) 15
b) 21
c) 28
d) 32

9) Welche Rechtsform hat die Europäische Union?
a) Bundesstaat
b) Freistaat
c) Rechtsstaat
d) Staatenverbund

10) Welche der folgenden Einrichtungen stellt kein Organ der Europäischen Union dar?
a) Europäischer Rat
b) Europäische Zentralbank
c) Europäischer Rechnungshof
d) Europäische Arzneimittel-Agentur

11) Wie viele Sprachen werden aktuell (2015) als Amts- und Arbeitssprachen in der Europäischen Union anerkannt?
a) 19
b) 24
c) 28
d) 31

12) Wo befindet sich der Europäische Gerichtshof?
a) Brüssel
b) Luxemburg
c) Frankfurt am Main
d) Straßburg

Kommentierte Lösungen

Zu 1b) *500 Millionen*
Die Gesamtbevölkerung der Mitgliedsstaaten der Europäischen Union liegt bei rund 500 Millionen Menschen (Stand 2015).

Zu 2b) *Freiheit des Warenverkehrs Freiheit des Personenverkehrs* (geteilt in die Freizügigkeit der Arbeitnehmer und Niederlassungsfreiheit), *Dienstleistungsfreiheit und Freiheit des Kapitalverkehrs*

Zu 3b) *European Free Trade Association*
Die EFTA, European Free Trade Association, wurde 1950 gegründet.

Zu 4b) *99*
Deutschland stellt laut vertraglicher Regelung 99 Abgeordnete im Europaparlament.

Zu 5a) *von allen wahlberechtigten Bürgerinnen und Bürgern der Europäischen Union*
Seit seiner Gründung wird das Europaparlament in freien und geheimen Wahlen direkt von allen wahlberechtigten Bürgerinnen und Bürgern der Europäischen Union gewählt.

Zu 6b) *Das Initiativrecht zur Einbringung von Gesetzesvorschlägen liegt bei der Europäischen Kommission.*
Gesetzgebungsverfahren in der EU werden in der Regel von der EU-Kommission in die Wege geleitet, die sich aus Abgesandten der EU-Mitgliedsregierungen zusammensetzt.

Zu 7b) *1957*
Die EU wurde ursprünglich 1957 als Europäische Wirtschaftsgemeinschaft (EWG) gegründet. Sie ist im Verlauf ihres mehr als 50-jährigen Entwicklungs- und Einigungsprozesses mehr und mehr zu einer politischen Union zusammengewachsen.

Zu 8c) *28*
Die Europäische Union (EU) ist ein Verbund von 28 Mitgliedsstaaten in Europa. Über die Hälfte der Mitgliedsstaaten der EU verfügt über eine einheitliche Währung, den Euro. Auch für Fragen der gemeinsamen Außen- und Sicherheitspolitik sowie für die Zusammenarbeit der Mitgliedsstaaten in den Bereichen Innen- und Rechtspolitik sind einheitliche Grundlagen geschaffen worden. Durch eine Vielzahl von Verordnungen und Richtlinien wird europäisches Recht geschaffen und damit die Zusammenarbeit in Europa weiter vertieft. Die Rechtsetzungsakte entstehen im Zusammenspiel von Kommission, Europäischem Parlament und Rat. Der Deutsche Bundestag wirkt in Angelegenheiten der Europäischen Union mit.

Zu 9d) *Staatenverbund*
Die Europäische Union hat die Rechtsform eines Staatenverbundes, in dem die Staaten enger zusammenarbeiten als in einem Staatenbund, jedoch im Gegensatz zu einem Bundesstaat die staatliche Souveränität behalten. Der Begriff wird in Deutschland zur Beschreibung der Europäischen Union im Sinne von »die gemeinsam handelnden Mitgliedsstaaten« gebraucht und hat keine Entsprechung in anderen Sprachen.

Zu 10d) *Europäische Arzneimittel-Agentur*
Die EU verfügt über sechs Organe: den Europäischen Rat mit Sitz in Brüssel, das Europäische Parlament mit Sitz in Straßburg, die Europäische Kommission mit Sitz in Brüssel, die Europäische Zentralbank mit Sitz in Frankfurt am Main, den Europäischen Gerichtshof sowie den Europäischen Rechnungshof, jeweils mit Sitz in Luxemburg.

Die Europäische Arzneimittel-Agentur stellt kein Organ der Europäischen Union dar. Ihr obliegt die Erhaltung und Förderung der öffentlichen Gesundheit in der Europäischen Union, indem sie eine laufende Bewertung und Überwachung aller Human- und Tierarzneimittel koordiniert. Bei ihrer Arbeit bedient sie sich der wissenschaftlichen Ressourcen aus den nationalen Arzneimittelbehörden der Mitgliedsstaaten.

Zu 11b) *24*
In der Europäischen Union werden aktuell (2015) 24 Sprachen als Amts- und Arbeitssprachen anerkannt. Diese sind: Bulgarisch, Dänisch, Deutsch, Englisch, Estnisch, Finnisch, Französisch, Griechisch, Irisch, Italienisch, Kroatisch, Lettisch, Litauisch, Maltesisch, Niederländisch, Polnisch, Portugiesisch, Rumänisch, Schwedisch, Slowakisch, Slowenisch, Spanisch, Tschechisch und Ungarisch.

Zu 12b) *Luxemburg*
Der Europäische Gerichtshof ist eines der sieben Organe der Europäischen Union. Seit dem Inkrafttreten des Vertrags von Lissabon wird das gesamte Gerichtssystem der EU als »Gerichtshof der Europäischen Union« bezeichnet. Das Gerichtssystem der Europäischen Union besteht aus folgenden eigenständigen Gerichten: dem Europäischen Gerichtshof (EuGH), dem Gericht der Europäischen Union (EuG) sowie den Fachgerichten. Das bislang einzige Fachgericht ist das Gericht für den öffentlichen Dienst der Europäischen Union.

Praktische Mathematik

Beherrschen Sie die Grundrechenarten? Wer ein Grundverständnis für Mathematik mitbringt, kann davon auch im Berufsalltag profitieren. In Eignungstests wird deshalb ein Spektrum an mathematischen Fähigkeiten überprüft. Hierzu gehören zum einen Textaufgaben, zum anderen aber auch Prozent- und Zinsrechnung, das Umrechnen von Maßangaben und Gewichtseinheiten und der klassische Dreisatz. Je nach Aufgabenschwierigkeit und Aufgabentyp ist es erlaubt, einen Taschenrechner zu nutzen. Die Mehrzahl der Aufgaben soll jedoch ohne dieses Hilfsmittel und ausschließlich durch Kopfrechnen gelöst werden. Bei den Aufgaben zur praktischen Mathematik kommt es neben Ihrem mathematischen Verständnis auch auf eine konzentrierte Arbeitsweise und das sorgfältige Lesen der Aufgaben an. Für Ihre persönliche Auswertung der Aufgaben gilt generell: Wenn Sie in der vorgegebenen Zeit mindestens **50 Prozent der Aufgaben** richtig gelöst haben, ist das bereits ein befriedigendes Ergebnis. Haben Sie zwischen **60 und 75 Prozent der Aufgaben** richtig gelöst, entspricht das einer sehr guten Leistung. **100 Prozent** sind erfahrungsgemäß nicht oder nur schwer zu erreichen.

Grundrechenarten

Diese Aufgaben testen Ihr Wissen im Bereich der Grundrechenarten. Je Frage ist hierbei eine der vier Antwortmöglichkeiten korrekt. Besonders schnell können Sie die Aufgaben lösen, wenn Sie Rechenvorteile erkennen, wie zum Beispiel:

$396 - 97 - 3 = 396 - (97 + 3) = 396 - 100 = 296$

$0{,}7 + 0{,}3 + 0{,}8 + 0{,}2 = (0{,}7 + 0{,}3) + (0{,}8 + 0{,}2) = 1 + 1 = 2$

$37 \times 5 \times 2 = 37 \times 10 = 370$

Trainingsaufgaben

Für die 20 Aufgaben haben Sie **10 Minuten** Zeit.

1) $17 - 44 + 9 - 26 =$ ________
a) 40
b) −44
c) −13
d) −8

2) $12 : 4 + (-12) =$ ________
a) 4
b) 0
c) −9
d) −24

3) $3 \times 37 \times 2 =$ ________
a) 73
b) 312
c) 222
d) 185

4) $(0{,}5 - 2) \times 4 =$ ________
a) −6
b) 3
c) −8
d) 2

5)
$$\begin{array}{r} 523 \\ +\ 174 \\ +\ 99 \\ \hline 796 \end{array}$$

a) 598
b) 800
c) 606
d) 796

6) Was ist das 7-Fache von 13?
a) 65
b) 91
c) 130
d) 70

7) Welche Zahl ist um 99 größer als 1 000 999?
a) 1 001 000
b) 1 001 098
c) 1 001 998
d) 999 998

8) $\frac{1}{2} \times \frac{1}{3} \times \frac{1}{5} =$ __________

a) 24
b) $\frac{1}{12}$
c) $\frac{1}{10}$
d) $\frac{1}{30}$

9) (13 + 7) : 20 – 1 = __________
a) 0
b) 1
c) –1
d) 399

10) (–4) × 9 : 2 = __________
a) –15
b) –72
c) 36,5
d) –18

mehrfach halbieren
11) 1024 : 64 = __________
a) 960
b) 8
c) 12
d) 16

12)
$$\begin{array}{r} 12{,}34 \\ +\ 56{,}78 \\ +\ 91{,}23 \\ +\ 45{,}67 \\ \hline 206{,}02 \end{array}$$

a) 206,02
b) 208,22
c) 198,76
d) 234,56

13) (–2) + 3 + 7 = __________
a) 12
b) 8
c) 42
d) 2

14)
$$\begin{array}{r} 10\,582 \\ -\ 640 \\ -\ 204 \\ \hline \end{array}$$

subtrahieren
addieren

a) 11 018
b) 844
c) 10 194
d) 9 738

15) $0{,}46 + 1{,}3 + 0{,}04 + 0{,}2 =$ ____________

a) 1,98
b) 2
c) 2,14
d) 1,69

16) $\frac{1}{2} + \frac{1}{2} + \frac{1}{2} =$ ____________

a) 1,5
b) 2
c) $\frac{1}{6}$
d) 0,75

17) $17 : 2 =$ ____________

a) 172
b) 7,5
c) 12,7
d) 8,5

18) $2 \times 8 \times 4 =$ ____________

a) 96
b) 64
c) 48
d) 128

19) $(+12) \times (-7) \times (-1) =$ ____________

a) −84
b) −48
c) 72
d) 84

20) $2{,}50 + 3{,}99 + 2{,}98 =$ ____________

a) 10
b) 9,9
c) 9,47
d) 8,7

Kommentierte Lösungen

Beachten Sie allgemein die Klammersetzung und die Regel »Punkt- vor Strichrechnung«.

Zu 1b)
Gruppieren Sie um, dann wird es übersichtlich:
$17 - 44 + 9 - 26 = 17 + 9 - 26 - 44 =$
$26 - 26 - 44 = -44$

Zu 2c)
Die Addition einer negativen Zahl entspricht der Subtraktion der entsprechenden positiven Zahl (der »Gegenzahl«):
$12 : 4 + (-12) = 3 - 12 = -9$

Zu 3c)
Wenn Sie das erste Produkt berechnen, wird das zweite ganz einfach:
$3 \times 37 \times 2 = 111 \times 2 = 222$

Zu 4a)
Der erste Faktor, (0,5 – 2), ist eine negative Zahl, der zweite eine positive. Also muss das Produkt negativ sein:
$(0{,}5 - 2) \times 4 = (-1{,}5) \times 4 = -6$

Zu 5d)
Beim schriftlichen Addieren geht man von rechts nach links vor: erst die Einer, dann die Zehner, dann die Hunderter. Vergessen Sie nicht die »Überträge«!

$$\begin{array}{rr} & 523 \\ + & 174 \\ + & 99 \\ & {\scriptstyle 11} \\ \hline & 796 \end{array}$$

Zu 6b)
Als Gleichung lautet die Aufgabe:
$7 \times 13 = 7 \times (10 + 3) = 7 \times 10 + 7 \times 3 =$
$70 + 21 = 91$

Zu 7b)
Am übersichtlichsten ist es, wenn Sie schriftlich addieren:

$$\begin{array}{rr} & 1000999 \\ + & 99 \\ & {\scriptstyle 111} \\ \hline & 1001098 \end{array}$$

Zu 8d)
Brüche multipliziert man, indem Zähler und Nenner jeweils miteinander multipliziert werden:

$$\frac{1}{2} \times \frac{1}{3} \times \frac{1}{5} = \frac{1 \times 1 \times 1}{2 \times 3 \times 5} = \frac{1}{30}$$

Zu 9a)
Zuerst muss die Klammer ausgerechnet werden, dann die Division (»Punktrechnung«) und dann die Subtraktion durchgeführt werden (»Strichrechnung«):
$(13 + 7) : 20 - 1 = 20 : 20 - 1 = 1 - 1 = 0$

Zu 10d)
Wenn nur Produkte oder Divisionen auftauchen, können Sie die Faktoren tauschen. Achten Sie auch auf das Vorzeichen.
$(-4) \times 9 : 2 = (-4) : 2 \times 9 = (-2) \times 9 = -18$

Zu 11d)
Durch eine Zweierpotenz wie $64 = 2^6$ können Sie teilen, indem Sie entsprechend oft, hier also 6-mal, halbieren:
$1024 : 64 = 512 : 32 = 256 : 16 = 128 : 8 =$
$64 : 4 = 32 : 2 = 16$

Zu 12a)
Achten Sie auch hier wieder auf korrekte Überträge:

$$\begin{array}{r} 12{,}34 \\ +\ 56{,}78 \\ +\ 91{,}23 \\ +\ 45{,}67 \\ {\scriptstyle 2\,1\,2\ \,2} \\ \hline 206{,}02 \end{array}$$

Zu 13b)
Addieren Sie zuerst die beiden letzten Summanden, stellen Sie dann um:
$(-2) + 3 + 7 = (-2) + 10 = 10 + (-2) =$
$10 - 2 = 8$

Zu 14d)
Hier addieren Sie bei jeder Stelle zuerst die beiden unteren Zahlen und ziehen dann die Summe von der oberen ab:

$$\begin{array}{r} 10\,582 \\ -\quad 640 \\ -\quad 204 \\ \hline \end{array} \quad = \quad \begin{array}{r} 10\,582 \\ -\quad 844 \\ {\scriptstyle 1\ 1\,1} \\ \hline 9\,738 \end{array}$$

Zu 15b)
In Summen können Sie die Summanden vertauschen. Hier empfiehlt es sich, zuerst den ersten und den dritten und den zweiten und den vierten zu addieren:
$0{,}46 + 1{,}3 + 0{,}04 + 0{,}2 =$
$0{,}46 + 0{,}04 + 1{,}3 + 0{,}2 = 0{,}5 + 1{,}5 = 2$

Zu 16a)
Summen aus gleichen Summanden kann man auch als Produkt schreiben:
$\frac{1}{2} + \frac{1}{2} + \frac{1}{2} = 3 \times \frac{1}{2} = \frac{3}{2} = 1{,}5$

Zu 17d)
Wenn Sie sich hier unsicher sind, schreiben Sie die 17 als 16 + 1 und klammern Sie dann aus:
$17 : 2 = (16 + 1) : 2 = 16 : 2 + 1 : 2 =$
$8 + \frac{1}{2} = 8{,}5$

Zu 18b)
Wenn Sie gut mit Quadratzahlen umgehen können, multiplizieren Sie zuerst den ersten und den dritten Faktor:
$2 \times 8 \times 4 = 2 \times 4 \times 8 = 8 \times 8 = 64$

Zu 19d)
Hat ein Produkt eine gerade Anzahl von negativen Faktoren, ist es positiv (»Minus mal Minus ist Plus«):
$(+12) \times (-7) \times (-1) = 12 \times 7 \times 1 = 84$

Zu 20c)
Bei »fast runden« Summanden hilft es oft, einen kleinen Umweg zu machen:
$2{,}50 + 3{,}99 + 2{,}98 =$
$2{,}50 + (4{,}00 - 0{,}01) + (3{,}00 - 0{,}02) =$
$2{,}5 + 4 + 3 - 0{,}01 - 0{,}02 = 9{,}5 - 0{,}03 = 9{,}47$

Kopfrechnen

In den folgenden Aufgaben wird Ihr Wissen im Bereich Kopfrechnen getestet. Je Aufgabe ist hier einer der vorgegebenen Lösungsvorschläge richtig.

Trainingsaufgaben

Für die 20 Aufgaben haben Sie **5 Minuten** Zeit.

1) 17 + 36 = ____________
a) 35
b) 53
c) 57
d) 34

2) 315 + 782 = ____________
a) 1097
b) 1079
c) 1258
d) 879

3) 18 – 37 = ____________
a) 19
b) –55
c) 24
d) –19

4) 249 – 68 = ____________
a) –181
b) 179
c) 181
d) 165

5) 217 × 6 = ____________
a) 1203
b) 123
c) 895
d) 1302

6) 708 : (–6) = ____________
a) 128
b) 118
c) –108
d) –118

7) 96 : 12 = ____________
a) 8
b) 12
c) 6
d) 7

8) $(-16)^2$ = ____________
a) 196
b) 169
c) 256
d) 244

9) $(3 + 17)^2$ = ____________
a) 180
b) 250
c) 200
d) 400

10) 101 × 13 = ____________
a) 1313
b) 1330
c) 3110
d) 1130

11) 107 + 58 + 43 + 12 = ____________
a) 210
b) 220
c) 320
d) 120

12) 35000 : (–7) = ____________
a) 5000
b) –500
c) –50
d) –5000

13) $48\,000 : 6\,000 =$ ____________
a) 0,8
b) 800
c) 80
d) 8

14) $(20 - 1) \times 22 =$ ____________
a) 418
b) 481
c) 841
d) 148

15) $4 \times 26 + 4 \times 24 =$ ____________
a) 328
b) 220
c) 200
d) 248

16) $(44 + 66) : 11 =$ ____________
a) 4
b) 10
c) 16
d) 11

17) $205 \times 15 =$ ____________
a) 3 750
b) 3 075
c) 2 555
d) 3 045

18) $3\,048 : 3 =$ ____________
a) 1 160
b) 2 158
c) 1 006
d) 1 016

19) Ist 9 090 durch 300 teilbar?
a) nein
b) ja (Ergebnis: 31)
c) ja (Ergebnis: 32)
d) ja (Ergebnis: 33)

20) $204 - 32 + 62 - 44 =$ ____________
a) 210
b) 190
c) 209
d) 109

Kommentierte Lösungen

Zu 1b)
Man kann den 2. Summanden zerlegen und schrittweise addieren:
$17 + 36 = 17 + (30 + 6) = 47 + 6 = 53$

Zu 2a)
Man kann den 2. Summanden zerlegen und schrittweise addieren:
$315 + 782 = 315 + (700 + 80 + 2) =$
$1015 + 80 + 2 = 1095 + 2 = 1097$

Zu 3d)
Man kann das Minuszeichen aus der Differenz herausziehen, dadurch wird eine kleinere Zahl von einer größeren subtrahiert:
$18 - 37 = -(37 - 18)$
Anschließend zerlegt man den Subtrahenden günstig und rechnet schrittweise:
$= -(37 - 20 + 2) = -(17 + 2) = -19$
Am Schluss das Minuszeichen nicht vergessen!

Zu 4c)
Man kann den Subtrahenden zerlegen und schrittweise subtrahieren:
$249 - 68 = 249 - 8 - 60 = 241 - 60 =$
$241 - 40 - 20 = 201 - 20 = 181$

Zu 5d)
Man kann den 1. Faktor günstig in eine Summe zerlegen, die Summanden einzeln multiplizieren und anschließend addieren (Distributivgesetz):
$217 \times 6 = (200 + 10 + 7) \times 6 =$
$1200 + 60 + 42 = 1260 + 42 = 1302$

Zu 6d)
Man kann das Vorzeichen aus dem Quotienten herausziehen, dadurch rechnet man mit positiven Zahlen:
$708 : (-6) = -(708 : 6)$
Dann kann man den Dividenden 708 in günstige Summanden zerlegen, diese einzeln dividieren und anschließend addieren:
$= -(600 : 6 + 60 : 6 + 48 : 6)$
$= -(100 + 10 + 8) = -118$
Am Schluss das Vorzeichen nicht vergessen!

Zu 7a)
Man kann den Dividenden in eine Summe zerlegen, die Summanden einzeln dividieren und anschließend addieren – oder auswendig wissen (»12er-Reihe«):
$96 : 12 = (60 + 36) : 12 = 60 : 12 + 36 : 12 =$
$5 + 3 = 8$

Zu 8c)
Wenn man zwei negative Zahlen multipliziert, ergibt das eine positive Zahl. Am einfachsten ist es, wenn man die Quadratzahlen auswendig weiß. Andernfalls multipliziert man, indem man einen der Faktoren in günstige Summanden zerlegt, diese einzeln multipliziert und anschließend addiert:
$(-16)^2 = (-16) \times (-16) = 16 \times 16 =$
$16 \times 10 + 16 \times 6 = 160 + (10 \times 6 + 6 \times 6) =$
$160 + 60 + 36 = 220 + 36 = 256$

Zu 9d)
Man addiert erst und quadriert dann:
$(3 + 17)^2 = 20^2 = 20 \times 20 = 20 \times 2 \times 10 =$
$40 \times 10 = 400$

Zu 10a)
Man kann den 1. Faktor in eine Summe zerlegen, die Summanden einzeln multiplizieren und anschließend addieren:
$101 \times 13 = 100 \times 13 + 1 \times 13 =$
$1300 + 13 = 1313$

Zu 11b)
Man kann die Summanden günstig umsortieren, damit mit möglichst »glatten« Zahlen gerechnet werden kann:
$107 + 58 + 43 + 12 = (107 + 43) + (58 + 12)$
$= 150 + 70 = 220$

Zu 12d)
Man kann das Minuszeichen aus dem Quotienten herausziehen, dadurch kann mit positiven Zahlen gerechnet werden:
$35\,000 : (-7) = -(35\,000 : 7)$
Anschließend dividiert man, ohne die Endnullen des Dividenden zu beachten:
$= -[(35 : 7) \times 1000]$
Die Endnullen berücksichtigt man am Schluss beim Ergebnis wieder durch Multiplikation mit der entsprechenden Zehnerpotenz (in diesem Fall: 1000); dabei das Minuszeichen nicht vergessen:
$= -(5 \times 1000) = -5\,000$

Zu 13d)
Man kann zunächst in Dividend und Divisor dieselbe Anzahl Nullen streichen, in diesem Fall drei Nullen (d. h. man kürzt durch dieselbe Zehnerpotenz, hier: 1000).
$48\,000 : 6\,000 = 48 : 6$
Anschließend dividiert man:
$= 8$

Zu 14a)
Hier ist es günstiger, die Klammer auszumultiplizieren, dann hat man eine Differenz aus zwei Produkten:
$(20 - 1) \times 22 = 20 \times 22 - 1 \times 22$
Das erste Produkt berechnet man durch günstiges Zerlegen des ersten Faktors:
$= (20 \times 20 + 20 \times 2) - 22 = 400 + 40 - 22$
Anschließend subtrahiert man die Ergebnisse der Produkte:
$= 440 - 22 = 418$

Zu 15c)
Hier ist es günstiger, den Faktor 4 auszuklammern; dann hat man ein Produkt aus einer Zahl und einer Summe, die sich leicht addieren lässt:
$4 \times 26 + 4 \times 24 = 4 \times (24 + 26) =$
$4 \times 50 = 200$

Zu 16b)
Das Ausmultiplizieren der Klammer ergibt eine Summe aus zwei Quotienten, die sich leicht berechnen lassen:
$(44 + 66) : 11 = 44 : 11 + 66 : 11 = 4 + 6 = 10$

Zu 17b)
Man kann den ersten Faktor günstig in Summanden zerlegen:
$205 \times 15 = 200 \times 15 + 5 \times 15$,
diese einzeln multiplizieren (durch weitere geschickte Zerlegungen):
$= (2 \times 15) \times 100 + 5 \times 15 = 30 \times 100 + 5 \times 15$
$= 3\,000 + 5 \times 15 = 3\,000 + (5 \times 10 + 5 \times 5)$
$= 3\,000 + (50 + 25)$
und anschließend addieren:
$= 3\,000 + 75 = 3\,075$

Zu 18d)
Man kann den Dividenden in eine Summe zerlegen, die Summanden einzeln dividieren und anschließend addieren:
$3\,048 : 3 = (3\,000 + 48) : 3 =$
$3\,000 : 3 + 48 : 3 = 1\,000 + 16 = 1\,016$

Zu 19a)
Nein – man zerlegt zunächst 9 090 in die Summe 9 090 = 9 000 + 90. 9 000 ist durch 300 teilbar (9 000 : 300 = 30), 90 ist jedoch nicht durch 300 teilbar. Damit ist auch 9 090 nicht durch 300 teilbar. (Man sieht es der 9 090 auch schon an – eine Zahl, die durch eine »glatte« Hunderter-Zahl teilbar ist, hat hinten zwei Endnullen; 9 090 hat nur eine Endnull.)

Zu 20b)
Man kann die Summenglieder günstig umsortieren, damit mit möglichst »glatten« Zahlen gerechnet werden kann:
$204 - 32 + 62 - 44 = (204 - 44) + (-32 + 62)$,
dann berechnet man durch günstiges Zerlegen:
$= (204 - 4 - 40) + (62 - 32)$
$= (200 - 40) + (62 - 32)$
$= 160 + (62 - 32) = 160 + 30 = 190$

Kettenrechnung

Diese Aufgaben testen Ihr Wissen im Bereich der Kettenrechnung. Führen Sie die Rechnungen eine nach der anderen von links nach rechts durch – »Punkt- vor Strichrechnung« gilt hier nicht!

Trainingsaufgaben

Für die 20 Aufgaben haben Sie **10 Minuten** Zeit.

1) $12 + 13 - 20 \times 12 - 50 + 39 : 7 \times 110 + 30 + 201 =$ ______

2) $21 : 3 + 2 \times 11 - 9 : 5 : 2 - 9 \times 51 + 17 + 4 \times 2 =$ ______

3) $1000 : 100 - 3 \times 5 + 15 : 25 + 79 : 9 =$ ______

4) $17 + 4 - 20 + 7 \times 6 + 1 : 7 - 5 \times 25 =$ ______

5) $5 \times 9 \times 2 + 20 \times 3 - 30 : 15 + 480 \times 7 + 9500 =$ ______

6) $12400 - 8400 : 2000 + 17 \times 2 + 2 + 9 : 7 - 8 =$ ______

7) $(-3) \times (-2) + 12 \times 5 + 10 - 35 - 5 : 6 + 1 \times 9 =$ ______

8) $70 - 15 : 11 + 9 \times 2 + 2 + 8 + 7 : 9 - 2 =$ ______

9 $4 \times 4 + 8 : 8 + 7 \times 50 - 100 : 40 - 20 + 10 =$ ______

10) $17 - 15 + 10 \times 3 - 16 - 11 - 3 \times 5 \times 2 - 50 + 3 =$ ______

11) $(-30) + 20 + 15 \times 1000 + 2000 : 7 - 900 - 90 - 4 - 9 =$ ______

12) $23 - 13 \times 2 : 4 + 6 + 2 - 8 \times 9 =$ ______

13) $13 \times 10 + 20 : 5 + 40 + 5 : 3 + 1 : 2 =$ ______

14) $250 : 5 + 1 : 3 - 14 - 2 \times 26 : 2 + 50 \times 2 - 1 \times 4 + 37 =$ ______

15) $19 + 11 + 30 + 6 : 11 + 3 + 10 - 4 : 3 + 2 - 5 =$ ______

16) $245 + 5 \times 2 + 300 : 8 + 20 : 4 - 1 =$ ______

17) $4500 \times 2 - 7000 + 10000 : 3 - 3996 : 2 =$ ______

18) 16 : 8 + 13 + 5 : 4 + 7 – 9 × 7 + 4 : 5 – 1 + 13 = 17 ✓

19) 45 + 30 + 25 : 10 + 9 × 2 + 3 – 6 : 5 = 7 ✓

20) 200 + 44 : 2 – 12 : 11 + 3 – 4 × 10 + 1 = 101 91

Lösungen

1) 1001
2) 42
3) 9
4) 50
5) 13 000
6) –1
7) 99
8) 3
9) 0
10) 13
11) –3
12) 45
13) 13
14) 537
15) 2
16) 29
17) 2
18) 17
19) 7
20) 91

Kommentierte Lösungen

Zu 1)
$12 + 13 = 25$
$25 - 20 = 5$
$5 \times 12 = 60$
$60 - 50 = 10$
$10 + 39 = 49$
$49 : 7 = 7$
$7 \times 110 = 770$
$770 + 30 = 800$
$800 + 201 = 1001$

Zu 2)
$21 : 3 = 7$
$7 + 2 = 9$
$9 \times 11 = 99$
$99 - 9 = 90$
$90 : 5 = 18$
$18 : 2 = 9$
$9 - 9 = 0$
$0 \times 51 = 0$
$0 + 17 = 17$
$17 + 4 = 21$
$21 \times 2 = 42$

Zu 3)
$1000 : 100 = 10$
$10 - 3 = 7$
$7 \times 5 = 35$
$35 + 15 = 50$
$50 : 25 = 2$
$2 + 79 = 81$
$81 : 9 = 9$

Zu 4)
$17 + 4 = 21$
$21 - 20 = 1$
$1 + 7 = 8$
$8 \times 6 = 48$
$48 + 1 = 49$
$49 : 7 = 7$
$7 - 5 = 2$
$2 \times 25 = 50$

Zu 5)
$5 \times 9 = 45$
$45 \times 2 = 90$
$90 + 20 = 110$
$110 \times 3 = 330$
$330 - 30 = 300$
$300 : 15 = 20$
$20 + 480 = 500$
$500 \times 7 = 3\,500$
$3\,500 + 9\,500 = 13\,000$

Zu 6)
$12\,400 - 8\,400 = 4\,000$
$4\,000 : 2\,000 = 2$
$2 + 17 = 19$
$19 \times 2 = 38$
$38 + 2 = 40$
$40 + 9 = 49$
$49 : 7 = 7$
$7 - 8 = -1$

Zu 7)
(–3) × (–2) = 6
6 + 12 = 18
18 × 5 = 90
90 + 10 = 100
100 – 35 = 65
65 – 5 = 60
60 : 6 = 10
10 + 1 = 11
11 × 9 = 99

Zu 8)
70 – 15 = 55
55 : 11 = 5
5 + 9 = 14
14 × 2 = 28
28 + 2 = 30
30 + 8 = 38
38 + 7 = 45
45 : 9 = 5
5 – 2 = 3

Zu 9)
4 × 4 = 16
16 + 8 = 24
24 : 8 = 3
3 + 7 = 10
10 × 50 = 500
500 – 100 = 400
400 : 40 = 10
10 – 20 = –10
–10 + 10 = 0

Zu 10)
17 – 15 = 2
2 + 10 = 12
12 × 3 = 36
36 – 16 = 20
20 – 11 = 9
9 – 3 = 6
6 × 5 = 30
30 × 2 = 60
60 – 50 = 10
10 + 3 = 13

Zu 11)
(–30) + 20 = (–10)
(–10) + 15 = 5
5 × 1000 = 5000
5000 + 2000 = 7000
7000 : 7 = 1000
1000 – 900 = 100
100 – 90 = 10
10 – 4 = 6
6 – 9 = –3

Zu 12)
23 – 13 = 10
10 × 2 = 20
20 : 4 = 5
5 + 6 = 11
11 + 2 = 13
13 – 8 = 5
5 × 9 = 45

Zu 13)
13 × 10 = 130
130 + 20 = 150
150 : 5 = 30
30 + 40 = 70
70 + 5 = 75
75 : 3 = 25
25 + 1 = 26
26 : 2 = 13

Zu 14)
250 : 5 = 50
50 + 1 = 51
51 : 3 = 17
17 – 14 = 3
3 – 2 = 1
1 × 26 = 26
26 : 2 = 13
13 + 50 = 63
63 × 2 = 126

126 – 1 = 125
125 × 4 = 500
500 + 37 = 537

Zu 15)
19 + 11 = 30
30 + 30 = 60
60 + 6 = 66
66 : 11 = 6
6 + 3 = 9
9 + 10 = 19
19 – 4 = 15
15 : 3 = 5
5 + 2 = 7
7 – 5 = 2

Zu 16)
245 + 5 = 250
250 × 2 = 500
500 + 300 = 800
800 : 8 = 100
100 + 20 = 120
120 : 4 = 30
30 – 1 = 29

Zu 17)
4 500 × 2 = 9 000
9 000 – 7 000 = 2 000
2 000 + 10 000 = 12 000
12 000 : 3 = 4 000
4 000 – 3 996 = 4
4 : 2 = 2

Zu 18)
16 : 8 = 2
2 + 13 = 15
15 + 5 = 20
20 : 4 = 5
5 + 7 = 12
12 – 9 = 3
3 × 7 = 21
21 + 4 = 25
25 : 5 = 5
5 – 1 = 4
4 + 13 = 17

Zu 19)
45 + 30 = 75
75 + 25 = 100
100 : 10 = 10
10 + 9 = 19
19 × 2 = 38
38 + 3 = 41
41 – 6 = 35
35 : 5 = 7

Zu 20)
200 + 44 = 244
244 : 2 = 122
122 – 12 = 110
110 : 11 = 10
10 + 3 = 13
13 – 4 = 9
9 × 10 = 90
90 + 1 = 91

Textaufgaben

Diese Aufgaben testen Ihr Wissen im Bereich der Textaufgaben. Formulieren Sie möglichst die Fragestellung zunächst als Gleichung und rechnen Sie dann.

Trainingsaufgaben

Für die 20 Aufgaben haben Sie **30 Minuten** Zeit.

1) Im Baurecht wird die sog. Geschossflächenzahl *(GFZ)* als das Verhältnis der Summe aller Geschossflächen zur Grundstücksfläche definiert. Wie groß ist die *GFZ* eines Mehrfamilienhauses, das auf einem 750 m² großen Grundstück steht und 4 Geschosse mit 90 m² Fläche und 2 Geschosse mit 55 m² Fläche aufweist?

   4 · 90 + 2 · 55 = 460 m² + 750 = 1210 m²

2) Ein rechteckiges Schwimmbecken mit den Seitenlängen 12 × 25 m wird aus einer Leitung befüllt, durch welche 100 Liter Wasser pro Minute fließen. Wann erreicht der Füllstand eine Höhe von 3 m?

3) Ein Lehrling kauft 400 g Schrauben zum Kilopreis von 6,40 € und 300 g Nägel zu einem Kilopreis von 3,90 €. Wie viel gibt er insgesamt aus?

4) Ein Sofa kostet regulär 990 €. Als Weihnachtsaktion werden 6 % Rabatt angeboten. Wie viel Euro ist das Sofa nun billiger?

5) Der Benzinpreis an einer Tankstelle beträgt 1,60 €. Vor Ostern wird er um 2 % angehoben, der neue Preis dann eine Woche später um 5 % reduziert. Wie hoch ist der Preis anschließend?

6) Ein Bauunternehmen lässt mit zwei Baggern eine Baugrube ausheben, die dafür 9 Arbeitsstunden benötigen. Wie lange hätte es gedauert, wenn 5 (gleich schnell arbeitende) Bagger eingesetzt worden wären?

7) Für Milchmischgetränke gilt der ermäßigte Mehrwertsteuersatz von 7 %. Wie teuer wäre ein 1,29 € teurer Milchshake, wenn stattdessen der normale Steuersatz von 19 % gälte?

8) Die Wahrscheinlichkeit, mit einem fairen (nicht gezinkten) normalen (sechsseitigen) Würfel eine Fünf zu würfeln, beträgt 1/6. Wie groß ist die Wahrscheinlichkeit, mit einem Oktaederwürfel, der acht Seiten besitzt, eine Fünf zu würfeln?

9) Drei (nicht so faire) Schüler teilen sich einen Kuchen auf: Einer nimmt die Hälfte, einer ein Drittel und einer ein Sechstel. Wie viel bleibt vom Kuchen übrig?

10) In der Fußball-Bundesliga gibt es für einen Sieg drei Punkte, für ein Unentschieden einen und für eine Niederlage keinen Punkt. Wie oft hat der Verein *Vorwärts Pusemuckel* gewonnen, wenn er nach 34 Spieltagen genau 100 Punkte aufweist?

11) Herr Lohse bezahlt für 4 Gläser Senf 3,16 €. Wie viel müsste er bezahlen, wenn er drei Paletten à 80 Gläser kaufen würde (ohne Mengenrabatt!)?

12) Die Lichtgeschwindigkeit beträgt etwa 300 000 km/s. Wievielmal schneller ist dies als ein Sportwagen, der 150 km/h fährt?

13) Ein Eisenblock ist 12 cm breit, 7 cm lang und 3 cm hoch. Wie viel wiegt der Block, wenn Eisen eine Dichte von 7,9 g/cm^3 hat?

14) Ein Mountainbiker fährt in A-Dorf um Punkt neun Uhr los, sein Freund verlässt 10 min später seinen Wohnort B-Dorf. Um halb zehn treffen sie sich in der Mitte zwischen den beiden 20 km voneinander entfernten Dörfern. Wie groß war die Durchschnittsgeschwindigkeit der beiden Freizeitsportler?

15) Bis 1971 hatte in Großbritannien ein Pfund zwanzig Shilling und ein Shilling 12 Pence; die kleinste Münze, der »Halfpenny«, war 0,5 Pence wert. Wie viele dieser kleinen Münzen bekam man für eine Banknote über 20 Pfund?

16) Ein Bauherr nimmt einen tilgungsfreien Kredit über 200 000 € auf, er zahlt dafür also keine Tilgung, aber pro Jahr 5 % Zinsen. Nach wie vielen Jahren hat er insgesamt 100 000 € an Zinsen an die Bank überwiesen (und noch keinen Cent zurückgezahlt)?

17) Ben ist heute doppelt so alt wie Mia. In zwei Jahren wird er zwei Jahre älter als sie sein. Wie alt sind die beiden jetzt?

18) Herr Reich legt 100 000 € b… an, wobei ihm jährliche Zinsen v… 1,0 % gezahlt werden. Wie viel Geld hat er nach drei Jahren, wenn der Zinseszins berücksichtigt wird (also die bisher ausgezahlten Zinszahlungen mitverzinst werden)?

19) Eine sechsköpfige Theatergruppe verkauft bei einer Aufführung 120 Tickets für je 6 €. Die Saalmiete beträgt 480 €. Wie viel Geld bekommen die sechs Schauspielerinnen und Schauspieler, wenn gerecht aufgeteilt wird?

20) Eine Triathletin ist bei einem Wettbewerb 7 min 35 s geschwommen, 53 min 12 s geradelt und 25 min 13 s gelaufen. Insgesamt war sie 1 h 29 min 37 s unterwegs. Wie viel Zeit hat sie für die Wechsel zwischen den Teilstrecken gebraucht?

Kommentierte Lösungen

Zu 1)
Die *GFZ* ist das Verhältnis aus der Summe aller Wohnflächen und der Grundstücksfläche:

$$GFZ = \frac{(4 \times 90 + 2 \times 55)\ m^2}{750\ m^2} = 0{,}62\overline{6} \approx 0{,}63$$

Zu 2)
Sie brauchen die folgenden Größen:
Volumen: $12\ m \times 25\ m \times 3\ m = 900\ m^3$
Zufluss pro Stunde: $6\,000\ l/h = 6\ m^3/h$
Die Gesamtzeit in Stunden bekommen Sie, wenn Sie das Volumen durch den Zufluss teilen:
Gesamtzeit: $900\ m^3 : 6\ m^3/h = 150\ h =$
6,25 Tage = 6 Tage 6 h

Zu 3)
Für jedes Produkt müssen Sie Gewicht bzw. Masse in Kilogramm mit dem Kilogrammpreis malnehmen und dann alles zusammenaddieren:
$0{,}4 \times 6{,}40$ € $+ 0{,}3 \times 3{,}90$ € $=$ **3,73 €**

Zu 4)
Der Rabatt beträgt 990 € $\times 6\,\% =$
990 € $\times 0{,}06 =$ **59,40 €**

Zu 5)
Die Preiserhöhung vor Ostern können Sie folgendermaßen als Gleichung formulieren:
Osterpreis = 1,60 € × (100 % + 2 %)
Der Preis nach Ostern ist dementsprechend
Endpreis = *Osterpreis* × (100 % – 5 %)
= 1,60 € × 1,02 × 0,95 = 1,5504 € ≈ **1,55 €**

Zu 6)
Es handelt sich hier um eine (umgekehrte bzw. indirekte) Dreisatzaufgabe. Das Produkt aus der Zahl der Bagger und der Arbeitszeit ist jeweils das gleiche, also
2 Bagger × 9 h = 5 Bagger × x h

$\rightarrow x = \frac{2}{5} \times 9\ h =$ **3,6 h = 3 h 36 min**

Zu 7)
Berechnen Sie zunächst den Nettopreis ohne Mehrwertsteuer, indem Sie 7 % vom wirklichen Bruttopreis abziehen:
Nettopreis = 1,29 € × (100 % – 7 %) =
1,29 € × 0,93 = 1,1997 € ≈ 1,20 €
Den Bruttopreis beim Steuersatz 19 % erhalten Sie, wenn Sie zum Nettopreis 19 % hinzuaddieren:
Bruttopreis (19 % MwSt.) =
Nettopreis × (100 % + 19 %) =
Nettopreis × 1,19 ≈ **1,43 €**

Zu 8)
Bei einem fairen Würfel sind alle sechs Ergebnisse gleich wahrscheinlich, deshalb ist die Wahrscheinlichkeit für die Fünf (und alle anderen Zahlen genauso) 1/6. Da ein (fairer) Oktaeder acht gleiche Seiten hat, ist die Wahrscheinlichkeit für eine bestimmte Zahl, etwa die Fünf, dementsprechend 1/8.

Zu 9)
Hier geht es nicht ohne Bruchrechnung:

$$Rest = 1 - \frac{1}{2} - \frac{1}{3} - \frac{1}{6}$$

Sie müssen die drei Brüche auf den Hauptnenner 6 bringen, dann können Sie die Summe ausrechnen:

$$Rest = 1 - \frac{1}{2} - \frac{1}{3} - \frac{1}{6} = \frac{6 - 3 - 2 - 1}{6} = 0$$

Zu 10)
Die maximal erreichbare Punktzahl ist 34 × 3 = 102 Punkte. Also muss *Pusemuckel* **33-mal** gewonnen (und einmal unentschieden gespielt) haben.

Zu 11)
Rechnen Sie zunächst den Stückpreis aus:
Stückpreis = 3,16 € : 4 = 79 ct
3 Paletten enthalten 80 × 3 = 240 Gläser, also beträgt der Gesamtbetrag
0,79 € × 240 = **189,60 €**

Zu 12)
Sie müssen die Zahlenwerte von Lichtgeschwindigkeit und Sportwagengeschwindigkeit in derselben Einheit ausdrücken und dann durcheinander teilen:
Lichtgeschwindigkeit in km/h:
300 000 km/s = 1,08 × 10^9 km/h = 1,08 Mrd. km/h

$$\text{Verhältnis} = \frac{1\,080\,000\,000}{150} = \mathbf{7\,200\,000}$$

Das Licht ist 7,2-Mio.-mal schneller.

Zu 13)
Die Dichte ist definiert als das Verhältnis aus Masse (Gewicht) und Volumen. Also müssen Sie das Volumen mit der Dichte multiplizieren, um die Masse bzw. das Gewicht zu bekommen:
(12 × 7 × 3) cm^3 × 7,9 g/cm^3 =
1990,8 g ≈ 2 kg

Zu 14)
Die Fahrstrecke betrug jeweils 10 km. Dafür braucht der eine 20 min, der andere 30 min. Die entsprechenden Geschwindigkeiten sind **30 km/h** und **20 km/h.**

Zu 15)
Ein Pfund hatte 20 Shilling,
20 × 12 = 240 Pence und 480 Halfpence.
20 Pfund waren also
20 × 20 × 12 × 2 = **9 600 Halfpence**

Zu 16)
In jedem Jahr muss der Bauherr
200 000 € × 5 % = 10 000 € Zinsen zahlen.
Nach **10 Jahren** hat er bereits 1
gezahlt.

Zu 17)
Wir nennen Mias *heutiges* Alter »*x*«, Ben ist entsprechend heute 2 × *x* Jahre alt.
Dann gilt in 2 Jahren:
$2 \times x + 2 = x + 2 + 2 \rightarrow x = 2$
Mia ist jetzt **zwei,** Ben **vier;** in zwei Jahren sind sie vier und sechs.

Zu 18)
Wird der Zinseszins mitberücksichtigt, dann wächst die Summe, von welcher die Zinsen berechnet werden, immer mehr an, man muss also jedes Jahr neu rechnen:
nach 1 Jahr: 101 000 €
nach 2 Jahren: 102 010 €
nach 3 Jahren: **103 030,10 €**
Wenn Sie allerdings die Zinseszinsformel kennen, können Sie doch in einem Schritt rechnen:
100 000 € × $1{,}01^3$ = 103 030,10 €

Zu 19)
Die Netto-Einnahme ist die Differenz aus dem Erlös der 120 Tickets und der Saalmiete:
Netto-Einnahme = 120 × 6 € – 480 € = 240 €.
Aufgeteilt auf 6 Ensemble-Mitglieder bedeutet dies, dass jeder 240 € : 6 = **40 €** bekommt.

Zu 20)
Sie müssen von der Gesamtzeit die reine Schwimm-, Rad- und Laufzeit abziehen, um die Zeit für die Wechsel zu erhalten:
Wechselzeit = 1 h 29 min 37 s – 7 min 35 s – 53 min 12 s – 25 min 13 s = **3 min 37 s**

Dezimal- und Bruchrechnung

Die folgenden Aufgaben testen Ihr Wissen im Bereich der Dezimal- und Bruchrechnung. Hierbei können mehrere Lösungen richtig sein.

Trainingsaufgaben

Für die 20 Aufgaben haben Sie **20 Minuten** Zeit.

1) $72 : 0{,}08 = ?$
a) 9
b) 0,9
c) 90
d) 900

2) $0{,}07 \times 0{,}022 = ?$
a) 1,54
b) 0,154
c) 0,145
d) 0,00154

3) Wandeln Sie 2,6 in einen Bruch um.
a) $\frac{2}{6}$
b) $\frac{13}{5}$
c) $\frac{26}{100}$
d) $\frac{26}{10}$

4) Wandeln Sie 4,6 in eine gemischte Zahl um.
a) $4\,\frac{1}{6}$
b) $46\,\frac{6}{10}$
c) $4\,\frac{2}{3}$
d) $4\,\frac{3}{5}$

5) Wandeln Sie $\frac{5}{3}$ in eine Dezimalzahl um, gerundet auf die zweite Stelle nach dem Komma.
a) 5,3
b) 1,67
c) 1,66
d) 0,16

6) Wie oft ist 0,5 in $\frac{1}{2}$ enthalten?
a) keinmal
b) einmal
c) zweimal
d) $\frac{1}{2}$-mal

7) $\frac{4}{3} + \frac{7}{4} = ?$
a) $\frac{7}{3}$
b) $\frac{8}{4}$
c) $\frac{37}{12}$
d) $3\,\frac{1}{12}$

8) $4\,\frac{2}{5} - 2\,\frac{1}{4} = ?$
a) $20\,\frac{3}{2}$
b) $2\,\frac{2}{20}$
c) $2\,\frac{1}{10}$
d) $2\,\frac{3}{20}$

9) $\frac{35}{105} = ?$

a) $\frac{3}{10}$

b) $\frac{1}{3}$

c) $\frac{2}{6}$

d) $\frac{5}{15}$

10) Wie oft ist $\frac{1}{8}$ in $\frac{3}{4}$ enthalten?

a) 4-mal
b) 3-mal
c) 8-mal
d) 6-mal

11) $0{,}2 + \frac{1}{5} = ?$

a) 0,5
b) 0,4
c) 0,25
d) 0,7

12) $3\frac{1}{3} \times 1\frac{2}{3} = ?$

a) $\frac{51}{9}$

b) $5\frac{5}{3}$

c) $3\frac{2}{9}$

d) $5\frac{5}{9}$

13) $\frac{2}{3} : \frac{1}{6} = ?$

a) 4

b) $\frac{2}{18}$

c) $\frac{1}{9}$

d) $\frac{12}{3}$

14) $2\frac{1}{3} : 4\frac{2}{3} = ?$

a) 2

b) $\frac{1}{2}$

c) $1\frac{2}{3}$

d) $\frac{2}{3}$

15) Ein Drittel von $\frac{4}{3}$ ist

a) 3

b) 4

c) $\frac{1}{3}$

d) $\frac{4}{9}$

16) $\left(\frac{3}{5}\right)^2 = ?$

a) $\frac{9}{25}$

b) $\frac{6}{10}$

c) $\frac{6}{5}$

d) $\frac{3}{25}$

17) Welche der Brüche sind größer als $\frac{1}{5}$?

a) $\frac{2}{5}$

b) $\frac{1}{4}$

c) $\frac{1}{6}$

d) $\frac{3}{10}$

18) $0{,}015 \times \frac{1}{5} = ?$

a) 0,3
b) 0,003
c) 0,03
d) 3

19) $0{,}4 - \frac{2}{5} = ?$

a) 0,2

b) $\frac{4}{5}$

c) 0
d) 0,25

20) Drei der Zahlen sind gleich groß. Welche?

a) 2,25

b) $\frac{25}{10}$

c) $\frac{9}{4}$

d) $2\frac{1}{4}$

Kommentierte Lösungen

Die Zahl über dem Bruchstrich heißt **Zähler,** die Zahl unter dem Bruchstrich heißt **Nenner.**
Einen Bruch zu **kürzen,** bedeutet, Zähler und Nenner durch dieselbe Zahl zu dividieren – der Wert des Bruches ändert sich dadurch nicht.
Einen Bruch zu **erweitern,** bedeutet, Zähler und Nenner mit derselben Zahl zu multiplizieren – der Wert des Bruches ändert sich dadurch nicht.
Auf den **Hauptnenner** bringt man zwei Brüche, indem man sie so erweitert oder kürzt, dass sie denselben Nenner haben.
Beispiel:

$\frac{2}{3}$ und $\frac{1}{4}$ auf den Hauptnenner bringen:

Man sucht ein gemeinsames Vielfaches der Nenner, das wäre hier bspw. 12.
Um den Nenner 12 zu erhalten, muss $\frac{2}{3}$ mit 4 erweitert werden und $\frac{1}{4}$ mit 3:

$$\frac{2}{3} = \frac{2 \times 4}{3 \times 4} = \frac{8}{12}; \quad \frac{1}{4} = \frac{1 \times 3}{4 \times 3} = \frac{3}{12}$$

Eine **gemischte Zahl** besteht aus einem ganzzahligen Anteil und einem Bruch,

Beispiel: $3\frac{2}{7}$

Zu 1d)
Beim Dividieren durch eine Dezimalzahl wird das Komma in beiden Zahlen um so viele Stellen nach rechts verschoben, bis der Divisor (hier: 0,08) eine ganze Zahl ist:
72 : 0,08 → Komma um zwei Stellen nach rechts verschieben:
7200 : 8 = 900
Damit ist auch:
72 : 0,08 = 900

Zu 2d)
Man multipliziert Dezimalzahlen, indem man zunächst die Zahlen ohne Komma schreibt und multipliziert und dann im Ergebnis das Komma so setzt, dass nach dem Komma so viele Stellen stehen wie in beiden Faktoren zusammen:
$0{,}07 \times 0{,}022$: Die erste Zahl hat 2 Nachkommastellen, die zweite hat 3 Nachkommastellen, macht insgesamt 5 Nachkommastellen.
Rechnen ohne Komma: $7 \times 22 = 154$
Komma einfügen (5 Nachkommastellen):
$0{,}07 \times 0{,}022 = 0{,}00154$

Zu 3b und d)
In der ersten Stelle nach dem Komma stehen die Zehntel. Es ist also:

$$2{,}6 = 2 + 0{,}6 = 2 + \frac{6}{10}$$

Addieren kann man die Zahl und den Bruch, indem man die Zahl als Bruch mit dem Nenner 1 auffasst und beide auf den Hauptnenner bringt. Der Hauptnenner ist 10:

$$2 + \frac{6}{10} = \frac{2}{1} + \frac{6}{10} = \frac{20}{10} + \frac{6}{10} = \frac{26}{10}$$

Damit ist:

$$2{,}6 = \frac{26}{10} = \frac{13}{5}$$

($\frac{26}{10}$ gekürzt mit 2 ergibt $\frac{13}{5}$)

Zu 4d)
In der ersten Stelle nach dem Komma stehen die Zehntel. Es ist also:

$$4{,}6 = 4 + 0{,}6 = 4 + \frac{6}{10} = \frac{4}{1} + \frac{6}{10} =$$
$$\frac{40}{10} + \frac{6}{10} = \frac{46}{10} = \frac{23}{5}$$

(Im letzten Schritt wurde der Bruch noch mit 2 gekürzt.)
Einen Bruch kann man in eine gemischte Zahl umwandeln, wenn der Zähler größer

ist als der Nenner. Man dividiert den Zähler durch den Nenner und schreibt den ganzzahligen Anteil des Ergebnisses als ganze Zahl vor den neuen Bruch. Der Rest der Division bildet den neuen Zähler. Der Nenner bleibt der alte.

$\frac{23}{5}$ umwandeln:

23 : 5 = 4 Rest 3
4 ist die ganze Zahl, 3 ergibt den Zähler des neuen Bruches:

$4{,}6 = \frac{23}{5} = 4\,\frac{3}{5}$

Zu 5b)
Man wandelt einen Bruch in eine Dezimalzahl um, indem man den Zähler durch den Nenner dividiert.

$\frac{3}{5} = 1{,}666... \approx 1{,}67$

Zu 6b)

Wie oft 0,5 in $\frac{1}{2}$ enthalten ist, berechnet man, indem man $\frac{1}{2}$ durch 0,5 dividiert – sofern man nicht sofort sieht, dass gilt $0{,}5 = \frac{1}{2}$, deshalb ist $\frac{1}{2} : 0{,}5 = 1$.

Zum Dividieren müsste man vorher beide in einen Bruch oder beide in eine Dezimalzahl umwandeln.

Zu 7c und d)
Die Brüche addiert man, indem man sie auf den Hauptnenner bringt. Der Hauptnenner ist hier 12, der erste Bruch muss daher mit 4 erweitert werden, der zweite mit 3.

$\frac{4}{3} + \frac{7}{4} = \frac{4 \times 4}{3 \times 4} + \frac{7 \times 3}{4 \times 3} = \frac{16}{12} + \frac{21}{12}$

Dann addiert man die Zähler und behält den Nenner bei.

$= \frac{37}{12}$

Zum Schluss wandelt man den Bruch noch in eine gemischte Zahl um. Man dividiert den Zähler durch den Nenner und schreibt den ganzzahligen Anteil des Ergebnisses als ganze Zahl vor den neuen Bruch. Der Rest der Division bildet den neuen Zähler. Der Nenner bleibt der alte (vgl. Lösung zu Aufgabe 4).

$= 3\,\frac{1}{12}$

Zu 8d)
Vor der Subtraktion der gemischten Zahlen wandelt man diese in Brüche um. Dazu multipliziert man die ganze Zahl mit dem Nenner und addiert den Zähler dazu – das ergibt den neuen Zähler. Der Nenner bleibt erhalten.

$4\,\frac{2}{5} - 2\,\frac{1}{4} = \frac{22}{5} - \frac{9}{4}$

Brüche subtrahiert man, indem man sie auf den Hauptnenner bringt. Der Hauptnenner ist hier 20, der erste Bruch muss daher mit 4 erweitert werden, der zweite mit 5.

$= \frac{22 \times 4}{5 \times 4} - \frac{9 \times 5}{4 \times 5} = \frac{88}{20} - \frac{45}{20}$

Dann subtrahiert man die Zähler und behält den Nenner bei.

$= \frac{43}{20}$

Zum Schluss wandelt man den Bruch noch in eine gemischte Zahl um. Man dividiert den Zähler durch den Nenner und schreibt den ganzzahligen Anteil des Ergebnisses als ganze Zahl vor den neuen Bruch. Der Rest der Division bildet den neuen Zähler. Der Nenner bleibt der alte (vgl. Lösung zu Aufgabe 4).

$= 2\,\frac{3}{20}$

Zu 9)

b) $\frac{35}{105} = \frac{1}{3}$ (gekürzt mit 35)

c) $\frac{35}{105} = \frac{2}{6}$ (gekürzt mit 35, anschließend erweitert mit 2)

d) $\frac{35}{105} = \frac{5}{15}$ (gekürzt mit 7)

Zu 10d)

Wie oft $\frac{1}{8}$ in $\frac{3}{4}$ enthalten ist, berechnet man, indem man $\frac{3}{4}$ durch $\frac{1}{8}$ dividiert.

Man dividiert einen Bruch durch einen anderen, indem man mit dem Kehrwert des zweiten Bruches multipliziert. Den Kehrwert erhält man durch Vertauschen von Zähler und Nenner. Zwei Brüche werden multipliziert, indem man die Zähler multipliziert und die Nenner multipliziert.

$\frac{3}{4} : \frac{1}{8} = \frac{3}{4} \times \frac{8}{1} = \frac{24}{4} = 6$

Zu 11b)
Vor der Addition muss man beide Summanden entweder als Bruch oder beide als Dezimalzahl schreiben. Da als Lösung eine Dezimalzahl gefragt ist, bietet es sich an, beide in eine Dezimalzahl umzuwandeln. Da nach dem Komma einer Dezimalzahl die Zehntel, Hundertstel usw. stehen, ist es günstig, wenn ein Bruch so erweitert werden kann, dass im Nenner eine Zehnerpotenz steht. Das geht hier leicht durch Erweitern mit 2:

$\frac{1}{5} = \frac{2}{10} = 0{,}2$

$0{,}2 + \frac{1}{5} = 0{,}2 + 0{,}2 = 0{,}4$

Zu 12d)
Vor der Multiplikation der gemischten Zahlen wandelt man diese in Brüche um. Dazu multipliziert man die ganze Zahl mit dem Nenner und addiert den Zähler dazu – das ergibt den neuen Zähler. Der Nenner bleibt erhalten.

$3\,\frac{1}{3} \times 1\,\frac{2}{3} = \frac{10}{3} \times \frac{5}{3}$

Dann multipliziert man die Brüche, indem man die Zähler und die Nenner jeweils miteinander multipliziert.

$= \frac{50}{9}$

Zum Schluss wandelt man den Bruch noch in eine gemischte Zahl um. Man dividiert den Zähler durch den Nenner und schreibt den ganzzahligen Anteil des Ergebnisses als ganze Zahl vor den neuen Bruch. Der Rest der Division bildet den neuen Zähler. Der Nenner bleibt der alte (vgl. Lösung zu Aufgabe 4).

$= 5\,\frac{5}{9}$

Zu 13a und d)
Man dividiert einen Bruch durch einen anderen, indem man mit dem Kehrwert des zweiten Bruches multipliziert. Den Kehrwert erhält man durch Vertauschen von Zähler und Nenner. Zwei Brüche werden multipliziert, indem man die Zähler multipliziert und die Nenner multipliziert.

$\frac{2}{3} : \frac{1}{6} = \frac{2}{3} \times \frac{6}{1} = \frac{12}{3} = 4$

Da der Zähler ein ganzzahliges Vielfaches des Nenners ist, kann man den Zähler durch den Nenner dividieren und erhält eine ganze Zahl.

Zu 14b)
Vor der Division der gemischten Zahlen wandelt man diese in Brüche um. Dazu multipliziert man die ganze Zahl mit dem Nenner und addiert den Zähler dazu – das ergibt den neuen Zähler. Der Nenner bleibt erhalten.

$2\frac{1}{3} : 4\frac{2}{3} = \frac{7}{3} : \frac{14}{3}$

Man dividiert einen Bruch durch einen anderen, indem man mit dem Kehrwert des zweiten Bruches multipliziert. Den Kehrwert erhält man durch Vertauschen von Zähler und Nenner. Zwei Brüche werden multipliziert, indem man die Zähler multipliziert und die Nenner multipliziert.

$= \frac{7}{3} \times \frac{3}{14} = \frac{21}{42} = \frac{1}{2}$

Zum Schluss wird noch mit 21 gekürzt.

Zu 15d)
Ein Drittel von einer Zahl berechnet man entweder, indem man diese Zahl durch 3 dividiert oder indem man sie mit $\frac{1}{3}$ multipliziert. (Zwei Brüche werden multipliziert, indem man die Zähler multipliziert und die Nenner multipliziert.)

$\frac{4}{3} : 3 = \frac{4}{3} \times \frac{1}{3} = \frac{4}{9}$

Zu 16a)
Zwei Brüche werden multipliziert, indem man die Zähler multipliziert und die Nenner multipliziert.

$\left(\frac{3}{5}\right)^2 = \frac{3}{5} \times \frac{3}{5} = \frac{9}{25}$

Zu 17)
Haben zwei Brüche denselben Nenner, ist der Bruch mit dem größeren Zähler der größere. Man bringt also beide Brüche auf den Hauptnenner und vergleicht sie dann.

a) $\frac{2}{5} > \frac{1}{5}$

b) Hauptnenner: 20

$\frac{1}{4} = \frac{5}{20}$ (erweitert mit 5)

$\frac{1}{5} = \frac{4}{20}$ (erweitert mit 4)

Es ist $\frac{5}{20} > \frac{4}{20}$; deshalb ist $\frac{1}{4} > \frac{1}{5}$.

d) $\frac{1}{5} = \frac{2}{10}$ (erweitert mit 2) und $\frac{3}{10} > \frac{2}{10}$; deshalb ist $\frac{3}{10} > \frac{1}{5}$.

Zu 18b)
Vor der Multiplikation muss man beide Summanden entweder als Bruch oder beide als Dezimalzahl schreiben. Da als Lösung eine Dezimalzahl gefragt ist, bietet es sich an, beide in eine Dezimalzahl umzuwandeln.
Da nach dem Komma einer Dezimalzahl die Zehntel, Hundertstel usw. stehen, ist es günstig, wenn ein Bruch so erweitert werden kann, dass im Nenner eine Zehnerpotenz steht. Das geht hier leicht durch Erweitern mit 2:

$\frac{1}{5} = \frac{2}{10} = 0{,}2$

$0{,}015 \times \frac{1}{5} = 0{,}015 \times 0{,}2 = 0{,}003$

(Man multipliziert Dezimalzahlen, indem man zunächst die Zahlen ohne Komma schreibt und multipliziert und dann im Ergebnis das Komma so setzt, dass nach dem Komma so viele Stellen stehen wie in beiden Faktoren zusammen; vgl. Lösung zu Aufgabe 2).

Zu 19c)
Vor der Subtraktion muss man beide Glieder entweder als Bruch oder beide als Dezimalzahl schreiben. Da nach dem Komma einer Dezimalzahl die Zehntel, Hundertstel usw. stehen, ist es günstig, wenn ein Bruch so erweitert werden kann, dass im Nenner eine Zehnerpotenz steht. Das geht hier leicht durch Erweitern mit 2:

$\frac{2}{5} = \frac{4}{10} = 0{,}4$

Damit ist:

$0{,}4 - \frac{2}{5} = 0{,}4 - \frac{4}{10} = 0{,}4 - 0{,}4 = 0$

Zu 20a, c und d)
Sofern man nicht sofort sieht, welche Zahlen gleich groß sind, beginnt man mit der ersten und wandelt diese zum Vergleichen mit den anderen in einen Bruch um. In der ersten Stelle nach dem Komma stehen die Zehntel, in der zweiten Stelle nach dem Komma stehen die Hundertstel:

$2{,}25 = 2 + 0{,}25 = 2 + \frac{2}{10} + \frac{5}{100} =$

$2 + \frac{20}{100} + \frac{5}{100} = 2 + \frac{25}{100}$

Die Zahl und den Bruch addiert man, indem man die Zahl als Bruch mit dem Nenner 1 auffasst und beide auf den Hauptnenner bringt. Anschließend addiert man die Zähler und behält den Nenner bei. Zum Schluss wird noch gekürzt mit 25:

$= \frac{200}{100} + \frac{25}{100} = \frac{225}{100} = \frac{9}{4}$

Einen Bruch kann man in eine gemischte Zahl umwandeln, wenn der Zähler größer ist als der Nenner. Man dividiert den Zähler durch den Nenner und schreibt den ganzzahligen Anteil des Ergebnisses als ganze Zahl vor den neuen Bruch. Der Rest der Division bildet den neuen Zähler:

$9 : 4 = 2 \text{ Rest } 1$

$= 2\,\frac{1}{4}$

Prozent- und Zinsrechnung

Die folgenden Aufgaben testen Ihr Wissen im Bereich der Prozent- und Zinsrechnung. Hierbei können mehrere Lösungen richtig sein.

Trainingsaufgaben

Für die 20 Aufgaben haben Sie **20 Minuten** Zeit. Nebenrechnungen sind erlaubt. Die Nutzung eines Taschenrechners ist nicht erlaubt.

Prozentrechnung

1) Wie viel Prozent sind $\frac{8}{20}$?
a) 80 %
b) 20 %
c) 45 %
d) 40 %

2) Welcher der Brüche und Dezimalzahlen entspricht 6 %?
a) 0,06
b) $\frac{6}{100}$
c) 0,6
d) $\frac{3}{50}$

3) Beim Basketball wirft Louisa 20-mal auf den Korb und trifft 11-mal. Wie hoch ist ihre Trefferquote?
a) 45 %
b) 55 %
c) 11 %
d) 20 %

4) Wie hoch ist der Prozentsatz p? Grundwert $G = 24$, Prozentwert $W = 6$
a) 50 %
b) 6 %
c) 12 %
d) 25 %

5) Wie hoch ist der Prozentwert W? Grundwert $G = 1200$, Prozentsatz $p\,\% = 2{,}4\,\%$
a) 24
b) 28
c) 12,8
d) 28,8

6) Herr Meier muss 11 kg abnehmen. Er wiegt 90 kg. Wie viel Prozent muss er abnehmen? Runden Sie auf die erste Nachkommastelle.
a) 10 %
b) 11,1 %
c) 12,2 %
d) 8 %

7) Wie hoch ist der Grundwert? Prozentsatz $p\,\% = 8\,\%$, Prozentwert $W = 128$
a) 160
b) 1060
c) 1600
d) 1280

8) Ein Immobilienmakler erhält ein Festgehalt von 2 100 € im Monat. Zusätzlich erhält er 2 % Provision auf die von ihm verkauften Häuser. Um auf einen Verdienst von 5 000 € pro Monat zu kommen, muss er Häuser verkaufen im Wert von:
a) 125 000 €
b) 145 000 €
c) 230 000 €
d) 290 000 €

9) In der Theatersaison wurden 132 Abonnements verkauft; von den Abonnementbesitzern besuchten 64 die Opernaufführung. Insgesamt kamen 426 Zuschauer. Wie viel Prozent von diesen besaßen kein Abonnement (gerundet auf die erste Nachkommastelle)?
a) 48,6 %
b) 85,0 %
c) 84,6 %
d) 84,0 %

10) Herrn Meiers Auto verbraucht 5,2 l pro 100 km auf der Landstraße. Nun muss Herr Meier jedoch nach Stuttgart. Die Gesamtstrecke beträgt 300 km, davon sind 100 km Autobahn, der Rest Landstraße. Auf der Autobahn verbraucht das Auto 8 % mehr Benzin als auf der Landstraße. Wie viel Benzin verbraucht Herr Meier auf der Fahrt nach Stuttgart?
a) 15 l
b) 15,6 l
c) 14,7 l
d) 16 l

11) Eine Jacke wurde um 35 % im Preis reduziert und kostet jetzt 29,80 €. Wie viel hat sie vor der Herabsetzung gekostet?
a) 64,80 €
b) 53,50 €
c) 47,62 €
d) 45,85 €

12) Herr Meier wurde nach einer Party am Steuer seines Autos »erwischt«. Er hatte 4,6 ml Alkohol im Blut. Wie viel Promille entspricht das, wenn Herr Meier 5,8 l Blut hat?
a) 12 ‰
b) 4,6 ‰
c) 0,8 ‰
d) 3,8 ‰

13) Ein Fahrrad kostet 590 €. Der Händler kündigt eine Preiserhöhung um 3,5 % an. Wie viel kostet das Fahrrad nach der Erhöhung in Prozent vom alten Preis?
a) 98 %
b) 103,5 %
c) 135 %
d) 87 %

Zinsrechnung

14) Welches Kapital bringt bei einem Zinssatz von 3,5 % Zinsen in Höhe von 2 580 € pro Jahr?
a) 73 714,29 €
b) 45 256,17 €
c) 17 358,47 €
d) 78 256,34 €

15) Frau Meier hat 3 500 € am 1. Januar auf ein Konto eingezahlt und während des ganzen Jahres weder Geld abgehoben noch eingezahlt. Nach Gutschrift der Zinsen hat sie am Jahresende 3 605 € auf dem Konto. Wie hoch ist ihr Zinssatz?
a) 2,5 %
b) 4,1 %
c) 3,0 %
d) 5,0 %

16) Der Betrieb von Herrn Meier kauft eine Maschine für 26 400 €. 12 000 € bezahlt die Firma aus eigenen Mitteln, für den Restbetrag muss sie einen Kredit aufnehmen. Die Bank fordert 5,5 % Zinsen im Jahr für diesen Kredit. Wie viel zahlt der Betrieb nach Ablauf eines Jahres an die Bank, wenn er den Kredit dann einschließlich der angefallenen Zinsen vollständig zurückzahlt?
a) 12 660 €
b) 22 769 €
c) 27 192 €
d) 15 192 €

17) Frau Müller gewinnt 20 000 € im Lotto und legt diese für 5 Jahre an, bei einem Zinssatz von 3,2 %. Die Zinsen hebt sie am Ende jedes Jahres ab und geht shoppen. Wie viel Geld hat sie nach den 5 Jahren an Zinsen erhalten?
a) 320 €
b) 640 €
c) 6 400 €
d) 3 200 €

18) Herr Müller hasst shoppen. Als er 20 000 € gewinnt und ebenfalls zu 3,2 % Zinsen für 5 Jahre anlegt, lässt er die Zinsen deshalb auf dem Konto. Wie viel Geld hat er nach den 5 Jahren an Zinsen erhalten?
a) 3 200 €
b) 6 400 €
c) 23 753,73 €
d) 3 411,46 €

19) 3 600 € bringen bei einem Zinssatz von 3 % in 4 Monaten
a) 108 €
b) 9 €
c) 36 €
d) 56 €

20) In der Zinsrechnung hat ein Jahr 360 Tage. Welches Kapital bringt bei einem Zinssatz von 4 % in 6 Tagen 4 € Zinsen?
a) 6 000 €
b) 240 €
c) 100 €
d) 600 €

Kommentierte Lösungen

Prozentrechnung

»p %« von etwas sind $\frac{p}{100}$ von etwas.

Sie sollten die **Begriffe und Formeln der Prozentrechnung** kennen:
p = Prozentsatz; W = Prozentwert;
G = Grundwert (entspricht 100 %):
3 % von 200 sind 6: Hier ist 3 der Prozentsatz, 200 der Grundwert, 6 der Prozentwert.
Zur Berechnung verwendet man folgende Formeln:
Prozentsatz:

$$p\% = \frac{W}{G} \text{ bzw. } p = \frac{W \times 100}{G}$$

Wenn Sie diese Formel kennen, können Sie die anderen beiden aus ihr herleiten:

Grundwert:

$$G = \frac{W}{p\%} \text{ bzw. } G = \frac{W \times 100}{p}$$

Prozentwert:

$$W = p\% \times G \text{ bzw. } W = \frac{p \times G}{100}$$

Zu 1d)
Prozent bedeutet »Hundertstel«, in Prozent stellt man einen Anteil daher als Bruch mit dem Nenner 100 dar. Man erweitert den gegebenen Bruch daher entsprechend:

$$\frac{8}{20} = \frac{40}{100} = 40\,\%$$

Zu 2a, b und d)
Prozent bedeutet »Hundertstel«, in Prozent stellt man einen Anteil daher als Bruch mit dem Nenner 100 dar. Das kann man dann explizit in der Form schreiben:

$$6\,\% = \frac{6}{100}.$$

Durch Kürzen mit 2 ergibt sich $\frac{3}{50}$.

Andererseits ist $\frac{6}{100}$ als Dezimalzahl geschrieben: 6 : 100 = 0,06.

$$6\,\% = \frac{6}{100} = \frac{3}{50} = 0{,}06$$

Zu 3b)
11 Treffer bei 20 Würfen entspricht einer Quote von 11 : 20. Dies als Bruch geschrieben und erweitert auf einen Bruch mit dem Nenner 100 ergibt:

$$\frac{11}{20} = \frac{55}{100} = 55\,\%$$

Zu 4d)
Man verwendet die Formel für den Prozentsatz:

$$p\% = \frac{W}{G} = \frac{6}{24} = \frac{1}{4} = \frac{25}{100} = 25\,\%$$

Zu 5d)
Man verwendet die Formel für den Prozentwert:
$W = p\% \times G = 2{,}4\,\% \times 1200 =$

$$\frac{24}{1000} \times 1200 = \frac{24}{10} \times 12 = \frac{288}{10} = 28{,}8$$

Zu 6c)
Man verwendet die Formel für den Prozentsatz:

$$p\% = \frac{11}{90} \approx 0{,}122 = \frac{12{,}2}{100} = 12{,}2\,\%$$

Zu 7c)
Man verwendet die Formel für den Grundwert:

$$G = \frac{W}{p\%} = \frac{128}{8\%} = \frac{128}{\frac{8}{100}} = 128 \times \frac{100}{8} = 1600$$

Zu 8b)
5 000 € – 2 100 € = 2 900 € muss er durch seine Provision dazuverdienen. 2 900 € entsprechen 2 % vom Wert der verkauften

Häuser. Dieser Wert der Häuser ist der Grundwert und die gesuchte Zahl.

$$G = \frac{W}{p\%} = \frac{2\,900\,€}{2\%} = \frac{2\,900\,€}{\frac{2}{100}} = 2\,900\,€ \times \frac{100}{2}$$

$$= 145\,000$$

Zu 9b)
426 – 64 = 362 Zuschauer besaßen kein Abo. Diese Zahl ist der Prozentwert, der Grundwert ist die Gesamtzahl der Zuschauer, gefragt ist nach dem Prozentsatz:

$$p\% = \frac{W}{G} = \frac{362}{426} \approx 0{,}8498 \approx 85{,}0\%$$

Zu 10d)
Da der Verbrauch auf der Landstraße ein anderer ist als auf der Autobahn, muss die Kilometerzahl für beide erst ermittelt werden:
300 km – 100 km = 200 km Landstraße
Den Verbrauch auf der Landstraße kennt man: 5,2 l pro 100 km, das macht auf 200 km:
2 × 5,2 l = 10,4 l
Nun muss der Verbrauch auf den 100 km Autobahn berechnet werden:
Der Verbrauch auf der Landstraße wird als Ausgangswert zugrunde gelegt, er ist also der Grundwert; der Prozentsatz des Mehrverbrauchs ist mit 8 % angegeben. Der Mehrverbrauch in Litern ist der gefragte Prozentwert:
8 % von 5,2 l sind: $W = p\% \times G =$

$$8\% \times 5{,}2\,l = \frac{8}{100} \times 5{,}2\,l \approx 0{,}4\,l$$

Der Verbrauch auf 100 km Autobahn setzt sich zusammen aus dem Verbrauch auf der Landstraße und dem 8%igen Mehrverbrauch:
5,2 l + 0,4 l = 5,6 l
Der Gesamtverbrauch für die 300 km setzt sich zusammen aus den 10,4 l für 200 km Landstraße und den 5,6 l für 100 km Autobahn:
10,4 l + 5,6 l = 16 l

Zu 11d)
29,80 € entsprechen 65 % vom ursprünglichen Preis – die 29,80 € sind der Prozentwert, der Prozentsatz ist 65 % und gefragt ist nach dem ursprünglichen Preis, also dem Grundwert:

$$G = \frac{W}{p\%} = \frac{29{,}80\,€}{65\,\%} = \frac{29{,}80\,€}{\frac{65}{100}} = 29{,}80\,€ \times \frac{100}{65}$$

$$\approx 45{,}85\,€$$

Zu 12c)
»Promille« bedeutet Tausendstel, man stellt einen Anteil also als einen Bruch mit dem Nenner 1000 dar. Die Formeln der Promillerechnung ergeben sich analog aus denen der Prozentrechnung:
Promillesatz:

$$p‰ = \frac{W}{G} \text{ bzw. } p = \frac{W \times 1000}{G}$$

(Vorsicht – in der Alltagssprache wird der Promillesatz in der Regel als Promillewert bezeichnet!)
Wenn Sie diese Formel kennen, können Sie die anderen beiden aus ihr herleiten:
Grundwert:

$$G = \frac{W}{p‰} \text{ bzw. } G = \frac{W \times 1000}{p}$$

Promillewert:

$$W = p‰ \times G \text{ bzw. } W = \frac{p \times G}{1000}$$

4,6 ml Alkohol ist der Promillewert, 5,8 l Blut ist der Grundwert und gefragt ist nach dem Promillesatz:

$$p‰ = \frac{W}{G} = \frac{4{,}6\text{ ml}}{5{,}8\text{ l}} = \frac{4{,}6\text{ ml}}{5\,800\text{ ml}} \approx 0{,}0008 =$$

$$\frac{8}{1000} = 1{,}2\,‰$$

Zu 13b)
590 € entspricht dem Grundwert von 100 %, dazu kommt die Erhöhung von 3,5 %. Das ergibt 103,5 %, die das Fahrrad bezogen auf den Grundwert kostet.

Zinsrechnung

Analoge Formeln wie in der Prozentrechnung gibt es auch in der Zinsrechnung:
Z = Zinsen (entsprechen dem Prozentwert)
K = Kapital (entspricht dem Grundwert)
p = Zinssatz (entspricht dem Prozentsatz)

$$Z = \frac{K \times p}{100}$$

$$K = \frac{Z \times 100}{p}$$

$$p = \frac{Z \times 100}{K}$$

Zu 14a)
Gegeben sind der Zinssatz: 3,5 % und die Zinsen: 2 580 €. Gesucht ist das Kapital, das man mit der entsprechenden Formel berechnet:

$$K = \frac{Z \times 100}{p} = \frac{2\,580\text{ €} \times 100}{3{,}5} = 73\,714{,}29\text{ €}$$

Zu 15c)
Gesucht ist der Zinssatz. Das Kapital, das verzinst wurde, ist dasjenige, das Frau Meier zu Jahresbeginn eingezahlt hat: 3 500 €. Die Zinsen, die sie erhalten hat, ergeben sich als Differenz aus dem Kapital zu Jahresbeginn und dem zu Jahresende:
3 605 € – 3 500 € = 105 € Zinsen.
Den Zinssatz berechnet man nun mit der entsprechenden Formel:

$$p\,\% = \frac{Z \times 100}{K} = \frac{105\text{ €} \times 100}{3\,500\text{ €}} = 3\,\%$$

Zu 16d)
Die Firma zahlt zum einen den aufgenommenen Kreditbetrag zurück, zum anderen die aufgelaufenen Zinsen. Der Kreditbetrag ist: 26 400 € – 12 000 € = 14 400 € Kredithöhe.
Um die Zinsen über die Formel zu berechnen, braucht man das Kapital (in diesem Fall: der Kredit von 14 400 €) und den Zinssatz, der mit 5,5 % angegeben ist:

$$Z = \frac{K \times p}{100} = \frac{14\,400\text{ €} \times 5{,}5}{100} = 792\text{ €}$$

Der zurückzuzahlende Betrag ist dann die Kredithöhe plus Zinsen:
14 400 € + 792 € = 15 192 €.

Zu 17d)
Das zu verzinsende Kapital ist 20 000 €, der Zinssatz beträgt 3,2 %. Zunächst berechnet man mit der entsprechenden Formel die Zinsen pro Jahr:

$$Z = \frac{K \times p}{100} = \frac{20\,000\text{ €} \times 3{,}2}{100} = 640\text{ €}$$

Nach 5 Jahren hat Frau Müller das Fünffache an Zinsen bekommen:
640 € × 5 = 3 200 €.

Zu 18d)
Wenn die Zinsen bei einem angelegten Kapital nicht abgehoben werden, erhöht sich das Kapital um die Zinsen und diese werden im jeweiligen Folgejahr mitverzinst. Um die dadurch entstehende Erhöhung des Kapitals zu berücksichtigen, benutzt man die Formel der Zinseszinsrechnung:

Zinseszinsformel: $K_n = K_0 \times \left(1 + \frac{p}{100}\right)^n$

K_0 = Kapital zu Beginn des Zeitraums
K_n = Kapital nach n Jahren
p = Zinssatz
n = Anzahl Jahre

Die Zinseszinsformel dient zunächst dazu, das Kapital nach n Jahren zu berechnen. Wenn man die Differenz zwischen dem Kapital zu Beginn und dem Kapital zum Ende des Anlagezeitraums berechnet, erhält man die Zinsen, die der Anleger dazubekommen hat.

Herr Müller legt 20 000 € für 5 Jahre an bei einem Zinssatz von 3,2 %.
K_0 = Kapital zu Beginn des Zeitraums = 20 000 €
K_n = Kapital nach 5 Jahren
p = Zinssatz = 3,2 %
n = Anzahl Jahre = 5
Zunächst wird mit der Zinseszinsformel das Kapital nach $n = 5$ Jahren berechnet:

$$K_5 = 20\,000\,€ \times \left(1 + \frac{3{,}2}{100}\right)^5 \approx 23\,411{,}46\,€$$

Die Zinsen erhält man, wenn man von dem Kapital nach 5 Jahren das abzieht, was Herr Müller 5 Jahre zuvor eingezahlt hat: $Z = 23\,411{,}46\,€ - 20\,000\,€ \approx 3\,411{,}46\,€$.
Er hat im Laufe der 5 Jahre 3 411,46 € Zinsen bekommen.

Zu 19c)
Ein Zinssatz bezieht sich immer auf ein Jahr. Mit der Formel lassen sich also zunächst nur die Zinsen pro Jahr berechnen:

$$Z = \frac{K \times p}{100} = \frac{3\,600\,€ \times 3}{100} = 108\,€$$

Die Zinsen pro Monat betragen $\frac{1}{12}$ der Jahreszinsen: 108 € : 12 = 9 €
Für 4 Monate ergeben sich dann Zinsen in Höhe von: 9 € × 4 = 36 €.

Zu 20a)
Da sich der Zinssatz (4 %) auf ein Jahr (= 360 Tage) bezieht, muss die Höhe der Zinsen zunächst auf ein Jahr umgerechnet werden:

4 € Zinsen in 6 Tagen entsprechen 60 × 4 € = 240 € Zinsen in 360 Tagen.
Damit lässt sich nun das zugehörige Kapital mit der Formel berechnen:

$$K = \frac{Z \times 100}{p} = \frac{240\,€ \times 100}{4} \approx 6\,000\,€$$

Maße und Gewichte

Die folgenden Aufgaben testen Ihr Wissen im Bereich der Maße und Gewichte. Hierbei können mehrere Lösungen richtig sein.

Trainingsaufgaben

Für die 20 Aufgaben haben Sie **20 Minuten** Zeit. Nebenrechnungen sind erlaubt. Die Nutzung eines Taschenrechners ist nicht erlaubt.

Gewichte

1) 13 t + 400 kg = ?
a) 130 400 kg
b) 13 400 kg
c) 1700 kg
d) 13 040 kg

2) 2 300 kg = ?
a) 23 000 g
b) 2 300 000 g
c) 2,3 t
d) 2 300 000 000 mg

3) 3,9 t : 13 = ?
a) 0,03 t
b) 3 t
c) 0,3 t
d) 300 kg

4) Ein Sack Kartoffeln wiegt 1 Zentner (= 50 kg). Auf dem Dachboden können 2 t gelagert werden, bevor die Holzdielen brechen. 20 Kartoffelsäcke lagern schon dort. Wie viele Säcke können noch zusätzlich eingelagert werden, wenn eine Reserve von 100 kg bleiben soll, damit man den Dachboden noch betreten kann?
a) 20 Säcke
b) 18 Säcke
c) 40 Säcke
d) 900 kg

Zeitangaben

5) Wie viele Minuten sind 590 s?
a) 5,9 min
b) 9,5 min
c) 9 min 50 s
d) 95 min

6) Wie viele Minuten sind 1,75 h?
a) 175 min
b) 105 min
c) 150 min
d) 95 min

7) Wie viele Sekunden sind 2 h 34 min 18 s?
a) 23 418 s
b) 925,8 s
c) 2 358 s
d) 9 258 s

8) Herr Meier schläft um 22.07 Uhr ein, der Wecker klingelt um 6.13 Uhr. Wie lang hat Herr Meier geschlafen?
a) 8 h
b) 6 h 47 min
c) 8,6 h
d) 8 h 6 min

Längenmaße

9) Wie viele Meter sind 0,056 km?
a) 560 m
b) 5600 m
c) 56 m
d) 56000 m

10) Welche der Angaben entsprechen 4,2 km?
a) 42000 m
b) 4200 m
c) 420000 cm
d) 42000 dm

11) Die alte Einheit Zoll entspricht 2,54 cm. Wie lang ist eine Strecke von 3,5 Zoll?
a) 8,89 cm
b) 88,9 dm
c) 8,9 cm
d) 88,9 mm

12) Beim Wettbewerb der Jugendfeuerwehr müssen 9 Kinder insgesamt 1,5 km laufen. Sven läuft 63 m, Jeanette 0,42 km, Jonas 2340 dm, Emma 83000 mm, Robert 50 m, Sabrina 12 500 cm, Marcel 25000 mm und Tobias 1500 dm. Welche Strecke läuft Louisa?
a) 3,5 km
b) 0,25 km
c) 0,35 km
d) 350 m

Flächenmaße

13) Wie viel Quadratmeter sind 2 Ar (2 a)?
a) 20 m^2
b) 200 m^2
c) 0,2 m^2
d) 0,02 m^2

14) Wie viel sind 412 m^2 + 7,3 a – 0,0021 ha?
a) 11,21 a
b) 1,121 ha
c) 1121 m^2
d) 0,1121 ha

15) Ein rechteckiges Baugrundstück ist 25 m breit und hat eine Fläche von 7,5 a. Wie lang ist es?
a) 300 m
b) 25 m
c) 3 m
d) 30 m

16) Herr Meier kauft Teppichboden. Die Rolle ist 5 m breit, er kauft 4,5 m. Der Quadratmeter kostet im Ausverkauf 25 €. Wie viel muss Herr Meier bezahlen?
a) 562,50 €
b) 565,20 €
c) 5625 €
d) 655,20 €

Volumenmaße

17) Wie viel ist ein Liter?
a) 1 dm^3
b) 10 cm^3
c) 1000 cm^3
d) 1000 ml

18) Wie viel Milliliter müssen zu 850 cm^3 zugegeben werden, um 1,2 l zu erhalten?
a) 350 ml
b) 3500 ml
c) 0,35 ml
d) 3,5 ml

19) Das Aquarium von Herrn Meier ist ausgelaufen. Es fasst 96 l Wasser. Das Zimmer hat eine Grundfläche von 3 m × 4 m. Wie hoch würde das Wasser im Zimmer stehen, wenn es nicht durch die Tür auslaufen könnte?

a) 8 cm
b) 8 dm
c) 0,8 cm
d) 8 mm

20) Vier Regentropfen haben ein Volumen von etwa 1 ml. Wie viele dieser Regentropfen passen in einen Regenwassertank mit einem Volumen von 6 m^3?

a) 15 000
b) 2 400
c) 1 500 000
d) 24 000 000

Kommentierte Lösungen

Zahlen mit Einheiten nennt man Größen.

Umrechnungsfaktoren

- **Gewichte:**
  1 t = 1000 kg = 1000000 g
- **Zeiten:**
  1 h = 60 min = 3600 s
  1 min = 60 s
- **Längen:**
  1 km = 1000 m
  1 m = 10 dm = 100 cm = 1000 mm
  1 dm = 10 cm
  1 cm = 10 mm
- **Flächen:**
  1 km^2 = 100 ha (Hektar;
  1 ha = 100 m × 100 m)
  1 ha = 100 a (Ar; 1 a = 10 m × 10 m)
  1 a = 100 m^2
  1 m^2 = 100 dm^2
  1 dm^2 = 100 cm^2
  1 cm^2 = 100 mm^2
- **Volumen:**
  1 m^3 = 1000 dm^3
  1 dm^3 = 1000 cm^3
  1 cm^3 = 1000 mm^3
  1 l = 1 dm^3
  1 l = 1000 ml
  1 ml = 1 cm^3

Zu 1b)
Beim Addieren und Subtrahieren von Größen müssen zunächst alle Angaben mithilfe der Umrechnungsfaktoren in dieselbe Einheit umgerechnet werden.
13 t + 400 kg = 13 000 kg + 400 kg = 13400 kg

Zu 2b, c und d)
Mit den Umrechnungsfaktoren ergibt sich:
2,3 t = 2300 kg = 2300000 g = 2300000000 mg

Zu 3c und d)
Wenn man eine Größe durch eine Zahl dividiert, dividiert man die Zahlen und schreibt die Einheit hinter das Ergebnis:
3,9 t : 13 = 0,3 t = 300 kg

Zu 4b)
2 t = 2000 kg, das entspricht 40 Säcken à 50 kg. 20 Säcke lagern bereits auf dem Dachboden; damit könnten noch weitere 20 Säcke eingelagert werden. Da jedoch 100 kg = 2 Säcke als Reserve bleiben sollen, können nur noch 18 Säcke auf den Dachboden geschafft werden.
(Zu Lösung d: Es ist zwar richtig, dass mit den 18 Säcken 900 kg Kartoffeln auf den Dachboden gebracht werden können, gefragt war aber nach der Anzahl Säcke, nicht nach dem Gewicht der Kartoffeln!)

Zu 5c)
Zum Umrechnen von Sekunden in Minuten müssen Sie die Sekundenzahl (590) zunächst zerlegen in einen durch 60 teilbaren Anteil (540) und den Rest (50). Den durch 60 teilbaren Anteil teilen Sie durch 60 und erhalten so die Anzahl Minuten; der Rest bleibt in Sekunden stehen:
590 s = 540 s + 50 s = 9 × 60 s + 50 s = 9 min + 50 s

(Beachten Sie, dass eine Minute 60 s und nicht 100 s hat; d. h., 9,5 min entspricht

$9 \text{ min} + \frac{50}{100} \text{ min} = 9 \text{ min} + \frac{1}{2} \text{ min} =$

9 min 30 s.)

Zu 6b)
1,75 h = 1 h + 0,75 h
Eine Stunde hat 60 Minuten, d. h., 0,75 Stunden sind **nicht** 75 Minuten:

$0{,}75 \text{ h} = \frac{75}{100} \text{ h} = \frac{3}{4} \text{ h} = 45 \text{ min}$

1,75 h sind dann:
1 h + 45 min = 60 min + 45 min = 105 min

Zu 7d)
Mit den Umrechnungsfaktoren ergibt sich:
2 h 34 min 18 s = 2 × 60 × 60 s + 34 × 60 s + 18 s = 9 258 s

Zu 8d)
Bis 23.00 Uhr schläft Herr Meier 53 min; bis 6 Uhr weitere 7 h; zum Schluss noch 13 min bis 6.13 Uhr:
53 min + 7 h + 13 min = 7 h + 66 min = 8 h 6 min

Zu 9c)
Mit den Umrechnungsfaktoren ergibt sich:
0,056 km = 56 m

Zu 10b, c und d)
Mit den Umrechnungsfaktoren ergibt sich:
4,2 km = 4 200 m = 42 000 dm = 420 000 cm

Zu 11a und d)
Wenn 1 Zoll 2,54 cm entspricht, sind 3,5 Zoll das 3,5-fache von 2,54 cm:
3,5 Zoll = 3,5 × 2,54 cm = 8,89 cm = 88,9 mm

Zu 12c und d)
Zunächst schreibt man alle gelaufenen Streckenabschnitte hin und wandelt dann in eine einheitliche Einheit um, und zwar mithilfe der Umrechnungsfaktoren – weil zum Addieren alle Größen in derselben Einheit vorliegen müssen:
1,5 km – (63 m + 0,42 km + 2 340 dm + 83 000 mm + 50 m + 12 500 cm + 25 000 mm + 1 500 dm)
= 1 500 m – (63 m + 420 m + 234 m + 83 m + 50 m + 125 m + 25 m + 150 m)
= 1 500 m – 1 150 m
= 350 m = 0,35 km

Zu 13b)
Mit den Umrechnungsfaktoren ergibt sich:
2 a = 200 m^2

Zu 14a, c und d)
Beim Addieren und Subtrahieren von Größen müssen zunächst alle Angaben mithilfe der Umrechnungsfaktoren in dieselbe Einheit umgerechnet werden.
412 m^2 + 7,3 a – 0,0021 ha
= 412 m^2 + 730 m^2 – 21 m^2 = 1121 m^2 = 11,21 a = 0,1121 ha

Zu 15d)
Eine Fläche berechnet man mit »Länge mal Breite«, entsprechend ergibt sich die unbekannte Länge aus »Fläche dividiert durch Breite«. Da die Breite in Metern gegeben ist, muss die Fläche zunächst in Quadratmeter umgerechnet werden, dann ergibt sich die Länge auch in Metern:
7,5 a = 750 m^2
750 m^2 : 25 m = 30 m

Zu 16a)
Man berechnet zunächst die Fläche Teppichboden, die Herr Meier kauft. Eine Fläche ergibt sich aus »Länge mal Breite«:
5 m × 4,5 m = 22,5 m^2
Ein Quadratmeter kostet 25 €, dann kosten 22,5 m^2:
22,5 × 25 € = 562,50 €

Zu 17a, c und d)
Mit den Umrechnungsfaktoren ergibt sich:
1 l = 1 dm^3 = 1000 cm^3 = 1000 ml

Zu 18a)
Zunächst müssen beide Angaben mithilfe der Umrechnungsfaktoren in dieselbe Ein-

heit umgerechnet werden; da das Ergebnis in Milliliter verlangt wird, ist ml die sinnvollste Einheit:
$850\ cm^3 = 850\ ml$
$1{,}2\ l = 1200\ ml$
$1200\ ml - 850\ ml = 350\ ml$ müssen dazugegeben werden.

Zu 19c und d)
Gegeben ist das Volumen des vorhandenen Wassers und die Grundfläche des Zimmers. Gesucht ist die Höhe.
Ein Volumen berechnet man mit »Länge mal Breite mal Höhe« oder »Grundfläche mal Höhe«. Die Höhe ergibt sich entsprechend aus »Volumen geteilt durch Grundfläche«. Zunächst müssen alle Größen mithilfe der Umrechnungsfaktoren in dieselbe Einheit umgerechnet werden, bspw. in Meter:
Volumen: $96\ l = 96\ dm^3 = 0{,}096\ m^3$
Zimmerfläche: $4\ m \times 3\ m = 12\ m^2$
Die Höhe der Wasserschicht ist dann:
$0{,}096\ m^3 : 12\ m^2 = 0{,}008\ m = 0{,}8\ cm = 8\ mm$

Zu 20d)
Man rechnet zunächst beide Angaben in dieselbe Einheit um, also bspw. das Volumen des Tanks in ml:
$6\ m^3 = 6000\ dm^3 = 6000\ l = 6000000\ ml$
1 ml entspricht 4 Tropfen, dann sind 6000000 ml:
4×6000000 Tropfen $= 24000000$ Tropfen

Schätzaufgaben

Bei diesen Aufgaben geht es um Geschwindigkeit: Schätzen Sie die Ergebnisse ab oder rechnen Sie überschlägig! Je Aufgabe ist hierbei einer der vier angegebenen Lösungsvorschläge korrekt.

Trainingsaufgaben

Für die 20 Aufgaben haben Sie **7 Minuten** Zeit! Nebenrechnungen sind erlaubt. Die Nutzung eines Taschenrechners ist nicht erlaubt.

1) $990 + 423 =$ ________
a) 1403
b) 1393
c) 513
d) 1413

2) $27 \times 49 =$ ________
a) 1323
b) 1327
c) 1443
d) 1374

3) $36^2 + 1 =$ ________
a) 37
b) 39
c) 1297
d) 1547

4) $4{,}593 + 8{,}326 + 9{,}1 =$ ________
a) 21,33
b) 23,299
c) 19,34
d) 22,019

5) $42\,592 : 7\,430 =$ ________
a) 7,184...
b) 57,29...
c) 50022
d) 5,732...

6) $6^3 =$ ________
a) 36
b) 188
c) 216
d) 630

7) $89 + 95 + 91 + 92 + 96 =$ ________
a) 463
b) 510
c) 495
d) 421

8) $349 \times 976 =$ ________
a) 230794
b) 340624
c) 351420
d) 289002

9) $10\,894 - 372 - 1\,699 =$ ________
a) 10423
b) 8823
c) 9209
d) 6479

10) $0{,}0045 + 0{,}1201 + 0{,}9451 =$ ________
a) 0,1697
b) 0,8347
c) 0,9357
d) 1,0697

11) $\frac{5}{7} + \frac{3}{8} =$ ________
a) 1,597...
b) 1,089...
c) 1
d) 0,812...

12) $1024^2 =$ ________
a) 1048576
b) 998216
c) 1026
d) 1102128

13) $12\frac{2}{7} \times 11\frac{5}{11} =$ ________
a) 121,733...
b) 23,943...
c) 140,727...
d) 149,32

14) 299 792 458 : 2,54 = ________
a) 140 923 118,...
b) 98 283 415,34...
c) 112 645,992...
d) 118 028 526,77...

15) 293 + 474 – 523 = ________
a) 979
b) 302
c) 177
d) 244

16) 501 236 – 498 774 = ________
a) 21 922
b) 2 462
c) 3 972
d) 102 702

17) $\sqrt{4096} =$ ________
a) 16 466
b) 74
c) 64
d) 96,421...

18) 4,38 + 22 – 7,32 = ________
a) 17,24
b) 34,05
c) 20,96
d) 19,06

19) 7 × 11 × 8 × 12 = ________
a) 7 392
b) 38
c) 994
d) 4 965

20) 0,0004 × 120 = ________
a) 0,000 048
b) 0,048
c) 0,004
d) 0,48

Kommentierte Lösungen

Zu 1d)
Es hilft bei Schätzaufgaben, wenn man Werte, die nahe bei »runden« Zahlen liegen, auf- bzw. abrundet. Manchmal kann man dann beim Ergebnis das Runden rückgängig machen und so sogar sehr schnell das richtige Ergebnis erhalten:
$990 + 423 \rightarrow \mathbf{1000} + 423 \rightarrow 1423 - 10 \rightarrow 1413$

Zu 2a)
Wenn die Zahlen komplizierter sind, sollten Sie nach dem Runden überlegen, ob das wahre Ergebnis größer oder kleiner als das gerundete sein muss:
$27 \times 49 \approx 27 \times 50 = 27 \times 100 : 2 = 2700 : 2 \approx 2800 : 2 \approx 1400$.
Da zweimal aufgerundet wurde, muss das wahre Ergebnis etwas unter 1400 liegen, womit die Antwort c) rausfällt.
Achten Sie auch auf die Endziffern! In dieser Aufgabe werden die Zahlen 27 und 49 multipliziert. Weil $7 \times 9 = \mathbf{63}$ ist, muss das zu schätzende Ergebnis als letzte Stelle eine 3 haben. Damit fallen die Antworten b) und d) aus und es bleibt Antwort a).

Zu 3c)
36^2 muss größer als $30^2 = 900$, sein, also fallen a) und b) aus. Da 36 eher in der Mitte zwischen 30 und 40 liegt, ist auch d) sehr unwahrscheinlich, das fast bei $1600 = 40^2$ liegt. Übrig bleibt c).

Zu 4d)
Wenn man die Nachkommastellen ignoriert, bekommt man
$4 + 8 + 9 = 21$
Die Nachkommastellen ergeben zusammen ungefähr $0{,}6 + 0{,}3 + 0{,}1 = 1$,
also muss der Schätzwert sehr nahe bei $21 + 1 = 22$ liegen.

Zu 5d)
Es ist $42\,000 : 7000 = 6$, damit fallen b) und c) aus. Jetzt sollten Sie rückwärts rechnen: $6 \times 7400 = 42\,000 + 6 \times 400 = 44\,400$, die gesuchte Zahl muss kleiner als 6 sein und a) fällt aus.

Zu 6c)
Es ist $6^3 = 6 \times 6^2 = 6 \times 36 = 5 \times 36 + 36 = 180 + 36 \approx 220$.

Zu 7a)
Alle 5 Summanden sind ungefähr gleich 90 oder etwas darüber. Also sollten Sie zunächst $5 \times 90 = 450$ schätzen, dann noch $5 \times 2 = 10$ dazugeben und bei 460, also Antwort a) landen.

Zu 8b)
976 ist fast 1000, 349 fast 350.
Also wird die Antwort etwas unter $350 \times 1000 = 350\,000$ liegen.

Zu 9b)
Man sieht, dass von 10 894 zwei Zahlen abgezogen werden, die zusammen etwas mehr als 2 000 ergeben $(300 + 1700 = 2000)$. Also sollte die Antwort etwas unter 8 890 liegen.

Zu 10d)
Übersichtlicher wird es, wenn Sie den kleinen ersten Summanden ignorieren und die anderen beiden runden und in Gedanken mit 100 multiplizieren:
$0{,}1201 + 0{,}9451 \approx (12 + 94) : 100 = 1{,}06$

Zu 11b)
Der erste Bruch ist etwas größer als $\frac{1}{2}$,
der zweite etwas kleiner. Die Summe sollte also in etwa 1 sein, aber nicht exakt.

Zu 12a)
$1024^2 \approx 1000^2 = 1\,000\,000$
Daher und wegen $1024 > 1000$ kommen nur a) und d) in Frage. Wegen $4 \times 4 = 16$ muss die Endziffer eine 6 sein, also muss a) richtig sein.

Zu 13c)
Zunächst ist $12 \times 11 = 121$ und $13 \times 12 = 156$, damit fällt b) raus. Ein besserer Schätzwert ist 12×12 (ein Faktor vergrößert, einer verkleinert). Gegen d) spricht, dass die Nenner 7 und 11 »krumme« Dezimaldarstellungen ergeben, darum sollten Sie sich für c) entscheiden.

Zu 14d)
Die erste Zahl lässt sich sehr gut auf 300 000 000 aufrunden, die zweite auf 2,5.
$299\,792\,458 : 2{,}54 \approx 300$ Mio. : $2{,}5 =$
300 Mio. : $10 \times 4 = 120$ Mio.

Zu 15d)
Zu einer Zahl, die etwa 300 beträgt, wird erst etwas weniger als 500 addiert und dann etwas mehr als 500 subtrahiert. Also sollte das Ergebnis etwas unter 300 liegen. Wie viel? Ungefähr die Differenz zwischen der zweiten und der dritten Zahl, die etwa 50 beträgt. Sie sollten also 250 als Ergebnis schätzen.

Zu 16b)
Da es nur um eine Differenz geht, kann man 500 000 von beiden Zahlen abziehen und erhält ungefähr $1200 - (-1200) = 2400$.

Zu 17c)
Wenn Sie nicht zufällig wissen, dass $4096 = 2^{12}$ und $\sqrt{2^{12}} = 2^6 = 64$ ist, zerlegen Sie die Zahl 4 096:
$\sqrt{4096} = \sqrt{400 \times 10} \approx \sqrt{400} \times \sqrt{9} =$
$20 \times 3 = 60$

Zu 18d)
Lassen Sie wieder die Nachkommastellen beiseite:
$4{,}38 + 22 - 7{,}32 \approx 4 + 22 - 7 = 19$
Dies muss ein guter Schätzwert sein, weil die Fehler bei den beiden Rundungen sich fast aufheben.

Zu 19a)
Es werden vier Zahlen multipliziert, von denen zwei etwas unter und zwei knapp über 10 liegen; wobei 7 und 8 etwas weiter weg von der zehn sind als 11 und 12. Also ist ein Ergebnis etwas unter $10^4 = 10\,000$ zu erwarten.

Zu 20b)
Da $4 \times 12 = 48$ ist, kommen nur a), b) und d) in Frage. Der Faktor 120 ist ungefähr gleich 100, also bedeutet die Multiplikation mit dieser Zahl, dass das Komma in der ersten Zahl zwei Stellen nach links »rutscht«.

Dreisatz

Die folgenden Aufgaben testen Ihr Wissen im Bereich des Dreisatzes. Je Aufgabe ist nur eine der vorgegebenen Lösungen korrekt.

Trainingsaufgaben

Für die 20 Aufgaben haben Sie **30 Minuten** Zeit. Nebenrechnungen sind erlaubt. Die Nutzung eines Taschenrechners ist nicht erlaubt.

1) Für 3 Weihnachtsstollen braucht Bäcker Müller 450 g Rosinen. Wie viel Gramm Rosinen braucht er für 50 Weihnachtsstollen?
a) 750 g
b) 1050 g
c) 4,5 kg
d) 7,5 kg

2) Nach dem Backen hat Bäcker Müller noch 650 g Rosinen übrig. Er möchte noch 3 Stollen von je halber Größe (im Vergleich zu Aufgabe 1) für die Oma, die Tante und die Cousine backen. Reichen die Rosinen?
a) Ja, die Rosinen reichen für 3 halbe Stollen.
b) Nein, nur die Oma bekommt noch einen halben Stollen, dann sind die Rosinen aufgebraucht.
c) Nein, nur die Oma und die Tante bekommen einen halben Stollen, dann sind die Rosinen aufgebraucht.
d) Nein – die Oma und die Tante bekommen jede einen halben Stollen, die Cousine einen halben Stollen mit 25 g Rosinen weniger.

3) 80 Äpfel ergeben 12 Gläser Apfelmus. Wie viele Gläser ergeben 20 Äpfel?
a) 2
b) 3
c) 4
d) 5

4) Für eine 15 m^2 große Fläche braucht man 9 l Farbe. Ein Haus hat drei Zimmer mit 10 m^2, 25 m^2 und 90 m^2 zu streichender Fläche. Wie viel Farbe braucht man jeweils?
a) 6 l, 12 l, 45 l
b) 6 l, 15 l, 56 l
c) 6 l, 15 l, 54 l
d) 8 l, 15 l, 54 l

5) Herr Meier muss tanken. Er hat letzte Woche für 58 € 40,6 l Benzin bekommen. Er hat heute aber nur 35 € im Portemonnaie. Wie viel Benzin bekommt er dafür?
a) 20,1 l
b) 24,5 l
c) 43,3 l
d) 38,5 l

6) Frau Meier schreibt für die Zeitung ihres Computerclubs. Sie bekommt eine Aufwandsentschädigung je nach Anzahl der Zeilen. Für den letzten Bericht über ein neues Schachprogramm erhielt sie 26,25 € für 105 Zeilen. Wie viel bekommt sie für den 72-zeiligen Bericht über die passende App dazu?
a) 23,50 €
b) 30,20 €
c) 27,80 €
d) 18,00 €

7) Im nächsten Heft erscheint ein Artikel von Frau Meier (siehe Aufgabe 6) über ein Programm, das Dreisatzaufgaben berechnet. Sie erhält 53,75 € dafür. Wie viele Zeilen hatte der Bericht?
a) 215
b) 125
c) 307
d) 512

8) Die Aufwandsentschädigung wurde erhöht, Frau Meier (siehe Aufgabe 6) bekommt jetzt für einen 50-zeiligen Artikel 15 €. Wie viel hätte sie mit dieser Entschädigung für den Bericht über das Dreisatzprogramm (siehe Aufgabe 17) bekommen?
a) 62,50 €
b) 43,20 €
c) 64,50 €
d) 55,80 €

9) Frau Meier steht im Supermarkt vor dem Hundefutterregal. Ihr Dackel braucht an 2 Tagen 3 Dosen von dem speziellen Dackel-Aufbaufutter. Frau Meier fährt für 9 Tage in Urlaub und muss genügend Dosen dahaben, damit Frau Müller den Dackel versorgen kann. Wie viele Dosen muss sie in ihren Einkaufskorb legen? (Denken Sie an die reale Einkaufsituation!)
a) 13 Dosen
b) 13,5 Dosen
c) 15 Dosen
d) 14 Dosen

10) Herr Müller macht jedes Jahr im Urlaub eine Radtour an denselben Ort. Letztes Jahr hatte er eine Durchschnittsgeschwindigkeit von 20 km/h und brauchte 11 Stunden, um sein Ziel zu erreichen. Dieses Jahr hat er ein neues Fahrrad und schafft 22 km/h. Wie lange braucht er bis zum Ziel?
a) 11 h
b) 10,5 h
c) 9 h
d) 10 h

11) Die Jugendfeuerwehr Nonnenhausen fährt in ihr alljährliches Zeltlager. Die Jugendwartin hat für 12 Teilnehmer Proviant eingekauft, der für 9 Tage reicht. Nun haben 3 Teilnehmer wegen Grippe abgesagt. Wie lange würde der Vorrat nun reichen?
a) 12 Tage
b) 11 Tage
c) 7 Tage
d) 9 Tage

12) 6 Maler brauchen 4 Arbeitstage, um eine Hausfassade zu streichen. Wegen des vorhergesagten Regenwetters wollen sie in 3 Tagen fertig sein. Wie viele Kollegen müssen zusätzlich helfen?
a) 4
b) 2
c) 8
d) 3

13) Ein Erwachsener braucht ca. 100 mg Vitamin C pro Tag. Frau Meier hat im Herbst viele Äpfel geerntet und möchte 48 mg ihres Vitamin-C-Bedarfes über die Äpfel decken. Letztes Jahr musste sie dafür zwei Äpfel am Tag essen. Dieses Jahr haben die Äpfel nur zwei Drittel des Vitamin-C-Gehaltes. Wie viele Äpfel muss sie pro Tag essen?

a) $\frac{4}{3}$
b) 6
c) 3
d) 4

14) Frau Müller hat Mineralwasser eingekauft, das für ihre 5-köpfige Familie 8 Tage reichen soll. Überraschend kommt ihre Schwester mit Mann und Kind zu Besuch. Wie lange reicht das Wasser jetzt?

a) 5 Tage
b) 10 Tage
c) knapp 13 Tage
d) gut 12 Tage

15) Die Firma Nadel & Zwirn verbraucht täglich 64 m^2 Stoff. Damit werden 16 Sommerkleider hergestellt. Das neue Modell findet reißenden Absatz, sodass nun 72 m^2 Stoff pro Tag verarbeitet werden. Wie viele Kleider werden hergestellt?

a) 24
b) 14
c) 48
d) 18

16) Der Stoffvorrat der Firma Nadel & Zwirn ist für 15 Tage berechnet bei einem Verbrauch von 64 m^2 Stoff täglich. Während einer Schlecht-Wetter-Periode geht der Absatz der Sommerkleider zurück und es werden nur noch 48 m^2 Stoff pro Tag verbraucht. Wie lange reicht der Vorrat nun?

a) 96 Tage
b) 20 Tage
c) gut 11 Tage
d) 12 Tage

17) Die 4-köpfige Familie Meier hat für ihren Urlaub so viel Geld angespart, dass jeder neben Hotel und Anreise noch 84 € pro Tag ausgeben kann. Die älteste Tochter will nun aber gar nicht mitfahren, sondern mit ihrem neuen Freund die Ferien zu Hause verbringen. Wie viel kann jedes der drei mitreisenden Familienmitglieder nun pro Tag ausgeben?

a) 336 €
b) 112 €
c) 63 €
d) 264 €

18) Strömt Wasser durch einen Feuerwehrschlauch, kommt es aufgrund von Reibung zu Druckverlusten. In einem Schlauch der Größe B beträgt bei einem Förderstrom von 400 l Wasser pro Minute der Druckverlust 0,6 bar auf 200 m Schlauchlänge. Wie hoch ist der Druckverlust bei einer Länge der Schlauchleitung von 340 m?

a) 0,3 bar
b) 1,2 bar
c) 1,02 bar
d) 0,8 bar

19) Der Tank des Löschgruppenfahrzeugs der FFw Nonnenhausen enthält 1600 l Wasser. Sind zwei Strahlrohre der Größe C im Einsatz (ohne Mundstück), ist der Tank in 4 min leer. Wie lange dauert es, wenn drei C-Rohre im Einsatz sind?
a) 360 s = 6 min
b) 120 s = 2 min
c) 180 s = 3 min
d) 160 s = 2 min 40 s

20) Frau Müller backt Weihnachtskekse. Die Kekse sind nach 25 min fertig gebacken. 25 min Ofenbetrieb kosten Frau Müller 6,25 ct pro Blech, wenn sie 4 Bleche in den Ofen schiebt. Am Schluss bekommt sie nur noch 2,5 Bleche voll, dann ist der Teig aufgebraucht. Wie hoch sind die Energiekosten pro Blech bei nur 2,5 Blechen im Ofen?
a) 3,9 ct
b) 25 ct
c) 62,5 ct
d) 10 ct

Kommentierte Lösungen

Zu 1d)

Hier müssen Sie den proportionalen Dreisatz anwenden: »Für mehr Stollen werden mehr Rosinen gebraucht.«

Man schließt zunächst auf den Rosinenverbrauch für einen Stollen und rechnet dann hoch auf 50 Stollen:

3 Stollen ≙ 450 g

1 Stollen ≙ 450 g : 3 = 150 g

50 Stollen ≙ 150 g × 50 = 7 500 g = 7,5 kg

Zu 2d)

Hier müssen Sie den proportionalen Dreisatz anwenden: »Für mehr Stollen werden mehr Rosinen gebraucht.«

Man schließt zunächst auf den Rosinenverbrauch für einen halben Stollen und rechnet dann hoch auf 3 halbe Stollen:

1 Stollen ≙ 450 g

0,5 Stollen ≙ 450 g : 2 = 225 g

3 × 0,5 Stollen ≙ 225 g × 3 = 675 g

Bäcker Müller hat aber nur noch 650 g Rosinen, ihm fehlen:

675 g – 650 g = 25 g Rosinen

Beim dritten Stollen fehlen also 25 g.

Zu 3b)

Hier müssen Sie den proportionalen Dreisatz anwenden: »Mehr Äpfel ergeben mehr Gläser.«

Man könnte auch hier wieder zunächst auf die Anzahl Gläser, die man bei einem Apfel erhält, schließen und dann auf die Anzahl Gläser bei 20 Äpfeln hochrechnen. Schneller geht es, wenn man bedenkt, dass 20 Äpfel ein Viertel von 80 Äpfeln sind und dass sich die 12 Gläser ebenfalls problemlos durch 4 teilen lassen. Man schließt deshalb hier direkt auf die Anzahl Gläser bei 20 Äpfeln:

80 Äpfel ≙ 12 Gläser

80 Äpfel : 4 ≙ 12 Gläser : 4

20 Äpfel ≙ 3 Gläser

Zu 4c)

Hier müssen Sie den proportionalen Dreisatz anwenden: »Mehr Fläche erfordert mehr Farbe«.

Man schließt zunächst auf den Farbverbrauch für 1 m^2 und rechnet dann hoch auf den Farbverbrauch für 10 m^2, 25 m^2 und 90 m^2.

15 m^2 ≙ 9 l

1 m^2 ≙ 9 l : 15 = 0,6 l

10 m^2 ≙ 0,6 l × 10 = 6 l

25 m^2 ≙ 0,6 l × 25 = 15 l

90 m^2 ≙ 0,6 l × 90 = 54 l

Zu 5b)

Hier müssen Sie den proportionalen Dreisatz anwenden: »Für weniger Geld bekommt man weniger Benzin.«

Man schließt zunächst auf die Benzinmenge für 1 € und rechnet dann hoch auf die Benzinmenge für 35 €:

58 € ≙ 40,6 l

1 € ≙ 40,60l : 58 = 0,7 l

35 € ≙ 0,7 l × 35 = 24,5 l

Zu 6d)

Hier müssen Sie den proportionalen Dreisatz anwenden: »Für weniger Zeilen bekommt sie weniger Geld.«

Man schließt zunächst auf die Entschädigung für 1 Zeile und rechnet dann hoch auf die Entschädigung für 72 Zeilen:

105 Zeilen ≙ 26,25 €

1 Zeile ≙ 26,25 € : 105 = 0,25 €

72 Zeilen ≙ 0,25 € × 72 = 18,00 €

Zu 7a)
Hier müssen Sie den proportionalen Dreisatz anwenden: »Mehr Entschädigung gibt es für mehr Zeilen.«
Man schließt zunächst auf die Zeilenanzahl, die für 1 € geschrieben werden muss, und rechnet dann hoch auf die Zeilenzahl für 53,75 €:
26,25 € ≙ 105 Zeilen
1 € ≙ 105 Zeilen : 26,25 = 4 Zeilen
53,75 € ≙ 4 Zeilen × 53,75 = 215 Zeilen

Zu 8c)
Hier müssen Sie den proportionalen Dreisatz anwenden: »Für mehr Zeilen bekommt sie mehr Geld.«
Man schließt zunächst auf die Entschädigung für 1 Zeile und rechnet dann hoch auf die Entschädigung für 215 Zeilen:
50 Zeilen ≙ 15 €
1 Zeile ≙ 15 € : 50 = 0,30 €
215 Zeilen ≙ 0,30 € × 215 = 64,50 €

Zu 9d)
Hier müssen Sie den proportionalen Dreisatz anwenden: »Für mehr Tage braucht der Dackel mehr Dosen.«
Man schließt zunächst auf den Dosenbedarf an einem Tag und rechnet dann hoch auf den Bedarf an 9 Tagen:
2 Tage ≙ 3 Dosen
1 Tag ≙ 3 Dosen : 2 = 1,5 Dosen
9 Tage ≙ 1,5 Dosen × 9 = 13,5 Dosen
Sie kann aber nur ganze Dosen kaufen, deshalb ist »14« die richtige Lösung!

Zu 10d)
Hier müssen Sie den indirekt proportionalen Dreisatz anwenden: »Je mehr Geschwindigkeit er hat, desto *weniger* Zeit braucht er.«
Man schließt zunächst auf die Reisedauer bei einer Geschwindigkeit von 1 km/h und rechnet dann hoch auf die Reisedauer bei 22 km/h:
20 km/h ≙ 11 h
1 km/h ≙ 20 × 11 h = 220 h
22 km/h ≙ 220 h : 22 = 10 h

Zu 11a)
Hier müssen Sie den indirekt proportionalen Dreisatz anwenden: »Bei weniger Kindern reicht der Vorrat *länger.*«
Nach 3 Absagen fahren 9 Teilnehmer mit. Man schließt zunächst auf die Zeit, die der Vorrat reichen würde, wenn nur 1 Kind mitfährt, und rechnet dann hoch auf die Zeitdauer bei 9 Kindern:
12 Teilnehmer ≙ 9 Tage
1 Teilnehmer ≙ 12 × 9 Tage = 108 Tage
9 Teilnehmer ≙ 108 : 9 Tage = 12 Tage

Zu 12b)
Hier müssen Sie den indirekt proportionalen Dreisatz anwenden: »Wenn weniger Zeit ist, müssen *mehr* Maler arbeiten.«
Man schließt zunächst auf die Anzahl Maler, die gebraucht würde, wenn nur 1 Tag Zeit wäre, und rechnet dann hoch auf die Anzahl Maler für 3 Tage:
4 Tage ≙ 6 Maler
1 Tag ≙ 4 × 6 Maler = 24 Maler
3 Tage ≙ 24 Maler : 3 = 8 Maler
Es müssen also zu den bereits vorhandenen 6 Malern noch 8 – 6 = 2 Maler zusätzlich helfen.

Zu 13c)
Hier müssen Sie den indirekt proportionalen Dreisatz anwenden: »Weniger Vitamin C pro Apfel erfordert das Essen von *mehr* Äpfeln pro Tag.«
Letztes Jahr enthielt 1 Apfel 48 mg : 2 = 24 mg Vitamin C. Zwei Drittel davon sind 16 mg Vitamin C. Dieses Jahr enthält 1 Apfel also 16 mg Vitamin C.

Man kann nun auf die Anzahl Äpfel schließen, die man essen müsste, wenn ein Apfel nur 1 mg Vitamin C enthielte, und dann auf die Anzahl Äpfel bei 16 mg Vitamin-C-Gehalt hochrechnen. Man kann sich aber auch zunutze machen, dass 24 und 16 den gemeinsamen Teiler 8 haben. Man schließt also auf die Anzahl Äpfel bei einem Vitamin-C-Gehalt von 8 mg und rechnet dann hoch auf die Anzahl bei einem Vitamin-C-Gehalt von 16 mg:
24 mg pro Apfel ≙ 2 Äpfel pro Tag
8 mg pro Apfel ≙ 3 × 2 Äpfel pro Tag = 6 Äpfel pro Tag
16 mg pro Apfel ≙ 6 : 2 Äpfel pro Tag = 3 Äpfel pro Tag

Zu 14a)
Hier müssen Sie den indirekt proportionalen Dreisatz anwenden: »Bei mehr Personen reicht der Vorrat *weniger* lang.«
Die Personenzahl erhöht sich durch den Besuch von 5 auf 8. Man schließt zunächst auf die Zeit, die das Wasser bei nur einer Person reicht, und dann auf die Zeit, die es bei 8 Personen reicht:
5 Personen ≙ 8 Tage
1 Person ≙ 5 × 8 Tage = 40 Tage
8 Personen ≙ 40 : 8 Tage = 5 Tage

Zu 15d)
Hier müssen Sie den proportionalen Dreisatz anwenden: »Mehr Stoff ergibt mehr Kleider.«
Man schließt zunächst auf die Anzahl Kleider, die man aus 1 m^2 Stoff erhält, und dann auf die Anzahl Kleider, die man aus 72 m^2 Stoff erhält:
64 m^2 ≙ 16 Kleider
1 m^2 ≙ 16 : 64 Kleider = 0,25 Kleid
72 m^2 ≙ 0,25 × 72 Kleider = 18 Kleider

Zu 16b)
Hier müssen Sie den indirekt proportionalen Dreisatz anwenden: »Weniger täglicher Stoffverbrauch lässt den Vorrat *länger* reichen.«
Man schließt zunächst auf die Zeit, die der Vorrat reicht, wenn nur 1 m^2 Stoff pro Tag verbraucht wird, und dann auf die Zeit bei einem täglichen Verbrauch von 48 m^2:
64 m^2 pro Tag ≙ 15 Tage
1 m^2 pro Tag ≙ 15 Tage × 64 = 960 Tage
48 m^2 pro Tag ≙ 960 Tage : 48 = 20 Tage

Zu 17b)
Hier müssen Sie den indirekt proportionalen Dreisatz anwenden: »Weniger Personen können mehr Geld pro Tag und Person ausgeben.«
Man schließt zunächst auf den Betrag, den eine Person pro Tag ausgeben könnte, wenn sie allein reiste, und rechnet dann hoch auf den Betrag, den eine Person pro Tag ausgeben kann, wenn drei Personen verreisen:
4 Personen ≙ 84 € pro Tag und Person
1 Person ≙ 84 € × 4 = 336 € pro Tag und Person
3 Personen ≙ 336 € : 3 = 112 € pro Tag und Person

Zu 18c)
Hier müssen Sie den proportionalen Dreisatz anwenden: »Je länger der Schlauch ist, desto größer ist der Druckverlust.«
Man schließt zunächst auf den Druckverlust in 1 m Schlauchlänge und rechnet dann hoch auf den Druckverlust in 340 m Schlauchlänge:
200 m ≙ 0,6 bar
1 m ≙ 0,6 bar : 200 = 0,003 bar
340 m ≙ 0,003 bar × 340 = 1,02 bar

Zu 19d)
Hier müssen Sie den indirekt proportionalen Dreisatz anwenden: »Mehr Strahlrohre brauchen *weniger* Zeit, um den Tank zu leeren.«
Man schließt zunächst auf die Zeit, die es bei einem Strahlrohr dauert, und rechnet dann hoch auf die Zeit, die drei Strahlrohre brauchen:
2 Rohre = 4 min = 240 s
1 Rohr = 4 min × 2 = 8 min = 480 s
3 Rohre = 8 min : 3 = $2\frac{2}{3}$ min =
2 min 40 s = 160 s

Zu 20d)
Hier müssen Sie den indirekt proportionalen Dreisatz anwenden: »Bei mehr Blechen braucht ein Blech anteilig *weniger* Energiekosten.«
Man schließt zunächst auf die Energiekosten pro Blech für eine Ofenbeladung mit 1 Blech und rechnet dann hoch auf eine Beladung mit 2,5 Blechen:
4 Bleche = 6,25 ct pro Blech
1 Blech = 6,25 ct × 4 = 25 ct pro Blech
2,5 Bleche = 25 ct : 2,5 = 10 ct pro Blech

Porto berechnen

Ein (fiktives) Postunternehmen befördert verschiedene Arten von Sendungen. Im Laufe der Zeit wurden die Entgelte immer differenzierter berechnet, Sie können dies an den folgenden Tabellen ablesen (alle Werte in Euro):

Zone	Karte	Minibrief	Brief	Superbrief
I	0,42	0,45	0,55	0,70
II	0,44	0,52	0,62	0,78
III	0,46	0,59	0,69	0,85
IV	0,50	0,65	0,75	0,95
Europa	0,60	0,95	1,05	1,20
restl. Welt	0,74	1,22	1,39	1,50

Für die Einteilung in Karte, Minibrief, Brief und Superbrief gilt die folgende Regel: Karten dürfen 20 cm^2 groß sein, Minibriefe 30 cm^2, Briefe 80 cm^2 und Superbriefe 200 cm^2. Alles, was dicker als 5 mm ist, muss als Päckchen, Paket oder Sperrgut versendet werden.

Zone	Päckchen	Paket	Sperrgut
I	0,90	1,00	2,10
II	0,99	1,35	2,90
III	1,10	1,60	3,45
IV	1,20	1,99	4,10
Europa	1,70	2,10	6,30
restl. Welt	2,50	4,00	10,00

Ein »Sperrgut« ist jede Sendung, die in mindestens einer Dimension länger als 80 cm und/oder schwerer als 5 kg ist.

Päckchen dürfen maximal 1 kg wiegen, Pakete maximal 5 kg. Pakete, die mehr als 2 kg wiegen, kosten 20 ct Gewichtszuschlag pro angefangenes Kilogramm über 2 kg.

Eilige Kunden können für jede Sendung einen Eilzuschlag von 5,00 € oder einen Ultraeilzuschlag von 15,00 € bezahlen, um die Beförderung zu beschleunigen.

Soll der Weg einer Sendung verfolgt werden, wird ein Zuschlag von 25 % (pro Poststück) auf die jeweilige Gesamtgebühr (inkl. sonstiger Zuschläge) erhoben. Finden Sie für die folgenden Kombinationen von Poststücken und Zustellwünschen das jeweilige Porto heraus.

Trainingsaufgaben

Für die 10 Aufgaben haben Sie **3 Minuten** Zeit.

1) An 8 Kunden soll je eine Mahnung als Minibrief geschickt werden, und zwar 3 in Zone I, 2 in Zone III, 2 nach Frankreich und eine nach Ägypten.

2) 4 Sendungen, die nicht als Briefe verschickt werden können, müssen auf den Weg ins europäische Ausland gebracht werden. Sie wiegen 0,85 kg, 1,9 kg, 3,5 kg und 5,2 kg.

3) Die Poststelle hat die Erfahrung gemacht, dass Sperrgut schneller als Pakete zugestellt wird – etwa so schnell wie ein Paket mit Eilzuschlag. Für welche Ziele lohnt es sich, auch ein kleineres Paket als Sperrgut abzusenden?

4) Je zwei Superbriefe sollen in die Zonen III und IV verschickt werden, wobei ein Brief nach Zone III mit Ultraeilzuschlag laufen soll. Außerdem soll einer der beiden Briefe nach Zone IV nachverfolgt werden.

5) Das Sekretariat hat keine einheitlichen »Seasonal Greetings Cards« kaufen können, sondern drei Sorten: A misst 3 cm × 6 cm, B 5 cm × 7 cm und C 8 cm × 9 cm. Von jeder Sorte sollen 15 Stück nach Zone II verschickt werden.

6) Eine besonders wichtige Sendung müsste mit Ultraeilzuschlag und Nachverfolgung nach Salzburg in Österreich geschickt werden. Sie wiegt 4 kg und hat die Abmessungen 35 cm × 95 cm × 66 cm. Die Geschäftsführung überlegt, ob es billiger wäre, einen Mitarbeiter die Sendung dort vorbeibringen zu lassen. Wie teuer dürfte diese Reise sein?

7) Eine Arztpraxis schickt ihre Rechnungen als Minibriefe in Zone III. Zum neuen Jahr soll der bisherige Preis hierfür um 3 ct erhöht werden. Wie viel kostet es dann, 240 Rechnungen zu verschicken? Wie viel mehr ist das, als es beim alten Preis gekostet hätte?

8) Die Innenrevision bemängelt zu hohe Portokosten. Daraufhin schlägt die Innovationsabteilung vor, künftig Geschäftsbriefe nicht mehr als Superbrief zu versenden, sondern den Inhalt jeweils auf zwei Karten zu verteilen. Für welche Zielgebiete würde dies eine Einsparung bedeuten?

9) Die für das neue Jahr angekündigte Preiserhöhung soll nach Zone IV für alle vier Briefkategorien jeweils 5 ct betragen. Um wie viel Prozent teurer wird es dann insgesamt, jeweils fünf Karten, Minibriefe, Briefe und Superbriefe nach Zone IV zu schicken?

10) Herr Meier schickt an seinen Geschäftspartner Miller in New York Warenproben. Diese wiegen (als Postsendung verpackt) 0,6 kg, 3,1 kg und 6 kg. Dazu sendet er noch 4 Karten mit Geburtstagsgrüßen an Angestellte von Mister Miller.

Kommentierte Lösungen

Zu 1) Die Minibriefe in die Zonen I, III, Europa und Welt kosten 0,45 €, 0,59 €, 0,95 € und 1,22 €. Also rechnen Sie:
$3 \times 0{,}45\,€ + 2 \times 0{,}59\,€ + 2 \times 0{,}95\,€ + 1{,}22\,€$
$= \mathbf{5{,}65\,€}$

Zu 2) Die Sendung mit 0,85 kg geht als Päckchen, die mit 1,9 kg als Paket, für die Sendung mit 3,5 kg sind Paketporto und 2×20 ct = 40 ct für zwei angefangene Kilos über 2 kg fällig. Die Sendung mit 5,2 kg ist Sperrgut. Die entsprechenden Gebühren nach Europa sind 1,70 €, 2,10 € und 6,30 €. Man rechnet:
$1{,}7\,€ + 2{,}1\,€ + (2{,}1\,€ + 0{,}4\,€) + 6{,}3\,€ =$
12,60 €

Zu 3) Für die Zonen I–IV und Europa ist ein Paket mit Eilzuschlag billiger als das Sperrgut-Porto, für **Sendungen ins außereuropäische Ausland** dagegen lohnt es sich, die Sendung als Sperrgut zu verschicken.

Zu 4) Superbriefe nach Zone III kosten 85 ct, nach Zone IV 95 ct. Der Ultraeilzuschlag kommt auf 15 €. Die Nachverfolgung der Sendung nach Zone IV verteuert diese um 25 %. Es ergibt sich:
$2 \times 0{,}85\,€ + 15{,}00\,€ + 0{,}95\,€ +$
$0{,}95\,€ \times 125\,\% = \mathbf{18{,}8375\,€}$
(Dies wird auf 18,84 € gerundet.)

Zu 5) Sorte A geht als Karte (0,44 €); Sorte B und Sorte C müssen als Brief (0,62 €) verschickt werden. Insgesamt sind es also 15 Karten und 30 Briefe:
$15 \times 0{,}44\,€ + 30 \times 0{,}62\,€ = \mathbf{25{,}20\,€}$

Zu 6) Die Maße der Sendung erfordern den Sperrguttarif von 6,30 €. Dazu kommt der Supereilzuschlag von 15 €, wegen der Nachverfolgung wird auf die Summe noch 25 % aufgeschlagen.
$(6{,}30\,€ + 15\,€) \times 125\,\% = \mathbf{26{,}625\,€}$
Wenn die Reise für unter 26,63 € zu machen ist, sollte der Mitarbeiter die Zustellung selbst übernehmen!

Zu 7) Der alte Preis für einen Minibrief nach Zone III war 62 ct, der neue ist (62 + 3) ct = 65 ct. 240 Stück kosten nun:
$240 \times 65\text{ ct} = \mathbf{156{,}00\,€}$
Die Preiserhöhung für 240 Minibriefe beträgt:
$240 \times 3\text{ ct} = \mathbf{7{,}20\,€}$

Zu 8) Nur für Sendungen ins außereuropäische Ausland sind zwei Karten billiger als ein Superbrief (um 2 ct), bei Sendungen ins europäische Ausland würden zwei Karten genauso viel kosten wie ein Superbrief, sonst sind zwei Karten teurer.

Zu 9) Der alte Preis für je fünf Karten, Minibriefe, Briefe und Superbriefe nach Zone IV ist:
$5 \times (0{,}50\,€ + 0{,}65\,€ + 0{,}75\,€ + 0{,}95\,€) =$
14,25 €
Mit den neuen Preisen ergibt sich insgesamt für diese Sendungen:
$5 \times (0{,}55\,€ + 0{,}70\,€ + 0{,}80\,€ + 1{,}00\,€) =$
15,25 €
Die prozentuale Erhöhung berechnen Sie mit der Gleichung:
$\frac{1{,}00\,€}{14{,}25\,€} \approx 0{,}0702 = \mathbf{7{,}02}\,\%$

Zu 10) Die drei Warenproben sind ein Päckchen, ein Paket mit zwei Kilo-Zuschlägen und ein Sperrgut. Für die vier Geburtstagskarten werden noch einmal je 74 ct fällig.
2,50 € + (4,00 € + 2 × 0,20 €) + 10,00 € + 4 × 0,74 € = 19,86 €

Technische Physik

Im beruflichen Alltag begegnen uns – nicht zuletzt durch die moderne Technik – immer wieder Fragestellungen, die ein technisches Grundverständnis und praktische Intelligenz voraussetzen. Um zu überprüfen, ob Sie in der Lage sind, technische Zusammenhänge zu erkennen und zu erklären, werden Ihnen in Eignungstests Fragen zu unterschiedlichen Bereichen der Technik gestellt. Die Testfragen beziehen sich überwiegend auf die Physik, die Mechanik und die Elektrotechnik. Für Ihre persönliche Auswertung der Aufgaben gilt generell: Wenn Sie in der vorgegebenen Zeit mindestens **50 Prozent der Aufgaben** richtig gelöst haben, ist das bereits ein befriedigendes Ergebnis. Haben Sie zwischen **60 und 75 Prozent der Aufgaben** richtig gelöst, entspricht das einer sehr guten Leistung. **100 Prozent** sind erfahrungsgemäß nicht oder nur schwer zu erreichen.

Physikalisch-technische Textaufgaben

Die folgenden Textaufgaben testen Ihr Wissen im Bereich der Physik. Je Aufgabe ist hierbei einer der angegebenen Lösungsvorschläge korrekt.

Trainingsaufgaben

Für die 30 Aufgaben haben Sie **30 Minuten** Zeit.

1) Welche der drei Kerzen unter der Glashaube erlischt zuerst?

a) Die längste erlischt zuerst.
b) Die mittlere erlischt zuerst.
c) Die kürzeste erlischt zuerst.
d) Alle drei erlöschen gleichzeitig.

2) Was geschieht, wenn man eine offene wassergefüllte Streichholzschachtel über eine Kerze hält?

a) Die Schachtel geht in Flammen auf.
b) Das Wasser beginnt zu kochen, die Schachtel bleibt unversehrt.

3) Welcher Lichtfleck entsteht hinter einer Sammellinse an der Wand, wenn man durch die Linse leuchtet?

a) b)

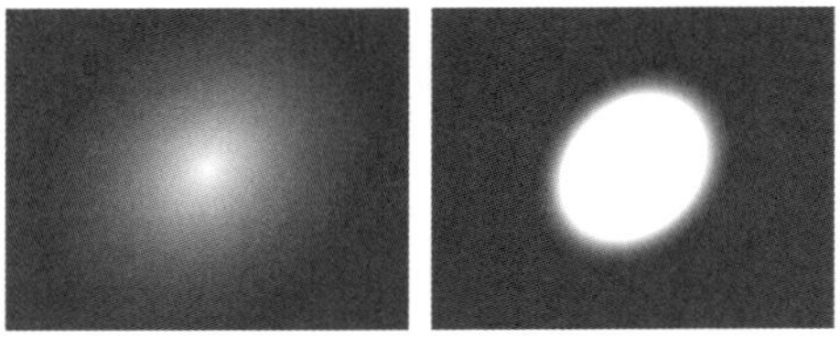

a) ein großflächiger schwacher Lichtschein
b) ein enger, scharf begrenzter, heller Lichtschein

4) An den Stäben ist ein Butterflöckchen angeklebt. Das Glas, in dem die Stäbe stehen, wird mit kochendem Wasser gefüllt. An welchem Stab schmilzt die Butter zuerst?

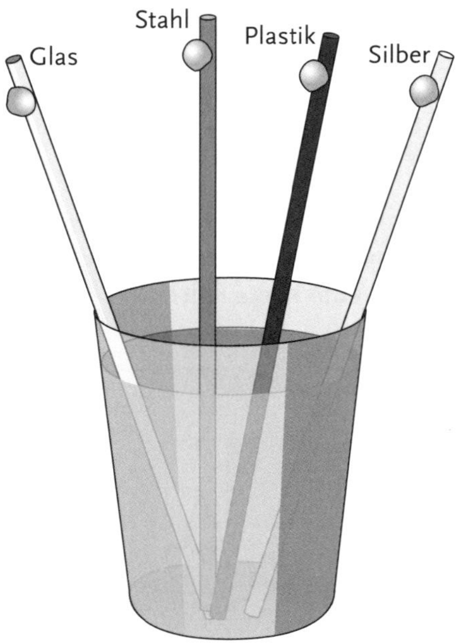

a) Plastikstab
b) Glasstab
c) Edelstahlstab
d) Silberstab

5) Was geschieht (scheinbar) mit dem Löffel, wenn er senkrecht zur Hälfte in das Wasser getaucht wird?

a) Nichts geschieht, der Löffel sieht aus wie vorher.
b) Der Löffel wirkt kürzer.

6) Was passiert, wenn die drei ausgelenkten Kugeln (1 bis 3) auf die beiden in Ruhe verbliebenen (4 und 5) prallen?

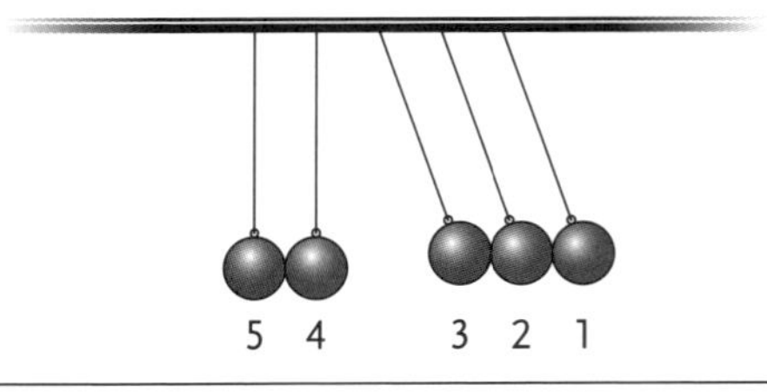

a) Die Kugeln 4 und 5 bewegen sich nach links, die Kugeln 1 bis 3 kommen zur Ruhe.
b) Die Kugeln 1 bis 3 schwingen nach rechts zurück, die Kugeln 4 und 5 bleiben weiterhin in Ruhe.
c) Die Kugeln 4 und 5 schwingen nach links, die Kugeln 1 bis 3 schwingen zurück nach rechts.

d) Zwei der aufprallenden Kugeln (1 und 2) kommen zur Ruhe, die dritte Kugel (3) schwingt mit den Kugeln 4 und 5 zusammen nach links.
e) Alle fünf Kugeln schwingen nach links.

7) Welche der Papierbrücken lässt sich mit mehr Gewicht belasten?

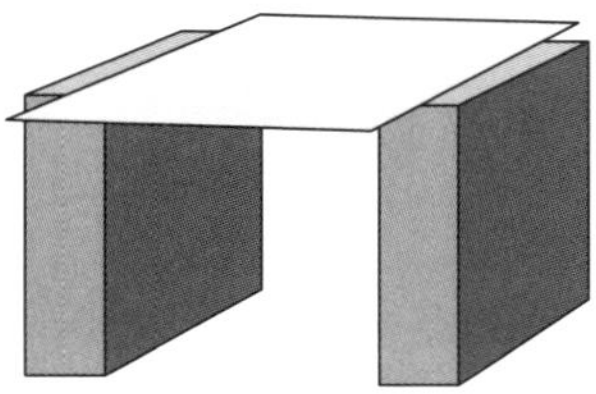

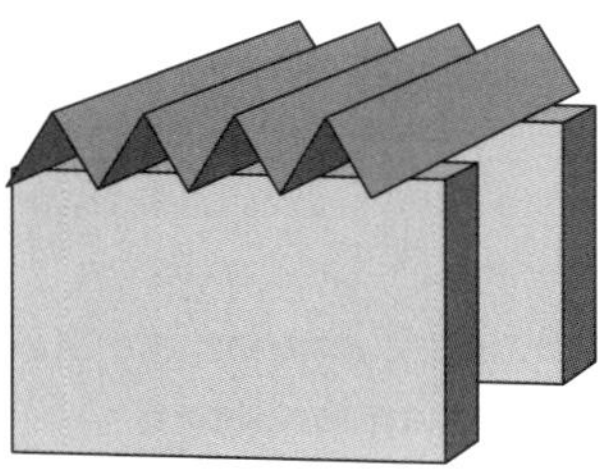

a) die Brücke aus ungefaltetem Papier
b) die Brücke aus quer zu den Stützen gefaltetem Papier

8) Aus einer hochgehaltenen Dose läuft Wasser. Was geschieht, wenn man die Dose fallen lässt?

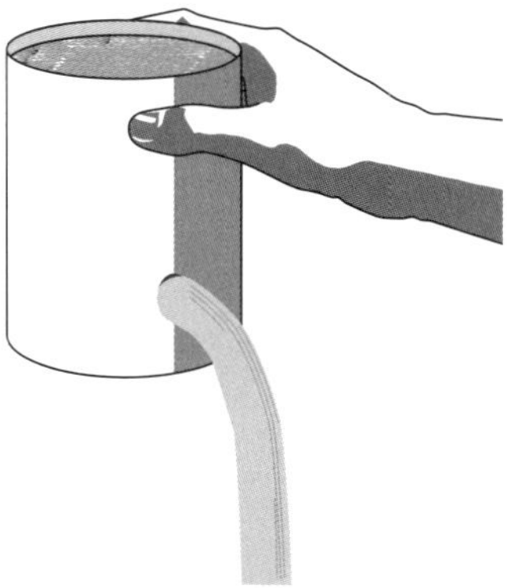

a) Das Wasser läuft während des Fallens weiter nach unten aus.
b) Der Wasserstrahl zeigt während des Fallens nach oben.
c) Während des Fallens läuft kein Wasser mehr aus.

9) Ein Glas wird randvoll mit Wasser gefüllt und gewogen. Dann setzt man auf das Wasser ein Holzstück. Es sinkt etwas ein, wobei ein wenig Wasser überläuft. Das Glas mit dem schwimmenden Holzstück wird nochmals gewogen. Wiegt es jetzt ...

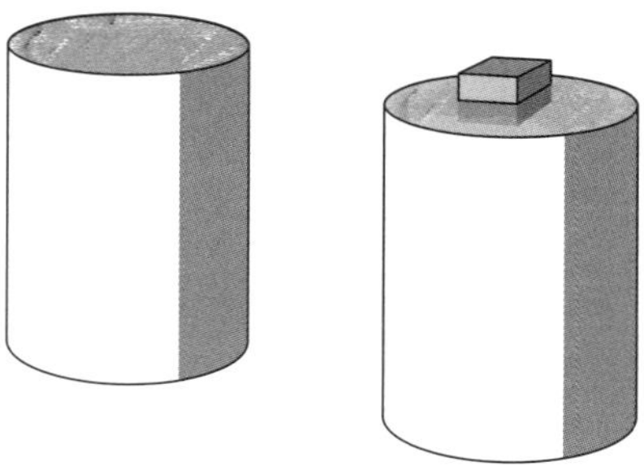

a) mehr?
b) weniger?
c) genauso viel?

10) Mit einem Laserpointer wird in eine Glaskugel geleuchtet. Welche der Abbildungen zeigt den Verlauf des Laserstrahls im Glas korrekt?

a)

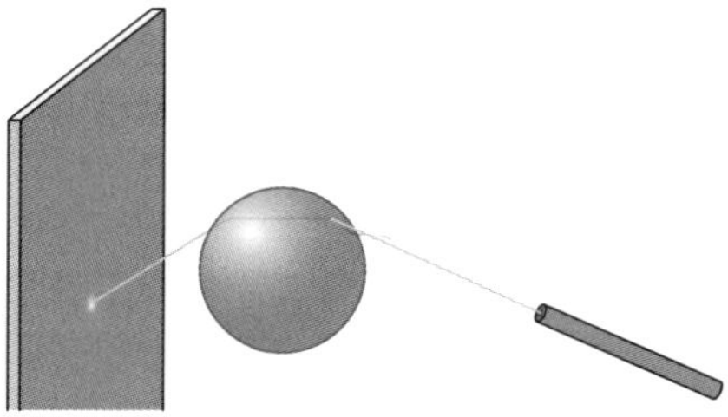

b)

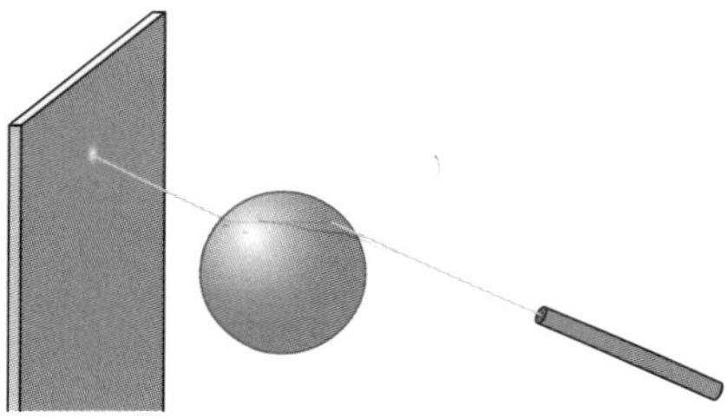

c)

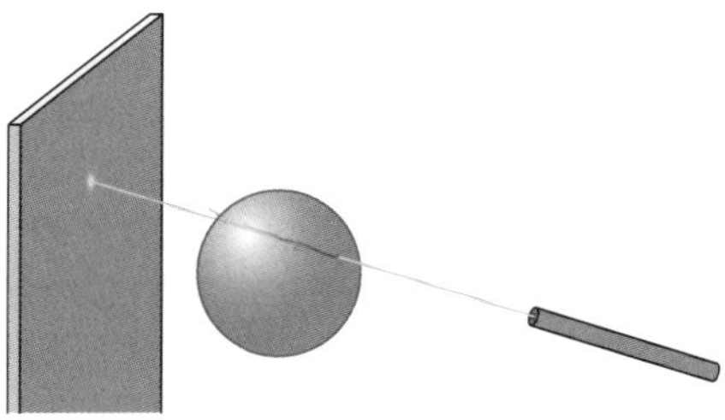

d)

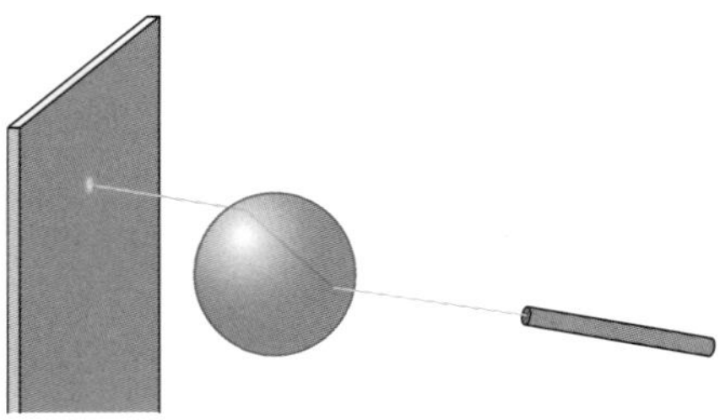

11) Ein Seil ist an einer der beiden Stangen befestigt und wird dann mehrfach um die beiden Stangen herumgeführt. Zwei Personen B und C ziehen die Stangen auseinander, während eine dritte Person A am Seil zieht. Können B und C die Stangen auseinanziehen, gegen das Ziehen am Seil durch A? (Alle drei sind etwa gleich stark.)

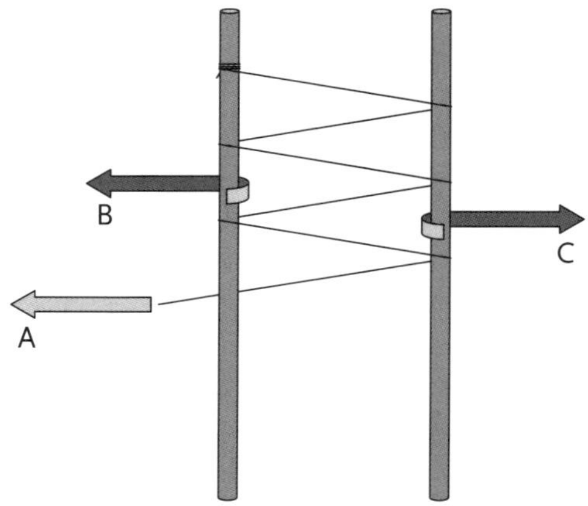

a) Nein, B und C können die Stangen nicht auseinanderziehen.
b) Ja, sie können die Stangen sehr leicht auseinanderziehen, schließlich sind sie zu zweit.

12) Welche der Kugeln steht auf jeden Fall stabil und wackelt nicht?

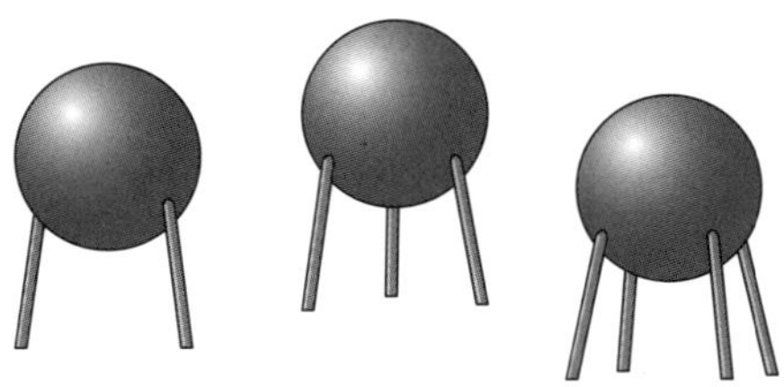

a) die Kugel mit zwei Beinen
b) die Kugel mit drei Beinen
c) die Kugel mit vier Beinen

13) An eine aufgebogene Büroklammer sind zwei Streifen Aluminiumfolie gehängt, so dass sie dicht nebeneinander herunterhängen. Die Aufhängung der Büroklammer ist nicht elektrisch leitfähig, beispielsweise aus Glas. Was passiert, wenn die Büroklammer elektrisch aufgeladen wird (bspw. mit einem Kamm, den man vorher durch die trockenen Haare gezogen hat)?

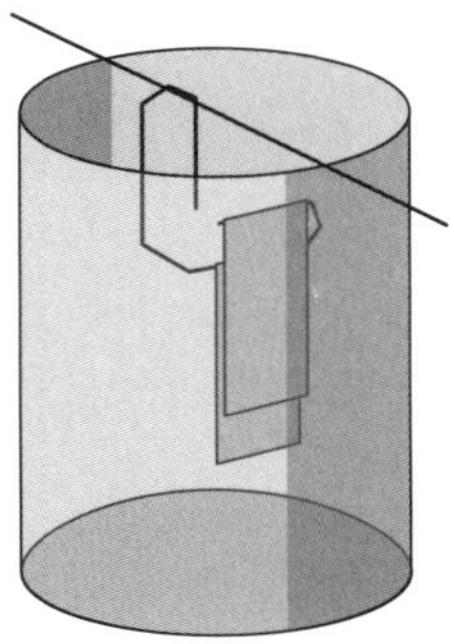

a) Die Streifen bleiben unbewegt.
b) Die Streifen bewegen sich aufeinander zu.
c) Die Streifen bewegen sich voneinander weg.

14) Wie versetzt man ein Buch am leichtesten in Drehung?

a)

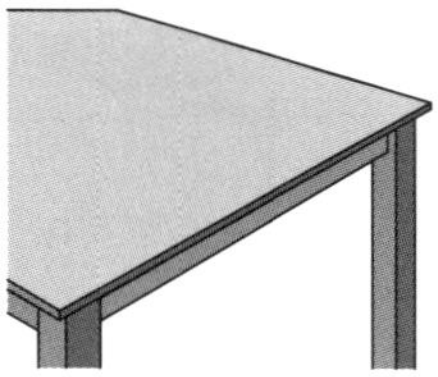

b)

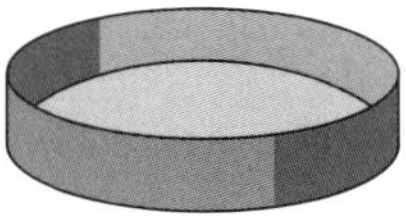

c)

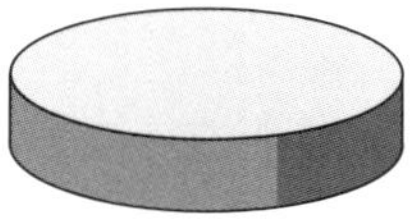

d)

a) auf dem Holztisch
b) auf dem Deckel eines Honigglases, Öffnung nach oben
c) auf dem Deckel eines Honigglases, Öffnung nach unten
d) auf dem mit Murmeln gefüllten Deckel eines Honigglases

15) Beim Probelauf des Kettenkarrussells reißt ein Sitz ab. In welche Richtung fliegt er? Der gestrichelte Pfeil gibt die Drehrichtung des Karrussels an, der durchgezogene die vorgeschlagene-Flugrichtung des Sitzes.

a)

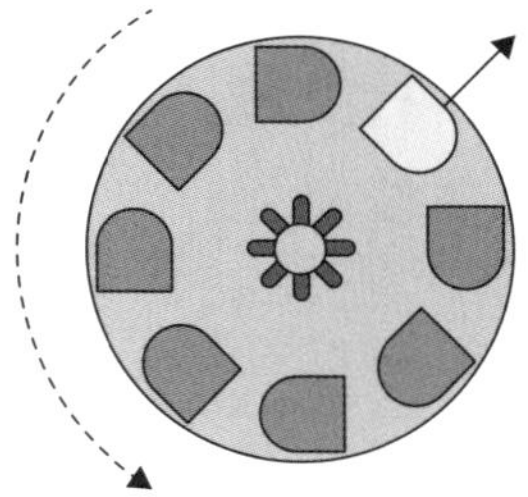

b)

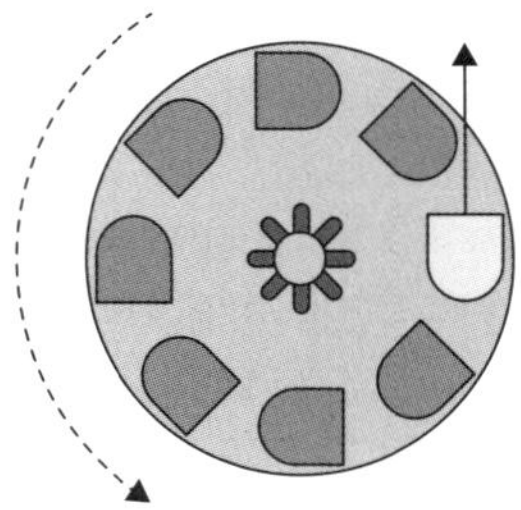

c)

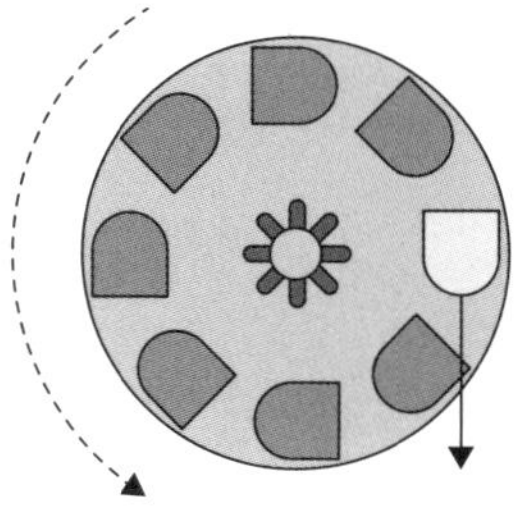

a) radial nach außen
b) tangential zur Kreisbewegung nach vorn
c) tangential zur Kreisbewegung nach hinten

16) Eine Kerze ist drehbar um eine Achse, die durch ihre Mitte geht, gelagert. Sie wird an beiden Enden angezündet. Zu Beginn liegt die Kerze im Gleichgewicht, also waagerecht, denn beide Enden sind gleich lang. Nun wird sie aus der Waagerechten ausgelenkt, wodurch am unteren Ende die Flamme nach oben leckt und dadurch mehr Wachs abtropft. Was geschieht nach dem Loslassen der Kerze?

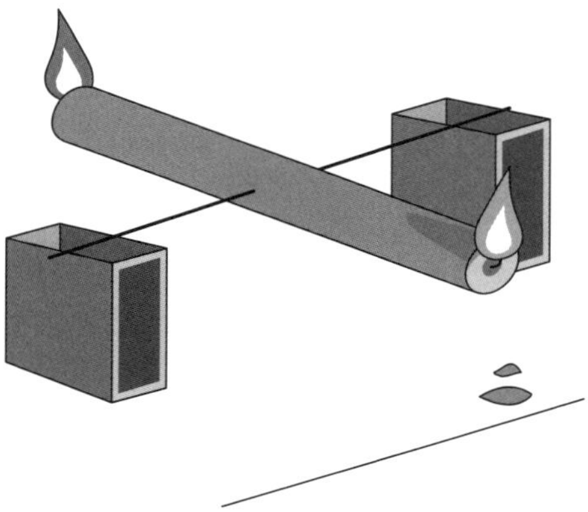

a) Die Kerze nimmt wieder die waagerechte Position ein.
b) Das kürzere Ende zeigt nach oben.
c) Das kürzere Ende zeigt nach unten.
d) Das kürzere Ende zeigt zunächst nach oben, dann gerät die Kerze in Schwingung.

17) Zwei Äpfel mit derselben Masse werden aus derselben Höhe fallengelassen, der eine fällt auf einen einzelnen Nagel, der andere auf ein mit vielen Nägeln bestücktes Nagelbrett. Was dringt tiefer in den fallenden Apfel ein – der einzelne Nagel oder die vielen Nägel des Nagelbrettes?

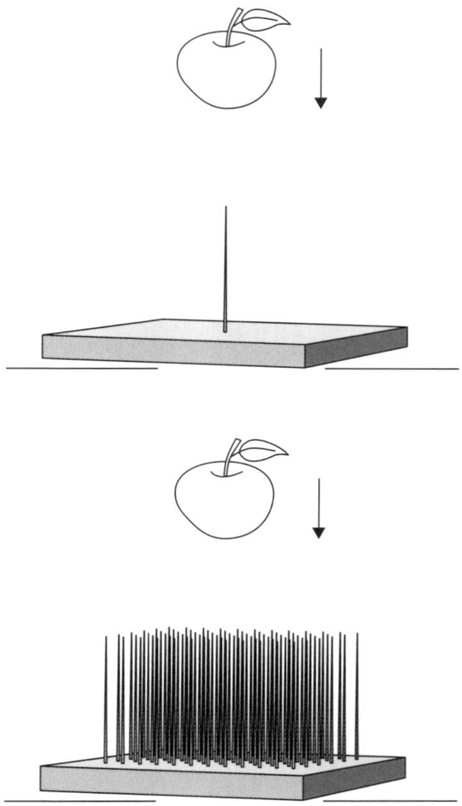

a) Die vielen Nägel dringen tiefer ein.
b) Der einzelne Nagel dringt tiefer ein.
c) Der einzelne Nagel und die vielen Nägel dringen gleich tief ein.

18) Welche der aus (derselben Menge) Knetmasse gebildeten Formen schwimmt?

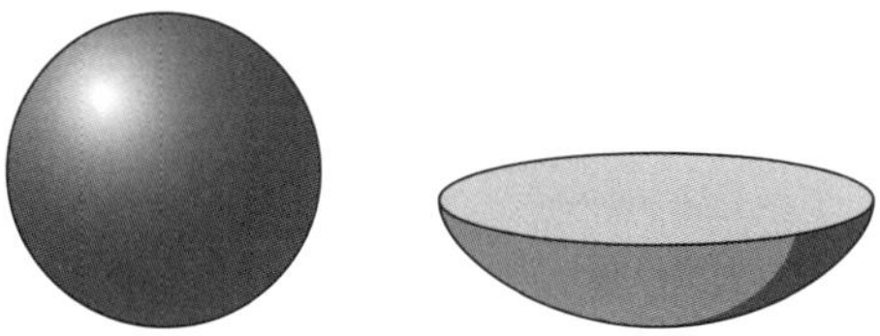

a) die Kugel
b) die Schale
c) alle beide
d) keine der beiden Formen

19) In welchem Glas steigen zuerst Blasen auf, wenn man über einen Trinkhalm hineinbläst?

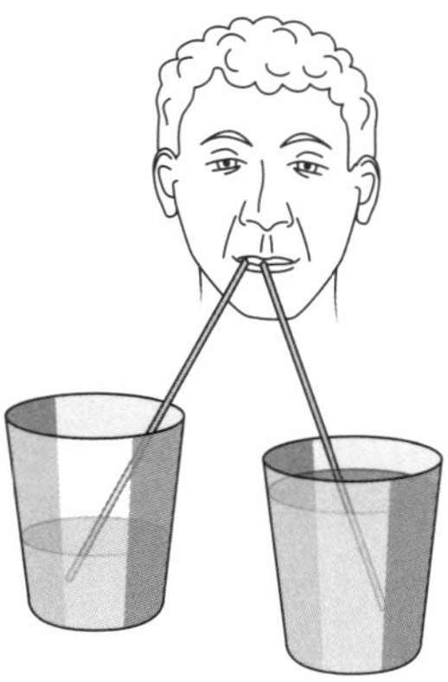

a) in dem mit dem geringeren Wasserstand
b) in dem mit dem höheren Wasserstand
c) in beiden gleichzeitig

20) Welche Räder drehen sich in dieselbe Richtung?

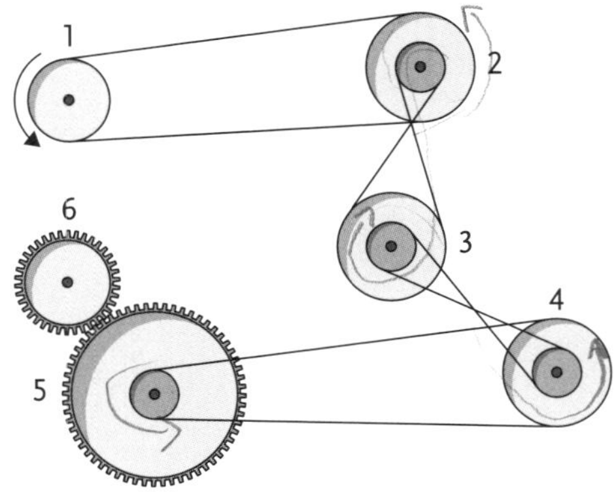

a) 3 und 5
b) 1, 3, 4 und 5
c) 1, 2, 4 und 5

21) Mit welchem Schraubendreher lässt sich die Schraube am leichtesten fest drehen? Mit dem Schraubendreher ...

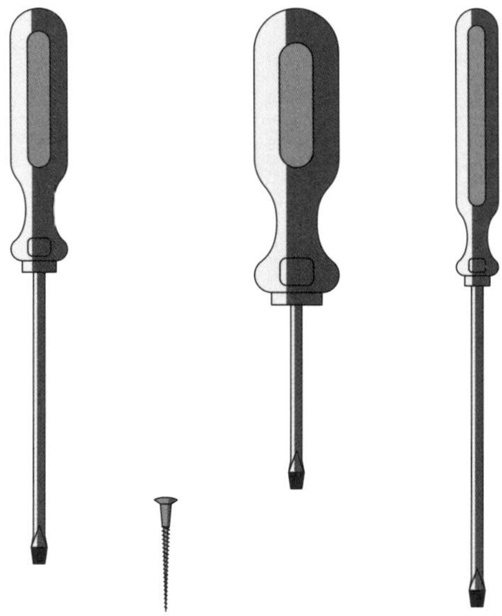

a) mit dem dicksten Griff
b) mit dem längsten Griff
c) mit der kürzesten Klinge
d) mit der längsten Klinge
e) mit allen Schraubendrehern gleich leicht

22) Mit welchem Flaschenzug muss man die geringste Kraft zum Heben der Last aufwenden?

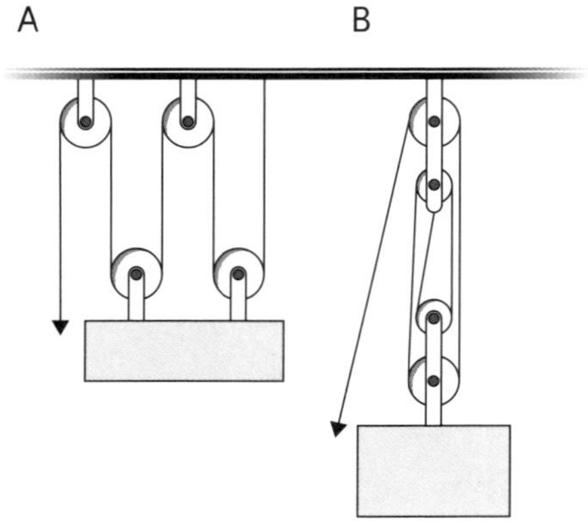

a) A
b) B
c) Beide Flaschenzüge bringen dieselbe Kraftersparnis.

23) Welche(r) Schalter muss/müssen geschlossen sein, damit alle drei Lampen leuchten?

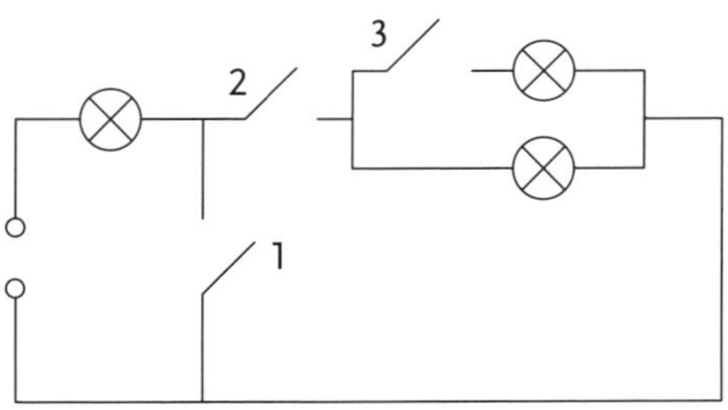

a) 1 und 2
b) 2 und 3
c) 1 und 3

24) Mit welchem Wellrad braucht man am wenigsten Kraft, um den Eimer nach oben zu holen?

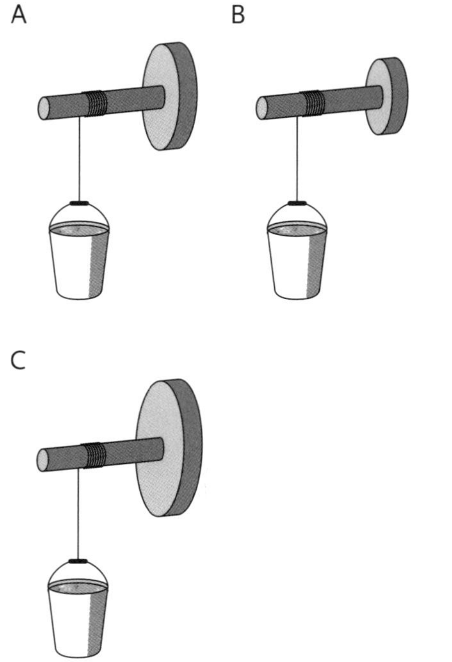

a) mit dem größten (C)
b) mit dem kleinsten (B)
c) mit dem mittleren (A)
d) mit allen drei Rädern gleich viel

25) Welche der modernen Vasen bleibt stehen, welche fällt um?

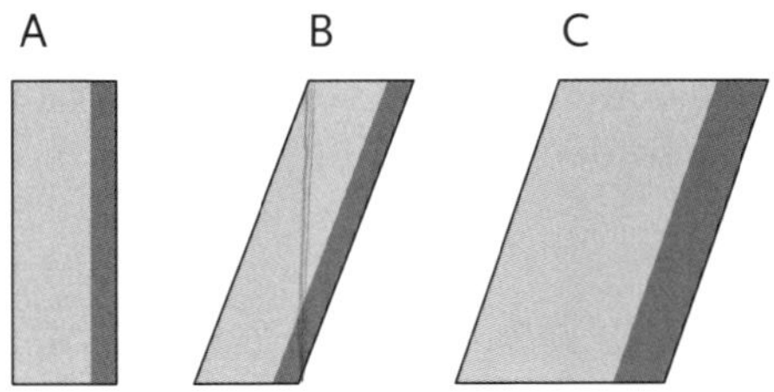

a) A fällt um, die anderen bleiben stehen.
b) B fällt um, die anderen bleiben stehen.
c) Alle bleiben stehen.

26) Die Erde wird im Allgemeinen als Kugel angenommen. In Wirklichkeit ist der Radius zu den Polen jedoch ein anderer als der in der Äquatorebene. Welche Variante ist die Richtige (beide sind stark übertrieben gezeichnet)? (Denken Sie daran, dass die Erde sich um sich selbst dreht.)

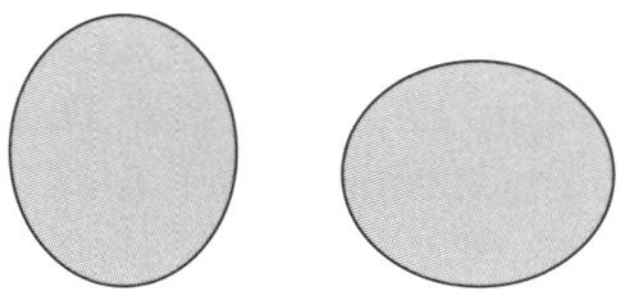

a) Der Radius ist zu den Polen hin länger.
b) Der Radius in der Äquatorebene ist länger.

27) Mit welcher Astschere kann man dickere Äste schneiden als mit der dunkel gefärbten Astschere? (weiß = feste Rolle; schwarz = lose Rolle)

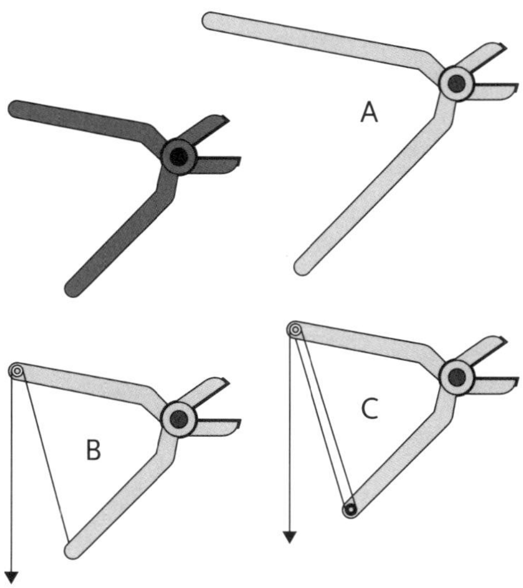

a) A und B
b) B und C
c) C und A

28) Eine Kreiselpumpe saugt über einen Saugschlauch Wasser aus einer Wasserquelle an. Dazu wird in der Pumpe zunächst ein Unterdruck erzeugt – der Luftdruck in der Pumpe ist damit geringer als der äußere Luftdruck. Der äußere Luftdruck drückt demzufolge das Wasser in den Saugschlauch und anschließend in die Pumpe hinein. Im Saugschlauch steht daher eine Wassersäule oberhalb des Wasserspiegels. Was bedeutet das für die Tiefe, in der der Wasserspiegel unterhalb der Pumpe liegen darf?

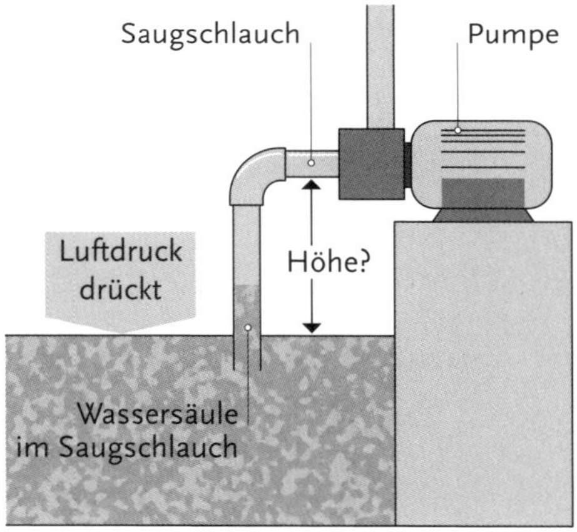

a) Der Wasserspiegel kann beliebig tief unter der Pumpe liegen.
b) Der Wasserspiegel muss auf gleicher Höhe wie die Pumpe liegen.
c) Der Wasserspiegel darf nur so weit unterhalb der Pumpe liegen, dass die Wassersäule im Saugschlauch einen niedrigeren Druck ausübt als der Umgebungsluftdruck beträgt.

29) Ein Strahlrohr der Größe B gibt 400 l oder 700 l Wasser pro Minute ab, je nachdem, ob es mit oder ohne Mundstück verwendet wird. Warum kann ein B-Strahlrohr in der Regel nicht mehr von 2 Feuerwehrleuten gehalten werden?

a) Das Gewicht des durchströmenden Wassers ist zu groß.
b) Das nach vorn ausströmende Wasser verursacht einen zu großen Rückstoß.

30) Eine Feuerlösch-Kreiselpumpe saugt über einen Saugschlauch Wasser aus einer Wasserquelle an. Dazu wird in der Pumpe zunächst ein Unterdruck erzeugt – der Luftdruck in der Pumpe ist damit geringer als der äußere Luftdruck. Der äußere Luftdruck drückt demzufolge das Wasser in den Saugschlauch und anschließend in die Pumpe hinein. Von dort wird das Wasser über ein Laufrad in den Druckschlauch zum Strahlrohr befördert. Nun werden ohne Ankündigung die Strahlrohre vorn geschlossen, während die Pumpe weiterläuft. Was geschieht in der Pumpe? (Prüfen Sie, ob mehrere der Aussagen zutreffen.)

a) Der Druck am Pumpenausgang steigt.
b) Der Druck in der Pumpe steigt (d. h., der Unterdruck in der Pumpe wird kleiner).
c) Der Druck am Pumpenausgang sinkt.

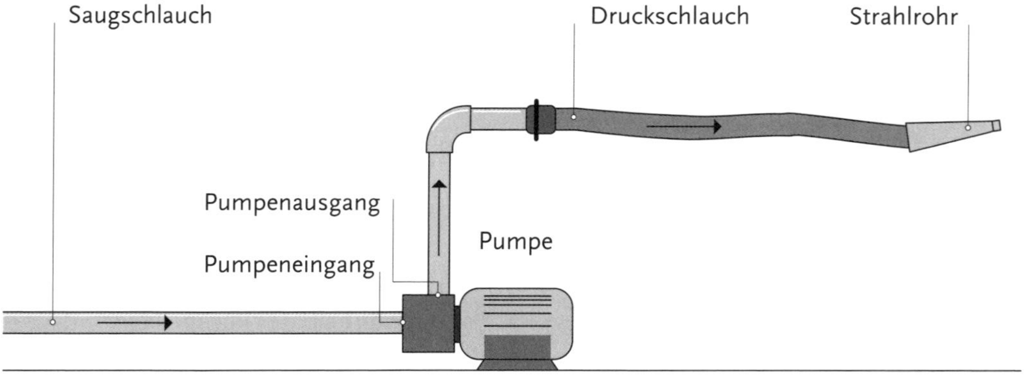

Kommentierte Lösungen

Zu 1a)
Heiße Gase steigen nach oben. Die längste Kerze erlischt deshalb zuerst, da die heißen Rauchgase von den Flammen nach oben steigen und sich dort sammeln, sodass zuerst oben kein Sauerstoff mehr vorhanden ist.

Zu 2b)
Das Wasser kocht und dabei entsteht Wasserdampf. Beim Verdampfen verbraucht das Wasser Energie. Diese nimmt es aus dem kochenden Wasser. Deshalb wird kochendes Wasser nicht heißer als 100 °C. Bei dieser Temperatur entzündet sich Pappe aber noch nicht selbst. (Vorsicht – wenn alles Wasser verdampft ist, wird die Wärme nicht mehr abtransportiert und die Schachtel verbrennt doch!)

Zu 3b)
Es entsteht ein enger, scharf begrenzter, heller Lichtschein, da eine Sammellinse das Licht bündelt.

Zu 4d)
Die Butter schmilzt zuerst am Silberstab, da Silber die Wärme am besten leitet und dieser Stab sich daher am schnellsten erwärmt.

Zu 5b)
Man sieht einen Gegenstand, weil Licht von diesem reflektiert wird und ins Auge fällt. Befindet sich ein Teil des Löffels unter Wasser, muss das Licht sich vom Löffel zum Auge durch das Wasser ausbreiten. An der Grenzfläche vom Wasser zur Luft wird das Licht gebrochen. Aufgrund dieser Brechung sieht man die Löffelspitze weiter oben als ohne Wasser, deshalb wirkt der Löffel verkürzt.

Zu 6d)
Die schwingenden Kugeln haben einen Impuls und Bewegungsenergie, beide Größen müssen erhalten bleiben. Deshalb müssen auch wieder drei Kugeln nach links schwingen – die drei aufprallenden können dies nicht tun, denn sie müssten die beiden anderen vor sich her schieben, womit dann fünf Kugeln nach links schwingen würden. Also schwingen die beiden ruhenden Kugeln und die mittlere Kugel 3 nach links.

Zu 7b)
Gefaltet erhält das vorher flache Papier zusätzlich eine Höhe und dadurch hohe Steifigkeit gegen Verbiegung.

Zu 8c)
Die Schwerkraft »zieht« an Wasser und Dose. Solange die Dose festgehalten wird oder auf einem Untergrund steht, kann sie dem Zug der Schwerkraft jedoch nicht folgen, nur das Wasser folgt der Schwerkraft und fließt aus. Sobald die Dose fällt, folgen Wasser und Dose beide gleich schnell der Schwerkraft, d. h., sie fallen gleich schnell, und es läuft kein Wasser mehr aus.

Zu 9c)
Gegenstände in Wasser erfahren eine Auftriebskraft, die genauso groß ist wie die Gewichtskraft des verdrängten Wassers. Ein schwimmender Gegenstand sinkt so weit in Wasser ein, bis die Auftriebskraft genauso groß ist wie die Gewichtskraft des Gegenstandes. Das heißt, der Gegenstand verdrängt so viel Wasser, dass das verdrängte Wasser dieselbe Gewichtskraft hat wie der Gegenstand. Das verdrängte Wasser ist das übergelaufene Wasser – dessen Gewichtskraft fehlt zwar nun im

Glas, wird aber exakt ausgeglichen durch die Gewichtskraft des Holzstückes. Deshalb zeigt die Waage dasselbe an.

Zu 10a)
Beim Eintritt in das Glas wird der Strahl zum Lot hingebrochen, beim Austritt vom Glas in die Luft wird er vom Lot weggebrochen. (Das Lot steht senkrecht auf der Kugeloberfläche, zeigt also zum Kugelmittelpunkt hin.)

Zu 11a)
Die Anordnung entspricht einem Flaschenzug, A muss daher nur einen Bruchteil der Kraft von B und C aufbringen und kann daher verhindern, dass B und C die Stangen auseinanderziehen.

Zu 12b)
Ein Gegenstand auf drei Beinen (die nicht in einer Reihe liegen dürfen) steht immer stabil. Ein Gegenstand mit vier Beinen kann wackeln, wenn die Länge der Beine nicht genau aufeinander abgestimmt ist.

Zu 13c)
Da die elektrische Ladung von der Büroklammer auf die beiden Alustreifen übergeht, sind die Alustreifen anschließend geladen und zwar beide mit derselben Ladung. Daher stoßen die beiden Alustreifen sich ab und bewegen sich voneinander weg.

Zu 14d)
Die Murmeln stellen ein Kugellager dar. Dreht man das Buch auf dem Deckel oder auf dem Tisch, tritt Gleitreibung zwischen Buch und Unterlage auf. Diese kann je nach Beschaffenheit der Unterlage größer oder kleiner sein – ist aber in jedem Fall deutlich größer als die Rollreibung, die zwischen den im Deckel rollenden Kugeln und dem Buch an den Berührungspunkten auftritt.

Zu 15b)
Der Sitz bewegt sich im Kreis, weil er von den Befestigungsketten auf die Kreisbahn gezwungen wird. Ohne die Ketten fliegt der Sitz also in seiner momentanen Bewegungsrichtung weiter. Die momentane Bewegungsrichtung ist aber immer tangential zur Kreisbewegung nach vorn – man kann sich die momentane Bewegung wie ein sehr, sehr kurzes gerades Stück, das am Kreis anliegt, vorstellen. Die Kreisbewegung ist dann aus sehr vielen dieser kurzen geraden Stücke zusammengesetzt. Nach dem Reißen der Ketten fliegt der Sitz entlang dieser geraden Richtung weiter.

Zu 16d)
Durch das vermehrte Abbrennen der Kerze am kürzeren Ende wandert der Schwerpunkt zum längeren Ende und dieses bewegt sich nach unten. In der Folge tropft hier jedoch mehr Wachs ab, dieses Ende wird kürzer und der Schwerpunkt wandert wieder zum anderen Ende. Dieses neigt sich nun nach unten usw. Die Kerze schwingt.

Zu 17b)
Die Kraft, mit der der Apfel auf die Nägel / den Nagel drückt, ist in beiden Fällen dieselbe, da sie von der Fallhöhe und der Apfelmasse abhängt. Die Fläche, auf der die Kraft wirkt, ist beim einzelnen Nagel aber sehr viel kleiner als bei den vielen Nägeln. Damit ist der Druck beim einzelnen Nagel höher als bei den vielen Nägeln, weshalb der einzelne Nagel tiefer eindringt.

Zu 18b)
Die Schale schwimmt. Der Auftrieb eines Gegenstandes ist gleich der Gewichtskraft des von ihm verdrängten Wassers. Die Schale verdrängt mehr Wasser als die Kugel, sie hat (inkl. der in ihr enthaltenen Luft) ein größeres Volumen. Weil der größte Teil dieses Volumens aber aus Luft besteht, ist die Dichte insgesamt geringer als bei der massiven Knetkugel, und zwar auch geringer als die Dichte des Wassers. Deshalb schwimmt die Schale.

Zu 19a)
In dem Glas mit dem niedrigeren Wasserstand herrscht am Boden ein geringerer Druck, hier muss durch Pusten also ein geringerer Druck überwunden werden, ehe sich Blasen im Wasser bilden.

Zu 20c)
1, 2, 4, 5 drehen sich in dieselbe Richtung.

Zu 21a)
Bei einem dickeren Griff hat man einen längeren Hebelarm – der Hebelarm entspricht dem Radius des Griffes. Das ist leichter verständlich, wenn man sich vorstellt, dass man, wie bei einem Inbusschlüssel, tatsächlich nur diesen stangenförmigen Griff in Richtung des Radius zur Verfügung hat.

Zu 22c)
A und B sind beides Flaschenzüge mit je zwei losen und zwei festen Rollen. Die Rollen sind bei A lediglich nicht in »Flaschen« zusammengefasst, das spielt aber für die Kraftersparnis keine Rolle.

Zu 23b)
Wenn Schalter 2 und 3 geschlossen sind, fließt durch alle drei Lampen Strom. Sobald Schalter 1 geschlossen ist, gibt es hier eine »Abkürzung« für den Strom, die beiden rechten Lampen werden dann nicht mehr zum Leuchten gebracht.

Zu 24a)
Beim größten Rad (C) hat man den längsten Hebelarm und braucht daher am wenigsten Kraft.

Zu 25b)
Der Schwerpunkt eines Gegenstandes muss senkrecht oberhalb der Grundfläche des Körpers liegen.

Zu 26b)
Wegen der Erddrehung treten Zentrifugalkräfte auf, die bewirken, dass der Erdradius in der Äquatorebene größer ist als zwischen den Polen.

Zu 27c)
Bei Schere A ist der Griff und damit der Hebelarm länger als bei der Originalschere; bei Schere C ist ein Flaschenzug mit einer losen Rolle am Griff montiert, der eine Kraftersparnis bringt. Bei Schere B ist lediglich eine feste Rolle montiert, die die Kraft nur umlenkt, aber nicht verringert.

Zu 28c)
Der Luftdruck drückt das Wasser durch den Schlauch nach oben in die Pumpe hinein. Die Wassersäule im Saugschlauch übt aufgrund ihres Gewichtes einen Druck nach unten aus (zurück ins Wasserbecken), ist also dem Luftdruck entgegengerichtet. Je tiefer der Wasserspiegel liegt, desto länger ist die Wassersäule im Saug-

schlauch und desto höher ist auch ihr Druck. Aber nur solange der Luftdruck den Druck der Wassersäule übersteigt, fließt Wasser in den Saugschlauch. Hat der Druck der Wassersäule den äußeren Luftdruck erreicht, wird kein Wasser mehr in den Schlauch gedrückt und die Wassersäule hat ihre maximale Höhe erreicht.

Zu 29b)
Da das Wasser nach vorn aus dem Strahlrohr strömt, kommt es zu einem Rückstoß, das heißt, das Strahlrohr bewegt sich nach hinten. Dieser Rückstoß ist bei dem Wasserstrom eines B-Rohres zu groß.

Zu 30a und b)
Wenn die Strahlrohre geschlossen werden, fließt kein Wasser mehr aus den Rohren ab und damit fließt auch aus der Pumpe kein Wasser mehr ab. Die Pumpe läuft aber noch und saugt weiter Wasser an. Das Wasser staut sich also am Pumpenausgang, wodurch hier der Druck steigt.
Da das Wasser nicht aus der Pumpe abfließen kann, steigt auch der Druck in der Pumpe – anders ausgedrückt: der Unterdruck wird geringer.

Konzentriertes Rechnen
Ziffern oder Buchstaben zählen
d/b/q-Test
Symbole Zahlen korrekt zuordnen
Buchstaben ergänzen
Zahlen unterstreichen
e alphabetische Reihenfolge finden
Abschrift überprüfen
Symbole einkreisen
Beobachten
Begriffe merken
Geschichten merken
Lebenslauf einprägen
Inserate einprägen
Wörter merken
Vokabeln merken
ostleitzahlen und Städte merken
Zahlen merken – Teil I
Zahlen merken – Teil II
Verkehrsfotos einprägen
Geometrische Figuren zuordnen
Figurenpaare einprägen
Labyrinth: Vorgegebene Strecke einprägen
rinth: Wegstrecke finden
depositionen einprägen
gstrecke in einem Stadtplan einprägen
Konzentriertes Rechnen
Ziffern oder Buchstaben zählen
d/b/q-Test
Symbole Zahlen korrekt zuordnen
Buchstaben ergänzen
Zahlen unterstreichen
e alphabetische Reihenfolge finden
Abschrift überprüfen
Symbole einkreisen
Beobachten
Begriffe merken
Geschichten merken
Lebenslauf einprägen
Inserate einprägen
Wörter merken
Vokabeln merken

Tests: Belastbarkeit

Konzentriertes Arbeiten

Bei diesem Aufgabentyp geht es um Ihr Konzentrationsleistungsvermögen, Ihre Ausdauer und Ihre Belastbarkeit. In Einstellungs- und Personalauswahltestverfahren kommen Aufgaben zu Ihrem Konzentrationsvermögen häufig vor. Arbeitgeber wollen damit nicht nur Ihre Konzentrationsfähigkeit, sondern auch generell Ihr Leistungs- und Arbeitsverhalten überprüfen. Auf den folgenden Seiten stellen wir Ihnen die gängigsten Testverfahren vor und bieten Ihnen damit eine konkrete Übungsmöglichkeit.
Die Testverfahren werden Ihnen sehr einfach vorkommen. Die Herausforderung liegt tatsächlich nicht in der Schwierigkeitsstufe der Aufgabenstellung, sondern in der sehr knapp bemessenen Zeit, die praktisch nie ausreicht, um alle Aufgaben lösen zu können.
Für Ihre persönliche Auswertung der Aufgaben gilt generell: Wenn Sie in der vorgegebenen Zeit mindestens **50 Prozent der Aufgaben richtig gelöst haben** (beispielsweise bei »Konzentriert rechnen« oder beim »d/b/q-Test«), ist das bereits ein befriedigendes Ergebnis. Haben Sie zwischen **60 und 75 Prozent der Aufgaben** richtig gelöst, entspricht das einer sehr guten Leistung. **100 Prozent** sind erfahrungsgemäß nicht zu erreichen.

Konzentriertes Rechnen

Eine Testaufgabe besteht aus zwei einfachen Rechenaufgaben. Ihre Aufgabe ist es, beide Aufgaben im Kopf zu lösen und dann das kleinere Ergebnis vom größeren Ergebnis abzuziehen. Das Endergebnis tragen Sie dann in das freie Feld ein. Beachten Sie, dass hier auch bekannte Rechenregeln wie »Punkt vor Strich« gelten. Beachten Sie, dass Sie keine schriftlichen Nebenrechnungen anfertigen dürfen.

Beispielaufgaben

1) $7 + 8 - 2$
   $9 - 5 + 3$

   $7 + 8 - 2 = 13$
   $9 - 5 + 3 = 7$

Lösung: $13 - 7 = \mathbf{6}$

2) $2 \times 1 + 5$
   $5 + 6 + 3$

   $2 \times 1 + 5 = 7$
   $5 + 6 + 3 = 14$

Lösung: $14 - 7 = \mathbf{7}$

Trainingsaufgaben

Für die 30 Aufgaben haben Sie **5 Minuten** Zeit.

1) $9 - 1 + 5$
   $6 + 3 - 8$ ____12____

2) $7 + 4 - 9$
   $6 + 2 + 8$ ____14____

3) $4 - 3 + 9$
   $8 + 3 - 4$ ____3____

4) $7 - 4 + 2$
   $6 + 8 - 9$ ____0____

5) 9 – 2 + 7
2 + 8 – 4 ____

6) 7 – 2 + 9
3 – 1 – 1 ____

7) 8 + 5 – 9
5 + 4 – 6 ____

8) 4 – 3 + 7
7 – 2 + 1 ____

9) 9 + 3 – 2
7 + 6 – 4 ____

10) 1 + 8 – 3
7 – 5 – 1 ____

11) 6 – 4 + 9
7 + 6 + 4 ____

12) 3 – 2 + 6
7 – 1 – 3 ____

13) 7 + 8 – 9
4 – 3 + 4 ____

14) 5 + 3 + 7
8 – 5 – 2 ____

15) 6 – 3 + 8
7 – 2 – 3 ____

16) 7 + 6 – 4
3 – 2 + 6 ____

17) 1 + 9 + 3
7 – 4 + 5 ____

18) 9 – 3 + 6
7 – 2 – 5 ____

19) 6 + 2 – 6
1 + 4 + 3 ____

20) 7 × 5 – 4
8 – 6 + 4 ____

21) 3 + 9 – 7
6 × 3 + 5 ____

22) 2 + 7 × 4
8 – 3 + 6 ____

23) 3 × 4 – 10
6 + 8 – 9 ____

24) 7 – 6 + 8
6 + 5 × 4 ____

25) 3 × 2 – 5
7 × 3 + 6 ____

26) 8 – 3 × 1
6 × 7 – 9 ____

27) 5 × 2 – 8
6 + 6 × 4 ____

28) 5 × 3 – 2
24 – 7 × 2 ____

29) 9 – 2 × 2
8 × 5 – 8 ____

30) 7 × 8 – 3
18 – 4 ×3 ____

Lösungen

1) 12
2) 14
3) 3
4) 0
5) 8
6) 13
7) 1
8) 2
9) 1
10) 5
11) 6
12) 4
13) 1
14) 14
15) 9
16) 2
17) 5
18) 12
19) 6
20) 25
21) 18
22) 19
23) 3
24) 17
25) 26
26) 28
27) 28
28) 3
29) 27
30) 47

Tipps zur Vorbereitung

Beachten Sie die bekannten Rechenregeln wie z. B. »Punkt vor Strich«: Lautet eine Rechenaufgabe z. B. 2 + 7 × 4 müssen Sie zuerst 7 × 4 berechnen und dann die 2 addieren (= 30). Addieren Sie zuerst die 7 zur 2 und multiplizieren dann (= 36), erhalten Sie ein falsches Ergebnis.

Ziffern oder Buchstaben zählen

Sie sehen einfache Zahlen-Buchstaben-Reihen. Zählen Sie, wie oft die Ziffer »2« in jeder Reihe vorkommt, und notieren Sie das Ergebnis am Zeilenende.

Beispielaufgabe

1	2	1	2	1	2	1	2	1	2	1	2	1	2	1	**7**
1	E	1	2	E	1	2	E	E	1	2	2	1	1	E	**4**
E	2	E	2	2	1	2	1	2	E	2	E	2	E	2	**8**
2	E	2	2	1	2	2	1	2	2	2	1	2	2	2	**11**
2	1	1	2	2	E	1	1	2	1	2	2	E	1	2	**7**
1	2	2	1	E	2	2	2	E	2	1	2	E	1	2	**8**
2	1	2	E	2	1	2	E	2	E	2	1	E	2	1	**7**
2	1	E	1	2	E	1	E	2	1	E	E	1	1	2	**4**
E	1	E	2	E	1	2	2	E	2	1	2	E	2	1	**6**
E	2	1	2	E	1	1	2	E	2	1	2	1	2	1	**6**

Trainingsaufgaben

Für einen Block von 10 Reihen haben Sie **45 Sekunden** Zeit.

1) Sie sehen einfache Zahlen-Buchstaben-Reihen. Zählen Sie, wie oft die Ziffer »6« in jeder Reihe vorkommt, und notieren Sie das Ergebnis am Zeilenende.

6	C	6	E	8	8	6	E	8	C	6	8	E	6	E	5
8	8	E	6	C	8	6	E	C	6	E	8	6	C	C	4
E	6	C	6	8	6	E	6	E	C	8	6	8	6	8	6
C	E	6	E	C	E	6	8	C	6	E	8	C	E	6	4
E	6	6	6	E	6	C	6	E	E	6	E	8	6	8	7
6	C	8	6	8	6	E	8	6	E	8	C	8	6	E	5
8	E	6	C	6	E	8	8	6	C	C	E	6	E	6	5
6	E	8	6	6	C	6	E	E	8	6	E	8	6	E	6
C	E	6	E	8	E	8	6	C	E	6	C	E	6	C	4
8	6	E	C	8	E	6	C	8	E	C	6	C	8	E	3

2) Sie sehen einfache Zahlen-Buchstaben-Reihen. Zählen Sie, wie oft der Buchstabe »T« in jeder Zeile vorkommt, und notieren Sie das Ergebnis am Zeilenende.

1	7	Z	T	1	Z	7	T	1	7	Z	1	7	T	T	4
T	7	T	7	Z	T	T	7	7	1	T	T	1	7	1	6
1	T	Z	T	7	1	Z	1	T	Z	1	7	T	T	Z	5
7	1	7	1	T	Z	7	T	Z	T	7	1	Z	Z	T	4
T	7	Z	T	T	1	T	Z	T	1	7	Z	T	1	7	6
Z	T	1	1	1	T	7	Z	Z	T	T	T	Z	7	1	5
7	Z	T	T	7	7	1	T	T	1	7	Z	T	T	Z	6
T	1	T	Z	T	1	7	T	Z	7	1	T	1	T	7	6
Z	7	1	T	7	T	Z	T	7	1	T	1	7	T	1	5
1	T	7	Z	T	1	T	7	T	Z	1	T	7	1	T	6

3) Sie sehen einfache Zahlen-Buchstaben-Reihen. Zählen Sie, wie oft die Ziffer »3« in jeder Zeile vorkommt, und notieren Sie das Ergebnis am Zeilenende.

3	3	B	D	B	3	8	D	B	3	8	D	3	B	3	6
D	3	B	3	3	8	3	B	3	8	3	B	3	8	8	7
8	B	3	3	8	8	D	3	3	B	8	3	3	D	B	6
3	8	3	8	D	3	B	8	B	8	3	3	B	3	D	6
B	D	3	D	B	3	8	D	3	D	8	3	D	8	D	4
8	3	8	8	3	3	B	D	3	3	B	8	3	D	3	7
B	D	3	B	8	D	3	8	B	3	8	B	3	8	B	4
3	8	D	3	8	B	D	3	8	D	3	3	D	3	B	6
D	B	3	3	3	8	3	8	3	8	D	8	3	3	D	7
8	3	B	8	D	3	8	3	B	D	8	3	D	8	3	5

4) Sie sehen einfache Zahlen-Buchstaben-Reihen. Zählen Sie, wie oft der Buchstabe »Q« in jeder Zeile vorkommt, und notieren Sie das Ergebnis am Zeilenende.

Q	O	9	O	6	Q	O	9	Q	6	Q	9	O	Q	P	5
6	Q	6	Q	Q	9	6	Q	O	Q	Q	6	Q	6	O	7
0	9	Q	Q	6	O	Q	Q	6	O	Q	Q	6	Q	9	7
6	Q	6	6	O	Q	6	9	Q	9	6	O	O	Q	O	4
Q	9	O	Q	6	Q	Q	6	O	Q	9	Q	9	6	Q	7
6	O	Q	Q	O	6	O	Q	6	O	Q	6	O	Q	9	5
O	6	Q	9	6	Q	9	O	9	Q	9	O	6	9	Q	4
O	9	Q	6	O	Q	6	O	6	O	Q	6	Q	9	O	4
Q	6	Q	9	6	6	O	Q	Q	6	Q	9	6	Q	6	6
O	Q	6	O	Q	P	Q	O	P	6	O	6	Q	O	P	4

5) Sie sehen einfache Zahlen-Buchstaben-Reihen. Zählen Sie, wie oft die Ziffer »5« in jeder Zeile vorkommt, und notieren Sie das Ergebnis am Zeilenende.

S	P	G	S	5	S	5	P	G	5	P	5	G	5	S	
5	5	G	S	5	S	S	5	G	S	5	S	5	S	5	
S	P	S	5	S	S	5	G	S	5	P	G	S	5	G	
G	G	5	P	G	5	G	S	5	S	5	S	5	S	P	
S	5	S	5	5	S	S	5	5	P	S	5	S	5	S	
5	S	P	S	G	5	5	P	S	5	5	P	G	S	5	
P	5	5	G	5	S	P	5	S	5	P	S	5	5	P	
5	G	S	5	S	G	S	G	5	S	G	5	S	5	S	
G	S	5	S	5	P	5	S	5	P	5	S	5	S	5	
P	5	G	P	G	5	P	P	G	5	P	G	S	P	5	

6) Sie sehen einfache Zahlen-Buchstaben-Reihen. Zählen Sie, wie oft die Ziffer »0« in jeder Zeile vorkommt, und notieren Sie das Ergebnis am Zeilenende.

0	D	0	8	0	8	D	0	C	D	8	0	0	D	C	6
8	0	C	0	0	D	8	0	0	C	0	D	8	0	D	7
0	D	0	D	8	0	0	D	8	0	D	0	0	C	0	8
D	8	0	C	D	0	8	D	0	C	0	D	8	0	D	5
D	0	C	D	0	C	D	0	8	C	0	8	D	8	0	5
8	D	C	0	8	D	0	8	0	0	8	C	0	0	D	6
0	8	0	8	0	0	C	D	0	C	D	8	C	8	C	5
C	0	C	0	8	D	0	C	D	8	0	8	D	0	D	5
D	8	0	C	0	C	C	0	8	D	C	0	8	C	0	5
8	D	C	0	8	D	0	8	D	C	0	8	C	0	8	4

7) Sie sehen einfache Zahlen-Buchstaben-Reihen. Zählen Sie, wie oft die Ziffer »1« in jeder Zeile vorkommt, und notieren Sie das Ergebnis am Zeilenende.

7	1	Z	T	1	T	Z	7	1	Z	Z	1	Z	1	Z	
1	Z	7	1	7	Z	1	1	7	Z	7	T	1	Z	1	
7	T	1	1	Z	7	1	1	T	Z	1	1	7	1	T	
Z	1	7	Z	7	1	T	7	Z	1	7	T	1	7	L	
1	T	T	Z	1	Z	7	1	T	T	1	1	Z	7	1	
T	1	Z	Z	1	7	Z	T	1	T	Z	T	7	1	T	
1	7	T	7	7	1	1	T	Z	1	7	Z	1	7	1	
Z	Z	1	T	1	1	7	Z	7	1	1	T	Z	1	T	
1	T	Z	1	T	7	1	1	Z	T	7	1	7	1	Z	
T	Z	1	Z	7	1	Z	7	T	Z	1	T	Z	T	1	

8) Sie sehen einfache Zahlen-Buchstaben-Reihen. Zählen Sie, wie oft der Buchstabe »F« in jeder Zeile vorkommt, und notieren Sie das Ergebnis am Zeilenende.

5	F	E	F	5	E	5	F	4	F	5	F	4	F	E	6
F	5	F	5	E	F	4	E	F	5	E	F	5	E	F	6
F	E	5	4	F	5	F	5	E	5	F	4	F	5	4	5
5	F	4	F	F	E	5	F	5	E	F	5	4	F	5	6
F	5	F	E	5	F	F	5	E	F	5	4	F	F	E	7
5	F	4	F	F	5	E	F	F	5	F	F	E	F	5	8
F	E	5	E	F	E	F	4	5	E	5	F	5	F	E	5
5	4	F	5	E	F	5	E	E	5	F	5	4	F	4	4
E	5	E	F	F	5	E	F	5	F	5	E	F	4	F	6
F	4	5	4	E	F	5	E	F	E	4	F	4	5	4	4

9) Sie sehen einfache Zahlen-Buchstaben-Reihen. Zählen Sie, wie oft die Ziffer »3« in jeder Zeile vorkommt, und notieren Sie das Ergebnis am Zeilenende.

6	B	3	6	B	E	6	3	3	6	B	6	E	3	6	
E	3	B	E	3	6	B	6	E	3	3	3	B	6	E	
3	6	B	3	6	E	3	B	3	B	E	3	3	E	3	
E	6	3	6	B	3	E	B	6	3	E	6	B	3	B	
6	3	B	3	6	E	6	3	3	6	E	B	3	6	E	
3	6	E	B	E	6	3	B	E	B	3	3	6	E	3	
6	3	6	6	3	E	6	3	6	3	6	B	B	3	3	
E	B	3	3	B	6	3	6	B	6	3	E	E	B	6	
6	3	B	6	6	3	6	E	3	E	6	B	6	3	3	
E	6	B	6	3	E	6	B	3	6	E	B	6	3	3	

10) Sie sehen einfache Zahlen-Buchstaben-Reihen. Zählen Sie, wie oft der Buchstabe »L« in jeder Zeile vorkommt, und notieren Sie das Ergebnis am Zeilenende.

2	L	E	1	E	L	2	1	L	1	E	L	1	E	L	4	5
L	E	L	L	2	1	E	L	E	2	L	E	2	L	1	6	
2	E	1	2	L	E	L	2	1	L	1	2	L	E	2	4	
1	L	2	L	1	L	1	E	L	1	2	L	1	2	L	6	
L	E	L	1	E	2	L	2	E	2	L	2	E	2	L	5	
2	L	2	E	L	2	1	E	1	L	1	E	1	L	1	4	
1	E	L	2	1	L	L	L	2	E	2	L	2	E	L	6	
L	1	E	L	E	2	L	1	L	1	L	1	E	2	L	6	
E	L	2	L	2	L	2	L	E	2	E	2	L	E	2	5	
L	1	L	1	L	1	L	E	1	L	L	1	E	1	L	7	

Lösungen

1)

6	C	**6**	E	8	8	**6**	E	8	C	**6**	8	E	**6**	E	**5**
8	8	E	**6**	C	8	**6**	E	C	**6**	E	8	**6**	C	C	**4**
E	**6**	C	**6**	8	**6**	E	**6**	E	C	8	**6**	8	**6**	8	**6**
C	E	**6**	E	C	E	**6**	8	C	**6**	E	8	C	E	**6**	**4**
E	**6**	**6**	**6**	E	**6**	C	**6**	E	E	**6**	E	8	**6**	8	**7**
6	C	8	**6**	8	**6**	E	8	**6**	E	8	C	8	**6**	E	**5**
8	E	**6**	C	**6**	E	8	8	**6**	C	C	E	**6**	E	**6**	**5**
6	E	8	**6**	**6**	C	**6**	E	E	8	**6**	E	8	**6**	E	**6**
C	E	**6**	E	8	E	8	**6**	C	E	**6**	C	E	**6**	C	**4**
8	**6**	E	C	8	E	**6**	C	8	E	C	**6**	C	8	E	**3**

2)

1	7	Z	**T**	1	Z	7	**T**	1	7	Z	1	7	**T**	**T**	**4**
T	7	**T**	7	Z	**T**	**T**	7	7	1	**T**	**T**	1	7	1	**6**
1	**T**	Z	**T**	7	1	Z	1	**T**	Z	1	7	**T**	**T**	Z	**5**
7	1	7	1	**T**	Z	7	**T**	Z	**T**	7	1	Z	Z	**T**	**4**
T	7	Z	**T**	**T**	1	**T**	Z	**T**	1	7	Z	**T**	1	7	**6**
Z	**T**	1	1	1	**T**	7	Z	Z	**T**	**T**	**T**	Z	7	1	**5**
7	Z	**T**	**T**	7	7	1	**T**	**T**	1	7	Z	**T**	**T**	Z	**6**
T	1	**T**	Z	**T**	1	7	**T**	Z	7	1	**T**	1	**T**	7	**6**
Z	7	1	**T**	7	**T**	Z	**T**	7	1	**T**	1	7	**T**	1	**5**
1	**T**	7	Z	**T**	1	**T**	7	**T**	Z	1	**T**	7	1	**T**	**6**

3)

3	**3**	B	D	B	**3**	8	D	B	**3**	8	D	**3**	B	**3**	**6**
D	**3**	B	**3**	**3**	8	**3**	B	**3**	8	**3**	B	**3**	8	8	**7**
8	B	**3**	**3**	8	8	D	**3**	**3**	B	8	**3**	**3**	D	B	**6**
3	8	**3**	8	D	**3**	B	8	B	8	**3**	**3**	B	**3**	D	**6**
B	D	**3**	D	B	**3**	8	D	**3**	D	8	**3**	D	8	D	**4**
8	**3**	8	8	**3**	**3**	B	D	**3**	**3**	B	8	**3**	D	**3**	**7**
B	D	**3**	B	8	D	**3**	8	B	**3**	8	B	**3**	8	B	**4**
3	8	D	**3**	8	B	D	**3**	8	D	**3**	**3**	D	**3**	B	**6**
D	B	**3**	**3**	**3**	8	**3**	8	**3**	8	D	8	**3**	**3**	D	**7**
8	**3**	B	8	D	**3**	8	**3**	B	D	8	**3**	D	8	**3**	**5**

4)

Q	O	9	O	6	**Q**	O	9	**Q**	6	**Q**	9	O	**Q**	P	**5**
6	**Q**	6	**Q**	**Q**	9	6	**Q**	O	**Q**	**Q**	6	**Q**	6	O	**7**
0	9	**Q**	**Q**	6	O	**Q**	**Q**	6	O	**Q**	**Q**	6	**Q**	9	**7**
6	**Q**	6	6	O	**Q**	6	9	**Q**	9	6	O	O	**Q**	O	**4**
Q	9	O	**Q**	6	**Q**	**Q**	6	O	**Q**	9	**Q**	9	6	**Q**	**7**
6	O	**Q**	**Q**	O	6	O	**Q**	6	O	**Q**	6	O	**Q**	9	**5**
O	6	**Q**	9	6	**Q**	9	O	9	**Q**	9	O	6	9	**Q**	**4**
O	9	**Q**	6	O	**Q**	6	O	6	O	**Q**	6	**Q**	9	O	**4**
Q	6	**Q**	9	6	6	O	**Q**	**Q**	6	**Q**	9	6	**Q**	6	**6**
O	**Q**	6	O	**Q**	P	**Q**	O	P	6	O	6	**Q**	O	P	**4**

5)

S	P	G	S	5	S	5	P	G	5	P	5	G	5	S	5
5	5	G	S	5	S	S	5	G	S	5	S	5	S	5	7
S	P	S	5	S	S	5	G	S	5	P	G	S	5	G	4
G	G	5	P	G	5	G	S	5	S	5	S	5	S	P	5
S	5	S	5	5	S	S	5	5	P	S	5	S	5	S	7
5	S	P	S	G	5	5	P	S	5	5	P	G	S	5	6
P	5	5	G	5	S	P	5	S	5	P	S	5	5	P	7
5	G	S	5	S	G	S	G	5	S	G	5	S	5	S	5
G	S	5	S	5	P	5	S	5	P	5	S	5	S	5	7
P	5	G	P	G	5	P	P	G	5	P	G	S	P	5	4

6)

0	D	0	8	0	8	D	0	C	D	8	0	0	D	C	6
8	0	C	0	0	D	8	0	0	C	0	D	8	0	D	7
0	D	0	D	8	0	0	D	8	0	D	0	0	C	0	8
D	8	0	C	D	0	8	D	0	C	0	D	8	0	D	5
D	0	C	D	0	C	D	0	8	C	0	8	D	8	0	5
8	D	C	0	8	D	0	8	0	0	8	C	0	0	D	6
0	8	0	8	0	0	C	D	0	C	D	8	C	8	C	5
C	0	C	0	8	D	0	C	D	8	0	8	D	0	D	5
D	8	0	C	0	C	C	0	8	D	C	0	8	C	0	5
8	D	C	0	8	D	0	8	D	C	0	8	C	0	8	4

7)

7	**1**	Z	T	**1**	T	Z	7	**1**	Z	Z	**1**	Z	**1**	Z	**5**
1	Z	7	**1**	7	Z	**1**	**1**	7	Z	7	T	**1**	Z	**1**	**6**
7	T	**1**	**1**	Z	7	**1**	**1**	T	Z	**1**	**1**	7	**1**	T	**7**
Z	**1**	7	Z	7	**1**	T	7	Z	**1**	7	T	**1**	7	L	**4**
1	T	T	Z	**1**	Z	7	**1**	T	T	**1**	**1**	Z	7	**1**	**6**
T	**1**	Z	Z	**1**	7	Z	T	**1**	T	Z	T	7	**1**	T	**4**
1	7	T	7	7	**1**	**1**	T	Z	**1**	7	Z	**1**	7	**1**	**6**
Z	Z	**1**	T	**1**	**1**	7	Z	7	**1**	**1**	T	Z	**1**	T	**6**
1	T	Z	**1**	T	7	**1**	**1**	Z	T	7	**1**	7	**1**	Z	**6**
T	Z	**1**	Z	7	**1**	Z	7	T	Z	**1**	T	Z	T	**1**	**4**

8)

5	**F**	E	**F**	5	E	5	**F**	4	**F**	5	**F**	4	**F**	E	**6**
F	5	**F**	5	E	**F**	4	E	**F**	5	E	**F**	5	E	**F**	**6**
F	E	5	4	**F**	5	**F**	5	E	5	**F**	4	**F**	5	4	**5**
5	**F**	4	**F**	**F**	E	5	**F**	5	E	**F**	5	4	**F**	5	**6**
F	5	**F**	E	5	**F**	**F**	5	E	**F**	5	4	**F**	**F**	E	**7**
5	**F**	4	**F**	**F**	5	E	**F**	**F**	5	**F**	**F**	E	**F**	5	**8**
F	E	5	E	**F**	E	**F**	4	5	E	5	**F**	5	**F**	E	**5**
5	4	**F**	5	E	**F**	5	E	E	5	**F**	5	4	**F**	4	**4**
E	5	E	**F**	**F**	5	E	**F**	5	**F**	5	E	**F**	4	**F**	**6**
F	4	5	4	E	**F**	5	E	**F**	E	4	**F**	4	5	4	**4**

9)

6	B	**3**	6	B	E	6	**3**	**3**	6	B	6	E	**3**	6	**4**
E	**3**	B	E	**3**	6	B	6	E	**3**	**3**	**3**	B	6	E	**5**
3	6	B	**3**	6	E	**3**	B	**3**	B	E	**3**	**3**	E	**3**	**7**
E	6	**3**	6	B	**3**	E	B	6	**3**	E	6	B	**3**	B	**4**
6	**3**	B	**3**	6	E	6	**3**	**3**	6	E	B	**3**	6	E	**5**
3	6	E	B	E	6	**3**	B	E	B	**3**	**3**	6	E	**3**	**5**
6	**3**	6	6	**3**	E	6	**3**	6	**3**	6	B	B	**3**	**3**	**6**
E	B	**3**	**3**	B	6	**3**	6	B	6	**3**	E	E	B	6	**4**
6	**3**	B	6	6	**3**	6	E	**3**	E	6	B	6	**3**	**3**	**5**
E	6	B	6	**3**	E	6	B	**3**	6	E	B	6	**3**	**3**	**4**

10)

2	**L**	E	1	E	**L**	2	1	**L**	1	E	**L**	1	E	**L**	**5**
L	E	**L**	**L**	2	1	E	**L**	E	2	**L**	E	2	**L**	1	**6**
2	E	1	2	**L**	E	**L**	2	1	**L**	1	2	**L**	E	2	**4**
1	**L**	2	**L**	1	**L**	1	E	**L**	1	2	**L**	1	2	**L**	**6**
L	E	**L**	1	E	2	**L**	2	E	2	**L**	2	E	2	**L**	**5**
2	**L**	2	E	**L**	2	1	E	1	**L**	1	E	1	**L**	1	**4**
1	E	**L**	2	1	**L**	**L**	**L**	2	E	2	**L**	2	E	**L**	**6**
L	1	E	**L**	E	2	**L**	1	**L**	1	**L**	1	E	2	**L**	**6**
E	**L**	2	**L**	2	**L**	2	**L**	E	2	E	2	**L**	E	2	**5**
L	1	**L**	1	**L**	1	**L**	E	1	**L**	**L**	1	E	1	**L**	**7**

Tipps zur Vorbereitung

Wenn Ihnen ein Blatt Papier oder ein Lineal zur Verfügung steht, können Sie dieses dazu nutzen, um die Zeilen unterhalb der Zeile, in der Sie gerade zählen, zuzudecken. Fahren Sie auf jeden Fall die einzelnen Buchstaben bzw. Zahlen in der Zeile, in der Sie zählen, mit dem Finger oder einem Stift ab. Dadurch können Sie schneller und genauer zählen.

Für die Bearbeitung der Trainingsaufgaben ist es sinnvoll, entweder eine Stoppuhr so zu programmieren, dass alle 45 Sekunden ein Signal ertönt, oder einen Freund / eine Freundin zu bitten, die Stoppuhrfunktion zu übernehmen.

d/b/q-Test

Bei der folgenden Aufgabe müssen Sie alle d, die durch insgesamt zwei Striche gekennzeichnet sind, markieren. Infrage kommen also alle d die so aussehen:

I	II	
d	d	d
I		II

Beispielaufgaben

	I	II	I	II		II	I	I	I	II	I	I	II		I	II	I		II	I		I		I	II		II		I	I	II	I	II	I	II		I		II	I	I	I	II		I	
q	d	p	q	d	d	d	p	d	p	d	p	q	p	d	d	q	p	p	d	p	q	p	p	p	q	d	d	q	p	d	q	d	p	q	q	d	d	q	p	q	p	q	d	q	d	q
II	II	I	I		I	II		I	I		II	I	I	II	I		I	II		I	II	I	II			II		II		I	I	I	I	II		I	I	II			I	I		II	I	I

Lösung: 12

	I	II	I	II		II	I	I	I	II	I	I	II		I	II	I		II	I		I		I	II		II		I	I	II	I	II	I	II		I		II	I	I	I	II		I	
q	d	p	q	p	d	d	p	d	p	d	p	q	p	d	d	q	p	p	d	p	q	p	p	p	q	d	d	q	p	q	q	d	p	q	q	d	d	q	p	q	p	q	d	q	d	q
II	II	I	I		I	II		I	I		II	I	I	II	I		I	II		I	II	I	II			II		II		I	I	I	I	II		I	I	II			I	I		II	I	I

Lösung: 11

Alle d, die durch mehr oder weniger als zwei Striche gekennzeichnet sind, dürfen Sie nicht markieren. Ebenso wenig dürfen b und q, die durch zwei Striche gekennzeichnet sind, markiert werden.

Die folgenden 30 Aufgabenreihen bestehen aus jeweils 47 Spalten. Für jede Aufgabe haben Sie **20 Sekunden** Zeit. Nach 20 Sekunden müssen Sie zur nächsten springen, auch wenn Sie mit der aktuellen Aufgabe noch nicht fertig sind. Für die Bearbeitung der Trainingsaufgaben ist es sinnvoll, entweder eine Stoppuhr so zu programmieren, dass alle 20 Sekunden ein Signal ertönt, oder einen Freund / eine Freundin zu bitten, die Stoppuhrfunktion zu übernehmen.

Trainingsaufgaben

Streichen Sie jetzt alle d, die durch zwei Striche markiert sind, so schnell wie möglich durch.

1)

	I		I	II	I	I	II	I		II	II	I		I		I		I	II	II	I	II		I	II	I		I	I		I		I		I		I	I		II		II	I	I	I	II
d	p	p	q	d	d	q	q	p	d	p	q	d	q	q	p	d	p	q	q	d	p	p	d	q	q	p	d	d	p	p	q	d	d	p	q	d	q	q	d	p	p	d	q	d	q	d
II		II	I	I	I	II		I	II	I	II	I	II		II	I	II	I	I		II		II	I	I	I	II	I	I	II	I	II	I	II	I	II	I	I	II		II		II	I	I	I

2)

	II	II	II		II	I	II		II		II	I	II		II	II		II	I		II		I	I		II		I		II	I	II			II			I	II	II	II	II		II		I
p	q	d	d	q	q	p	d	p	p	d	q	p	q	p	d	q	p	d	q	p	d	p	p	q	q	d	d	d	q	q	d	q	p	q	q	p	d	q	q	p	d	p	p	q	p	d
II	I		II	II		I		II	II	II		I	II	II	II		I			II	I	II		I	II	II	II		II		I		II	II		II	II	II		II	II		II		I	I

3)

I	I	II	I	II		I	I	I			I		I	II	I	I	I	II	I	I	I	II	I	II	II		I	I	II	II	I			I	II	I			I	II	I	II	II		I	I
d	d	d	d	d	q	d	p	q	d	d	d	q	d	d	q	q	d	p	d	q	q	p	d	d	p	d	q	d	d	p	d	d	q	p	d	p	q	q	q	p	q	p	p	q	q	q
	I	I	I		II	I	I	I	II	II	I	I	I	I	II	I	I		I	I	II	I	I	I	II	II	I	I		I	I	II	II	I		I	II	II	I	I	II		I	II	II	I

4)

I	I		I	II	II	II	I	I	I		I		I	I		I	II	I	II	I	II		I	I	II		I	I	II	I	I	II	II	I	I	I		I		I	I	II	II	I		II
d	d	d	q	d	p	d	d	q	p	p	d	d	q	q	p	d	d	q	d	d	p	d	d	p	q	d	q	d	q	p	q	p	d	d	q	q	d	d	p	p	q	p	q	p	q	p
II		II	I	I	II				I	II	I	II	II	II	I	I		I		I		II	I	I		II	II	I	I	II	I			I		I	I	I	II	I	II	II	I	I	II	

5)

II	I	I	II	II		II	II	II	I	II	I	II			I	I	I	II	II	I		II	I	I	II	I	I	I	II	I	I	I	I	II	II	II	I			I	I		I	I	II	I
q	q	p	q	d	d	p	p	p	q	q	d	p	p	d	d	q	p	q	q	p	p	d	q	d	d	p	q	q	p	d	d	p	q	q	d	p	p	d	q	p	d	d	q	p	d	q
	I	I		I	II	II	I		I		I	I	II	I	I	II	I	I		I	II	I	I	I		II	I	II	II		I	II	I				I	II	II	II	I	II	II	II	I	II

6)

I		I	I	I		II		II			II	II	I		I	I	I	I	I	II	II	I	I	I			II	II	I	I	II	I		I		I	I	II	I	I	II	II		I	I	
d	p	q	p	d	q	p	p	p	q	d	d	q	p	q	p	q	q	d	q	q	d	p	p	d	q	d	p	p	q	d	q	p	d	q	d	p	p	d	q	p	p	q	p	p	q	q
I	II		I		II	I	II	II	I	I	I	I	I	II	II	I	II		I	I		I	II	I	I	II	II	I	I	I	II	I	II		II	II	I		II	I	I	II	I	I	I	II

7)

I	II		II	I	II	I	I	I	II	II	I		II	II		I		II	I	I	II	II	II	I	I	II				I	II	I	II	I	I	I	I	II	I		II		I	I	II	II
d	q	p	d	d	q	d	d	p	p	d	q	d	q	d	p	p	q	d	q	p	d	q	q	p	d	p	p	d	d	q	d	d	p	q	d	d	p	p	d	p	q	d	p	d	p	d
	I	II		I	II	II	I	I			I	II	II		II	I	II		I	I	II	II	I	II	I	II	I	II	II	I	I	I		I		I	II	I	I	I	II	II	I	I	I	

8)

I		I	I	I	II	I	II	II	I	II	I	II	II			I	I	II		I		II		I	I	II		I	I	I				II		I	II	II	I	II	I	I	I	I		I
q	q	d	d	p	p	d	q	d	d	q	p	d	d	q	d	p	d	q	d	p	d	p	d	p	d	p	p	d	d	q	p	d	q	d	p	p	p	q	q	p	p	q	q	p	q	p
	II	II		II	II	I	II	I	I		I	I		II	II	I	I	I	I	II	I	I	I	I	I		II		I	II	I	II	I		II	I		II	I		II	I	II	II	I	I

9)

I	I				I	II		II		II	I	II		II	I		II		II	I	II	II		I	II	I	I	I	I	II	I		II	II	I	I	I	II	I	I			II	I	I	I
d	p	q	d	q	q	d	d	p	q	d	p	p	d	q	d	p	p	d	d	q	p	q	d	p	q	d	p	q	p	d	q	p	d	q	p	d	q	q	d	p	d	d	d	p	q	p
II	I	II	II	II	I		II	II	I		I		II	I	I	II	I	I			II	I	II	II	I	I	II	I	II	II	II	I		I	I	II	II	I	I	II	II	I		I	II	

10)

I	II	II		I	II	I	I		II	I	II		I		II	I	I	I	I	I	I	I	I	I	II	I	I	I	II			II	I	I	II	I	II	II	I	I	II	I	II	I	I	I
d	q	d	p	p	q	d	p	d	p	q	d	d	p	p	q	d	q	p	q	d	p	d	d	p	d	q	q	p	d	p	d	q	p	d	q	d	p	d	d	q	d	p	d	q	p	d
II	I	II	II	I	I	I	I	II	II	II		II	I	II	I	I	I	II	I	I	II	I	I	II		I	II	II	II	II	II	II		I	I		I		I	II		I	I	II	I	I

11)

I	I	II	I	I	II	I		I		I	II	I	I	I	II	II			I	I	I	I	II	I	I	II	II	II	I	I		I	II	I		I		II	II		II	II	I	I	II	II
d	d	d	p	d	q	p	q	q	d	d	p	p	d	p	q	d	d	p	d	d	q	p	q	d	d	q	q	d	p	p	d	q	q	d	d	d	p	d	d	q	p	d	d	d	p	q
II	I		II	I		I	II	II	II	I	II	II	I	II	I	II	II	I	I	I	II	II	II	II	I	I	II		I	II	I	II	I	I	II	I	II	I		I	II		I	I	I	

12)

II	II	I	II	II		II	II	I	I	I	I	I	II	I	I	I	I		II	I	I		I	II	I	II	II	I		II	I	I	I	I	I		II	I	I		I	I		I	II	II
q	d	q	p	q	p	p	d	d	p	q	p	q	d	d	p	q	p	d	q	q	d	p	p	q	q	p	d	q	p	d	p	q	d	p	q	d	p	d	p	q	d	q	d	p	d	q
I	I	I		I	II	II	II	II		I	I	I			II	I	II	II	II		I	II	I	I	II			I	II		I	I	I	II	I	II	I	II	II	I	I	I	II	II		I

13)

II	I	I	I	I	II	I	I	II	II	II	I	II	II	I	II	I	I	I		II	I	I		II	I	II			I	II	I	I	II			I	I	I	I	II	I	I	I	I		II
d	p	p	d	d	q	p	d	q	q	d	p	p	d	p	q	p	d	q	p	d	q	p	q	d	p	p	q	d	p	p	d	q	q	p	q	d	p	q	p	d	q	d	p	d	d	d
	II	I		I	II	I	II		I		II		I	I	II		I	I	II		II	I	II	I	II	II	I	II	I	I	I	II	I	II	II		I	II	I		II	I	II	I	II	

14)

II	II	I		I	II		I		II	I	I	II	I	II		I	I	II	I		I	I	II	II	II	I	II	I	I		I	I		I	I			II	I	II		I	II		I	II
d	p	q	d	p	p	q	d	q	p	p	d	d	q	p	q	d	q	p	d	d	q	d	d	p	q	p	q	p	q	d	p	q	p	q	p	q	p	p	d	q	q	p	q	p	q	p
I		I	I	I	I	II		II		I	I	II		II	II	II	II	I	I	I	I	I	I	I	II	I		I	II	II			II	I	II	II	II	I	I	II	I	I	I	II	I	I

15)

II	I			I	II	II	II	I	II	II	I	I		I	II	I	I	I	I		II	I		I	I	II	I	I	I		II			I	I	I	II	I	II	I		I	I		I	II
d	p	d	p	q	p	q	d	p	d	q	q	p	d	p	p	d	q	p	q	d	p	q	d	p	p	q	d	p	p	q	d	q	q	p	d	p	q	d	p	d	d	p	p	d	d	d
	I	II	II	I	I	II	I				I	II	II	I	II	I	I	II	I	I	II		II	II	I	I	I	I	II	II		II	II	I	II	I	I	I	II	II	II	I		II	I	I

16)

I	I		II		II	I		I	II	I	I	I	I	I	II	I	II	I	II	II		I	I	II		II		I	II	I	I	I	I	II	II	I		I	I	II		II	I	I	I	
d	q	d	d	q	p	d	d	p	d	d	d	d	p	d	q	d	p	q	d	p	d	d	p	d	d	q	p	q	p	d	q	d	q	p	d	p	q	d	p	d	d	q	p	q	p	p
II	I	II		II	I	II	II	I		I	I	I	II	I		II	I	II		I	II	I	I		II	I	II	II		I	I		I			II	II	I	II	I	II		I	II	I	II

17)

II		I		I	I	II	I	II	I	I		II	I	II	I		I	II	I	I	I	I	II		I	I	I	II		I	II			I	II	II	I	II	I	II		II		I	II	I
q	d	q	p	d	p	q	d	d	p	d	d	p	p	q	d	p	q	d	p	p	d	q	p	d	q	q	p	q	p	q	p	p	d	q	d	q	d	p	p	d	d	q	d	p	d	q
		I	II	I	II	I	I		I	I	II		I	II	I	II	II		I	II	I	I		II	I	II		II	II	I	I	II	II	I	I		II	I	I	II	I	I	I	I		I

18)

I	II	I	I		I	I	II	I	I	II	II	II		I		II	I	II	I	I	II	I	I	II	I	II	II	I	II	II	I	II	I	II	I		I	I		II	II		I		I	I
d	q	d	p	d	p	q	p	d	d	p	d	p	p	d	d	p	p	q	d	p	q	d	q	d	q	d	p	p	q	d	q	q	p	d	d	p	d	p	d	q	p	d	q	d	d	d
I		I	II	II	I	II	I	I	I		I	II	I	I	II	I	I	I	II	II		I			I		II	I	I		I		II	I	I	I	I	I	II		I	I	I	II	II	I

19)

I	I		I	II	II	I	I	II	II		I	I	II	I		II	I	II		II	I	II	I	I	I	II	II	I	I			I	I	II	II	I	II	I	I	I	II	I	I	I	I	II
q	d	p	q	p	d	p	q	d	p	d	d	d	p	p	q	p	q	d	d	q	q	p	p	q	d	p	q	p	d	d	q	q	d	d	d	d	p	p	q	d	q	p	d	q	p	q
I		II	II			I	I	I	I	II	I		I	I	II	II			II	II	I		I	II	I			I	I	II	I	I	I			I	II	I		II		I	I	II	I	II

20)

I	II	I	I		I			I	II	II		I	II	II	I	I	I	I	II	II	I	I	II	II	II	I	II	II	I		II	I	II	II	I	II	II		II	I	I	II	I		II	I
d	p	d	p	d	d	q	p	q	d	p	q	q	d	p	d	q	q	d	p	d	p	d	d	d	q	p	d	d	q	p	q	p	p	d	q	q	p	q	p	d	p	q	p	d	p	q
II		I	I	II	I	I	II	I		I	II	I		II	I	I	II	II	I		II	I			I	II	II	I	I	I		II	II		I			I	I	I	I		I	I		I

21)

II	II	I	I	II		I	I	II	I	II		II	I	II	I	II		I	II	II	I		I	II	I			II	II	II		I	II	I	I		II		II		I	II	I	I	I	I
d	p	q	p	q	q	p	d	q	q	p	q	d	p	p	q	q	d	p	q	p	d	q	p	d	q	d	p	q	p	q	d	q	p	d	q	q	d	p	q	d	p	d	d	d	q	d
I		I	I	I	II	II	I		I	I	II		I		I	II	II			I	I	II	II		I	II	II	I	II		I	I	I	I	I	II	I	II	I	II	II	I	I	II	II	I

22)

II	I	II	II	II		I	II	I	I			I	II		I	II		II	II		II	I	II			I	I	I	I	I			I	II	II	II	II	I		II	I	I	I	II	II	I
q	p	q	d	q	p	q	p	d	q	p	d	q	p	q	q	p	p	p	q	p	d	q	p	d	q	p	d	q	d	d	d	p	q	d	p	q	d	p	q	d	d	d	q	q	p	p
	I		I	II	II	I			II	II	I	I	II	II	I	I	I		I	II	I	I	I	II	II	II	I	I		I	II	II	I		I	I		I	II	I	I	II		I	II	II

23)

I	II	I	I		II	I	II	I	I	II	II	I	I	I	II		II	I	II		I	I		II	I	II	I	I	II	I	I	I		II	I	II	II	I	I		II	I	I	II		I
q	d	p	d	q	d	q	d	d	p	d	d	d	q	q	p	d	q	d	q	p	d	q	p	d	q	p	q	d	p	d	d	p	d	q	p	d	q	d	q	p	p	d	q	d	q	p
	I	I	I	II	II	II		I				I	I	II		II	II	I	II	I	II	I	II		I	I	II		I	I	I	I	II		I			II	I	II		I	I		II	I

24)

	II	II	I			II	I	II		I		I	I	II	II	I	II		II	I	I	I		I	II	I		II	I		II	II	I	I	I	I		I		II	I	I	II	II	I	I
q	d	d	d	d	p	q	q	d	p	q	d	d	q	d	p	q	p	d	q	q	d	p	p	d	q	q	d	q	d	p	d	p	q	p	d	q	p	d	q	q	d	p	p	q	p	q
I	I		I	I	II	I	I	II	II	II	II	I	I	I	II	I		II		I	I	II	I		II	I	II	I	I	I			II		I	I	II	II	II		I	I	I	II	I	

25)

<table>
<tr><td>||</td><td></td><td>|</td><td>||</td><td>|</td><td>|</td><td>|</td><td>||</td><td></td><td>||</td><td>|</td><td>||</td><td>|</td><td>||</td><td>|</td><td>||</td><td>||</td><td>|</td><td>|</td><td>|</td><td>|</td><td></td><td>||</td><td></td><td>|</td><td>|</td><td>|</td><td>|</td><td>||</td><td>||</td><td>||</td><td>||</td><td>||</td><td>|</td><td>||</td><td></td><td>|</td><td></td><td>||</td><td>|</td><td>||</td><td>||</td><td>||</td><td>|</td><td>||</td><td>||</td><td>|</td></tr>
<tr><td>q</td><td>d</td><td>p</td><td>p</td><td>q</td><td>d</td><td>p</td><td>q</td><td>p</td><td>p</td><td>q</td><td>p</td><td>d</td><td>q</td><td>d</td><td>d</td><td>p</td><td>q</td><td>d</td><td>p</td><td>d</td><td>q</td><td>p</td><td>d</td><td>q</td><td>p</td><td>d</td><td>q</td><td>p</td><td>d</td><td>q</td><td>d</td><td>p</td><td>d</td><td>d</td><td>q</td><td>p</td><td>d</td><td>q</td><td>d</td><td>p</td><td>p</td><td>q</td><td>p</td><td>d</td><td>q</td><td>q</td></tr>
<tr><td>|</td><td>|</td><td>|</td><td></td><td>|</td><td>||</td><td>||</td><td>||</td><td>||</td><td></td><td>|</td><td></td><td>|</td><td>|</td><td>|</td><td></td><td>||</td><td></td><td></td><td>||</td><td>|</td><td>||</td><td></td><td>||</td><td>|</td><td>||</td><td>||</td><td>|</td><td>||</td><td></td><td></td><td>|</td><td>|</td><td>|</td><td>|</td><td>||</td><td>|</td><td>||</td><td></td><td>|</td><td>|</td><td>|</td><td></td><td>|</td><td></td><td>|</td><td>|</td></tr>
</table>

26)

<table>
<tr><td>||</td><td>|</td><td>||</td><td>||</td><td>||</td><td>|</td><td>|</td><td></td><td>|</td><td></td><td>|</td><td>||</td><td>||</td><td>|</td><td>|</td><td></td><td>||</td><td></td><td></td><td>|</td><td>||</td><td>||</td><td>|</td><td>||</td><td>|</td><td>||</td><td>||</td><td>||</td><td>|</td><td>||</td><td></td><td></td><td>|</td><td>||</td><td>|</td><td>|</td><td>||</td><td>||</td><td>||</td><td>|</td><td>|</td><td>||</td><td>|</td><td></td><td>|</td><td>|</td><td>||</td></tr>
<tr><td>p</td><td>p</td><td>d</td><td>q</td><td>d</td><td>p</td><td>q</td><td>d</td><td>d</td><td>d</td><td>q</td><td>p</td><td>d</td><td>q</td><td>p</td><td>d</td><td>d</td><td>d</td><td>p</td><td>q</td><td>p</td><td>q</td><td>d</td><td>p</td><td>q</td><td>d</td><td>p</td><td>d</td><td>d</td><td>q</td><td>p</td><td>d</td><td>q</td><td>q</td><td>d</td><td>p</td><td>p</td><td>d</td><td>q</td><td>d</td><td>d</td><td>q</td><td>d</td><td>p</td><td>d</td><td>d</td><td>q</td></tr>
<tr><td></td><td>|</td><td></td><td>||</td><td>|</td><td></td><td>|</td><td>||</td><td>|</td><td>||</td><td>||</td><td>|</td><td></td><td>|</td><td>||</td><td>||</td><td>|</td><td>||</td><td>||</td><td>|</td><td>|</td><td>|</td><td>|</td><td>||</td><td>|</td><td></td><td>|</td><td>|</td><td>|</td><td>|</td><td>||</td><td>||</td><td>|</td><td></td><td>|</td><td>||</td><td>|</td><td></td><td>||</td><td>|</td><td>|</td><td>|</td><td>||</td><td>||</td><td>|</td><td>||</td><td>|</td></tr>
</table>

27)

<table>
<tr><td>||</td><td></td><td>|</td><td>|</td><td></td><td>|</td><td>||</td><td>||</td><td>|</td><td>||</td><td>|</td><td>|</td><td>|</td><td>|</td><td></td><td>||</td><td>|</td><td>||</td><td>|</td><td>||</td><td>|</td><td>|</td><td>|</td><td>||</td><td>||</td><td>|</td><td></td><td>|</td><td>|</td><td>||</td><td>|</td><td>|</td><td>|</td><td>|</td><td>|</td><td>|</td><td>||</td><td>||</td><td>|</td><td></td><td>||</td><td></td><td>||</td><td>|</td><td>||</td><td></td><td>|</td></tr>
<tr><td>d</td><td>p</td><td>q</td><td>q</td><td>p</td><td>p</td><td>q</td><td>d</td><td>q</td><td>q</td><td>p</td><td>p</td><td>q</td><td>d</td><td>q</td><td>p</td><td>q</td><td>q</td><td>p</td><td>p</td><td>d</td><td>q</td><td>p</td><td>q</td><td>p</td><td>p</td><td>q</td><td>d</td><td>p</td><td>p</td><td>q</td><td>d</td><td>p</td><td>q</td><td>p</td><td>p</td><td>q</td><td>p</td><td>d</td><td>q</td><td>p</td><td>d</td><td>q</td><td>d</td><td>d</td><td>d</td><td>q</td></tr>
<tr><td>|</td><td>||</td><td>|</td><td>|</td><td>||</td><td>||</td><td></td><td>|</td><td>|</td><td>||</td><td>|</td><td></td><td>|</td><td></td><td>||</td><td></td><td>||</td><td></td><td>||</td><td></td><td>||</td><td>|</td><td>||</td><td></td><td></td><td>|</td><td>||</td><td>|</td><td>||</td><td></td><td>|</td><td></td><td>||</td><td>||</td><td>|</td><td>|</td><td></td><td></td><td>|</td><td>||</td><td>|</td><td>||</td><td>|</td><td>|</td><td></td><td>|</td><td>|</td></tr>
</table>

28)

<table>
<tr><td>|</td><td>||</td><td>||</td><td>|</td><td></td><td></td><td>|</td><td>||</td><td></td><td>|</td><td></td><td>|</td><td>||</td><td>||</td><td>|</td><td>|</td><td>||</td><td>||</td><td></td><td>||</td><td></td><td></td><td>|</td><td>|</td><td></td><td>||</td><td>|</td><td>||</td><td>|</td><td></td><td></td><td>||</td><td></td><td>|</td><td>||</td><td>|</td><td></td><td></td><td>||</td><td>||</td><td>||</td><td>|</td><td>|</td><td>|</td><td></td><td>|</td><td>|</td></tr>
<tr><td>q</td><td>d</td><td>q</td><td>p</td><td>d</td><td>q</td><td>p</td><td>q</td><td>d</td><td>q</td><td>q</td><td>d</td><td>p</td><td>q</td><td>p</td><td>p</td><td>d</td><td>q</td><td>d</td><td>q</td><td>d</td><td>p</td><td>d</td><td>q</td><td>d</td><td>p</td><td>d</td><td>d</td><td>q</td><td>q</td><td>p</td><td>d</td><td>q</td><td>d</td><td>p</td><td>d</td><td>p</td><td>d</td><td>q</td><td>d</td><td>p</td><td>p</td><td>d</td><td>q</td><td>p</td><td>d</td><td>d</td></tr>
<tr><td></td><td></td><td></td><td>|</td><td>|</td><td>||</td><td>||</td><td></td><td>||</td><td>||</td><td>|</td><td>|</td><td>||</td><td></td><td>|</td><td>||</td><td>|</td><td></td><td>|</td><td>|</td><td>||</td><td>||</td><td>|</td><td>|</td><td>||</td><td></td><td>|</td><td></td><td>|</td><td>||</td><td>|</td><td></td><td>|</td><td>|</td><td>|</td><td>|</td><td>||</td><td>||</td><td>|</td><td>||</td><td>||</td><td>|</td><td></td><td>||</td><td>||</td><td>|</td><td>|</td></tr>
</table>

29)

<table>
<tr><td>||</td><td>||</td><td>|</td><td></td><td>|</td><td>|</td><td>||</td><td></td><td></td><td>||</td><td>|</td><td>||</td><td>|</td><td></td><td>|</td><td>|</td><td></td><td>|</td><td>||</td><td>|</td><td>|</td><td></td><td>||</td><td>|</td><td></td><td>||</td><td></td><td>|</td><td></td><td>|</td><td>||</td><td>|</td><td>|</td><td></td><td>|</td><td></td><td>||</td><td></td><td>|</td><td>|</td><td>||</td><td></td><td>||</td><td>|</td><td>|</td><td></td><td>||</td></tr>
<tr><td>q</td><td>d</td><td>p</td><td>p</td><td>d</td><td>q</td><td>q</td><td>p</td><td>d</td><td>q</td><td>d</td><td>d</td><td>p</td><td>p</td><td>q</td><td>q</td><td>d</td><td>p</td><td>q</td><td>p</td><td>d</td><td>q</td><td>q</td><td>p</td><td>d</td><td>q</td><td>q</td><td>d</td><td>p</td><td>q</td><td>p</td><td>d</td><td>q</td><td>d</td><td>q</td><td>p</td><td>d</td><td>q</td><td>p</td><td>d</td><td>q</td><td>p</td><td>d</td><td>p</td><td>d</td><td>d</td><td>d</td></tr>
<tr><td></td><td>|</td><td>|</td><td>||</td><td>|</td><td>||</td><td>||</td><td>|</td><td>||</td><td></td><td>|</td><td>|</td><td>|</td><td>||</td><td>||</td><td>|</td><td>||</td><td>||</td><td></td><td></td><td>|</td><td>||</td><td>|</td><td>|</td><td>||</td><td>|</td><td>|</td><td>||</td><td>||</td><td>|</td><td></td><td>|</td><td>||</td><td>||</td><td>|</td><td>||</td><td>|</td><td>|</td><td>||</td><td>|</td><td>|</td><td>||</td><td></td><td>|</td><td>|</td><td>||</td><td>|</td></tr>
</table>

30)

<table>
<tr><td>|</td><td>||</td><td>|</td><td></td><td>|</td><td></td><td>|</td><td>||</td><td>||</td><td>||</td><td>|</td><td>||</td><td>|</td><td></td><td>||</td><td>|</td><td></td><td>|</td><td>|</td><td>||</td><td></td><td></td><td>||</td><td>|</td><td></td><td>||</td><td>|</td><td>||</td><td>|</td><td>|</td><td>||</td><td>||</td><td></td><td>|</td><td>|</td><td>|</td><td>|</td><td>|</td><td></td><td>||</td><td>||</td><td>|</td><td>|</td><td>|</td><td>||</td><td>|</td><td></td></tr>
<tr><td>p</td><td>d</td><td>d</td><td>q</td><td>d</td><td>q</td><td>d</td><td>p</td><td>p</td><td>d</td><td>d</td><td>d</td><td>d</td><td>p</td><td>d</td><td>d</td><td>q</td><td>d</td><td>q</td><td>p</td><td>d</td><td>q</td><td>p</td><td>q</td><td>p</td><td>q</td><td>d</td><td>p</td><td>q</td><td>p</td><td>d</td><td>q</td><td>p</td><td>p</td><td>q</td><td>d</td><td>q</td><td>q</td><td>p</td><td>p</td><td>d</td><td>q</td><td>q</td><td>d</td><td>p</td><td>q</td><td>d</td></tr>
<tr><td>|</td><td></td><td>|</td><td>||</td><td>|</td><td>|</td><td>||</td><td>||</td><td></td><td></td><td>|</td><td>|</td><td>|</td><td>||</td><td>|</td><td>||</td><td>||</td><td>|</td><td>|</td><td>||</td><td>||</td><td>|</td><td>|</td><td>|</td><td>||</td><td></td><td>|</td><td></td><td>|</td><td>||</td><td>|</td><td>||</td><td>|</td><td>||</td><td></td><td>|</td><td>||</td><td>|</td><td>||</td><td></td><td></td><td>|</td><td>||</td><td>|</td><td>||</td><td>|</td><td>||</td></tr>
</table>

Auswertung
Zählen Sie nun die Anzahl der von Ihnen markierten d, die durch zwei Striche gekennzeichnet sind, pro Aufgabenreihe nach und notieren Sie sie jeweils am Ende der Reihe. Dabei zählen nur die Reihen als richtig gelöst, bei denen Sie exakt die richtige Anzahl an d mit zwei Strichen entdeckt und markiert haben.

Lösungen
1) 14
2) 8
3) 17
4) 14
5) 10
6) 8
7) 16
8) 9
9) 13
10) 15
11) 18
12) 10
13) 12
14) 5
15) 12
16) 17
17) 11
18) 16
19) 13
20) 12
21) 10
22) 7
23) 15
24) 11
25) 10
26) 16
27) 5
28) 14
29) 12
30) 13

18 / 30

Symbole Zahlen korrekt zuordnen

In dieser Aufgabe sehen Sie Zahlen und Symbole, und jeder Zahl ist ein bestimmtes Symbol zugeordnet. Ihnen wird eine Zahlenreihe mit zugeordneten Symbolen präsentiert (Symbolleiste). In die leere Zahlenreihe sollen Sie dann die fehlenden Symbole in die freien Kästchen einzeichnen. Dabei sollen Sie von links nach rechts vorgehen und Sie dürfen kein Symbol auslassen. Auch bei dieser Aufgabe ist die Zeit knapp bemessen, sodass Sie wahrscheinlich nicht alle Aufgaben in der vorgegebenen Zeit schaffen werden.

Beispielaufgabe

Symbolleiste

0	1	2	3	4	5	6	7	8	9
–	)	ↄ	◇	□	☐	◌	L	>	●

In diese Aufgabenreihe müssten Sie nun die zu den Zahlen zugehörigen Symbole eintragen.

8	5	2	0	1	9	7	3	4	6

Aufgabenreihe inkl. Lösung

8	5	2	0	1	9	7	3	4	6
>	☐	ↄ	–	)	●	L	◇	□	◌

Trainingsaufgaben

Für die 10 Reihen haben Sie **2,5 Minuten** Zeit.

Symbolleiste

0	1	2	3	4	5	6	7	8	9
v	□	●	–	◇	L	ↄ	☐	◌	<

1)

5	7	3	9	1	2	4	8	0	6

2)

4	1	5	2	9	3	0	6	8	7

3)

3	4	0	2	5	9	6	1	7	8

4)

0	2	6	3	4	7	5	9	8	1

5)

7	5	9	2	8	4	1	6	3	0

6)

9	6	5	8	1	4	2	3	0	7

7)

2	3	1	0	7	8	6	9	5	4

Symbolleiste

0	1	2	3	4	5	6	7	8	9
v	□	●	–	◇	∟	ɔ	☐	◌	<

8)

8	0	3	1	5	2	6	7	4	9
◌	√								

9)

1	8	6	5	0	7	2	9	4	3

10)

6	8	1	9	0	3	5	2	4	7

Lösungen

1)

5	7	3	9	1	2	4	8	0	6
∟	□	–	<	▫	•	◇	◌	v	ɔ

2)

4	1	5	2	9	3	0	6	8	7
◇	▫	∟	•	<	–	v	ɔ	◌	□

3)

3	4	0	2	5	9	6	1	7	8
–	◇	v	•	∟	<	ɔ	▫	□	◌

4)

0	2	6	3	4	7	5	9	8	1
v	•	ɔ	–	◇	□	∟	<	◌	▫

5)

7	5	9	2	8	4	1	6	3	0
□	∟	<	•	◌	◇	▫	ɔ	–	v

6)

9	6	5	8	1	4	2	3	0	7
<	ɔ	∟	◌	▫	◇	•	–	v	□

7)

2	3	1	0	7	8	6	9	5	4
•	–	▫	v	□	◌	ɔ	<	∟	◇

8)

8	0	3	1	5	2	6	7	4	9
◌	v	–	▫	∟	•	ɔ	□	◇	<

9)

1	8	6	5	0	7	2	9	4	3
▫	◌	ɔ	∟	v	□	•	<	◇	–

10)

6	8	1	9	0	3	5	2	4	7
ɔ	◌	▫	<	v	–	∟	•	◇	□

Buchstaben ergänzen

Diese Aufgabe erscheint auf den ersten Blick recht einfach, jedoch besteht hier die Schwierigkeit, in der knapp bemessenen Zeit möglichst viele Aufgaben richtig zu lösen. Bitte ergänzen Sie den fehlenden Buchstaben in den folgenden 80 Wörtern. Bei manchen Wörtern gibt es mehrere richtige Lösungen. Es reicht, wenn Sie nur eine Lösung notieren. In den Lösungen finden Sie jeweils eine richtige Lösung.

Beispielaufgaben

St__auch
Lösung: Strauch

__ogel
Lösung: Vogel

Stromrech__ung
Lösung: Stromrechnung

Trainingsaufgaben

Für die 80 Aufgaben haben Sie **80 Sekunden** Zeit.

1) F__asche
2) Bu__h
3) Stock__erk
4) __onig
5) La__pe
6) Garte__
7) Gem__se
8) Wa__en
9) S__ern
10) Ku__sche
11) Parkha__s
12) W__nter
13) Mundharmon__ka
14) Segel__oot
15) T__belle
16) __urke
17) Bel__ien
18) We__tmeister
19) Hef__
20) Bezi__k
21) __onto
22) Ma__s
23) Sp__egel
24) Wasc__salon
25) __usfahrer
26) Emot__on
27) Br__tchen
28) Straß__
29) Kellner__n
30) Ge__irn
31) M__t
32) Com__uter
33) Be__tbezug
34) G__illplatz
35) Kr__isverkehr
36) Kaf__ee
37) Ha__t
38) Gerich__
39) Schw__den
40) __aum

41) Geo__etrie
42) Ha__re
43) B__att
44) Bauer__hof
45) H__mmel
46) Dos__
47) R__staurant
48) Apot__eke
49) Steu__r
50) U__r
51) __omate
52) Augenbli__k
53) H__se
54) __alskette
55) T__astbrot
56) Me__ser
57) F__iedhof
58) Yoghu__t
59) Volley__all
60) S__ritze
61) __inanzamt
62) Lei__tung
63) Dusch__
64) Her__e
65) B__ologie
66) Rot__ein
67) U__zug
68) Kam__ra
69) M__mie
70) Beh__rde
71) A__m
72) Tee__eutel
73) Ge__enteil
74) T__n
75) __elle
76) Minu__e
77) P__nsel
78) __rlaub
79) Vor__ang
80) Tisc__

Lösungen

1) F**l**asche
2) Bu**c**h
3) Stock**w**erk
4) **H**onig
5) La**m**pe
6) Garte**n**
7) Gem**ü**se
8) Wa**g**en
9) S**t**ern
10) Ku**t**sche
11) Parkha**u**s
12) W**i**nter
13) Mundharmon**i**ka
14) Segel**b**oot
15) T**a**belle
16) **G**urke
17) Bel**g**ien
18) We**l**tmeister
19) Hef**t**
20) Bezi**r**k
21) **K**onto
22) Ma**u**s
23) Sp**i**egel
24) Wasc**h**salon
25) **B**usfahrer
26) Emot**i**on
27) Br**ö**tchen
28) Straß**e**
29) Keller**i**n
30) Ge**h**irn
31) M**u**t
32) Com**p**uter
33) Be**t**tbezug
34) G**r**illplatz
35) Kr**e**isverkehr
36) Ka**ff**ee
37) Ha**u**t
38) Gerich**t**
39) Schw**e**den
40) **B**aum
41) Geo**m**etrie
42) Ha**a**re
43) B**l**att
44) Bauer**n**hof
45) H**i**mmel
46) Dos**e**
47) R**e**staurant
48) Apot**h**eke
49) Steu**e**r
50) U**h**r
51) **T**omate
52) Augenbli**c**k
53) H**o**se
54) **H**alskette
55) T**o**astbrot
56) Me**s**ser
57) F**r**iedhof
58) Yoghu**r**t
59) Volley**b**all
60) S**p**ritze
61) **F**inanzamt
62) Lei**s**tung
63) Dusch**e**
64) Her**d**e
65) B**i**ologie
66) Rot**w**ein
67) U**m**zug
68) Kam**e**ra
69) M**u**mie
70) Beh**ö**rde
71) A**r**m
72) Tee**b**eutel
73) Ge**g**enteil
74) T**o**n
75) **W**elle
76) Minu**t**e
77) P**i**nsel
78) **U**rlaub
79) Vor**h**ang
80) Tisc**h**

Zahlen unterstreichen

Diese Aufgabe wird im Bereich der mathematischen Tests und auch der Konzentrationstests verwendet. Sie sollen in einer Reihe von Zahlen bestimmte Zahlen mit einem waagrechten Strich unterstreichen. Beispielsweise werden Sie aufgefordert, alle geraden Zahlen (2, 4, 6 etc.) oder alle Zahlen, die durch 2 teilbar sind, zu unterstreichen. Die Pfeile zeigen jeweils die Richtung an, in der Sie arbeiten sollen. Für jede Trainingsaufgabe, die aus 10 Reihen besteht, haben Sie **90 Sekunden** Zeit.

Beispielaufgabe

Bitte markieren Sie alle Zahlen mit einem waagrechten Strich, die durch 2 teilbar sind.

→

8	12	15	23	6	1	4	11	13	5	9
21	20	19	36	3	7	17	12	32	19	18

Trainingsaufgaben

1) Bitte markieren Sie alle Zahlen mit einem waagrechten Strich, die mit der Ziffer 4 beginnen.

→

3	7	5	4	33	46	43	14	47	41	12
4	3	44	23	40	36	17	4	7	55	4
6	44	5	25	8	76	15	34	54	4	14
5	48	12	47	7	54	10	56	3	22	16
7	56	14	54	66	45	18	76	23	13	33
8	5	15	32	5	56	41	89	26	90	72
9	44	17	12	4	76	11	0	24	88	15
4	3	43	32	3	52	0	9	42	4	43
3	23	49	12	2	12	22	44	48	33	48
2	34	40	34	1	32	29	12	1	2	33

2) Bitte markieren Sie alle Zahlen mit einem waagrechten Strich, deren Quersumme 6 ergibt. Sie haben **90 Sekunden** Zeit.

→

56	8293	42	721	62	173	1752	4011	25	9918	835
2130	8267	37	3210	2008	716	9	938	60	67	8267
627	17	401	824	150	22	882	66	725	7356	1005
82	5	231	25	9926	7002	8100	871	71	24	222
7362	302	177	502	78	4101	7	45	369	524	1
7942	132	28	709	9304	74	4020	6447	88	16	1773
88	9001	82	8361	3	1005	90	2771	2864	3003	668
59	107	1131	661	5555	34	6182	14	7777	963	30
823	8618	74	99	86	41	9912	51	55	3344	9258
1880	29	3	600	901	7728	35	649	33	927	882

3) Bitte markieren Sie in den folgenden Reihen alle Zahlen, die gegenüber ihrer Vorgängerzahl um 9 abnehmen, mit einem Unterstrich. Sie haben **90 Sekunden** Zeit.

→

837	222	340	331	7739	561	552	8293	325	225	13
72	10	1	9917	224	28	41	32	11	1452	1049
601	88	7721	7712	2	21	12	902	2918	1002	992
772	332	452	443	18	7273	199	987	122	234	225
4	6551	718	9010	9001	9002	329	320	829	8712	8029
2844	345	6782	6773	7719	42	33	70	61	8273	5
8216	8207	348	339	16	7	8199	71	819	820	17
726	703	724	99	5532	287	278	211	9172	9921	638
353	344	3	12	21	99	42	33	15	6	255
3421	3327	55	58	49	244	395	22	43	4446	3562

Wie viele der gesuchten Ziffern und Zahlen haben Sie jeweils richtig unterstrichen? Vergleichen Sie Ihre Ergebnisse mit den Lösungen und zählen Sie je Aufgabe nur die Reihen als korrekt, bei denen Sie alle gesuchten Ziffern/Zahlen unterstrichen haben.

Lösung

1)

→

3	7	5	**4**	33	**46**	**43**	14	**47**	**41**	12
4	3	**44**	23	**40**	36	17	**4**	7	55	**4**
6	**44**	5	25	8	76	15	34	54	**4**	14
5	**48**	12	**47**	7	54	10	56	3	22	16
7	56	14	54	66	**45**	18	76	23	13	33
8	5	15	32	5	56	**41**	89	26	90	72
9	**44**	17	12	**4**	76	11	0	24	88	15
4	3	**43**	32	3	52	0	9	**42**	**4**	**43**
3	23	**49**	12	2	12	22	**44**	**48**	33	**48**
2	34	**40**	34	1	32	29	12	1	2	33

2)
→

56	8293	42	721	62	173	1752	4011	25	9918	835
2130	8267	37	3210	2008	716	9	938	60	67	8267
627	17	401	824	150	22	882	66	725	7356	1005
82	5	231	25	9926	7002	8100	871	71	24	222
7362	302	177	502	78	4101	7	45	369	524	1
7942	132	28	709	9304	74	4020	6447	88	16	1773
88	9001	82	8361	3	1005	90	2771	2864	3003	668
59	107	1131	661	5555	34	6182	14	7777	963	30
823	8618	74	99	86	41	9912	51	55	3344	9258
1880	29	3	600	901	7728	35	649	33	927	882

3)
→

837	222	340	331	7739	561	552	8293	325	225	13
72	10	1	9917	224	28	41	32	11	1452	1049
601	88	7721	7712	2	21	12	902	2918	1002	992
772	332	452	443	18	7273	199	987	122	234	225
4	6551	718	9010	9001	9002	329	320	829	8712	8029
2844	345	6782	6773	7719	42	33	70	61	8273	5
8216	8207	348	339	16	7	8199	71	819	820	17
726	703	724	99	5532	287	278	211	9172	9921	638
353	344	3	12	21	99	42	33	15	6	255
3421	3327	55	58	49	244	395	22	43	4446	3562

Eine alphabetische Reihenfolge finden

Bei dieser Art von Aufgabe sollen Sie in einer vorgegebenen Reihe von Buchstaben diejenigen drei finden und einkreisen, die im Alphabet unmittelbar aufeinanderfolgen. Für 20 Zeilen haben Sie **3 Minuten** Zeit. Bitte tragen Sie die Anzahl der Dreierfolgen jeder Reihe in das letzte Kästchen ein.

Trainingsaufgabe

1)	J	U	G	F	K	O	V	E	F	G	U	O	D	W	V	H	K	J	F	C	X	O	K	P	L	O	A	Y	H	
2)	B	A	O	J	N	O	P	G	Q	O	P	V	Z	C	D	E	Q	G	Q	V	N	K	P	O	X	V	Z	E	H	
3)	K	F	S	C	V	T	H	O	P	S	Q	Z	V	B	U	I	O	P	S	W	Z	B	Y	S	W	U	E	J	K	
4)	D	Z	X	R	U	W	P	O	B	J	K	L	X	R	U	K	L	S	T	Y	X	W	B	C	O	P	L	W	T	
5)	H	I	J	T	C	X	I	H	O	P	W	A	Z	W	X	Y	D	E	F	U	W	S	V	B	O	P	L	O	V	
6)	O	F	U	X	W	L	K	J	U	B	O	G	Y	W	Z	X	T	V	B	U	W	Q	N	J	K	I	L	M	A	
7)	R	S	T	D	X	G	U	H	B	V	A	W	F	G	U	Y	H	I	J	S	C	H	U	I	J	K	F	R	W	
8)	A	U	B	X	T	U	W	N	B	O	H	P	W	T	Y	P	Q	R	D	T	W	V	X	Z	G	H	I	O	P	
9)	H	W	A	B	K	J	U	H	F	G	O	L	R	B	S	Y	A	U	A	B	C	J	W	L	N	D	E	U	V	
10)	H	T	C	P	J	O	F	A	S	T	K	L	M	F	Q	B	M	X	I	U	N	O	P	G	D	A	T	B	S	
11)	A	X	Y	U	T	W	X	E	S	U	V	W	A	Z	P	N	B	T	W	K	F	G	H	S	U	Y	V	C	A	
12)	N	V	S	H	I	P	L	J	S	W	A	X	B	C	D	F	A	S	Z	L	M	N	S	I	V	C	Y	A	R	
13)	S	K	C	X	I	H	D	P	U	V	B	N	S	T	U	S	C	H	W	B	A	P	Q	R	G	C	D	E	R	
14)	Q	B	V	O	K	D	W	A	Z	K	H	G	F	D	U	K	I	G	B	V	N	F	G	H	A	Y	V	C	Y	
15)	Q	U	C	V	D	S	J	P	L	M	N	D	R	G	U	C	X	G	H	I	A	E	F	G	A	V	X	U	T	
16)	S	B	C	D	S	Y	C	X	I	P	L	K	F	G	U	V	W	F	S	Z	U	I	X	Y	Z	F	S	R	Z	
17)	A	H	B	D	K	H	L	D	V	S	T	U	O	P	V	C	Z	A	Q	U	G	V	B	M	K	L	I	O	G	
18)	H	G	F	S	X	C	V	B	O	P	Q	F	S	W	Z	X	Y	H	I	J	D	V	I	G	B	K	J	Y	C	
19)	S	Y	V	P	O	H	S	X	U	G	I	M	N	O	D	T	S	W	V	S	Z	O	H	G	Q	R	S	A	Q	
20)	J	D	C	B	P	O	G	D	S	E	W	X	Y	F	G	L	N	S	W	B	C	I	K	D	E	S	T	V	W	

Lösungen

1)	J	U	G	F	K	O	V	***E***	***F***	***G***	U	O	D	W	V	H	K	J	F	C	X	O	K	P	L	O	A	Y	H	**1**
2)	B	A	O	J	***N***	***O***	***P***	G	Q	O	P	V	Z	***C***	***D***	***E***	Q	G	Q	V	N	K	P	O	X	V	Z	E	H	**2**
3)	K	F	S	C	V	T	H	O	P	S	Q	Z	V	B	U	I	O	P	S	W	Z	B	Y	S	W	U	E	J	K	**0**
4)	D	Z	X	R	U	W	P	O	B	***J***	***K***	***L***	X	R	U	K	L	S	T	Y	X	W	B	C	O	P	L	W	T	**1**
5)	***H***	***I***	***J***	T	C	X	I	H	O	P	W	A	Z	***W***	***X***	***Y***	***D***	***E***	***F***	U	W	S	V	B	O	P	L	O	V	**3**
6)	O	F	U	X	W	L	K	J	U	B	O	G	Y	W	Z	X	T	V	B	U	W	Q	N	J	K	I	L	M	A	**0**
7)	***R***	***S***	***T***	D	X	G	U	H	B	V	A	W	F	G	U	Y	***H***	***I***	***J***	S	C	H	U	***I***	***J***	***K***	F	R	W	**3**
8)	A	U	B	X	T	U	W	N	B	O	H	P	W	T	Y	***P***	***Q***	***R***	D	T	W	V	X	Z	***G***	***H***	***I***	O	P	**2**
9)	H	W	A	B	K	J	U	H	F	G	O	L	R	B	S	Y	A	U	***A***	***B***	***C***	J	W	L	N	D	E	U	V	**1**
10)	H	T	C	P	J	O	F	A	S	T	***K***	***L***	***M***	F	Q	B	M	X	I	U	***N***	***O***	***P***	G	D	A	T	B	S	**2**
11)	A	X	Y	U	T	W	X	E	S	***U***	***V***	***W***	A	Z	P	N	B	T	W	K	***F***	***G***	***H***	S	U	Y	V	C	A	**2**
12)	N	V	S	H	I	P	L	J	S	W	A	X	***B***	***C***	***D***	F	A	S	Z	***L***	***M***	***N***	S	I	V	C	Y	A	R	**2**
13)	S	K	C	X	I	H	D	P	U	V	B	N	***S***	***T***	***U***	S	C	H	W	B	A	***P***	***Q***	***R***	G	***C***	***D***	***E***	R	**3**
14)	Q	B	V	O	K	D	W	A	Z	K	H	G	F	D	U	K	I	G	B	V	N	***F***	***G***	***H***	A	Y	V	C	Y	**1**
15)	Q	U	C	V	D	S	J	P	L	M	N	D	R	G	U	C	X	***G***	***H***	***I***	A	***E***	***F***	***G***	A	V	X	U	T	**2**
16)	S	***B***	***C***	***D***	S	Y	C	X	I	P	L	K	F	G	***U***	***V***	***W***	F	S	Z	U	I	***X***	***Y***	***Z***	F	S	R	Z	**3**
17)	A	H	B	D	K	H	L	D	U	S	T	V	O	P	V	C	Z	A	Q	U	G	V	B	M	K	L	I	O	G	**0**
18)	H	G	F	S	X	C	V	B	***O***	***P***	***Q***	F	S	W	Z	X	Y	***H***	***I***	***J***	D	V	I	G	B	K	J	Y	C	**2**
19)	S	Y	V	P	O	H	S	X	U	G	I	***M***	***N***	***O***	D	T	S	W	V	S	Z	O	H	G	***Q***	***R***	***S***	A	Q	**2**
20)	J	D	C	B	P	O	G	D	S	E	***W***	***X***	***Y***	F	G	L	N	S	W	B	C	I	K	D	E	S	T	V	W	**1**

Abschrift überprüfen

Sie sollen eine Original-Adressenliste mit deren Abschrift vergleichen. Finden Sie einen Fehler, markieren Sie diesen. Als Fehler gelten ein falscher Buchstabe oder eine falsche Zahl. Zählen Sie die Fehler pro Zeile anschließend zusammen und schreiben Sie die Gesamtfehlerzahl an das Zeilenende.
Pro Aufgabenblock à 40 Adressen haben Sie **9 Minuten** Zeit.

Beispielaufgaben

Original-Adressenliste

1)	Gustav Herzog	12051	Berlin, Am Schulberg 7	T: 62 81 34
2)	Gerlinde Bayer	52076	Aachen, Goethestraße 89	T: 78 28 19

Abschrift

1)	Gustaf Herzog	12050	Berlin, Am Schulberg 7	T: 62 81 34
	Fehleranzahl: 2			
2)	Gerlinde Bayar	52076	Aachen, Goethestraße 79	T: 78 28 18
	Fehleranzahl: 3			

Trainingsaufgaben

Aufgabenblock 1:

Original-Adressenliste

1)	Hertha K. Bauer	70182	Stuttgart, Berliner Str. 91	T: 0711 87 25 73
2)	Kurt Gerd Mahler	69469	Weinheim, Neue Bahnhofsstr. 4	T: 06201 66 17
3)	Gegenüber e.V.	56077	Koblenz, Am See 67 a	T: 0261 51 24
4)	Prof. Wertmüller	13045	Berlin, Lenbachstr. 276 d	T: 030 82 81 22
5)	Fa. H. Berger	04103	Leipzig, Im Giebel 87 b	T: 0341 98 29 19
6)	Dr. Oztürk	01067	Dresden, Am Tor 2	T: 0351 88 22 31
7)	Gerber & Söhne	85221	Dachau, Sternstr. 65 D	T: 08131 72 81 11
8)	Gebhard GmbH	52223	Stolberg, Am Berg 37	T: 02407 12 22 31
9)	Dagmar Immig	20095	Hamburg 36, Juliusstr. 9	T: 040 23 45 62
10)	Jens Mauser	86150	Augsburg, Wiesenweg 1 f	T: 0821 14 13
11)	Fa. A. Jankowski	60320	Frankfurt, Zum Weiher 109	T: 069 33 55 71
12)	Grün & Co. GmbH	69115	Heidelberg, Thomasstr. 198	T: 06221 52 61 82
13)	Rentner-Vereinigung	17248	Lärz, Grüner Weg 8	T: 039833 53 42
14)	Thomas Berg	76131	Karlsruhe, Hermannstr. 187 a	T: 0721 72 65 90
15)	Tanja Sacher	21614	Buxtehude, Leinestr. 82	T: 04161 88 25
16)	Fa. Tanjebul	35390	Gießen, Karl-Marx-Str. 6	T: 0641 77 29 38
17)	Silke Meisner	50679	Köln, Adenauerplatz 83	T: 0221 74 22 37
18)	Dr. Anna Berger	45127	Essen, Zum Gendarmenmarkt 73	T: 0201 82 73 83
19)	Familie e. V.	79098	Freiburg, Mehlgasse 6	T: 0761 28 39 49
20)	Thomas Neuhaus	21335	Lüneburg, Französische Str. 198	T: 04131 66 52 13
21)	Natalia Werter	70806	Kornwestheim, Bonner Weg 62	T: 07141 73 52 21
22)	Hans J. Klopp	06130	Halle (Saale), Gallstr. 32	T: 0345 62 44 22
23)	Fa. Beate Fox	29410	Salzwedel, Mohnallee 3	T: 03901 72 99 05
24)	Dr. Temberley	29413	Diesdorf, Kochstr. 15	T: 03902 80 70
25)	Boris Gutgesell	58239	Schwerte, Bastei 6	T: 02304 53 41
26)	Dr. David Propers	47798	Krefeld, Leipziger Allee 76	T: 02151 72 92 40
27)	Janosch Meister GmbH	14467	Potsdam, Am Hasenfeld 66	T: 0331 82 90 83
28)	Farben Selke	27568	Bremerhaven, Messerstr. 21	T: 0471 72 53 10
29)	Prof. Silvia Zeh	35683	Dillenburg, Hobrechtplatz 2	T: 02771 50 31 92
30)	Fa. Gouberg	06786	Wörlitz, Altmarkweg 55	T: 034904 12 90
31)	Hannah Gerstmann	45879	Gelsenkirchen, Gutweg 6	T: 0209 76 58 91
32)	Martha Fellini	52156	Monschau, Seestr. 29	T: 02472 70 38 53
33)	Dr. H. Hartmann	38440	Wolfsburg, Schlossstr. 6	T: 05363 72 84
34)	Fa. K. Jacke	14641	Nauen, Lenaustr. 88	T: 03321 18 27
35)	Bromann GbR	53721	Siegburg, Kameruner Weg 6	T: 02241 45 27
36)	Herbert Ritter	07745	Jena, Am Schülershof 23	T: 03641 72 39
37)	Waldkinder e.V.	19055	Schwerin, Fenneweg 2	T: 0385 76 90
38)	Prof. Dr. Franz	23552	Lübeck, Raserweg 24	T: 0451 82 18
39)	Valentin Hohmann	53113	Bonn, Berliner Str. 628	T: 0228 75 38 15
40)	Joachim Kohl	72070	Tübingen, Aachener Str. 234	T: 0771 44 77 00

Abschrift

1)	Hertha K. Bauer	70188	Stuttgart, Berliner Str. 91	T: 0711 87 26 73
2)	Kurt Gert Mahler	69469	Weinhaim, Neue Bahnhofsstr. 4	T: 06201 65 17
3)	Gegenuber e.V.	56177	Koblenz, Am See 67 a	T: 0261 51 24
4)	Prof. Wertmüllar	13045	Berlin, Lanbachstr. 276 d	T: 030 82 81 22
5)	Fa. G. Berger	04103	Leipzig, Im Giebel 87 b	T: 0341 98 20 19
6)	Dr. Oztürk	01067	Dresden, Am Tor 2	T: 0351 88 22 31
7)	Gurber & Söhne	85221	Dachau, Sternstr. 65 D	T: 08131 73 81 11
8)	Gebhard Gmbr	52223	Stolberg, Am Berg 33	T: 02407 12 22 31
9)	Dagmar Immig	20095	Hamburg, Juliusstr. 9	T: 040 23 44 62
10)	Jens Meuser	86150	Augsburg, Weisenweg 1 f	T: 0821 14 13
11)	Fa. A. Jankowsky	60320	Frankfurt, Zum Weiher 108	T: 069 33 55 71
12)	Grün & Co. GmbH	69116	Heidelberg, Thomasstr. 198	T: 06221 52 62 82
13)	Rentner-Vereinigung	17248	Lärz, Gruner Weg 8	T: 039833 53 42
14)	Thomas Berg	76131	Karlsrehe, Hermannstr. 187 b	T: 0721 72 65 90
15)	Tanja Sucher	21614	Buxtehude, Leinestr. 62	T: 04161 88 25
16)	Fa. Tanjebul	35390	Gießen, Karl-Marx-Str. 4	T: 0641 77 29 38
17)	Sille Meisner	50679	Köln, Adanauerplatz 83	T: 0221 74 22 37
18)	Dr. Anna Werger	45127	Essen, Zum Gandermenmarkt 73	T: 0201 82 72 83
19)	Familie e. V.	79098	Freiberg, Mahlgasse 6	T: 0761 28 39 49
20)	Thomas Neuhaus	21235	Lüneburg, Französische Str. 178	T: 04131 66 52 13
21)	Natalya Werter	70806	Kornwestheim, Borner Weg 62	T: 07241 73 52 21
22)	Hans J. Klopp	06130	Halle (Saale), Gallstr. 32	T: 0345 62 44 22
23)	Fa. Beate Fux	29410	Salzbedel, Mohnallee 3	T: 03901 72 99 05
24)	Dr. Temberlay	29412	Diesdorf, Kochstr. 15	T: 03902 80 70
25)	Boris Gutgeselt	58239	Schwerte, Bastei 8	T: 02304 53 41
26)	Dr. Dawid Propers	47798	Krefeld, Leipziger Allee 76	T: 03151 72 92 40
27)	Janosch Meister GmbH	14467	Potsdam, Am Hesenfeld 66	T: 0331 82 90 83
28)	Ferben Selke	27568	Bremerhafen, Messerstr. 21	T: 0461 72 53 10
29)	Prof. Silvia Zih	35683	Dillenberg, Hobrechtplatz 2	T: 02771 53 31 92
30)	Fa. Gosberg	06756	Wörlitz, Altmarkweg 55	T: 034904 12 90
31)	Hannah Gerstmann	45879	Gelsenkirchen, Gotweg 6	T: 0219 76 58 91
32)	Mertha Fellini	52156	Monschau, Seestr. 27	T: 02472 70 31 53
33)	Dr. H. Hardmann	38440	Wolfsburg, Schlossstr. 6	T: 05363 72 84
34)	Fa. K. Jacke	14642	Nauen, Lenaustr. 88	T: 03321 18 27
35)	Bromann GbR	53721	Siegburg, Kameruner Weg 6	T: 02241 45 27
36)	Herberd Ritter	08745	Jens, Am Schülershof 23	T: 03641 72 39
37)	Waldkinder e. G.	19055	Schwerin, Fenneweg 7	T: 0385 76 90
38)	Prof. Dr. Frans	23552	Lübeck, Raserweg 24	T: 0451 82 18
39)	Valentin Hofmann	53113	Bonn, Berliner Str. 628	T: 0228 75 37 15
40)	Joachim Kuhl	72070	Tübingen, Archener Str. 234	T: 0771 44 73 00

Aufgabenblock 2:

Original-Adressenliste

1)	Dr. Dieter Peters	69469	Weinheim, An der Burg 4	T: 06201 87 62 83
2)	Prof. Wachholz	29221	Celle, Bachstr. 28	T: 05141 70 28 12
3)	Wolfgang Jehl	37073	Göttingen, Selchower Weg 44	T: 0551 86 25 71
4)	Fa. Corinna Hut	52249	Eschweiler, Am Kurg 3	T: 02403 54 27 91
5)	Prof. Gundula Stein	99091	Erfurt, Mozartallee 77	T: 0361 27 54 32
6)	Georg F. J. Seelus	30171	Hannover, Harburger Str. 52	T: 0511 89 79 69
7)	Maxim Leonard	39104	Magdeburg, Zur Schranke 34	T: 0391 82 51 55
8)	Kleine Pause e.V.	56112	Lahnstein, Am Ufer 43	T: 02621 72 54
9)	Dr. Siegfried Blume	60311	Frankfurt (Oder), Eisenbahnstr. 3	T: 0335 73 82
10)	Fa. S. Jannowitz	79539	Lörrach, Moskauerweg 6	T: 07621 73 62 12
11)	Hilde Lindner	93047	Regensburg, Hardenbergstr. 32	T: 0941 72 39 19
12)	Benjamin Schaeffer	36037	Fulda, Lahnstr. 2	T: 0661 62 84 51
13)	Eva Stein e.V.	56377	Nassau, Ringbahnstr. 344	T: 02604 7050
14)	Janina Wolberfonk	50126	Bergheim, Am Fels 7	T: 02271 42 36
15)	Gabler GmbH	44135	Dortmund, Bochumerstr. 34	T: 0231 54 31
16)	Neue Quelle e.V.	54290	Trier, Eifeler Landweg 2	T: 0651 47 65
17)	Fa. S. Kuhn	76131	Karlsruhe, Grenzalle 522	T: 0721 84 52
18)	Neue Welt GmbH	89073	Ulm, Bahnhofsplatz 6	T: 0731 29 74 51
19)	Sascha Stroh	65183	Wiesbaden, Herzogstr. 3	T: 0611 73 62 71
20)	Sophie Heuer	52173	Bad Godesberg, Uferpromenade 83	T: 0228 62 43 12
21)	Nicola Meyer	66111	Saarbrücken, Saarstr. 334 F	T: 0681 32 51
22)	Gerda Hohenstaufen	21073	Harburg, Gabelweg 57 d	T: 040 73 51 72
23)	Richard Aretz	26121	Oldenburg, Rathausplatz 8 d	T: 0441 72 43 17
24)	Ulrich Coch	33602	Bielefeld, Am Fuhrplatz 33	T: 0521 55 33
25)	Fa. Cornelia Thomas	49074	Osnabrück, Fortunastr. 63	T: 0541 34 87 65
26)	Dr. Claudia Straedel	29633	Münster, Regengasse 6	T: 0251 73 52 16
27)	Victoria Nordheim	10610	Berlin, Columbiadamm 32 a	T: 030 74 22 11
28)	Rudolf Fischer	01968	Senftenberg, Schlossweg 62	T: 03573 52 64 55
29)	Sebastian Lindau	88131	Lindau, Breite Gasse 66	T: 08382 74 41 61
30)	Elena Jansen	28195	Bremen, Karl-Liebknecht-Str. 3	T: 0421 72 21
31)	Prof. Luisa Zehner	34117	Kassel, Sonnenweg 4	T: 0561 88 42
32)	Fa. U. Oliver	40210	Düsseldorf, Ruhrstr. 8	T: 0211 82 44 16
33)	Frank Steiner	41564	Kaarst, Hellweg 27	T: 02131 66 42 31
34)	Dr. Dahle & Partner	42853	Remscheid, Lavendelweg 5	T: 02191 3242 62
35)	Jenseits e.V.	63065	Offenbach, Jenaer Weg 3	T: 069 76 59 03
36)	Manfred Hut	10318	Karlshorst, Am Kirchhof 6	T: 030 60 90 80
37)	Fa. Peter Ohnesorg	52396	Heimbach, Bohlenweg 73	T: 02622 44 33 21
38)	Alexandra Klauer	32756	Detmold, Seestr. 932	T: 05231 95 38 16
39)	St. Jakobs e.V.	58507	Lüdenscheid, Herrfurthstr. 43	T: 02351 62 35 14
40)	Pia von Blaustein	55422	Bacherach, Gossnerstr. 100	T: 06743 72 33 15

Abschrift

1)	Dr. Dieter Peters	69469	Weinheim, An der Burg 4	T: 06201 87 62 83
2)	Prof. Wuchholz	29221	Celle, Bachstr. 28	T: 05141 70 28 12
3)	Wolfgang Jahl	47073	Göttingen, Selchower Weg 43	T: 0451 86 25 71
4)	Fa. Corinna Hut	52249	Eschwailer, Am Kurg 3	T: 02403 54 27 91
5)	Prof. Gundula Stein	99091	Erburt, Mozartallee 77	T: 0461 27 54 32
6)	Georg F. J. Seelas	30172	Hannover, Harburger Str. 52	T: 0511 89 79 69
7)	Waxim Leonard	39104	Magdeburg, Zur Schranke 34	T: 0391 82 51 55
8)	Kleibe Pause e. V.	56112	Lahnstein, Am Ofer 43	T: 02621 72 54
9)	Dd. Siegfried Blume	60311	Frankfurt (Oder), Eisenbahnstr. 3	T: 0325 73 82
10)	Fa. S. Jannowitz	79539	Lörrach, Moskauerweg 6	T: 07621 73 62 12
11)	Hilde Lisdner	93047	Regensberg, Hardenbergstr. 24	T: 0941 72 39 19
12)	Banjamin Schaeffer	36047	Fulda, Lahnstr. 2	T: 0661 62 84 51
13)	Eva Steif e. V.	56377	Nassau, Ringbahnstr. 344	T: 02604 7050
14)	Janina Wolberfunk	50126	Bergheim, Am Fels 9	T: 02271 42 16
15)	Gebler GmbH	44135	Dortmund, Bochumerstr. 34	T: 0231 57 31
16)	Neue Quelle e. V.	54290	Trier, Eiffler Landweg 2	T: 0651 47 65
17)	Fa. S. Kohn	76131	Karlsruhe, Grenzalle 512	T: 0721 84 52
18)	Neue Welt GmbH	88073	Ulm, Bahnhofsplatz 6	T: 0831 29 74 51
19)	Sascha Steoh	65183	Wiesbaden, Herzogsdr. 3	T: 0611 73 62 73
20)	Sophie Heber	52173	Bad Godesberg, Uferpromenade 83	T: 0228 62 43 12
21)	Nicole Meyer	66111	Saarbrüchen, Saarstr. 334 F	T: 0681 32 51
22)	Gerta Hohensteufen	21073	Harburg, Gabelweg 57 s	T: 040 73 51 72
23)	Richart Aretz	26121	Oldenburg, Radhausplatz 8 d	T: 0441 72 44 17
24)	Ulrich Coch	33602	Bielefeld, Am Fuhtplatz 33	T: 0521 54 33
25)	Fa. Cornelia Thomes	49074	Osnabrück, Fortunastr. 63	T: 0541 34 87 65
26)	Dr. Claudia Streidel	29633	Münster, Regengasse 6	T: 0251 73 52 16
27)	Victoria Nordheim	10610	Berlin, Columbisdamm 32 a	T: 030 75 22 11
28)	Redolf Fischer	01968	Senftenberg, Schlussweg 62	T: 03473 52 64 55
29)	Sebastian Lendau	88131	Lindau, Breite Gasse 66	T: 08382 74 41 61
30)	Elena Jansen	28195	Bremen, Karl-Liebknecht-Str. 3	T: 0421 72 21
31)	Prof. Luisa Zahner	34197	Kassel, Sonnenweg 4	T: 0561 88 42
32)	Fr. U. Oliver	40212	Düsseldorf, Rohrstr. 8	T: 0211 82 44 16
33)	Frank Steiner	41564	Kaarst, Heldweg 27	T: 02141 66 42 31
34)	Dr. Dehle & Partner	46853	Remscheid, Lavendelweg 5	T: 02191 3242 62
35)	Jenseits e. V.	63068	Offenbach, Jenaer Weg 3	T: 069 75 59 03
36)	Manfred Hud	10318	Karlshorst, Am Kerchhof 6	T: 031 60 90 80
37)	Fa. Peter Olnesorg	52396	Heimbach, Bohlenteg 73	T: 02622 44 33 21
38)	Arexandra Klauer	32756	Detmold, Seestr. 934	T: 05231 96 38 16
39)	St. Jakobs e. V.	28507	Lüdenscheid, Herrfurthstr. 43	T: 02341 62 35 14
40)	Pia von Blausteen	55422	Bacherach, Gossnerstr. 120	T: 06743 34 33 15

Lösungen

Aufgabenblock 1

1) Hertha K. Bauer
70188 Stuttgart, Berliner Str. 91
T: 0711 87 26 73
Fehleranzahl: 2

2) Kurt Gert Mahler
69469 Weinhaim, Neue Bahnhofsstr. 4
T: 06201 65 17
Fehleranzahl: 3

3) Gegenuber e. V.
56177 Koblenz, Am See 67 a
T: 0261 51 24
Fehleranzahl: 2

4) Prof. Wertmüllar
13045 Berlin, Lanbachstr. 276 d
T: 030 82 81 22
Fehleranzahl: 2

5) Fa. G. Berger
04103 Leipzig, Im Giebel 87 b
T: 0341 98 20 19
Fehleranzahl: 2

6) Dr. Oztürk
01067 Dresden, Am Tor 2
T: 0351 88 22 31
Fehleranzahl: 0

7) Gurber & Söhne
85221 Dachau, Sternstr. 65 D
T: 08131 73 81 11
Fehleranzahl: 2

8) Gebhard Gmbr
52223 Stolberg, Am Berg 33
T: 02407 12 22 31
Fehleranzahl: 2

9) Dagmar Immig
20095 Hamburg, Juliusstr. 9
T: 040 23 44 62
Fehleranzahl: 1

10) Jens Meuser
86150 Augsburg, Weisenweg 1 f
T: 0821 14 13
Fehleranzahl: 2

11) Fa. A. Jankowsky
60320 Frankfurt, Zum Weiher 108
T: 069 33 55 71
Fehleranzahl: 2

12) Grün & Co. GmbH
69116 Heidelberg, Thomasstr. 198
T: 06221 52 62 82
Fehleranzahl: 2

13) Rentner-Vereinigung
17248 Lärz, Gruner Weg 8
T: 039833 53 42
Fehleranzahl: 1

14) Thomas Berg
76131 Karlsrehe, Hermannstr. 187 b
T: 0721 72 65 90
Fehleranzahl: 2

15) Tanja Sucher
21614 Buxtehude, Leinestr. 62
T: 04161 88 25
Fehleranzahl: 2

16) Fa. Tanjebul
35390 Gießen, Karl-Marx-Str. 4
T: 0641 77 29 38
Fehleranzahl: 1

17) Sille Meisner
50679 Köln, Adanauerplatz 83
T: 0221 74 22 37
Fehleranzahl: 2

18) Dr. Anna Werger
45127 Essen, Zum Gendermenmarkt 73
T: 0201 82 72 83
Fehleranzahl: 3

19) Familie e. V.
79098 Freiberg, Mahlgasse 6
T: 0761 28 39 49
Fehleranzahl: 2

20) Thomas Neuhaus
21235 Lüneburg, Französische Str. 178
T: 04131 66 52 13
Fehleranzahl: 2

21) Natalya Werter
70806 Kornwestheim, Borner Weg 62
T: 07241 73 52 21
Fehleranzahl: 3

22) Hans J. Klopp
06130 Halle (Saale), Gallstr. 32
T: 0345 62 44 22
Fehleranzahl: 0

23) Fa. Beate Fux
29410 Salzbedel, Mohnallee 3
T: 03901 72 99 05
Fehleranzahl: 2

24) Dr. Temberlay
29412 Diesdorf, Kochstr. 15
T: 03902 80 70
Fehleranzahl: 2

25) Boris Gutgeselt
58239 Schwerte, Bastei 8
T: 02304 53 41
Fehleranzahl: 2

26) Dr. Dawid Propers
47798 Krefeld, Leipziger Allee 76
T: 03151 72 92 40
Fehleranzahl: 2

27) Janosch Meister GmbH
14467 Potsdam, Am Hesenfeld 66
T: 0331 82 90 83
Fehleranzahl: 1

28) Ferben Selke
27568 Bremerhafen, Messerstr. 21
T: 0461 72 53 10
Fehleranzahl: 3

29) Prof. Silvia Zih
35683 Dillenberg, Hobrechtplatz 2
T: 02771 53 31 92
Fehleranzahl: 3

30) Fa. Gosberg
06756 Wörlitz, Altmarkweg 55
T: 034904 12 90
Fehleranzahl: 2

31) Hannah Gerstmann
45879 Gelsenkirchen, Gotweg 6
T: 0219 76 58 91
Fehleranzahl: 2

32) Mertha Fellini
52156 Monschau, Seestr. 27
T: 02472 70 31 53
Fehleranzahl: 3

33) Dr. H. Hardmann
38440 Wolfsburg, Schlossstr. 6
T: 05363 72 84
Fehleranzahl: 1

34) Fa. K. Jacke
14642 Nauen, Lenaustr. 88
T: 03321 18 27
Fehleranzahl: 1

35) Bromann GbR
53721 Siegburg, Kameruner Weg 6
T: 02241 45 27
Fehleranzahl: 0

36) Herberd Ritter
08745 Jens, Am Schülershof 23
T: 03641 72 39
Fehleranzahl: 3

37) Waldkinder e. G.
19055 Schwerin, Fenneweg 7
T: 0385 76 90
Fehleranzahl: 2

38) Prof. Dr. Frans
23552 Lübeck, Raserweg 24
T: 0451 82 18
Fehleranzahl: 1

39) Valentin Hofmann
53113 Bonn, Berliner Str. 628
T: 0228 75 37 15
Fehleranzahl: 2

40) Joachim Kuhl
72070 Tübingen, Archener Str. 234
T: 0771 44 73 00
Fehleranzahl: 3

Lösungen

Aufgabenblock 2

1) Dr. Dieter Peters
69469 Weinheim, An der Burg 4
T: 06201 87 62 83
Fehleranzahl: 0

2) Prof. Wuchholz
29221 Celle, Bachstr. 28
T: 05141 70 28 12
Fehleranzahl: 1

3) Wolfgang Jahl
47073 Göttingen, Selchower Weg 43
T: 0451 86 25 71
Fehleranzahl: 4

4) Fa. Corinna Hut
52249 Eschwailer, Am Kurg 3
T: 02403 54 27 91
Fehleranzahl: 1

5) Prof. Gundula Stein
99091 Erburt, Mozartallee 77
T: 0461 27 54 32
Fehleranzahl: 2

6) Georg F. J. Seelas
30172 Hannover, Harburger Str. 52
T: 0511 89 79 69
Fehleranzahl: 2

7) Waxim Leonard
39104 Magdeburg, Zur Schranke 34
T: 0391 82 51 55
Fehleranzahl: 1

8) Kleibe Pause e. V.
56112 Lahnstein, Am Ofer 43
T: 02621 72 54
Fehleranzahl: 2

9) Dd. Siegfried Blume
60311 Frankfurt (Oder), Eisenbahnstr. 3
T: 0325 73 82
Fehleranzahl: 2

10) Fa. S. Jannowitz
79539 Lörrach, Moskauerweg 6
T: 07621 73 62 12
Fehleranzahl: 0

11) Hilde Lisdner
93047 Regensberg, Hardenbergstr. 24
T: 0941 72 39 19
Fehleranzahl: 3

12) Banjamin Schaeffer
36047 Fulda, Lahnstr. 2
T: 0661 62 84 51
Fehleranzahl: 2

13) Eva Steif e. V.
56377 Nassau, Ringbahnstr. 344
T: 02604 7050
Fehleranzahl: 1

14) Janina Wolberfunk
50126 Bergheim, Am Fels 9
T: 02271 42 16
Fehleranzahl: 3

15) Gebler GmbH
44135 Dortmund, Bochumerstr. 34
T: 0231 57 31
Fehleranzahl: 2

16) Neue Quelle e. V.
54290 Trier, Eiffler Landweg 2
T: 0651 47 65
Fehleranzahl: 1

17) Fa. S. Kohn
76131 Karlsruhe, Grenzalle 512
T: 0721 84 52
Fehleranzahl: 2

18) Neue Welt GmbH
88073 Ulm, Bahnhofsplatz 6
T: 0831 29 74 51
Fehleranzahl: 2

19) Sascha Steoh
65183 Wiesbaden, Herzogsdr. 3
T: 0611 73 62 73
Fehleranzahl: 3

20) Sophie Heber
52173 Bad Godesberg, Uferpromenade 83
T: 0228 62 43 12
Fehleranzahl: 1

21) Nicole Meyer
66111 Saarbrüchen, Saarstr. 334 F
T: 0681 32 51
Fehleranzahl: 2

22) Gerta Hohensteufen
21073 Harburg, Gabelweg 57 s
T: 040 73 51 72
Fehleranzahl: 3

23) Richart Aretz
26121 Oldenburg, Radhausplatz 8 d
T: 0441 72 44 17
Fehleranzahl: 3

24) Ulrich Coch
33602 Bielefeld, Am Fuhtplatz 33
T: 0521 54 33
Fehleranzahl: 2

25) Fa. Cornelia Thomes
49074 Osnabrück, Fortunastr. 63
T: 0541 34 87 65
Fehleranzahl: 1

26) Dr. Claudia Streidel
29633 Münster, Regengasse 6
T: 0251 73 52 16
Fehleranzahl: 1

27) Victoria Nordheim
10610 Berlin, Columbisdamm 32 a
T: 030 75 22 11
Fehleranzahl: 2

28) Redolf Fischer
01968 Senftenberg, Schlussweg 62
T: 03473 52 64 55
Fehleranzahl: 3

29) Sebastian Lendau
88131 Lindau, Breite Gasse 66
T: 08382 74 41 61
Fehleranzahl: 1

30) Elena Jansen
28195 Bremen, Karl-Liebknecht-Str. 3
T: 0421 72 21
Fehleranzahl: 0

31) Prof. Luisa Zahner
34197 Kassel, Sonnenweg 4
T: 0561 88 42
Fehleranzahl: 2

32) Fr. U. Oliver
40212 Düsseldorf, Rohrstr. 8
T: 0211 82 44 16
Fehleranzahl: 3

33) Frank Steiner
41564 Kaarst, Heldweg 27
T: 02141 66 42 31
Fehleranzahl: 2

34) Dr. Dehle & Partner
46853 Remscheid, Lavendelweg 5
T: 02191 3242 62
Fehleranzahl: 2

35) Jenseits e. V.
63068 Offenbach, Jenaer Weg 3
T: 069 75 59 03
Fehleranzahl: 2

36) Manfred Hud
10318 Karlshorst, Am Kerchhof 6
T: 031 60 90 80
Fehleranzahl: 3

37) Fa. Peter Olnesorg
52396 Heimbach, Bohlenteg 73
T: 02622 44 33 21
Fehleranzahl: 2

38) Arexandra Klauer
3276 Detmold, Seestr. 934
T: 05231 96 38 16
Fehleranzahl: 3

39) St. Jakobs e. V.
28507 Lüdenscheid, Herrfurthstr. 43
T: 02341 62 35 14
Fehleranzahl: 2

40) Pia von Blausteen
55422 Bacherach, Gossnerstr. 120
T: 06743 34 33 15
Fehleranzahl: 3

Symbole einkreisen

Ihnen werden 30 Reihen mit je 15 unterschiedlichen Symbolen vorgegeben. Ihre Aufgabe besteht darin, so schnell wie möglich die Symbole mit den folgenden Merkmalen einzukreisen:

- alle Kreise, die drei schwarze Punkte enthalten
- alle Vierecke, die vier schwarze Punkte enthalten

Die Anordnung der Punkte innerhalb der Vierecke bzw. Kreise ist nicht entscheidend.
Nur die Anzahl ist ausschlaggebend. Markieren Sie ein falsches Symbol führt das zu Punktabzug.

Trainingsaufgaben

Für die 30 Reihen haben Sie **4 Minuten** Zeit, d. h. pro Reihe **8 Sekunden**. Nach 8 Sekunden müssen Sie in die nächste Reihe springen, auch wenn Sie mit der aktuellen Reihe noch nicht fertig sind.
Für die Bearbeitung der Trainingsaufgaben ist es sinnvoll, entweder eine Stoppuhr so zu programmieren, dass alle 8 Sekunden ein Signal ertönt, oder einen Freund / eine Freundin zu bitten, die Stoppuhrfunktion zu übernehmen.

1) 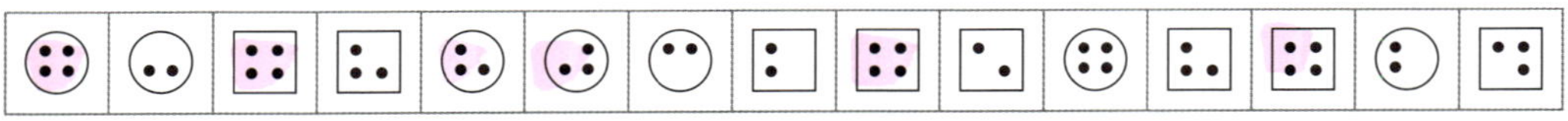

2) 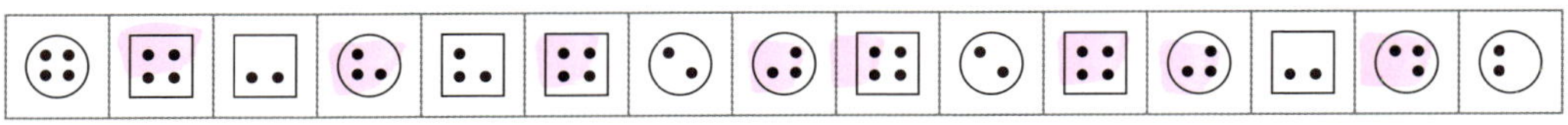

3) 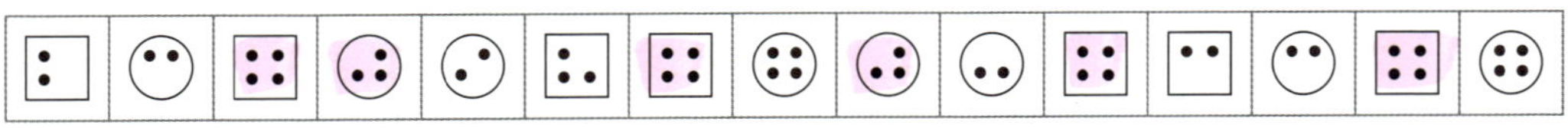

4) 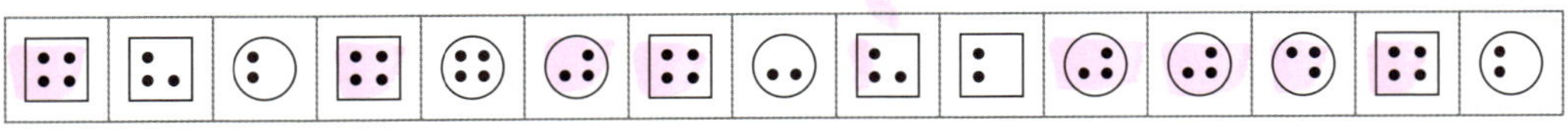

5) 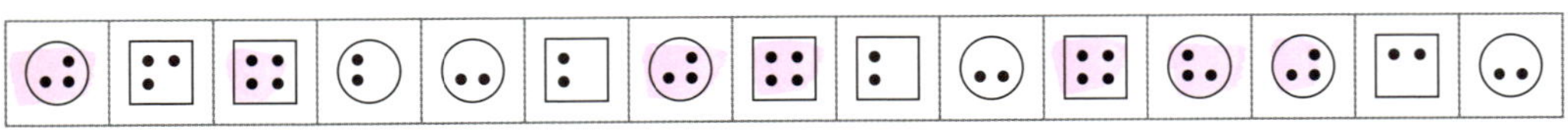

6) 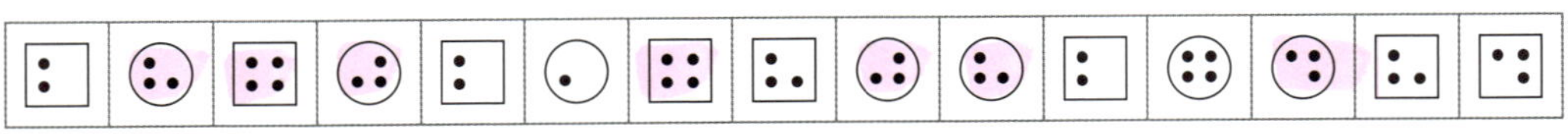

7) 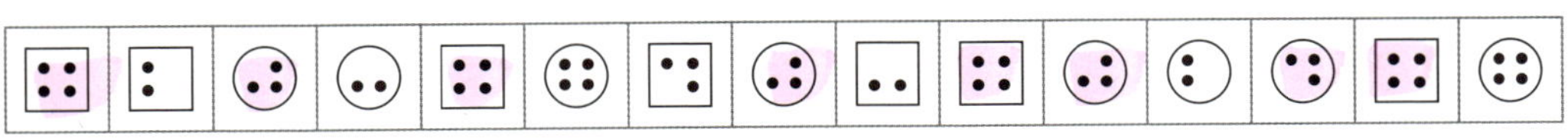

8) 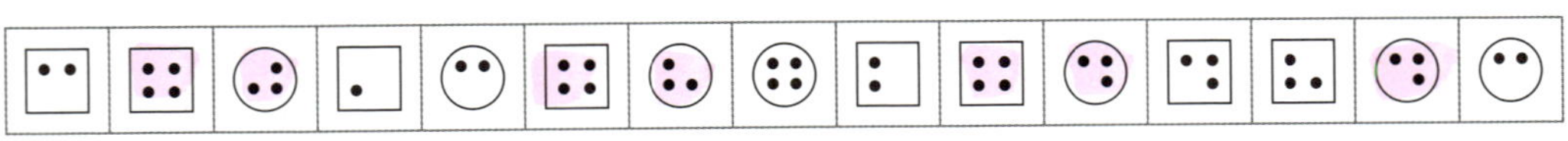

9) 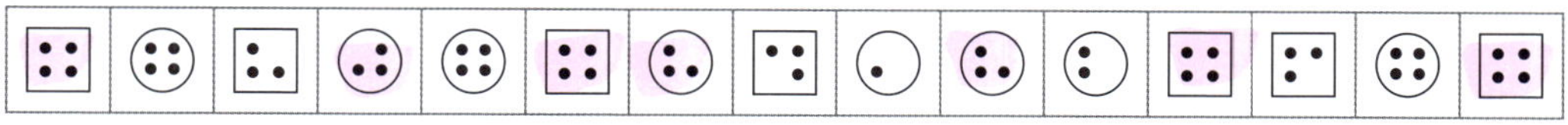

10) 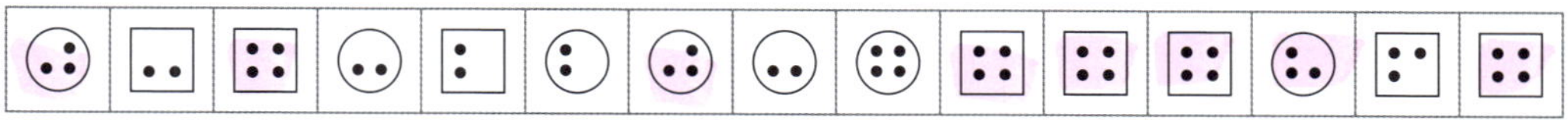

11) 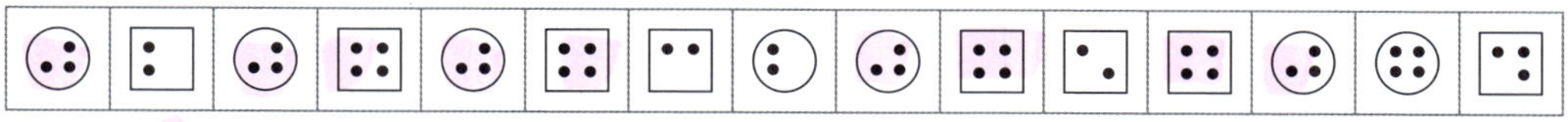

12) 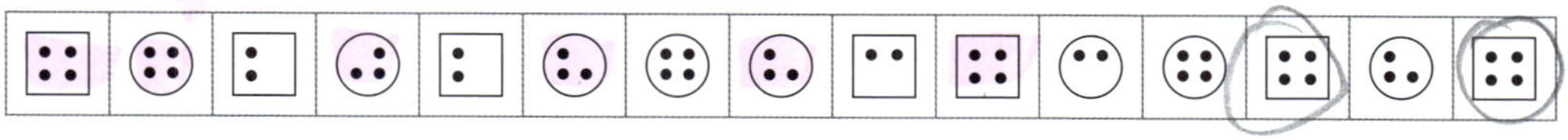

13) 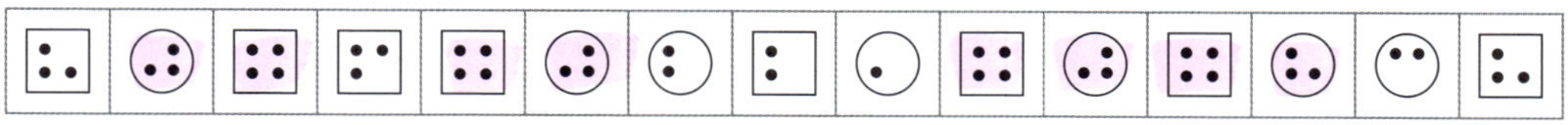

14) 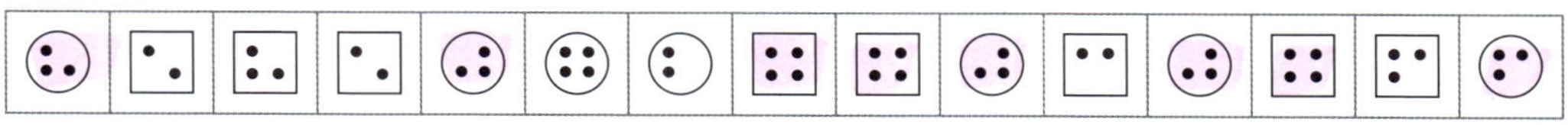

15) 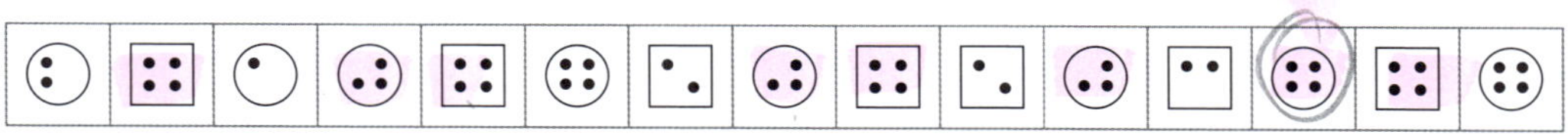

16) 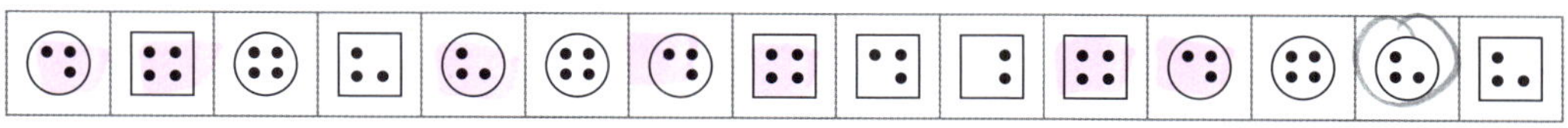

17) 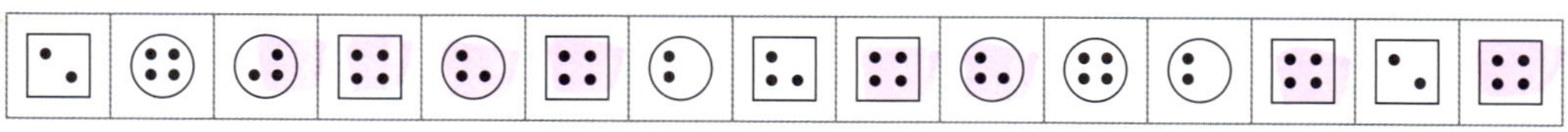

18) 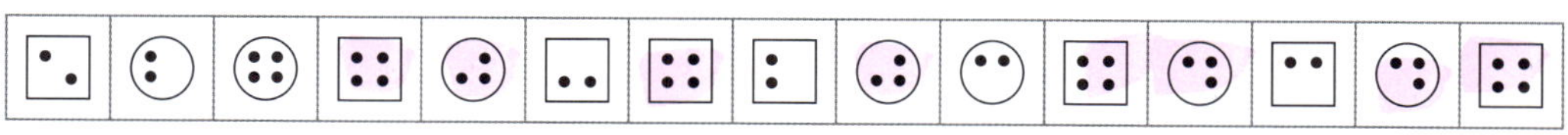

19) 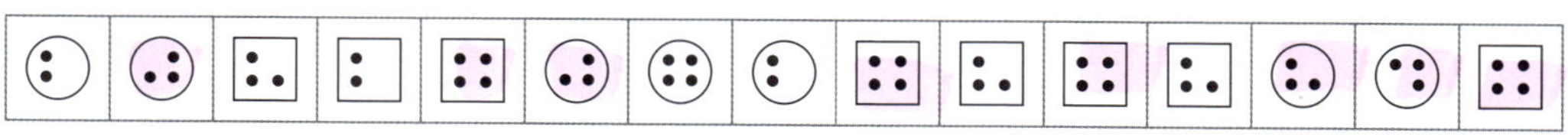

20) 

21) 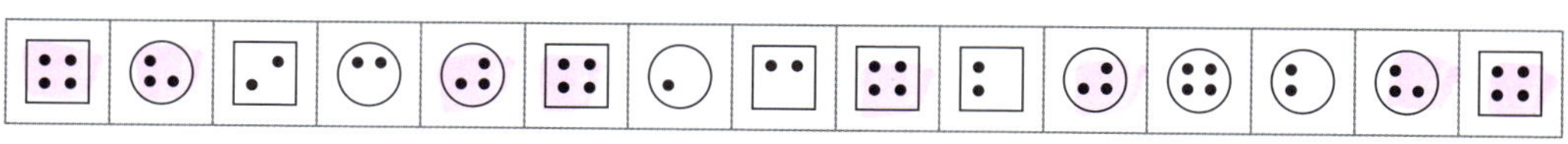

22) 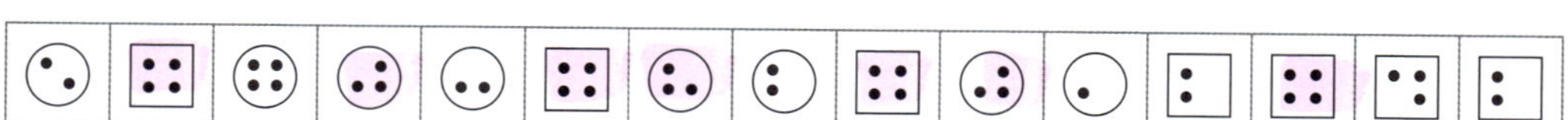

23) 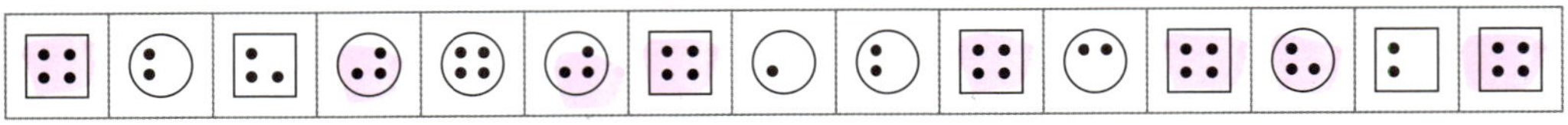

24) 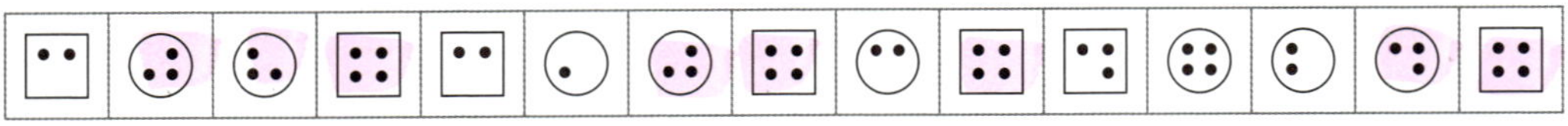

25) 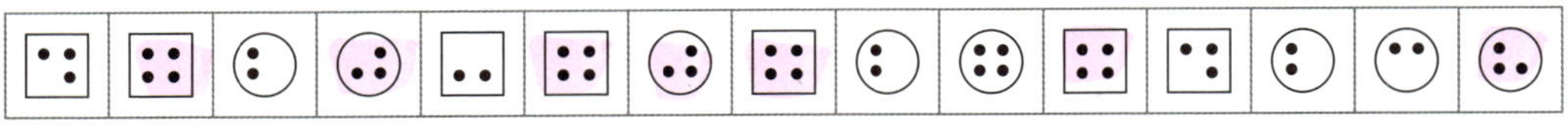

26) 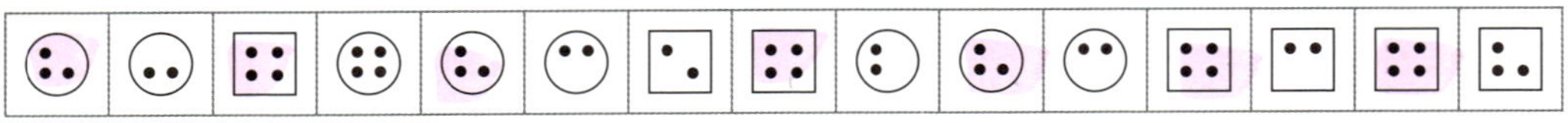

27) 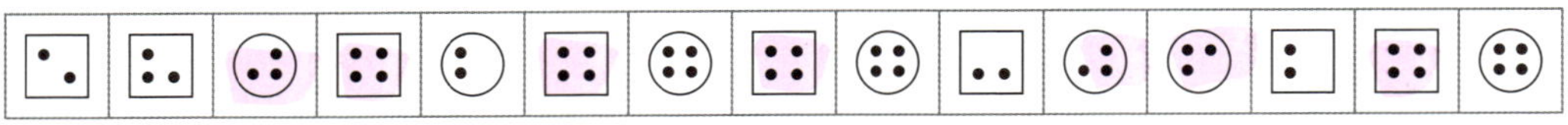

28) 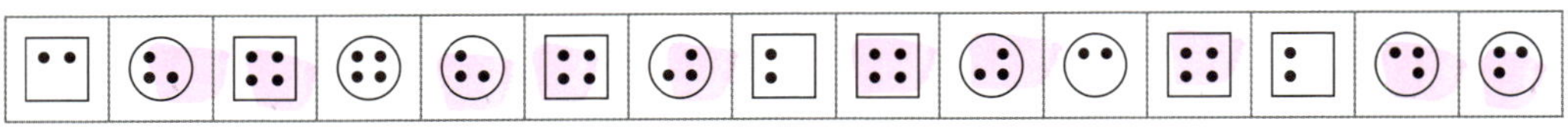

29) 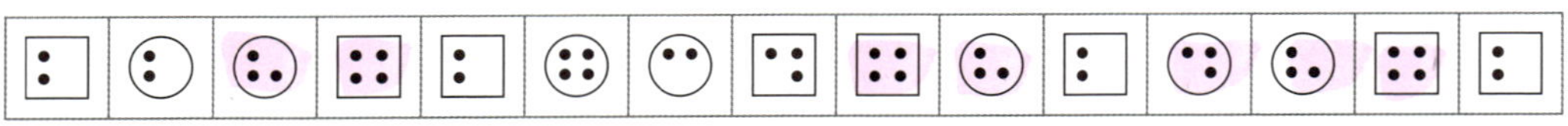

30) 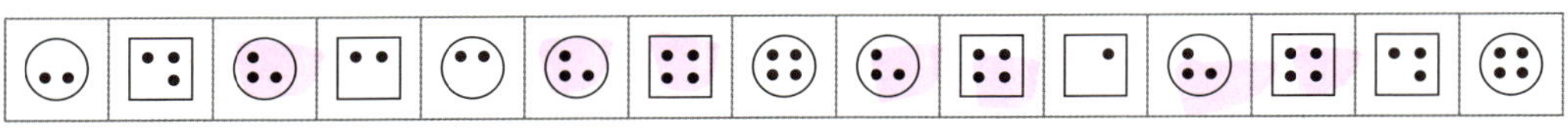

Auswertung

Zählen Sie nun die Anzahl der von Ihnen markierten Symbole, die die angegebenen Merkmale aufweisen, pro Reihe nach und notieren Sie die Anzahl jeweils am Ende der Reihe.

Lösungen

1) 5
2) 8
3) 7
4) 8
5) 7
6) 7
7) 8
8) 7
9) 7
10) 8
11) 9
12) 8
13) 8
14) 8
15) 7
16) 8
17) 8
18) 8
19) 8
20) 9
21) 8
22) 7
23) 8
24) 8
25) 7
26) 7
27) 7
28) 10
29) 7
30) 7

Beobachten

Schauen Sie sich die folgenden drei Gesichter an. Eines der Gesichter unterscheidet sich von den anderen beiden. Ihre Aufgabe ist es, das Gesicht zu markieren (dazugehörigen Buchstaben ankreuzen), das nicht mit den anderen beiden identisch ist.

Beispielaufgaben

1)

a) b) c)

2)

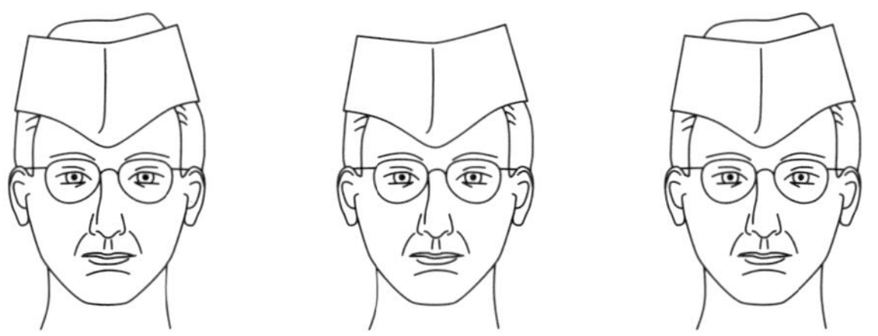

a) b) c)

3)

a) b) c)

4)

a) b) c)

Lösungen:

1) b (breiterer Hals)
2) b (andere Kopfbedeckung)
3) c (Spange im Haar)
4) a (nur 3 Kugeln im Haarschmuck)

Trainingsaufgaben

Für die 80 Aufgaben haben Sie **10 Minuten** Zeit.

Bearbeitungshinweis

Das gesuchte Gesicht unterscheidet sich deutlich in einem Detail, das entweder weggelassen, hinzugefügt oder verändert wurde. Achten Sie auf alle Details, die Sie sehen können.

1)

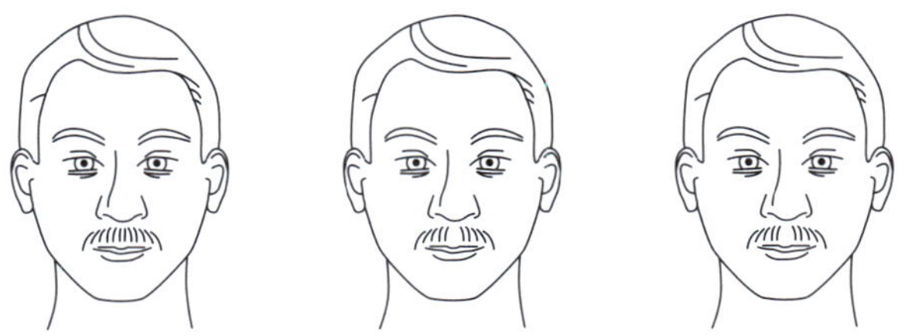

a) b) c)

2)

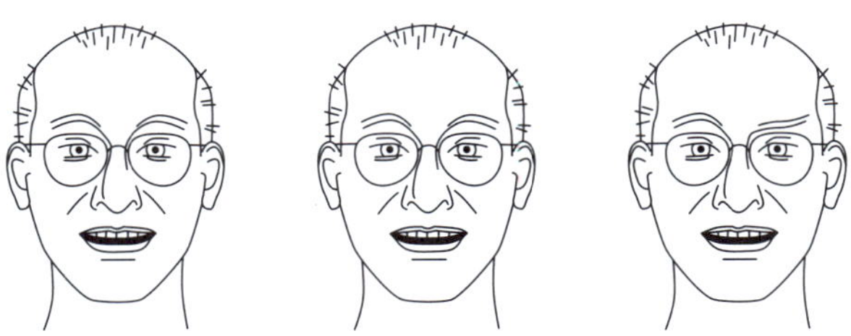

a) b) c)

3)

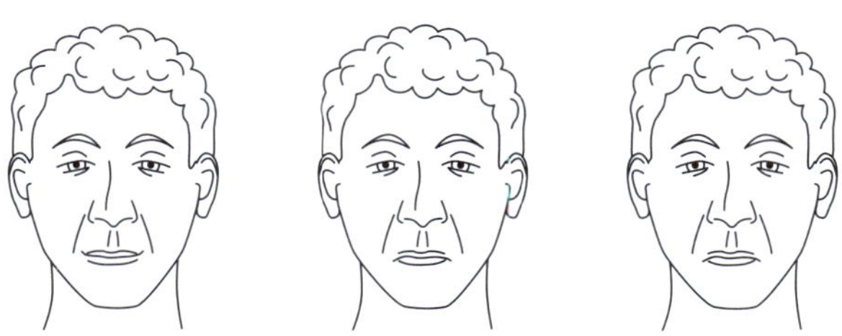

a) b) c)

4)

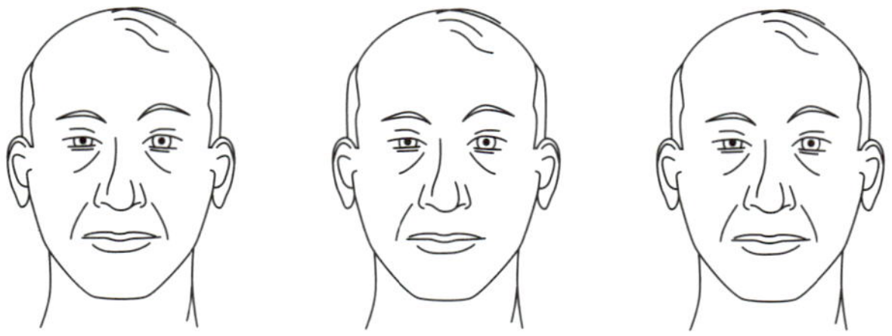

a) b) c)

5)

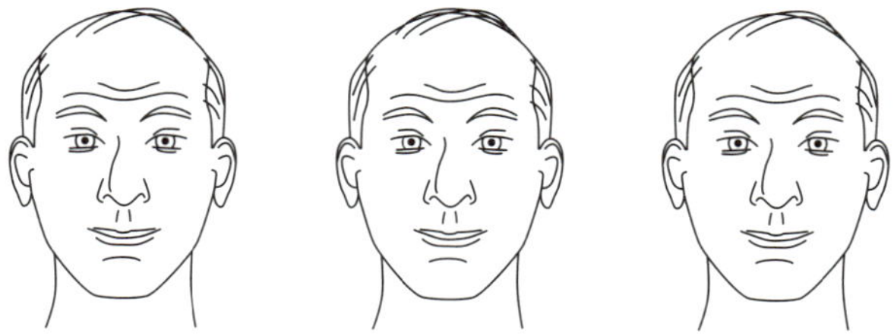

a) b) c)

6)

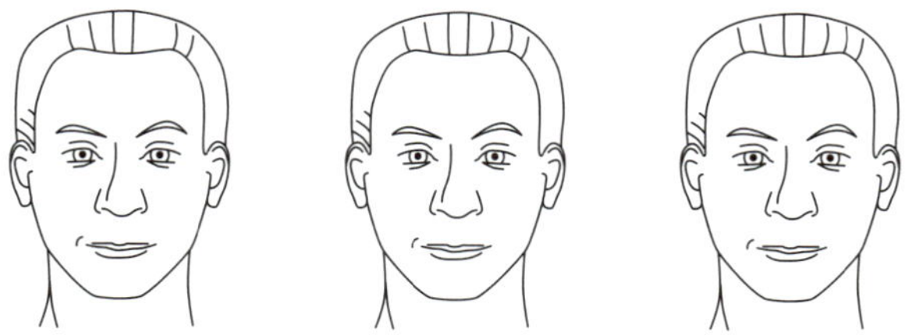

a) b) c)

7)

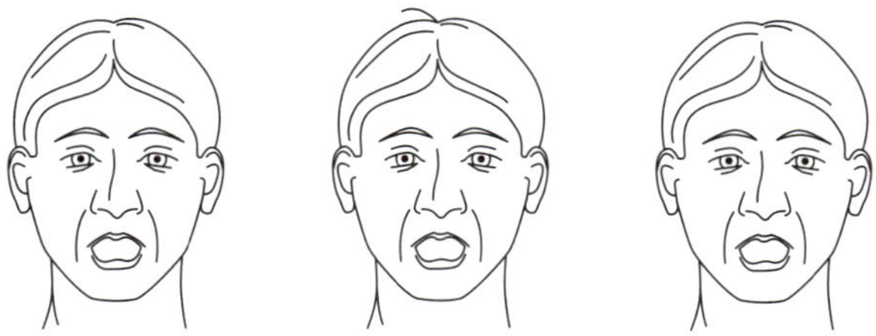

a) b) c)

8)

a) b) c)

9)

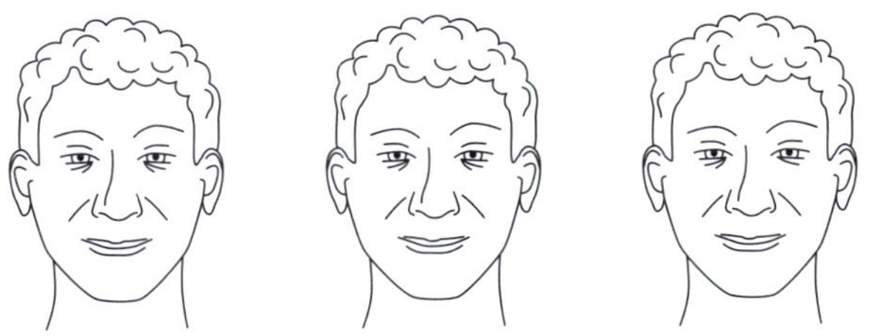

a) b) c)

10)

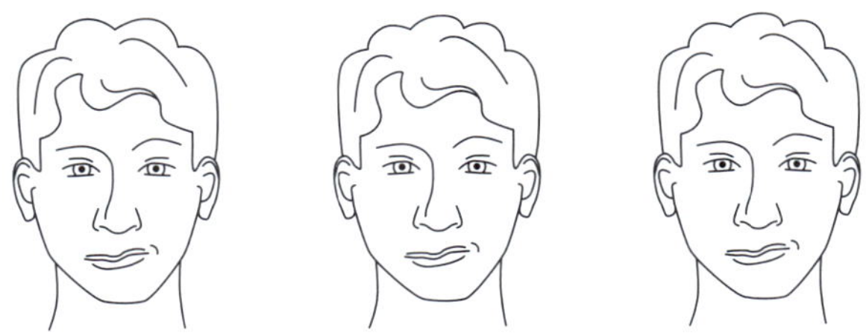

a) b) c)

11)

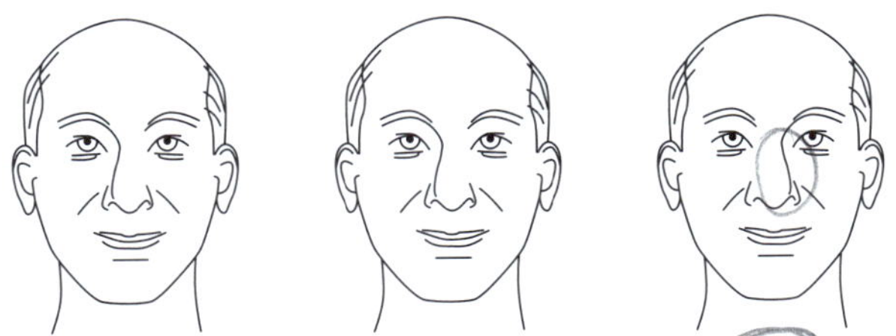

a) b) c)

12)

a) b) c)

13)

a) b) c)

14)

a) b) c)

15)

a) b) c)

16)

a) b) c)

17)

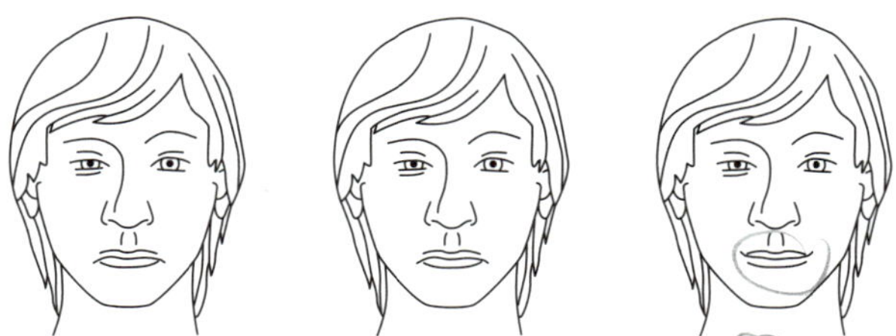

a) b) c)

18)

a) b) c)

19)

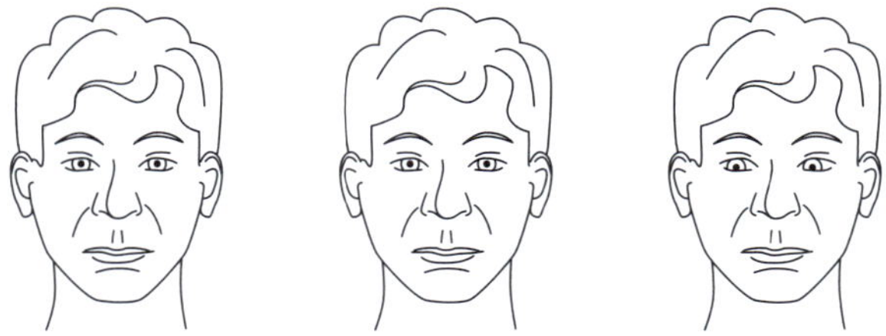

a) b) c)

20)

a) b) c)

21)

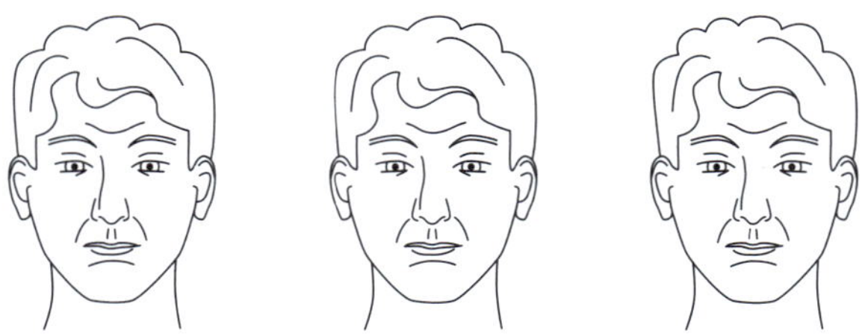

a) b) c)

22)

a) b) c)

23)

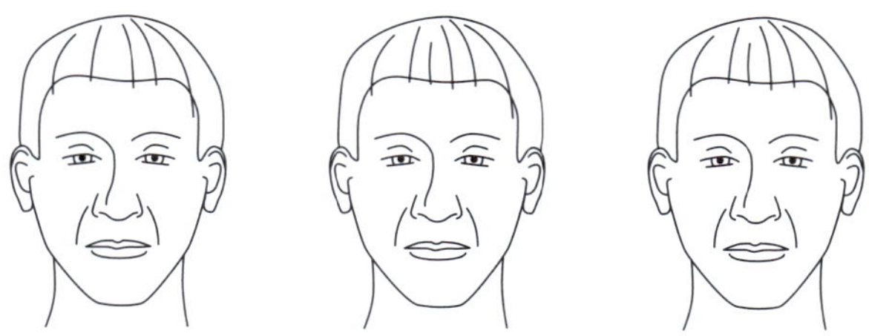

a) b) c)

24)

a) b) c)

25)

a) b) c)

26)

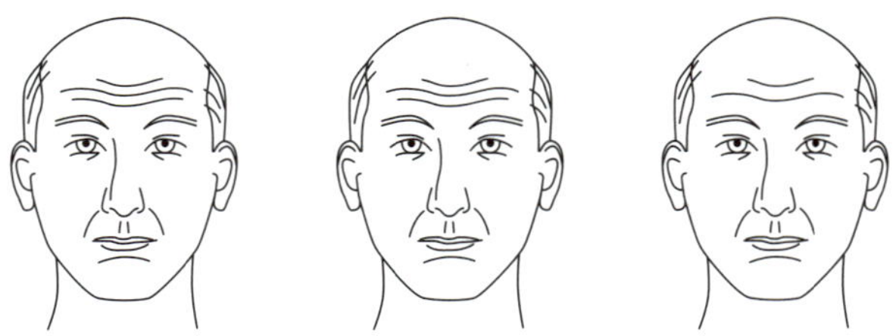

a) b) c)

27)

a) b) c)

28)

a) b) c)

29)

a) b) c)

30)

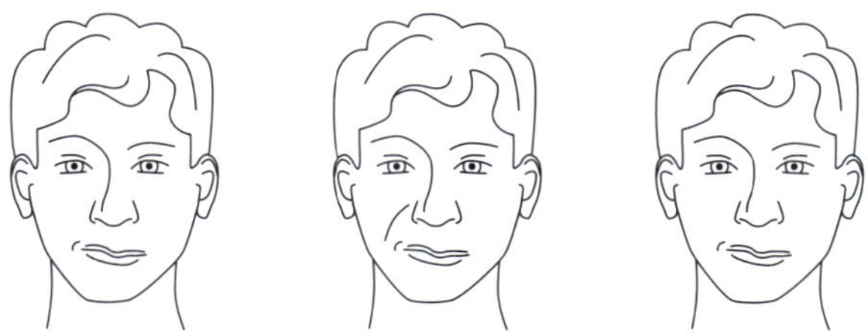

a) b) c)

31)

a) b) c)

32)

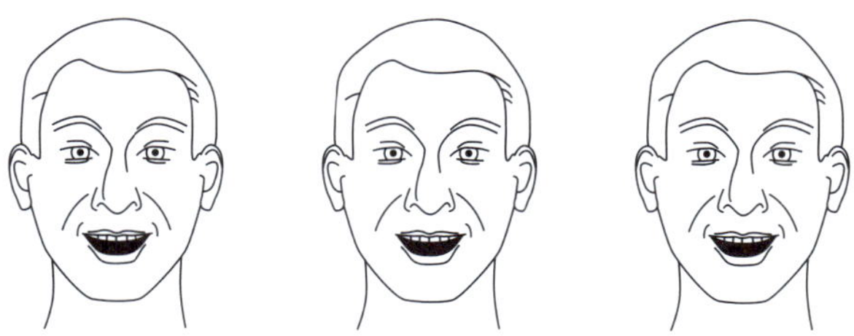

a) b) c)

33)

a) b) c)

34)

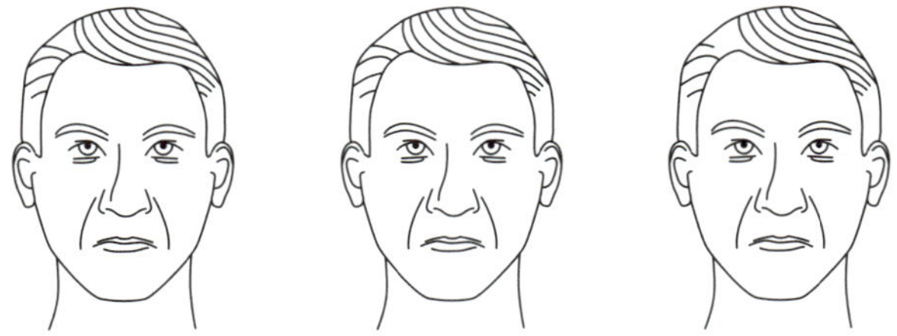

a) b) c)

35)

a) b) c)

36)

a) b) c)

37)

a) b) c)

38)

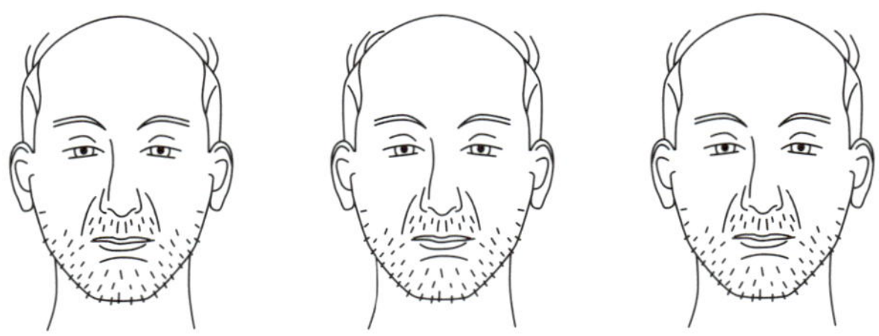

a) b) c)

39)

a) b) c)

40)

a) b) c)

41)

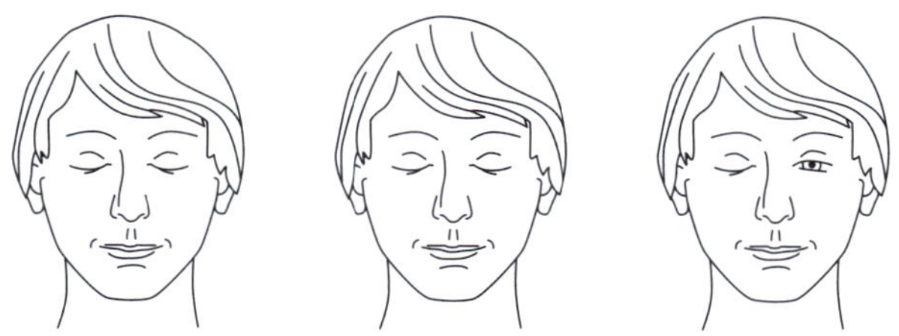

a) b) c)

42)

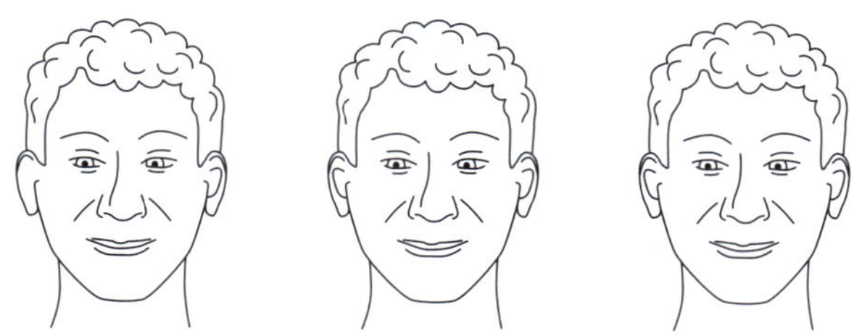

a) b) c)

43)

a) b) c)

44)

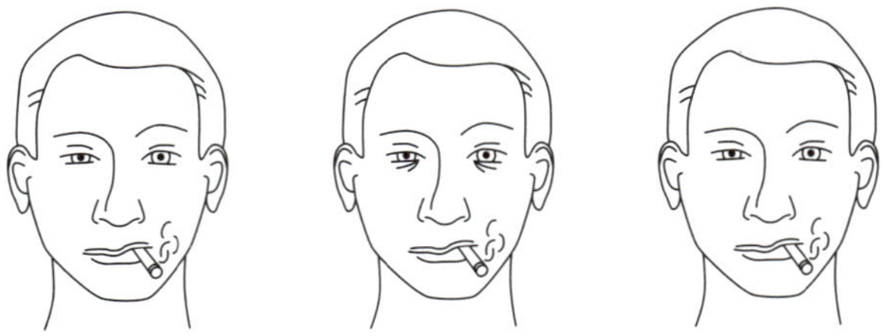

a) b) c)

45)

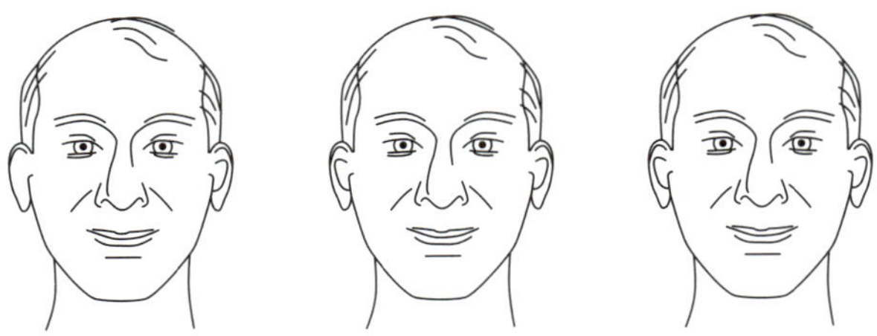

a) b) c)

46)

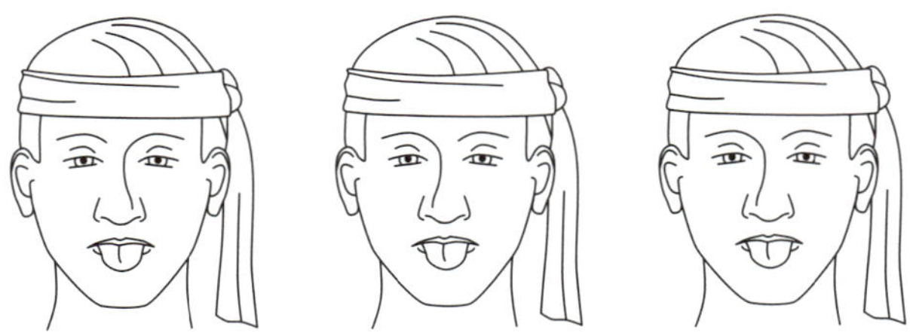

a) b) c)

47)

a) b) c)

48)

a) b) c)

49)

a) b) c)

50)

a) b) c)

51)

a) b) c)

52)

a) b) c)

53)

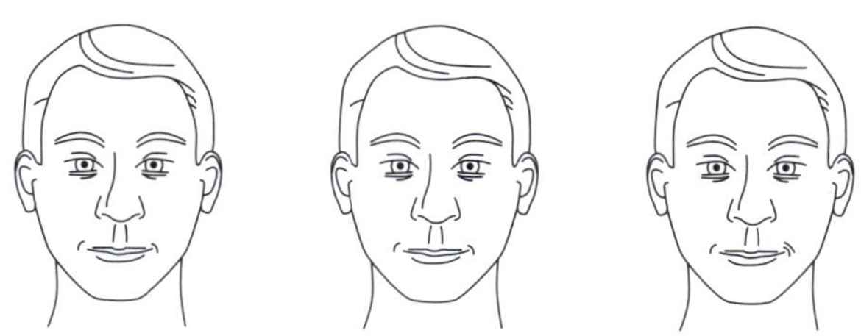

a) b) c)

54)

a) b) c)

55)

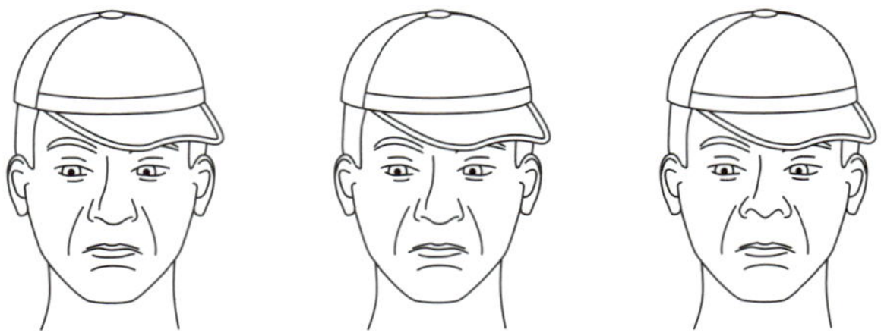

a) b) c)

56)

a) b) c)

57)

a) b) c)

58)

a) b) c)

59)

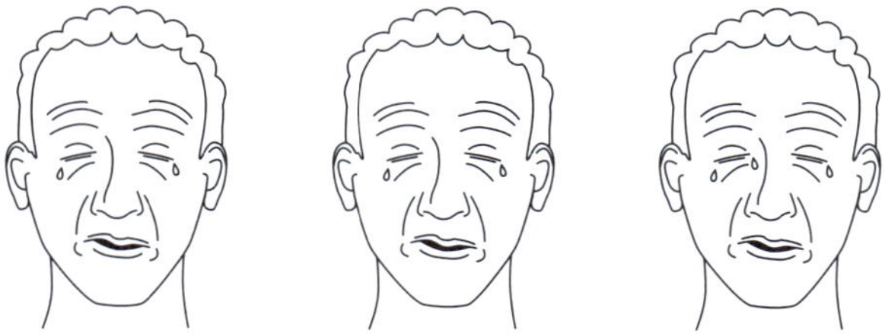

a) b) c)

60)

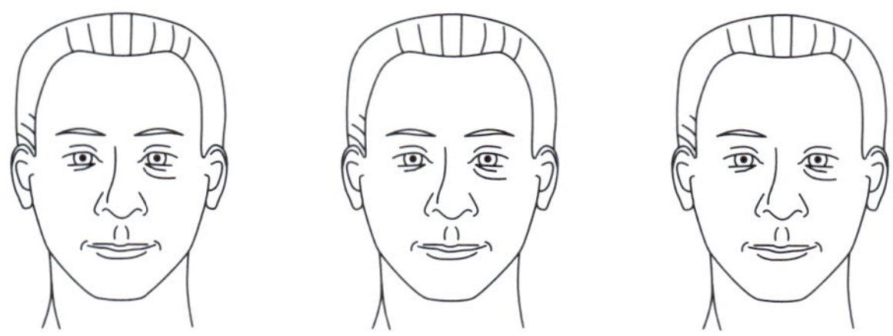

a) b) c)

61)

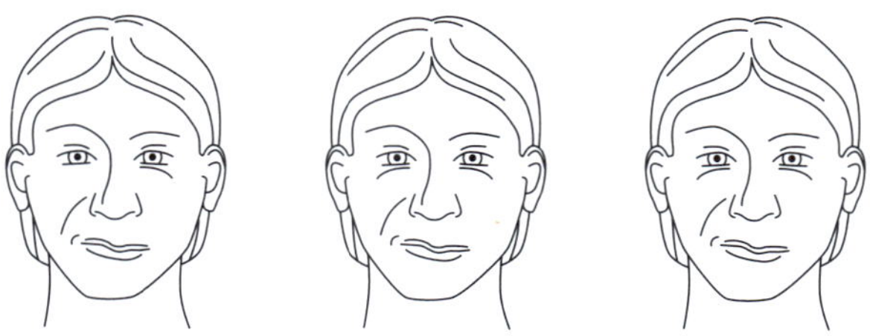

a) b) c)

62)

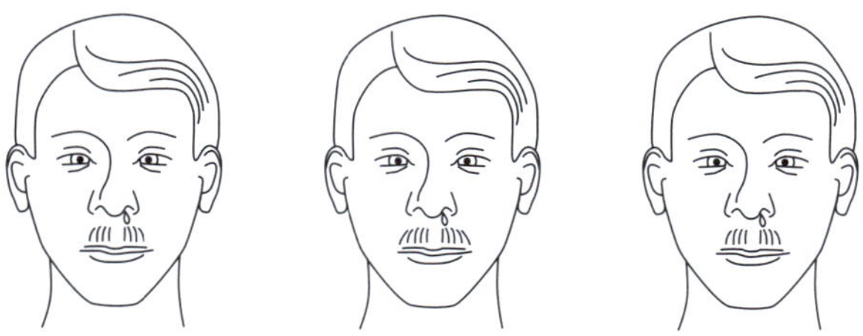

a) b) c)

63)

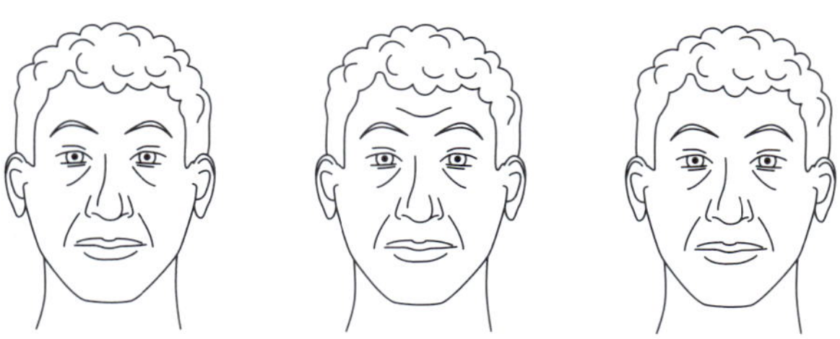

a) b) c)

64)

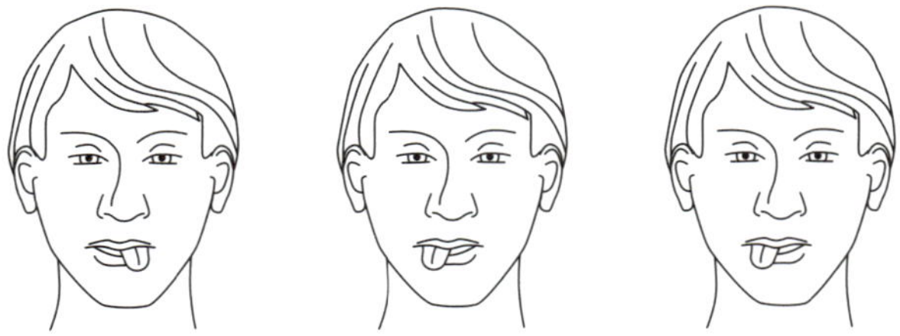

a) b) c)

65)

a) b) c)

66)

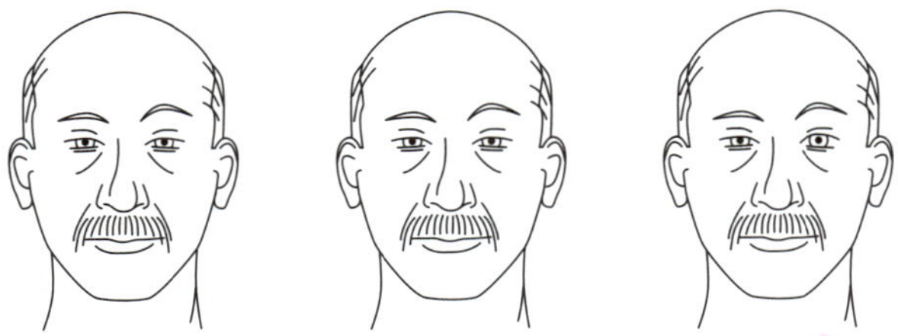

a) b) c)

67)

a) b) c)

68)

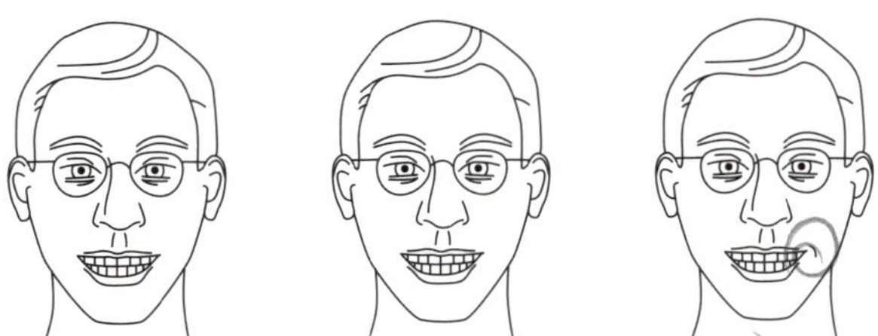

a) b) c)

69) 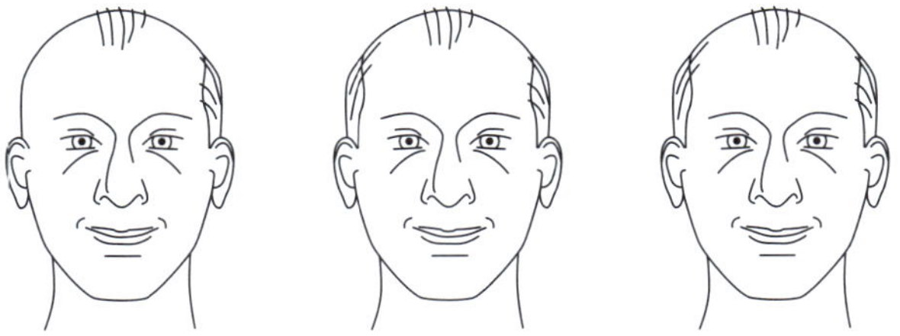

a) b) c)

70) 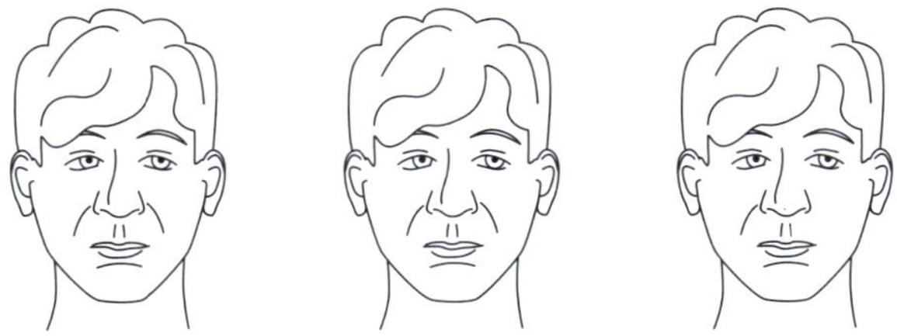

a) b) c)

71) 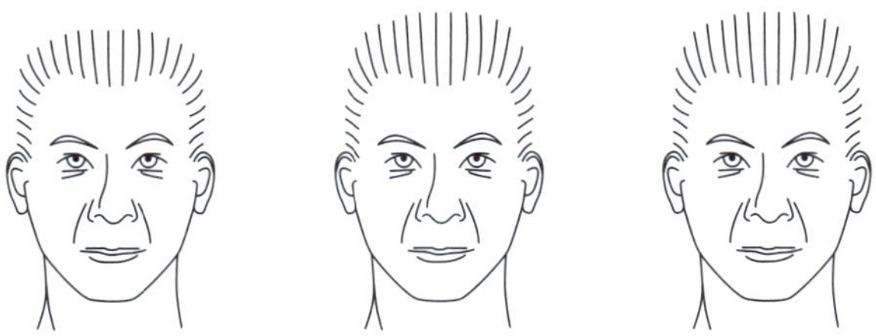

a) b) c)

72) 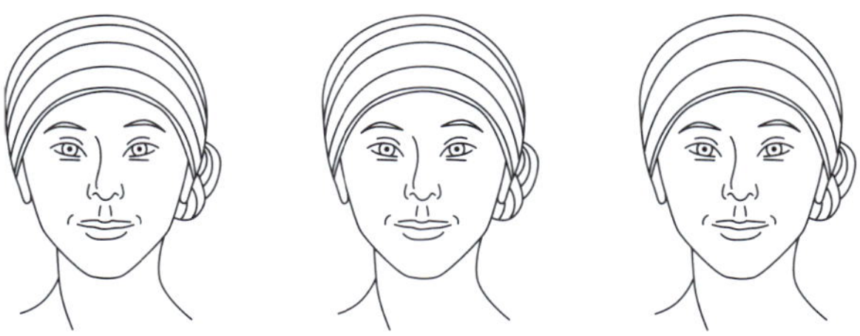

a) b) c)

73) 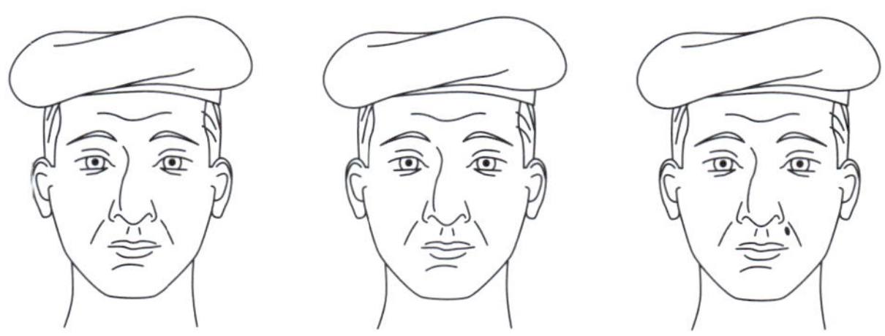

a) b) c)

74)

a) b) c)

75)

a) b) c)

76)

a) b) c)

77)

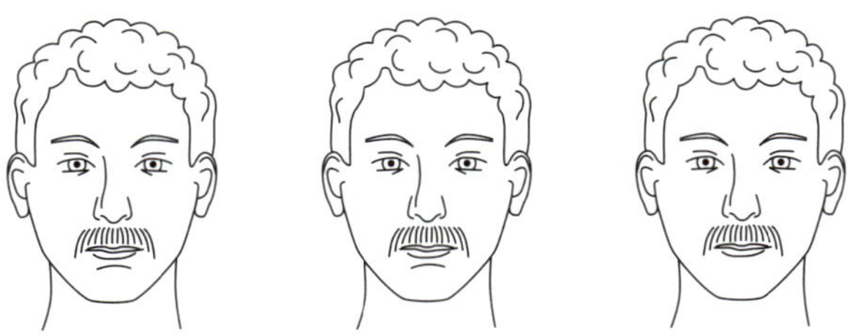

a) b) c)

78)

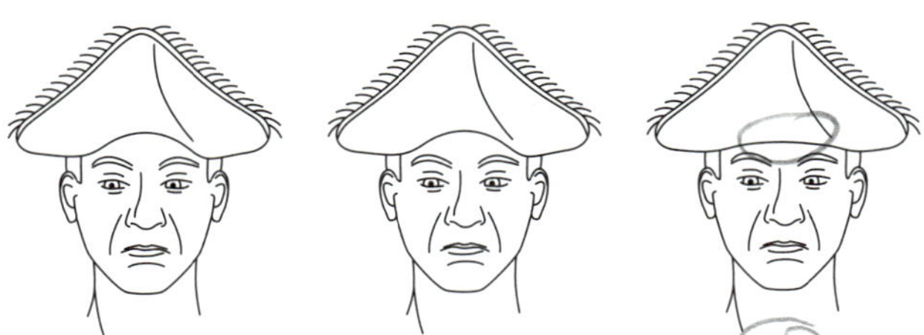

a) b) c)

79)

a)

b)

c)

80)

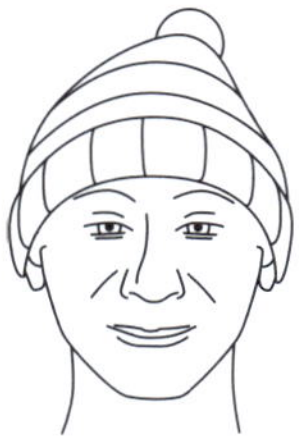

a)

b)

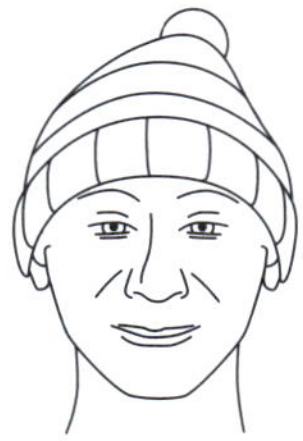

c)

Lösungen

1) a (Schnurrbart)
2) c (rechte Augenbraue)
3) a (Mund)
4) b (Falte rechts vom Mund)
5) b (Haare)
6) a (Haare)
7) b (Haare)
8) c (Träne am Auge)
9) c (Falte am Auge)
10) a (Haare)
11) c (Nase)
12) c (Schnurrbart)
13) c (Nase)
14) c (Augen)
15) a (Scheitelpunkt)
16) c (Ohr an der Kappe)
17) c (Mund)
18) a (Haare)
19) c (Augen)
20) a (Hutschmuck)
21) c (Haare)
22) c (Nasensteg an der Brille)
23) a (Haare)
24) c (Kopfband)
25) b (linkes Ohr)
26) c (Stirnfalten)
27) c (Nase)
28) c (Ohrring fehlt)
29) b (Haare links)
30) b (Falte links zwischen Mund und Nase)
31) a (Mund)
32) b (Grübchen)
33) a (Mund)
34) c (Haare)
35) c (Haarschmuck fehlt)
36) c (Grübchen)
37) c (Brillenbügel links fehlt)
38) b (Haare)
39) b (Haare)
40) b (Kopfschmuck)
41) c (Auge)
42) a (Ohr links)
43) c (Ohrringe)
44) b (Augenfalten)
45) a (Ohr links)
46) a (Nase)
47) a (Wimpern)
48) a (Brillenbügel rechts fehlt)
49) b (Bart)
50) a (Mund)
51) b (Muttermal)
52) b (Nase)
53) c (Grübchen)
54) a (Augenbraue)
55) c (Nase)
56) b (Narbe)
57) a (Mund)
58) b (Nase)
59) c (Träne)
60) c (Augenbraue)
61) a (Auge links)
62) b (Bart)
63) b (Stirnfalte)
64) a (Zunge)
65) a (Zahnlücke)
66) c (Auge)
67) c (Augen)
68) c (Grübchen)
69) a (Haare)
70) c (Grübchen)
71) a (Haare)
72) c (Kopftuch)
73) c (Muttermal)
74) a (Mund)
75) b (Haare)
76) b (Muttermal)
77) c (Kinnfalte)
78) c (Hut)
79) b (Auge)
80) b (Hut)

Merkfähigkeit

Mit Testaufgaben zur Merkfähigkeit will man Ihr Kurzzeitgedächtnis überprüfen. Die Merkfähigkeit spielt im Arbeitskontext eine wichtige Rolle, deshalb beinhalten Einstellungstests und Personalauswahlverfahren häufig auch Aufgaben zu diesem Fähigkeitsbereich. Meist sollen Sie sich mehr oder weniger belanglose Dinge merken, wie beispielsweise einfache Begriffe, Geschichten, Lebenslaufdaten, geometrische Abbildungen oder Zahlenpaare.
Am besten bauen Sie sich beim Lernen der einzelnen Daten Eselsbrücken. So wird es Ihnen leichter fallen, sich an eine größere Zahl von Wörtern, Zahlen oder Abbildungen zu erinnern, denn Notizen sind bei diesen Aufgaben selbstverständlich nicht erlaubt.

Für Ihre persönliche Auswertung der Aufgaben gilt wiederum: Wenn Sie in der vorgegebenen Zeit mindestens **50 Prozent** der Aufgaben richtig gelöst haben (beispielsweise bei »Begriffe merken« oder bei »Postleitzahlen und Städte merken«), ist das bereits ein befriedigendes Ergebnis. Haben Sie zwischen **60 und 75 Prozent** der Aufgaben richtig gelöst, entspricht das einer sehr guten Leistung. **100 Prozent** sind erfahrungsgemäß nicht zu erreichen.

Begriffe merken

Aufgabenvariante 1:
Begriffe merken und frei reproduzieren
Bei diesem Aufgabentyp geht es um Ihr Kurzzeitgedächtnis. Ihnen werden Begriffe gezeigt, die Sie sich in kurzer Zeit einprägen und dann auswendig reproduzieren sollen.

Trainingsaufgaben

Sie haben **45 Sekunden** Zeit, um sich die folgenden 33 Begriffe zu merken. Decken Sie danach die Liste wieder ab. Anschließend bleiben Ihnen **2 Minuten,** um alle Begriffe zu notieren, die Sie sich merken konnten.

Aufgabe 1:
- Meinung
- Firma
- Osmose
- Aktivität
- Erlaubnis
- Jury
- Zuversicht
- Rennen
- Austausch
- Eis
- Wissen
- Urne
- Hochschule
- Spionage
- Podium
- Sommer
- Tante
- Schüssel
- Kunst
- Gala
- Wärme
- Balkon
- Vase
- Tunnel
- Epilog
- Uniform
- Gespräch
- Lexikon
- Komma
- Nervosität
- Handwerk
- Neid
- Gehalt

Decken Sie nun die Begriffe ab.

1) Meinung
2) Firma
3) Osmose
4) Aktivität
5) Podium
6) Rennen
7) Jury
8) Eis
9) Zuversicht
10) Sommer
11) Tante
12) Schlüssel
13) ~~Buch~~
14)
15)
16)
17)
18)
19)
20)
21)
22)
23)
24)
25)
26)
27)
28)
29)
30)
31)
32)
33)

Aufgabe 2:
Sie haben wieder **45 Sekunden** Zeit, um sich die 33 Begriffe zu merken.

- Sicht
- Büro
- Zimmer
- Tat
- Kälte
- Auswahl
- Optimismus
- Herz
- Sonne
- Reis
- Kompetenz
- Tischbein
- Grundschule
- Lage
- Baum
- Frühling
- Onkel
- Gabel
- Musik
- Fest
- Hitze
- Terrasse
- Stiel
- Brücke
- Prolog
- Hose
- Telefonat
- Wörterbuch
- Punkt
- Einkommen
- Kunstwerk
- Eifer
- Anspannung

Decken Sie nun die Begriffe ab. Sie haben jetzt **2 Minuten** Zeit, um die Begriffe frei zu reproduzieren.

1) Stil
2) Brücke
3) Prolog
4) Hitze
5) Reis
6) Sicht
7) Büro
8) Zimmer
9) Tat
10) Kälte
11) Onkel
12) Baum
13) Sonne
14) Optimismus
15) Auswahl
16) __________
17) __________
18) __________
19) __________
20) __________
21) __________
22) __________

23) ______________________________

24) ______________________________

25) ______________________________

26) ______________________________

27) ______________________________

28) ______________________________

29) ______________________________

30) ______________________________

31) ______________________________

32) ______________________________

33) ______________________________

Aufgabe 3:
Sie haben wieder **45 Sekunden** Zeit, um sich die 33 Begriffe zu merken.

- Zeitung
- Wasser
- Büro
- Taschenrechner
- Tee
- Regen
- Wandkalender
- Finger
- Papier
- Suppe
- Haare
- Stecknadel
- PC
- Känguru
- Parkett
- Uhr
- Sand
- Internet
- Visitenkarte
- Lissabon
- Staubsauger
- Flasche
- Tasse
- Lampe
- Stein
- Heft
- Hut
- Würfel
- Kaugummi
- Brille
- Kabel
- Kugelschreiber
- Türe

Decken Sie nun die Begriffe ab. Sie haben jetzt **2 Minuten** Zeit, um die Begriffe frei zu reproduzieren.

1) UHR
2) Sand
3) PC
4) visitencarte
5) Wasser
6) Stecknadel
7) Zeitung
8) Büro
9)
10)
11)
12)
13)
14)
15)
16)
17)
18)
19)
20)
21)
22)
23)
24)
25)
26)
27)
28)
29)
30)
31)
32)
33)

Tipps zur Vorbereitung

Aufgaben zu Ihrer Merkfähigkeit werden Ihnen meist in zwei verschiedenen Formen gestellt:

a) Eine Aufgabenstellung mit freier Auswahl, bei denen Sie die aufgeführten Begriffe oder anderes in beliebiger Reihenfolge reproduzieren können; beispielsweise müssen Sie aus einer Vielzahl von Begriffen alle gemerkten Begriffe frei wiedergeben.
b) Eine Aufgabenstellung mit bestimmten Vorgaben, nach denen Sie die aufgeführten Begriffe oder anderes reproduzieren sollen; beispielsweise müssen Sie die Begriffe in alphabetischer Reihenfolge wiedergeben oder Fragen zu einem Text beantworten.

Sie werden sich Begriffe und anderes (z. B. Figuren, Körper) am besten merken können, wenn Sie sich Eselsbrücken bauen. Verbinden Sie einzelne Begriffe durch eine selbst erfundene Geschichte, so vernetzen Sie in Ihrem Gedächtnis die Begriffe und können sie später leichter abrufen. Zum Beispiel können Sie die Begriffe: »Büro«, »Kugelschreiber«, »Papier«, »Würfel«, »Flasche«, »Wasser« usf. so verbinden: Ein dicker Mann sitzt im ***Büro*** und schreibt mit seinem goldenen ***Kugelschreiber*** auf ein teures ***Papier*** einen Brief an seinen Chef, als er mit seinem dicken Bauch die ***Flasche*** mit ***Wasser*** umstößt und das ganze Wasser über seinen Brief fließt. Da schreit er auf: »Die ***Würfel*** sind gefallen.«

Aufgabenvariante 2:
Begriffe merken und Fragen beantworten
Sie sehen 36 Begriffe, von denen jeweils sechs einer bestimmten Kategorie zugeordnet sind. Ihre Aufgabe besteht darin, sich möglichst viele der aufgeführten Begriffe zu merken und später Fragen zu beantworten, die sich auf diese Begriffe beziehen.

Trainingsaufgaben

Sie haben **60 Sekunden** Zeit, um sich möglichst viele der aufgeführten Begriffe zu merken. Nach dieser Zeit decken Sie bitte die Begriffe ab und beginnen mit der Beantwortung der Fragen. Für die zehn Fragen haben Sie **2 Minuten** Zeit.

Aufgabe 1:

Technik:	**Farben:**
Handy	Weinrot
Faxgerät	Lachsrosa
Computer	Sonnengelb
Laptop	Schwarz
Soundanlage	Tannengrün
Mikrowelle	Königsblau
Pflanzen:	**Körperpflege:**
Efeu	Gesichtscreme
Schneeglöckchen	Haarbürste
Gänseblümchen	Zahnpasta
Brunnenkresse	Shampoo
Bärlauch	Duschgel
Fingerhut	Zahnseide
Sportarten:	**Nationalitäten:**
Tae Bo	serbisch
Ballett	argentinisch
Walken	isländisch
Fechten	mongolisch
Kickboxen	dänisch
Fußball	spanisch

Decken Sie nun die Begriffe ab.

Fragen:

1) Welche der Sportarten gehören zu der Kategorie Kampfsport?
2) Mit welchen der Technikgeräte ist es möglich, Musik zu hören?
3) Welches der Körperpflegeprodukte wird im Kopf- und Gesichtsbereich angewendet?
4) Welche der Nationalitäten gehören zu Europa?
5) Welche der Farben beinhaltet in seinem Namen einen Begriff aus der Natur?
6) Welche der Pflanzen sind ungiftig?
7) Welche Pflanzennamen bestehen aus 3 Silben?
8) Welche Sportarten werden üblicherweise draußen ausgeführt?
9) Welche Nationalitäten zählen zu Asien?
10) Wie viele Begriffe enden in der Rubrik »Technik« mit dem Buchstaben »e«?

1 Tequando Tea bo

2 Soundanlage

3 Gesichtscreme

4 isländisch 7 Schnee

dänisch 8

5 lachsrosa

weinrot

6 Bärlauch Gänseblümchen

Aufgabe 2:
Sie haben **60 Sekunden** Zeit, um sich die Begriffe zu merken.

Musikrichtungen:	**Tiere:**
Jazz	Nasenbär
Klassik	Ameise
Pop	Wombat
Rock	Biene
Volksmusik	Känguru
Metal	Wildschwein
Haus und Wohnen:	**Entspannung:**
Wohnzimmer	Sauna
Wintergarten	Meditation
Außenanlage	Lesen
Carport	Sport
Gartenhaus	Spaziergang
Schlafzimmer	Autogenes Training
Berufe:	**Urlaubsziele:**
Lackierer	Fuerteventura
Bäcker	Mallorca
Mechaniker	Ägypten
Wirtschaftsprüfer	Malediven
Goldschmied	Teneriffa
Schneider	Lanzarote

Decken Sie nun die Begriffe ab. Sie haben **2 Minuten** Zeit, um die Fragen zu beantworten.

Fragen:

1) Wie viele Begriffe enden in der Rubrik »Musikrichtungen« mit dem Buchstaben »k«?
2) Welche Tierarten sind nur in Australien heimisch?
3) Welche der Tiere sind nicht in Deutschland heimisch?
4) In welcher Rubrik befindet sich ein Wort, das mit »Ä« beginnt?
5) Welche der Tiere gehören zu der Gattung der Insekten?
6) Welche der Begriffe aus der Rubrik »Haus und Wohnen« enthalten das Wort »Garten«?
7) Welche Entspannungsmaßnahmen beginnen mit dem Buchstaben »S«?
8) Wie viele der Wörter aus der Rubrik »Haus und Wohnen« beginnen mit dem Buchstaben »W«?
9) Welche der Berufe fällt unter die Rubrik »Handwerk«?
10) Welche der Urlaubsziele gehören zu Spanien?

1 3
2 Wombat, ~~Känguru~~
3 Wombat, Känguru
4 Urlaubsziele
5 Ameisen, Bienen
6 Gartenhaus
7 Sauna spazieren
8 2

Aufgabe 3:
Sie haben **60 Sekunden** Zeit, um sich die Begriffe zu merken.

Kunst:	**Büro:**
Farbpalette	Schreibtisch
Staffelei	Schreibtischlampe
Pinsel	Computer
Leinwand	Schreibtischstuhl
Strukturpaste	Aktenschrank
Aquarell	Hängeregister
Küche:	**Desserts:**
Marmeladenglas	Vanilleeis
Schneidebrettchen	Schokopudding
Brotkasten	Crème brulée
Kühlschrank	Obstsalat
Obstkorb	Mousse au Chocolat
Topflappen	Apfelkuchen
Hauptstädte:	**Kleidung:**
Kabul	Parka
Buenos Aires	Poncho
Brüssel	Hut
Helsinki	Manschettenknöpfe
Amman	Sneakers
Seoul	Blazer

Decken Sie nun die Begriffe ab. Sie haben **2 Minuten** Zeit, um die Fragen zu beantworten.

Fragen:

1) Welche Begriffe aus dem Bereich »Kunst« beginnen mit dem Buchstaben »S«?
2) Welche der Bürogegenstände stehen auf dem Schreibtisch?
3) Welche der Gegenstände sind dafür ausgelegt, um Nahrungsmittel in ihnen zu lagern?
4) Welches der aufgelisteten Desserts beginnt mit einem »V«?
5) Welche der Hauptstädte liegen in Südamerika?
6) Welche der Hauptstädte enden auf den Buchstaben »l«?
7) Welche Begriffe der Rubrik »Küche« weisen in ihrer Schreibweise einen doppelten Konsonanten auf?
8) Welche der Kleidungsstücke werden nicht direkt am Fuß getragen?
9) Welche Begriffe aus der Rubrik »Büro« enden auf den Buchstaben »r«?
10) Welche der Hauptstädte liegen nicht in Europa?

Lösungen

Aufgabe 1:
1) Tae Bo, Fechten, Kickboxen
2) Handy, Computer, Laptop, Soundanlage
3) Gesichtscreme, Haarbürste, Zahnpasta, Zahnseide
4) dänisch, isländisch, serbisch, spanisch
5) Weinrot, Lachsrosa, Sonnengelb, Tannengrün
6) Gänseblümchen, Brunnenkresse, Bärlauch
7) Schneeglöckchen, Fingerhut
8) Walken, Fußball
9) mongolisch
10) 2 (Soundanlage, Mikrowelle)

Aufgabe 2:
1) 3 (Klassik, Rock, Volksmusik)
2) Wombat
3) Nasenbär, Wombat, Känguru
4) Urlaubsziele (Ägypten)
5) Ameise, Biene
6) Wintergarten, Gartenhaus
7) Sauna, Spaziergang, Sport
8) 2 (Wohnzimmer, Wintergarten)
9) Lackierer, Bäcker, Mechaniker, Goldschmied, Schneider
10) Fuerteventura, Mallorca, Lanzarote, Teneriffa

Aufgabe 3:
1) Staffelei, Strukturpaste
2) Schreibtischlampe, Computer
3) Marmeladenglas, Brotkasten, Kühlschrank, Obstkorb
4) Vanilleeis
5) Buenos Aires
6) Kabul, Brüssel, Seoul
7) Schneidebrettchen, Topflappen
8) Parka, Poncho, Hut, Manschettenknöpfe, Blazer
9) Computer, Hängeregister
10) Kabul, Buenos Aires, Amman, Seoul

Aufgabenvariante 3:
Begriffe und Satz merken und Fragen beantworten

In den nachfolgenden Aufgaben werden Ihnen jeweils 20 Begriffe in einer bestimmten Reihenfolge präsentiert. Prägen Sie sich diese Begriffe *und* die Reihenfolge gut ein.

Trainingsaufgaben

Decken Sie die Wörter nach **60 Sekunden** ab. Lesen Sie anschließend den Satz und decken diesen nach **15 Sekunden** ebenfalls ab.

Aufgabe 1:
1) Surfen
2) Blume
3) Monitor
4) Aula
5) Pauke
6) Kosmos
7) Tibet
8) Donau
9) Kino
10) Jasmin
11) Zucker
12) Schulden
13) Finger
14) Clown
15) Dieb
16) Rekord
17) Laus
18) Zimmer
19) Haus
20) Gewicht

- Venen sind die Blutgefäße, durch die das Blut zum Herzen fließt.

Sie haben **30 Sekunden** Zeit, um die folgenden beiden Aufgaben zu lösen:
a) Geben Sie den Satz wieder!
b) Nennen Sie jeweils den *fünften* und *zwölften* Begriff.

Aufgabe 2:
1) Kamera
2) Schild
3) Florist
4) Berater
5) Nachmittag
6) Grenze
7) Ausgabe
8) Hütte
9) Stirn
10) Kiosk
11) Prozent
12) Ofen
13) Helium
14) Wegweiser
15) Sonnenhut
16) Vakuum
17) Insel
18) Lizenz
19) Geheimnis
20) Agentur

- Das lateinische Wort »rex« bedeutet König.

Sie haben **30 Sekunden** Zeit, um die folgenden beiden Aufgaben zu lösen:
a) Geben Sie den Satz wieder!
b) Nennen Sie jeweils den *ersten* und *zehnten* Begriff.

Aufgabe 3:
1) Quiz
2) Sucht
3) Wal
4) Risiko
5) Arche
6) Einkommen
7) Original
8) Laie
9) Drehstuhl
10) Nachtleben
11) Tastatur
12) Freude
13) Taxi
14) Marketing
15) Pfanne
16) Zirkus
17) Serviette
18) Blitz
19) Limonade
20) Wiese

- Napoleon Bonaparte wurde am 15. August 1769 auf Korsika geboren.

Sie haben **30 Sekunden** Zeit, um die folgenden beiden Aufgaben zu lösen:
a) Geben Sie den Satz wieder!
b) Nennen Sie jeweils den *sechsten* und *zwanzigsten* Begriff.

Lösungen

Aufgabe 1:

a) Venen sind die Blutgefäße, durch die das Blut zum Herzen fließt.
b) Pauke und Schulden

Aufgabe 2:

a) Das lateinische Wort für »rex« bedeutet König.
b) Kamera und Kiosk

Aufgabe 3:

a) Napoleon Bonaparte wurde am 15. August 1769 auf Korsika geboren.
b) Einkommen und Wiese

Geschichten merken

Im Folgenden lesen Sie mehrere Geschichten zu den Sie anschließend Fragen beantworten sollen. Richten Sie Ihre Aufmerksamkeit dabei bitte auf die Informationen und Details, die der Text beinhaltet.

Trainingsaufgaben

Sie haben für das Einprägen der Geschichten jeweils **2 Minuten** Zeit. Für die Beantwortung der dazugehörigen Fragen haben Sie danach ebenfalls jeweils **2 Minuten** Zeit.

1. Geschichte:
Maja ist eine junge Studentin, die Kunstgeschichte und Philosophie in Hamburg studiert. Ihre Freizeit ist knapp bemessen, da sie nebenberuflich in dem Cateringservice *Gusto* arbeitet. Als junges Mädchen besuchte sie oft ihre Großeltern Wilhelm und Käthe in einem kleinen bayerischen Dorf. Dort entdeckte sie auf dem Speicher des Hauses eine blaue Box mit alten Briefen ihrer Urgroßmutter. Diese lebte in den goldenen Zwanzigerjahren in Berlin. Maja verbrachte einen halben Tag auf dem Speicher und las in den Briefen. Sie erfuhr, dass sich die Kunst- und Literaturszene zu dieser Zeit in Berlin vielfältig entwickelte. Manchmal fragt sich die junge Studentin, wie es wohl gewesen sei, im Kreise von Künstlern und Literaten, wie beispielsweise Bertolt Brecht, im »Romanischen Café«, verkehrt zu haben. Aber nicht nur die Arbeit zog die Menschen in diese Stadt, lernte Maja aus den Briefen. Das Unterhaltungsangebot sei ebenfalls sehr einzigartig gewesen: neben Theater- und Kinobesuchen interessierten sich die Menschen aller Schichten zunehmend für Sport. Besonders beeindruckt ist Maja von Dokumentationen über die Tanzbewegung in den Zwanzigerjahren. Der Charleston ist für sie der Inbegriff dieser Ära. So tanzte sie bereits als 10-Jährige in den Schulsommerferien auf dem Dachboden ihrer Großeltern zu alter Schallplattenmusik. Dann hatte sie das Gefühl, den Goldenen Zwanzigerjahren ganz nah zu sein.

Decken Sie nun die Geschichte ab.

Fragen:

1) Wie hieß die Urgroßmutter von Maja?
2) Wie hieß das Café, in denen Künstler und Literaten wie Bertolt Brecht verkehrt haben?
3) Wo studiert Maja?
4) Wie heißt der Tanz, der bezeichnend ist für die Ära der Zwanzigerjahre?
5) Wie alt war Maja, als sie begann zu tanzen, um den Zwanzigerjahren nah zu sein?
6) Was studiert Maja?
7) Was zog die Menschen damals nach Berlin?
8) Wo arbeitet Maja neben ihrem Studium?
9) Wo wohnen Majas Großeltern?
10) Für welche Freizeitaktivitäten interessierten sich die Menschen damals zunehmend?

Sie haben **2 Minuten** Zeit, sich die Geschichte einzuprägen.

2. Geschichte:
Marion Kupfer arbeitet seit vier Jahren bei einem großen Automobilzulieferer in der Marketingabteilung. Sie hat Betriebswirtschaftslehre studiert und danach ein zwölfmonatiges Traineeprogramm in einem indischen Maschinenbaukonzern absolviert. Heute ist Marion Kupfer 29 Jahre alt. Eigentlich wollte sie Tierärztin werden, doch dafür waren ihre schulischen Leistungen in den naturwissenschaftlichen Fächern zu schlecht. In Chemie hatte Marion immer die Note Vier, in Physik sogar manchmal die Note Fünf. Sprachlich war Marion hingegen schon immer sehr gut. Durch einen Schüleraustausch in den USA, ein späteres Praktikum in England und das Traineeprogramm mit Auslandsaufenthalt in Indien hat Marion sehr gute Englischkenntnisse, die sie verhandlungssicher einsetzen kann. Zu ihren Aufgaben im Job gehören Marktanalysen, Zielgruppenbefragungen, statistische Auswertungen und Präsentationen vor Entscheidungsgremien. Marion Kupfer hat das Ziel, bald eine Teamleitung zu übernehmen. Allerdings weiß das noch keiner ihrer Kollegen Claudia Fitz, Manuela Raken, Andrea Pari und Paul Fritzen. Besonders vor der Reaktion ihres Kollegen Paul Fritzen hat Marion Angst. Der will nämlich selbst Karriere machen und wird es nicht gern sehen, dass auch Marion aufsteigen will. Marion hat einen Freund, Andreas Schwalk. Andreas ist Jurist und in einer renommierten Anwaltskanzlei tätig. Beide haben sich vor viereinhalb Jahren in Bangalore, Indien, kennengelernt. Andreas isst gern Daal Bhat, ein indisches Rote-Linsen-Püree. Marion war heute im indischen Supermarkt, in der Hausallee 34, um die Zutaten für dieses Gericht zu kaufen. Sie will ihren Freund überraschen.

Decken Sie nun die Geschichte ab. Nun haben Sie **2 Minuten** Zeit, um die Fragen zu beantworten.

Fragen:
1) Welches Studienfach hat Marion Kupfer studiert?
2) Wie alt war Marion Kupfer, als sie ihren jetzigen Arbeitsplatz angetreten hat?
3) Welche Note hatte sie in der Schule in Chemie?
4) Wie gut sind Marion Kupfers Englischkenntnisse?
5) Welche Aufgaben hat Marion Kupfer?
6) Wie heißt ein Teamkollege von Marion Kupfer?
7) Welchen Beruf hat der Freund von Marion Kupfer?
8) Wo lernten sich Marion Kupfer und Andreas Schwalk kennen?
9) Welches Gericht isst Andreas Schwalk gern?
10) In welcher Straße liegt der indische Supermarkt?

3. Geschichte:
Familie Meier liebt es, in ihrer Freizeit Gesellschaftsspiele zu spielen. Besonders Max, der 8-jährige Sohn von Helene und Rainer Meier, hat viel Freude daran, seine ältere Schwester Anna (16 Jahre) herauszufordern. Anna besucht die 10. Klasse einer Realschule in Konstanz. Sie steht kurz vor ihrem Schulabschluss und muss sich für eine Berufsausbildung entscheiden. Max weiß jetzt schon ganz genau, was er werden möchte – Feuerwehrmann. Seiner Schwester fällt die Entscheidung nicht so leicht. Soll sie lieber einen Beruf mit Kindern erlernen wie ihre Mutter? Oder tritt sie in die Fußstapfen ihres Vaters und wird Industriekauffrau? In Vorbereitung auf baldige Vorstellungsgespräche spielt Familie Meier in letzter Zeit häufig ein Wissensquiz. Dabei gibt es meist Wurstbrote. Frau Meier, 56 Jahre alt, ist Expertin für Fragen zu Hollywood. Sie schaut sich gerne alte Filme aus den 1960er-Jahren an. Ihr Mann, 63 Jahre alt, hingegen bevorzugt Fragen zu naturwissenschaftlichen Themen. Max interessiert sich besonders für Geografie. Er liest viel über die Erde. Wenn Anna nicht lernen muss, zeichnet sie gerne. Ihr werden die Spieleabende fehlen, wenn sie die Stadt verlassen muss, um eine Ausbildung zu machen.

Decken Sie nun die Geschichte ab. Sie haben **2 Minuten** Zeit, um die folgenden Fragen zu beantworten.

Fragen:

1) Welchen Beruf übt Annas Vater aus?
2) In welchen Fragen ist Annas Mutter Expertin?
3) Wie heißt Frau Meier mit Vornamen?
4) Was für ein Spiel spielt Familie Meier häufig?
5) Wie alt ist Max?
6) Wo liegt die Realschule, die Anna besucht?
7) Was möchte Max später einmal werden?
8) Was macht Anna in ihrer Freizeit?
9) Wie alt ist Herr Meier?
10) Welches Essen wird meist beim Quizabend aufgetischt?

Lösungen

1. Geschichte:

1) Käthe
2) Romanisches Café
3) Hamburg
4) Charleston
5) 10 Jahre alt
6) Kunstgeschichte und Philosophie
7) die Arbeit und das Unterhaltungsangebot
8) Cateringservice »Gusto«
9) kleines bayerisches Dorf
10) Theater- und Kinobesuche, Sport

2. Geschichte:

1) Betriebswirtschaftslehre
2) 25 Jahre
3) Note Vier
4) verhandlungssicher
5) Marktanalysen, Zielgruppenbefragungen, statistische Auswertungen, Präsentationen
6) Paul Fritzen
7) Jurist
8) Indien, Bangalore
9) Daal Bhat
10) Hausallee 34

3. Geschichte:

1) Industriekaufmann
2) Hollywood
3) Helene
4) Wissensquiz
5) 8 Jahre
6) Konstanz
7) Feuerwehrmann
8) zeichnen
9) 63 Jahre
10) Wurstbrote

Lebenslauf einprägen

Bei dieser Aufgabe sollen Sie sich Informationen und Daten aus zwei unterschiedlichen Lebensläufen einprägen und später Fragen zu diesen beiden Lebensläufen beantworten.

Trainingsaufgaben

Für das Einprägen der beiden Lebensläufe stehen Ihnen **5 Minuten** Zeit zur Verfügung, danach decken Sie die Lebensläufe ab und beschäftigen sich ca. 10 Minuten mit etwas anderem. Die 10 Fragen müssen Sie anschließend innerhalb von **5 Minuten** beantworten.

Aufgabe 1:
Lebenslauf 1
Name: Daniel Schulze
Geburtsdatum: 2. November 1982
Geburtsort: Frankfurt/Oder
Aktuelle Position: Selbstständiger Elektroniker

Daniel Schulze wurde am 2. November 1982 in Frankfurt/Oder als jüngstes von vier Kindern geboren. Seine Mutter, eine Erzieherin im Kindergarten, und sein Vater, ein Sport- und Mathematiklehrer an der Hermann-Hesse-Gesamtschule in Obertshausen, sind beide in Vollzeit berufstätig. Von 1988 bis 1992 besuchte Daniel Schulze die Josef-Grundschule in Frankfurt/Oder. Bereits während dieser Zeit entwickelte er ein besonderes Interesse für die Leichtathletik. Im Jahr 1994 trat er dem Sportverein SC Frankfurt (Oder) e.V. bei. Nach der Wiedervereinigung der Bundesrepublik Deutschland zog er mit seiner Familie nach Frankfurt am Main. Im Jahr 1998 absolvierte Daniel Schulz seinen Realschulabschluss und begann in einem mittelständischen Unternehmen eine Ausbildung zum Elektroniker, die er 2001 mit Auszeichnung abschloss. Seiner Vorliebe für den Sport blieb er treu und spielt in seiner Freizeit Fußball bei einem Drittligisten. Während eines Besuches seiner Großeltern in seiner alten Heimat lernte er seine jetzige Ehefrau Ingrid kennen. Die gelernte Friseurin und er zogen aus familiären Gründen 2011 in ein kleines Dorf in Brandenburg. Beide arbeiten dort momentan selbstständig in ihrem Beruf. Mittlerweile sind sie Eltern der dreijährigen Lara und der neun Monate alten Laura.

Lebenslauf 2
Name: Ina Winkmann
Geburtsdatum: 2. September 1965
Geburtsort: Bielefeld
Aktuelle Position: Chefarztsekretärin

Ina Winkmann wurde am 2. September 1965 in Krefeld geboren. Ihre Mutter, die in einem Pflegeheim arbeitete, war alleinerziehend. Ina Winkmann besuchte von 1971 bis 1975 die Grundschule Stieghorst in Bielefeld. Aufgrund der Arbeitszeiten ihrer Mutter verbrachte Ina Winkmann viel Zeit bei ihren Großeltern. Bereits als 13-jähriges Mädchen lernte sie von ihrer Großmutter das Nähen und Schneidern. Während ihrer Realschulzeit an der Bosseschule von 1976 bis 1982 schneiderte sie sich ihre eigene Kleidung. Nach dem Schulabschluss fing Ina Winkmann eine dreijährige Ausbildung zur Maßschneiderin bei Angelika Müller an. Im Anschluss fand sie eine Anstellung als Bühnengestalterin am Theater in Bitterfeld. Hier lernte sie ihren ersten Ehemann, Thomas Zünder, kennen, von dem sie mittlerweile geschieden ist. Beide haben zusammen eine 29-jährige Tochter Dana und einen 26-jährigen Sohn Paul. In den

Jahren von 1985 bis 1993 widmete sich Ina Winkmann der Kindererziehung. Nach einer Umschulung zur Kauffrau im Gesundheitswesen bewarb sie sich im Herbst 1993 im Evangelischen Krankenhaus Darmstadt. Seit 21 Jahren arbeitet Ina Winkmann dort als Chefarztsekretärin in der Fachabteilung Neurologie.

Decken Sie nun die Lebensläufe ab.

Beschäftigen Sie sich jetzt für ca. 10 Minuten mit etwas anderem, bevor Sie die Fragen beantworten.

Nun haben Sie **5 Minuten** Zeit, um die Fragen zu beantworten.

Fragen:

1) Wie viele Geschwister hat Herr Schulze?
a) 0
b) 1
c) 2
d) 3
e) 4

2) Wie heißt der Ort, in dem der Vater arbeitet?
a) Oberthausen
b) Obertskirchen
c) Oberburging
d) Obertshausen
e) Oberthausing

3) In welchem Jahr machte Daniel Schulze seinen Realschulabschluss?
a) 1997
b) 2002
c) 2003
d) 1998
e) 1999

4) Wo wohnt Daniel Schulze zurzeit?
a) im Saarland
b) in Brandenburg
c) in Nordrhein-Westfalen
d) in Hessen
e) in Bayern

5) Für welche Sportart interessierte sich Daniel Schulze während seiner Schulzeit?
a) Fußball
b) Handball
c) Staffellauf
d) Leichtathletik
e) Hürdenlauf

6) Wie heißt die älteste Tochter von Herrn Schulze?
a) Laura
b) Lina
c) Lisa
d) Lea
e) Lara

7) Wie hieß die Realschule, die Frau Winkmann besuchte?
a) Bosseschule
b) Bossleschule
c) Bossneschule
d) Bosselschule
e) Bosslingschule

8) In welchen Jahren widmete sich Frau Winkmann der Kindererziehung?
a) von 1985 bis 1993
b) von 1984 bis 1992
c) von 1985 bis 1994
d) von 1983 bis 1991
e) von 1986 bis 1993

9) Wo arbeitete Frau Winkmann nach ihrer Ausbildung?
a) Theater in Bitterfield
b) Theater in Bitterfeld
c) Städtische Bühnen in Bitterfeld
d) Städtische Bühnen in Bitterfield
e) Stadttheater in Bitterbach

10) Wie alt ist ihr Sohn?
a) 27
b) 26
c) 29
d) 28
e) 21

Sie haben **5 Minuten** Zeit, um sich die beiden Lebensläufe einzuprägen.

Aufgabe 2:
Lebenslauf 1
Name: Ronald Dettmer
Geburtsdatum: 17.03.1956
Geburtsort: Rheinbach
Aktuelle Position: CEO Werbeagentur

Ronald Dettmer, geboren am 17.03.1956, in Rheinbach, Vater des 23-jährigen Nico und der 21-jährgen Daniela, lebt mit seiner Frau Dagmar seit elf Jahren im Rheinland. Nachdem er ab 1962 die Marienschule in Bonn besuchte, kam er 1966 auf die Hildegarius-Realschule im Swisttal, wo er mit der Note 2,4 abschloss. Seine Vertiefungsfächer waren Niederländisch und Hauswirtschaft, besonders mochte er aber auch Französisch und den Handwerkunterricht. Herr Dettmer spricht fließend Englisch und ist ausgebildeter Kaufmann für Bürokommunikation, absolvierte bereits seine Ausbildung in der Werbebranche und ist seit 1988 CEO seiner eigenen Werbeagentur. In seiner Freizeit spielt Herr Dettmer leidenschaftlich gerne Saxophon in einer kleinen Bigband, mit der er bereits deutschlandweit zweiunddreißig Auftritte hatte. 1999 war er für seine Firma »Design your world« 16 Monate lang in Mailand tätig und dort federführend für den Bereich Druck- und Printmedien zuständig. In seinen Aufgabenbereich fallen die Jahresplanungen, die Buchhaltung, sowie teilweise die Personalplanung und manchmal auch weitere Managementaufgaben. Die Firma hat weitere Standorte in Düsseldorf, Leipzig und Turin und wird bis 2023 noch in vier weitere Städten expandieren, um sich weiterhin erfolgreich am Markt zu etablieren. Um mehr Zeit mit seiner Familie verbringen zu können, überlegt Herr Dettmer momentan, von seiner leitenden Position zurückzutreten, und sucht nach neuen Aufgaben.

Lebenslauf 2
Name: Franziska Litzsche
Geburtsdatum: 11. Februar 1985
Geburtsort: Flensburg
Aktuelle Position: Lehrerin

Franziska Litzsche wurde am 11. Februar 1985 in Flensburg geboren. Ihre Mutter Hildegard, eine Versicherungskauffrau, und ihr Vater Heiner, ein Bauingenieur, haben insgesamt 3 Kinder, Franziska, Leon und Arthur. Von 1991 bis 1995 besuchte Franziska Litzsche die Grundschule Osterbrook. Im Anschluss wechselte sie auf das Carl-von-Ossietzky-Gymnasium in Hamburg. Während ihrer Schulzeit entwickelte Franziska Litzsche ein besonderes Interesse für Sprachen. Deswegen absolvierte sie 2001 ein Auslandsjahr in Madrid und lernte dort Spanisch und Italienisch. Ihre Allgemeine Hochschulreife erlangte Franziska Litzsche im Juli 2004. Inspiriert durch ihr Auslandsjahr, entschloss sich Franziska Litzsche, ein soziales Entwicklungsprojekt in der Dominikanischen Republik zu unterstützen. Von September 2004 bis August 2005 unterrichtete sie dort Grundschulkinder in Englisch und Sachkunde. Ab Oktober 2005 studierte sie Englisch und Biologie für die Sekundarstufe II an der Humboldt-Universität in Berlin. Im Februar 2011 schloss sie ihr Studium ab und begann ab August 2011 ihr Referendariat am Geschwister-Scholl-Gymnasium in Aachen. Zurzeit arbeitet sie als Vertretungslehrerin am Arnold-Janssen-Gymnasium in Görlitz.

Decken Sie nun die Lebensläufe ab.

Beschäftigen Sie sich wieder ca. 10 Minuten mit etwas anderem, bevor Sie die Fragen beantworten.

Nun haben Sie **5 Minuten** Zeit, um die Fragen zu beantworten.

Fragen:

1) Wie hieß die Realschule, an der Herr Dettmer seinen Abschluss machte?
a) Hildegaris-Realschule
b) Hildegarus-Realschule
c) Hildegarius-Realschule
d) Hildegus-Realschule
e) Hildegusia-Realschule

2) Wie heißt die Frau von Herrn Dettmer?
a) Dagmar
b) Daniela
c) Melanie
d) Doris
e) Monika

3) Wie viele Auftritte hatte Herr Dettmer bereits mit seiner Bigband?
a) 33
b) 32
c) 30
d) 34
e) 31

4) Seit wie vielen Jahren wohnt Herr Dettmer nun im Rheinland?
a) 10
b) 11
c) 13
d) 12
e) 14

5) Welche Ausbildung hat Herr Dettmer?
a) Kommunikationskaufmann
b) Kaufmann für Druck- und Printmedien
c) Kaufmann für Marketingkommunikation
d) Bürokaufmann
e) Kaufmann für Bürokommunikation

6) Wo ist Herr Dettmer geboren?
a) Rheinland
b) Düsseldorf
c) Bonn
d) Leipzig
e) Rheinbach

7) Wie heißt Herr Dettmers Sohn?
a) Nick
b) Nils
c) Niklas
d) Nico
e) Nicolas

8) Wann hat Franziska Litzsche ihr Abitur gemacht?
a) Juli 2005
b) Juni 2004
c) Juli 2004
d) Juni 2004
e) Juli 2005

9) Wo absolvierte sie ihr Auslandsjahr?
a) Mailand
b) Malaga
c) Menorca
d) Madrid
e) Murcia

10) Wann endete ihr Einsatz in dem sozialen Entwicklungsprojekt?
a) Juli 2004
b) Juli 2005
c) September 2004
d) September 2005
e) August 2005

11) Wie heißt Franziska Litzsches Vater?
a) Heinz
b) Harald
c) Heiner
d) Herbert
e) Heinrich

12) Wie heißen die zwei Geschwister von Franziska Litzsche?
a) Leon, Arthur
b) Leo, Arne
c) Lennie, Artur
d) Artur, Lean
e) Arne, Linus

13) Was war die Motivation für ihre Mitwirkung in dem sozialen Entwicklungsprojekt?
a) Sie wollte ihre Sprachkenntnisse aufbessern.
b) Sie wurde durch ihr Auslandsjahr inspiriert.
c) Sie wollte sich sozial engagieren.
d) Sie wollte neue Erfahrungen sammeln.
e) Sie wollte ihren Lebenslauf aufbessern.

14) Wo wurde Franziska Litzsche geboren?
a) Hamburg
b) Flensburg
c) Görlitz
d) Bonn
e) Darmstadt

15) An welcher Schule hat Franziska Litzsche ihr Referendariat absolviert?
a) Geschwister-Scholl-Gymnasium
b) Albert-Schweizer-Gymnasium
c) Albert-Einstein-Gymnasium
d) Goethe-Gymnasium
e) Schiller-Gymnasium

Lösungen

Aufgabe 1:

1) d
2) d
3) d
4) b
5) d
6) e
7) a
8) a
9) b
10) b

Aufgabe 2:

1) c
2) a
3) b
4) b
5) e
6) e
7) d
8) c
9) d
10) e
11) c
12) a
13) b
14) b
15) a

Inserate einprägen

Bei dieser Aufgabe sollen Sie sich Informationen und Daten aus zwei unterschiedlichen Inseraten einprägen und später Fragen zu diesen beiden Anzeigen beantworten.

Trainingsaufgaben

Bitte prägen Sie sich die nachfolgenden Inserate ein. Hierfür stehen Ihnen je Aufgabe **5 Minuten** Zeit zur Verfügung. Nachdem Sie sich die beiden Inserate eingeprägt haben, sollten Sie sich fünf bis zehn Minuten mit etwas anderem beschäftigen, bevor Sie die folgenden Fragen aus dem Gedächtnis beantworten. Dafür haben Sie wiederum **5 Minuten** Zeit.

Aufgabe 1:
Inserat 1
Nachhilfe in Französisch gesucht

Name: Jessika Laumann
Geburtsdatum: 23.12.1999
Ort: Kirchhoven

Bonjour,

mein Name ist Jessika, ich gehe in die 9. Klasse der Snedwinkela-Realschule auf der Dellenbacherstraße in Kirchhoven. Seit ca. 27 Monaten lerne ich nun Französisch bei Herrn Stahlmündt in der Schule. In den letzten 9 Wochen habe ich allerdings 5 Tests zurückbekommen, in denen ich zweimal eine 5, einmal eine 3 und zweimal eine 4 hatte. Ich möchte nächstes Jahr gerne ein Austauschjahr in Saint-Chély-d'Apcher bei meiner Brieffreundin Inès Chevalier machen und bin nun besorgt, ob ich das alles schaffen werde. Ich werde dort auf die Schule gehen, weiterhin Französisch lernen, aber auch die Wahlfächer Chemie, Deutsch, Geografie und Latein belegen. Ich suche deshalb eine erfahrene Studentin oder angehende Lehrerin, die dreimal pro Woche (montags, donnerstags und samstags) mit mir lernt. Im Moment sind wir bei Lektion 18 des gängigen Französischlehrbuches meines Jahrganges. Besondere Schwierigkeiten habe ich bei den unterschiedlichen Zeitformen (vor allem Perfekt, Futur I und Plusquamperfekt) sowie beim Konjugieren der unregelmäßigen Verben. Mein Ziel ist es, in 8 Wochen bei Tests mindestens auf eine 2 zu kommen und in Klassenarbeiten auf eine 3.

Ich freue mich über zahlreiche Rückmeldungen. Zu erreichen bin ich unter:
Tel: (Örtl. Vorwahl)/739184 oder meiner E-Mail-Adresse: Jess_Laum@xyz.de

Inserat 2
Wer kann mir beim Spanisch- und Englischlernen helfen???

Name: Daniela Trucholsky
Geburtsdatum: 15.07.2000
Ort: Köln

Hallo zusammen,

ich suche zum nächstmöglichen Zeitpunkt eine Nachhilfe für die Fächer Spanisch und Englisch. Zurzeit besuche ich die 8. Klasse des Kolping-Gymnasiums. Da meine Mutter Dolores Navarrete mexikanische und kolumbianische Wurzeln hat, aber Spanisch nicht fließend spricht, lerne ich schon seit meinem 6. Lebensjahr immer wieder ein wenig Spanisch. Leider reichen die Kenntnisse jedoch für mich noch nicht aus, um mühelos in der Schule mitzukommen. In der letzten Zeit sind meine Noten sehr schlecht geworden. In Englisch stehe ich seit Mai diesen Jahres 3, in Spanisch 5, sodass es mein Ziel ist, meine Note in Englisch um 2 Noten und in Spanisch um 3 Noten zu verbessern. Dafür strebe ich insgesamt einen Zeitraum von 5 Monaten an. Gerne kann individuell besprochen werden, wie oft pro Woche und wie lange Unterricht erforderlich wäre. Die Treffen könnten prinzipiell jeden Montag, Dienstag, Donnerstag und Sonntag bei mir zu Hause (Gremberger Straße) stattfinden. Es wäre schön, wenn der/die Nachhilfe-Lehrer/in ca. 22 bis 25 Jahre alt wäre. Ich bin bereit, für 45 Minuten 8,70 Euro zu bezahlen.

Bitte meldet euch bis zum 14. 6. (Handynummer bitte unten an dem Zettel abreißen), da ich dann bereits mit dem Unterricht anfangen möchte.

Danke im Vorfeld!!!
Daniela

Decken Sie nun die Inserate ab.

Beschäftigen Sie sich ca. 5 bis 10 Minuten mit etwas anderem, bevor Sie die Fragen beantworten.

Nun haben Sie **5 Minuten** Zeit, um die Fragen zu beantworten.

Fragen:

1) An welchen Tagen möchte Jessika Nachhilfeunterricht nehmen?
a) samstags, mittwochs, donnerstags
b) donnerstags, montags, sonntags
c) montags, mittwochs, samstags
d) samstags, montags, sonnntags
e) donnerstags, montags, samstags

2) Wo möchte Jessika gerne ihr Austauschjahr machen?
a) Sant-Chèlie-d'Apochent
b) Saint-Chély-d'Apcher
c) Saint-Chélèment-d'Aproche
d) Saint-Chélly-d'Appocher
e) Sant-Cherry-d'Apprement

3) In welcher Straße befindet sich die Schule von Jessika?
a) Grembergerstraße
b) Dellenbergerstraße
c) Grembacherstraße
d) Dellenbacherstraße
e) Dellengremerstraße

4) Wie heißt der Französisch-Lehrer von Jessika?
a) Herr Stahlmündt
b) Herr Srahlment
c) Herr Strahlmünt
d) Herr Stehlmant
e) Herr Strehlmat

5) Wie lange lernt Jessika nun schon Französisch?
a) 8 Monate
b) 18 Monate
c) 27 Monate
d) 23 Monate
e) 9 Monate

6) An welchen Tagen hat Daniela Zeit für den Nachhilfeunterricht?
a) Montag, Donnerstag, Samstag, Dienstag
b) Dienstag, Sonntag, Montag, Mittwoch
c) Mittwoch, Samstag, Sonntag, Dienstag
d) Donnerstag, Montag, Mittwoch, Samstag
e) Sonntag, Montag, Donnerstag, Dienstag

7) Wie alt sollte der Nachhilfe-Lehrer oder die Lehrerin ca. sein?
a) 21–60 Jahre
b) 22–25 Jahre
c) 25–35 Jahre
d) 22–30 Jahre
e) 23–40 Jahre

8) Bis zu welchem Zeitpunkt möchte Daniela eine Rückmeldung von den Interessenten haben?
a) 15.6.
b) 15.7.
c) 14.6.
d) 14.7.
e) 16.7.

9) In welcher Straße wohnt Daniela?
a) Dellenbacherstraße
b) Grembergerstraße
c) Dellenbergerstraße
d) Grembacherstraße
e) Dellengremerstraße

10) Wie heißt Daniela mit Nachnamen?
a) Naravette
b) Truchny
c) Natrette
d) Trucholsky
e) Trochelmer

Aufgabe 2:
Sie haben **5 Minuten** Zeit, um sich die beiden Insere einzuprägen

Inserat 1
Suche dringend neues Appartement in Innenstadtnähe!

Name: Arne Semmlinger
Geburtsdatum: 28.03.1987
Ort: Frankfurt

Ich (27 Jahre alt) suche zum nächstmöglichen Zeitpunkt eine ca. 65 qm^2–72 qm^2 große Wohnung, am liebsten in Bornheim oder Sachsenhausen. Nach meinem Studium der Wirtschaftswissenschaften mit den Schwerpunkten Finanzen und Marketing, arbeite ich nun in der Nähe der Innenstadt in einer kleinen Werbeagentur. Meine 24-jährige Freundin Isabella Schönhoff zieht mit ein und mit uns auch unser gemeinsamer und stubenreiner Hund Flocki (Shetland Sheepdog, 17 Monate alt) und unser Meerschweinchen Henry. Wichtig bei der Ausstattung der Wohnung ist eine vorhandene Einbauküche (kann ggf. für bis zu 750 Euro übernommen werden), Parkett- oder Laminatboden und ein Bad mit Tageslicht. Die Miete sollte 1250 Euro pro Monat nicht übersteigen und die Wohnung ohne Zeitbegrenzung oder zumindest für 26 Monate zu mieten sein. Da wir schnellstmöglich umziehen möchten, wäre es außerdem von Vorteil, wenn das Appartement spätestens Ende Juli, besser noch ab Mitte Mai, bezugsfähig wäre.

Wir sind für jeden Tipp und jedes Angebot dankbar. Zuschriften bitte mit Fotos der Wohnung an: wohnungfrankfurt@abc.de

Inserat 2
Wer hat eine schöne Wohnung zu vermieten?

Name: Dagmar Schröder
Geburtsdatum: 17.05.1956
Ort: Neuenkirchen

Sehr geehrte Damen und Herren,

nachdem meine Kinder (Anna, 26, Doro, 21 und Hannes, 25), nun aus dem Haus sind, möchte ich meine Wohnsituation verändern. In meinem Job arbeite ich an Designkonzeptionen im Bereich Interieur und Architektur. Da ich von zu Hause arbeite, bin ich nicht an eine feste Stadt gebunden und für Wohnungen im Umkreis von ca. 90 km von Neuenkirchen offen. Ich wünsche mir für meine Wohnung eine Wohnfläche von ca. 73–82 qm^2, Laminat oder Fliesen, ein abgetrenntes Wohnzimmer, einen kleinen Garten (min. 10 qm^2, auch eine Mitbenutzung wäre möglich) oder einen Balkon (min. 3 qm^2) und einen Autoparkplatz (evtl. auch Carport oder ähnliches). Mein Mann Herbert (geboren am 27.01.1954) arbeitet zurzeit in Soure (Portugal), ist aber alle 14 Tage in Deutschland. Deshalb sollte die Wohnung für 2 Personen großzügig genug geschnitten sein. Wir bringen folgende Möbel mit: Couchgarnitur, Esstisch, Stühle, Gardinen, Bett, diverse Schränke und ein Fernsehtischchen. Falls Möbel von vorherigen Besitzern übernommen werden sollen, können wir diese gerne aufkaufen. Vor allem eine Einbauküche übernehmen wir gerne (bis zu 1200 Euro). Eine gute Verkehrsanbindung ist uns auch wichtig, da unser Auto (roter Kombi, Baujahr 1992) im Winter oftmals Probleme beim Anfahren hat. U-Bahn-Stationen sollten deshalb innerhalb von 9 Minuten zu erreichen sein.

Decken Sie nun die Inserate ab.

Beschäftigen Sie sich jetzt ca. 5 bis 10 Minuten mit etwas anderem, bevor Sie die Fragen beantworten.

Nun haben Sie **5 Minuten** Zeit, um die Fragen zu beantworten.

Fragen:

1) Wie alt ist der Hund von Arne Semmlinger?
a) 27 Monate alt
b) 17 Monate alt
c) 17 Jahre alt
d) 7 Monate alt
e) 7 Jahre alt

2) Wie teuer darf die Einbauküche in der Wohnung für Arne Semmlinger maximal sein?
a) 750 Euro
b) 1550 Euro
c) 950 Euro
d) 700 Euro
e) 1250 Euro

3) Wie groß sollte die Wohnung für Arne Semmlinger sein?
a) 65 qm^2–72 qm^2
b) 60 qm^2–70 qm^2
c) 62 qm^2–72 qm^2
d) 65 qm^2–75 qm^2
e) 62 qm^2–75 qm^2

4) Wann möchte Arne Semmlinger spätestens die Wohnung beziehen?
a) Anfang Juni
b) Ende Mai
c) Ende Juni
d) Anfang Juli
e) Ende Juli

5) Wie heißt die Freundin von Arne Semmlinger?
a) Isabella Schönherr
b) Isabel Schönhoff
c) Isabella Schönhoff
d) Isabel Schönherr
e) Isabell Schönmann

6) Wie alt ist die Freundin von Arne Semmlinger?
a) 26 Jahre
b) 27 Jahre
c) 24 Jahre
d) 22 Jahre
e) 28 Jahre

7) Welcher Rasse entstammt der Hund von Arne Semmlinger?
a) Shetland Sheepdog
b) Scotland Shepdog
c) Irish Shepdog
d) Swedish Shepdog
e) Ireland Shepdog

8) Wie heißen die Kinder von Dagmar Schröder?
a) Anna, Hannes, Dora
b) Doro, Henry, Anne
c) Hendrik, Anna, Doro
d) Hannes, Doro, Anna
e) Anne, Hannes, Dora

9) Wann wurde Dagmar Schröder geboren?
a) 23.06.1956
b) 18.06.1965
c) 17.06.1965
d) 23.05.1965
e) 17.05.1956

10) Wie viel Geld würde Dagmar Schröder höchstens für die Einbauküche bezahlen?
a) 1250 Euro
b) 1150 Euro
c) 700 Euro
d) 750 Euro
e) 1200 Euro

11) Welches Baujahr hat das Auto von Dagmar Schröder?
a) 1999
b) 1998
c) 1990
d) 1992
e) 2000

12) In welchem Ort (Land) arbeitet Herr Schröder momentan?
a) Soure (Portugal)
b) Source (Frankreich)
c) Sorec (Spanien
d) Soule (Japan)
e) Sorel (Portugal)

13) Was sollte innerhalb von 9 Minuten per Fuß zu erreichen sein?
a) S-Bahn-Station
b) Bahnhof
c) U-Bahn-Station
d) Busbahnhof
e) Parkplatz

14) Wie heißt der Mann von Frau Schröder?
a) Herbert
b) Hermann
c) Harald
d) Henry
e) Heinz

15) Wann wurde der Mann von Frau Schröder geboren?
a) 01.07.1965
b) 23.01.1954
c) 29.05.1965
d) 27.01.1954
e) 18.01.1060

Lösungen

Aufgabe 1:

1) e
2) b
3) d
4) a
5) c
6) e
7) b
8) c
9) b
10) d

Aufgabe 2:

1) b
2) a
3) a
4) e
5) c
6) c
7) a
8) d
9) e
10) e
11) d
12) a
13) c
14) a
15) d

Wörter merken

Zunächst wird Ihnen eine Tabelle mit 20 Wörtern präsentiert. Sie haben **3 Minuten** Zeit, um sich diese Wörter einzuprägen. Anschließend werden Ihnen einzelne Wortgruppen mit jeweils vier möglichen Wortzuordnungen gezeigt. Ihre Aufgabe besteht darin, das jeweils richtige Wort innerhalb jeder Wortgruppe zu markieren. Dafür haben Sie **2 Minuten** Zeit.

Beispielaufgabe

Vorgegebene Wörter:

a) Tulpe
b) Wasser

Wortgruppen mit Wortzuordnungen

a) Blumen:
- ☐ Rose
- ☒ Tulpe
- ☐ Nelke
- ☐ Gänseblümchen

b) Getränke:
- ☐ Bier
- ☐ Milch
- ☒ Wasser
- ☐ Tee

Trainingsaufgaben

Aufgabe 1:

1) Sommer
2) Fahrrad
3) Taube
4) Bett
5) Gelb
6) Iran
7) Musik
8) Japanisch
9) Süden
10) Gurke
11) Hemd
12) Erzieher
13) Kastanie
14) Apfel
15) Esel
16) Klassik
17) Kette
18) Bein
19) Peking
20) Aluminium

Decken Sie nun die Wörter ab.

1) Jahreszeiten:
- ☐ Herbst
- ☐ Sommer
- ☐ Frühling
- ☐ Winter

2) Transportmittel:
- ☐ Auto
- ☐ Zug
- ☐ Bus
- ☐ Fahrrad

3) Vögel:
- ☐ Star
- ☐ Meise
- ☐ Spatz
- ☐ Taube

4) Möbelstücke:
- ☐ Sofa
- ☐ Tisch
- ☐ Stuhl
- ☐ Bett

5) Farben:
- ☐ Grau
- ☐ Rot
- ☐ Gelb
- ☐ Lila

6) Länder:
- ☐ Bulgarien
- ☐ Kolumbien
- ☐ China
- ☐ Iran

7) Schulfächer:
- ☐ Mathematik
- ☐ Sport
- ☐ Musik
- ☐ Biologie

8) Sprachen:
- ☐ Finnisch
- ☐ Spanisch
- ☐ Japanisch
- ☐ Russisch

9) Himmelsrichtungen:
- ☐ Norden
- ☐ Osten
- ☐ Westen
- ☐ Süden

10) Gemüse:
- ☐ Tomate
- ☐ Gurke
- ☐ Paprika
- ☐ Aubergine

11) Kleidungsstück:
- ☐ Kleid
- ☐ Hose
- ☐ Pullover
- ☐ Hemd

12) Beruf:
- ☐ Bäcker
- ☐ Erzieher
- ☐ Koch
- ☐ Lehrer

13) Baumarten:
- ☐ Eiche
- ☐ Buche
- ☐ Kastanie
- ☐ Fichte

14) Früchte:
- ☐ Apfel
- ☐ Birne
- ☐ Mandarine
- ☐ Kirsche

15) Tiere:
- ☐ Elefant
- ☐ Maulwurf
- ☐ Gans
- ☐ Esel

16) Musikrichtungen:
- ☐ Jazz
- ☐ Rock
- ☐ Klassik
- ☐ Folklore

17) Schmuckstücke:
- ☐ Ring
- ☐ Kette
- ☐ Armband
- ☐ Ohrring

18) Körperteile:
- ☐ Arm
- ☐ Bein
- ☐ Kopf
- ☐ Hand

19) Hauptstädte:
- ☐ Peking
- ☐ Quito
- ☐ Madrid
- ☐ Bagdad

20) Metalle:
- ☐ Aluminium
- ☐ Eisen
- ☐ Kupfer
- ☐ Blei

Prüfen Sie: Wie viele Wörter haben Sie richtig markiert?

Aufgabe 2:
Merken Sie sich so viele der 20 Wörter wie möglich. Sie haben **3 Minuten** Zeit, um sich die Wörter einzuprägen. Notizen sind nicht erlaubt.

1) Schwester
2) Mai
3) Sandalen
4) Anna
5) Schwerin
6) Rhein
7) Elf
8) Handball
9) Fisch
10) Schach
11) Klavier
12) Kuchen
13) Brief
14) Chemie
15) Quark
16) Islam
17) Mittwoch
18) Thomas
19) Saft
20) Chile

Decken Sie nun die Wörter ab.

Sie haben **2 Minuten** Zeit, um die richtigen Wörter innerhalb der Wortgruppen zu markieren.

1) Familienmitglieder:
- ☐ Tante
- ☐ Schwester
- ☐ Enkel
- ☐ Vater

2) Monate:
- ☐ September
- ☐ August
- ☐ Mai
- ☐ Januar

3) Schuhe:
- ☐ Stiefel
- ☐ Sandalen
- ☐ Turnschuhe
- ☐ Badelatschen

4) Frauennamen:
- ☐ Petra
- ☐ Andrea
- ☐ Anna
- ☐ Sabine

5) Städte:
- ☐ Dortmund
- ☐ Essen
- ☐ Schwerin
- ☐ Lübeck

6) Flüsse:
- ☐ Rhein
- ☐ Ems
- ☐ Elbe
- ☐ Alster

7) Zahlen:
- ☐ Elf
- ☐ Hundert
- ☐ Sieben
- ☐ Zwanzig

8) Sportarten:
- ☐ Fußball
- ☐ Handball
- ☐ Volleyball
- ☐ Tennis

9) Tiere:
- ☐ Katze
- ☐ Maus
- ☐ Fisch
- ☐ Pferd

10) Brettspiele:
- ☐ Schach
- ☐ Scrabble
- ☐ Monopoly
- ☐ Halma

11) Musikinstrumente:
- ☐ Gitarre
- ☐ Klavier
- ☐ Geige
- ☐ Cello

12) Gebäck:
- ☐ Kuchen
- ☐ Kekse
- ☐ Plunder
- ☐ Plätzchen

13) Kommunikationsmittel:
- ☐ Telefon
- ☐ E-Mail
- ☐ Brief
- ☐ Chat

14) Naturwissenschaften:
- ☐ Biologie
- ☐ Chemie
- ☐ Physik
- ☐ Astronomie

15) Milchprodukte:
- ☐ Käse
- ☐ Quark
- ☐ Joghurt
- ☐ Butter

16) Religionen:
- ☐ Islam
- ☐ Judentum
- ☐ Christentum
- ☐ Buddhismus

17) Wochentage:
- ☐ Montag
- ☐ Samstag
- ☐ Freitag
- ☐ Mittwoch

18) Männernamen:
- ☐ Gerd
- ☐ Thomas
- ☐ Johannes
- ☐ Mathias

19) Getränke:
- ☐ Tee
- ☐ Wasser
- ☐ Saft
- ☐ Limonade

20) Länder:
- ☐ Norwegen
- ☐ Chile
- ☐ Ghana
- ☐ Thailand

Prüfen Sie: Wie viele Wörter haben Sie richtig markiert?

Vokabeln merken

In der folgenden Aufgabe sollen Sie sich 30 Vokabeln merken, die nicht in der deutschen Sprache zu finden sind. Anschließend werden die Vokabeln in einem Multiple-Choice-Verfahren abgefragt.

Trainingsaufgabe

Für das Einprägen der Vokabeln haben Sie **3 Minuten** Zeit.

Deutsches Wort	Übersetzung
Restaurant	Ressessniment
Erwachen	Kawachny
Lesen	Reedink
Grübeln	Dingloss
Steckdose	Dissrengtrodal
Lampion	Lichtogrippment
Ambivalenz	Wachlent
Chemikalien	Schlefliktoment
Qualität	Hochgük
Infantil	Skiptofal
Positiv	Tromilly
Neuartig	Neoatrop
Hypothese	Hipostessment
Ansatz	Ansoorbius
Papier	Blatzdosement
Sportlich	Sportilly
Monolog	Selbrigtat
Reiselust	Jurleytim
Phänomen	Fanrement
Sukzessiv	Abstrophan
Pflanze	Flinguishment
Gebräuchlich	Norlis
Unerlässlich	Fratautis
Tennis	Agilomanie
Sonne	Senning
Land	Lamintro
Dorf	Stiglos
Realistisch	Restodrem
Denkmuster	Dachtpatterment
Superlativ	Phanrastik

Bitte decken Sie nun die Tabelle ab und ordnen Sie den deutschen Wörtern die jeweils richtige Übersetzung zu. Unterstreichen Sie die jeweils richtige Vokabel. Hierfür haben Sie **3 Minuten** Zeit.

Nr.	Deutsches Wort	A	B	C	D
1)	Land	Lamintro	Skiptofal	Lanigro	Landogi
2)	Realistisch	Realishming	Redrofan	Restodrem	Regridem
3)	Lesen	Reedink	Radenk	Readeng	Reeding
4)	Sportlich	Sponti	Sportilleng	Skiptofal	Sportilly
5)	Steckdose	Dentodall	Dissrengtrodal	Dissringotroph	Damengtil
6)	Infantil	Skipoman	Sponti	Skiptofal	Skepomanie
7)	Ansatz	Ansoorbius	Absorbatz	Ansoorplex	Damengil
8)	Phänomen	Tanremed	Fratautis	Phanrastik	Fanrement
9)	Qualität	Hochtük	Norlis	Hochgük	Wachlent
10)	Chemikalien	Stiglos	Flinguishment	Schlefliktoment	Schneflektoment
11)	Sukzessiv	Abstrophan	Fratautis	Norlis	Senning
12)	Neuartig	Neoatrop	Neodomin	Neograman	Neotralim
13)	Hypothese	Tromilly	Hipostessment	Hipotrasment	Tomelly
14)	Restaurant	Ressessniment	Reassnement	Ressniment	Ressessnem
15)	Papier	Blattfrement	Blatzmateng	Blatzframent	Blatzdosement
16)	Lampion	Lichtofrag	Lamintro	Lichtogrippment	Dentodall
17)	Positiv	Damengil	Dingloss	Tromilly	Norlis
18)	Reiselust	Jourleng	Journing	Journement	Jurleytim
19)	Ambivalenz	Wachtroment	Norlis	Neograman	Wachlent
20)	Denkmuster	Dachtpatterment	Bedenkpattern	Dachtnement	Bedenkpattern
21)	Gebräuchlich	Stiglis	Flinguishment	Norlis	Fratautis
22)	Unerlässlich	Stiglis	Fratautis	Neogament	Bentodall
23)	Tennis	Agilomanie	Dingloss	Sponti	Agrilement
24)	Sonne	Senning	Sonnement	Sennring	Senntiment
25)	Erwachen	Fratautis	Kawachny	Krawachnement	Wachlent
26)	Dorf	Storment	Fratautis	Stiglos	Stemment
27)	Grübeln	Dingloss	Lossdeng	Dengment	Dinement
28)	Monolog	Selbigment	Sennring	Senntiment	Selbrigtat
29)	Superlativ	Phanement	Phanrastik	Phinoment	Phamentik
30)	Pflanze	Flinguishment	Tenguisment	Florisment	Damengil

Lösungen

1) a
2) c
3) a
4) d
5) b
6) c
7) a
8) d
9) c
10) c
11) a
12) a
13) b
14) a
15) d
16) c
17) c
18) d
19) d
20) a
21) c
22) b
23) a
24) a
25) b
26) c
27) a
28) d
29) b
30) a

Postleitzahlen und Städte merken

Mit der folgenden Aufgabe wird Ihre Merkfähigkeit in Bezug auf Zahlen und Begriffe überprüft. Ihnen werden 10 Städte und die dazugehörigen Postleitzahlen präsentiert. Bitte prägen Sie sich diese so gut und detailliert wie möglich ein.

Trainingsaufgaben

Für das Einprägen haben Sie **2,5 Minuten** Zeit. Für die Beantwortung der Fragen haben Sie **2 Minuten** Zeit.

Aufgabe 1:

Reichenbach am Heuberg	78564
Anderbeck	38836
Weinsheim	54595
Trebur	65468
Moorhausen	26316
Jakobsdorf	18442
Grettstadt	97508
Tetenbüll	25882
Elsterheide	02979
Osterlinde	38228

Decken Sie nun die Städte und Postleitzahlen ab.

Fragen

1) Wie viele Städte beginnen mit dem Buchstaben »A«?
2) Wie viele Städte enden mit »-berg«?
3) Nennen Sie die Städte, in deren Postleitzahlen 2-mal dieselbe Ziffer direkt hintereinander erscheint.
4) Nennen Sie die Städte, deren Postleitzahlen mit »1« beginnen.
5) Nennen Sie die Städte, deren Postleitzahlen mit »6« enden.
6) Bei welchen Städten beginnen die Postleitzahlen mit der Ziffer »0«?
7) Wie viele Städtenamen bestehen aus nur 2 Silben?
8) Welche der Städtenamen enden mit »-stadt«?
9) Bei welchen Städten enden die Postleitzahlen auf die Ziffer »2«?
10) Wie viele der Städtenamen enden mit dem Buchstaben »-e«?

Aufgabe 2:

Riegelsberg	66292
Dichtelbach	55494
Zossen	15806
Illingen	66557
Aichelberg	73101
Niestedt	29451
Viersen	41747
Fellen	97778
Petershagen	15326
Altenstadt	63674

Decken Sie nun die Städte und Postleitzahlen ab.

Fragen:

1) Nennen Sie die Städte, in deren Postleitzahlen 3-mal dieselbe Ziffer direkt hintereinander erscheint.
2) Wie viele Postleitzahlen enden mit einer »8«?
3) Wie viele Postleitzahlen beinhalten die Ziffer »0«?
4) Welche der Städtenamen bestehen aus 4 Silben?
5) Bei wie vielen Städten erscheinen 2-mal dieselben Buchstaben direkt hintereinander?
6) Welche der Städte beginnen mit einem Vokal (A, E, I, O, U)?
7) Welche Städte enden mit »-bach«?
8) Bei welchen Städten beginnt die Postleitzahl mit den Ziffern »66«?
9) Wie viele Postleitzahlen beinhalten die Ziffer »4«?
10) Wie viele Städtenamen enden auf -berg?

Lösungen

Aufgabe 1:

1) 1 Stadt (Anderbeck)
2) 1 Stadt (Reichenbach am Heuberg)
3) Anderbeck, Jakobsdorf, Tetenbüll, Osterlinde
4) Jakobsdorf
5) Anderbeck, Moorhausen
6) Elsterheide
7) 3 (Weinsheim, Treburg, Grettstadt)
8) Grettstadt
9) Jabobsdorf, Tetenbüll
10) 2 (Elsterheide, Osterlinde)

Aufgabe 2:

1) Fellen
2) 1 Postleitzahl (Fellen)
3) 2 Postleitzahlen (Zossen, Aichelberg)
4) Petershagen
5) 3 Städte (Zossen, Illingen, Fellen)
6) Illingen, Aichelberg, Altenstadt
7) Dichtelbach
8) Riegelsberg, Illingen
9) 4 Postleitzahlen (Dichtelbach, Niestedt, Viersen, Altenstadt)
10) 2 Städte (Riegelsberg, Aichelberg)

Zahlen merken – Teil I

Auch hier geht es um Ihr Kurzzeitgedächtnis. Sie haben **2 Minuten** Zeit, um sich die folgenden 20 Zahlen einzuprägen. Anschließend decken Sie die oberen Zahlen ab und notieren Sie die auswendig gelernten Zahlen in beliebiger Reihenfolge in den Lösungsfeldern. Dafür haben Sie **1 Minute** Zeit.

Trainingsaufgaben

Aufgabe 1:

22	87	63	54
53	1	71	13
36	27	82	45
59	92	64	73
44	31	39	16

Decken Sie nun die Zahlen ab.

Überprüfen Sie: Wie viele Zahlen haben Sie korrekt notiert?

Aufgabe 2:

729	921	743	617
592	664	251	481
372	173	851	539
198	410	604	971
103	938	655	407

Decken Sie nun die Zahlen ab.

Überprüfen Sie: Wie viele Zahlen haben Sie korrekt notiert?

Zahlen merken – Teil II

In dieser Aufgabe werden Ihnen 10 Zahlen vorgegeben, welche Sie sich einprägen und merken sollen. Für das Einprägen der Zahlen stehen Ihnen **2 Minuten** Zeit zur Verfügung. Im Anschluss wird Ihnen jeweils ein Zahlenblock präsentiert. Ihre Aufgabe ist es nun, die jeweils richtige rechte Zahl aus fünf verschiedenen Möglichkeiten auszuwählen. Bitte kreisen Sie die korrekte Zahl gut sichtbar ein. Dafür haben Sie **2 Minuten** Zeit.

Beispielaufgabe

Vorgegebene Zahlen:
768
987

Welche der Antwortoptionen gibt die richtige rechte Zahl wieder?

789	986	946	(768)	865
(987)	957	457	897	356

Trainingsaufgaben

Aufgabe 1:
976
963
365
873
325
784
563
813
702
697

Decken Sie nun die Zahlen ab.

789	945	785	923	976
782	963	628	913	455
562	312	365	671	981
873	679	347	678	782
325	152	352	521	415
718	972	784	672	781
392	534	729	563	382
671	729	821	473	813
702	817	903	719	749
762	923	729	686	697

Aufgabe 2:
643
326
342
291
920
7394
8722
2396
8312
2418

Decken Sie nun die Zahlen ab.

2396	8627	7826	8269	1863
342	893	283	391	481
917	823	920	728	938
8121	4392	8312	2961	8619
7105	7394	8271	8134	8649
201	401	296	291	419
7718	4961	8119	8722	9133
719	784	619	302	643
2418	8139	4121	8430	4172
834	326	301	304	920

Lösungen

Aufgabe 1:

789	945	785	923	**(976)**
782	**(963)**	628	913	455
562	312	**(365)**	671	981
(873)	679	347	678	782
(325)	152	352	521	415
718	972	**(784)**	672	781
392	534	729	**(563)**	382
671	729	821	473	**(813)**
(702)	817	903	719	749
762	923	729	686	**(697)**

Aufgabe 2:

(2 396)	8 627	7 826	8 269	1 863
(342)	893	283	391	481
917	823	**(920)**	728	938
8 121	4 392	**(8 312)**	2 961	8 619
7 105	**(7 394)**	8 271	8 134	8 649
201	401	296	**(291)**	419
7 718	4 961	8 119	**(8 722)**	9 133
719	784	619	302	**(643)**
(2 418)	8 139	4 121	8 430	4 172
834	**(326)**	301	304	920

Verkehrsfotos einprägen

Bei diesem Aufgabentyp geht es um Ihr visuelles Erinnerungsvermögen. Ihnen wird ein Foto aus dem Straßenverkehr vorgelegt. Schauen Sie sich das Foto genau an und merken Sie sich so viele Details wie möglich. Dafür stehen Ihnen **2 Minuten** zur Verfügung. Nachdem Sie sich das Verkehrsfoto eingeprägt haben, sollten Sie sich **5 Minuten** mit etwas anderem beschäftigen. Dann decken Sie das Foto ab und beantworten die Fragen zum Foto. Zur Beantwortung haben Sie dann **2 Minuten** Zeit.

Trainingsaufgaben

Aufgabe 1:

Decken Sie nun das Foto ab.

Für die Beantwortung der Fragen haben Sie jetzt **2 Minuten** Zeit.

Fragen:

1) Wie ist die Straßenüberquerung für Fußgänger geregelt?
a) durch eine Fußgängerampel
b) durch einen Zebrastreifen
c) Es gibt keine feste Regelung.
d) durch eine Unterführung
e) Es ist an dieser Stelle nicht möglich, die Straße zu überqueren.

2) Wie viele Fahrspuren für Kraftfahrzeuge hat die abgebildete Straße?
a) 1
b) 2
c) 3
d) 4
e) 5

3) Wie viele Fahrradfahrer sind auf dem Foto zu sehen?
a) mindestens 1
b) mindestens 2
c) mindestens 3
d) mindestens 4
e) keiner

4) Welches Bauwerk steht im Hintergrund des Bildes?
a) Es ist kein Gebäude zu sehen.
b) Schornstein
c) Hochhaus
d) Leuchtturm
e) Kirchturm

5) Was ist an der ersten Verkehrsampel nicht erlaubt?
a) links abbiegen
b) geradeaus fahren
c) rechts abbiegen
d) stehen bleiben
e) nichts von alledem

Aufgabe 2:
Prägen Sie sich das Foto **2 Minuten** lang ein und beschäftigen Sie sich danach für ca. **5 Minuten** mit etwas anderem.

Decken Sie nun das Foto ab.

Für die Beantwortung der Fragen haben Sie **2 Minuten** Zeit.

Fragen:
1) Was für ein Fahrzeug ist vorne links zu sehen?
a) Lkw
b) Motorrad
c) Pkw
d) Traktor
e) Fahrrad

2) Welche Wetterverhältnisse sind auf dem Verkehrsfoto zu sehen?
a) Regen
b) wolkenloser Himmel
c) bewölkter Himmel
d) Nebel
e) Schnee

3) Wie viele Autos sind auf dem Foto zu sehen?
a) 1
b) 3
c) 5
d) 6
e) keines

4) Wie viele Straßenlaternen sind zu sehen?
a) keine
b) 2
c) 5
d) 1
e) 4

5) Wie viele Kräne sind auf dem Verkehrsfoto zu sehen?
a) 2
b) 3
c) 4
d) 5
e) 6

6) Warum wird der Verkehr auf dieser Straße durch Absperrungen umgeleitet?
a) wegen eines Unfalls
b) wegen eines Staus
c) wegen einer Baustelle
d) Der Verkehr wird nicht umgeleitet.
e) wegen einer Demonstration

Lösungen

Aufgabe 1:

1) b
2) b
3) a
4) e
5) c

Aufgabe 2:

1) c
2) c
3) d
4) d
5) e
6) c

Tipps zur Vorbereitung

Wenn es darum geht, sich Details auf (Verkehrs-)Fotos zu merken, ist es hilfreich, systematisch vorzugehen. Schauen Sie sich das Foto an und prüfen Sie zunächst, ob Details darauf abgebildet sind, die zählbar sind, beispielsweise die Anzahl von Personen, Autos, Ampeln, Gebäuden, Schornsteinen etc. Danach können Sie sich die Farben bestimmter Details merken, wenn Ihnen die Fotos in Farbe vorgelegt werden, zum Beispiel die Farbe von Autos, Kleidungsstücken, Personen, Gebäuden etc. Zusätzlich können Sie Ihre Aufmerksamkeit auch auf Besonderheiten richten, zum Beispiel auf Feuer, Rauch, Baustellen, Stau, Gefahrensituationen etc. In der Regel werden Ihnen Fragen zu diesen Details gestellt. Wenn Sie Ihre Aufmerksamkeit systematisch darauf richten und sich diese Details merken, werden Sie Aufgaben zum visuellen Erinnerungsvermögen gut meistern.

Geometrische Figuren zuordnen

Bei dieser Art von Merkfähigkeitstest sollen Sie sich geometrische Figuren in Kombination mit Buchstaben oder Zahlen merken. Anschließend gilt es, den angegebenen Inhalt der Figuren (Zahlen oder Buchstaben) zu reproduzieren und die abgebildeten Figuren mit den richtigen Zahlen bzw. Buchstaben zu beschriften. In der Praxis kann es auch vorkommen, dass der Aufgabentyp leicht abgewandelt wird und die geometrischen Figuren statt Buchstabenkombinationen oder Zahlen auch Symbole, Sonderzeichen oder Ähnliches enthalten. Die Art der Aufgabe bleibt jedoch dieselbe, sodass Sie mit den nachfolgenden Variationen üben können. Um zu einer Lösung zu gelangen, vergleichen Sie die Zahlen (bzw. Buchstabenkombinationen), die Sie in die jeweiligen geometrischen Figuren eingetragen haben, anschließend mit den Originalzahlen bzw. Originalbuchstaben.

Trainingsaufgaben

Bitte prägen Sie sich die nachfolgenden 20 Figuren mit den entsprechenden Zahlen (oder Buchstabenkombinationen) in **2 Minuten** ein.

Aufgabe 1:

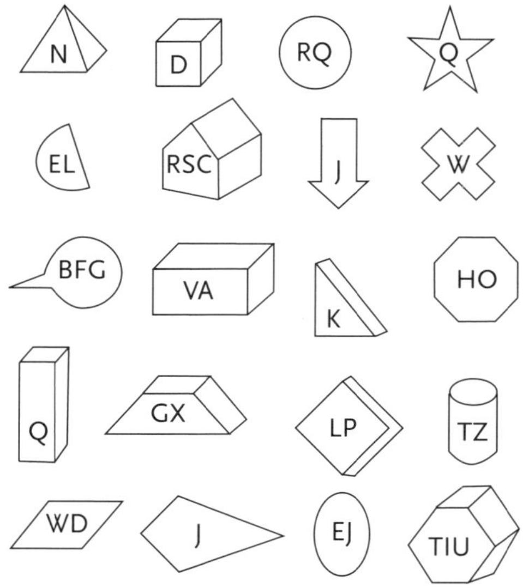

Decken Sie nun die geometrischen Figuren oben ab und tragen Sie die zugehörigen Buchstabenkombinationen unten in die leeren Figuren ein. Hierfür haben Sie **1 Minute** Zeit.

Aufgabe 2:

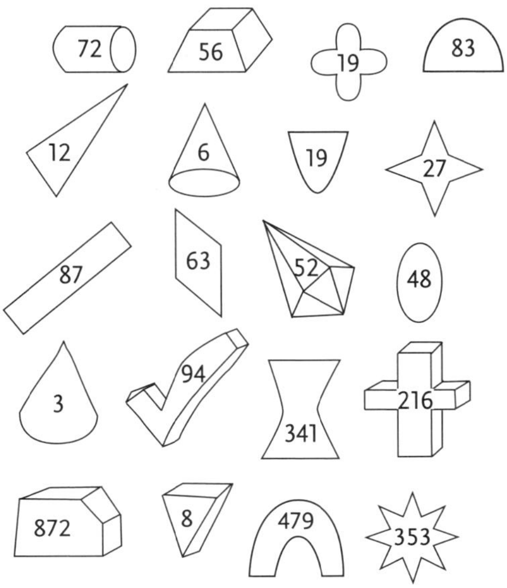

Decken Sie nun die geometrischen Figuren oben ab und tragen Sie die zugehörigen Zahlen unten in die leeren Figuren ein. Hierfür haben Sie **1 Minute** Zeit.

Vergleichen Sie die Zahlen bzw. Buchstabenkombinationen, die Sie in die jeweiligen leeren geometrischen Figuren eingetragen haben anschließend mit den Originalzuordnungen. Wie viele haben Sie richtig eingetragen?

Figurenpaare einprägen

Sie sehen eine Liste mit 15 verschiedenen Figurenpaaren. Ihre Aufgabe ist es, sich diese Figurenpaare einzuprägen und anschließend zur jeweils ersten (linken) Figur aus fünf vorgegebenen Figuren die richtige auszuwählen. Notizen sind nicht erlaubt. Sie haben **5 Minuten** Zeit, um sich die 15 Figurenpaare einzuprägen. Anschließend können Sie direkt mit den Antworten beginnen.
Decken Sie die 15 Figurenpaare ab. Nun haben Sie **2 Minuten** Zeit, um die jeweils zur ersten (linken) Figur zugehörige Figur aus den fünf möglichen Figuren zu markieren. Welche der fünf Figuren (a–e) gehört zur ersten Figur?

Trainingsaufgaben

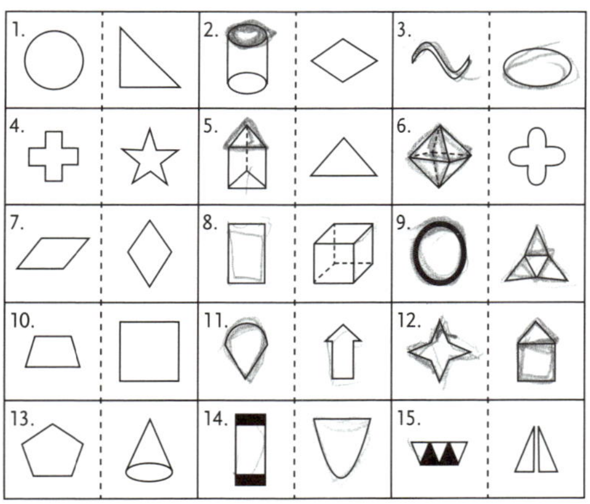

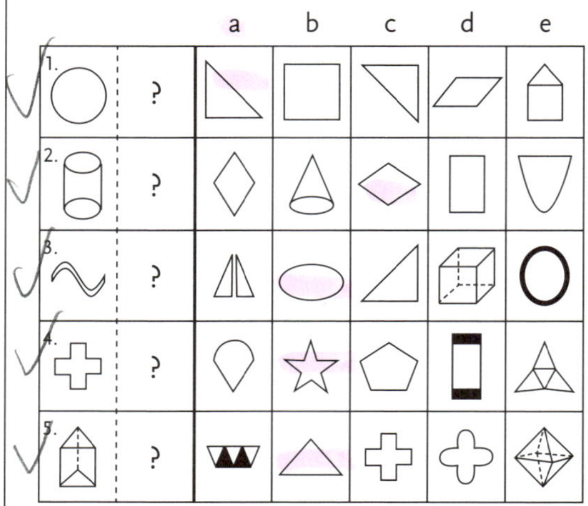

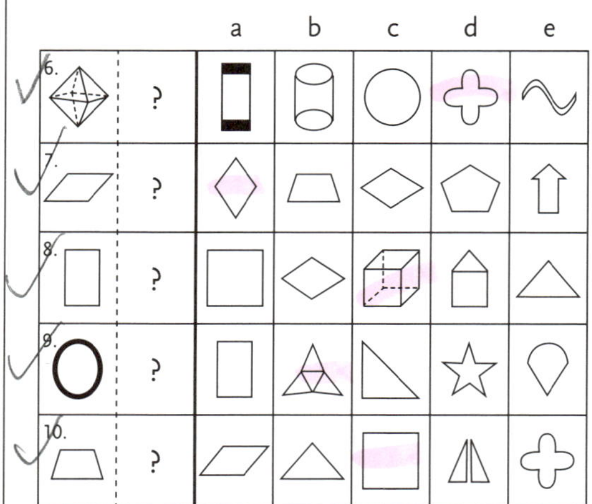

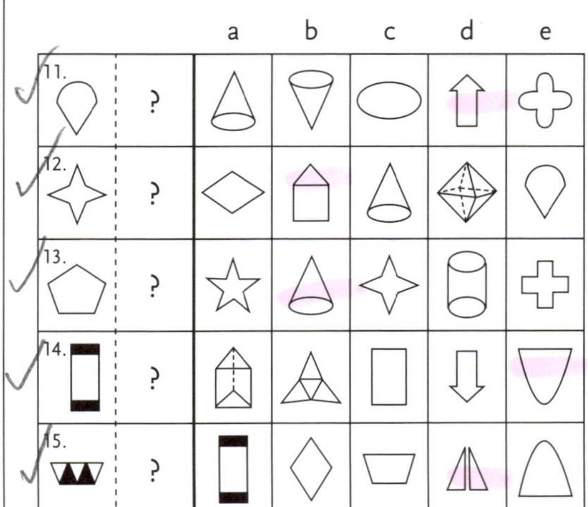

Lösungen

1) a
2 c
3) b
4) b
5) b
6) d
7) a
8) c
9) b
10) c
11) d
12) b
13) b
14) e
15) d

Labyrinth: Vorgegebene Strecke einprägen

Bei dieser Aufgabe sollen Sie sich eine vorgegebene Strecke merken und diese später aus dem Gedächtnis rekonstruieren. Bitte beachten Sie, dass Notizen hierbei nicht erlaubt sind. Um sich die Strecke einzuprägen, stehen Ihnen **60 Sekunden** zur Verfügung. Nachdem Sie sich die Strecke im Labyrinth eingeprägt haben, sollten Sie sich fünf Minuten mit etwas anderem beschäftigen. Anschließend haben Sie **2 Minuten** Zeit, um die vorgegebene Wegstrecke in das leere Labyrinth einzuzeichnen. Um zu einer Lösung zu gelangen, vergleichen Sie die von Ihnen gezeichnete Strecke mit der im Original.

Trainingsaufgaben

Aufgabe 1:

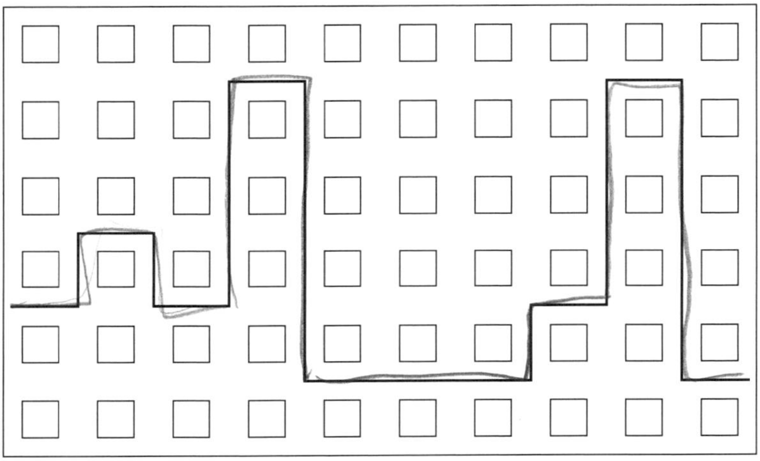

Bitte decken Sie das Labyrinth nun ab und beschäftigen Sie sich zunächst 5 Minuten mit etwas anderem.

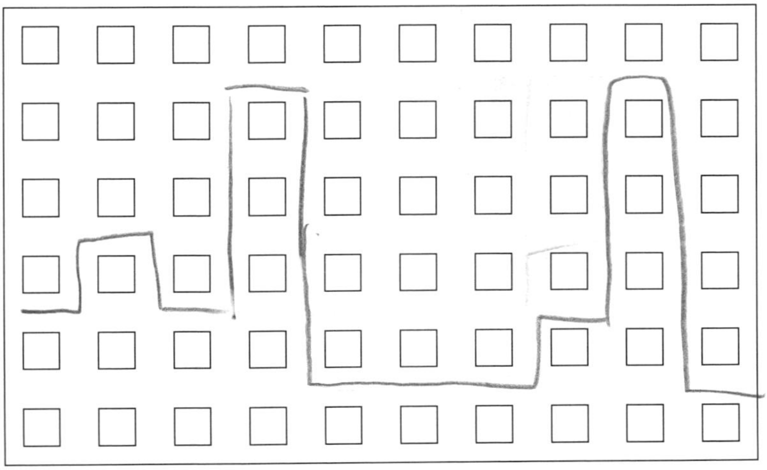

Aufgabe 2:
Sie haben **60 Sekunden** Zeit, um sich den Weg durch das Labyrinth einzuprägen.

Bitte decken Sie das Labyrinth nun ab und beschäftigen Sie sich zunächst 5 Minuten mit etwas anderem. Danach haben Sie **2 Minuten** Zeit, um die Wegstrecke in das leere Labyrinth einzuzeichnen.

Labyrinth: Wegstrecke finden

Diese Aufgabe testet Ihr allgemeines Orientierungsvermögen. Hierzu sollen Sie unter Zeitdruck herausfinden, zu welchem der 10 Ausgänge der Eingang des Labyrinthes (durch den Pfeil gekennzeichnet) führt. Für die Aufgabe haben Sie **2 Minuten** Zeit. Vergleichen Sie danach, ob Sie den richtigen Ausgang gefunden haben.

Trainingsaufgaben

Aufgabe 1:

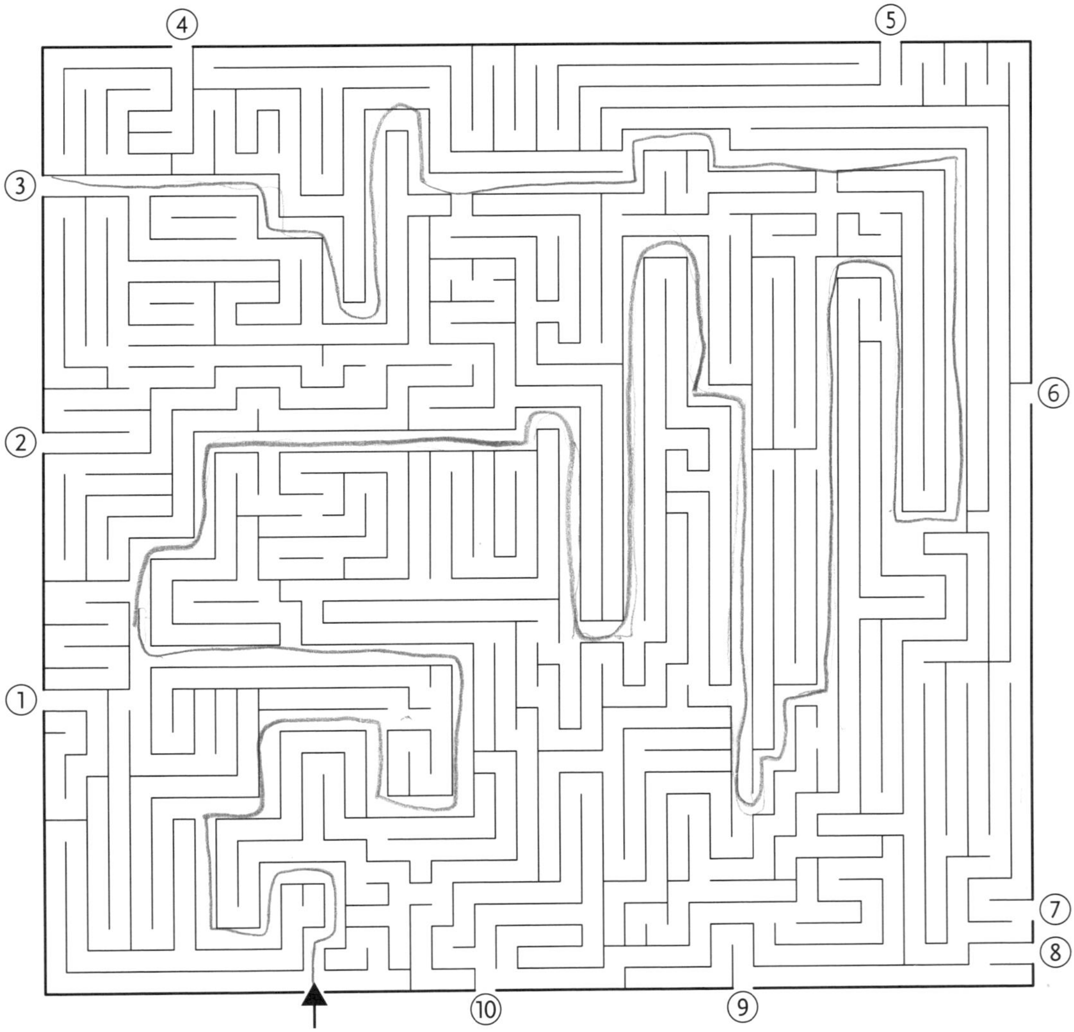

Aufgabe 2:

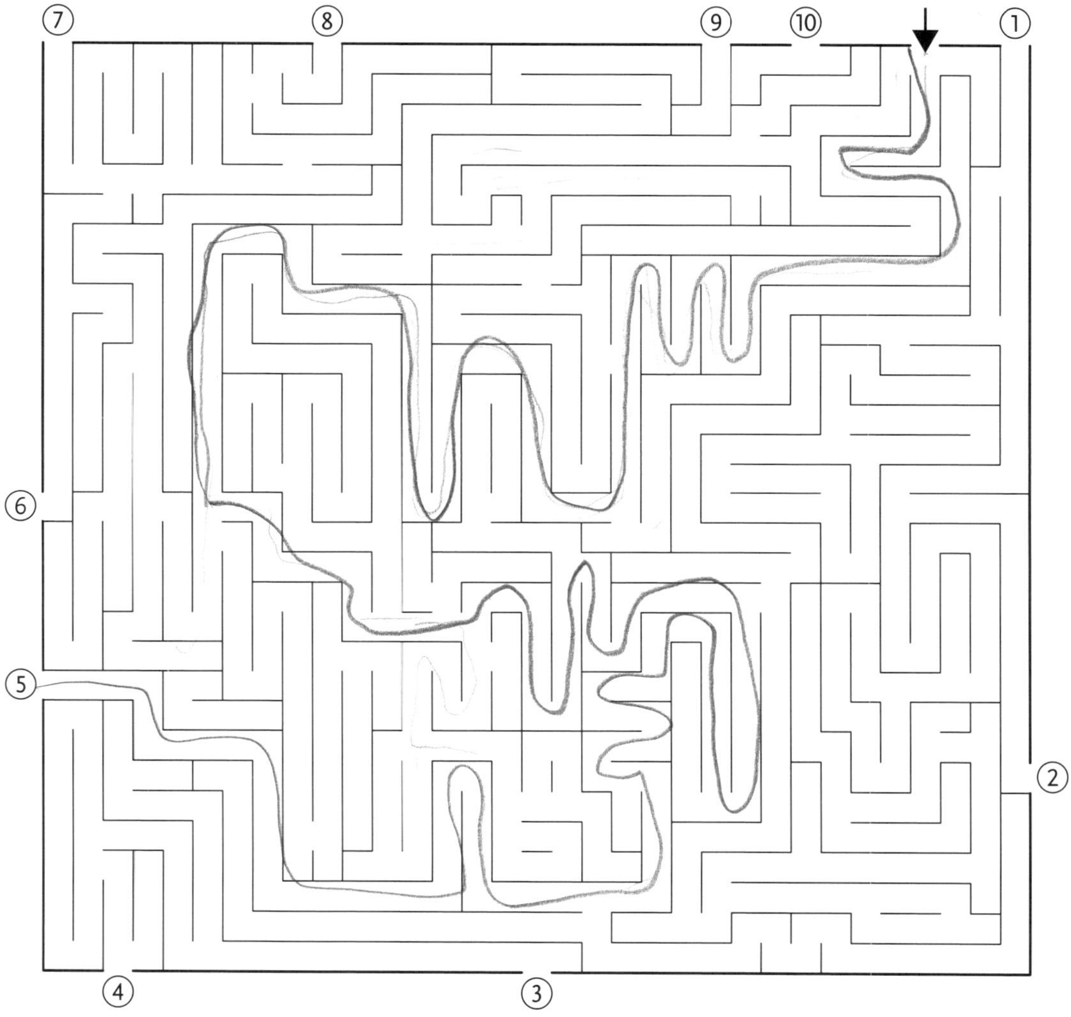

Lösungen

Aufgabe 1:

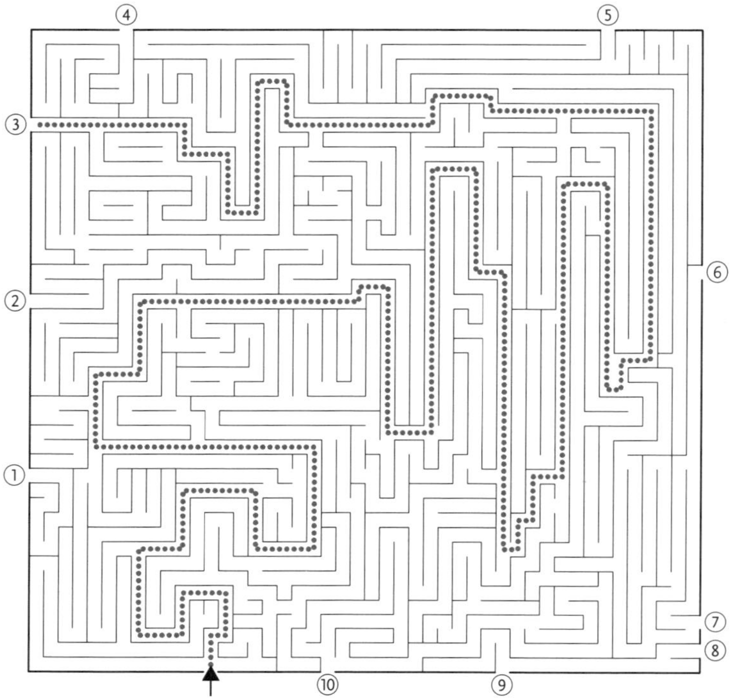

Ausgang 3

Aufgabe 2:

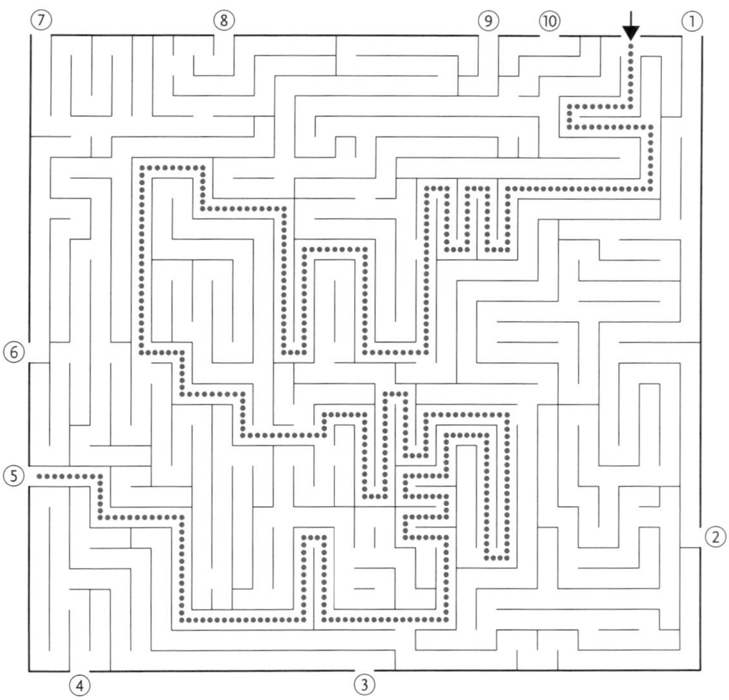

Ausgang 5

Gebäudepositionen einprägen

In dieser Aufgabe wird Ihnen ein Stadtplan oder auch nur eine Skizze vorgegeben, in den bzw. die bestimmte Einrichtungen, Anlagen und Straßen eingezeichnet sind. Prägen Sie sich möglichst viele der einzelnen Details ein. Dazu haben Sie **3 Minuten** Zeit. Danach sollen Sie in einen unvollständigen Stadtplan die fehlenden Details wie z. B. fehlende Straßennamen, fehlende Einrichtungsnamen oder fehlende Anlagen eintragen.

Trainingsaufgaben

Aufgabe 1:

Bitte tragen Sie nun die fehlenden Einrichtungs-, Anlagen- und Straßennamen aus dem Gedächtnis in den Stadtplan ein. Für die Bearbeitung haben Sie **1 Minute** Zeit.

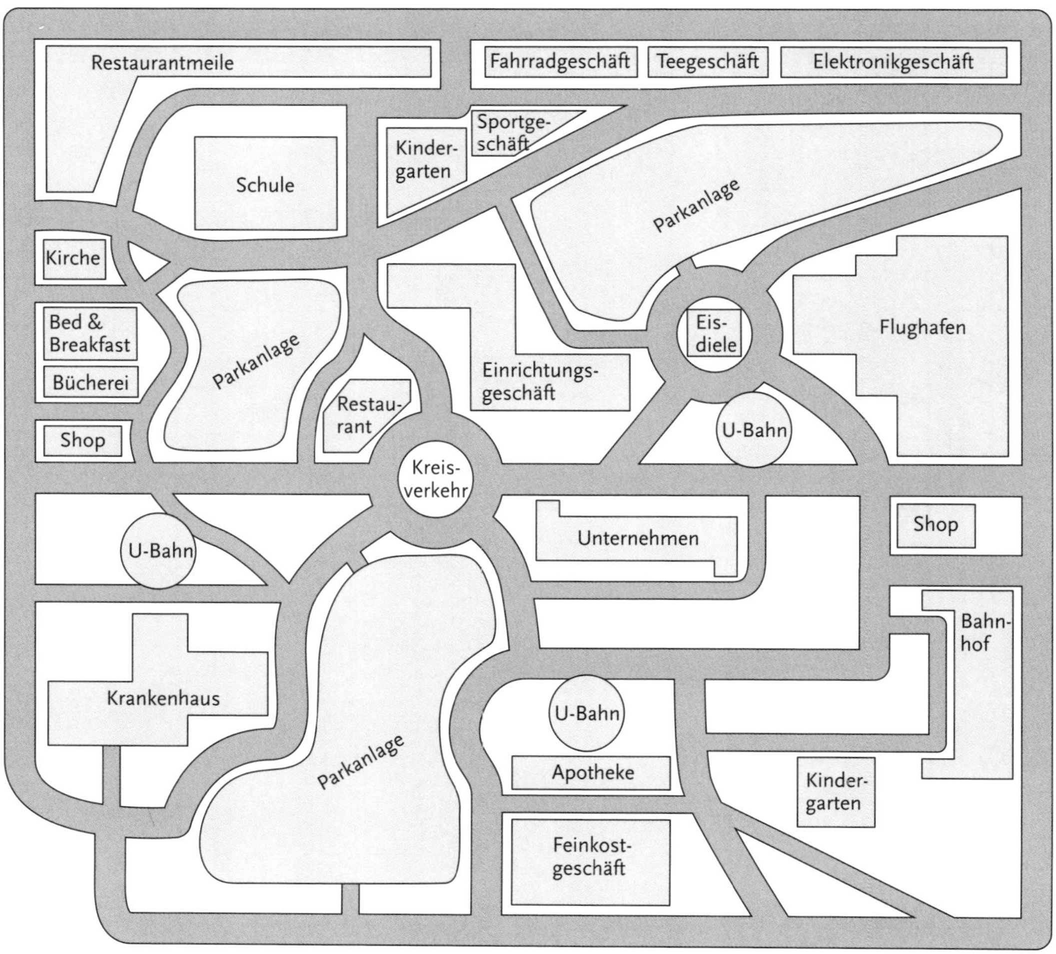

Bitte decken Sie den Stadtplan nun ab.

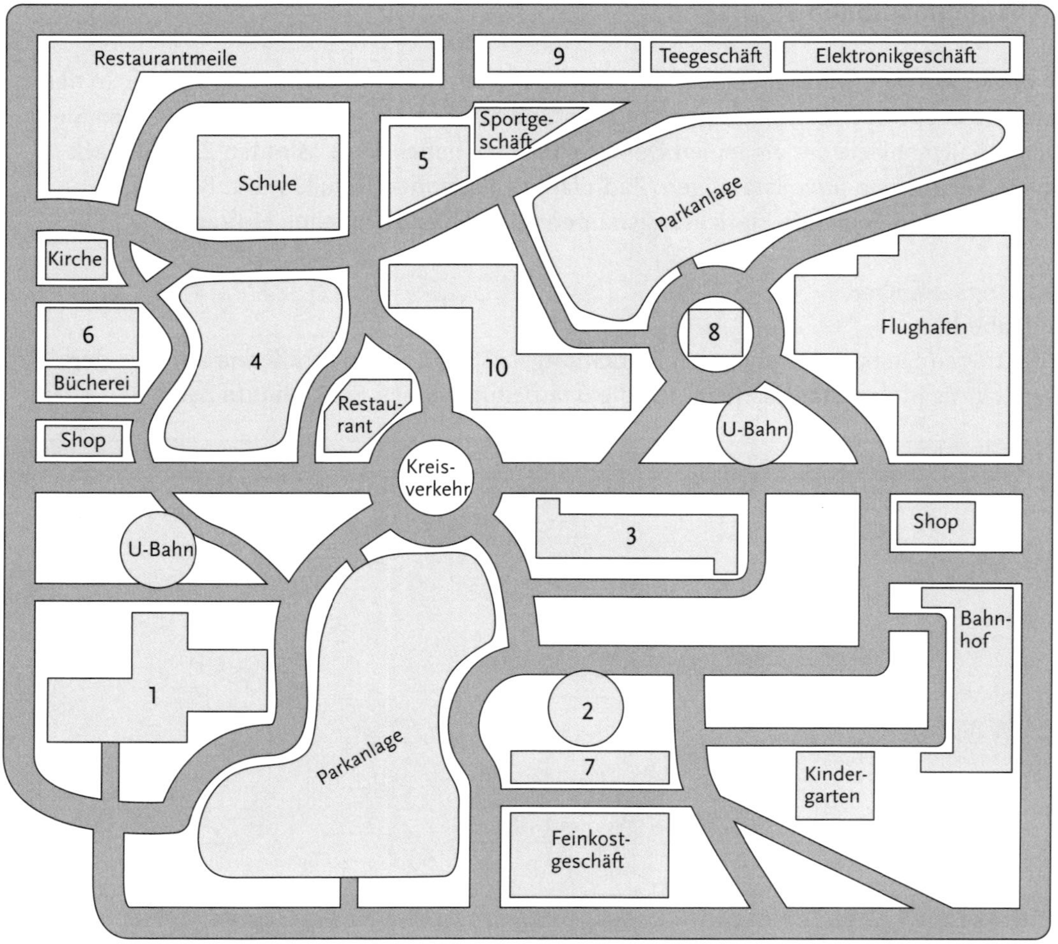

1) ______
2) U-Bahn ✓
3) Unternehmen ✓
4) Parkanlage ✓
5) Kindergarten ✓
6) Bed & Breakfast ✓
7) ______
8) Eisdiele ✓
9) Fahrradgeschäft ✓
10) ______

7 / 10

Aufgabe 2:

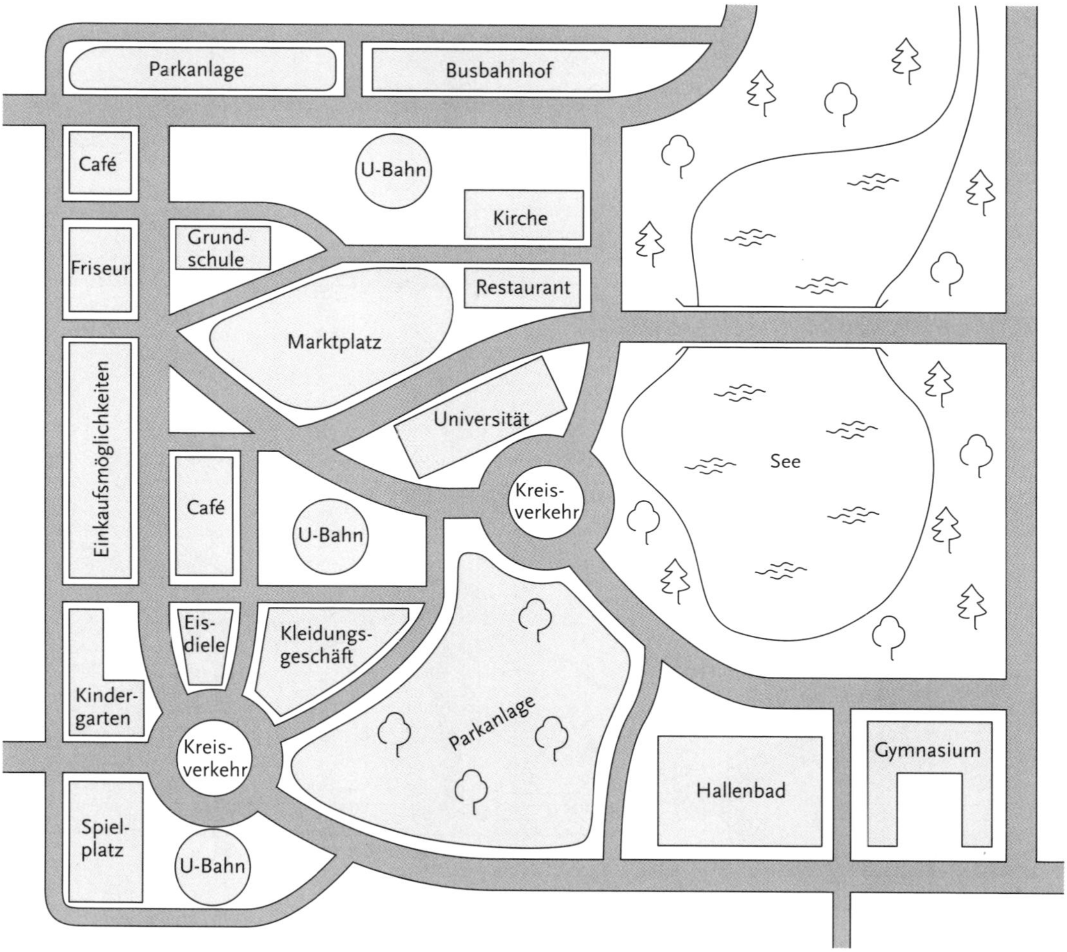

Bitte decken Sie den Stadtplan nun ab.

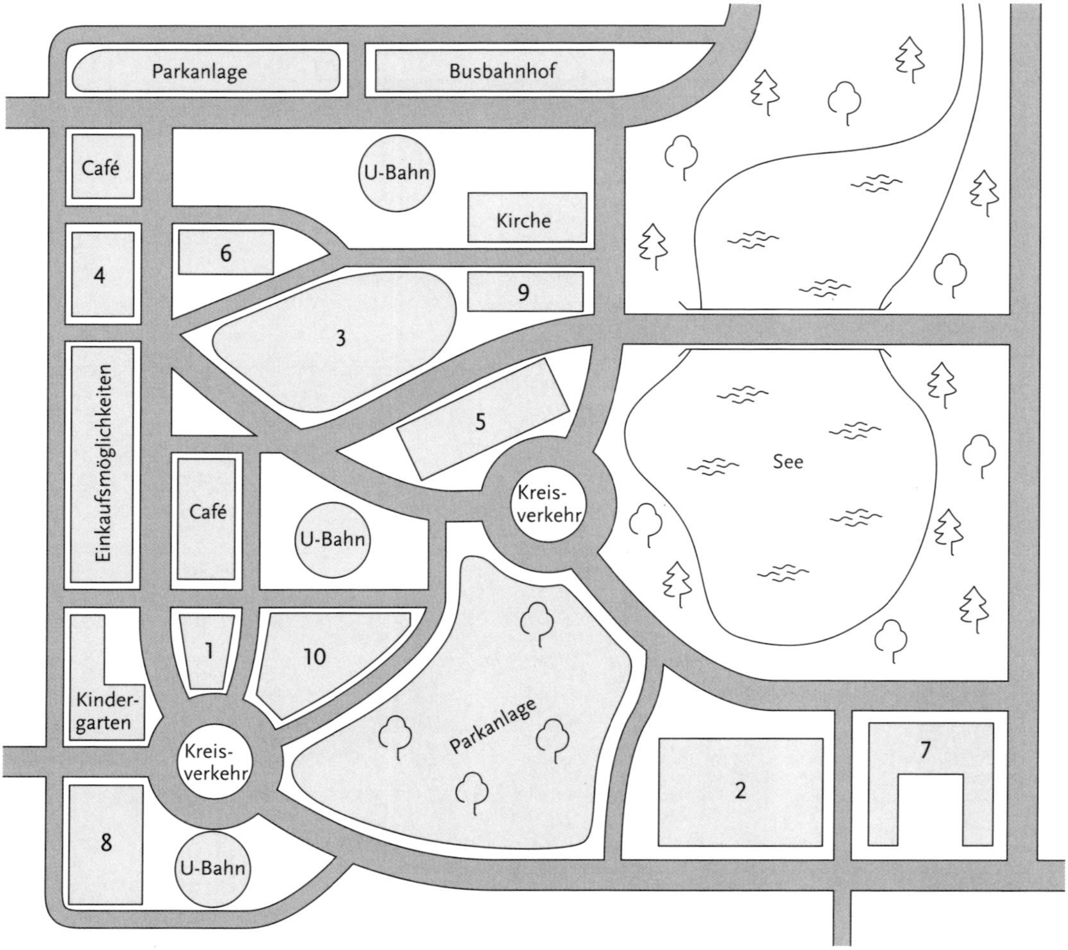

1) Eisdiele

2) Hallenbad

3) Marktplatz

4) Frisör

5) Universität

6) Grundschule

7) Gymnasium

8) Kindergarten

9) Restaurant

10) Kleidungsgeschäft

9/10

Lösungen

Aufgabe 1:

1) Krankenhaus
2) U-Bahn
3) Unternehmen
4) Parkanlage
5) Kindergarten
6) Bed & Breakfast
7) Apotheke
8) Eisdiele
9) Fahrradgeschäft
10) Einrichtungsgeschäft

Aufgabe 2:

1) Eisdiele
2) Hallenbad
3) Marktplatz
4) Friseur
5) Universität
6) Grundschule
7) Gymnasium
8) Spielplatz
9) Restaurant
10) Kleidungsgeschäft

Wegstrecke in einem Stadtplan einprägen

Bei dieser Aufgabe geht es darum, wie gut Sie sich eine Wegstrecke merken können, die in einen Stadtplan eingezeichnet wurde. Sie bekommen einen Stadtplan oder auch nur eine Skizze, in dem bzw. der ein bestimmter Weg von einem Start- zu einem Zielpunkt eingetragen ist.

Trainingsaufgaben

Diesen Weg sollen Sie sich innerhalb von **90 Sekunden** einprägen und ihn danach innerhalb von **60 Sekunden** in einen leeren Plan einzeichnen. Um sicherzugehen, dass Sie die richtige Wegstrecke eingezeichnet haben, können Sie Ihren Stadtplan danach mit dem Original abgleichen.

Aufgabe 1:

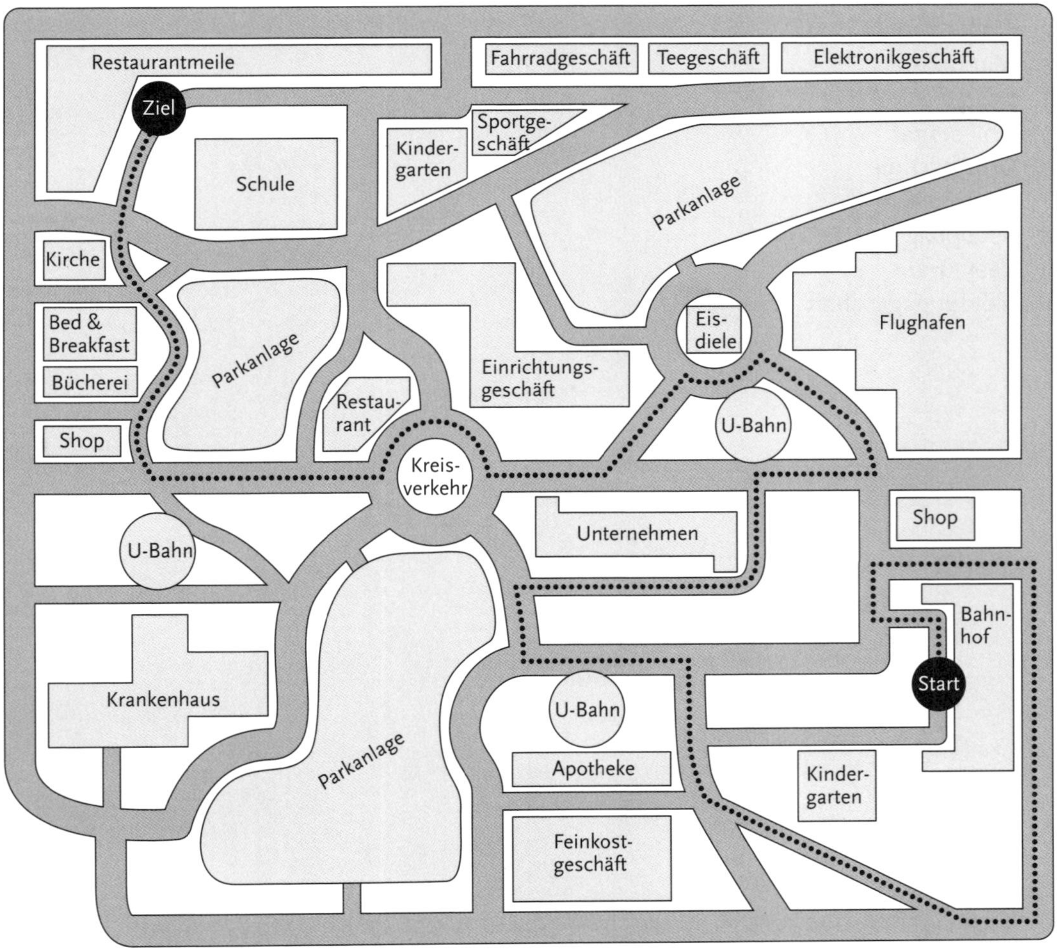

Bitte decken Sie den Stadtplan nun ab.

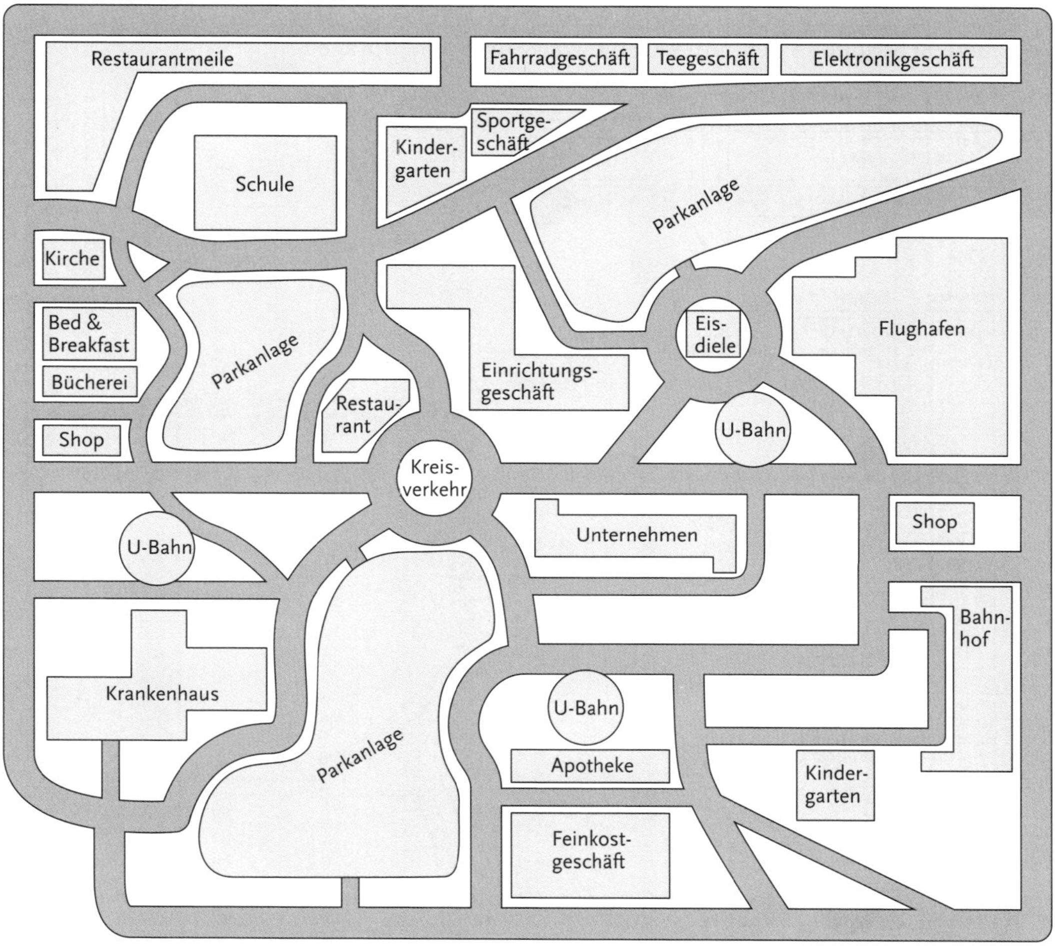
Restaurantmeile
Fahrradgeschäft
Teegeschäft
Elektronikgeschäft
Sportge-
schäft
Kinder-
garten
Schule
Parkanlage
Kirche
Bed &
Breakfast
Bücherei
Parkanlage
Restau-
rant
Einrichtungs-
geschäft
Eis-
diele
Flughafen
Shop
U-Bahn
Kreis-
verkehr
U-Bahn
Unternehmen
Shop
Bahn-
hof
Krankenhaus
Parkanlage
U-Bahn
Apotheke
Kinder-
garten
Feinkost-
geschäft

Aufgabe 2:
Sie haben **90 Sekunden** Zeit, um sich die Wegstrecke einzuprägen.

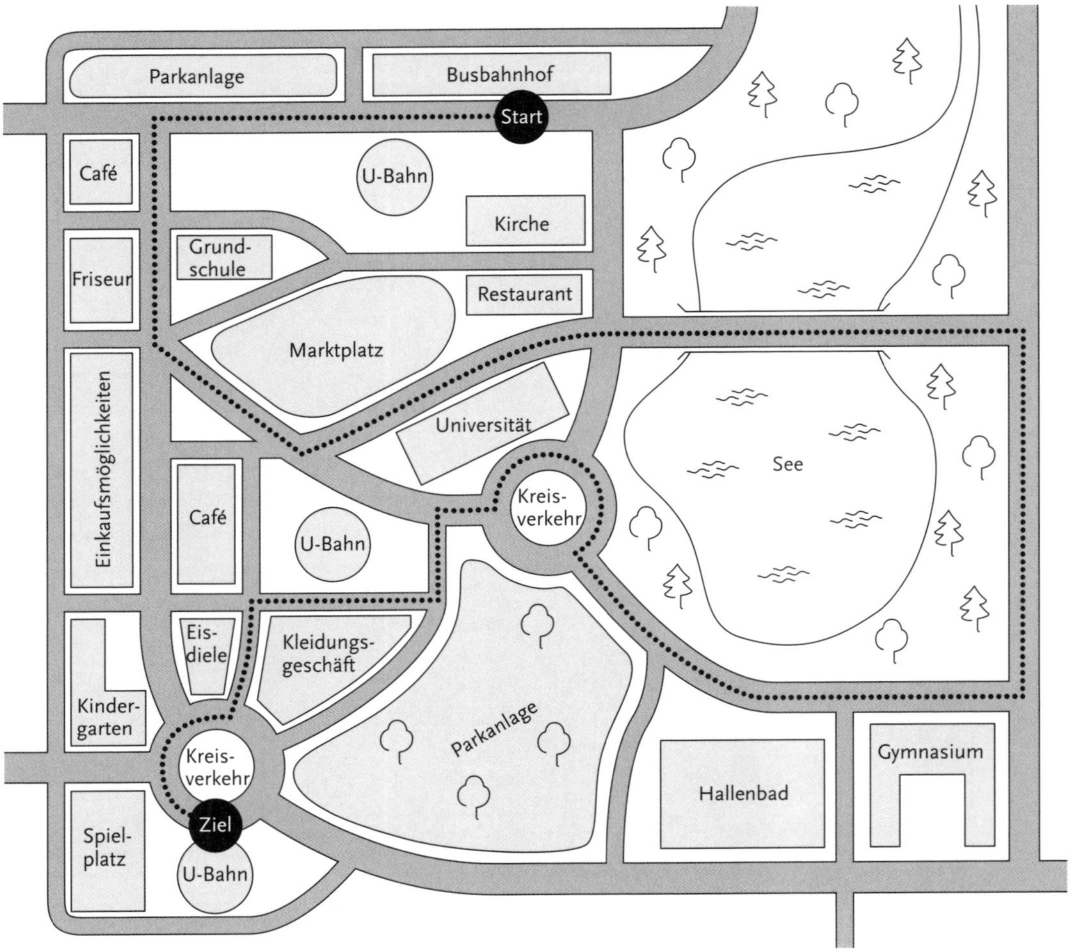

Bitte decken Sie den Stadtplan nun ab.

Sie haben nun **60 Sekunden** Zeit, um die richtige Wegstrecke in den Stadtplan einzuzeichnen.

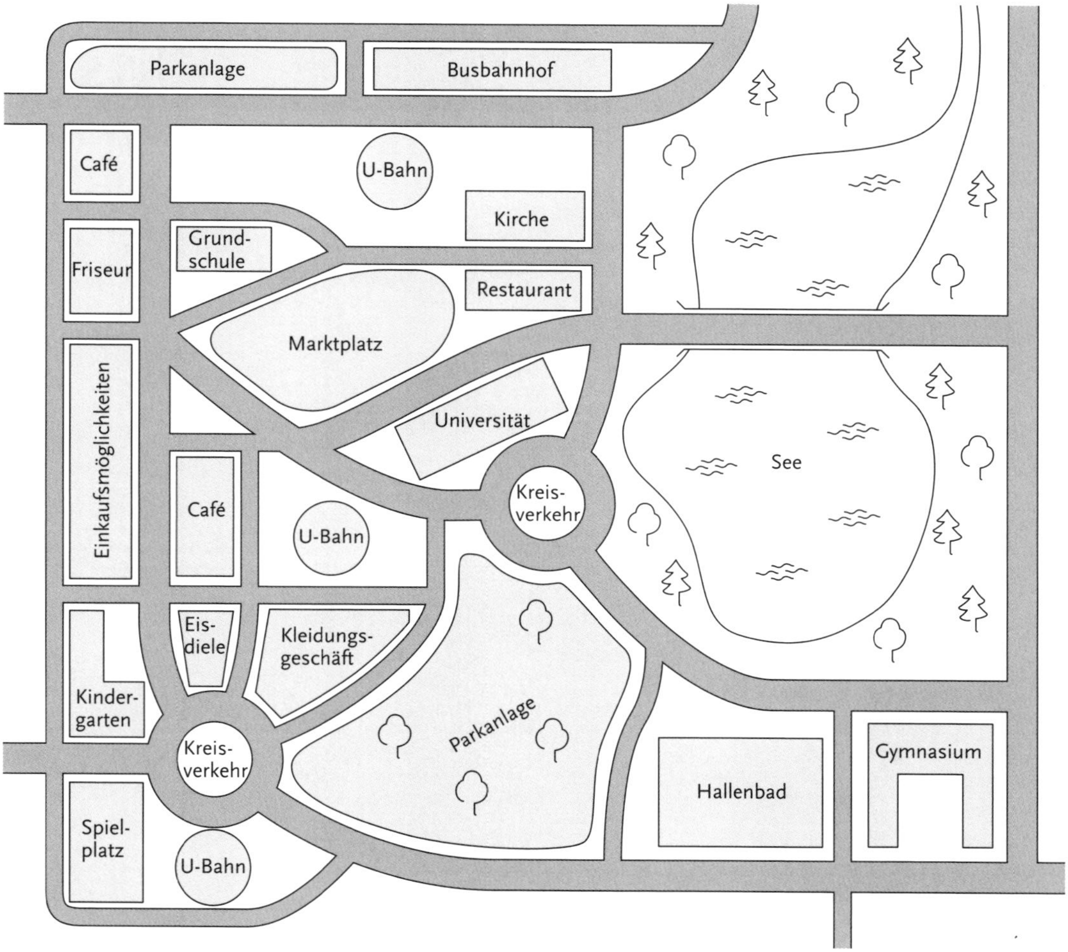
Parkanlage
Busbahnhof
Café
U-Bahn
Kirche
Friseur
Grund-
schule
Restaurant
Marktplatz
Einkaufsmöglichkeiten
Universität
See
Café
U-Bahn
Kreis-
verkehr
Eis-
diele
Kleidungs-
geschäft
Kinder-
garten
Parkanlage
Kreis-
verkehr
Gymnasium
Hallenbad
Spiel-
platz
U-Bahn

Tests: Intellektuelle Leistungsfähigkeit

Symbolreihen fortführen
Wochentage herausfinden
Schlussfolgerungen ziehen
Zahlenreihen fortführen
Zahlenmatrizen erkennen
wegige Schlussfolgerungen ziehen
Grafische Analogien fortführen
Tatsache und Meinung erkennen
Buchstabenschemata erkennen
Buchstabenreihen logisch ergänzen
Flussdiagramme ergänzen
Wortanalogien finden
Wortauswahl treffen
Oberbegriffe finden
Vortbedeutungen erkennen
Seitenflächen zählen
Figuren zusammenfalten
Figuren richtig zuordnen
Fehler entdecken
Würfel zuordnen
isuelle Analogien erkennen
Spiegelbilder finden
Wörter finden
erwendungsmöglichkeiten finden
Sätze bilden
Figuren zeichnen – Teil I
Figuren zeichnen – Teil II
Logos erfinden
Gleichungen aufstellen
Eigenschaften finden
Erklärungen erfinden
Symbolreihen fortführen
Wochentage herausfinden
Schlussfolgerungen ziehen
Zahlenreihen fortführen
Zahlenmatrizen erkennen
wegige Schlussfolgerungen ziehen
Grafische Analogien fortführen
Tatsache und Meinung erkennen
Buchstabenschemata erkennen
Buchstabenreihen logisch ergänzen

Abstrakt-logisches Denken

Das logische Denken und die Abstraktionsfähigkeit werden bei jedem Einstellungstest überprüft. Mithilfe unterschiedlicher Testaufgabentypen wird versucht herauszufinden, wie folgerichtig und schlüssig Sie denken können. Dabei unterscheidet man zwischen allgemeinen Aufgaben, bei denen Sie ohne Kenntnis von Sprache oder Zahlen abstrakte Symbolreihen logisch folgerichtig weiterführen müssen, Zahlenaufgaben (beispielsweise der »Klassiker« Zahlenreihen fortführen) und eher sprachlichen Aufgaben wie Buchstabenreihen fortführen, Wochentage herausfinden oder Schlussfolgerungen ziehen. Logisches Denken ist die »Königsdisziplin« der Intelligenz und für jeden Beruf und für jede berufliche Tätigkeit zentral.

Wenn Sie in der vorgegebenen Zeit mindestens **50 Prozent der Aufgaben** richtig gelöst haben, ist das bereits ein befriedigendes Ergebnis. Haben Sie zwischen **60 und 75 Prozent der Aufgaben** richtig gelöst, entspricht das einer sehr guten Leistung. **100 Prozent** sind erfahrungsgemäß nicht zu erreichen.

Symbolreihen fortführen

Mit dem folgenden Aufgabentyp werden Ihr logisches Denken und Ihre Abstraktionsfähigkeit getestet. Die Aufgabenstellung lautet: Mit welchem Symbol (a, b, c, d oder e) kann man die jeweilige Symbolreihe logisch richtig fortsetzen?

Beispielaufgaben

1)

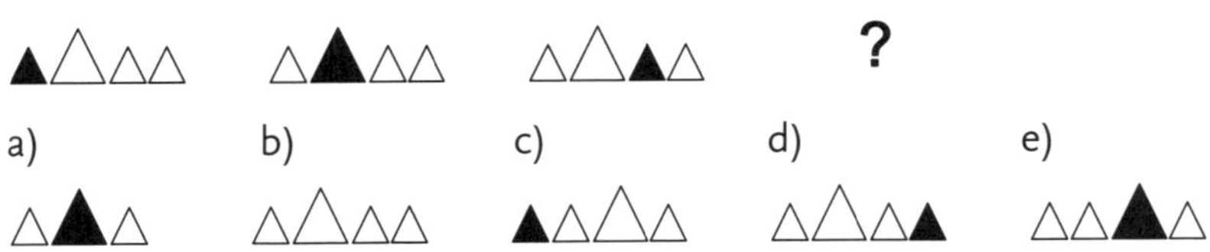

2)

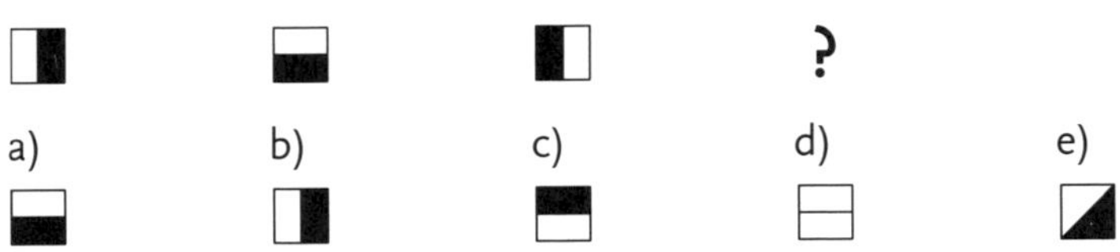

3)

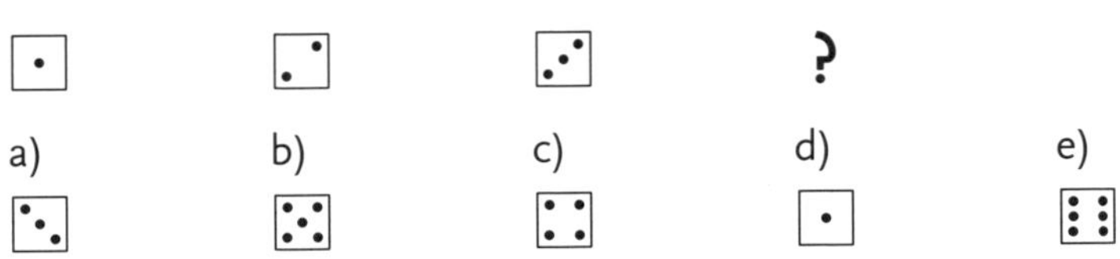

Lösung:

1) d
In diesem Beispiel rückt das schwarz ausgefüllte Dreieck um jeweils eine Position nach rechts.

2) c
Der ausgefüllte Teil des Quadrates rotiert im Uhrzeigersinn.

3) c
Die Symbole stellen die Augen eines Würfels in ansteigender Zahlenfolge dar.

Trainingsaufgaben

Für die 20 Aufgaben haben Sie **7,5 Minuten** Zeit.

1) 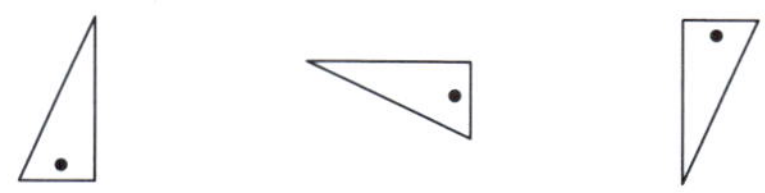 ?

a) b) c) d) e)

2)  ?

a) b) c) d) e)

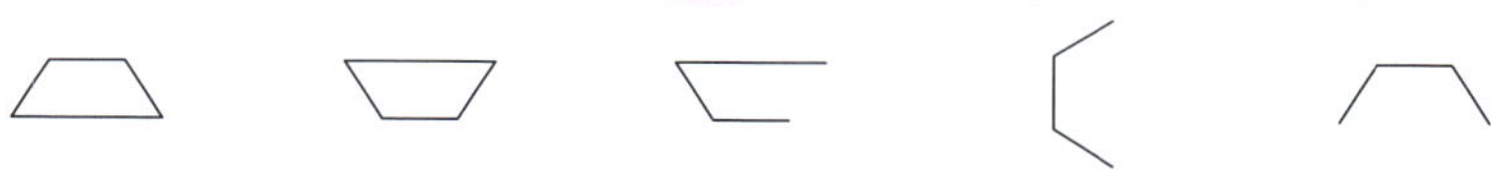

3) 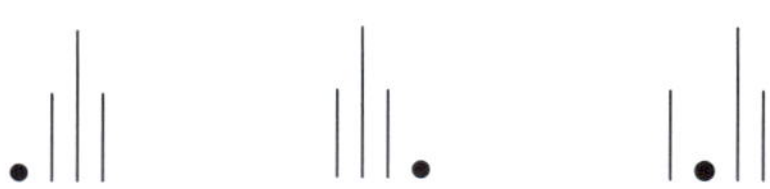 ?

a) b) c) d) e)

4) 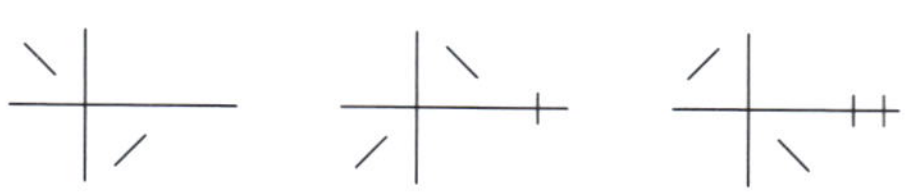 ?

a) b) c) d) e)

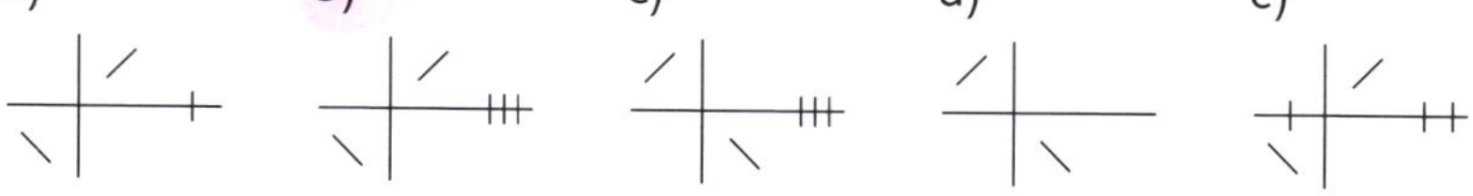

5) 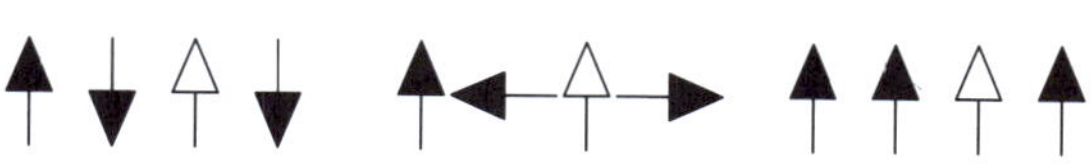 ?

a) b) c) d) e)

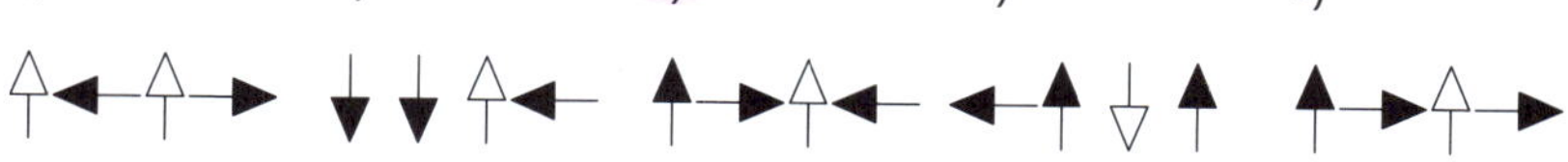

6)  ?

a) b) c) d) e)

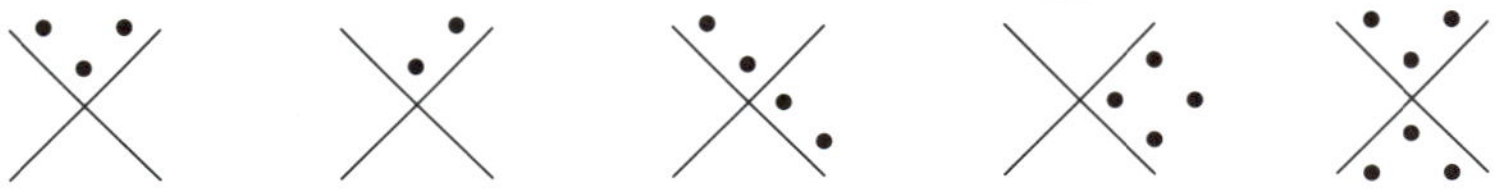

7) 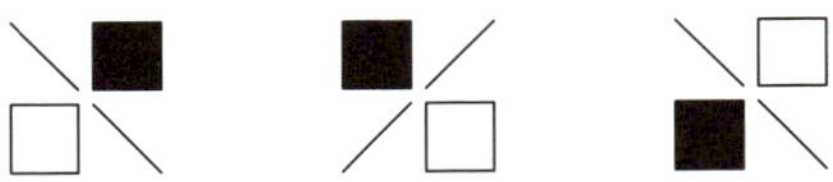 ?

a) b) c) d) e)

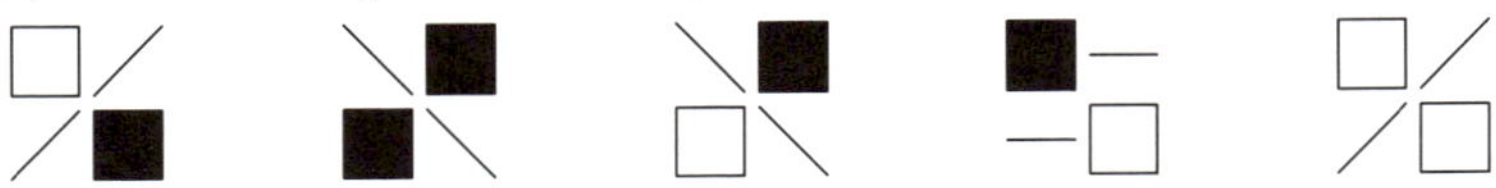

8)  ?

a) b) c) d) e)

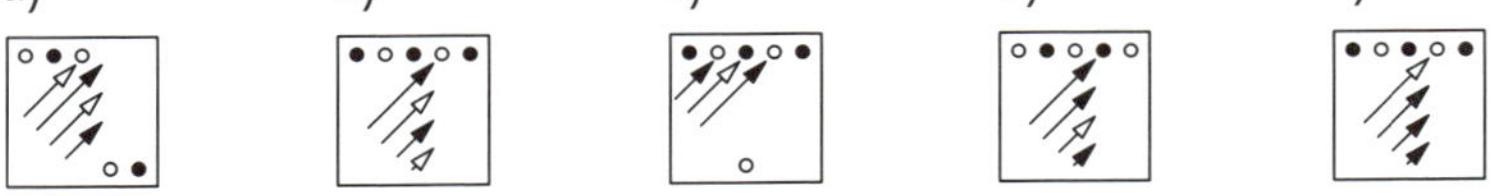

9) 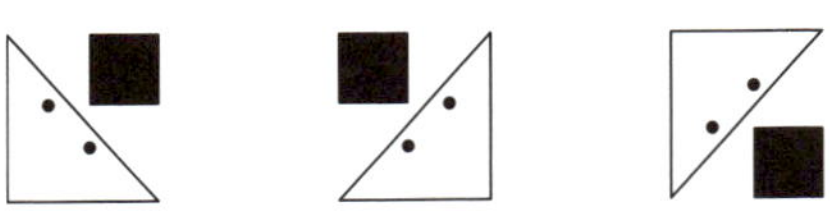 ?

a) b) c) d) e)

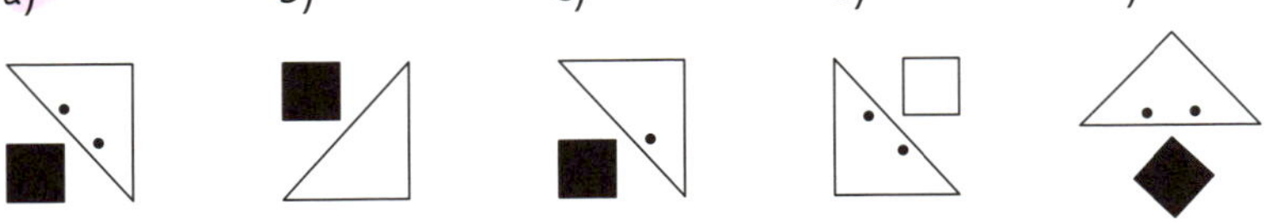

10) 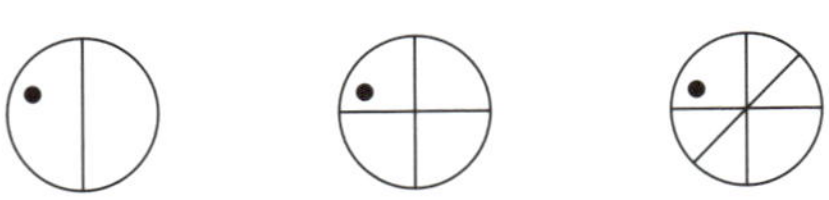 ?

a) b) c) d) e)

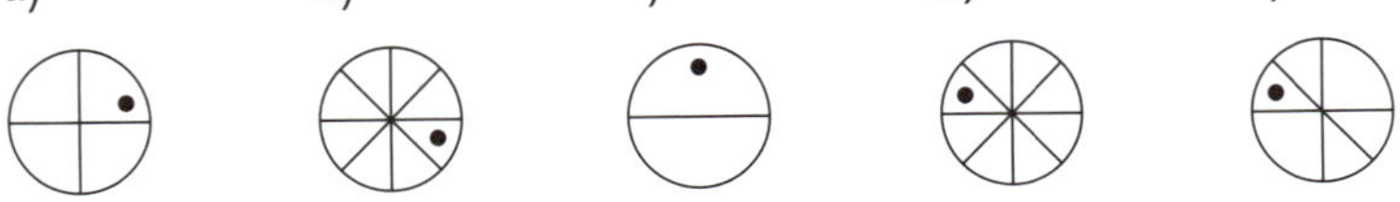

11) 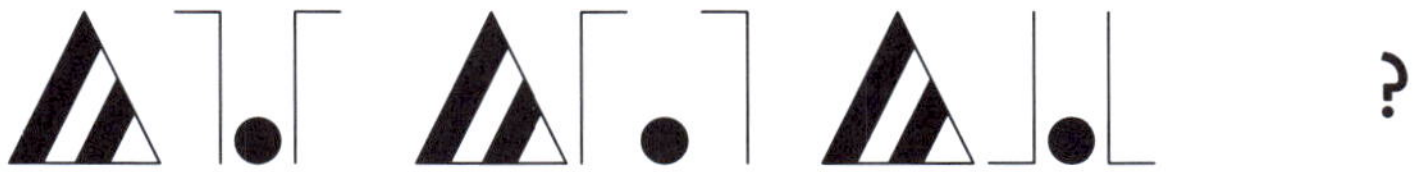

a) b) c) d) e)

12) 

a) b) c) d) e)

13) 

a) b) c) d) e)

14) 

a) b) c) d) e)

15) 

a) b) c) d) e)

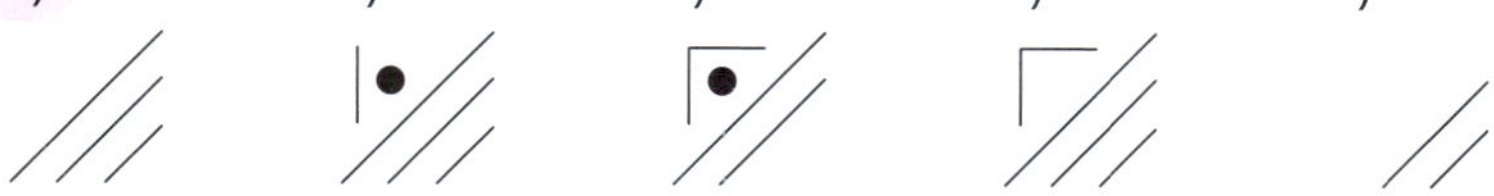

16) 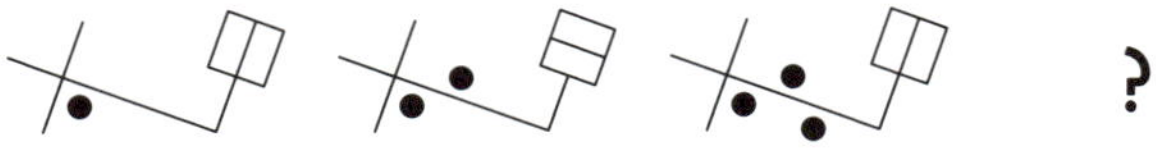

a) b) c) d) e)

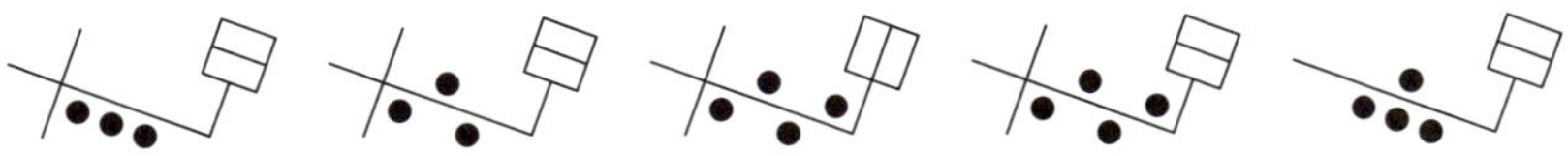

17) 

a) b) c) d) e)

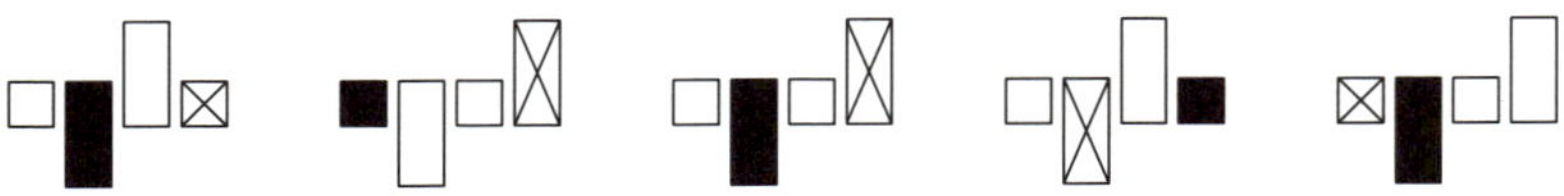

18) 

a) b) c) d) e)

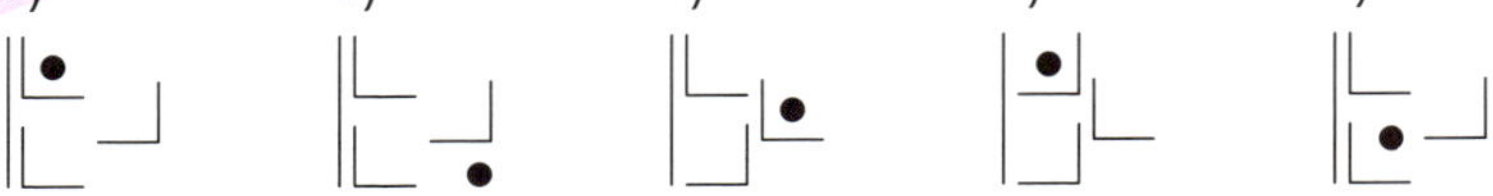

19) 

a) b) c) d) e)

20) 

a) b) c) d) e)

Lösungen

1) a
2) c
3) c
4) b
5) c
6) d
7) a
8) b
9) a
10) d
11) b
12) a
13) d
14) c
15) a
16) d
17) c
18) a
19) d
20) b

17/20

Tipps zur Vorbereitung

Die Aufgaben können in ihrer Komplexität variieren. Lassen Sie sich bei diesem Aufgabentyp nicht aus der Ruhe bringen. Hier wird nicht nur das logische Denken getestet, sondern auch Ihre Fähigkeit, in Stresssituationen einen kühlen Kopf zu bewahren. Versuchen Sie so viele Aufgaben wie möglich in der vorgegebenen Zeit zu lösen. Allerdings: Natürlich zählen nur richtige Antworten. Achten Sie daher auf Richtigkeit und verbringen Sie lieber einige Sekunden mehr damit, sich bei der Lösung sicher zu sein, als eine Lösung anzukreuzen, von der Sie nicht überzeugt sind.

1. Achten Sie darauf, was sich in den Symbolbildern jeweils verändert. Welche Unterschiede können Sie vom ersten zum zweiten, vom zweiten zum dritten etc. Symbolbild feststellen? Manchmal verändern sich die grafischen Elemente auch »rückwärts«, d. h. vom zweiten zum ersten, vom dritten zum zweiten Symbolbild etc. Ebenfalls ist es möglich, dass Sie nur dann auf die Lösung kommen, wenn Sie das erste Symbolbild mit dem letzten vergleichen.
2. Achten Sie auf Veränderungen der Anordnung der grafischen Elemente, auf die Anzahl der Elemente, die Richtung, die Größe, die Farbe und das Muster. Prüfen Sie, ob sich einzelne Elemente im Uhrzeiger oder gegen den Uhrzeigersinn verschieben.
3. Achten Sie auch genau darauf, was in den Symbolbildern unverändert bleibt.
4. Wenn Sie merken, dass Sie bei einer der Aufgaben zu keiner Lösung kommen, überspringen Sie diese und bearbeiten Sie die darauf folgende.

Wochentage herausfinden

Ihre Aufgabe besteht darin, aufgrund einer Aussage den logisch folgerichtigen Wochentag herauszufinden.

Beispielaufgaben

1) Vorgestern war Sonntag. Welcher Tag ist morgen?

Lösung: Mittwoch

2) Übermorgen ist der dritte Tag nach Mittwoch. Welcher Tag ist heute?

Lösung: Donnerstag

Trainingsaufgaben

Teilen Sie sich die Aufgaben gerne entweder in drei Blöcke ein (**8 Minuten** für jeweils 10 Aufgaben), oder lösen Sie alle 30 Aufgaben am Stück (**24 Minuten** für 30 Aufgaben).

1) Übermorgen ist Samstag. Welcher Tag war der Tag vor vorgestern?
2) Gestern war Dienstag. Welcher Tag ist ein Tag nach übermorgen?
3) Vor drei Tagen war Samstag. Welcher Tag ist morgen?
4) Morgen in einer Woche ist Freitag. Welcher Tag war vorgestern?
5) Der Tag nach übermorgen ist Mittwoch. Welcher Tag ist heute?
6) Vorgestern war Donnerstag. Welcher Tag war genau vor einer Woche?
7) In 4 Tagen ist Freitag. Welcher Tag war ein Tag vor vorgestern?
8) Vorgestern war aus der Sicht von gestern ein Montag. Welcher Tag ist morgen?
9) In 2 Tagen ist Freitag. Welcher Tag war vor 4 Tagen?
10) Morgen ist in 2 Wochen Dienstag. Welcher Tag ist heute?
11) Zwischen vorgestern und Montag liegen 3 ganze Tage. Welcher Tag war gestern?
12) Übermorgen war vor 3 Wochen ein Samstag. Welcher Tag ist morgen in einer Woche?
13) Vor 5 Tagen war Freitag. Welcher Tag war vorgestern?
14) Zwischen vorgestern und Mittwoch liegen 3 ganze Tage. Welcher Tag ist morgen?
15) Zwischen dem Tag vor vorgestern und Dienstag liegen noch 2 ganze Tage. Welcher Tag ist übermorgen?
16) In 3 Tagen ist Mittwoch. Welcher Tag war heute vor 2 Wochen?
17) Gestern wäre in 2 Tagen Freitag gewesen, welcher Tag ist übermorgen?
18) Vorgestern war Samstag. Welcher Tag ist in 3 Tagen?
19) Vor 5 Tagen war Dienstag. Welcher Tag ist einen Tag vor übermorgen?
20) Übermorgen ist der dritte Tag nach Freitag. Welcher Tag ist in 6 Tagen?

21) In 3 Tagen liegen noch 2 ganze Tage zwischen heute und Dienstag. Welcher Tag war vorgestern?

22) Vorgestern ist in 3 Tagen ein Montag. Welcher Tag ist übermorgen?

23) In 3 Tagen war vor 4 Tagen Dienstag. Welcher Tag ist heute?

24) Zwischen gestern und Samstag liegen 3 ganze Tage. Welcher Tag ist übermorgen?

25) Vorgestern war Sonntag. Welcher Tag ist der Tag nach morgen?

26) Aus Sicht von vorgestern ist übermorgen ein Montag. Welcher Tag war gestern?

27) In 2 Tagen war vor 3 Tagen Freitag. Welcher Tag ist morgen?

28) Gestern vor einer Woche war in 2 Tagen Mittwoch. Welcher Tag ist übermorgen?

29) Zwischen morgen und Donnerstag liegen 3 ganze Tage. Welcher Tag war vor 4 Tagen?

30) Zwischen vorgestern und Montag liegen 2 ganze Tage. Welcher Tag war der Tag vor vorgestern?

Auswertung

1) Montag
2) Samstag
3) Mittwoch
4) Dienstag
5) Sonntag
6) Samstag
7) Freitag
8) Freitag
9) Samstag
10) Montag
11) Freitag
12) Freitag
13) Montag
14) Dienstag
15) Donnerstag
16) Sonntag
17) Samstag
18) Donnerstag
19) Montag
20) Freitag
21) Montag
22) Dienstag
23) Mittwoch
24) Freitag
25) Donnerstag
26) Sonntag
27) Sonntag
28) Donnerstag
29) Dienstag
30) Donnerstag

Tipps zur Vorbereitung

Am besten zeichnen Sie sich für diese Art der Aufgabe eine Wochentagvorlage: Sa – So – Mo – Di – Mi – Do – Fr – Sa – So – Mo – Di – Mi – Do – Fr

Nehmen wir einmal die erste Beispielaufgabe. Markieren Sie den Ausgangstag, der in der Aufgabe genannt wird: Sonntag. Dann überlegen Sie welcher Tag »heute« sein muss, wenn vorgestern Sonntag war. Das muss der Dienstag sein. »Heute« ist immer Ihr Bezugspunkt. Nun können Sie überlegen, welcher Tag »morgen« ist, wenn »heute« Dienstag ist. Die Lösung: Mittwoch. Die Aussagen werden zunehmend komplexer (in sich verschachtelter), wodurch der Schwierigkeitsgrad zunimmt.

Schlussfolgerungen ziehen

Auch bei diesem Aufgabentyp geht es darum, logisch folgerichtig zu denken. Beantworten Sie die folgenden Fragen unter Berücksichtigung der jeweiligen Informationen, die Sie bekommen.

Beispielaufgabe 1

1) Frau Dolch hat eine Sportart, die sie besonders gerne mag. Welche ist es? Sie reitet lieber, als dass sie Trampolin springt. Sie schwimmt weniger gerne, als dass sie joggt. Reiten macht ihr nicht so viel Freude, wie das Schwimmen.

Lösung: Joggen.

Beispielaufgabe 2 (Syllogismus)

2) Wasser ist immer durchsichtig. Manchmal ist Wasser gefroren.
a) Wasser, welches nicht durchsichtig ist, ist nicht gefroren.
b) Durchsichtiges Wasser ist manchmal nicht gefroren.
c) Wasser, welches gefroren ist, ist immer durchsichtig.

Lösung: b) c)

Bearbeitungshinweis

Beim ersten Aufgabentyp ist immer nur eine Lösung richtig. Beim zweiten Aufgabentyp können mehrere Lösungen richtig sein.

Trainingsaufgaben

Für die 20 Aufgaben haben Sie **15 Minuten** Zeit.

1) Mit welcher Aufgabe beschäftigt sich Herr Meiner in seinem Job am liebsten?
Herr Meiner organisiert lieber, als dass er telefoniert. Er konzipiert weniger gern, als dass er rechnet. Er konzipiert lieber, als dass er telefoniert. Er organisiert lieber, als dass er rechnet.

2) Frau Sommer mag eine Farbe ganz besonders gerne. Welche ist das?
Frau Sommer mag weniger gerne schwarz als gelb. Sie mag blau lieber als rosa und gelb und genauso gerne wie rosa.

3) Wer ist Klassenbester?
Marvin ist schlechter als Gerd. Tim ist besser als Nick. Nick ist genauso gut wie Marvin. Tim ist besser als Gerd.

4) Wer ist der oberste Chef / die oberste Chefin?
Herr Lobel ist der Chef von Herrn Nicken. Herr Nicken ist Frau Schreil unterstellt. Frau Miner ist die Chefin von Herrn Lobel. Frau Schreil ist die Chefin von Frau Miner.

5) Welches ist die Lieblingsspeise von Herrn Wedel?
Er isst lieber Nudeln als Pizza und Pizza genauso gerne wie Fisch. Er mag lieber Eintopf als Nudeln. Suppe mag er weniger gerne als Pizza und Pizza weniger gerne als Eintopf.

6) Welche Kandidatin war im Bewerbungsgespräch die beste?
Frau Danner hat besser abgeschnitten als Frau Müller. Frau Müller war schlechter als Frau Nimmendorf. Frau Nimmendorf war genauso gut wie Frau Gemba. Frau Danner war nicht so gut wie Frau Gemba.

7) Welche Jahreszeit mag Frau Norim gar nicht gerne?
Sie mag den Sommer lieber als den Herbst und den Herbst weniger als den Winter. Den Winter mag sie lieber als den Frühling und den Frühling weniger gerne als den Herbst.

8) In welchem Teil Deutschlands möchte Frank am liebsten Urlaub machen?
Er möchte lieber in den Osten als in den Westen, weniger gerne in den Süden als in den Osten. Aber lieber in den Süden als in den Norden.

9) Herr Delbrück möchte gerne einen Tag in der Woche frei haben. Welcher Tag wäre ihm am liebsten?
Er hätte lieber montags frei als dienstags und lieber freitags als mittwochs. Ob er Montag oder Mittwoch frei bekommt, ist ihm egal. Er hätte weniger gerne freitags frei als donnerstags.

10) Für welches Kleidungsstück hat sich Nina heute entschieden?
Sie wollte lieber einen Pullover anziehen als ein T-Shirt und lieber einen Blazer als den Pullover. Sie wollte weniger gerne ein Kleid tragen als einen Blazer.

Syllogismus

11) Einige Äpfel sind sauer im Geschmack. Alle Äpfel sind rund.
a) Runde Äpfel sind sauer im Geschmack.
b) Einige runde Äpfel sind nicht sauer im Geschmack.
c) Einige saure Äpfel sind nicht rund.

12) Fußball spielt man oft draußen. Für diese Sportart benötigt man immer einen Ball.
a) Fußball kann man auch woanders als draußen spielen.
b) Wenn draußen Fußball gespielt wird, benötigt man einen Ball.
c) Ein Ball wird immer nur dann benötigt, wenn Fußball in der Halle gespielt wird.

13) Vor dem Verzehr müssen Kartoffeln gekocht werden. Kartoffeln werden meist warm gegessen.
a) Kartoffeln, die gekocht wurden, werden immer warm gegessen.
b) Das meiste Essen, welches warm gegessen wird, sind Kartoffeln.
c) Kartoffeln können immer nur dann gegessen werden, wenn sie gekocht wurden.

14) Manche Hunde haben schwarzes Fell. Alle Hunde spielen gerne.
a) Alle Hunde mit weißem Fell spielen gerne.
b) Nur manche Hunde mit schwarzem Fell spielen gerne.
c) Alle Hunde, die gerne spielen, haben schwarzes Fell.

15) In südlichen Ländern scheint oft die Sonne. Immer, wenn die Sonne scheint, führt dies dazu, dass es warm ist.
a) In südlichen Ländern ist es immer warm.
b) Dass es in südlichen Ländern oft warm ist, liegt daran, dass die Sonne dort oft scheint.
c) In anderen Regionen scheint die Sonne nur wenig, deswegen ist es dort nicht warm.

16) Einige Jogger besitzen spezielle Laufschuhe. Alle Jogger laufen gerne in der Natur.
a) Um in der Natur joggen zu gehen, werden immer spezielle Laufschuhe benötigt.
b) Einige Jogger, die in der Natur laufen, haben keine speziellen Laufschuhe.
c) Ohne spezielle Laufschuhe kann man nicht joggen.

17) Als Maler benötigt man zum Erstellen von Bildern immer Farbe. Manchmal wird dafür Acrylfarbe verwendet.
a) Mit Acrylfarbe lassen sich Bilder erstellen.
b) Bilder können nur mit Acrylfarbe erstellt werden.
c) Einige Bilder werden mit Acrylfarbe erstellt.

18) Alle Steine sind hart. Viele Steine sind grau.
a) Steine, die nicht grau sind, sind hart.
b) Alle grauen Steine sind hart.
c) Alle harten Steine sind grau.

19) Alle Menschen hören im Allgemeinen gerne Musik. Einige Menschen mögen gerne klassische Musik.
a) Menschen, die gerne klassische Musik hören, mögen im Allgemeinen auch gerne Musik.
b) Wer im Allgemeinen Musik mag, mag auch klassische Musik.
c) Wer keine klassische Musik mag, mag im Allgemeinen auch keine Musik.

20) Nicht alle Kinder mögen Rosenkohl. Alle Kinder essen gerne.
a) Alle Kinder, die keinen Rosenkohl mögen, essen gerne.
b) Alle Kinder essen gerne und mögen Rosenkohl.
c) Einige Kinder mögen Rosenkohl, aber essen nicht gerne.

Lösungen

1) Organisieren
2) blau
3) Tim
4) Frau Schreil
5) Eintopf
6) Frau Nimmendorf und Frau Gemba
7) Frühling
8) Osten
9) donnerstags
10) Blazer
11) b
12) a, b
13) c
14) a
15) b
16) b
17) a, c
18) a, b
19) a
20) a

Tipps zur Vorbereitung

1. Beim ersten Aufgabentyp müssen Sie die in den Informationen angegebenen Dinge (Objekte, Personen, Sportarten, Farben etc.) in eine bestimmte Reihenfolge bringen. Dabei handelt es sich um eine Rangfolge nach Kriterien wie beispielsweise »lieber als«, »größer als«, »kleiner als«, »mehr wert als«, »weniger wert als« etc., die die Beziehung der Dinge untereinander deutlich werden lässt. Achten Sie immer besonders auf die Richtung der Rangfolge. Bei unserer ersten Beispielaufgabe kommen Sie nach folgendem Schema zur Lösung:
   Trampolin < reiten
   schwimmen < joggen
   reiten < schwimmen
   Daraus folgt: Trampolin < reiten < schwimmen < joggen
   Frau Dolch mag die Sportart Joggen am liebsten.
2. Beim zweiten Aufgabentyp handelt es sich um einen Syllogismus, also einen aus drei Urteilen bestehenden Schluss vom Allgemeinen auf das Besondere. Bei diesem Aufgabentyp werden Sie mit zwei Aussagen (Prämissen) konfrontiert, auf die drei Schlussfolgerungen folgen. Ihre Aufgabe ist es, die Prämissen als wahre Aussage anzusehen und zu entscheiden, ob und, wenn ja, welche der drei Schlussfolgerungen zwingend richtig sind. Im Beispiel sind das b) »Durchsichtiges Wasser ist manchmal nicht gefroren« und c) »Wasser, welches gefroren ist, ist immer durchsichtig«.

Zahlenreihen fortführen

Das Fortführen von Zahlenreihen zählt zu den beliebtesten und am häufigsten eingesetzten Testverfahren, um Ihr logisches Verständnis zu überprüfen. Dabei funktionieren Zahlenreihen ähnlich wie Buchstabenreihen. Eine Reihe von Zahlen wird Ihnen vorgegeben, die in einer logischen Beziehung zueinander stehen. Ihre Aufgabe ist es, die Logik zu erkennen und die Zahlenreihe folgerichtig mit der nächstfolgenden Zahl weiterzuführen. Der Aufbau der Zahlenreihen folgt dabei immer bestimmten mathematischen Regeln. Die Zahlen ergeben sich durch Addition, Subtraktion, Multiplikation oder Division miteinander bzw. mit anderen Zahlen. Dabei sind nur ganze Zahlen und i. d. R. keine Brüche zulässig.

Beispielaufgaben

1) 3; 5; 7; 9; 11; 13; 15; 17 ?
Lösung: 19 (immer +2)

2) 14; 16; 15; 17; 16; 18 ?
Lösung: 17 (immer +2; −1)

3) 5; 10; 7; 14; 11; 22 ?
Lösung: 19 (immer ×2; −3)

4) 36; 12; 18; 21; 7; 13 ?
Lösung: 16 (immer : 3; +6; +3)

Trainingsaufgaben

Sie können sich die Trainingsaufgaben entweder in Blöcke einteilen (**5 Minuten** für 10 Aufgaben) oder diese an einem Stück erledigen (**20 Minuten** für 40 Aufgaben).

1) 4; 10; 12; 18; 20; 26; 28 ? 34

2) 19; 24; 21; 26; 23; 28 ? 25

3) 12; 8; 16; 12; 24; 20; 40 ? 36

4) 8; 6; 12; 10; 20; 18; 36; 34 ? 68

5) 43; 48; 41; 46; 39 ? 44

6) 94; 87; 80; 73; 66; 59 ? 52

7) 4; 8; 16; 20; 40; 44 ? 88

8) 57; 54; 52; 51; 48; 46; 45 ? 42

9) 2; 6; 12; 36; 72; 216 ? 432

10) 61; 66; 73; 78; 85; 90 ? 97

11) 96; 288; 48; 144; 24; 72 ?

12) 12; 24; 19; 38; 33; 66; 61 ?

13) 9; 36; 18; 72; 36; 144; 72 ?

14) 2; 8; 4; 16; 8; 32 ?

15) 7; 13; 15; 23; 29; 31 ?

16) 8; 4; 12; 13; 9; 27; 28 ?

17) 4; 7; 5; 10; 13; 11; 22 ?

18) 12; 17; 15; 16; 11; 13 ?

19) 25; 24; 8; 10; 9; 3; 5 ?

20) 87; 81; 78; 76; 70; 67 ?

21) 5; 15; 10; 11; 33; 28; 29 ?

22) 4; 16; 24; 12; 48; 56; 28 ?

23) 1; 1; 2; 6; 24; 120 ?

24) 87; 77; 69; 63; 59 ?

25) 18; 21; 17; 20; 24; 27; 23 ?

26) 7; 5; 10; 20; 18; 23 ?

27) 3; 6; 12; 16; 32; 37; 74 ?

28) 52; 56; 28; 22; 26; 13 ?

29) 60; 20; 25; 33; 11; 16; 24 ?

30) 2; 4; 12; 5; 7; 21; 14 ?

31) 8; 9; 11; 14; 18; 23; 29 ?

32) 15; 18; 14; 28; 31; 27; 54 ?

33) 4; 5; 10; 12; 36; 39; 156 ?

34) 27; 29; 33; 39; 47; 57 ?

35) 4; 11; 3; 9; 16; 8; 24 ?

36) 4; 9; 8; 12; 10; 13; 10 ?

37) 75; 67; 60; 54; 49; 45; 42 ?

38) 23; 27; 24; 25; 21; 24; 23; 27 ?

39) 76; 66; 57; 49; 42; 36 ?

40) 3; 7; 6; 11; 9; 15; 12; 19 ?

Lösungen

1) 34 (+6; +2)
2) 25 (+5; −3)
3) 36 (−4; ×2)
4) 68 (−2; ×2)
5) 44 (+5; −7)
6) 52 (−7)
7) 88 (+4; ×2)
8) 42 (−3; −2; −1)
9) 432 (×3; ×2)
10) 97 (+5; +7)
11) 12 (×3; :6)
12) 122 (×2 sowie dann −5)
13) 288 (×4; :2)
14) 16 (×4; :2)
15) 39 (+6; +2; +8)
16) 24 (−4; ×3; +1)
17) 25 (+3; −2; ×2)
18) 12 (+5; −2; +1; −5; +2; −1)
19) 4 (−1; :3; +2)
20) 65 (−6; −3; −2)
21) 87 (×3; −5; +1)
22) 112 (×4; +8; :2)
23) 720 (×1; ×2; ×3; ×4; ×5; ×6)
24) 57 (−10; −8; −6; −4; −2)
25) 26 (+3; −4; +3; +4; +3; −4; +3)
26) 46 (−2; +5; ×2)
27) 80 (+3; ×2; +4; ×2; +5; ×2; +6)
28) 7 (+4; :2; −6)
29) 8 (:3; +5; +8)
30) 16 (+2; ×3; −7)
31) 36 (+1; +2; +3; +4; +5; +6; +7)
32) 57 (+3; −4; ×2)
33) 160 (+1; ×2; +2; ×3; +3; ×4; +4)
34) 69 (+2; +4; +6; +8; +10; +12)
35) 31 (+7; −8; ×3)
36) 12 (+5; −1; +4; −2; +3; −3; +2)
37) 40 (−8; −7; −6; −5; −4; −3; −2)
38) 24 (+4; −3; +1; −4; +3; −1; +4; −3)
39) 31 (−10; −9; −8; −7; −6; −5)
40) 15 (+4; −1; +5; −2; +6; −3; +7; −4)

Tipps zur Vorbereitung

1. Plausibilitätsprüfung: Erkennen Sie das Aufbauprinzip bzw. die Systematik der Zahlenreihe »auf einen Blick«? Oftmals sind die ersten fünf Zahlenreihen recht einfach, nämlich dann, wenn die Vorzahl nur mit einer Rechenregel zur nächsten führt. Wie in unserem ersten Beispiel 3 (+2); 5 (+2); 7 (+2); 9 (+2); 11 (+2); 13 (+2); 15 (+2); 17 (+2); **19.**
2. Prüfen Sie bei schwierigeren Zahlenreihen zunächst, ob die Zahlen größer oder kleiner werden, ob sie abwechselnd größer und kleiner oder kleiner und größer werden. So erkennen Sie schnell, ob addiert bzw. multipliziert wird (Zahlen werden größer) oder subtrahiert bzw. dividiert wird (Zahlen werden kleiner).
3. Berechnen Sie die Differenzen zwischen den benachbarten Zahlen und versuchen Sie eine Regelmäßigkeit bei diesen Differenzen herauszufinden, indem Sie spielerisch verschiedene Rechenoperationen ausprobieren. In unserer dritten Beispielaufgabe 5; 10; 7; 14; 11; 22; können Sie versuchen, zur ersten Zahl 5 eine 5 zu addieren oder die erste Zahl 5 mit 2 zu multiplizieren, um auf 10 zu kommen. Von der zweiten Zahl 10 können Sie nur 3 abziehen, um auf 7 zu kommen. Um von der 7 zur 14 zu gelangen, können Sie 7 addieren oder die 7 mit 2 multiplizieren. Und um von der 14 zur 11 zu gelangen, ziehen Sie wiederum 3 ab. Schon haben Sie die Rechenregel und die Logik der Zahlenreihe geknackt: Vorzahl ×2 und dann −3.

4. Mittelschwere Reihen sind die, bei denen Sie von einer Zahl zur nächsten Zahl nur durch zwei Rechenschritte gelangen. Beispielsweise: 5; 9; 17; 33; 65; 129; ? Hier müssen Sie die Vorzahl zuerst mal 2 nehmen und davon dann 1 abziehen: 5 mal 2 minus 1 = 9; 9 mal 2 minus 1 = 17 usw.
   Die Lösung: 129 mal 2 minus 1 = 257.
5. Gegen Ende des Zahlenreihentests werden die Reihen deutlich schwieriger und es sind mehrere Rechenregeln in Kombination nötig, um die Lösung zu finden. Arbeiten Sie so schnell wie möglich. Beachten Sie jedoch, dass nur richtige Lösungen zählen. Wenn Sie bei einer Zahlenreihe nach längerem Nachdenken nicht weiterkommen, sollten Sie zur nächsten übergehen.

Zahlenmatrizen erkennen

Bei den Zahlenmatrizen handelt es sich um einen ähnlichen Aufgabentyp, wie bei den Zahlenreihen. Ihre Aufgabe ist es, das Aufbauprinzip der Matrizen zu erkennen und das Fragezeichen durch die richtige Zahl zu ersetzen. Der Aufbau der Zahlenmatrizen folgt immer bestimmten mathematischen Regeln. Die Zahlen ergeben sich durch Addition, Subtraktion, Multiplikation oder Division miteinander bzw. mit anderen Zahlen. Dabei sind nur ganze Zahlen und in der Regel keine Brüche zulässig.

Beispielaufgaben

1)

16	4	1
32	?	2
64	16	4

Lösung:
8, waagrecht: : 4, senkrecht: × 2

16 : 4 = 4 : 4 = 1	16 × 2 = 32 × 2 = 64
32 : 4 = **8** : 4 = 2	4 × 2 = **8** × 2 = 16
64 : 4 = 16 : 4 = 4	1 × 2 = 2 × 2 = 4

2)

5	8	11
7	10	13
9	12	?

Lösung:
15, waagrecht: + 3, senkrecht: + 2

3)

2	4	3	7
6	12	?	21
?	36	27	63

Lösung:
9, 18, senkrecht: × 3

4)

14	12	14
?	14	16
14	12	14

Lösung:
16, senkrecht: + 2 – 2, waagrecht: – 2 + 2

Trainingsaufgaben

Für die 30 Aufgaben haben Sie **15 Minuten** Zeit.

1)

2	5	3
9	?	10
16	19	17

2)

3	12	48
2	8	32
?	16	?

3)

5	6	?
7	8	10
3	4	6

4)

9	36	?
3	12	6
1	4	2

5)

6	9	7	10
8	?	9	12
18	21	19	22
9	12	10	?

6)

2	4	12	48
1	?	6	24
3	6	18	72
?	8	24	96

7)

?	12	6	24
4	16	8	32
5	20	10	40
7	28	14	?

8)

25	?	20	19
19	16	14	13
7	4	2	1
12	9	7	?

9)

3	7	9	12
7	11	13	16
?	22	26	32
18	26	?	36

10)

16	18	15	?
12	14	11	33
24	26	23	69
47	49	?	138

11)

2	1	3	7
8	4	12	28
9	?	13	29
36	20	?	116

12)

27	30	28	29
36	39	37	?
?	60	58	59
24	27	25	26

13)

4	10	20	15
12	18	?	31
?	25	50	45
23	29	58	53

14)

15	22	18
28	?	31
41	48	44

15)

27	?	36
9	27	12
3	9	4

16)

5	12	?
8	15	30
11	18	36

17)

?	45	56
26	37	48
18	?	40

18)

5	10	?	120
7	14	42	168
2	4	12	48
4	?	24	96

19)

2	4	1	3
14	28	7	21
?	26	5	19
84	182	35	?

20)

120	114	108
24	18	12
81	?	69

21)

13	29	36
21	37	?
29	45	52

22)

72	144	108
12	24	?
2	4	3

23)

?	15	60	180
4	12	48	144
3	9	36	108
6	18	72	?

24)

24	30	23	?
3	9	2	7
11	17	10	15
?	10	3	8

25)

?	5	7	9
8	11	13	15
24	33	39	?
18	27	33	39

26)

23	?	13	14
?	17	22	23
29	14	19	20
38	23	28	29

27)

3	35	67
6	38	70
5	?	69

28)

3	?	21	11
5	7	23	13
9	11	27	17
17	19	2	25

29)

?	14	2
49	7	1
147	21	3

30)

26	15	12
?	6	3
20	9	6

Lösungen

1) 12, senkrecht: +7
2) 4, 64, waagrecht: ×4
3) 8, waagrecht: +1 +2
4) 18, senkrecht: : 3
5) 11, 13, waagrecht: +3 −2 +3
6) 2, 4, waagrecht: 2×3×4
7) 3, 56, waagrecht: ×4 : 2×4
8) 22, 6, waagrecht: −3 −2 −1
9) 14, 30 senkrecht: +4 ×2 +4
10) 45, 46, waagrecht: +2 −3 ×3
11) 5, 52, senkrecht: ×4 +1 ×4
12) 38, 57, waagrecht: +3 −2 +1
13) 36, 19, waagrecht: +6 ×2 −5
14) 35, senkrecht: +13
15) 81, senkrecht: : 3
16) 24, waagrecht: +7 ×2
17) 34, 29, waagrecht: +11, senkrecht: −8
18) 30, 8, waagrecht: ×2 ×3 ×4
19) 12, 133, senkrecht: ×7 −2 ×7
20) 75, waagrecht: −6
21) 44, senkrecht: +8
22) 18, senkrecht: : 6
23) 5, 216, waagrecht: ×3 ×4 ×3
24) 28, 4, waagrecht: +6 −7 +5
25) 2, 45, senkrecht: +6 ×3 −6
26) 8, 32, senkrecht: +9 −3 +9
27) 37, waagrecht: +32
28) 5, 35, senkrecht: +2 +4 +8
29) 98, waagrecht: : 7
30) 17, senkrecht: −9 +3

Tipps zur Vorbereitung

Gehen Sie am besten so vor, dass Sie zunächst das Prinzip der Zahlenreihen in der (waagrechten) Zeile suchen. Lesen Sie die Zeilen von links nach rechts und eine Zeile nach der anderen, von oben nach unten. Das ist der einfachste Weg, um schnell zu einem Ergebnis zu gelangen. Wenn die Zahlenmatrizen schwieriger werden, müssen Sie mehrere Rechenarten kombinieren. Das Prinzip ist dabei dasselbe wie bei den Zahlenreihen. Berechnen Sie die Differenzen zwischen den benachbarten Zahlen, entweder waagrecht oder senkrecht, und versuchen Sie eine Regelmäßigkeit dieser Differenz herauszufinden, indem Sie spielerisch verschiedene Rechenschritte ausprobieren. Wichtig ist, dass die jeweiligen Rechenschritte in jeder der waagrechten bzw. senkrechten Zeilen funktionieren.

Abwegige Schlussfolgerungen ziehen

Dieser Testtyp stellt eine weitere Aufgabenvariante zur logischen Schlussfolgerung dar. Für Verwirrung sorgt hier, dass die Wirklichkeit bei abwegigen Schlussfolgerungen überhaupt keine Rolle spielt. Entscheiden Sie bei den folgenden Aufgaben, ob Schlussfolgerungen, die aufgrund der gemachten Behauptungen gezogen werden, formal richtig oder falsch sind.

Beispielaufgaben

1) Giraffen können fliegen. Buntstifte können fliegen. Behauptung: Buntstifte sind Giraffen.
a) stimmt b) stimmt nicht
Lösung: stimmt nicht

2) Häuser sind Raubtiere. Raubtiere sind rot, aber können nicht schlafen.
a) Raubtiere können nicht schlafen.
b) Alles, was rot ist, aber nicht schlafen kann, ist ein Haus.
c) Häuser sind rot.
d) Raubtiere sind Häuser.
Lösung: a) c)

Trainingsaufgaben

Für die 20 Aufgaben haben Sie **15 Minuten** Zeit.

1) Alle Spinnen sind blond. Alles, was blond ist, isst gerne Schnürsenkel.
Behauptung: Alle Spinnen essen gerne Schnürsenkel.
a) stimmt b) stimmt nicht

2) Alle Brötchen sind weiß. Alles, was weiß ist, kann singen.
Behauptung: Nicht alle Brötchen können singen.
a) stimmt b) stimmt nicht

3) Alle Hühner haben pinkfarbene Augen. Mit pinkfarbenen Augen kann man nicht die Geräusche von Steinen hören.
Behauptung: Alle Hühner können nicht die Geräusche von Steinen hören.
a) stimmt b) stimmt nicht

4) Manche Bücher sind motorbetrieben. Alles, was motorbetrieben ist, kann gut wachsen.
Behauptung: Alle Bücher können gut wachsen.
a) stimmt b) stimmt nicht

5) Alle Teller sind Computer. Einige Computer können Zitronen hören.
Behauptung: Einige Teller können keine Zitronen hören.
a) stimmt b) stimmt nicht

6) Taschenrechner sind schnelle Läufer. Manche Stühle sind langsame Läufer.
Behauptung: Alle schnellen Läufer sind Taschenrechner.
a) stimmt b) stimmt nicht

7) Grünes Wasser kann kochen. Manches, was kochen kann, ist ein König.
Behauptung: Alle Könige sind grünes Wasser.
a) stimmt b) stimmt nicht

8) Manche Pflanzen sind Bienen. Alle Bienen schlagen Purzelbäume.
Behauptung: Manche Pflanzen schlagen Purzelbäume.
a) stimmt b) stimmt nicht

9) Viele Wolken riechen nach Musik. Der Duft von Musik ist Gold.
Behauptung: Viele Wolken sind Gold.
a) stimmt b) stimmt nicht

10) Jedes Besteck hört gerne klassische Musik. Klassische Musik mag am liebsten Vanillepudding.
Behauptung: Vanillepudding hört am liebsten klassische Musik.
a) stimmt b) stimmt nicht

11) Ringe sind dreieckig. Alles, was drei Ecken hat, ist laut.
a) Alle Ringe sind laut.
b) Alle Dreiecke sind laut.
c) Alles was laut ist, ist ein Ring.
e) Alles was laut ist, ist ein Dreieck.

12) Jede Krone ist beliebt. Einige Kronen sind schwarz.
a) Gegenstände, die schwarz sind, sind beliebt.
b) Schwarze Kronen sind beliebt.
c) Einige beliebten Kronen sind nicht schwarz.
d) Alle beliebten Kronen sind schwarz.

13) Fahrräder fangen nach 17 Uhr an zu singen. Vor 17 Uhr schneit es Rasen. Rasen ist silber.
a) Nach 17 Uhr ist der Rasen nicht mehr silber.
b) Nach 17 Uhr schneit es Fahrräder und silbernen Rasen.
c) Nach 17 Uhr schneit es keinen silbernen Rasen.
d) Vor 17 Uhr singen Fahrräder nur, wenn es Rasen schneit.

14) Alle Mülltonnen machen Yoga. Yoga ist gut für die Gesundheit der Nase. Yoga macht man im Fliegen.
a) Mülltonnen können fliegen.
b) Mülltonnen haben gebrochene Nasen.
c) Wer eine gesunde Nase hat, ist eine Mülltonne.
d) Wer fliegen kann, hat eine gesunde Nase.

15) Im Juli ist die Farbe Schwarz am flüssigsten.
a) Im August ist die Farbe Schwarz nicht flüssig.
b) Im Winter ist die Farbe Schwarz weniger flüssig als im Juli.
c) Alles, was nicht die Farbe Schwarz ist, ist nicht flüssig.
d) Alles, was flüssig ist, ist nicht die Farbe Schwarz.

16) Alle Kinder hüpfen ungerne auf dem Wasser. Manches Wasser sieht sehr leise aus.
a) Alles, was sehr leise aussieht, ist Wasser.
b) Kinder hüpfen gerne auf allem, was kein Wasser ist.
c) Manches Wasser sieht nicht sehr leise aus.
d) Manche Kinder hüpfen gerne auf dem Wasser, aber nur, wenn es nicht sehr leise aussieht.

17) Einige Regenwürmer sind schon Großväter. Alle Großväter sind Löwen. Alle Löwen sind Opernsänger, aber keine Eulen.
a) Einige Regenwürmer sind Opernsänger.
b) Wer kein Opernsänger ist, kann auch kein Regenwurm sein.
c) Alle Löwen sind Regenwürmer.
d) Manche Eulen sind schon Großväter.

18) Alles, was gelb ist, ist ein Baum. Manche Bäume tanzen gerne.
a) Alles, was gelb ist, tanzt gerne.
b) Tanzende Bäume sind gelb.
c) Alles, was gelb ist, tanzt gerne.
d) Wer nicht gerne tanzt, ist kein Baum.

19) Jeder Rasen ist ein Lehrer. Alle Lehrer sind viereckig.
a) Jeder Rasen ist viereckig.
b) Alles, was viereckig ist, ist ein Lehrer.
c) Alles, was viereckig ist, ist ein Rasen.
d) Mancher Rasen ist nicht viereckig.

20) Jeder Sonnenstrahl trinkt gerne Blau. Manches, was gerne Blau trinkt, ist ein Zebra.
a) Jeder Sonnenstrahl ist ein Zebra.
b) Einige Sonnenstrahlen trinken nicht gerne Blau.
c) Alles, was gerne Blau trinkt, ist ein Sonnenstrahl.
d) Manche Sonnenstrahlen sind kein Zebra.

Lösungen

1) stimmt
2) stimmt nicht
3) stimmt
4) stimmt nicht
5) stimmt
6) stimmt nicht
7) stimmt nicht
8) stimmt
9) stimmt
10) stimmt nicht
11) a, b
12) b, c
13) c
14) a
15) b
16) c
17) a
18) b
19) a
20) d

Tipps zur Vorbereitung

Vgl. Schlussfolgerungen Aufgabentyp 2: Syllogismus.

Grafische Analogien fortführen

Bei dieser Aufgabe geht es darum, grafische Symbole in Bezug zueinander zu setzen. Ähnlich wie bei den Aufgaben zu Wortanalogien im Bereich der sprachlichen Intelligenz verhalten sich die abgebildeten grafischen Elemente zueinander, nämlich a : b wie c : d. Finden Sie jeweils das grafische Element, das »die Gleichung« folgerichtig ergänzt.

Beispielaufgaben

1)

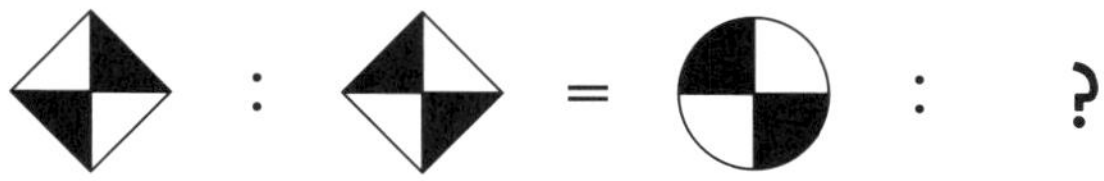

a) b) c) d) e)

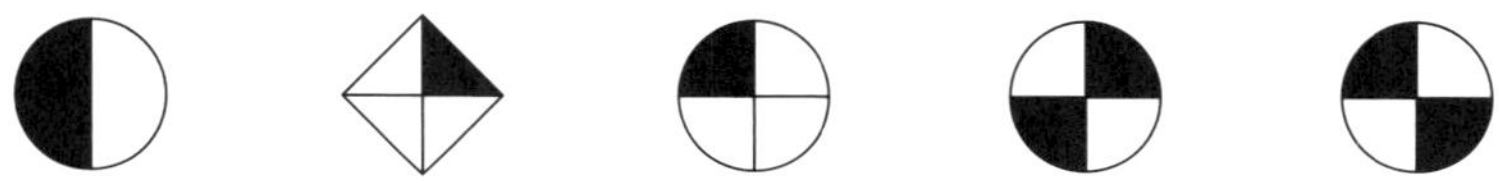

Lösung: d

2)

a) b) c) d) e)

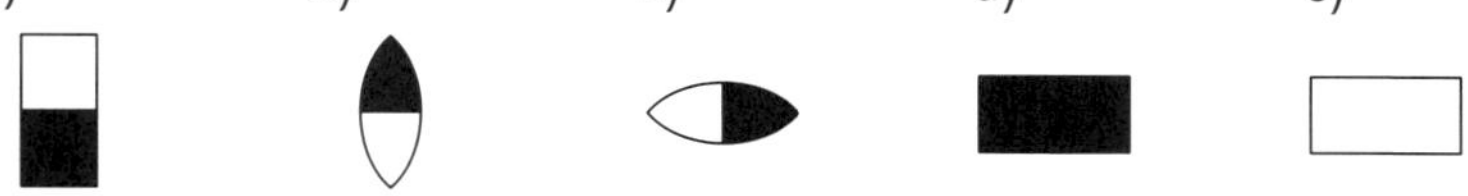

Lösung: e

Trainingsaufgaben

Für die 30 Aufgaben haben Sie **15 Minuten** Zeit.

1)

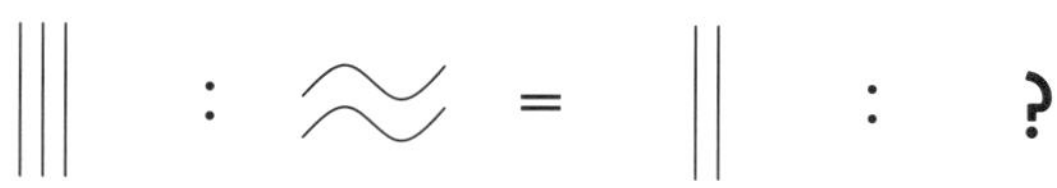

a) b) c) d) e)

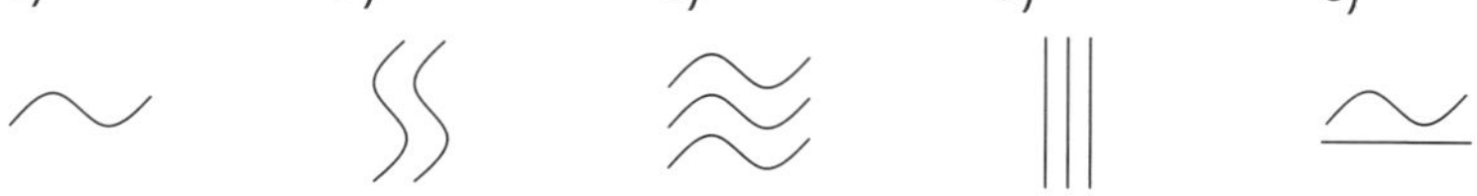

2) 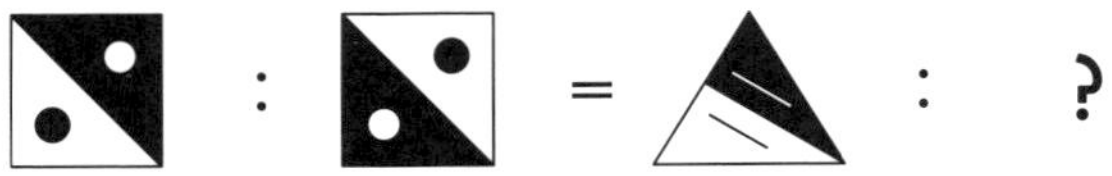

a) b) c) d) e)

3) 

a) b) c) d) e)

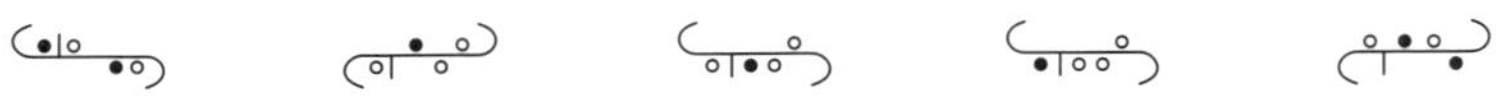

4) 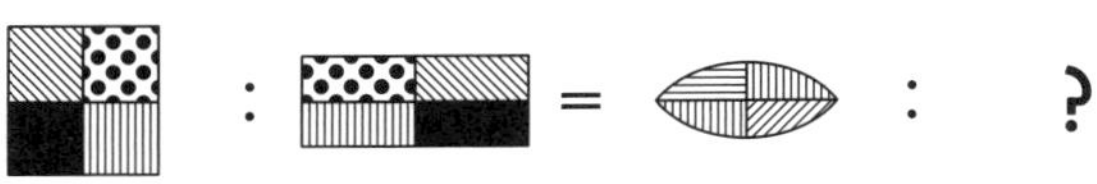

a) b) c) d) e)

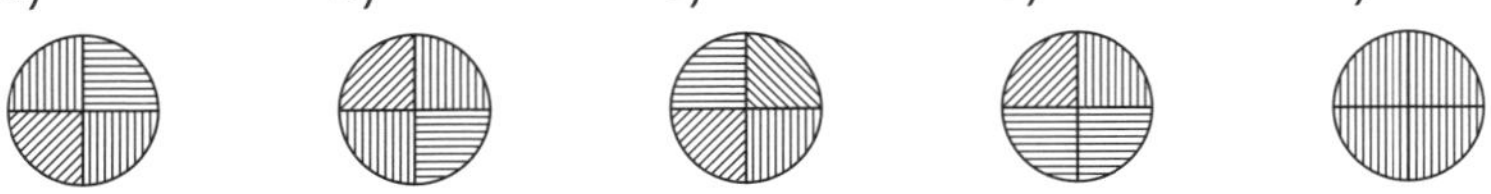

5) 

a) b) c) d) e)

6) 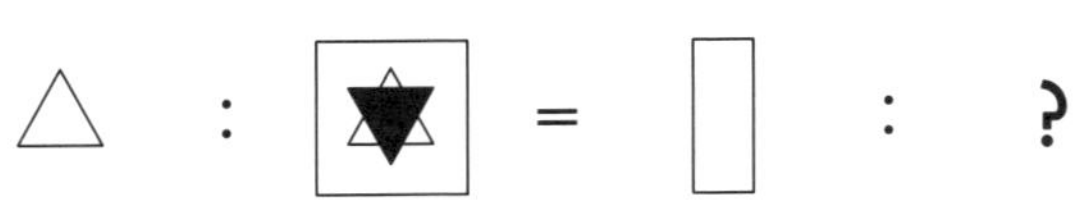

a) b) c) d) e)

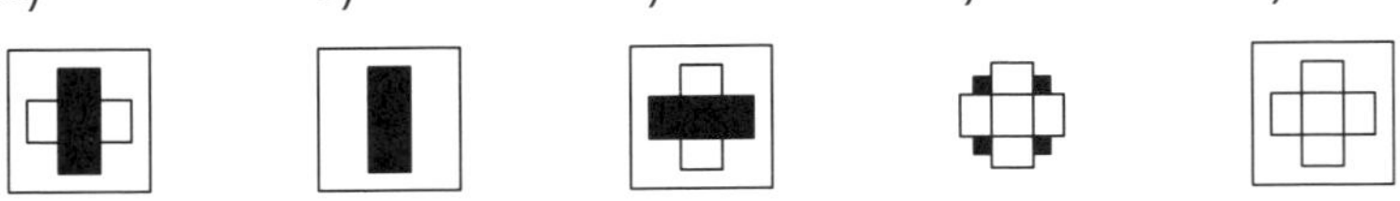

7) 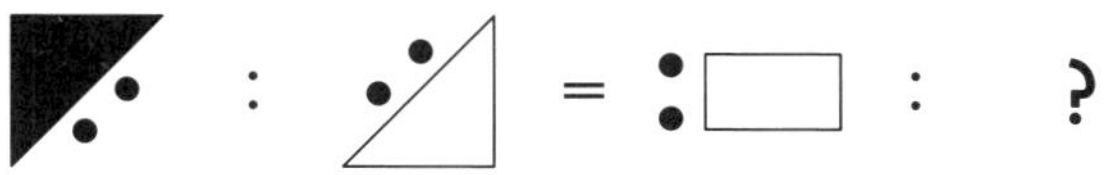

a) b) c) d) e)

8) 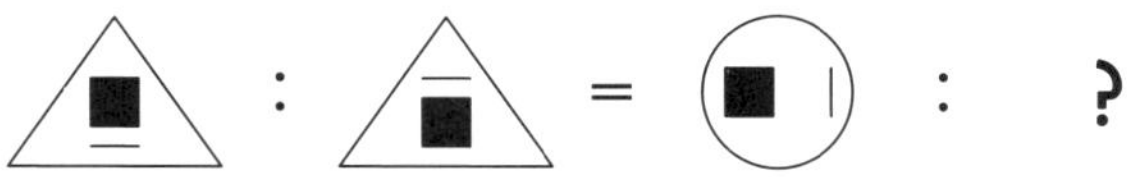

a) b) c) d) e)

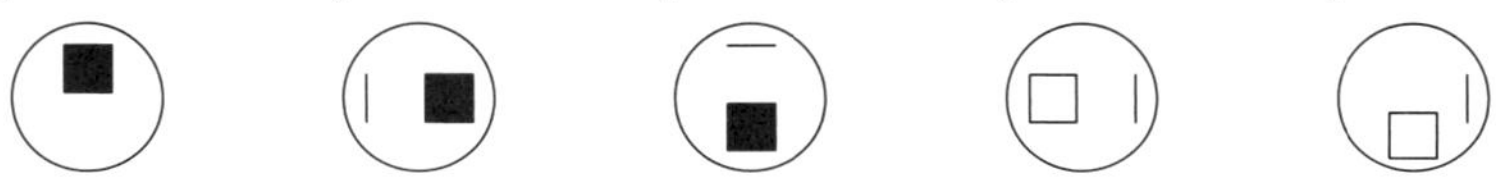

9) 

a) b) c) d) e)

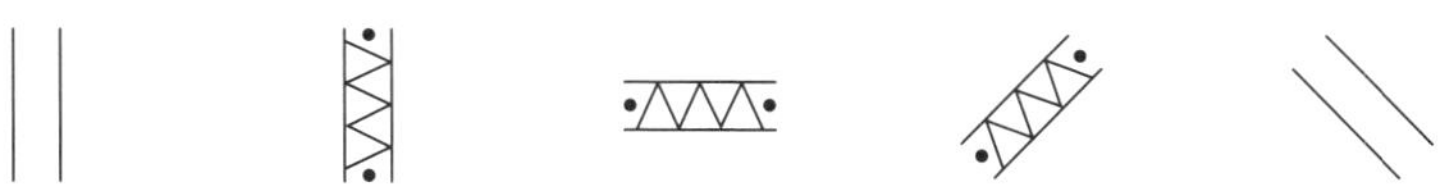

10) 

a) b) c) d) e)

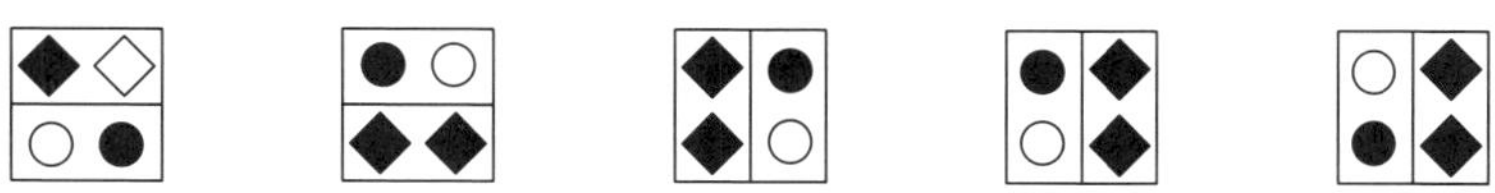

11) 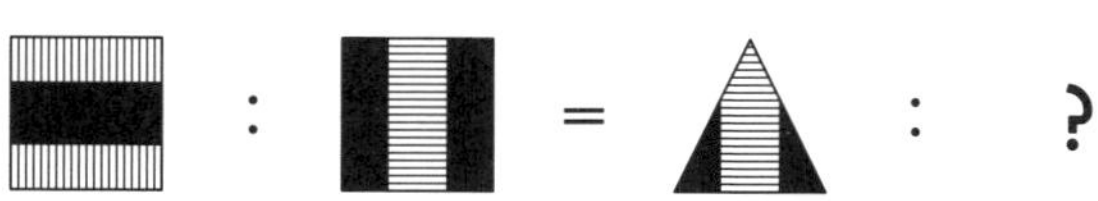

a) b) c) d) e)

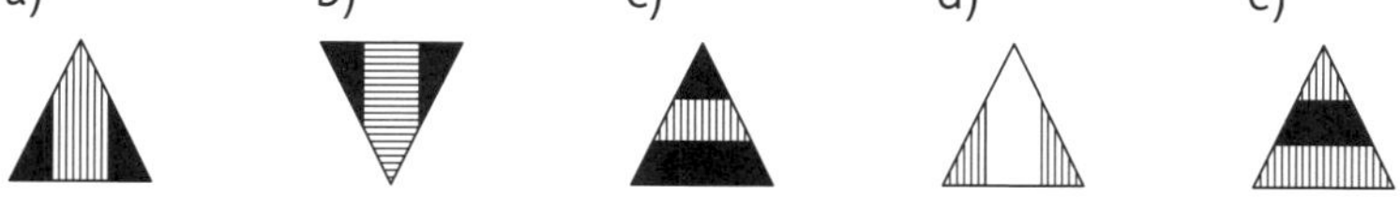

12) 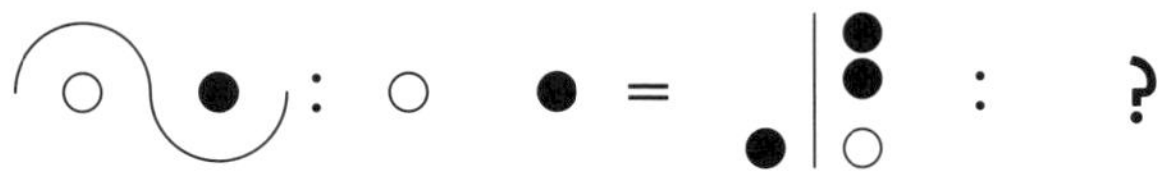

a) b) c) d) e)

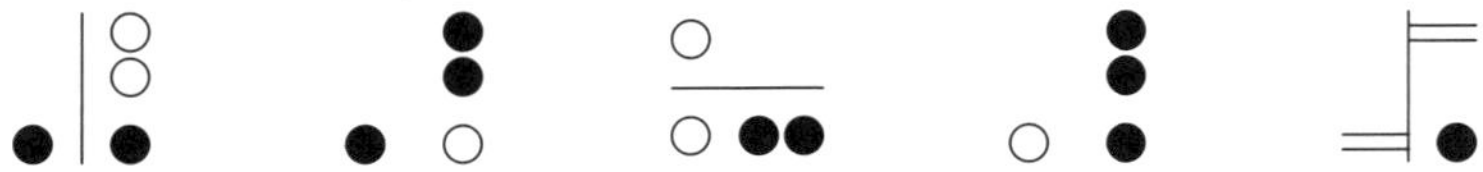

13) 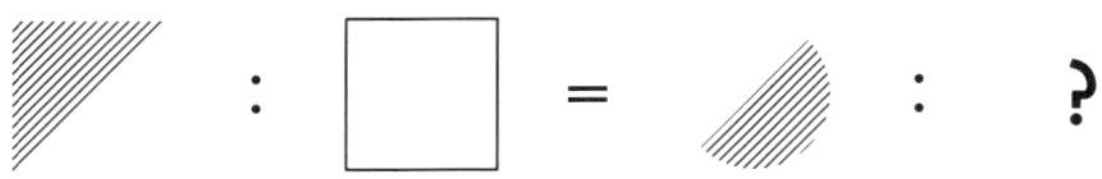

a) b) c) d) e)

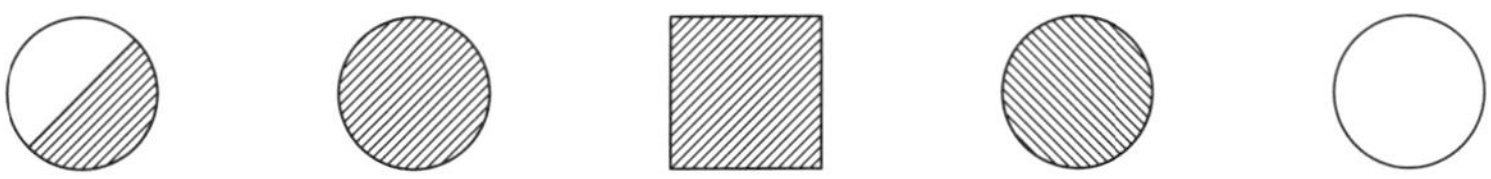

14) 

a) b) c) d) e)

15) 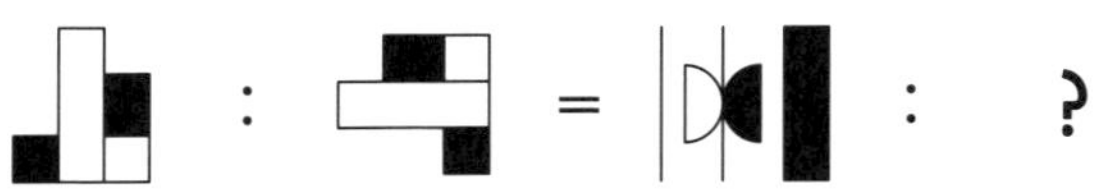

a) b) c) d) e)

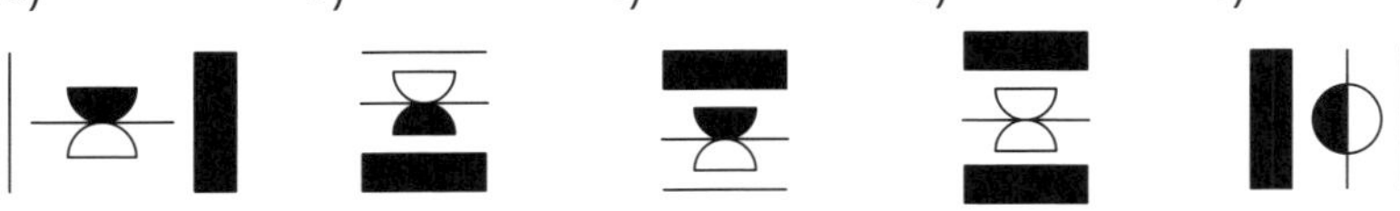

16) 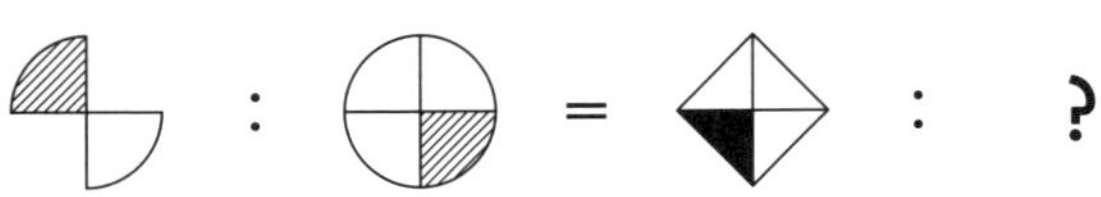

a) b) c) d) e)

17) 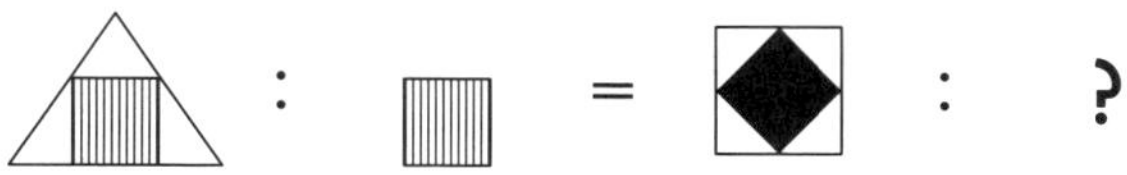

a) b) c) d) e)

18) 

a) b) c) d) e)

19) 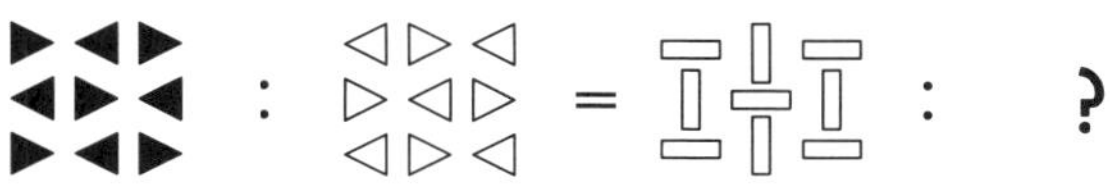

a) b) c) d) e)

20) 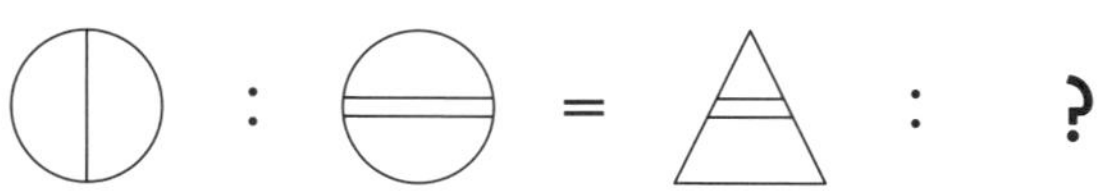

a) b) c) d) e)

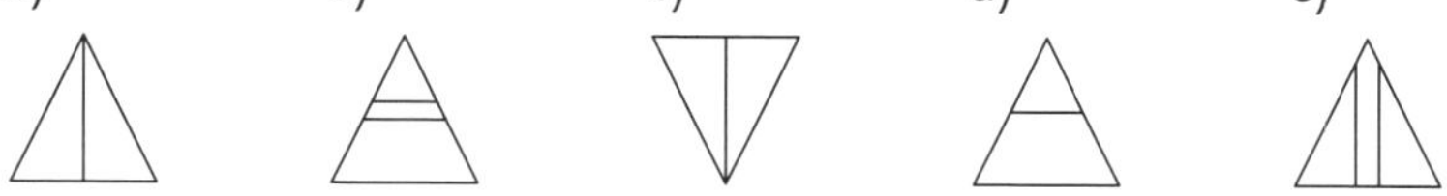

21) 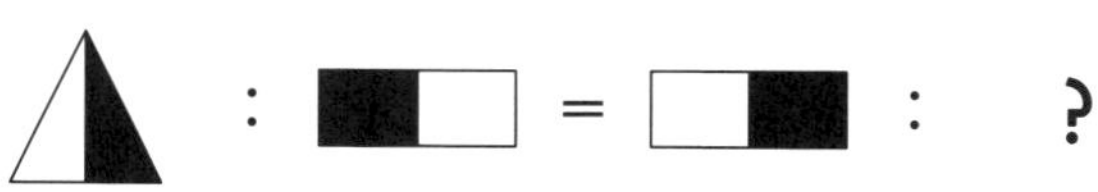

a) b) c) d) e)

22)

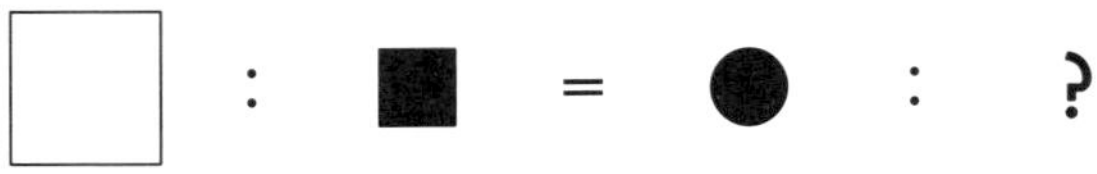

a) b) c) d) e)

23)

a) b) c) d) e)

24)

a) b) c) d) e)

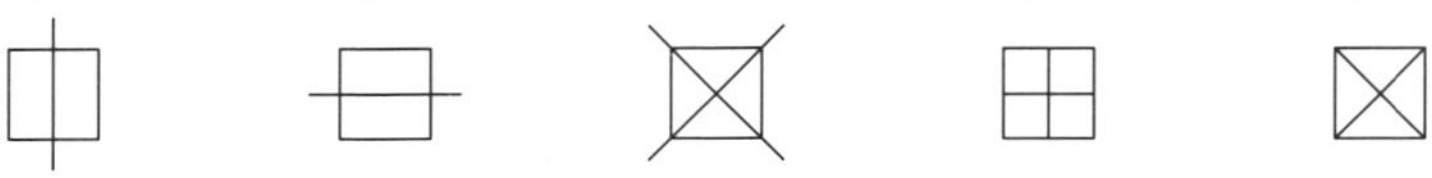

25)

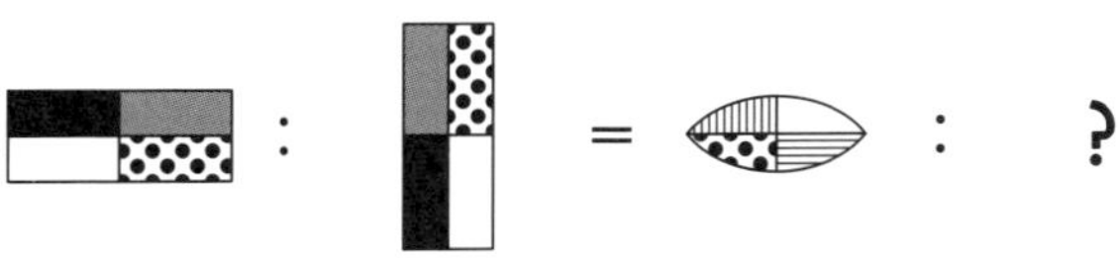

a) b) c) d) e)

26)

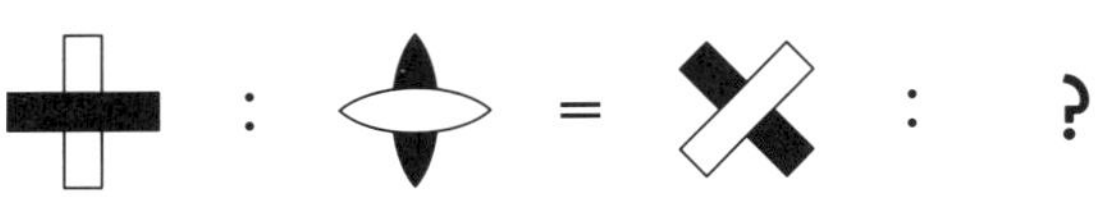

a) b) c) d) e)

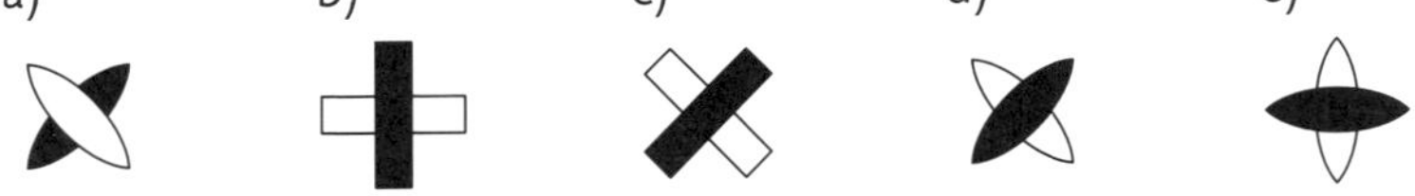

27) 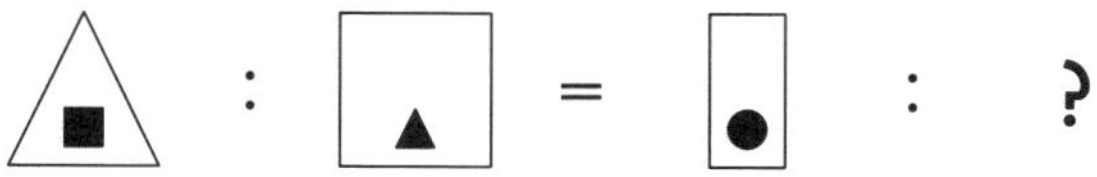

a) b) c) d) e)

28) 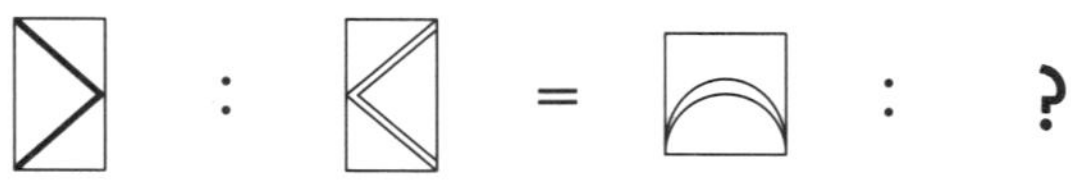

a) b) c) d) e)

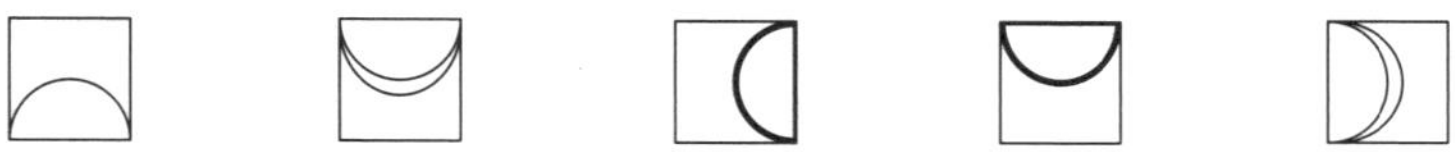

29) 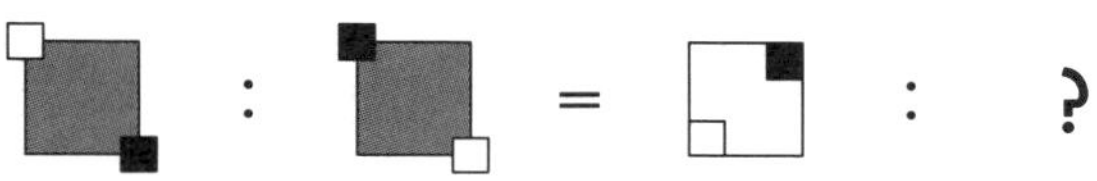

a) b) c) d) e)

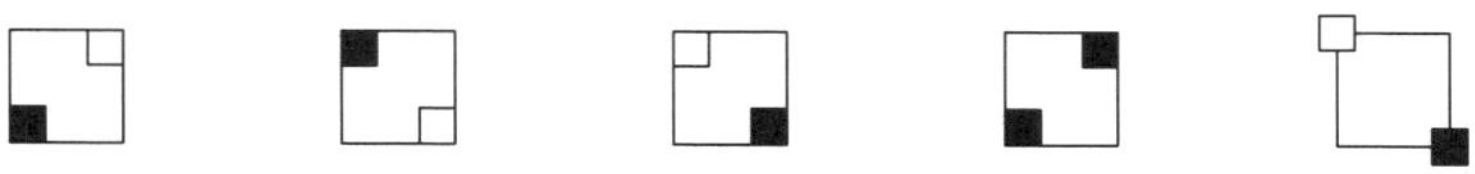

30) 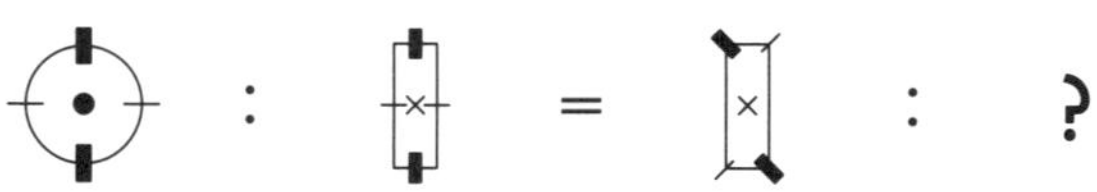

a) b) c) d) e)

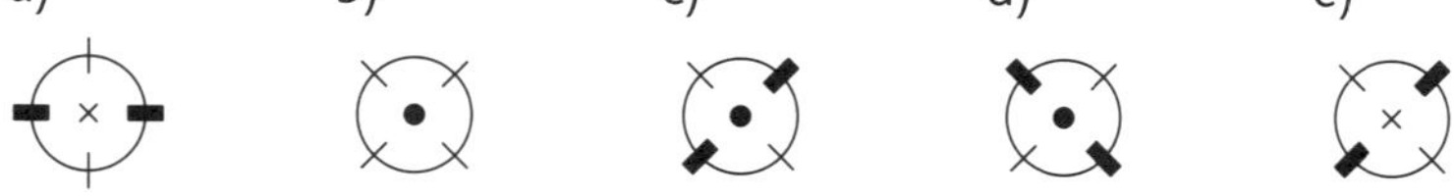

Lösungen

1) a
2) c
3) c
4) a
5) a
6) c
7) b
8) b
9) c
10) e
11) e
12) b
13) e
14) b
15) c
16) a
17) c
18) d
19) a
20) a
21) b
22) a
23) b
24) c
25) b
26) d
27) a
28) d
29) a
30) d

Tipps zur Vorbereitung

Behandeln Sie diesen Aufgabentyp wieder wie eine Gleichung und sprechen Sie leise vor sich aus, wie sich das erste grafische Element zum zweiten verhält und wie sich entsprechend das dritte zu einem vierten grafischen Element verhalten muss. Prüfen Sie dazu, was sich vom ersten zum zweiten Element verändert und was gleich bleibt. Verändern sich die Größe, die Lage, die Anordnung einzelner Bestandteile, die Ausgestaltung der Flächen? Werden grafische Elemente gespiegelt oder reduziert sich etwas bei dem grafischen Element, wird etwas weggelassen bzw. kommt etwas dazu? Und dann wenden Sie die »Veränderungsregel« vom ersten zum zweiten grafischen Element auf die Auswahl des folgerichtigen vierten Elements an, welches sich zum dritten so verhalten muss, wie das erste zum zweiten.

Tatsache und Meinung erkennen

Jetzt geht es darum, unter Zeitdruck Tatsachen von Meinungen zu unterscheiden. Eine Meinung ist dadurch gekennzeichnet, dass man darüber diskutieren kann und sie nicht eindeutig zutreffend ist. Eine Tatsache hingegen lässt sich sofort oder in kurzer Zeit beweisen.

Beispielaufgaben

1) Im Durchschnitt werden die Menschen in Deutschland heute älter als früher.
a) Tatsache
b) Meinung
Lösung: Tatsache
Diese Aussage lässt sich innerhalb kurzer Zeit anhand von Statistiken zur demografischen Entwicklung in der Bevölkerung beweisen.

2) Reisen ist ein bereicherndes Hobby.
a) Tatsache
b) Meinung
Lösung: Meinung
Diese Aussage trifft nicht für jeden Menschen zu. Manche Menschen reisen überhaupt nicht gerne und sehen im Reisen auch kein bereicherndes Hobby. Über diese Aussage lässt sich trefflich streiten beziehungsweise diskutieren.

Trainingsaufgaben

Für die Bearbeitung der 30 Aufgaben haben Sie **5 Minuten** Zeit.

1) 1 cm sind 10 mm.
a) Tatsache
b) Meinung

2) Hosen sind bequemer als Röcke.
a) Tatsache
b) Meinung

3) Berlin ist die Hauptstadt von Deutschland.
a) Tatsache
b) Meinung

4) Menschen sind Säugetiere.
a) Tatsache
b) Meinung

5) Hunde sind die besten Haustiere für kleine Kinder.
a) Tatsache
b) Meinung

6) Es gibt Menschen, die an Gott glauben.
a) Tatsache
b) Meinung

7) Der Ressourcenverbrauch hat in den letzten Jahren zugenommen.
a) Tatsache
b) Meinung

8) Opernmusik ist beruhigend.
a) Tatsache
b) Meinung

9) Man sagt, dass Rauchen die Gesundheit gefährdet.
a) Tatsache
b) Meinung

10) Bald wird die Robotertechnik das Leben leichter machen.
a) Tatsache
b) Meinung

11) Bevor man Kinder zur Welt bringt, sollte man geheiratet haben.
a) Tatsache
b) Meinung

12) Orchideen sind wunderschöne Blumen.
a) Tatsache
b) Meinung

13) Manche Menschen lügen.
a) Tatsache
b) Meinung

14) Tee schmeckt besser als Kaffee.
a) Tatsache
b) Meinung

15) Fernsehen ist Zeitverschwendung.
a) Tatsache
b) Meinung

16) Die Weltbevölkerung wächst.
a) Tatsache
b) Meinung

17) In der Stadt ist das Leben am lebenswertesten.
a) Tatsache
b) Meinung

18) Manche Menschen halten Politiker für korrupt.
a) Tatsache
b) Meinung

19) Es gibt Menschen, die Flugangst haben.
a) Tatsache
b) Meinung

20) Die asiatische Küche ist oftmals zu scharf im Geschmack.
a) Tatsache
b) Meinung

21) Man sagt, dass Bewegung gesund sei.
a) Tatsache
b) Meinung

22) Bücher zu lesen, erweitert den Horizont.
a) Tatsache
b) Meinung

23) Autofahren ist anstrengend.
a) Tatsache
b) Meinung

24) Zu Pflaumenkuchen schmeckt Vanillesoße am besten.
a) Tatsache
b) Meinung

25) Die medizinische Versorgung in Deutschland ist eine der besten in der Welt.
a) Tatsache
b) Meinung

26) Politik ist ein skrupelloses Geschäft.
a) Tatsache
b) Meinung

27) Es gibt zunehmend übergewichtige Menschen in Deutschland.
a) Tatsache
b) Meinung

28) Abends sollte nur noch leichte Kost verzehrt werden.
a) Tatsache
b) Meinung

29) Es gibt Menschen, für die thailändisches Essen zu scharf im Geschmack ist.
a) Tatsache
b) Meinung

30) Manche Menschen werden 100 Jahre alt.
a) Tatsache
b) Meinung

Lösungen

1) a
2) b
3) a
4) a
5) b
6) a
7) a
8) b
9) a
10) b
11) b
12) b
13) a
14) b
15) b
16) a
17) b
18) a
19) a
20) b
21) a
22) b
23) b
24) b
25) a
26) b
27) a
28) b
29) a
30) a

Buchstabenschemata erkennen

Sie sehen fünf Buchstabengruppen, bestehend aus jeweils vier Buchstaben. Vier der Buchstabengruppen sind nach einem bestimmten Schema angeordnet, eine hingegen folgt nicht diesem Schema. Kreuzen Sie die Gruppe an, die nicht demselben Schema folgt.

Beispielaufgabe

a) DCBA b) ONML c) HGFE d) VUTS e) ZBDF.

Lösung: e) ist in diesem Fall nicht nach der gleichen Reihenfolge aufgebaut wie die restlichen Buchstabengruppen. Die anderen Reihenfolgen sind alphabetisch rückwärts aufgeführt.

Trainingsaufgaben

Für die 15 Aufgaben haben Sie **3 Minuten** Zeit.

1) a) ACEG b) FGOP c) KMOQ d) SUWY e) ZBDF

2) a) FDCB b) IHGF c) UTSR d) PONM e) CBAZ

3) a) MNPQ b) BCFG c) KLOP d) STWX e) ZADE

4) a) BCAD b) EFDG c) HIGJ d) LMKN e) NOMQ

5) a) KLMN b) NOPQ c) QRTU d) UVWX e) XYZA

6) a) EFGI b) HIJL c) MNOQ d) STUW e) CDEH

7) a) CBAD b) FEDG c) QPOR d) UTSW e) WVUX

8) a) IHFG b) POMN c) WUST d) EDBC e) JIGH

9) a) MKIG b) QONM c) POML d) VTSR e) OMLK

10) a) GIKM b) DBZX c) ZXVT d) KIGD e) RPNL

11) a) JMPS b) VYBE c) HKNQ d) TWYC e) FILO

12) a) MLNO b) POQR c) WVXY d) UTVW e) LKMO

13) a) KLNO b) MNPR c) NOQR d) UVXY e) ZACD

14) a) EJOT b) INSX c) LQVA d) UZEJ e) GLRV

15) a) MLON b) QPST c) KJML d) JILK e) NMPO

Lösungen

1) b) ist falsch.
2) a) ist falsch.
3) a) ist falsch.
4) e) ist falsch.
5) c) ist falsch.
6) e) ist falsch.
7) d) ist falsch.
8) c) ist falsch, statt W müsste am Anfang ein V stehen.
9) c) ist falsch.
10) d) ist falsch.
11) d) ist falsch, statt Y müsste hier ein Z stehen. Die Reihe folgt dem Muster +3, d. h. J +3, M+3, P+3, S
12) e) ist falsch.
13) b) ist falsch.
14) e) ist falsch, statt R müsste ein Q stehen.
15) b) ist falsch.

Tipps zur Vorbereitung

Gehen Sie die einzelnen Buchstabengruppen durch und überlegen Sie, welchem Schema die Buchstaben in den Gruppen folgen. In unserer Beispielaufgabe folgen die Buchstabengruppen dem Schema »rückwärts alphabetisch«: a) DCBA, umgedreht ABCD; b) ONML, umgedreht LMNO; c) HGFE, umgedreht EFGH; d) VUTS, umgedreht STUV, aber e) ZBDF umgedreht ergibt nicht die richtige alphabetische Reihenfolge der Buchstaben. Lösung: e) ist in diesem Fall also nicht nach dem gleichen Schema aufgebaut wie die restlichen Buchstabengruppen.
Vergleichen Sie alle Antwortoptionen miteinander. Wenn eine Buchstabengruppe als einzige nicht dem Schema der übrigen folgt, haben Sie die richtige Gruppe herausgefunden. Dabei ist es hilfreich – sofern es die Testsituation erlaubt –, sich auf ein Blatt Papier alle Buchstaben des Alphabets nacheinander zu notieren, um Buchstabenmuster leichter zu erkennen.

Buchstabenreihen logisch ergänzen

Bei dieser Aufgabe wird Ihnen eine Buchstabenreihe vorgegeben. Wählen Sie aus den darunterstehenden Optionen denjenigen Buchstaben aus, der die Buchstabenreihe logisch folgerichtig ergänzt.

Beispielaufgabe

G H G I G J G K G ?

Mögliche Antwort: a) G b) L c) H d) M

Lösung: b) L ist richtig.

Schema: Die Buchstabenreihe ist nach folgendem Prinzip aufgebaut: Zwischen den Buchstaben in alphabetischer Reihenfolge wird jeweils ein »G« eingesetzt.
Also: **H** (G) **I** (G) **J** (G) **K** (G) **L.**

Trainingsaufgaben

Für die 30 Aufgaben haben Sie **15 Minuten** Zeit.

1) B C B D B E B F B ?
   a) G b) H c) A d) B

2) K M O Q S U W Y A ?
   a) B b) C c) D d) E

3) L K J I H G F E D ?
   a) M b) C c) E d) G

4) C D F G I J L M O ?
   a) P b) Q c) R d) S

5) K N Q T W Z C F I ?
   a) J b) L c) K d) H

6) K L J I M N H G O ?
   a) Q b) P c) F d) R

7) T U V S W X Y V Z ?
   a) X b) B c) F d) A

8) T U W X Z A C D F ?
   a) H b) G c) J d) K

9) B D E H I J N O P ?
   a) R b) Q c) S d) V

10) D H L P T X B F J ?
   a) L b) M c) N d) O

11) L M P Q T U X Y B ?
   a) A b) C c) E d) G

12) E D J I O N T S Y ?
   a) Z b) X c) Y d) A

13) E E F G H H I J K ?
   a) K b) L c) J d) E

14) M N O O N M P Q R ?
   a) R b) S c) Q d) T

15) L M N O P Q P O N ?
   a) L b) M c) O d) Q

16) C D D E F F G H H ?
   a) I b) J c) K d) G

17) J K L L M N N O P ?
   a) P b) R c) O d) N

18) T U U T V W W V X ?
   a) V b) X c) Y d) S

19) L M O Q R T V W Y ?
   a) A b) B c) W d) Z

20) A B B A D E E D G ?
   a) F b) G c) H d) I

21) S T V V X Y A A C ?
   a) B b) C c) D d) R

22) C D E H G F I J K ?
a) B b) M c) N d) L

23) A D B C E H F G I L ?
a) J b) K c) L d) M

24) S T U A B C I J K ?
a) M b) O c) Q d) R

25) L O S X D K S B L ?
a) S b) P c) W d) A

26) A Z B Y C X D W E ?
a) G b) F c) U d) V

27) M Q N R O S P T Q
a) N b) U c) T d) X

28) M L K N O P J I H ?
a) I b) S c) Q d) R

29) A B B A B B C C B C C D D ?
a) C b) B c) A d) D

30) R S V X Y B D E H ?
a) K b) J c) L d) T

Lösungen

1) a) G
2) b) C
3) b) C
4) a)P
5) b) L
6) b) P
7) d) A
8) b) G
9) b) Q
10) c) N
11) b) C
12) b) X
13) a) K
14) a) R
15) b) M
16) a) I
17) a) P
18) c) Y
19) a) A
20) c) H
21) c) D
22) c) N
23) a) J
24) c) Q
25) c) W
26) d) V
27) b) U
28) a) Q
29) a) C
30) b) J

Tipps zur Vorbereitung

Es geht darum, die Regel, nach der die Buchstabenreihe aufgebaut ist, zu erkennen und fortzuführen. Zum Beispiel kann eine Reihe so aufgebaut sein, dass zwischen jedem Buchstaben drei Buchstaben des Alphabets übersprungen werden:
A E I M Q ? – Welcher Lösungsvorschlag ist der richtige?
1) T 2) U 3) V 4) W ?
Die Buchstabenreihe wird folgerichtig durch den Buchstaben »U« fortgesetzt, also ist die Lösung 2) die richtige.
Schauen Sie sich die Buchstabenreihe genau an. Überlegen Sie wie die dahinterstehende Logik aussieht. Denken Sie daran, dass Buchstaben des Alphabets übersprungen werden können, dass die Reihenfolge umgekehrt sein kann oder dass verschiedene Prinzipien kombiniert werden können, dass beispielsweise Buchstaben übersprungen und gedoppelt oder rückwärts angeordnet und gedoppelt werden können usw. Wieder ist es hilfreich, sofern es die Testsituation erlaubt, sich auf ein Blatt Papier alle Buchstaben des Alphabets nacheinander zu notieren, um die Logik einer Buchstabenreihe leichter zu erkennen.

Flussdiagramme ergänzen

Die nächste Trainingsaufgabe macht Sie mit einem weiteren Aufgabentyp von Einstellungsverfahren vertraut: den Flussdiagrammen. In diesen Diagrammen, auch Ablaufschema genannt, wird ein Problem oder ein bestimmter Vorgang grafisch dargestellt. Die Pfeile des Diagramms geben hierbei die Richtung des Ablaufes an. Darüber hinaus befinden sich in der Grafik Handlungsfelder, Fragen, Antworten und nummerierte Felder, die von Ihnen ausgefüllt und logisch ergänzt werden sollen. Für die mit den Zahlen 1, 2 und 3 beschrifteten Kästchen soll von Ihnen der korrekte Inhalt aus den fünf vorgegebenen Antwortoptionen (a, b, c, d, e) geschlussfolgert und ausgewählt werden. Bitte beachten Sie, dass für jede der Zahlen jeweils nur eine der Lösungen korrekt ist und das Flussdiagramm logisch folgerichtig ergänzt.

Trainingsaufgaben

Für jede Aufgabe haben Sie **3 Minuten** Zeit.

Aufgabe 1

Frau Semmler benötigt einen neuen Fernseher. Zur Auswahl stehen die folgenden Optionen:

A 1800 Euro; Lieferung nicht außerhalb Deutschlands möglich; sehr hohe Qualität

B 1500 Euro; Lieferung außerhalb Deutschlands möglich; hohe Qualität

C 900 Euro; Lieferung nicht außerhalb Deutschlands möglich; mittlere Qualität

1) Welcher Text gehört in das Kästchen 1?
a) Keine 900 Euro vorhanden?
b) Frau Semmler bestellt Option A.
c) Frau Semmler bestellt Option B.
d) Frau Semmler benötigt eine höhere Qualität.
e) Das Gerät ist nicht mehr lieferbar.

2) Welcher Text gehört in das Kästchen 2?
a) Wohnt Frau Semmler in Deutschland?
b) Frau Semmler kauft Option A.
c) Frau Semmler kauft Option B.
d) Das Gerät ist nicht außerhalb Deutschlands lieferbar.
e) Das Gerät ist ausverkauft.

3) Welcher Text gehört in das Kästchen 3?
a) Frau Semmler kauft keine der Optionen.
b) Das Gerät ist ausverkauft.
c) Frau Semmler kauft Option A.
d) Es ist zu wenig Geld vorhanden.
e) Das Gerät ist nicht außerhalb Deutschlands lieferbar.

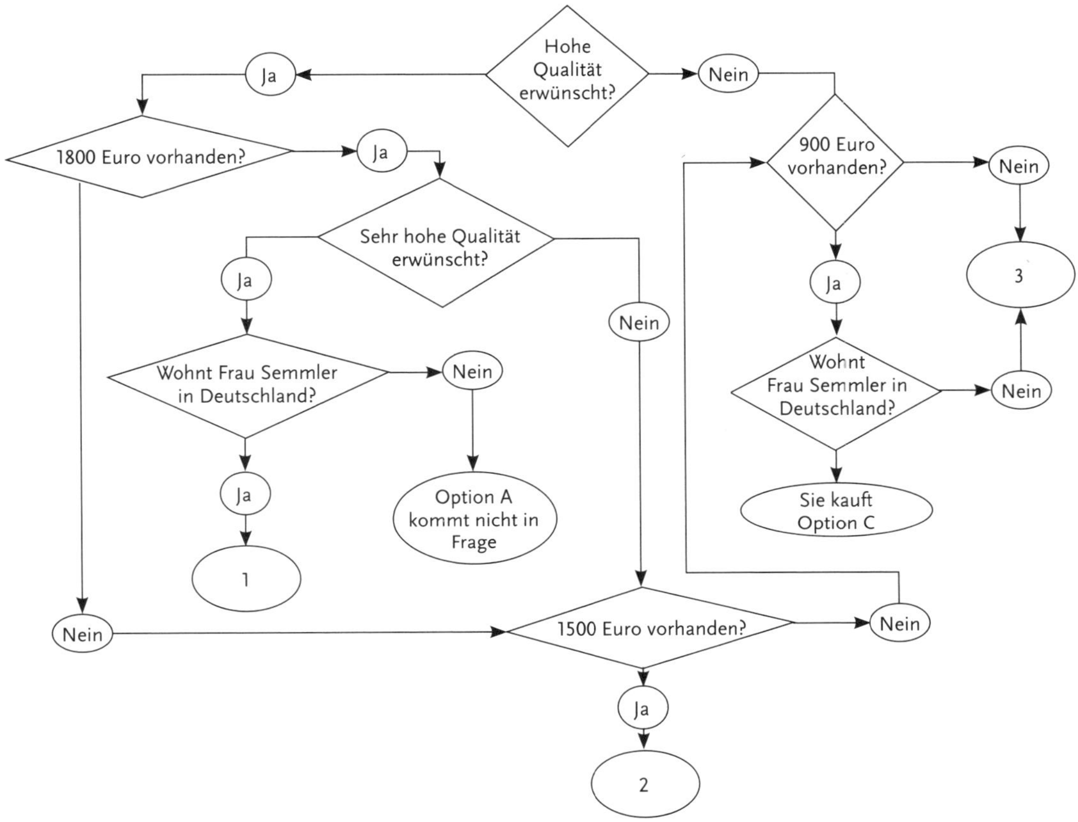
Hohe Qualität erwünscht?
Ja
Nein
1800 Euro vorhanden?
Ja
Sehr hohe Qualität erwünscht?
Ja
Nein
Wohnt Frau Semmler in Deutschland?
Nein
Ja
Option A kommt nicht in Frage
1
900 Euro vorhanden?
Nein
3
Ja
Wohnt Frau Semmler in Deutschland?
Nein
Sie kauft Option C
Nein
1500 Euro vorhanden?
Nein
Ja
2

Aufgabe 2
Eine Fabrik produziert Milcherzeugnisse, die in drei verschiedenen Hallen gelagert werden.

In Halle A werden gelagert:
- Gastronomieprodukt 5-Kilogramm-Eimer (Joghurt)
- Milch (1-Liter-Flaschen)

In Halle B werden gelagert:
- Milch (1-Liter-Tetra-Pak)
- Buttermilch (0,5-Liter-Becher)

In Halle C werden gelagert:
- Endverbraucherprodukt 0,2-Kilogramm-Becher (Joghurt)

1) Welche Antwortoption gehört in das Kästchen 1?
a) 0,2-Kilogramm-Becher?
b) Flaschen?
c) 5-Kilogramm-Eimer?
d) Buttermilch?
e) Tetra Pak?

2) Welche Antwortoption gehört in das Kästchen 2?
a) Tetra Pak?
b) Joghurt?
c) 0,5-Liter-Becher?
d) Flaschen?
e) 5-Kilogramm-Eimer?

3) Welche Antwortoption gehört in das Kästchen 3?
a) Produkt ist ein Joghurt.
b) Produkt ist Buttermilch im 0,5-Liter-Becher.
c) Produkt ist Milch in 1-Liter-Flasche.
d) Produkt ist Milch im 1-Liter-Tetra-Pak.
e) Produkt ist Quark.

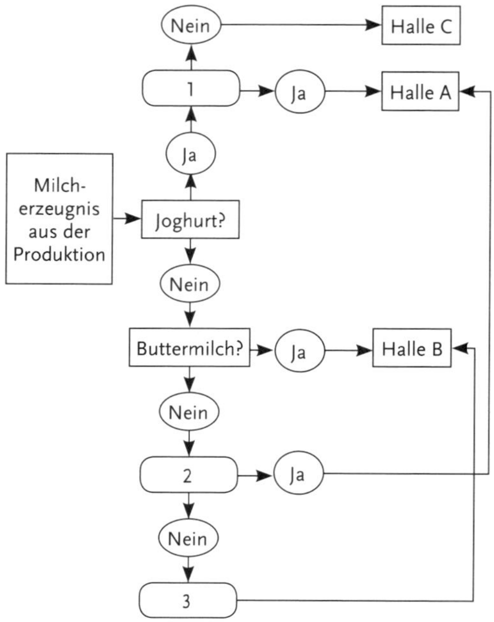

Aufgabe 3
Herr Geiß möchte seinen Sommerurlaub buchen und sucht hierfür die Beratung eines Reisebüros. Für die Verpflegung werden verschiedene Optionen angeboten, bei denen es gilt, das passende Angebot für seine Bedürfnisse zu finden.

A Halbpension (Frühstück + Abendessen)
B All inclusive (Frühstück, Mitagessen, Abendessen)
C Nur Frühstück
D Ohne Verpflegung
E Nur Abendessen

1) Welcher Text gehört in das Kästchen 1?
a) Herr Geiß kann die Reise nicht buchen.
b) Ohne Verpflegung – Option D
c) Sind Getränke erwünscht?
d) Herr Geiß bucht die Reise.
e) Nur Abendessen – Option E

2) Welcher Text gehört in das Kästchen 2?
a) Längerer Zeitraum als 7 Tage erwünscht?
b) Mittagessen ewünscht?
c) All inclusive – Option B
d) Nur Frühstück – Option C
e) Buchung des Spa-Bereiches erwünscht?

3) Welcher Text gehört zum Kästchen 3?
a) Hat das Hotel gute Bewertungen?
b) Reist Herr Geiß alleine?
c) Die Option kann nicht gebucht werden.
d) Soll noch eine weitere Reise gebucht werden?
e) Herr Geiß bucht die Reise.

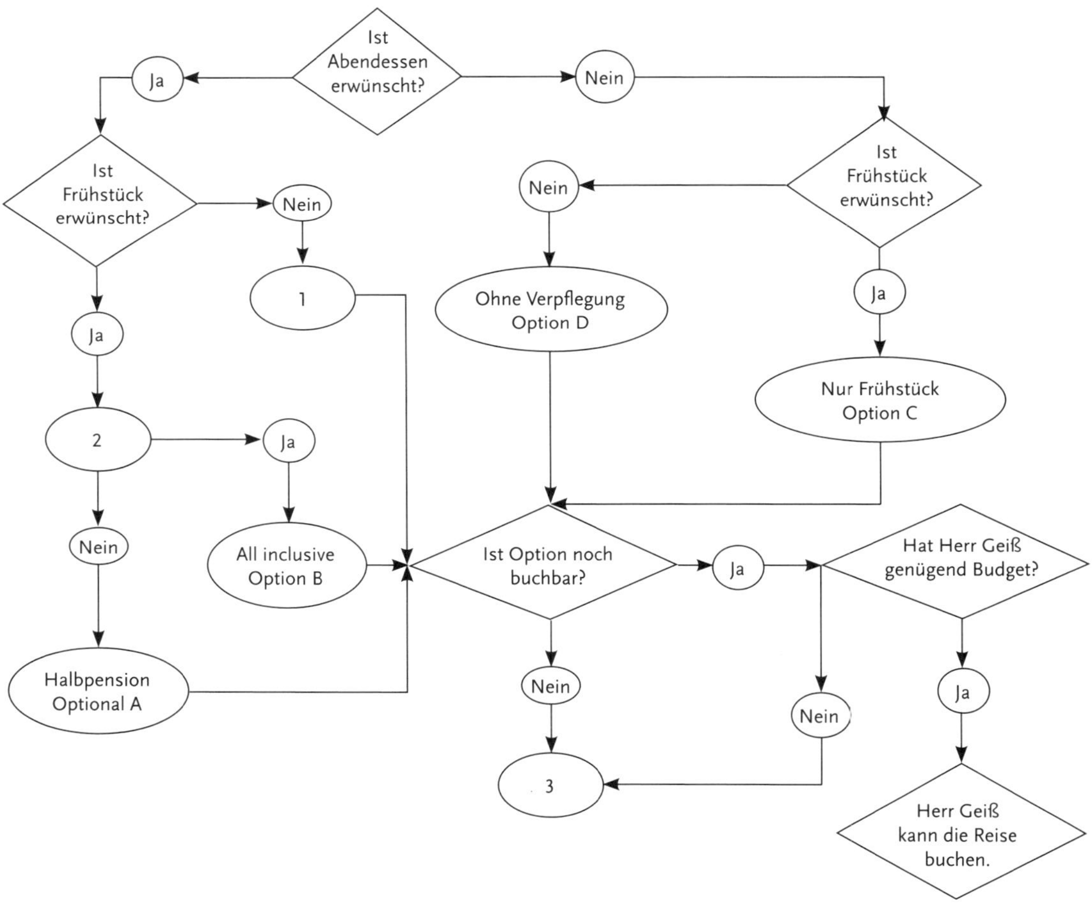

Aufgabe 4
Ein Bodenleger hat Eichenparkett zu folgenden Tarifen im Angebot:

Eichenparkett
- Standard: Tarif A; mit Versiegelung Tarif B
- Klassik: Tarif B; mit Versiegelung Tarif C
- Luxus: Tarif C; mit Versiegelung Tarif D

1) Welche Antwortoption gehört in das Kästchen 1?
a) Eichenparkett Luxus?
b) Tarif B
c) Tarif C
d) Versiegelung?
e) Auftrag kann nicht erteilt werden.

2) Welche Antwortoption gehört in das Kästchen 2?
a) Tarif A
b) Bodenleger hat die Parkettvariante nicht im Angebot.
c) Tarif D
d) Auftrag kann erteilt werden.
e) Tarif C

3) Welche Antwortoption gehört in das Kästchen 3?
a) Familie Reichert entscheidet sich für Ahornparkett.
b) Der Bodenleger kann nicht liefern.
c) Buchenparkett wäre günstiger.
d) Die Tarife sind falsch berechnet.
e) Tarif ist berechnet, Auftrag kann erteilt werden.

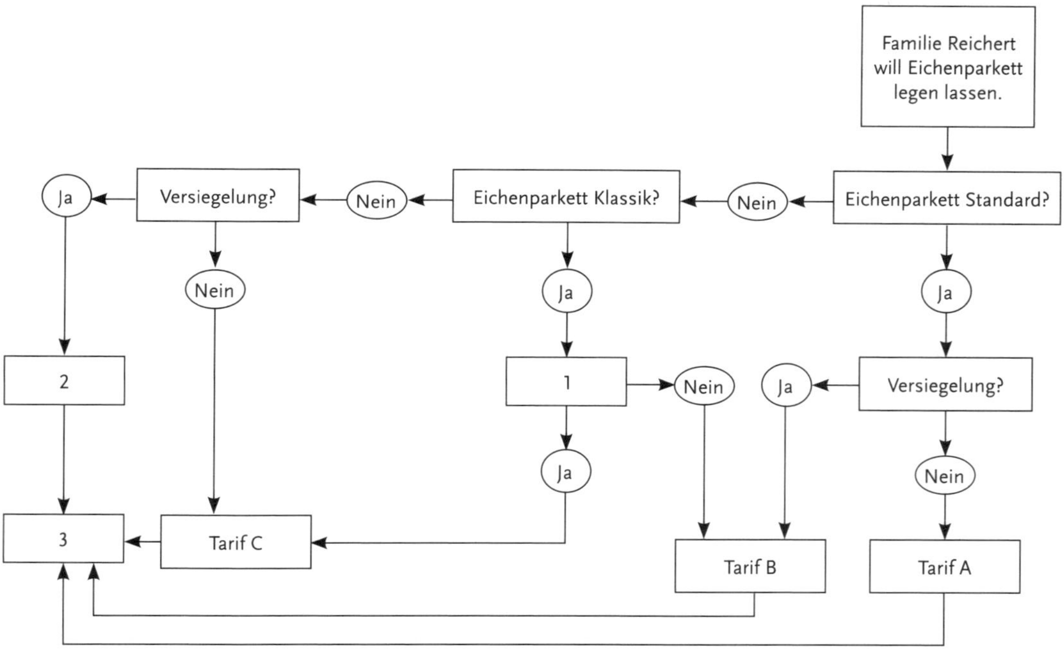

Lösungen

Aufgabe 1:
1) b
2) c
3) a

Aufgabe 2:
1) c
2) d
3) d

Aufgabe 3:
1) e
2) b
3) c

Aufgabe 4:
1) d
2) c
3) e

Tipps zur Vorbereitung

Suchen Sie zunächst den Ausgangspunkt des Flussdiagramms. Folgen Sie am besten mit dem Finger der Pfeilrichtung entlang eines Entscheidungsweges. Sprechen Sie leise die »Wenn-dann-Beziehungen« aus, die sich aufgrund der Angaben entlang der Flussdiagramme ergeben. Beispielsweise: »Wenn ›Ja‹, dann ...«, »Wenn ›Nein‹, dann ...« und probieren Sie die verschiedenen Antwortoptionen dadurch aus. So finden Sie am schnellsten die logisch richtigen Antwortoptionen, die das Flussdiagramm vervollständigen.

Sprachlogisches Denken

In allen Intelligenztests, und damit in allen Einstellungstests, kommen umfangreiche Aufgaben zur sprachlichen Intelligenz vor. Dabei geht es um die Überprüfung Ihrer Fähigkeit, Sprache zu verstehen, logisch richtig zu verwenden und zu lernen. Für Berufe, die mit Sprache zu tun haben, sind diese Fähigkeiten besonders wichtig, beispielsweise für Rechtsanwälte, Politiker, Lektoren, Psychotherapeuten, Werbetexter, Schriftsteller oder Berater. Mit den verschiedenen Aufgabentypen werden Ihr Sprachgefühl, Ihre Sprachfantasie und Ihre Fähigkeit, Wortbedeutungen zu erfassen, überprüft. Wieder geht es darum, wie schnell Sie wie viele richtige Lösungen finden.
Für Ihre persönliche Auswertung gilt generell: Wenn Sie in der vorgegebenen Zeit mindestens **50 Prozent der Aufgaben** richtig gelöst haben (beispielsweise bei »Wortanalogien finden« oder bei »Wortauswahl treffen«), ist das bereits ein befriedigendes Ergebnis. Haben Sie zwischen **60 und 75 Prozent der Aufgaben** richtig gelöst, entspricht das einer sehr guten Leistung. **100 Prozent** sind erfahrungsgemäß nicht zu erreichen.

Wortanalogien finden

Sie sehen zwei Wörter, die logisch miteinander zusammenhängen. Zu einem dritten Wort muss aus den vorgegebenen Antwortoptionen ein Wort ausgewählt werden, das zu ihm in Beziehung steht. Die Beziehung soll dabei der Beziehung zwischen dem ersten und dem zweiten Wort entsprechen.

Bearbeitungshinweis

Wortanalogien sind sprachliche Gleichungen. Bei diesem Aufgabentyp werden das Sprachgefühl und das Verständnis für logische Beziehungen zwischen Wörtern getestet. Es sind zwei Wörter vorgegeben, die miteinander zusammenhängen, und zu einem dritten Wort muss ein viertes ausgewählt werden, deren Beziehung der Beziehung der beiden ersten Wörter entspricht. Die Standardgleichung der Wortanalogie lautet: »a« verhält sich zu »b« wie »c« zu »d«.

Beispielaufgabe

Augen : sehen = Finger : ?

a) riechen
b) schmecken
c) hören
d) tasten

Lösung: Mit den Augen kann man sehen, mit den Fingern kann man tasten, deshalb ist Lösung d) richtig.

Trainingsaufgaben

Für die 40 Aufgaben haben Sie **10 Minuten** Zeit.

1) Hammer : Werkzeug = Tulpe : ?

a) Duft
b) Blume
c) Rose
d) Vase

2) Mund : trinken = Nase : ?

a) fühlen
b) riechen
c) verdauen
d) schlafen

3) Onkel : Tante = Opa : ?
a) Mutter
b) Vater
c) Oma
d) Neffe

4) Film : Regisseur = Buch : ?
a) Schauspieler
b) Charakter
c) Autor
d) Titel

5) Stift : Papier = Pinsel : ?
a) Malen
b) Singen
c) Reisen
d) Leinwand

6) Strumpf : Fuß = Mütze : ?
a) Kopf
b) Ohren
c) Arm
d) Haare

7) Finger : Nagel = Kopf : ?
a) Shampoo
b) Haare
c) Mütze
d) Läuse

8) Flasche : Deckel = Badewanne : ?
a) Stöpsel
b) Seife
c) Schampoo
d) Ente

9) Tag : Nacht = Bejahen : ?
a) Zweifeln
b) Verstummen
c) Überlegen
d) Verneinen

10) Dokumentation : Komödie = Wissensvermittlung : ?
a) Unterhaltung
b) Gespräch
c) Lachen
d) Sehen

11) Gemüse : Tomaten = Obst : ?
a) Trauben
b) Kartoffeln
c) Salat
d) Ingwer

12) Edelmetall : Silber = Währung : ?
a) Dollar
b) Papier
c) Rechnung
d) USA

13) Mensch : Kind = Hund : ?
a) Katze
b) Pudel
c) Fohlen
d) Welpe

14) Verhör : Geständnis = Untersuchung : ?
a) Therapie
b) Erlösung
c) Diagnose
d) Gespräch

15) Wolf : Rotkäpchen = Stiefmutter : ?
a) Dornröschen
b) Schneewittchen
c) Aschenputtel
d) Gretel

16) Vergangenheit : Gegenwart = Brief : ?
a) Taube
b) E-Mail
c) Buchstabe
d) Fahrzeug

17) Haus : Eingang = Mensch : ?
a) Mund
b) Hand
c) Fuß
d) Leber

18) fliegen : Vogel = krabbeln : ?
a) Hund
b) Fisch
c) Käfer
d) Schlange

19) flüstern : schreien = gehen : ?
a) tanzen
b) rennen
c) kriechen
d) sitzen

20) Tisch : Holz = Haus : ?
a) Fenster
b) Tür
c) Dach
d) Backstein

21) Geld : Portemonnaie = Hammer : ?
a) Werkzeugkiste
b) Garage
c) Nagel
d) Wohnzimmer

22) Kilogramm : Mehl = Liter : ?
a) Wein
b) Reis
c) Gold
d) Trinken

23) Sprache : Worte = Musik : ?
a) Melodie
b) Note
c) Gesang
d) Töne

24) Haut : Falten = Berg : ?
a) Gipfel
b) Regen
c) Erosion
d) Gebirge

25) lachen : weinen = glücklich : ?
a) zufrieden
b) traurig
c) nachdenklich
d) sauer

26) Dirigent : Trainer = Orchester : ?
a) Sport
b) Coach
c) Fußball
d) Mannschaft

27) Brief : Zeile = Ganzes : ?
a) Teil
b) Wort
c) etwas
d) rund

28) Wasser : Eisen = flüssig : ?
a) zäh
b) schwer
c) hart
d) fest

29) Ohr : taub = Bein : ?
a) gehen
b) stehen
c) liegen
d) gelähmt

30) glatt : rau = Frieden : ?
a) Taube
b) Krieg
c) Flagge
d) Gewehr

31) nah : fern = Auto : ?
a) Fahrrad
b) Flugzeug
c) Dreirad
d) Spaziergang

32) Schlagzeug : Stock = Sänger : ?
a) Mikrofon
b) Lied
c) Pullover
d) Haare

33) Gardine : Fenster = verstecken : ?
a) zeigen
b) offen
c) sauber
d) aufklären

34) Wahrheit : Lüge = Dokumentation : ?
a) Science-Fiction
b) Zeuge
c) Detektor
d) Reportage

35) Fieber : Krankeit = Schweiß : ?
a) Erfolg
b) Arzt
c) Anstrengung
d) Geruch

36) Länge : Gewicht = Zentimeter : ?
a) Abstand
b) Gramm
c) Entfernung
d) Geschwindigkeit

37) tropfen : fließen = Leck : ?
a) Wasserhahn
b) Aufwischen
c) Toilette
d) Dach

38) jeder : niemand = immer : ?
a) jederzeit
b) manchmal
c) selten
d) nie

39) F : K = 6 : ?
a) Zahl
b) 11
c) Bruch
d) 12

40) Punkt : Komma = Ende : ?
a) Fragezeichen
b) Anfang
c) Satzzeichen
d) Unterteilung

Lösungen

1) b
2) b
3) c
4) c
5) d
6) a
7) b
8) a
9) d
10) a
11) a
12) a
13) d
14) c
15) c
16) b
17) a
18) c
19) b
20) d
21) a
22) a
23) d
24) c
25) b
26) d
27) a
28) d
29) d
30) b
31) b
32) a
33) a
34) a
35) c
36) b
37) a
38) d
39) b
40) d

Tipps zur Vorbereitung

Bei der Bewältigung dieser Aufgabe empfiehlt sich eine systematische Vorgehensweise:

1. Ausschließen: Überlegen Sie zunächst, welche der Antwortoptionen auf keinen Fall infrage kommen.
2. Abwägen: Wenn zwei Antwortoptionen übrig bleiben, können Sie die Gleichung leise aussprechen. Zum Beispiel: »Mit den »Augen« kann man »sehen«. Die Augen sind ein Wahrnehmungsorgan, die Haut an unseren Fingern ist ebenfalls ein Wahrnehmungsorgan. »Sehen« ist ein Wahrnehmungsvorgang, »tasten« ist ebenfalls ein Wahrnehmungsvorgang. Deshalb verhält sich »Augen« zu »sehen« wie »Finger« zu »tasten«.

Prüfen Sie die jeweiligen Wortanalogien mit den folgenden Verbindungsformulierungen. Damit werden Sie die meisten Wortanalogien lösen.

- Funktion: »hat die gleiche Funktion wie ...«
- Folge: »ist Folge von ...«
- Ursache: »ist eine Ursache von ...«
- Verhältnis: »steht im gleichen Verhältnis zu ...«
- Kategorie: »ist ein ... / gehört zur ...«
- Maßeinheit: »ist Maßeinheit für ...«
- Anwendung/Werkzeug: »wird genutzt, um ...«
- Gleiche Bedeutung: »bedeutet das Gleiche wie ...«
- Gegensätzliche Bedeutung: »bedeutet das Gegenteil von ...«

Manchmal geht es auch darum, eine Beziehung zwischen dem ersten und dem dritten Wort herzustellen.
Beispielsweise
Kuh : Baum = Milch : ?
a) Tisch b) Brot c) Käse d) Holz
Die richtige Verbindungsformulierung lautet hier: Eine Kuh produziert Milch, ein Baum produziert Holz.
Antwort d) ist deshalb die richtige.

Wortauswahl treffen

Bei dieser Aufgabe sehen Sie fünf Wörter. Vier davon haben etwas gemeinsam. Es gilt, dasjenige Wort auszuwählen und anzukreuzen, welches *nicht* zu den anderen passt.

Bearbeitungshinweis

Bei diesem Aufgabentyp geht es ebenso darum, wie gut Ihr Sprachgefühl und Ihr Verständnis für logische Beziehungen zwischen Wörtern ausgeprägt ist. Sie benötigen dabei teilweise auch Allgemeinwissen, wie Sie bei den Trainingsaufgaben erkennen können.

Beispielaufgabe

Schwarz – Weiß – Violett – Banane – Orange

Lösung: Alle Begriffe, bis auf das Wort »Banane« bezeichnen Farben, weshalb das Wort »Banane« nicht zu den anderen vier Wörtern passt und somit die richtige Lösung ist.

Trainingsaufgaben

Für die 40 Aufgaben haben Sie **4 Minuten** Zeit.

1) Rot – Blau – Regenbogen – Grün – Gelb
2) Teller – Tasse – Schrank – Gabel – Messer
3) oben – hoch – über – aufwärts – tief.
4) Fichte – Weihnachtsbaum – Eiche – Palme – Buche
5) A – E – I – P – U
6) Kaffee – Bier – Tee – Saft – Milch
7) Mutter – Tochter – Neffe – Vater – Sohn
8) Kuchen – Pudding – Eis – Schokolade – Suppe
9) Kartoffel – Suppe – Wein – Regen – Blut
10) Apfel – Tomate – Birne – Kiwi – Ananas
11) Fußball – Handball – Tennis – Schwimmen – Golf
12) Schraube – Hammer – Säge – Zange – Schraubenzieher
13) viel – gering – groß – mehr – geräumig
14) Kroatien – Slowenien – Bosnien – Serbien – Italien
15) Islam – Christentum – Buddhismus – Judentum – Reichtum
16) Hemd – Bluse – Socken – Pullover – T-Shirt
17) Montag – Mittwoch – Dienstag – Frühling – Donnerstag
18) Auto – Motorrad – Fahrrad – Einrad – Dreirad
19) Maus – Computer – Tasten – Katze – Bildschirm
20) Kugelschreiber – Bleistift – Füllfederhalter – Seniorenstift – Buntstift

21) hager – dick – fett – korpulent – füllig

22) Anna – Otto – Steffen – Bob – Hannah

23) Dornröschen – Pokémon – Rotkäppchen – Schneewittchen – Rumpelstilzchen

24) Asien – Europa – Afrika – Brasilien – Australien

25) Ring – Ohrring – Armreif – Kette – Reifen

26) Arzt – Anwalt – Lehrer – Schüler – Bauer

27) gefährlich – riskant – bequem – abenteuerlich – bedrohend

28) Morgen – Nachmittag – Mittag – spät – Abend

29) bekümmert – betroffen – entlastet – betrübt – gebrochen

30) Herd – Ofen – Mikrowelle – Telefon – Mixer

31) Diskont – Leasing – Nachlass – Rabatt – Skonto

32) Salz – Pfeffer – Oregano – Safran – Essig

33) Diktat – Heft – Aufsatz – Klausur – Vokabeltest

34) Vier – Sieben – Acht – Neun – Zahl

35) Sarajevo – Hamburg – Zagreb – Belgrad – Skopje

36) Deutschland – Spanien – Kroatien – Italien – Brasilien

37) Audi – Saab – BMW – Mercedes – TOP

38) Sachsen – Bayern – Wiesbaden – Thüringen – Bremen

39) Abba – Queen – King – Madonna – Bee Gees

40) Sony – Siri – Samsung – Nokia – Apple

Lösungen

1) Regenbogen
2) Schrank
3) tief
4) Weihnachtsbaum
5) P
6) Bier
7) Neffe
8) Suppe
9) Kartoffel
10) Tomate
11) Schwimmen
12) Schraube
13) gering
14) Italien
15) Reichtum
16) Socken
17) Frühling
18) Auto
19) Katze
20) Seniorenstift
21) hager
22) Steffen
23) Pokemon
24) Brasilien
25) Reifen
26) Schüler
27) bequem
28) spät
29) entlastet
30) Telefon
31) Leasing
32) Essig
33) Heft
34) Zahl
35) Hamburg
36) Brasilien
37) TOP
38) Wiesbaden
39) King
40) Siri

Tipps zur Vorbereitung

Bei der Bearbeitung gehen Sie am besten wie folgt vor:

1. Das Ausschlussprinzip: Welche Wörter fallen aus der Reihe?
2. Das Gemeinsamkeitsprinzip: Überlegen Sie, welche Wörter ihrer Bedeutung nach zusammengehören. Vor allem bei Verben und Adjektiven kann es schwierig sein, Gemeinsamkeiten zwischen den Wörtern zu erkennen. Dabei hilft es, wenn Sie die Wörter leise aussprechen.

Je größer Ihr Wortschatz ist, desto unwahrscheinlicher ist es, dass Sie verwendete Begriffe nicht kennen. Deshalb sollten Sie im Vorfeld von Einstellungstests durch regelmäßige Lektüre Ihren Wortschatz erweitern.

Oberbegriffe finden

Aufgabenvariante 1:
Sie sehen vier Wörter. Überlegen Sie sich zu den vorgegebenen Wörtern einen Oberbegriff und schreiben Sie ihn auf.

Bearbeitungshinweis

Dieser Aufgabentyp testet Ihr Verständnis für Sprache und Ihren Wortschatz. Diesmal wählen Sie nicht aus vorgegebenen Antwortoptionen, sondern suchen selbst einen Oberbegriff aus Ihrem Wortschatz heraus.

Beispielaufgabe

Gurke – Tomate – Paprika – Spinat
Lösung: Bei den vier Begriffen handelt es sich um Gemüsesorten. Die richtige Lösung ist also: Gemüse.

Trainingsaufgaben

Für die 40 Aufgaben haben Sie **4 Minuten** Zeit.

Werkzeug

1) Schraubenzieher – Hammer – Säge – Zange

Obst

2) Birne – Banane – Kiwi – Melone

3) Bleistift – Füller – Kugelschreiber – Kreide Schreibzeug

4) Bosnisch – Slowenisch – Schwedisch – Italienisch Länder

5) Islam – Buddhismus – Christentum – Judentum Religio

6) Messer – Gabel – Löffel – Teelöffel

Besteck

7) Mars – Venus – Jupiter – Erde Planeten

8) Vater – Tochter – Mutter – Großvater
Familie

9) Pudding – Kuchen – Eis – Waffeln
Dessert

10) Handball – Boxen – Tennis – Schach
Sport

11) Dezember – Januar – Februar – November Monate

12) Arzt – Anwalt – Handwerker – Kauffrau
Berufe

13) traurig – glücklich – bedrückt – niedergeschlagen Gefühle

14) tun – werfen – gehen – laufen Verben

15) Merkel – Schröder – Putin – Obama
Politik

16) 5 – 7 – 11 – 13
Zahlen

17) Mozart – Strauss – Beethoven – Chopin
Komponiste

18) Aal – Barsch – Lachs – Karpfen

19) Dollar – Euro – Pfund – Lire

20) Stier – Krebs – Skorpion – Jungfrau

21) Butter – Käse – Sahne – Margarine

22) Hirse – Roggen – Gerste – Hafer

23) und – denn – oder – doch

24) Schneewittchen – Rotkäppchen – Rumpelstilzchen – Rapunzel

25) Ostersonntag – Neujahrstag – erster Mai – Tag der Deutschen Einheit

26) Walzer – Salsa – Ballett – Samba

27) Titanic – Star Wars – James Bond – Toy Story

28) Kilimandscharo – Vesuv – Ätna – Hekla

29) Merlin – Houdini – Copperfield – Siegfried und Roy

30) Cameron Diaz – Brad Pitt – Ryan Gosling – Johnny Depp

31) Libelle – Hummel – Ohrwurm – Maulwurfsgrille

32) Violine – Bratsche – Kontrabass – Geige

33) Rubin – Opal – Smaragd – Diamant

34) Lithium – Stickstoff – Calcium – Fluor

35) sehen – riechen – hören – schmecken

36) Grönland – Madagaskar – Island – Irland

37) Osten – Westen – Norden – Süden

38) Akkusativ – Dativ – Genitiv – Nominativ

39) Waschmaschine – Spülmaschine – Herd – Mikrowelle

40) Volvo – Audi – Mercedes – Seat

Lösungen

1) Werkzeug
2) Obst
3) Schreibutensilien
4) Sprachen
5) Religion
6) Besteck
7) Planeten
8) Familie
9) Nachtisch
10) Sport
11) Monat
12) Beruf
13) Gefühle
14) Verben
15) Politiker
16) Zahlen oder (Prim-)Zahlen
17) Komponisten
18) Fisch
19) Geldwährung
20) Sternzeichen
21) Milchprodukte
22) Getreidesorten
23) Konjunktionen
24) Märchenfiguren
25) Feiertage
26) Tanz
27) Filme
28) Vulkane
29) Zauberkünstler
30) Schauspieler
31) Insekten
32) Streichinstrumente
33) Edelsteine
34) Chemische Elemente
35) Sinne
36) Insel
37) Himmelsrichtungen
38) Fälle der deutschen Grammatik
39) Haushaltsgeräte
40) Automarken

Aufgabenvariante 2:
Eine Variation des Aufgabentyps »Oberbegriffe finden« besteht darin – dass Ihnen jeweils sieben Wörter vorgegeben werden, von denen zwei Wörter etwas gemeinsam haben. Finden Sie die beiden Wörter heraus, die diese Gemeinsamkeit aufweisen, und finden Sie einen Oberbegriff. Wählen Sie einen Oberbegriff, der am genauesten die Gemeinsamkeiten benennt.

Beispielaufgabe

Nudeln – Lampe – Rose – Handtuch – Uhr – Messer – Brot
Lösung: Nudeln und Brot haben den Oberbegriff Nahrungsmittel.

Trainingsaufgaben

Für die 10 Aufgaben haben Sie **2 Minuten** Zeit.

1) Zug – Tisch – Fenster – Regen – Flugzeug – Computer – Ring
2) Suppe – Wein – Blätter – Sonne – Salz – Honig – Pfeffer
3) Bügeleisen – Tisch – Rock – Rose – Brille – Stuhl – Fußball
4) Schildkröte – Forelle – Meerschweinchen – Meer – Hund – Wald – Feld
5) Kant – Aufklärung – Philosophie – Buch – Renaissance – Tennis – Zeitung
6) Rose – Gras – Pilz – Flechte – Edelweiß – Moos – Bärlauch
7) Taifun – Regen – Sommer – Schwimmbad – Erdbeben – Hitze – Juli
8) Gebirge – Wind – Erosion – Knochen – Krankheit – Osteoporose – Diabetes
9) Kugelstoßen – Fechten – Marathon – Handball – Reiten – Fußball – Turnen
10) Sonne – Helligkeit – Nacht – Lampe – Strom – Blitz – Brille

Lösungen

1) Zug und Flugzeug haben den Oberbegriff »Fortbewegungsmittel«.
2) Salz und Pfeffer haben den Oberbegriff »Gewürze«.
3) Tisch und Stuhl haben den Oberbegriff »Möbel«.
4) Meerschweinchen und Hund haben den Oberbegriff »Säugetier«.
5) Aufklärung und Renaissance haben den Oberbegriff »Epoche«.
6) Rose und Edelweiß haben den Oberbegriff »Blume«.
7) Taifun und Erdbeben haben den Oberbegriff »Naturkatastrophe«.
8) Erosion und Osteoporose haben den Oberbegriff »Zersetzung / Verfall / Abnutzung«.
9) Handball und Fußball haben den Oberbegriff »Ballsportarten«.
10) Sonne und Lampe haben den Oberbegriff »Lichtquelle«.

Tipps zur Vorbereitung

Bei diesem Aufgabentyp hilft das Gemeinsamkeitsprinzip. Denken Sie daran, was die vier Wörter gemeinsam haben.

1. Ist die Gemeinsamkeit möglicherweise die Zugehörigkeit zu der gleichen Tiergruppe?
2. Oder geht es vielleicht um bestimmte Gegenstände, mit denen man das Gleiche machen kann? –
   Manchmal können Gemeinsamkeiten auch weniger auffällig sein, z. B. können »Emotionen« der Oberbegriff sein.
3. Auch wenn manche der Wörter eine zweite Bedeutung haben können, gibt es einen richtigen Oberbegriff, der auf alle Wörter zutrifft.

Wichtig ist, dass Sie immer einen Begriff notieren, auch wenn Sie nicht sicher sind, ob er richtig ist, denn wer keine Antwort abgibt, bekommt keinen Punkt. Nur wer etwas aufschreibt, hat die Chance auf einen Punkt.

Wortbedeutungen erkennen

Bei dieser Aufgabe ist ein Wort vorgegeben und es geht darum, aus vier Antwortoptionen dasjenige Wort auszuwählen, das die gleiche oder eine sehr ähnliche Bedeutung hat.

Bearbeitungshinweis

Je nachdem für welche Ausbildungs- oder Arbeitsstelle Sie sich bewerben, können die Testaufgaben zum Wort- und Sprachverständnis mehr oder weniger umfangreich sein. Mit dieser Art von Aufgaben wird überprüft, wie schnell und genau Sie Sprache entschlüsseln können. Hier ist auch Ihr Allgemeinwissen gefragt.

Beispielaufgabe

ebenso = nachher – davor – riesig – auch.
Lösung: Das Wort »auch« ist gleichbedeutend mit dem Wort »ebenso«.

Trainingsaufgaben

Für die 30 Aufgaben haben Sie **4 Minuten** Zeit.

1) unbeschwert = leicht – sorglos – bewölkt – unbeweglich

2) Getriebe = Laufwerk – Kupplung – Gehäuse – Motor

3) Erfrischung = Durstlöscher – Luftzug – Getränk – Frost

4) kollektiv = einzeln – zusammengestoßen – gemeinschaftlich – allein

5) Entwicklung = Beförderung – Aufschwung – Wachstum – Aufstieg

6) peripher = äußerlich – darüber – direkt – dahinter

7) konsequent = fortwährend – konstant – folgerichtig – beständig

8) Ritze = Kratzer – Strich – Spalte – Spur

9) Kerker = Gefängnis – Unterstand – Bunker – Sanatorium

10) Tarif = Geld – Vertrag – Preis – Telefon

11) beherzt = herzlich – furchtlos – hilfsbereit – sanftmütig

12) Tumult = Unruhe – Konflikt – Feindschaft – Kampf

13) Delinquent = Köstlichkeit – Wunder – Verbrecher – Bargeld

14) Gewinnanteil = Dividende – Rabatt – Skonto – Diskont

15) Slum = Distrikt – Revier – Armenviertel – Lage

16) akut = vordringlich – zögernd – unerwartet – klanglich

17) dito = nicht – ebenfalls – daraufhin – nachdem

18) rezitieren = singen – sprechen – referieren – einstimmen

19) behutsam = bedächtig – zögernd – vorsichtig – einfühlend

20) Verschwörung = Intrige – Geheimnis – Hinterhalt – Aberglaube

21) gutherzig = sympathisch – liebenswürdig – sanftmütig – gefühlvoll

22) kostbar = einmalig – unersetzlich – begehrt – wertvoll

23) Seminar = Befragung – Kolloquium – Diskussion – Beratung

24) Abtei = Abteilung – Kloster – Vatikan – Kirche

25) schlummern = schlafen – träumen – dösen – ausruhen

26) Spuk = Trug – Gespenst – Halluzination – Phantom

27) Konklusion = Schlussfolgerung – Annahme – Vermutung – Feststellung

28) Ekstase = Rausch – Enthusiasmus – Optimismus – Spaß

29) Mimik = Zeichensprache – Lyrik – Gesichtsausdruck – Gestik

30) plötzlich = schnell – zügig – arglos – unversehens

19/30

Lösungen

1) sorglos
2) Laufwerk
3) Getränk
4) gemeinschaftlich
5) Wachstum
6) äußerlich
7) folgerichtig
8) Spalte
9) Gefängnis
10) Preis
11) furchtlos
12) Unruhe
13) Verbrecher
14) Dividende
15) Armenviertel
16) vordringlich
17) ebenfalls
18) referieren
19) vorsichtig
20) Intrige
21) sanftmütig
22) wertvoll
23) Kolloquium
24) Kloster
25) dösen
26) Gespenst
27) Schlussfolgerung
28) Rausch
29) Gesichtsausdruck
30) unversehens

Tipps zur Vorbereitung

Zunächst müssen wieder logische Beziehungen zwischen Wörtern enträtselt werden. Viele der Antwortoptionen können dabei etwas mit dem vorgegebenen Zielwort gemeinsam haben, jedoch hat nur ein Begriff die gleiche Bedeutung. Auch bei diesem Aufgabentyp können die folgenden beiden Strategien weiterhelfen:

1. Das Ausschlussprinzip: Welche der Antwortoptionen kommen gar nicht infrage?
2. Das Gemeinsamkeitsprinzip: Sprechen Sie Ihre Gedanken bei der Lösungsfindung leise aus. Überlegen Sie, welche der Antwortoptionen die gleiche Bedeutung hat wie das vorgegebene Wort.

Räumliches Vorstellungsvermögen

Hier geht es um Ihre Fähigkeit, sich Formen von dreidimensionalen Körpern und komplexe Bewegungsabläufe im Raum aufgrund einer schriftlichen Darstellung beziehungsweise einer zweidimensionalen Abbildung vor Ihrem inneren Auge vorstellen und analysieren zu können. Manche Aufgaben sind verwandt mit den Aufgaben zum physikalisch-technischen Verständnis. Einige Aufgaben erinnern Sie sicherlich auch an die Symbolreihen beim logischen Denkvermögen.
Aufgaben zum räumlichen Vorstellungsvermögen finden sich oftmals in Einstellungstests für handwerklich-technische Berufe oder für Berufe wie Pilot, Bauingenieur, Architekt und im medizinischen Bereich.

Zur Einschätzung Ihrer Leistungsfähigkeit in diesem Bereich gilt: Wenn Sie in der vorgegebenen Zeit mindestens **50 Prozent der Aufgaben** richtig gelöst haben, ist das bereits ein befriedigendes Ergebnis. Haben Sie zwischen **60 und 75 Prozent der Aufgaben** richtig gelöst, entspricht das einer sehr guten Leistung. **100 Prozent** sind erfahrungsgemäß nicht zu erreichen.

Seitenflächen zählen

Bei dieser Aufgabe geht es darum, alle Seitenflächen einer vorgegebenen Figur zusammenzuzählen. Dabei sollen alle sichtbaren und alle unsichtbaren Seitenflächen berücksichtigt werden.

Beispielaufgabe

1)

Lösung: 5 Seitenflächen

2)

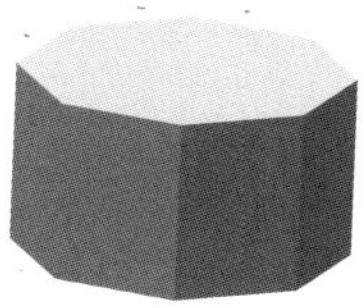

Lösung: 10 Seitenflächen

3)

Lösung: 14 Seitenflächen

Trainingsaufgaben

Für die 30 Aufgaben haben Sie **3 Minuten** Zeit.

1)

2)

3)

4)

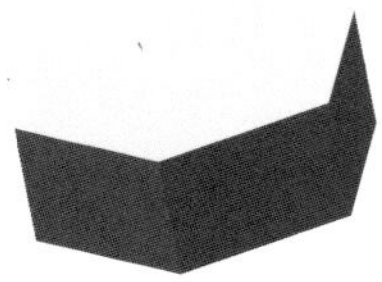

5)

6)

7)

8)

9)

10)

11)

12)

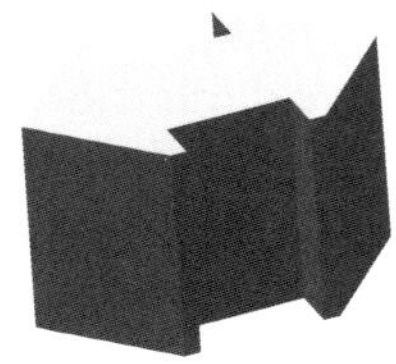

13)

14)

15)

16)

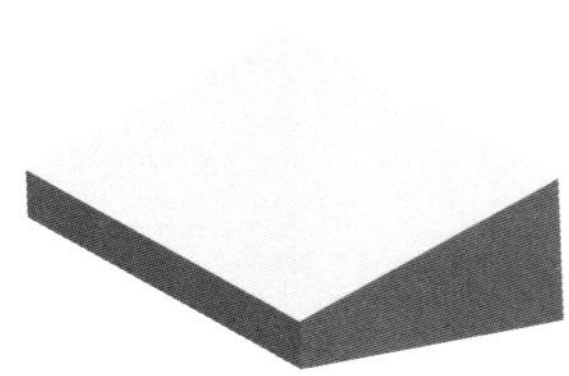

17)

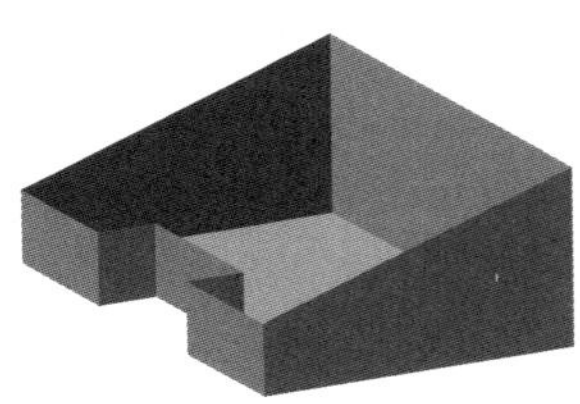

18)

19)

20)

21)

22)

23)

24)

25)

26)

27)

28)

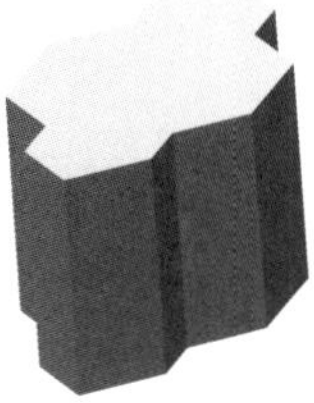

29)

30)

Lösungen

1) 7
2) 11
3) 6
4) 8
5) 10
6) 3
7) 15
8) 20
9) 14
10) 7
11) 8
12) 16
13) 14
14) 6
15) 6
16) 6
17) 18
18) 21
19) 12
20) 16
21) 16
22) 12
23) 14
24) 14
25) 14
26) 14
27) 8
28) 16
29) 10
30) 18

Tipps zur Vorbereitung

Bei einfachen Figuren ist die Zahl der Seitenflächen immer gleich, z. B. haben Quader immer sechs Seitenflächen, Zylinder immer drei und ein Kegel immer zwei. Bei zusammengesetzten Figuren muss unterschieden werden, ob die Figuren nur an den Seitenkanten verbunden sind; in diesem Fall zählt man alle Seiten der Figuren. Wenn die Figuren jedoch an zwei Seitenflächen miteinander verbunden sind, zählt man diejenigen Seiten, an denen die Figuren verbunden sind, nicht mit. Bei Hohlkörpern zählt man die Innenflächen mit. Am einfachsten beginnen Sie mit der Frontfläche des abgebildeten Körpers, merken sich diesen Anfangspunkt und zählen zunächst die sichtbaren Seiten nach einer bestimmten Richtung, z. B. im Uhrzeigersinn, und danach die unsichtbaren Seiten ebenfalls nach dieser Richtung. Am besten fahren Sie mit dem Finger oder einem Stift die Seiten ab, während Sie sie zählen.

Figuren zusammenfalten

Ihre Aufgabe besteht darin, die aufgefaltete Figur in Gedanken zu einem Körper zusammenzufalten. Welcher Körper entsteht dabei? Wählen Sie aus den vorgegebenen Antwortmöglichkeiten jeweils den richtigen Körper aus.

Beispielaufgabe

1)

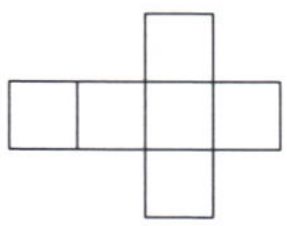

a) b) c)

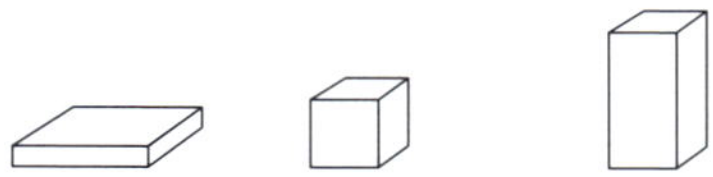

Lösung: b)
Die aufgefaltete Figur besteht aus 6 gleich großen Vierecken. Daraus ergibt sich die Figur unter b), wenn man sie zusammenfaltet.

Trainingsaufgaben

Für die 20 Aufgaben haben Sie **4 Minuten** Zeit.

1)

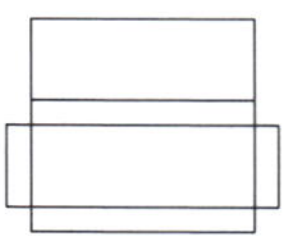

a) b) c)

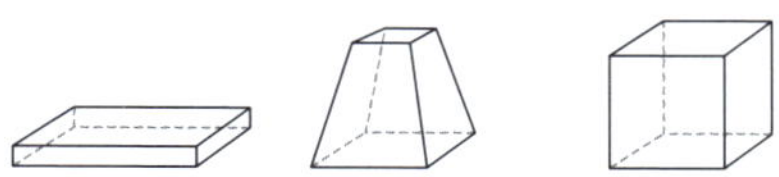

2)

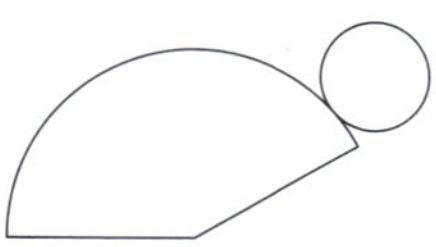

a) b) c)

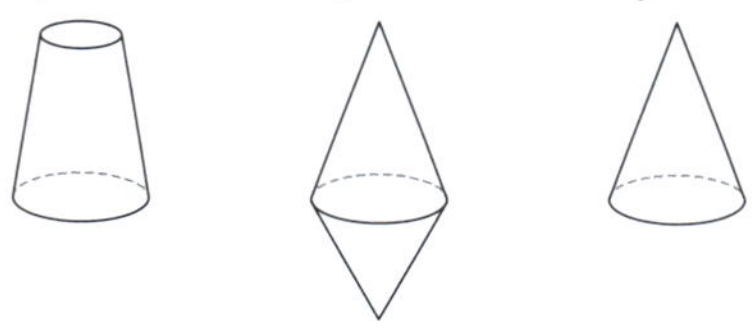

3)

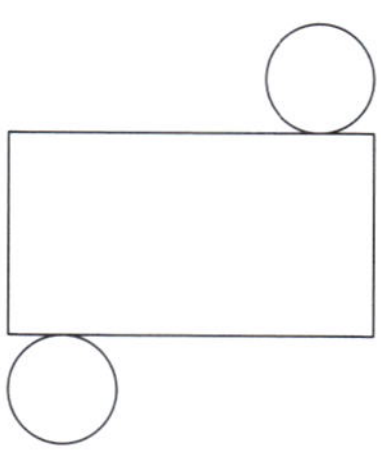

a) b) c)

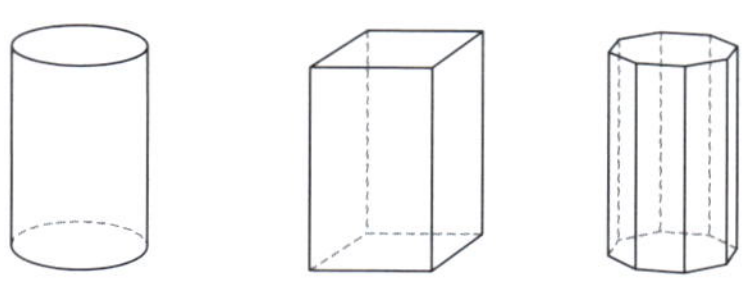

4)

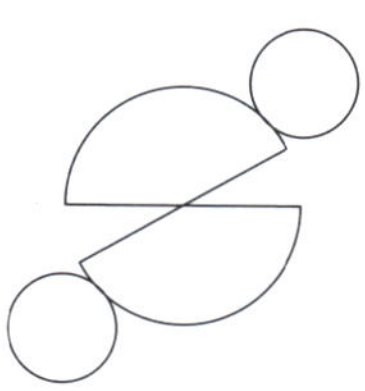

a) b) c)

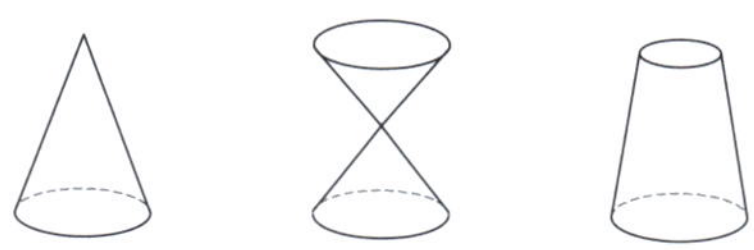

5) a) b) c)

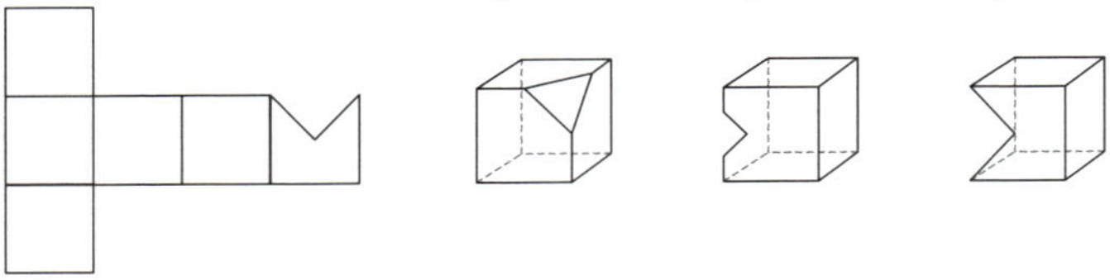

6) a) b) c)

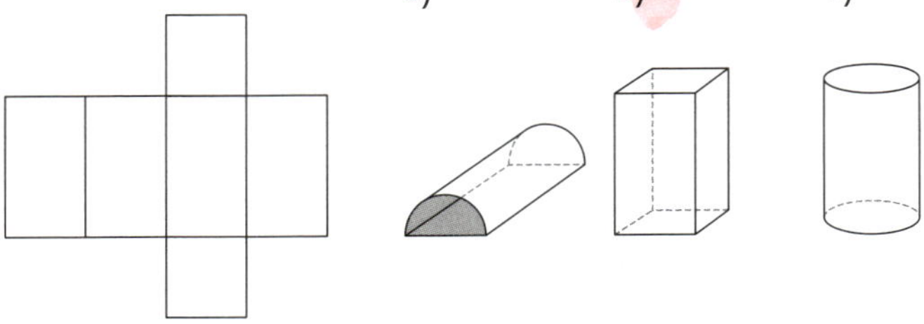

7) a) b) c)

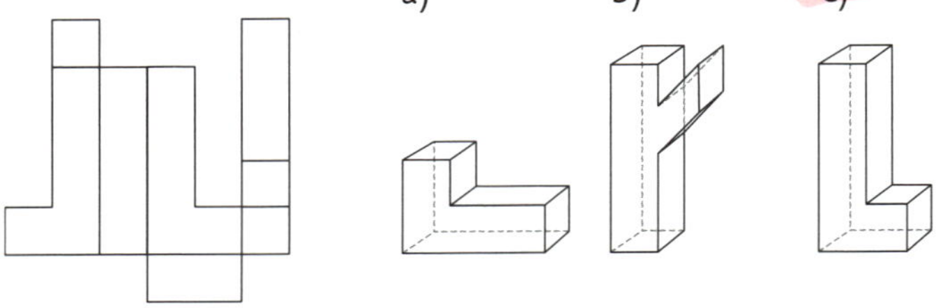

8) a) b) c)

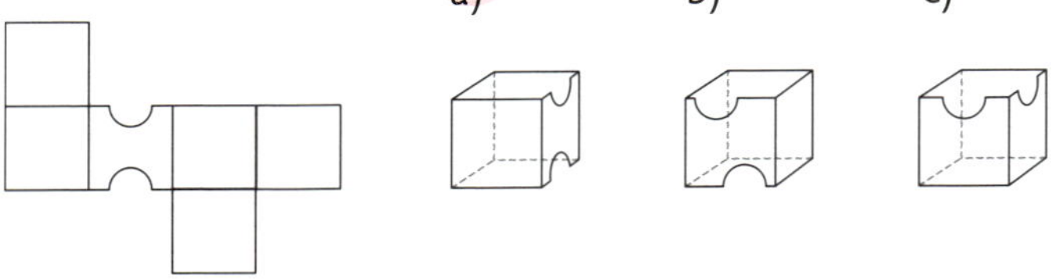

9) a) b) c)

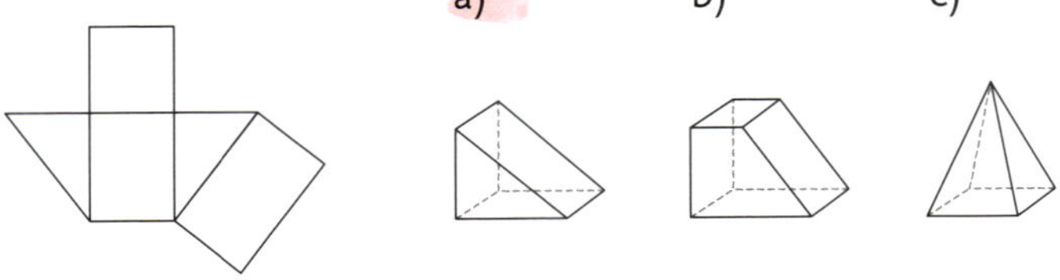

10) a) b) c)

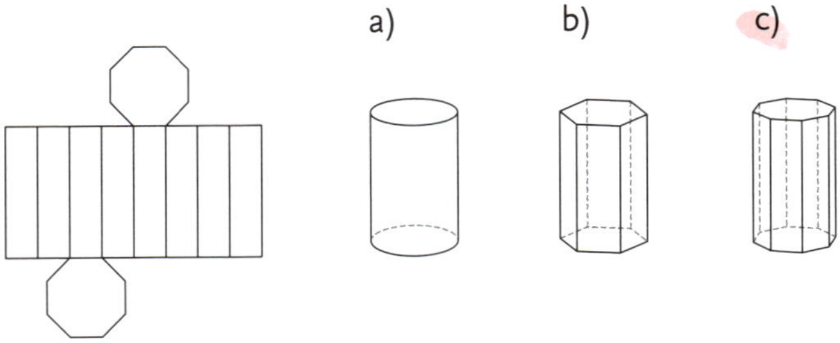

11)

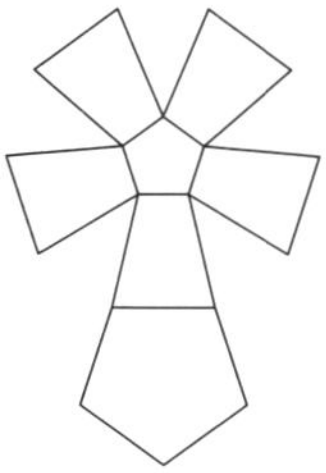

a)

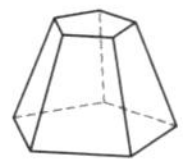

b)

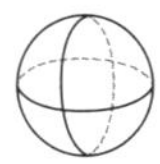

c)

12)

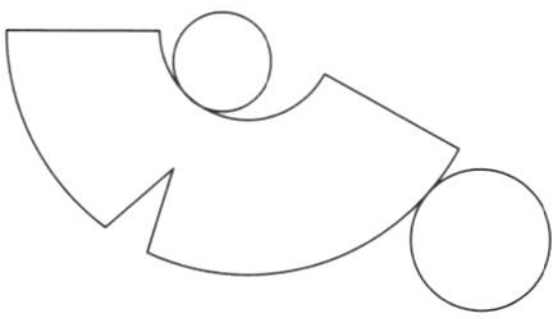

a)

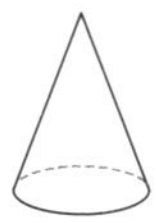

b)

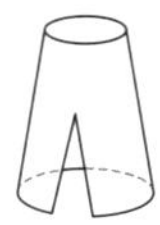

c)

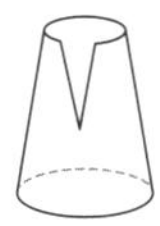

13)

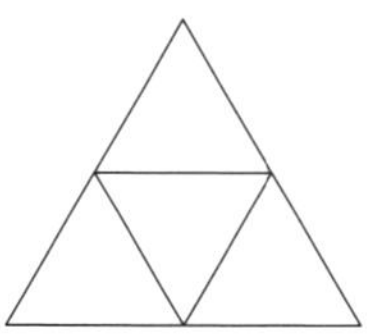

a)

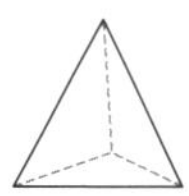

b)

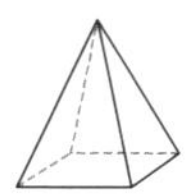

c)

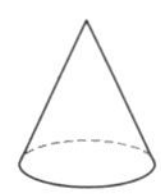

14)

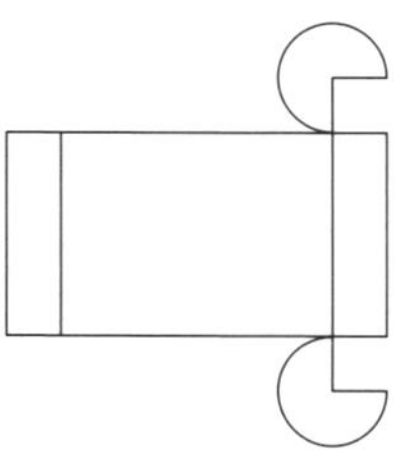

a)

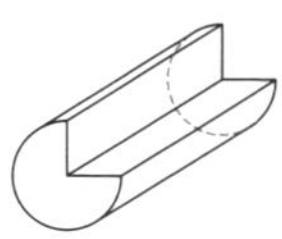

b)

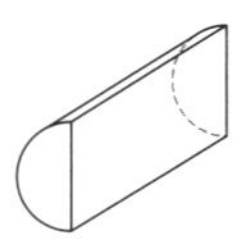

c)

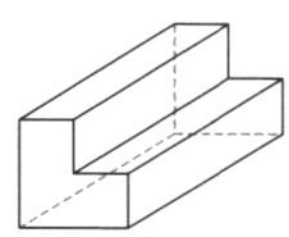

15)

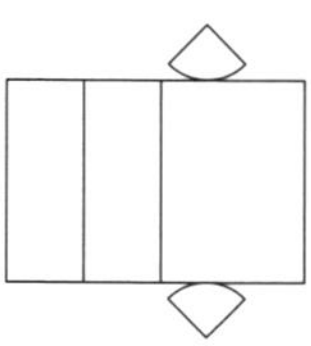

a)

b)

c)

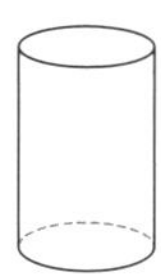

16)

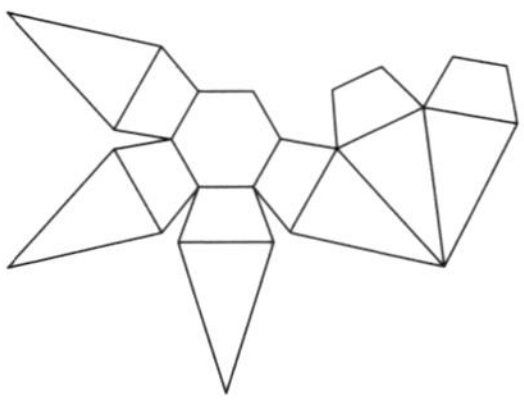

a) b) c)

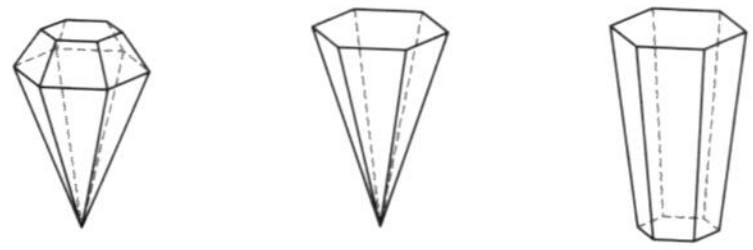

17)

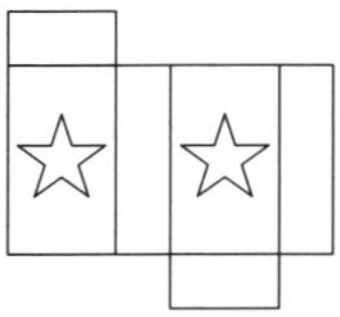

a) b) c)

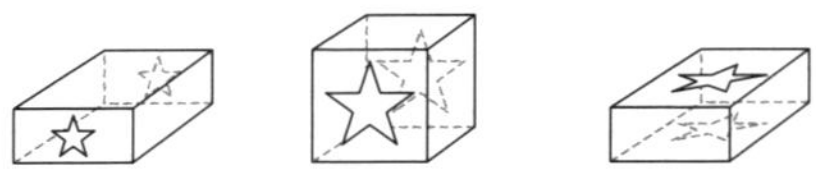

18)

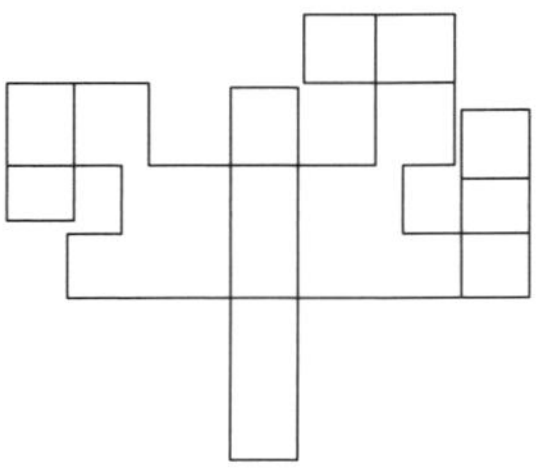

a) b) c)

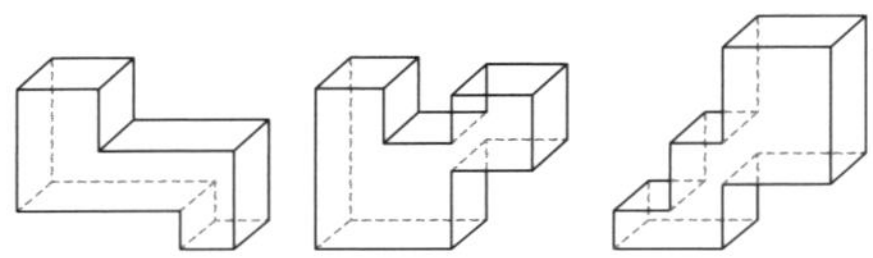

19)

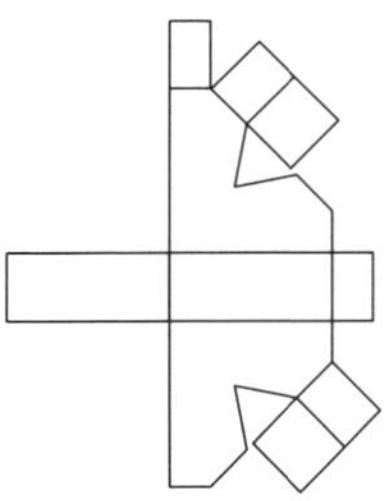

a) b) c)

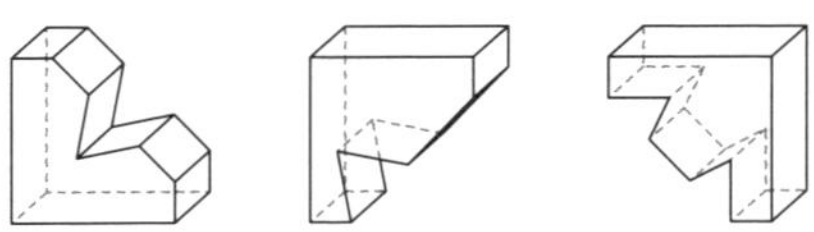

20)

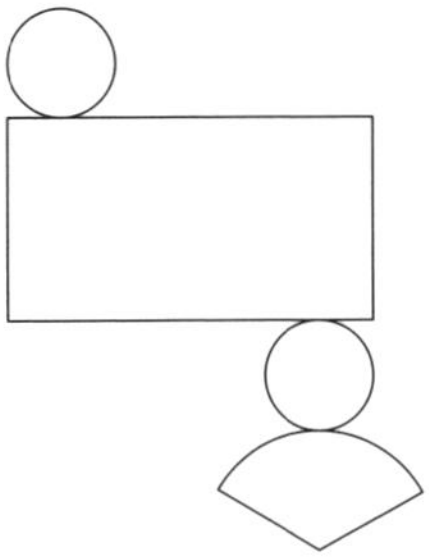

a) b) c)

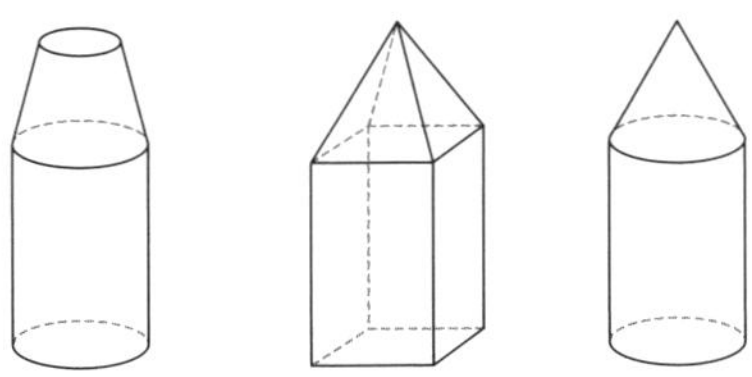

Lösungen

1) a
2) c
3) a
4) b
5) c
6) b
7) c
8) a
9) a
10) c
11) a
12) b
13) a
14) a
15) b
16) a
17) c
18) b
19) a
20) c

Tipps zur Vorbereitung

Beachten Sie drei nützliche Strategien zur Lösung dieser Art von Aufgaben.

1. Zuerst können Sie alle Lösungen ausschließen, die aufgrund ihres »Schnittmusters« auf keinen Fall zutreffen können. Zum Beispiel können bei vollkommen eckigen Mustern Figuren mit Rundungen ausgeschlossen werden – und umgekehrt.
2. Um der Lösung schnell einen Schritt näher zu kommen, können Sie alle Seitenflächen der übrig gebliebenen Figuren zählen und mit den Seitenflächen der aufgefalteten Figur vergleichen. Beachten Sie hierbei sowohl sichtbare als auch unsichtbare Seitenflächen und gehen Sie beim Zählen zum Beispiel im Uhrzeigersinn vor.
3. Falls dennoch zwei Lösungen mit der gleichen Anzahl an Seitenflächen übrig bleiben, hilft eine Plausibilitätsprüfung. Schätzen Sie die Maße wie Länge, Breite und Höhe der Lösungsfiguren ab und vergleichen Sie sie mit den Maßen der aufgefalteten Figur.

Sie können Ihr räumliches Vorstellungsvermögen anhand von folgenden Trainingsaufgaben verbessern. Lassen Sie sich dabei nicht durch die Zeitbegrenzung beunruhigen. Seien Sie konzentriert und lösen Sie möglichst viele Aufgaben in der vorgegebenen Zeit richtig.

Figuren richtig zuordnen

Sie sehen zwei Gruppen von je drei Figuren und fünf Einzelfiguren a), b), c), d) und e). Ihre Aufgabe besteht darin, die Einzelfiguren logisch folgerichtig jeweils einer der beiden Figurengruppen zuzuordnen. Notieren Sie Ihre Lösung, wie bei der Beispielaufgabe gezeigt.

Beispielaufgabe

1) Gruppe 1 Gruppe 2 a) b) c) d) e)

Lösungen: b) und e) gehören zur Gruppe 1, da hier die Punkte jeweils gegenüber stehen. Lösungen a), c) und d) gehören zur Gruppe 2, da hier die Punkte jeweils seitlich nebeneinander stehen.

Trainingsaufgaben

Für die folgenden 30 Aufgaben haben Sie **8 Minuten** Zeit.

1) Gruppe 1 Gruppe 2 a) b) c) d) e)

2) Gruppe 1 Gruppe 2 a) b) c) d) e)

3) Gruppe 1 Gruppe 2 a) b) c) d) e)

4) Gruppe 1 Gruppe 2 a) b) c) d) e)

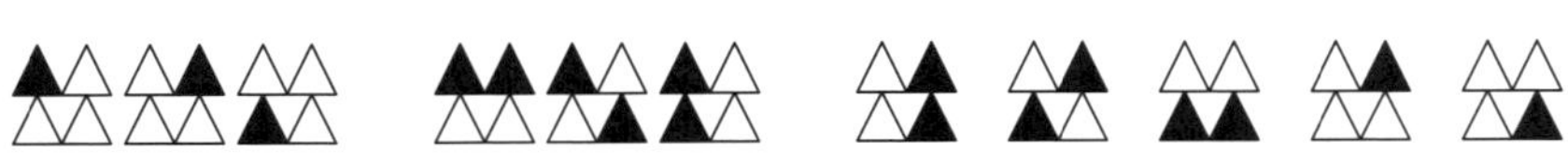

5) Gruppe 1 Gruppe 2 a) b) c) d) e)

6) Gruppe 1 Gruppe 2 a) b) c) d) e)

7) Gruppe 1 Gruppe 2 a) b) c) d) e)

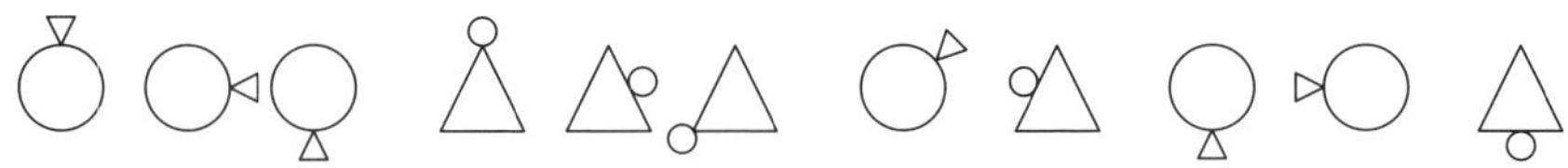

8) Gruppe 1 Gruppe 2 a) b) c) d) e)

9) Gruppe 1 Gruppe 2 a) b) c) d) e)

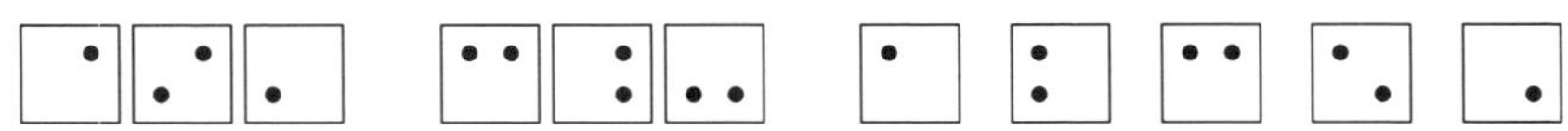

10) Gruppe 1 Gruppe 2 a) b) c) d) e)

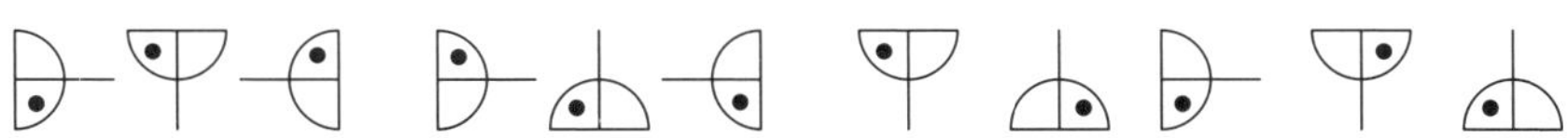

11) Gruppe 1 Gruppe 2 a) b) c) d) e)

12) Gruppe 1 Gruppe 2 a) b) c) d) e)

13) Gruppe 1 Gruppe 2 a) b) c) d) e)

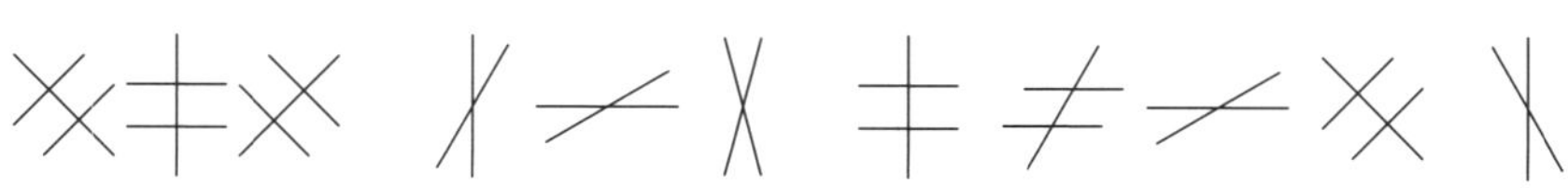

14) Gruppe 1 Gruppe 2 a) b) c) d) e)

15) Gruppe 1 Gruppe 2 a) b) c) d) e)

16) Gruppe 1 Gruppe 2 a) b) c) d) e)

17) Gruppe 1 Gruppe 2 a) b) c) d) e)

18) Gruppe 1 Gruppe 2 a) b) c) d) e)

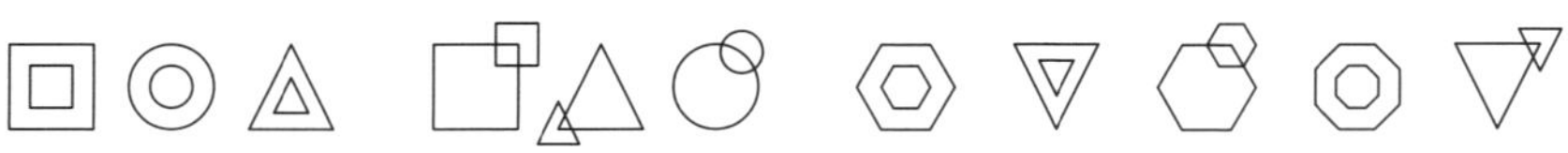

19) Gruppe 1 Gruppe 2 a) b) c) d) e)

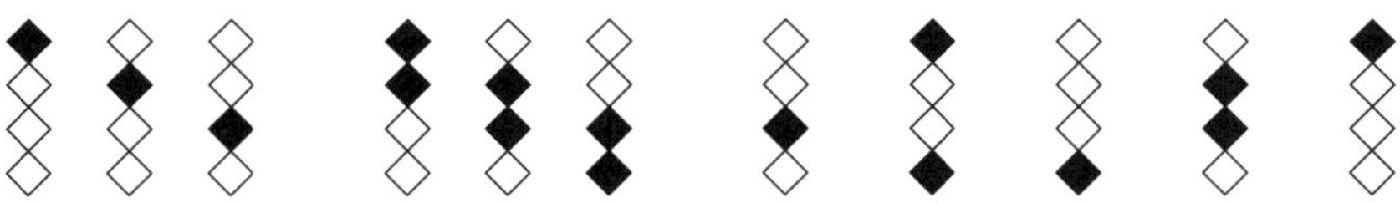

20) Gruppe 1 Gruppe 2 a) b) c) d) e)

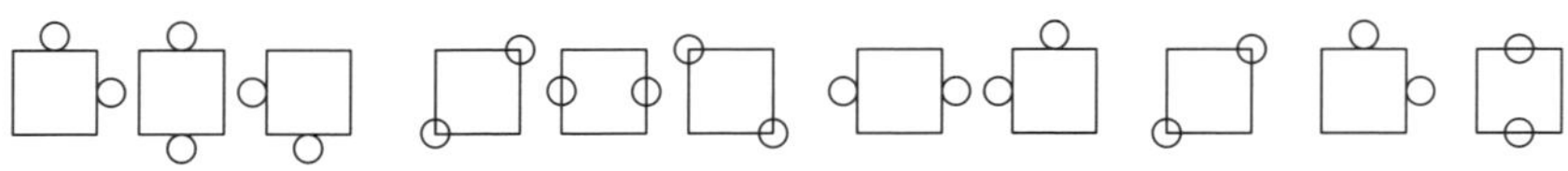

21) Gruppe 1 Gruppe 2 a) b) c) d) e)

22) Gruppe 1 Gruppe 2 a) b) c) d) e)

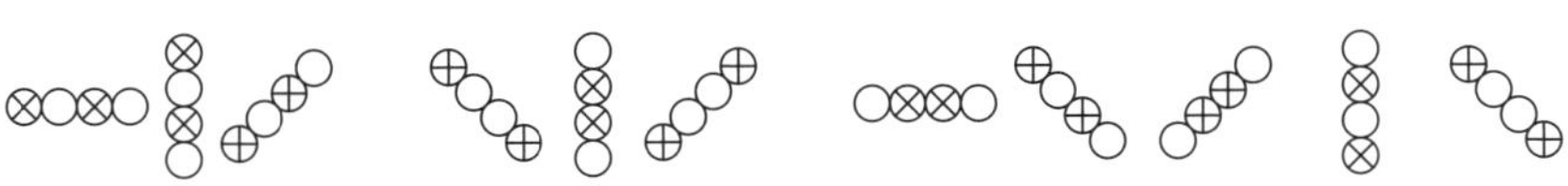

23) Gruppe 1 Gruppe 2 a) b) c) d) e)

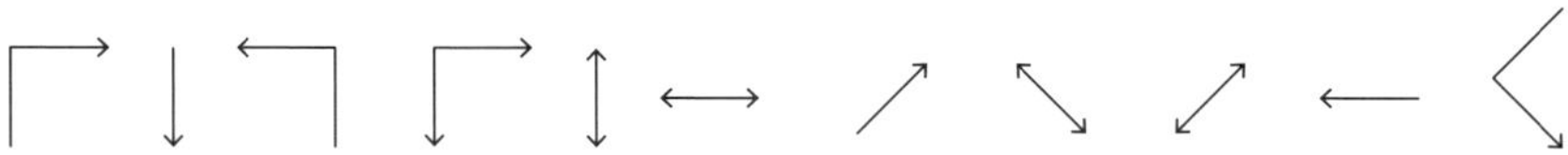

24) Gruppe 1 Gruppe 2 a) b) c) d) e)

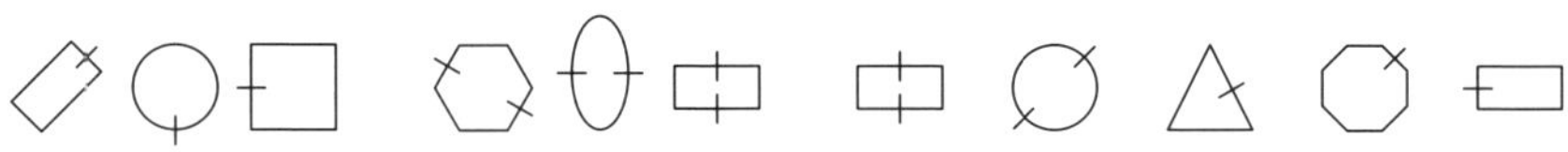

25) Gruppe 1 Gruppe 2 a) b) c) d) e)

26) Gruppe 1 Gruppe 2 a) b) c) d) e)

27) Gruppe 1 Gruppe 2 a) b) c) d) e)

28) Gruppe 1 Gruppe 2 a) b) c) d) e)

29) Gruppe 1 Gruppe 2 a) b) c) d) e)

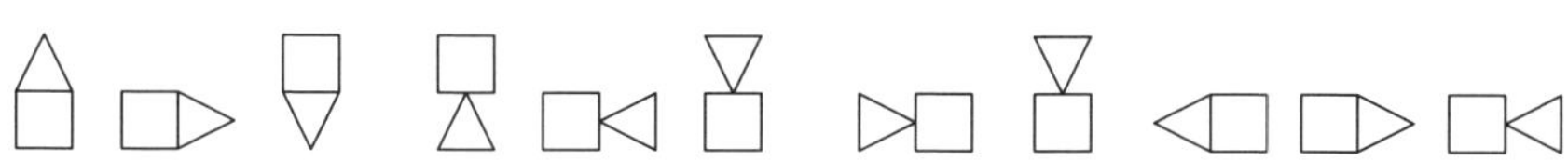

30) Gruppe 1 Gruppe 2 a) b) c) d) e)

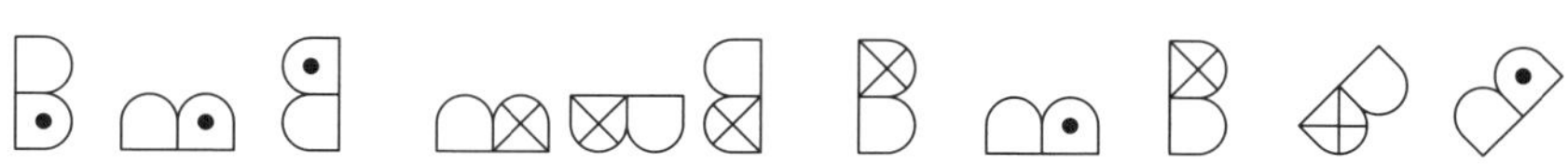

Lösungen

1) Gruppe 1: a, c, d
Gruppe 2: b, e
2) Gruppe 1: a, c
Gruppe 2: b, d, e
3) Gruppe 1: b, e
Gruppe 2: a, c, d
4) Gruppe 1: d, e
Gruppe 2: a, b, c
5) Gruppe 1: a, c, e
Gruppe 2: b, d
6) Gruppe 1: d, e
Gruppe 2: a, b, c
7) Gruppe 1: a, c, d
Gruppe 2: b, e
8) Gruppe 1: c, d
Gruppe 2: a, b, e
9) Gruppe 1: a, d, e
Gruppe 2: b, c
10) Gruppe 1: a, b, c,
Gruppe 2: d, e
11) Gruppe 1: c, d, e
Gruppe 2: a, b
12) Gruppe 1: a, c
Gruppe 2: b, d, e
13) Gruppe 1: a, b, d
Gruppe 2: c, e
14) Gruppe 1: c, e
Gruppe 2: a, b, d
15) Gruppe 1: a, c, e
Gruppe 2: b, d
16) Gruppe 1: b
Gruppe 2: a, c, d, e
17) Gruppe 1: b, d
Gruppe 2: a, c, e
18) Gruppe 1: a, b, d
Gruppe 2: c, e
19) Gruppe 1: a, c, e
Gruppe 2: b, d
20) Gruppe 1: a, b, d
Gruppe 2: c, e
21) Gruppe 1: a, b, c
Gruppe 2: d, e
22) Gruppe 1: b, d
Gruppe 2: a, c, e
23) Gruppe 1: a, d, e
Gruppe 2: b, c
24) Gruppe 1: c, d, e
Gruppe 2: a, b
25) Gruppe 1: b, d
Gruppe 2: a, c, e
26) Gruppe 1: b, d
Gruppe 2: a, c, e
27) Gruppe 1: b, d
Gruppe 2: a, c, e
28) Gruppe 1: c, e
Gruppe 2: a, b, d
29) Gruppe 1: c, d
Gruppe 2: a, b, e
30) Gruppe 1: b, e
Gruppe 2: a, c, d

Tipps zur Vorbereitung

1. Schauen Sie sich zunächst die drei Figuren der beiden Figurengruppen genau an und versuchen Sie eine Systematik zu erkennen, nach welcher die Figuren »funktionieren«. In unserer Beispielaufgabe lautet die Systematik: Bei den Figuren der Gruppe 1 liegen die beiden Punkte jeweils auf der gegenüberliegenden Seite des Quadrats während bei den Figuren der Gruppe 2 die beiden Punkte jeweils seitlich über Ecke liegen.
2. Schauen Sie nun die Einzelfiguren a) b) c) d) und e) an und prüfen Sie, welche der Einzelfiguren welcher der beiden erkannten Systematiken folgt. In unserer Beispielaufgabe folgen b) und e) der Systematik der Gruppe 1 (gegenüberliegende Punkte) und a) c) und d) folgen der Systematik der Gruppe 2 (seitlich über Eck liegende Punkte).
3. Die Systematik innerhalb der Figurengruppen können Sie am einfachsten erkennen, indem Sie prüfen, was bei den Figuren der beiden Gruppen unterschiedlich ist bzw. was sich verändert (einzelne Symbole, Anzahl, Lage, Form, Größe) bzw. was gleich ist bzw. was unverändert bleibt.

Fehler entdecken

Bei diesem Aufgabentyp wird Ihre detailgenaue Wahrnehmungsfähigkeit geprüft. Sie sehen eine Reihe mit scheinbar identischen Figuren. Eine Figur unterscheidet sich geringfügig von den anderen. Ihre Aufgabe besteht darin, die Figur mit dem kleinen Unterschied zu finden und zu markieren.

Beispielaufgabe

1)

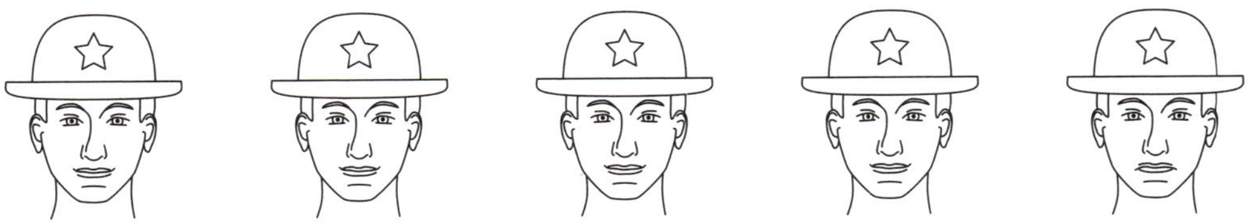

a) b) c) d) e)

Lösung: Figur e) ist anders als die anderen, da die Mundwinkel in diesem Fall nach unten und nicht wie sonst nach oben zeigen.

Trainingsaufgaben

Für die 20 Figurenreihen haben Sie **3 Minuten** Zeit.

1)

a) b) c) d) e)

2)

a) b) c) d) e)

3)

a) b) c) d) e)

4)

a) b) c) d) e)

5)

a) b) c) d) e)

6)

a) b) c) d) e)

7)

a) b) c) d) e)

8)

a) b) c) d) e)

9)

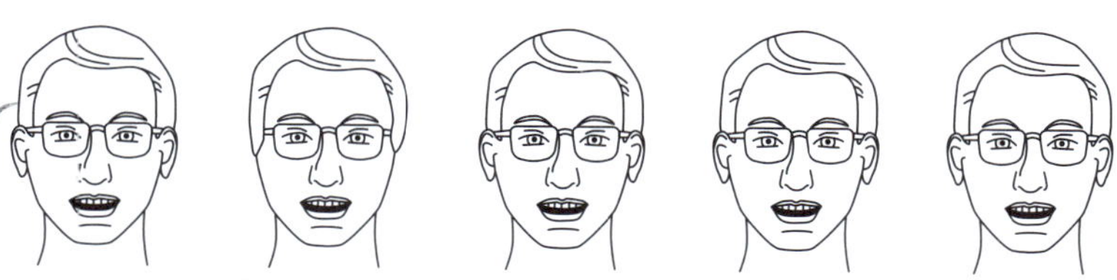

a) b) c) d) e)

10) 

a) b) c) d) e)

11) 

a) b) c) d) e)

12) 

a) b) c) d) e)

13) 

a) b) c) d) e)

14) 

a) b) c) d) e)

15) 

a) b) c) d) e)

16)

a) b) c) d) e)

17)

a) b) c) d) e)

18)

a) b) c) d) e)

19)

a) b) c) d) e)

20)

a) b) c) d) e)

19 /20

Lösungen

1) c) Das Mädchen guckt in die andere Richtung.
2) b) Aus dem Auspuff kommen keine Abgase.
3) d) Die Zahlen auf dem Telefon fangen erst bei 2 an und nicht bei 1.
4) c) Die Uhr steht nicht auf 13 Uhr, sondern auf 10 vor zwölf.
5) b) Der Verbindungsdraht fehlt.
6) a) Die Fühler zeigen in die entgegengesetzte Richtung.
7) d) Das Fenster ist rund.
8) e) Bei der Hose fehlt die Seitentasche.
9) b) Die Ohren des Jungen fehlen.
10) d) Die Dreiecke liegen andersherum.
11) c) Der Baum hat einen Ast weniger.
12) b) Der Turnschuh hat hinten zusätzliche Streifen.
13) e) Die Blume hat ein Blatt weniger, nur 5 anstatt 6 Blätter.
14) d) Der Apfelstiel hat hier zwei Blätter.
15) b) Die Punkte auf der Nase fehlen.
16) c) Der Schatten fehlt beim Würfel.
17) e) Die Gitarre hat nur zwei Stege.
18) d) Zwei Beine des Fernsehers fehlen.
19) b) Bei der Kamera gibt es ein Kästchen mehr.
20) b) Der Koffer hat nur drei verstärkte Ecken.

Tipps zur Vorbereitung

Schauen Sie sich die Figuren an. Überlegen Sie sich im ersten Schritt, welche Details die jeweilige Figur aufweist und welche sich am ehesten ändern bzw. welche am ehesten weggelassen werden können. Bei Gesichtern sind das oft die Augen, die Mundwinkel, die Nase, die Ohren, Sommersprossen oder die Haare. Bei Gegenständen sind das oft ganz unterschiedliche Details, die entweder fehlen oder verändert werden.

Würfel zuordnen

Bei dieser Aufgabe sehen Sie insgesamt sechs Ausgangswürfel a), b), c), d), e) und f) und fünf Suchwürfel 1), 2), 3), 4) und 5). Ordnen Sie jeweils die fünf Suchwürfel den sechs Ausgangswürfeln zu – welcher passt eindeutig zu welchem? Mindestens ein sichtbares Symbol auf einem Suchwürfel und dem zugehörigen Ausgangswürfel muss übereinstimmen.
Jeder Würfel hat sechs Grundflächen und entsprechend auch sechs verschiedene Symbole. Sie können jedoch jeweils nur drei davon sehen. Beachten Sie, dass die Würfel sowohl nur gedreht oder gekippt als auch gedreht und gekippt werden können. Durch die Würfelrotation können Sie oft ein neues Symbol sehen, das auf den Seiten des Ausgangswürfels noch nicht sichtbar war. Außerdem können Ausgangs- und Suchwürfel die gleichen Symbole tragen – und sind doch verschiedene Würfel, weil die Symbole anders ausgerichtet sind.
Beachten Sie, dass einer der Ausgangswürfel zu keinem der fünf Suchwürfel passt. Notieren Sie Ihre Lösungen in den Kästchen unter der zweiten Würfelreihe.

Beispielaufgabe

a) b) c) d) e) f)

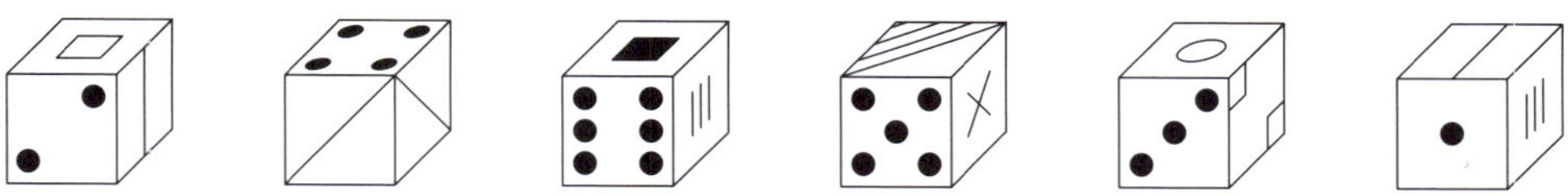

1) 2) 3) 4) 5)

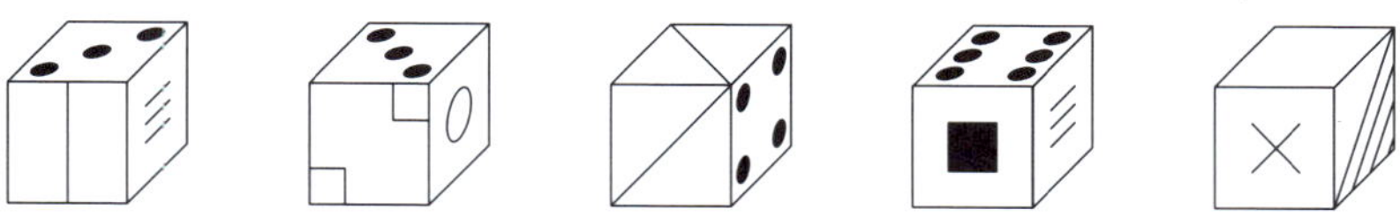

Lösung: Würfel 1 = f, Würfel 2 = e, Würfel 3 = b, Würfel 4 = c, Würfel 5 = d.
Ausgangswürfel a) lässt sich keinem der 5 Suchwürfel zuordnen.

Trainingsaufgaben

Für die 30 Aufgaben haben Sie **10 Minuten** Zeit.

Gruppe 1

a) b) c) d) e) f)

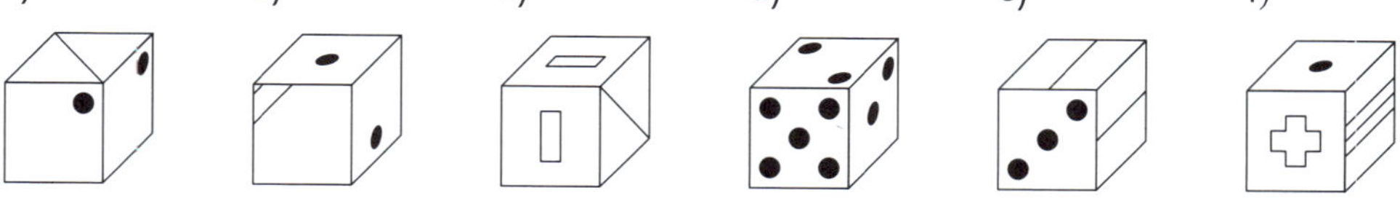

1) 2) 3) 4) 5)

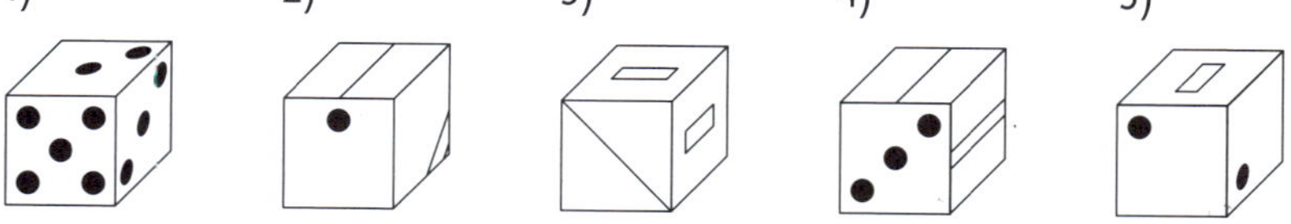

Gruppe 2

a) b) c) d) e) f)

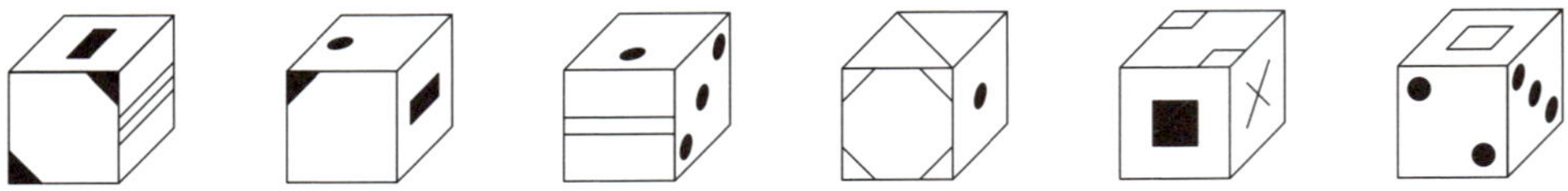

1) 2) 3) 4) 5)

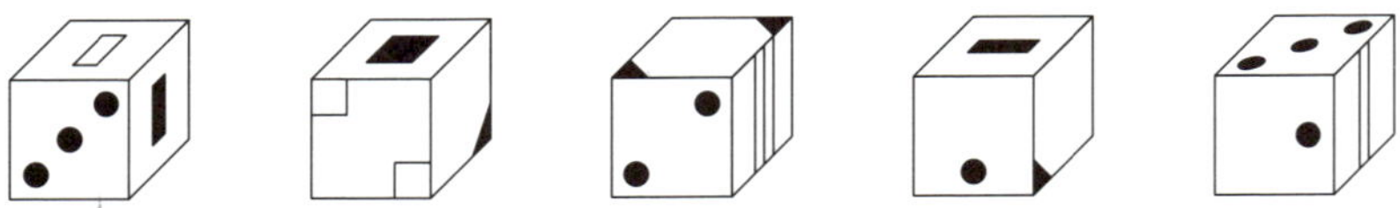

1f 2e 3a 4b 5c

Gruppe 3

a) b) c) d) e) f)

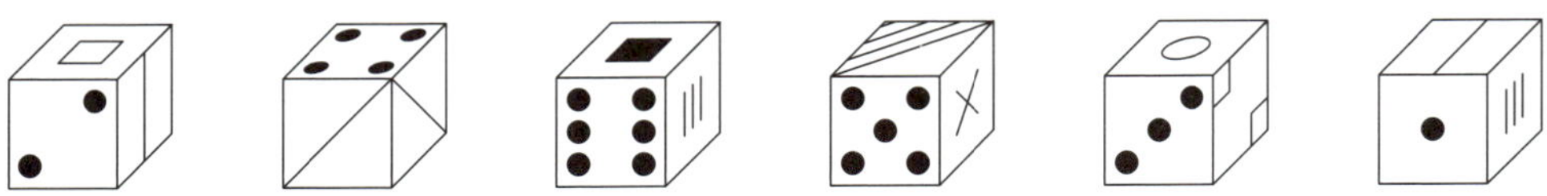

1) 2) 3) 4) 5)

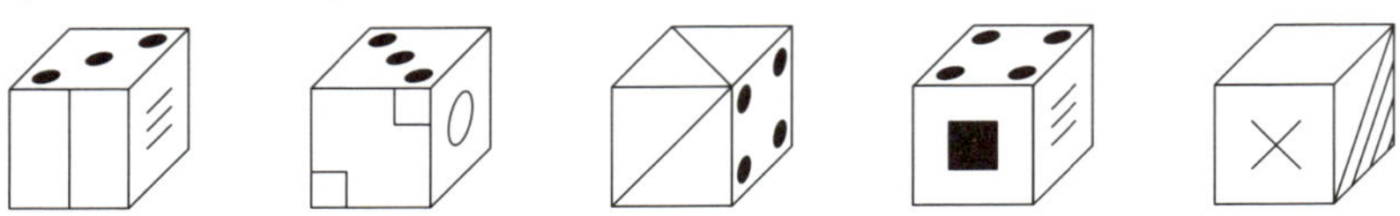

1f 2e 3b 4c 5d

Gruppe 4

a) b) c) d) e) f)

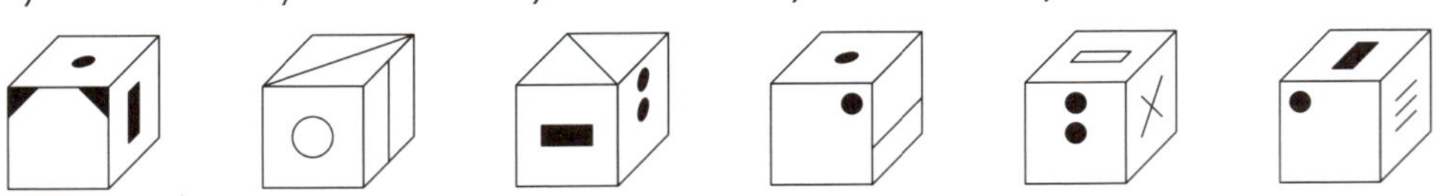

1) 2) 3) 4) 5)

1e 2a 3f 4d 5b

Gruppe 5

a) b) c) d) e) f)

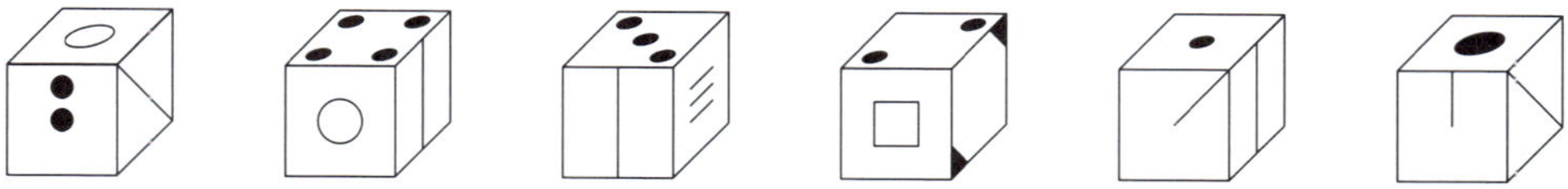

1) 2) 3) 4) 5)

1d 2c 3e 4a 5f

Gruppe 6

a) b) c) d) e) f)

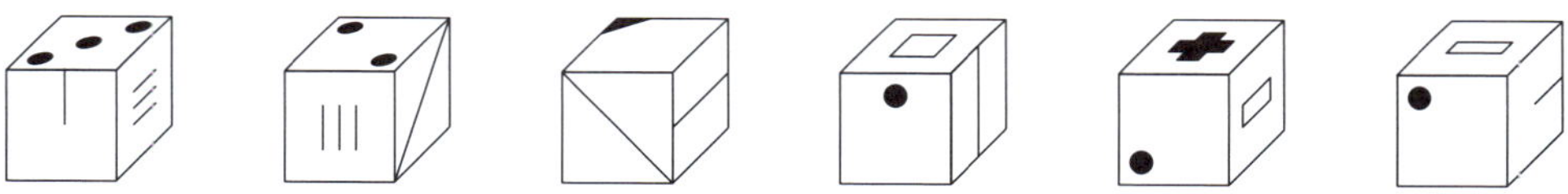

1) 2) 3) 4) 5)

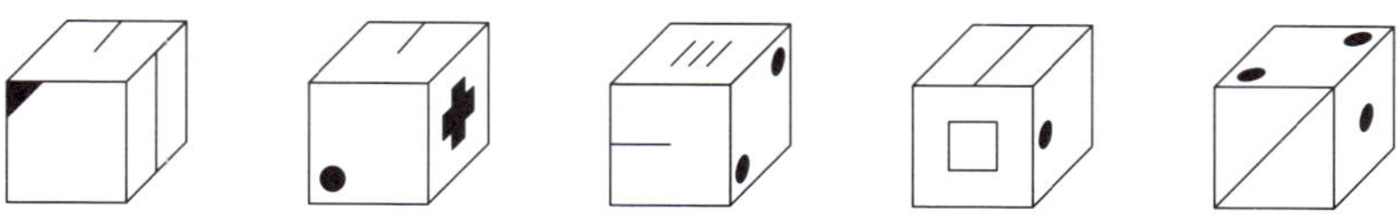

1c 2e 3a 4d 5b

2f

4/6

Lösungen

Gruppe 1: 1d, 2b, 3c, 4e, 5a und f lässt sich nicht zuordnen.

Gruppe 2: 1f, 2e, 3a, 4b, 5c und d lässt sich nicht zuordnen.

Gruppe 3: 1f, 2e, 3b, 4c, 5d und a lässt sich nicht zuordnen.

Gruppe 4: 1e, 2f, 3a, 4d, 5b und c lässt sich nicht zuordnen.

Gruppe 5: 1d, 2c, 3e, 4a, 5f und b lässt sich nicht zuordnen.

Gruppe 6: 1c, 2f, 3a, 4d, 5b und e lässt sich nicht zuordnen.

Tipps zur Vorbereitung

Bei den Würfelaufgaben handelt es sich um einen schwierigen Aufgabentyp. Gehen Sie Schritt für Schritt vor.

1. Schauen Sie sich den ersten Suchwürfel genau an. Welche Symbole sehen Sie auf den drei sichtbaren Würfelseiten? In unserer Beispielaufgabe 1 sind das die Symbole »senkrechter durchgezogener Strich in der Mitte«, »drei senkrechte kurze Striche in der Mitte« und »drei Punkte diagonal«.
2. Suchen Sie jetzt unter den vorgegebenen Ausgangswürfeln diejenigen, bei denen Sie auf den drei sichtbaren Seiten eines oder mehrere der Symbole des Suchwürfels wiedererkennen. In unserer Beispielaufgabe 1 sind das die Ausgangswürfel a) »senkrechter durchgezogener Strich in der Mitte«, c) »drei senkrechte kurze Striche in der Mitte«, e) »drei Punkte diagonal« und f) »senkrechter durchgezogener Strich in der Mitte« und »drei senkrechte kurze Striche in der Mitte«.
3. Und nun drehen, kippen oder drehen und kippen Sie den Suchwürfel so, dass das Symbol, welches Sie auf einem der Ausgangswürfel wiedererkannt haben, übereinstimmt. Bei unserer Beispielaufgabe 1 können Sie den Suchwürfel einmal um 90 Grad nach rechts drehen, damit der »senkrechte durchgezogene Strich in der Mitte« auf der Seitenfläche des Würfels erscheint. Jedoch erkennen Sie, dass die Zuordnung »Suchwürfel 1 zu Ausgangswürfel a)« nicht stimmen kann, weil auf der oberen Seite des Ausgangswürfels keine »drei Punkte diagonal« zu sehen sind, d. h., die Zuordnung funktioniert nicht.
4. Wenn Sie alle Würfel durchprobiert haben, werden Sie erkennen, dass Sie unseren Suchwürfel 1 um 90 Grad nach hinten kippen müssen, um den Ausgangswürfel f) zu erhalten. Zwei der Symbole des Suchwürfels erscheinen in der richtigen Lage und auf der richtigen Würfelfläche: »senkrechter durchgezogener Strich in der Mitte« erscheint auf der oberen Seite des Würfels, »drei senkrechte kurze Striche in der Mitte« erscheinen in horizontaler Lage auf der Seitenfläche des Würfels. Deshalb ist die Zuordnung »Suchwürfel 1 zu Ausgangswürfel f« korrekt.

Visuelle Analogien erkennen

Sie sehen zwei Figuren (Symbole), die in einer logischen Beziehung zueinander stehen. Zu einer dritten Figur muss aus den vorgegebenen Antwortoptionen eine Figur ausgewählt werden, die mit ihr in Beziehung steht. Die Beziehung zwischen der dritten und der ausgewählten Figur soll dabei der Beziehung zwischen der ersten und der zweiten Figur entsprechen. Dieser Aufgabentyp ist der Aufgabe »Wortanalogien finden« aus dem sprachlogischen Bereich ähnlich. Tatsächlich handelt es sich um den gleichen Aufgabentyp zur Prüfung formallogischer Denkfähigkeit – hier allerdings über den Weg Ihres räumlichen Vorstellungsvermögens. Markieren Sie die jeweils folgerichtige Antwortoption durch Ankreuzen.

Beispielaufgabe

a) b) c) d)

Lösung: d) ist richtig.

Trainingsaufgaben

Für die 15 Aufgaben haben Sie **3 Minuten** Zeit.

1) a) b) c) d)

2) a) b) c) d)

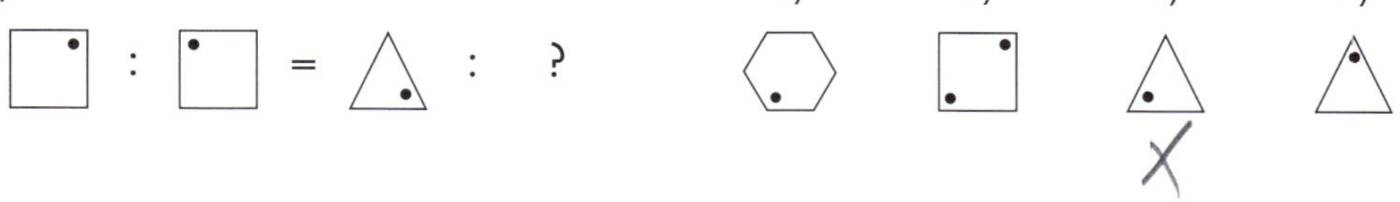

3) a) b) c) d)

4) a) b) c) d)

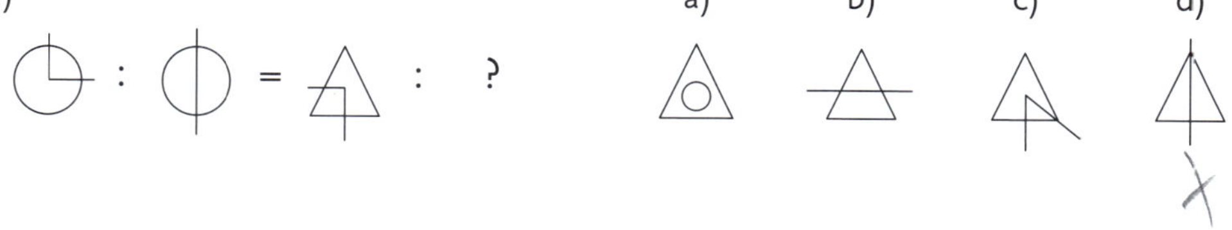

5)

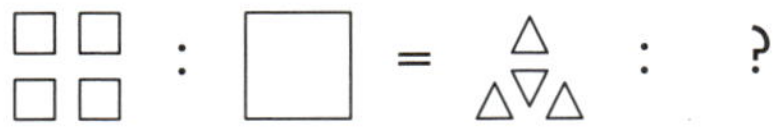

a) b) c) d)

6)

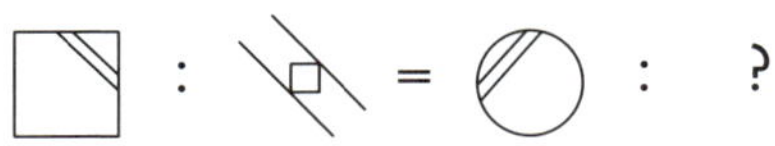

a) b) c) d)

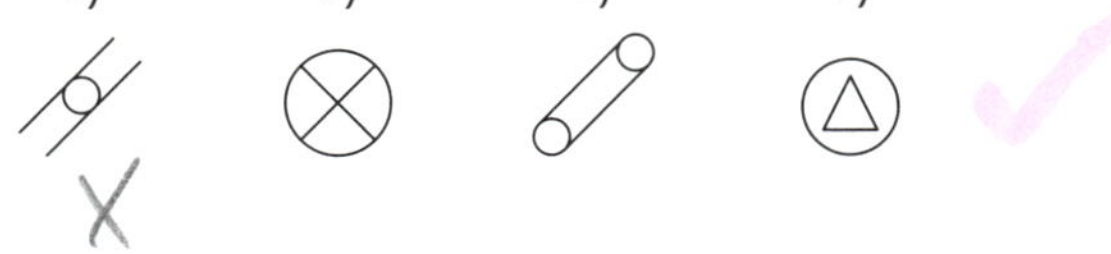

7)

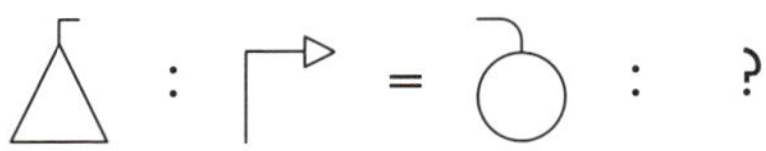

a) b) c) d)

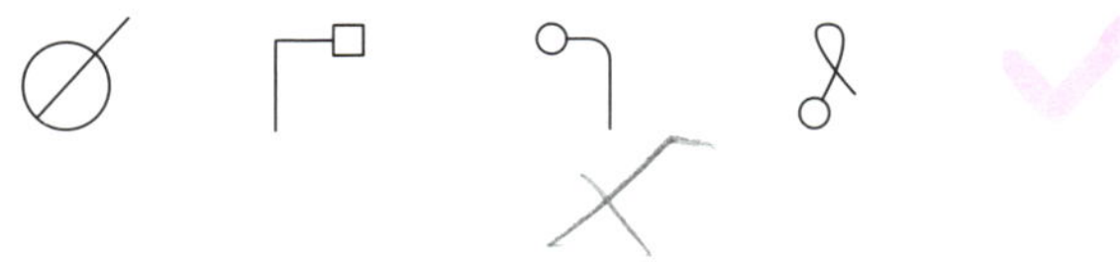

8)

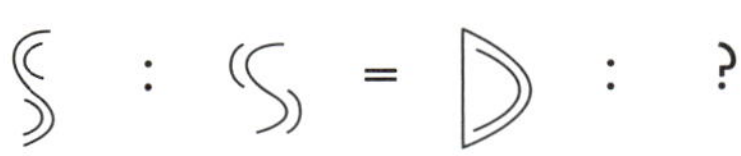

a) b) c) d)

9)

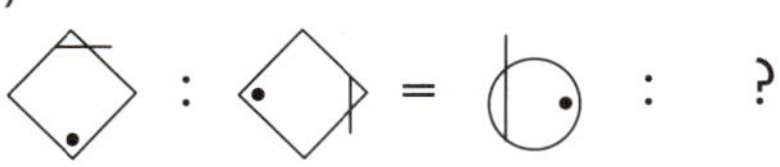

a) b) c) d)

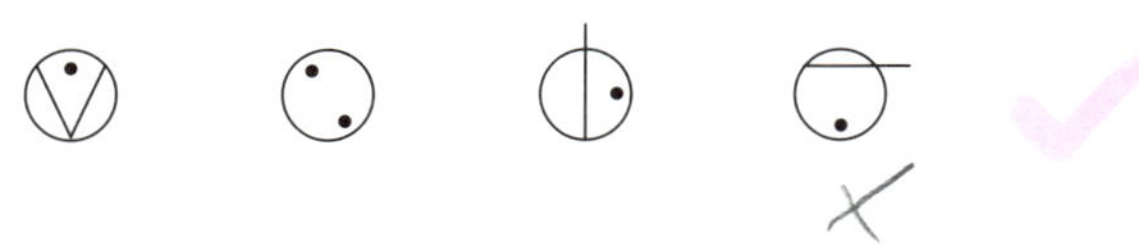

10)

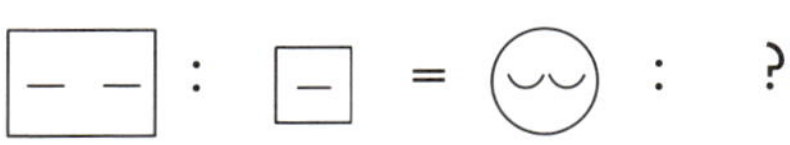

a) b) c) d)

11)

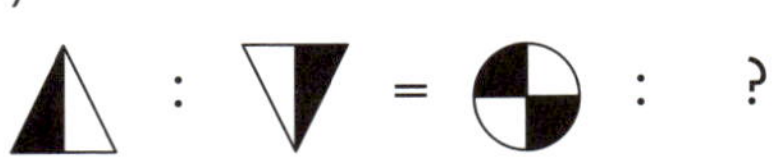

a) b) c) d)

12)

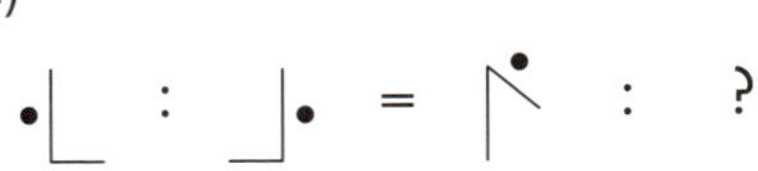

a) b) c) d)

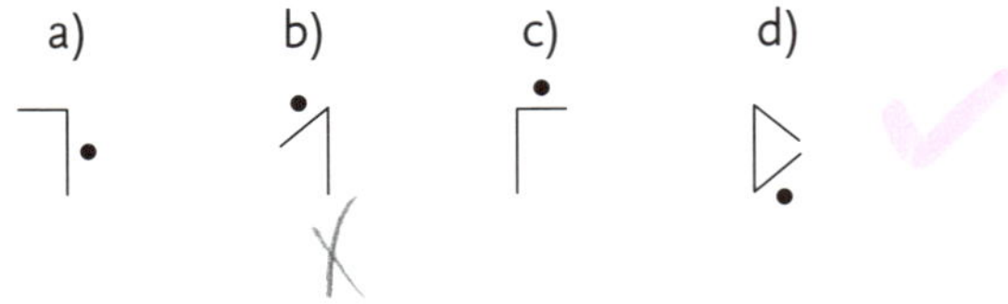

13)

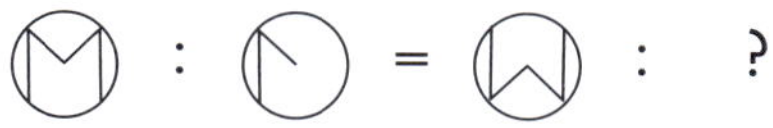

a) b) c) d)

14)

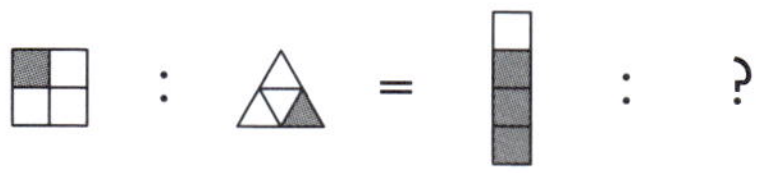

a) b) c) d)

15)

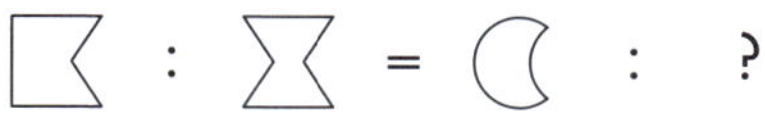

a) b) c) d)

15/15

Lösungen

1) b
2) c
3) a
4) d
5) b
6) a
7) c
8) c
9) d
10) d
11) a
12) b
13) c
14) b
15) a

Tipps zur Vorbereitung

Es empfiehlt sich eine systematische Vorgehensweise. Die Standardgleichung einer Analogie lautet immer: »1« verhält sich zu »2« wie »3« zu »4«. Schauen Sie sich jetzt einmal die ersten beiden Figuren der Beispielaufgabe genauer an. Ein Kreis mit einer waagrechten und einer senkrechten Linie, die sich im Mittelpunkt des Kreises treffen, »verhält« sich zu einem Kreis durch den eine waagrechte Linie gezogen ist. Die dritte Figur ist ein Dreieck mit einer waagrechten und einer senkrechten Linie, die sich im Mittelpunkt des Dreiecks treffen – und diese Figur soll sich zu einer der Antwortoptionen so verhalten, wie die erste zur zweiten Figur. Gehen Sie bei der Suche nach der richtigen Antwort wie folgt vor:

1. Ausschließen: Überlegen Sie zunächst, welche der Antwortoptionen auf keinen Fall infrage kommen. In unserem Beispiel sind das die Antwort a) und c) weil es sich dabei um Dreieck-Strich- bzw. Dreieck-Kreis-Kombinationen handelt, die im ersten Figurenpaar nicht vorkommen. Bleiben die Antworten b) und d).
2. Abwägen: Wenn zwei Antwortoptionen übrig bleiben, können Sie die Gleichung leise aussprechen. Zum Beispiel: »Ein Kreis mit zwei Strichen über Eck« verhält sich zu »einem Kreis mit einem waagrechten Strich durch die Mitte« wie »ein Dreieck mit zwei Strichen über Eck« zu »einem Dreieck mit …« genau »… einem waagrechten Strich durch die Mitte«. Antwort d) ist richtig.
3. Im Verlauf werden die Aufgaben schwieriger. Um zügig zu einer richtigen Lösung zu gelangen, können Sie die jeweiligen Figurenanalogien daraufhin prüfen,
   a) welche Elemente sich in den Figuren 1 und 2 verändern,
   b) wie diese Veränderungen aussehen (was kommt dazu, was fällt weg, was verändert wie die Lage, die Größe, die Form),
   c) welche Elemente gleich bleiben.
4. Manchmal geht es auch darum, eine Beziehung zwischen der ersten und der dritten Figur herzustellen.

Spiegelbilder finden

Bei dieser Aufgabe sehen Sie eine Figur in fünf verschiedenen Varianten a), b), c), d) und e). Vier Figuren lassen sich durch einfaches Drehen nach links oder nach rechts in Übereinstimmung miteinander bringen. Eine Figur fällt jedoch aus der Reihe, da man diese horizontal oder vertikal spiegeln muss, um sie mit den anderen Figuren in Übereinstimmung bringen zu können. Suchen Sie die Figur, die nur durch Spiegelung mit den übrigen Figuren in Übereinstimmung zu bringen ist, und markieren Sie diese.

Beispielaufgabe

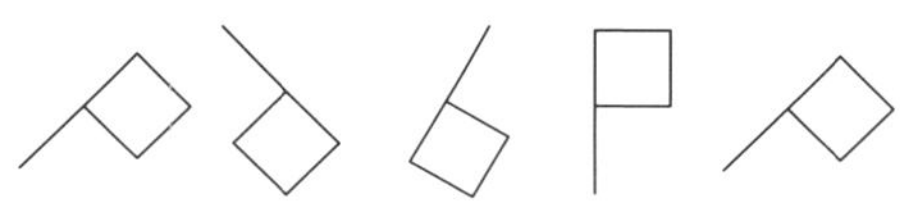

a) b) c) d) e)

Lösung: Figur c) muss man spiegeln, damit sie zu den anderen passt.

Trainingsaufgaben

Für die 50 Aufgaben haben Sie **8 Minuten** Zeit.

1)

a) b) c) d) e)

2)

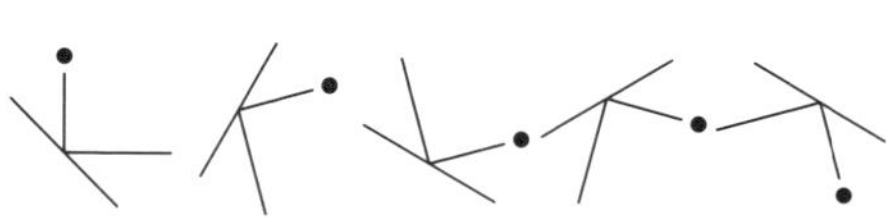

a) b) c) d) e)

3)

a) b) c) d) e)

4)

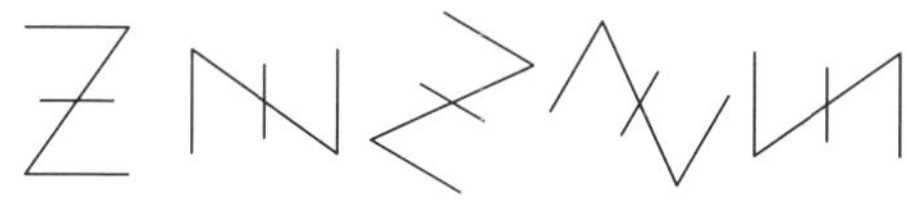

a) b) c) d) e)

5)

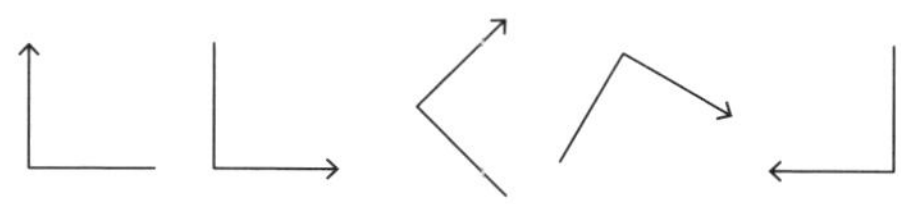

a) b) c) d) e)

6)

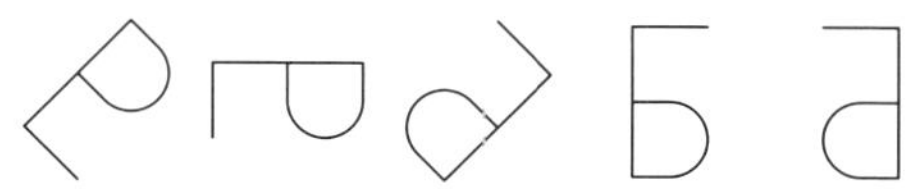

a) b) c) d) e)

7)

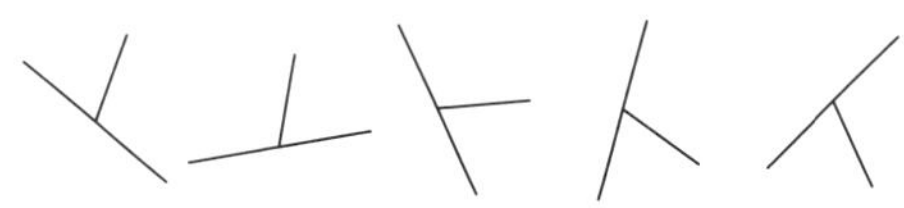

a) b) c) d) e)

8)

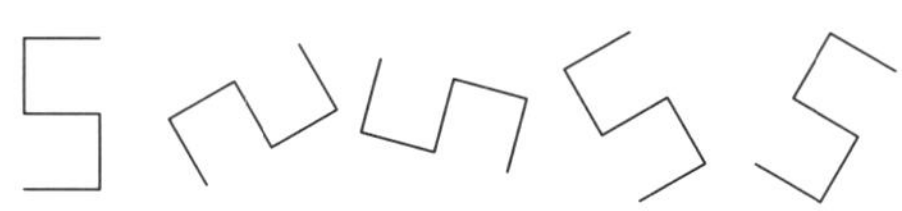

a) b) c) d) e)

9)

a) b) c) d) e)

10)

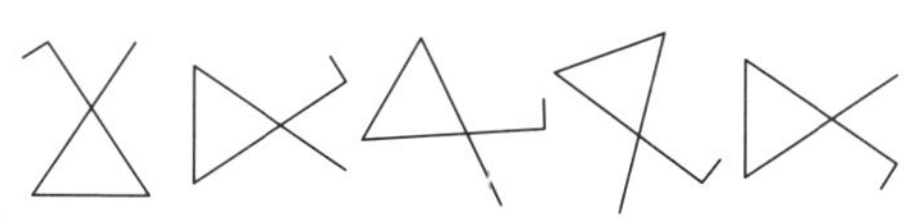

a) b) c) d) e)

11)

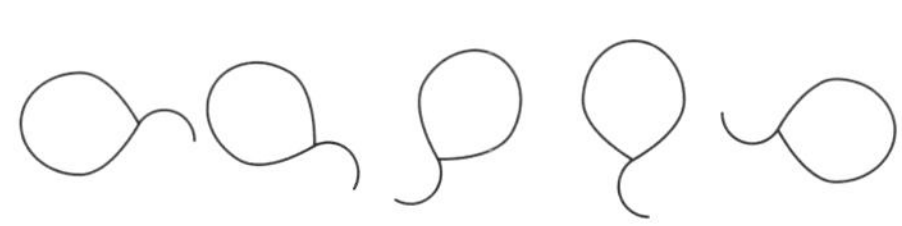

a) b) c) d) e)

12) 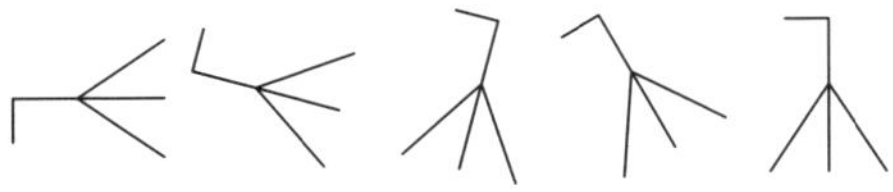

a) b) c) d) e)

13) 

a) b) c) d) e)

14) 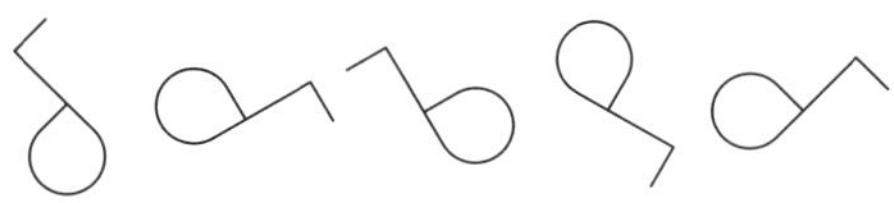

a) b) c) d) e)

15) 

a) b) c) d) e)

16) 

a) b) c) d) e)

17) 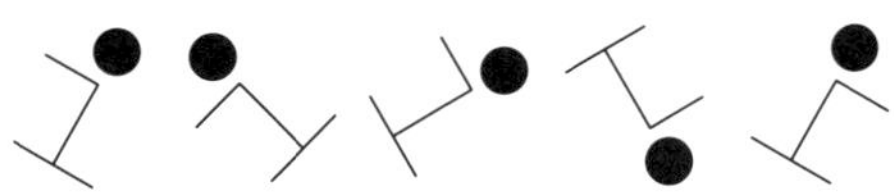

a) b) c) d) e)

18) 

a) b) c) d) e)

19) 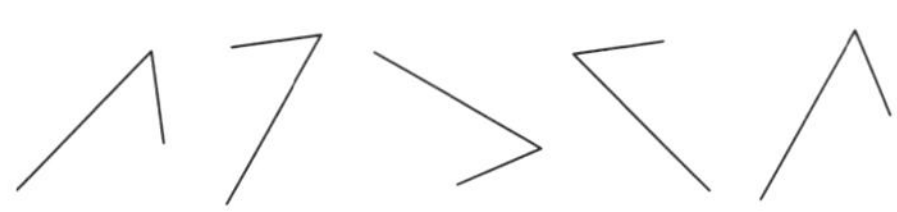

a) b) c) d) e)

20) 

a) b) c) d) e)

21) 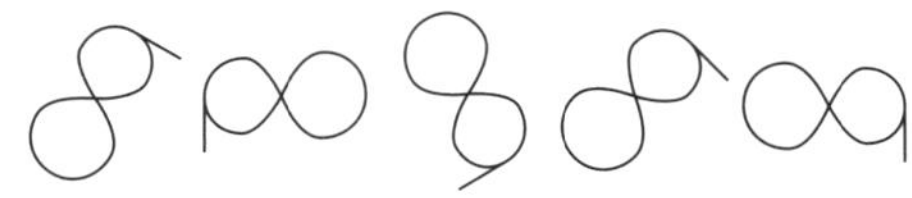

a) b) c) d) e)

22) 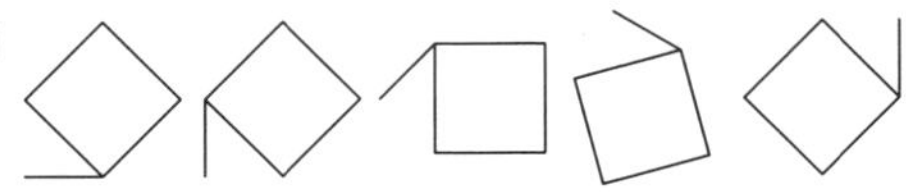

a) b) c) d) e)

23) 

a) b) c) d) e)

24) 

a) b) c) d) e)

25) 

a) b) c) d) e)

26) 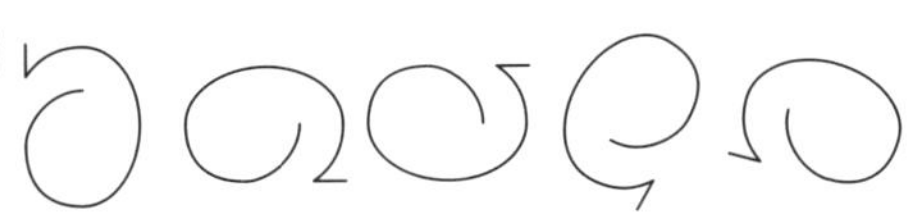

a) b) c) d) e)

27) 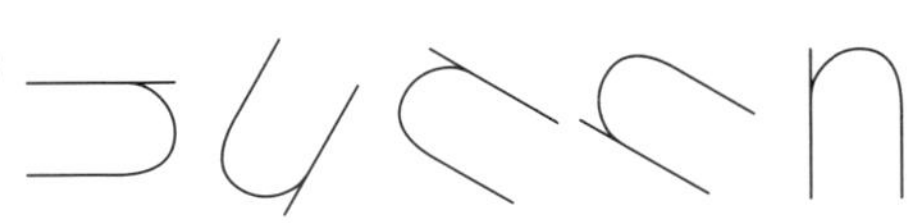

a) b) c) d) e)

28)
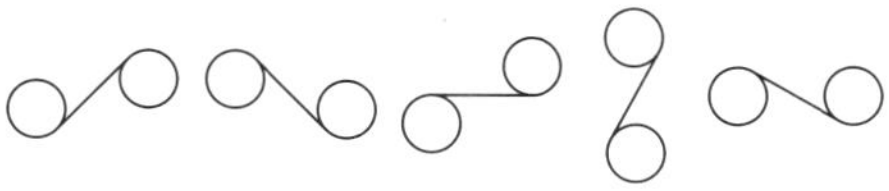
a) b) c) d) e)

29)
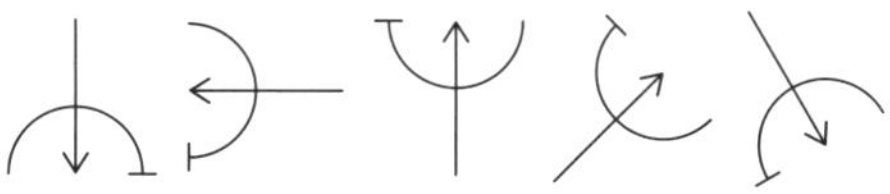
a) b) c) d) e)

30)

a) b) c) d) e)

31)
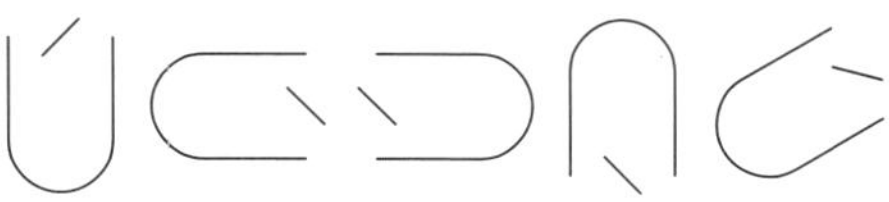
a) b) c) d) e)

32)
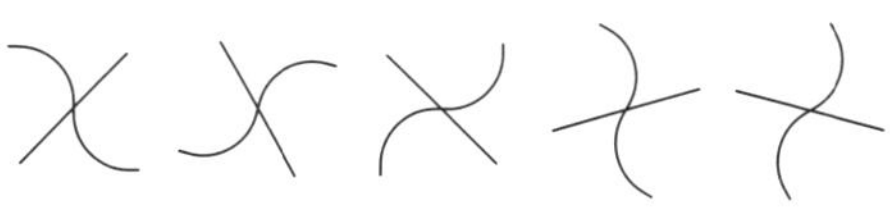
a) b) c) d) e)

33)
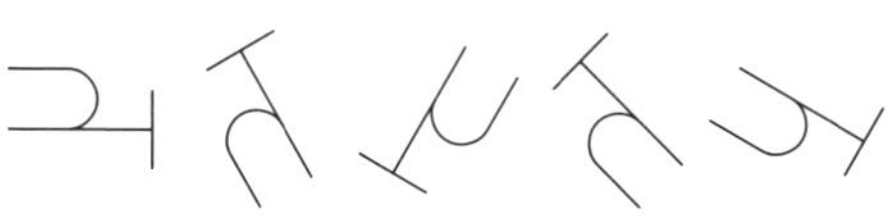
a) b) c) d) e)

34)
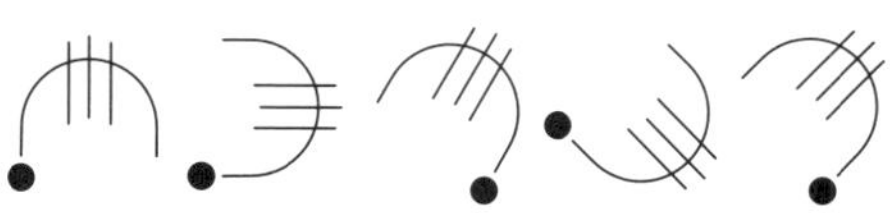
a) b) c) d) e)

35)
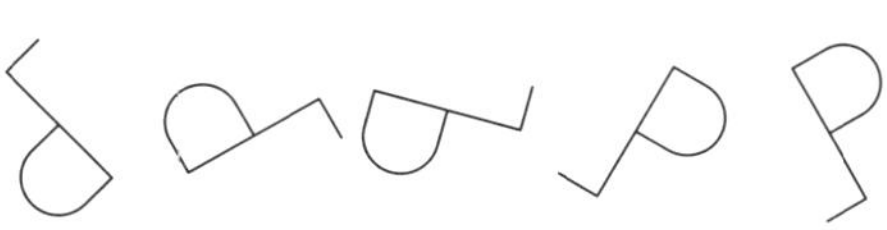
a) b) c) d) e)

36)

a) b) c) d) e)

37)

a) b) c) d) e)

38)

a) b) c) d) e)

39)

a) b) c) d) e)

40)

a) b) c) d) e)

41)
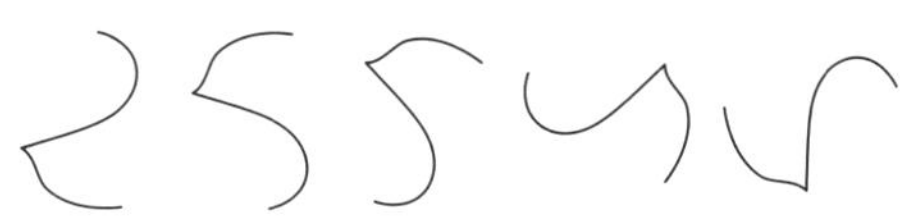
a) b) c) d) e)

42)
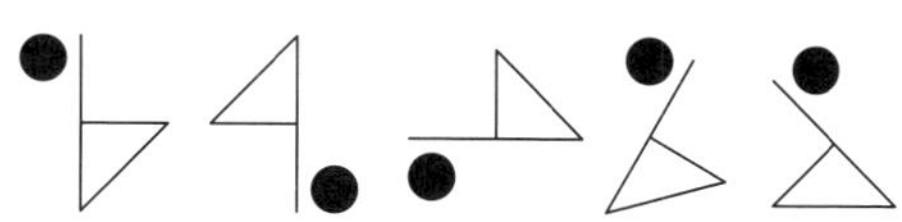
a) b) c) d) e)

43)

a) b) c) d) e)

44) 

a) b) c) d) e)

45) 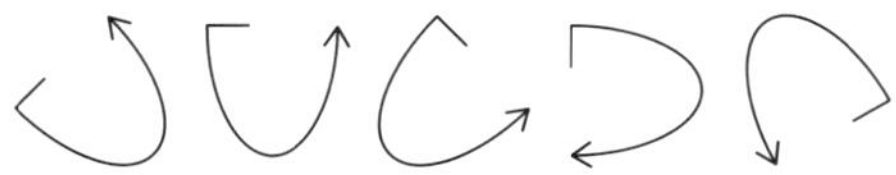

a) b) c) d) e)

46) 

a) b) c) d) e)

47) 

a) b) c) d) e)

48) 

a) b) c) d) e)

49) 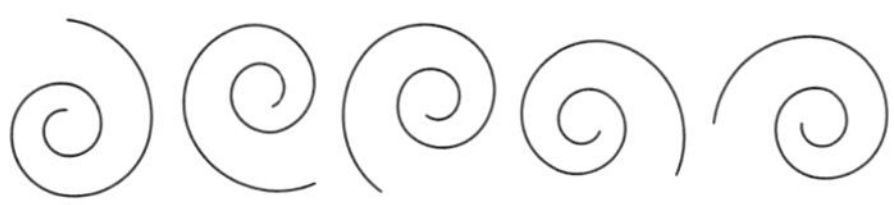

a) b) c) d) e)

50) 

a) b) c) d) e)

Lösungen

1) d
2) c
3) a
4) e
5) b
6) d
7) a
8) b
9) c
10) e
11) d
12) b
13) a
14) c
15) d
16) e
17) e
18) c
19) b
20) a
21) b
22) a
23) d
24) c
25) d
26) b
27) c
28) a
29) e
30) b
31) d
32) b
33) e
34) a
35) c
36) a
37) d
38) e
39) b
40) c
41) a
42) e
43) d
44) b
45) d
46) b
47) a
48) c
49) d
50) e

Tipps zur Vorbereitung

Schauen Sie sich die Figuren der Reihe nach an. Wählen Sie eine Figur und drehen Sie sie in Ihren Gedanken in verschiedene Richtungen, nach links und nach rechts. Prüfen Sie, wie sich dabei einzelne Merkmale der Figuren verhalten. Gibt es z. B. Öffnungen oder Striche oder Rundungen, die sich trotz der Drehung nach links oder rechts nicht in Übereinstimmung mit den anderen Figuren bringen lassen?

Kreatives Denken

Kreativität ist die Fähigkeit, aus vorgegebenen Dingen etwas Neues zu schaffen. Kreative Intelligenz wird nicht etwa nur in den sogenannten »kreativen Berufen« wie in der Werbung, im Design, in den Medien oder in der Kunst benötigt. Die Fähigkeit, zu assoziieren und die Perspektive zu wechseln, um Neues zu erdenken und zu erschaffen, braucht man in allen Bereichen, in denen es darum geht, Probleme zu lösen. Denn oftmals lassen sich neue Probleme nicht mit alten Problemlösungen beheben. Gerade in Ingenieurberufen, in der Forschung und Entwicklung neuer Produkte und in der Wissenschaft spielt die kreative Intelligenz eine große Rolle.

In den folgenden Aufgaben werden Ihnen jeweils Wörter, Sätze, Zahlen oder Symbole vorgegeben, die Sie ergänzen oder neu kombinieren sollen, oder aus denen Sie etwas Neues entwickeln sollen. Im Unterschied zu allen bisherigen Tests geht es bei diesen Aufgaben nicht um »richtig« oder »falsch«, sondern darum, wie schnell Sie wie viele mehr oder weniger originelle unterschiedliche Einfälle zur jeweiligen Fragestellung produzieren können. Aus diesem Grund sind in den folgenden Kapiteln keine konkreten Lösungen angegeben.

Zur Einschätzung Ihrer eigenen kreativen Leistungsfähigkeit gilt: Je mehr unterschiedliche Einfälle Sie bei der einzelnen Aufgabe haben, desto besser. Für ganz besonders originelle Einfälle werden manchmal auch Extrapunkte vergeben. Am besten vergleichen Sie die Ergebnisse mehrerer Testdurchläufe miteinander, um zu sehen, wie sehr Sie an Geschwindigkeit und Ideenreichtum gewonnen haben.

Wörter finden

Aufgabenvariante 1 (Buchstaben):
Im nächsten Abschnitt steht Ihre Sprachschöpfungsfähigkeit im Vordergrund. Bitte notieren Sie hierzu so viele Verben wie möglich zu einem angegebenen Buchstaben.

Beispielaufgabe

Für den Buchstaben »N« könnten dies zum Beispiel die folgenden Verben sein: niesen, nominieren, nicken, nachahmen, niederlegen, nachdenken, nachforschen, nehmen, naschen, nutzen.

Trainingsaufgaben

Teil 1

Finden Sie für jeden der folgenden Buchstaben so viele verschiedene Verben wie möglich. Für die folgenden Aufgaben haben Sie pro Buchstaben **30 Sekunden** Zeit.

1) P: putzen parken pauken
prickeln paffen pullern
pumpen

2) B: bauen bleiben büsten

3) R: richten, raufen,
~~rumpeln~~ riechen
rauswerfen runterschmeißen

4) C: c

5) G: grinsen, gehen

6) M: mähen

7) Q: quatschen,

8) R: reden, riechen, rollern, rempeln, reiten

9) T: telefonieren, tauchen, tanzen, trümmern,

10) U: unterrichten, untersuchen, unterkriegen, ~~unt~~ umschütten

11) W: waschen, werfen, würfeln, wärmen

12) Ä: äpfeln,

13) Z: zupfen, zaubern, zertrümmern, ziehen, zerreißen

14) J: jodeln, ~~jauchzen~~ jammern, jucken

15) F: fahren, foulen, furzen, fangen, fallen,

Teil 2

Finden Sie für jeden der folgenden Buchstaben so viele Substantive wie möglich. Sie haben wieder pro Buchstaben **30 Sekunden** Zeit:

1) A: Außen, Ampel, Apfel, Angst, Ausdauer, Ava, Anfang

2) N: ~~Nu~~, Nase, Nektarine, N

3) D: Dirndl, Dauerwelle, Donauwelle, Doktor, Dinosaurier, Diktat, Diktator

4) H: Hilfe, Henkel, Hampelmann, Hose, Haar, Herr

5) L: Lauf, Lila, Links

6) O: Opfer, Opa, Oblade, Onkologe, Onkel, O

7) P Parkplatz, Punkt, Picknick, Preis, Prozent,

8) K: Kichererbse, Kind, Kreuz, Kraut, Kamm, Keuchhusten, K

9) Ü: Übel, Überfahrt, Ü

10) F: Furz, Fink, Fahrt, Faultier, Freund, Faust, Funke, Fiesling, F

Tipps zur Vorbereitung

Auch wenn die Lösungsmöglichkeiten unendlich erscheinen, ist das Problem bei dieser Aufgabe, sich die Wörter in kürzester Zeit aus dem Gedächtnis zu rufen, die zu dem jeweiligen Buchstaben passen. Unsere Tipps helfen Ihnen dabei, diese Fähigkeit zu trainieren.

- Üben Sie gezielt Wörter für jeden der 26 Buchstaben des Alphabetes. Besonderen Augenmerk sollten Sie auf die Umlaute Ä, Ü, Ö legen und auf selten gebrauchte Buchstaben wie z. B. »Q«, »X«, »Y«
- Versuchen Sie bei der Vorbereitung möglichst kurze Wörter einzustudieren, die sich schneller einprägen und niederschreiben lassen
- Wie in der Beispielaufgabe können Sie auch Wörter verbinden wie nachahmen, nachdenken, nachforschen, um somit die Anzahl zu steigern
- Sollen Sie sich statt Verben Substantive ausdenken, so kann es helfen, die bildliche Vorstellung zu aktivieren und in Kategorien zu denken. Sollte Ihr Buchstabe z. B. »T« sein, denken Sie z. B. über Sport nach (Turnschuh, Tennis, Tasche etc.) oder über Inneneinrichtung (Tuch, Tisch, Tafel, Tablett etc.). Ihre Gedanken sind fokussierter und es fällt Ihnen leichter, Wörter für diese Aufgabe zu finden.

Aufgabenvariante 2 (Wortanfänge):
Eine Variante dieses Sprachkreativitätstests ist es, Ihnen keine Buchstaben, sondern Wortanfänge zu präsentieren, die Sie dann möglichst variationsreich und zahlreich ergänzen sollen. Die Wortanfänge können eigenständige Wörter oder nur Anfangsbuchstaben eines Wortes sein. Damit wird Ihr Wortassoziationsvermögen geprüft.

Beispielaufgabe

Für den Wortanfang »Baum…« könnten dies zum Beispiel die folgenden Ergänzungen sein:
Baum***stamm***
Baum***haus***
Baum***leiter***
Baum***krone***

Der Wortanfang »Si…« könnte zum Beispiel so ergänzt werden:
Si***cherung***
Si***eb***
Si***chel***
Si***cherheitsgurt***

Trainingsaufgaben

Für die Wortanfänge haben Sie pro Aufgabe **30 Sekunden** Zeit.

1)

Tisch bein	Tisch ______
Tisch decke	Tisch ______
Tisch platz	Tisch ______
Tisch ______	Tisch ______
Tisch ______	Tisch ______
Tisch ______	Tisch ______

2)

Dach decker	Dach ______
Dach ziegel	Dach ______
Dach schaden	Dach ______
Dach ______	Dach ______
Dach ______	Dach ______
Dach ______	Dach ______

3)

Uhr zeit	Uhr ______
Uhr zeigersinn	Uhr ______
Uhr ______	Uhr ______
Uhr ______	Uhr ______
Uhr ______	Uhr ______
Uhr ______	Uhr ______

4)

Bahn steig	Bahn ______
Bahn gleis	Bahn ______
Bahn fahrer	Bahn ______
Bahn reperateur	Bahn ______
Bahn schiene	Bahn ______
Bahn ______	Bahn ______

5)

Film regisseur	Film ______
Film schauspieler	Film ______
Film buch	Film ______
Film equipment	Film ______
Film ______	Film ______
Film ______	Film ______

6) Han kraut | Han ______
Han g | Han ______
Han ______ | Han ______
Han ______ | Han ______
Han ______ | Han ______
Han ______ | Han ______

7) Ko t | Ko ______
Ko ten | Ko ______
Ko mpost | Ko ______
Ko mpostieren | Ko ______
Ko llonie | Ko ______
Ko ______ | Ko ______

8) Pap a | Pap ______
Pap st | Pap ______
Pap ier | Pap ______
Pap tüte | Pap ______
Pap pe | Pap ______
Pap ______ | Pap ______

9) Gra tulation | Gra ______
Gra tulieren | Gra ______
Gra mmatik | Gra ______
Gra us | Gra ______
Gra D | Gra ______
Gra ______ | Gra ______

10) Te lefon | Te ig
Te lefonieren | Te il
Te ür | Te ~~[illegible]~~

Verwendungsmöglichkeiten finden

Bei dieser Aufgabe dreht sich alles um Improvisation und Denken außerhalb des Gewohnten. Kreative und ausgefallene Ideen sind gefragt, aber vor allem wird bewertet, wie viele Ideen Sie in der Kürze der Zeit produzieren.

Beispielaufgabe

Einen Regenschirm könnte man beispielsweise für die folgenden Zwecke nutzen: Schutz vor Regen, Sonnenschutz, zum Auffangen von Wasser, als Schiffchen auf einem See, zum Sammeln und Transportieren von Kleinteilen, zum Bepflanzen mit Gartenkräutern.

Trainingsaufgaben

Für jeden einzelnen der Gegenstände haben Sie **30 Sekunden** Zeit.

1) Gardine lichtschutz, klamotte, Tischdecke, Teppich, überzug von Möbeln

2) Bleistift schreiben, zeichnen, dekorieren, festhalten, sammeln

3) Salz würzen, dekorieren (Glas mit Teelicht), baden,

4) Gabel essen, aufpieksen, töten, auf stelzen laufen, halterung für Blumen in Erde

5) Postkarte andenken Urlaub, verschicken, drauf schreiben, aufhängen,

6) Teller

7) Papier

8) Kamm

9) Autoreifen

10) Paket

11) Faden

12) Tischtennisschläger

13) Schal ______________________________

____

____

14) Pfanne ______________________________

____

____

15) Fußball ______________________________

____

____

16) Stuhl ______________________________

____

____

17) Kopfkissen ______________________________

____

____

18) Apfel ______________________________

____

____

19) Hut ______________________________

____

____

20) Hose ______________________________

____

____

Tipps zur Vorbereitung

- Orientieren Sie sich an dem Material: Harte Gegenstände lassen sich beispielsweise nutzen, um sich darauf zu setzen oder sie als Hammer zu verwenden. Weiche Gegenstände können wiederrum für andere Zwecke gebraucht werden: Ein Duschvorhang zum Beispiel als Segeltuch etc.
- Orientieren Sie sich an der Form: Welche anderen Gegenstände fallen Ihnen ein, die eine ähnliche Form haben? Der Regenschirm z. B. ähnelt einem Sonnenschirm.
- Versuchen Sie, sich kurz zu fassen: Das Ziel ist nicht, die Lösungen weiter im Detail zu durchdenken, sondern lediglich Ideenimpulse zu setzen.
- Sie werden nach einiger Zeit merken, dass sich Ideen zu unterschiedlichen Gegenständen ähneln werden, da sich die Gegenstände ihrerseits oft in Form oder Material ähneln. Nutzen Sie dies und erinnern Sie sich bei den Testaufgaben an die Ideen, die Sie zu ähnlichen Gegenständen hatten. So können die Antworten, z. B. für eine Tasse, ähnlich sein wie die zu einer Blumenvase o. Ä.
- Und natürlich vergessen Sie nicht, den eigentlichen Verwendungszweck des Gegenstandes zu notieren. Im Schirmbeispiel also den Schutz vor Regen.

Sätze bilden

In dieser Aufgabe werden Wörter vorgegeben und Sie müssen aus diesen so viele sinnvolle Sätze wie möglich bilden. Die Reihenfolge der Wörter kann beliebig geändert werden, aber die Wörter müssen so belassen werden, wie sie vorgegeben wurden (z. B. das Wort »Glas« nicht in »Gläser« abwandeln). Bitte achten Sie auf die korrekte Schreibweise.

Beispielaufgabe

Beispielsweise könnten dies Ihre Wörter sein:
Katze, Straße, Regen

Lösungsmöglichkeiten:

- Die Katze tanzt im Regen auf der Straße.
- Die Katze mag Regen, aber nicht die Autos auf der Straße.
- Der Regen machte die Straße und die Katze nass.

Trainingsaufgaben

Pro Aufgabe haben Sie **30 Sekunden** Zeit.

1) Baum, Berg, Gewitter

2) Schiff, Strand, Sonne

3) Buch, Garten, Tisch

4) Auto, Garage, Mann

5) Telefon, Jacke, Haus

6) Glas, Freundin, Kuchen

7) Computer, Arbeit, Büro

8) Lehrer, Schüler, Ball

9) Sport, Essen, Gabel

10) Lampe, Bett, Hausaufgaben

Sollten Ihnen unsere zehn Aufgaben zum Üben nicht reichen, können Sie sich leicht selbst weitere Wörter ausdenken oder sich von einem Freund weitere Wörter vorgeben lassen.

Tipps zur Vorbereitung

Wichtig ist nicht, dass Sie besonders anspruchsvolle Sätze kreieren, sondern wie viele Sätze Sie sich in der zur Verfügung stehenden Zeit ausgedacht haben.

- Fassen Sie sich kurz. Je kürzer der Satz ist, desto mehr Sätze können Sie niederschreiben.
- Bei einigen Satzkonstruktionen können Sie lediglich ein Verb ändern, um zu einer neuen Bedeutung des Satzes und zu einer weiteren Antwort zu kommen. (Die Katze ***singt*** im Regen auf der Straße. Die Katze ***liegt*** im Regen auf der Straße. Die Katze ***heult*** im Regen auf der Straße. Die Katze ***friert*** im Regen auf der Straße.)
- Es kann helfen, die Reihenfolge der Wörter nicht jedes Mal zu ändern, wenn Sie den nächsten Satz bilden. So bleiben Sie gedanklich näher an dem letzten Satz und sparen wertvolle Zeit. Achten Sie trotzdem darauf, dass Sie genügend Variationen in Ihren Lösungen haben, denn neben einer möglichst großen Anzahl von Antworten geht es auch um die Vielfalt Ihrer Ideen.

Figuren zeichnen – Teil I

In der nächsten Aufgabe sollen Sie ausgehend von einer vorgegebenen geometrischen Figur so viele Gegenstände zeichnen wie möglich. Wichtig ist, dass Sie die Form dabei nicht in eine andere Position bringen (z. B. ein stehendes Rechteck zu einem liegenden Rechteck drehen), sondern es in der ursprünglichen Darstellung belassen. Außerdem sollte man die Gegenstände bzw. Symbole noch erkennen können. Es zählen die Vielfalt und die Menge Ihrer Lösungen, nicht die perfekte Zeichnung.

Beispielaufgabe

Lösungsmöglichkeiten:

Trainingsaufgaben

Für jede vorgegebene Figur haben Sie **60 Sekunden** Zeit.

1) 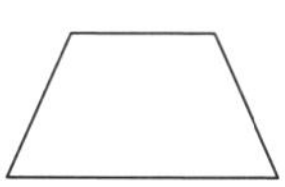

2) 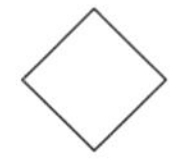

3) 

4) 

5) 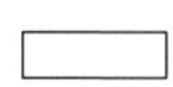

6) 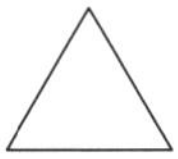

7) 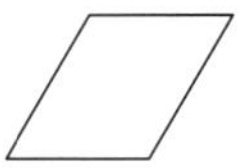

8) 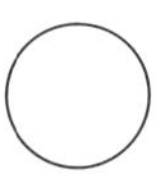

9) 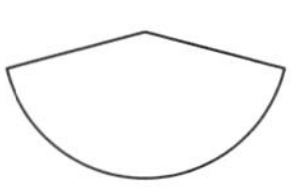

10) 

Tipps zur Vorbereitung

Da Sie an der Schnelligkeit gemessen werden, versuchen Sie Ihre Zeichnungen so schlicht wie möglich zu halten. So sparen Sie wertvolle Zeit, in der Sie sich die nächsten Lösungen überlegen können.

Figuren zeichnen – Teil II

In dieser Aufgabe gilt es, die vorgegebenen Einzelfiguren in kreativer Weise zu nutzen, um aus ihnen eine neue Figur zu erschaffen. Dabei sollen Sie jede der Ausgangsfiguren nur einmal benutzen und die Größenverhältnisse in etwa beibehalten. Wichtig ist hierbei, dass Sie die Figuren nicht verändern dürfen, sondern sie in der Form und Größe verwenden, wie sie angegeben werden. Sie dürfen auch Fantasiefiguren zeichnen.

Beispielaufgabe

Lösungsmöglichkeiten:

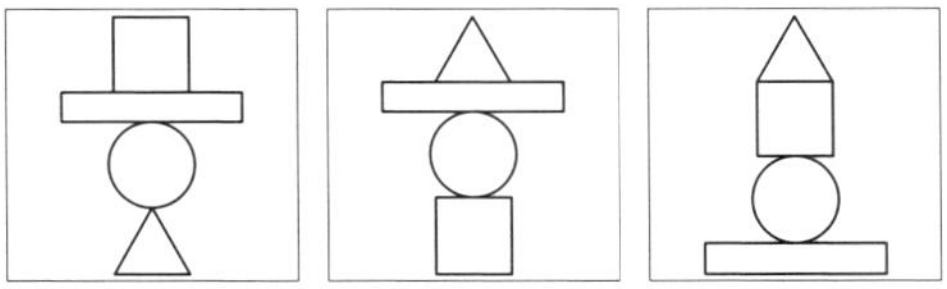

Trainingsaufgaben

Pro Aufgabe haben Sie **60 Sekunden** Zeit.

1) 

2) 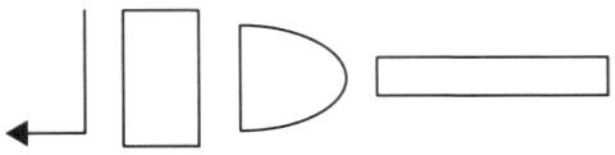

3) 

4) 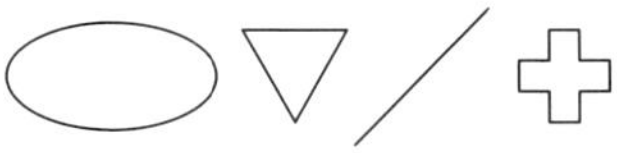

5) 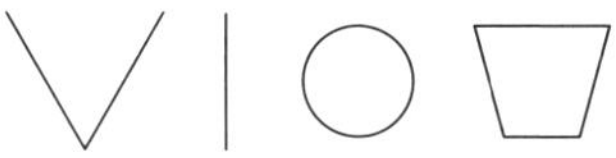

6) 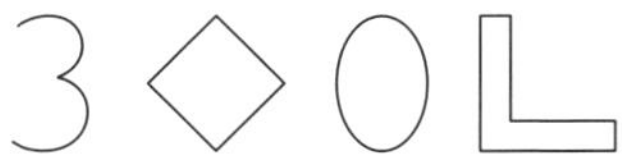

7) 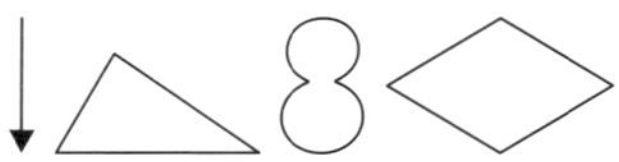

8) 

9) 

10) 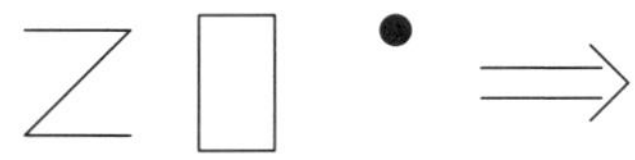

11) 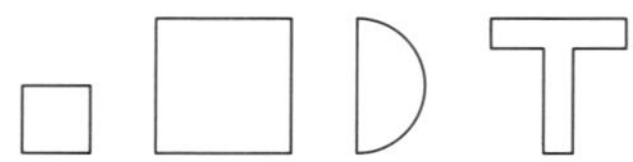

12) 

13) 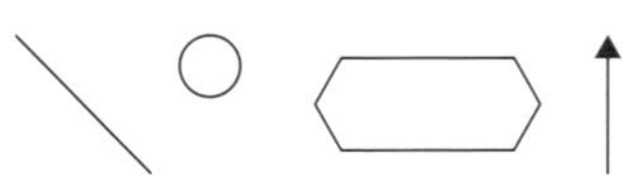

14) 

15) 

16) 

17) 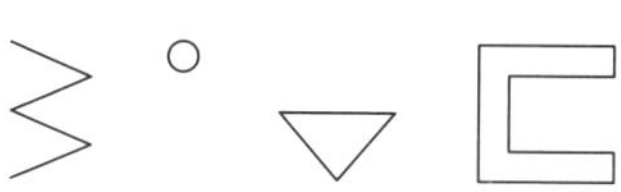

18) 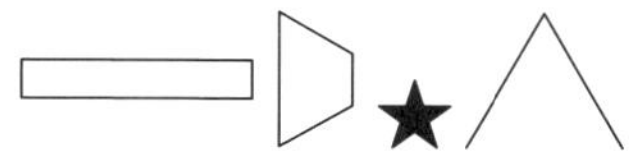

19) 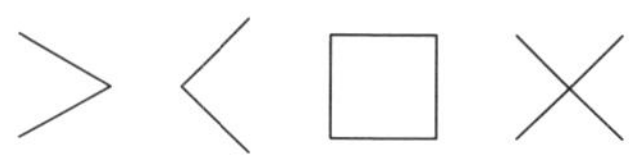

20) 

Tipps zur Vorbereitung

Wenn Sie jeweils nur eine der Formen rotieren lassen und diese in dem Gebilde verändern, schaffen Sie schnell neue Konstruktionen und behalten trotzdem den Überblick darüber, welche Anordnungen Sie bereits aufgezeichnet haben.

Logos erfinden

In diesem Test geht es darum, so viele verschiedene, werbewirksame Firmenlogos wie möglich zu erstellen. Bei jedem einzelnen Logo sollen der Firmeninhaber und die zu verkaufende Ware deutlich zu erkennen sein.

Beispielaufgabe

Der Optiker »Schonhoffer«, der sich auf den Verkauf von Brillen spezialisiert hat, benötigt ein neues Firmenlogo.
Welche Vorschläge haben Sie?

Trainingsaufgaben

Pro Aufgabe haben Sie **2 Minuten** Zeit:

1) Süßigkeitenladen »Candy«

2) Uhrengeschäft »Seifert«

3) Pizzeria »Italia«

4) Schreibwarenladen »Büro und mehr«

5) Musikgeschäft »Sänger«

6) Obsthändler »Obstparadies«

7) Bäcker »Frisch & Knusprig«

8) Café »Klatsch«

9) Sportgeschäft »Reinert«

10) Eisdiele »Fontana«

Tipps zur Vorbereitung

Achten Sie auf Unterschiede. Nur minimale Änderungen zählen gegebenenfalls nicht als neues Logo. Die zu verkaufenden Produkte und der Firmenname müssen deutlich erkennbar sein.

- Versuchen Sie, das Kerngeschäft in einem möglichst simplen Symbol darzustellen. Verzichten Sie auf Details. Es muss nicht perfekt gezeichnet sein, der Betrachter muss die Idee direkt erkennen können. Nutzen Sie die Zeit lieber für weitere Überlegungen.
- Arbeiten Sie mit Bildern. Sicherlich haben Sie sofort einige Ideen, wenn es um den Optiker Schonhoffer geht. Wie könnten Sie eine Brille in Szene setzen? Eine Brille mit Augen, eine Nase und den Firmennamen geschwungen wie ein Mund. Gesichter sind bei Kreativtests immer die einfachste Form, um etwas auszudrücken.
- Um möglichst viele Varianten zu entwickeln, können Sie die Schriftart, die -richtung und die -größe verändern und die Schrift über, unter oder neben ein Bild stellen.
- Zwar geht es bei diesem Test nicht darum, wie gut Sie zeichnen können, aber Sie sollten dennoch auf eine gewisse Sorgfalt achten, da allzu schludrige Zeichnungen auf einen schlampigen Arbeitsstil hindeuten können.

Gleichungen aufstellen

Bei der folgenden Aufgabe gilt es, möglichst viele verschiedene, sinnvolle Gleichungen zu bilden. Dafür dürfen Sie lediglich die vorgegebenen Zahlen verwenden. Das Ergebnis der Gleichung muss mathematisch richtig sein. Als Rechenoperationen sind nur die vier Grundrechenarten Addition, Subtraktion, Multiplikation und Division erlaubt. Die vorgegebenen Zahlen dürfen Sie auch mehrmals in einer Gleichung verwenden. In den Gleichungen müssen nicht alle Ausgangszahlen verwendet werden.

Beispielaufgabe

Ihnen werden die folgenden Zahlen vorgegeben: 1, 5, 8, 22, 30

Lösungsmöglichkeiten:

- $22 + 8 = 30$
- $1 \times 1 = 1$
- $5 + 1 + 1 + 1 = 8$
- $30 : 5 = 1 + 5$

Falsch wäre zum Beispiel: $30 : 5 = 6$, weil die Zahl 6 nicht unter den vorgegebenen Zahlen ist.

Trainingsaufgaben

Pro Aufgabe haben Sie **2 Minuten** Zeit.

1) 2, 3, 9, 11, 15, 19, 20

$3 \cdot 3 = 9$ $2 + 9 = 11$

$20 + 2 - 3 = 19$

$15 + 2 + 3 = 20$

$20 - 15 = 2 + 3$

2) 3, 4, 6, 8, 13, 15, 17, 19, 22

3) 1, 3, 5, 7, 9, 11, 13, 17, 19, 21, 23

Tipps zur Vorbereitung

- Da es nicht entscheidend ist, wie ausgefallen Ihre Gleichungen sind, sondern lediglich wie viele richtige Gleichungen Sie aufstellen, versuchen Sie die Rechenschritte so simpel und kurz wie möglich zu halten. So werden Sie in kürzerer Zeit mehr Gleichungen bilden können und eine höhere Punktzahl erreichen.
- Versuchen Sie, eine bereits notierte Gleichung einfach umzustellen, um so schnell zu einer weiteren Antwort zu finden. So verschwenden Sie keine wertvolle Zeit zum Überlegen. Aus der Gleichung $22 + 8 = 30$ können Sie im Handumdrehen die Gleichung $30 - 8 = 22$ und $8 + 22 = 30$ erstellen.
- Um diesen Aufgabentyp noch intensiver zu üben, können Sie sich selbst weitere Zahlen ausdenken, aus denen Sie Gleichungen erstellen. Oder Sie bitten eine andere Person darum, Ihnen einige Zahlen vorzugeben. Dann ist der Überraschungseffekt größer.

Eigenschaften finden

Bei diesem Kreativitätstest geht es darum, möglichst viele Eigenschaften zu einer bestimmten Person oder einer Berufsgruppe zu benennen.

Beispielaufgabe

Zählen Sie möglichst viele Eigenschaften auf, die eine Sekretärin haben sollte.

Lösungsmöglichkeiten:
organisiert, freundlich, hilfsbereit, selbstständig, belastbar, flexibel, kommunikativ ...

Trainingsaufgaben

Pro Aufgabe haben Sie **60 Sekunden** Zeit.

1) Ein Vater

liebevoll, herzlich, streng, kreativ, sportlich, hilfsbereit, handwerklich, motiviert, communikativ, humorvoll

2) Eine Verkäuferin

freundlich, geduldig, schnell, kommunikativ

3) Eine Mutter

4) Eine Lehrerin

5) Ein Schüler

6) Ein Vorgesetzter

7) Ein Politiker

8) Ein Freund

9) Eine Großmutter

10) Ein Arbeitskollege

Und nun zählen Sie bitte möglichst viele Eigenschaften auf, die die jeweiligen Personen bzw. Berufsgruppen ***nicht*** haben sollten. Pro Aufgabe haben Sie **60 Sekunden** Zeit.

1) Ein Koch

langsam, geschmacklos,
blind,

2) Ein Arzt

3) Ein Nachrichtensprecher

4) Ein Berater

5) Ein Schauspieler

6) Eine Schwester

7) Ein Pilot

8) Eine Krankenschwester

9) Ein Außendienstmitarbeiter

10) Eine Professorin

Tipps zur Vorbereitung

Stellen Sie sich die jeweilige Person bzw. Berufsgruppe bildlich vor. Überlegen Sie, wen Sie aus Ihrem persönlichen Umfeld kennen, mit welchen Adjektiven (Wie-Wörtern) Sie diese Person beschreiben würden und welche der Eigenschaften Sie als positiv bzw. negativ bewerten.

- Orientieren Sie sich an dem Aufgabenspektrum der Person. Die Aufgabe »Telefonieren« beispielsweise erfordert andere Eigenschaften (z. B. freundlich, kommunikativ etc. als die Aufgabe »Meeting planen« (z. B selbstständig, organisiert etc.). So können Sie die Bandbreite an Lösungen schnell erweitern, um mehr Antworten zu finden.
- Fassen Sie sich beim Aufschreiben Ihrer Lösungen so kurz wie möglich, um Zeit zu sparen.
- Achtung: Die Testauswerter versuchen eventuell auch, etwas über Ihre Einstellung zu bestimmten Personen, Berufsgruppen und Verhaltensweisen – und damit über Ihr Weltbild – herauszufinden. Mit der Beschreibung von Eigenschaften verraten Sie gewollt oder ungewollt etwas über sich selbst.

Erklärungen erfinden

Auch in dieser Aufgabe ist wieder Ihre Kreativität gefragt. Im Folgenden sollen Sie für eine vorgegebene Aussage möglichst viele unterschiedliche Erklärungen finden. Ihrer Kreativität ist dabei keine Grenze gesetzt.

Beispielaufgabe

Frau Müller achtet sehr auf ihre Ernährung.

Lösungsmöglichkeiten:

- Sie möchte lange jung und gesund aussehen.
- Sie möchte sich wohler fühlen.
- Sie möchte Ihren Mann dazu bewegen, es ihr gleich zu tun.
- Sie nimmt an einer Studie zur gesunden Ernährung teil.
- ...

Trainingsaufgaben

Pro Aufgabe haben Sie **60 Sekunden** Zeit.

1) Herr Schmidt freut sich, endlich wieder zur Arbeit zu gehen.

er war krankgeschrieben
hatte sich verletzt
Wochenende / Urlaub
Todesfall in Familie
Stress mit Kindern / Frau

2) Frau Sonnenschein ist wütend auf ihre Nachbarin.

3) Viele Menschen bewundern berühmte Schauspieler.

Vorbild

4) Simone ruft ihre Freundin Julia an.

5) Der Hund rennt plötzlich schnell auf die Wiese.

6) Frau Nielsen spielt sonntags immer Tennis.

7) Der Koch rümpft seine Nase.

8) Dagmar geht morgen alleine einkaufen.

9) Die Suppe schmeckt heute besonders gut.

10) Die meisten Menschen schlafen nachts.

11) Herr Schmidt liest seit fünf Stunden in einem Buch.

12) Herr Demmer setzt sich auf eine Bank.

13) Frau Mobeling kauft einen hübschen Blumenstrauß.

14) Frau Dengel kocht heute ausnahmsweise selber.

15) Herr Tiedel fährt schnell Fahrrad.

16) Nele besucht ihren guten Freund Max.

17) Ein Ehepaar läuft getrennt durch den Park.

18) Nina singt laut.

19) Die Bootstour fällt heute aus.

20) Ein Mädchen rennt lachend zu ihrer Mutter.

Tipps zur Vorbereitung

- Lesen Sie den vorgegebenen Satz und fragen Sie sich, warum das so sein könnte.
- Nutzen Sie die klassischen »W-Fragen« zur Aufgabenbearbeitung. Dadurch regen Sie Ihre Kreativität an. »Wer veranlasst Frau Müller dazu, auf ihre Ernährung zu achten?«, »Was veranlasst Frau Müller dazu bzw. wodurch wird sie dazu veranlasst?« usw.
- Achten Sie auch bei dieser Aufgabe darauf, dass Sie durch Ihre Erklärungsmöglichkeiten einen Einblick in Ihre Persönlichkeit geben. Manche Arbeitgeber setzen diesen Test als versteckten »Persönlichkeitstest« ein, weil sie glauben, aus Ihren Antworten etwas über Ihr Weltbild zu erfahren.

Die Anforderungen in Persönlichkeitsfragebogen
Der Fünf-Persönlichkeits-faktoren-Fragebogen
Berufsbezogene Persönlich-keitsfragebogen
Biografische Fragebogen
Assessment-Center-Aufgaben im Überblick
Bewertungskriterien bei Assessment-Center-Aufgaben
Präsentationsaufgaben
Gruppendiskussionen
Rollenspiele
Postkorbaufgaben
Feedbackrunden
Tipps und Taktiken für Assessment-Center-Aufgaben
Der Ablauf eines Vorstellungs-gesprächs
Die wichtigsten Fragen im Vorstellungsgespräch
Tipps und Taktiken für das Vorstellungsgespräch
Berufsbezogene Persönlich-keitsfragebogen
Biografische Fragebogen
Assessment-Center-Aufgaben

Tests: Persönlichkeit, Einstellung und Sozialverhalten

Einstellungstestverfahren im öffentlichen Dienst wie beispielsweise bei der Stadtverwaltung, bei Finanzämtern, Oberschulämtern, beim Zoll, bei der Polizei oder bei der Feuerwehr beinhalten neben den schriftlichen Tests zur Allgemeinbildung, zur Belastbarkeit und zu Ihrer intellektuellen Leistungsfähigkeit auch die Überprüfung Ihrer Persönlichkeit, Ihrer Einstellungen und Ihres Sozialverhaltens. Bei Polizei und Feuerwehr kommt zusätzlich noch die Überprüfung Ihrer sportlichen Leistungsfähigkeit hinzu (vgl. *Duden Trainer Einstellungstests für Polizei und Feuerwehr*).

Der öffentliche Dienst ist ein besonderer Arbeitgeber: Mitarbeiterinnen und Mitarbeiter der öffentliche Verwaltungen sind der verlängerte Arm der Obrigkeit und deshalb besteht ein hohes Interesse daran, rechtschaffene, unbescholtene Mitarbeiterinnen und Mitarbeiter zu gewinnen, die dem zukünftigen Dienstherrn auf der Grundlage einer ethisch-moralisch einwandfreien Haltung loyal gegenüberstehen. Um Ihre Charaktereigenschaften und Einstellungen sowie Ihr soziales Verhalten zu überprüfen, werden Ihnen teilweise verschiedene Persönlichkeitsfragebogen vorgelegt sowie unterschiedliche Assessment-Center-Aufgaben gestellt und ein Vorstellungsgespräch durchgeführt. Hier sollen Sie Ihren potenziellen zukünftigen Arbeitgeber noch einmal von sich als Person mit Ihrer Motivation, Ihren Eigenschaften, Ihrem Auftreten und Ihrem Kommunikationsverhalten überzeugen. Was dabei genau auf Sie zukommt, erfahren Sie auf den folgenden Seiten.

Persönlichkeitsfragebogen

Unser Anliegen ist es, Ihnen zu verdeutlichen, worum es in den verschiedenen schriftlichen Persönlichkeitsfragebogen geht, damit Sie klar entscheiden können, wie Sie sich präsentieren wollen. Denn für die Personalauswahl im öffentlichen Dienst spielen die unterschiedlichsten Faktoren eine Rolle:

- Was für ein Mensch sind Sie?
- Was ist Ihnen wichtig?
- Was ärgert Sie?
- Wovor haben Sie Angst?
- Was bringt Sie aus der Ruhe?
- Was frustriert Sie?

Bei der Arbeit müssen Sie oft in hektischen Situationen gut in einem Team zusammenarbeiten. Dafür brauchen Sie zum Beispiel Teamgeist, Belastbarkeit und persönliche Stabilität. In einer Behörde, sei es in einer Schulverwaltung, im Bürgeramt einer Stadtverwaltung oder bei der Kindergeldstelle, werden Sie häufig mit Kunden zu tun haben. Dafür sollten Sie beispielsweise aufgeschlossen und kontaktfreudig, dienstleistungsorientiert und freundlich sein sowie einige weitere Charaktereigenschaften mitbringen, auf die Sie Ihr zukünftiger Arbeitgeber in einem Einstellungsverfahren testen wird.

Stellen Sie sich einmal vor, Sie arbeiten als Verwaltungsfachangestellte im mittleren nichttechnischen Dienst und sind bei der Kindergeldstelle eingesetzt. Eine Mutter mit vier Kindern kommt in Ihre Sprechstunde und will Kindergeld beantragen. Sie können die Bewilligung nicht erteilen, da die Mutter wichtige Dokumente nicht dabei hat. Die Mutter ist uneinsichtig und fordert vehement die Bewilligung des Kindergeldes bei Ihnen ein. Als Sie die

Mutter darauf hinweisen, dass wichtige Dokumente fehlen, fängt sie bitterlich an zu weinen. Auf der einen Seite wollen Sie natürlich helfen, auf der anderen Seite dürfen Sie nicht von dem formal vorgegebenen Weg abweichen.
Solche Gespräche verlaufen oft erregt und Sie brauchen ein dickes Fell, um sich davon nicht beeinträchtigen zu lassen.

- Sind Sie emotional stabil genug?
- Werden Sie selbst vehement oder sogar aggressiv?
- Oder brechen Sie vielleicht selbst irgendwann in Tränen aus?
- Wie gehen Sie mit einer solchen Situation um?

Diese Fragen stellen sich die Personen im Auswahlgremium, die Ihnen in einem Einstellungsverfahren im öffentlichen Dienst gegenübersitzen. Rechnen Sie also damit, dass Sie bei Ihren Einstellungstests im öffentlichen Dienst mehr oder weniger umfangreiche Fragebogen zu Ihren Charaktereigenschaften, Wesenszügen und persönlichen Einstellungen, aber auch zu Ihren Interessen und Neigungen ausfüllen müssen. Wir stellen Ihnen die gängigsten Fragebogenverfahren vor, beschreiben, worum es darin geht und wie Sie dabei am besten abschneiden.

Die Anforderungen in Persönlichkeitsfragebogen

Gleichgültig, welche Persönlichkeitsfragebogen bei einem Einstellungsverfahren eingesetzt werden, im Grunde geht es bei dieser Art von Testverfahren immer um drei übergeordnete Persönlichkeitsmerkmale, die überprüft werden. Diese sind:

- emotionale Stabilität
- Verhalten und Einstellungen im Bereich sozialer Beziehungen
- Leistungsmotivation und Selbstdisziplin

Die allermeisten Persönlichkeitsfragen zielen darauf ab, Ihren Charakter hinsichtlich dieser drei Bereiche zu erforschen. Ein Arbeitgeber möchte dadurch seine Entscheidung absichern, ob Sie für eine Ausbildung oder eine bestimmte Position im öffentlichen Dienst die passende Bewerberin bzw. der passende Bewerber sind. Die folgende Übersicht verdeutlicht, was unter den drei Merkmalsbereichen zu verstehen ist.

Emotionale Stabilität

Menschen, die als emotional stabil gelten:

- machen sich weniger Sorgen
- sind weniger ängstlich
- neigen weniger zu Grübelei
- fühlen sich den Anforderungen des Lebens gut gewachsen
- sind zufriedener mit ihrem Leben
- fühlen sich selten schlecht
- sorgen sich wenig um die eigene Gesundheit
- sind ausgeglichener
- lassen sich von Stress weniger erschüttern
- sind seltener traurig
- kennen keine Schuldgefühle
- können sich gut auf Ihre Arbeit konzentrieren
- haben Selbstvertrauen
- sind nach dem Aufwachen am Morgen energiegeladen
- können gut einschlafen und durchschlafen
- leiden nicht unter Kopfschmerzen oder Migräne
- handeln überlegt und besonnen
- sind nicht launenhaft

- werden sehr selten krank
- neigen nicht zum Perfektionismus

Verhalten und Einstellungen im Bereich sozialer Beziehungen
Menschen, die als kontaktfähig gelten:
- sind natürlich und gesellig
- mögen Menschengruppen
- reden gerne mit anderen
- gehen gerne und häufig aus
- haben keine Schwierigkeiten damit, vor einer größeren Gruppe zu sprechen
- bevorzugen Mannschaftssportarten
- treffen sich gern mit Freunden
- ergreifen oft bei neuen Bekanntschaften die Initiative
- haben immer eine passende Antwort parat
- übernehmen in Gruppen oft die führende Position
- handeln rasch und energisch
- sind erlebnishungrig
- haben Lust auf Nervenkitzel
- können aus sich herausgehen
- behalten auch bei Ärger und Stress gute Laune
- bevorzugen Aktivitäten mit anderen Menschen
- gehen lieber auf eine Party als fernzusehen
- wollen allgemein beliebt sein
- messen ihre Fähigkeiten gerne mit anderen
- gewinnen gerne

Leistungsmotivation und Selbstdisziplin
Menschen, die als leistungsmotiviert und selbstdiszipliniert gelten:
- schieben eine Aufgabe nicht auf, sondern erledigen sie sofort
- planen ihre Arbeit
- überlegen erst, bevor sie handeln
- schließen eine begonnene Arbeit ab
- können sich leicht auf ihre Arbeit konzentrieren
- lassen sich von nichts ablenken
- genießen ihre Freizeit erst dann, wenn die Arbeit getan ist
- wollen erfolgreich sein
- sind ehrgeizig
- können sich leicht entscheiden
- sind zielstrebig
- organisieren ihre Arbeit gut
- wollen vorankommen
- halten Termine ein, kommen selten in zeitlichen Verzug
- erreichen ihre Ziele
- können sich gut selbst beherrschen
- sind ordentlich
- haben klare Zukunftsvorstellungen
- können bei Versuchungen widerstehen
- sind strebsam

Natürlich treffen nicht alle Merkmale bei allen Menschen gleichermaßen und in gleicher Ausprägung zu. Die meisten Persönlichkeitsfragebogen beinhalten deshalb bis zu mehreren hundert Fragen, um ein möglichst genaues Bild der persönlichen Einstellungs- und Verhaltensmuster zu erheben. Mit ein wenig Übung werden Sie jedoch alle möglichen Fragen der unterschiedlichsten Persönlichkeitsfragebogen den drei Merkmalsbereichen »Emotionale Stabilität«, »Verhalten und Einstellungen im Bereich sozialer Beziehungen« sowie »Leistungsmotivation und Selbstdisziplin« zuordnen können.

Bearbeitungsstrategie
Bei der Bearbeitung von Persönlichkeitsfragebogen gibt es kein »Richtig« oder »Falsch«. Deshalb können Sie – anders als bei den meisten schriftlichen Leistungs-, Fähigkeits- und Belastungstests – zu Hause nicht dafür lernen. Wenn Sie dieses

Kapitel aufmerksam lesen, wissen Sie jedoch, worauf Sie bei den Fragebogen besonders achten sollten. Zunächst ist es entscheidend, Persönlichkeitsfragebogenverfahren als solche zu erkennen. Zweitens ist es wichtig zu wissen, wer und wie Sie selbst sind, das heißt, eine Ahnung davon zu entwickeln, welche Eigenschaften und Einstellungen Sie selbst haben und wie Sie sich in verschiedenen Situationen verhalten. Und drittens hilft es Ihnen, wenn Sie sich Gedanken darüber machen, welche Persönlichkeitseigenschaften die andere Seite (also Ihr möglicher neuer Arbeitgeber) von Ihnen als neuem Auszubildenden bzw. als neuem Mitarbeiter erwartet.
Verdeutlichen Sie sich zunächst immer, für welche Stelle Sie sich bewerben. Welche persönlichen Voraussetzungen sind für die Aufgaben bei dieser Arbeit hilfreich? Stellen Sie sich einmal die Menschen vor, die in einer Kommunal-, Landes- oder Bundesverwaltung, beispielsweise auf dem Bürgeramt, bei Gericht, bei einer Landesversicherungsanstalt, im auswärtigen Dienst oder als Beamter bei einer internationalen Organisation arbeiten. In welche Situationen kommen diese Menschen? Überlegen Sie sich, welche Verhaltensweisen und Charaktereigenschaften sie haben und welche Eigenschaften für die Aufgaben als Mitarbeiterin bzw. Mitarbeiter der öffentlichen Hand wichtig sind. So können Sie selbst einschätzen, ob Sie die nötigen Persönlichkeitsmerkmale für den Job mitbringen, wie Sie sich präsentieren wollen und welche Antwortmöglichkeit Sie jeweils ankreuzen.
Und noch eine Empfehlung können wir geben: Kreuzen Sie die Fragen nicht zu extrem in eine Richtung an. Sie haben auch eine mittlere Antwortkategorie: »teils, teils«. Wenn Sie sich gar nicht entscheiden können, weichen Sie darauf aus. Tun Sie das aber nicht zu häufig, denn dadurch könnten Sie schnell unentschieden oder unglaubwürdig wirken.
Ihre Antworten in den verschiedenen Persönlichkeitsfragebogen dienen im weiteren Verlauf des Einstellungsverfahrens als Grundlage für ein tiefer gehendes Gespräch. Dabei wird Ihre Selbsteinschätzung durch Ihre Antworten auf die einzelnen Fragen mit dem Eindruck abgeglichen, den sich das Auswahlgremium im persönlichen Kontakt von Ihnen macht. Deshalb empfehlen wir bei der Beantwortung generell, nicht zu sehr von Ihren wirklichen Einstellungen und Ihrem wirklichen Verhalten in realen Situationen abzuweichen. Denn das würde auffallen und Ihre Glaubwürdigkeit schmälern. Schauen Sie sich zum Einstieg in die verschiedenen Fragebogenverfahren jetzt einmal den folgenden Persönlichkeitsfragebogen an und bearbeiten Sie ihn gewissenhaft.

Der Fünf-Persönlichkeitsfaktoren-Fragebogen

Beim Fünf-Persönlichkeitsfaktoren-Fragebogen haben Sie verschiedene vorgegebene Antwortmöglichkeiten. Beantworten Sie jede Frage, selbst wenn Sie denken, dass keine der vorgegebenen Antworten auf Sie zutrifft. Versuchen Sie dann, die Antwort zu wählen, die noch am ehesten auf Sie passt. Überlegen Sie nicht zu lange. Entscheiden Sie sich spontan. Beachten Sie, dass es keine richtigen oder falschen Antworten gibt. Unseren Test mit 100 Fragen sollten Sie innerhalb von ca. **15 Minuten** durchführen. Kreuzen Sie bei jeder Aussage an, wie deutlich Sie diese Aussage ablehnen bzw. wie deutlich Sie ihr zustimmen. Zustimmung bzw. Ablehnung sind durch die folgenden Plus- und Minuszeichen dargestellt:

– – = deutliche Ablehnung
– = ziemliche Ablehnung
–/+ = eine Teils-teils-Haltung
\+ = ziemliche Zustimmung
++ = deutliche Zustimmung

Test

Nr.	Aussage	Ablehnung	→		Zustimmung		Punkte
		– –	–	–/+	+	++	
1)	Ich halte meine Sachen sauber und ordentlich.	0	1	2	3	4	G 3
2)	Ich bemühe mich, bescheiden zu sein.	0	1	2	3	4	V ___
3)	Ich bin ziemlich eingefahren in meinen Bahnen.	4	3	2	1	0	O ___
4)	Ich kann leicht lächeln und mit anderen gut auskommen.	0	1	2	3	4	E ___
5)	Auch kleine Ärgernisse können mich frustrieren.	0	1	2	3	4	N ___
6)	Ich habe klare Ziele und arbeite systematisch auf sie zu.	0	1	2	3	4	G ___
7)	Ich bin *nicht* gerade für meine Großzügigkeit bekannt.	4	3	2	1	0	V ___
8)	Ich bleibe in meinen Gedanken in der Realität und mache selten Ausflüge in die Fantasie.	0	1	2	3	4	O ___
9)	Ich interessiere mich für die Menschen, mit denen ich zusammenarbeite.	0	1	2	3	4	E ___
10)	Ich bin weniger ängstlich als andere Menschen.	4	3	2	1	0	N ___
11)	Ich bin eine tüchtige Person und erledige meine Arbeit immer pünktlich.	0	1	2	3	4	G ___

Nr.	Aussage	Ablehnung	→		Zustimmung		Punkte
12)	Manche Leute halten mich für selbstgefällig und selbstsüchtig.	– – 4	– 3	–/+ 2	+ 1	++ 0	V ___
13)	Es langweilt mich, ins Theater zu gehen.	– – 4	– 3	–/+ 2	+ 1	++ 0	O ___
14)	Bei Versammlungen überlasse ich das Reden gewöhnlich anderen.	– – 4	– 3	–/+ 2	+ 1	++ 0	E ___
15)	Wenn ich jemandem etwas Falsches gesagt oder ihm etwas angetan habe, kann ich es kaum ertragen, ihm noch einmal zu begegnen.	– – 0	– 1	–/+ 2	+ 3	++ 4	N ___
16)	Ich begleiche meine finanziellen Verpflichtungen prompt und vollständig.	– – 0	– 1	–/+ 2	+ 3	++ 4	G ___
17)	Wenn nötig, kann ich auch sarkastisch und spitz sein.	– – 4	– 3	–/+ 2	+ 1	++ 0	V ___
18)	Ich probiere oft neue und fremde Speisen und Getränke aus.	– – 0	– 1	–/+ 2	+ 3	++ 4	O ___
19)	Ich führe ein hektisches Leben.	– – 0	– 1	–/+ 2	+ 3	++ 4	E ___
20)	Ich fühle mich oft angespannt und nervös.	– – 0	– 1	–/+ 2	+ 3	++ 4	N ___
21)	Ich bin ein sehr systematisch vorgehender Mensch.	– – 0	– 1	–/+ 2	+ 3	++ 4	G ___
22)	Ich glaube, dass man von den meisten Leuten ausgenutzt wird, wenn man es zulässt.	– – 4	– 3	–/+ 2	+ 1	++ 0	V ___
23)	Ich habe viele intellektuelle Interessen.	– – 0	– 1	–/+ 2	+ 3	++ 4	O ___
24)	Ich bin vor Freude noch nie wirklich in die Luft gesprungen.	– – 4	– 3	–/+ 2	+ 1	++ 0	E ___
25)	Ich habe kaum Schwierigkeiten damit, Versuchungen zu widerstehen.	– – 4	– 3	–/+ 2	+ 1	++ 0	N ___
26)	Ich lasse gerne alles an seinem Platz, damit ich weiß, wo es ist.	– – 0	– 1	–/+ 2	+ 3	++ 4	G ___
27)	Meine erste Reaktion ist es, Menschen zu vertrauen.	– – 0	– 1	–/+ 2	+ 3	++ 4	V ___
28)	Wenn ich ein Kunstwerk betrachte oder einen Roman lese, empfinde ich manchmal Begeisterung.	– – 0	– 1	–/+ 2	+ 3	++ 4	O ___
29)	Ich bevorzuge Arbeiten, die ich allein erledigen kann und bei denen ich nicht von anderen gestört werde.	– – 4	– 3	–/+ 2	+ 1	++ 0	E ___
30)	Manchmal mache ich etwas aus einem spontanen Gefühl heraus und bereue es später.	– – 0	– 1	–/+ 2	+ 3	++ 4	N ___
31)	Ich arbeite hart, um meine Ziele zu erreichen.	– – 0	– 1	–/+ 2	+ 3	++ 4	G ___

Nr.	Aussage	Ablehnung		→		Zustimmung	Punkte
32)	Ich bin ziemlich hartnäckig und dickköpfig.	−− 4	− 3	−/+ 2	+ 1	++ 0	V ___
33)	Ich löse gerne knifflige Aufgaben oder Probleme.	−− 0	− 1	−/+ 2	+ 3	++ 4	O ___
34)	Für gewöhnlich mache ich auf andere den Eindruck, in Eile zu sein.	−− 0	− 1	−/+ 2	+ 3	++ 4	E ___
35)	In Krisensituationen habe ich mich selbst ziemlich gut im Griff.	−− 4	− 3	−/+ 2	+ 1	++ 0	N ___
36)	Ich erledige meine Aufgaben so sorgfältig, dass ich sie nicht noch einmal machen muss.	−− 0	− 1	−/+ 2	+ 3	++ 4	G ___
37)	Ich glaube, dass ich anderen überlegen bin.	−− 4	− 3	−/+ 2	+ 1	++ 0	V ___
38)	Ich glaube, dass die Wertvorstellungen in fremden Gesellschaften für die Menschen dort richtig sein können.	−− 0	− 1	−/+ 2	+ 3	++ 4	O ___
39)	Es macht mir *nicht* viel Spaß, mit anderen zu reden.	−− 4	− 3	−/+ 2	+ 1	++ 0	E ___
40)	Ich fühle mich oft hilflos und wünsche mir jemanden, der meine Probleme löst.	−− 0	− 1	−/+ 2	+ 3	++ 4	N ___
41)	Ich strebe danach, alles, was mir möglich ist, auch zu erreichen.	−− 0	− 1	−/+ 2	+ 3	++ 4	G ___
42)	Ich lobe lieber, als dass ich selbst gelobt werde.	−− 0	− 1	−/+ 2	+ 3	++ 4	V ___
43)	Ich glaube, die Treue zu meinen eigenen Idealen und Prinzipien ist wichtiger als Aufgeschlossenheit.	−− 4	− 3	−/+ 2	+ 1	++ 0	O ___
44)	Ich bin ein sehr aktiver Mensch.	−− 0	− 1	−/+ 2	+ 3	++ 4	E ___
45)	Ich neige dazu, mir Vorwürfe zu machen, wenn etwas schiefgeht.	−− 0	− 1	−/+ 2	+ 3	++ 4	N ___
46)	Es muss schon viel geschehen, damit ich aus der Fassung gerate.	−− 0	− 1	−/+ 2	+ 3	++ 4	G ___
47)	Ich glaube, dass man mit absoluter Ehrlichkeit im Geschäftsleben *nicht* weit kommt.	−− 4	− 3	−/+ 2	+ 1	++ 0	V ___
48)	Ich finde philosophische Diskussionen langweilig.	−− 4	− 3	−/+ 2	+ 1	++ 0	O ___
49)	Ich bin *kein* gut gelaunter Mensch.	−− 4	− 3	−/+ 2	+ 1	++ 0	E ___
50)	Es gibt Tage, an denen ich mich total wertlos fühle.	−− 0	− 1	−/+ 2	+ 3	++ 4	N ___
51)	Ich bin für meine Umsicht und für meinen gesunden Menschenverstand bekannt.	−− 0	− 1	−/+ 2	+ 3	++ 4	G ___

Nr.	Aussage	Ablehnung	→		Zustimmung		Punkte
52)	Ich glaube, dass die meisten Menschen im Grunde gute Absichten haben.	– – 0	– 1	–/+ 2	+ 3	++ 4	V ____
53)	Ich befolge strikt meine ethischen Prinzipien.	– – 4	– 3	–/+ 2	+ 1	++ 0	O ____
54)	Ich mag es, Teil einer größeren Gruppe zu sein.	– – 0	– 1	–/+ 2	+ 3	++ 4	E ____
55)	Wenn ich unter Stress gerate, fühle ich mich manchmal so, als ob ich zusammenbreche.	– – 0	– 1	–/+ 2	+ 3	++ 4	N ____
56)	Ich versuche, alle mir übertragenen Aufgaben sehr gewissenhaft zu erledigen.	– – 0	– 1	–/+ 2	+ 3	++ 4	G ____
57)	Ich halte mich *nicht* für jemanden, der gerissen und listig ist.	– – 0	– 1	–/+ 2	+ 3	++ 4	V ____
58)	Ich ziehe es vor, meine Zeit in einer vertrauten Umgebung zu verbringen.	– – 4	– 3	–/+ 2	+ 1	++ 0	O ____
59)	Die meisten Menschen, die mir begegnen, sind mir sympathisch.	– – 0	– 1	–/+ 2	+ 3	++ 4	E ____
60)	Ich kann mich oft nur schwer zu etwas entschließen.	– – 0	– 1	–/+ 2	+ 3	++ 4	N ____
61)	Ich bin manchmal unbekümmert und gleichgültig.	– – 4	– 3	–/+ 2	+ 1	++ 0	G ____
62)	Ich bin der Meinung, dass sich Politiker mehr um die menschliche Seite ihrer Politik kümmern sollten.	– – 0	– 1	–/+ 2	+ 3	++ 4	V ____
63)	Ich habe wenig Interesse daran, über die Lage der Menschheit zu spekulieren.	– – 4	– 3	–/+ 2	+ 1	++ 0	O ____
64)	Ich habe gerne viele Leute um mich herum.	– – 0	– 1	–/+ 2	+ 3	++ 4	E ____
65)	Manchmal erscheint mir alles ziemlich hoffnungslos und düster.	– – 0	– 1	–/+ 2	+ 3	++ 4	N ____
66)	Ich bin *nicht* immer so zuverlässig und gewissenhaft, wie ich es sein sollte.	– – 4	– 3	–/+ 2	+ 1	++ 0	G ____
67)	Ich versuche zu jedem, dem ich begegne, freundlich zu sein.	– – 0	– 1	–/+ 2	+ 3	++ 4	V ____
68)	Ich bezeichne mich selbst als wissbegierig.	– – 0	– 1	–/+ 2	+ 3	++ 4	O ____
69)	Manchmal kann ich mich in der Gruppe *nicht* angemessen behaupten.	– – 4	– 3	–/+ 2	+ 1	++ 0	E ____
70)	Manchmal empfinde ich ein starkes Gefühl von Schuld und Sünde.	– – 0	– 1	–/+ 2	+ 3	++ 4	N ____
71)	Ich habe in meinem Leben oft eine Dummheit gemacht.	– – 4	– 3	–/+ 2	+ 1	++ 0	G ____

Nr.	Aussage	Ablehnung	→		Zustimmung		Punkte
72)	Ich könnte niemanden betrügen, selbst wenn ich es wollte.	–– 0	– 1	–/+ 2	+ 3	++ 4	V ___
73)	Ich habe eine lebhafte Vorstellungskraft.	–– 0	– 1	–/+ 2	+ 3	++ 4	O ___
74)	Ich unterhalte mich sehr gerne mit anderen Menschen.	–– 0	– 1	–/+ 2	+ 3	++ 4	E ___
75)	Ich ärgere mich oft darüber, wie mich andere Leute behandeln.	–– 0	– 1	–/+ 2	+ 3	++ 4	N ___
76)	Ich vertrödele *keine* Zeit, bevor ich mit meiner Arbeit beginne.	–– 0	– 1	–/+ 2	+ 3	++ 4	G ___
77)	Ich versuche, stets rücksichtsvoll und sensibel zu handeln.	–– 0	– 1	–/+ 2	+ 3	++ 4	V ___
78)	Ohne starke Gefühle wäre das Leben für mich uninteressant.	–– 0	– 1	–/+ 2	+ 3	++ 4	O ___
79)	Ich habe *nicht* oft das Gefühl, vor Energie überzuschäumen.	–– 4	– 3	–/+ 2	+ 1	++ 0	E ___
80)	Manchmal ist mir etwas so peinlich, dass ich mich am liebsten verstecken würde.	–– 0	– 1	–/+ 2	+ 3	++ 4	N ___
81)	Ich denke gründlich über etwas nach, bevor ich eine Entscheidung treffe.	–– 0	– 1	–/+ 2	+ 3	++ 4	G ___
82)	Wenn ich jemanden *nicht* mag, zeige ich es ihm auch offen.	–– 4	– 3	–/+ 2	+ 1	++ 0	V ___
83)	Ich finde es interessant, ganz neue Freizeitbeschäftigungen zu erlernen.	–– 0	– 1	–/+ 2	+ 3	++ 4	O ___
84)	Ich bin *nicht* gerne im Zentrum des Geschehens.	–– 4	– 3	–/+ 2	+ 1	++ 0	E ___
85)	Es bringt mich *nicht* besonders in Verlegenheit, wenn mich andere verspotten oder lächerlich machen.	–– 4	– 3	–/+ 2	+ 1	++ 0	N ___
86)	Ich denke immer erst nach, bevor ich handle.	–– 0	– 1	–/+ 2	+ 3	++ 4	G ___
87)	Wenn mich jemand verletzt, versuche ich es zu vergessen und zu vergeben.	–– 0	– 1	–/+ 2	+ 3	++ 4	V ___
88)	Wenn ich einmal einen guten Weg gefunden habe, um etwas zu tun, dann bleibe ich auch dabei.	–– 4	– 3	–/+ 2	+ 1	++ 0	O ___
89)	Ich mache manche Dinge nur wegen des Nervenkitzels.	–– 0	– 1	–/+ 2	+ 3	++ 4	E ___
90)	Ich fühle mich imstande, die meisten meiner Probleme selbst zu lösen.	–– 4	– 3	–/+ 2	+ 1	++ 0	N ___
91)	Ich komme selten in Situationen, auf die ich nur unzureichend vorbereitet bin.	–– 0	– 1	–/+ 2	+ 3	++ 4	G ___

Nr.	Aussage	Ablehnung	→		Zustimmung		Punkte
92)	Ich halte mich für einen großherzigen Menschen.	– – 0	– 1	–/+ 2	+ 3	++ 4	V ____
93)	Ich mag meine Zeit *nicht* mit Tagträumereien verschwenden.	– – 4	– 3	–/+ 2	+ 1	++ 0	O ____
94)	Ich halte mich *nicht* für besonders fröhlich.	– – 4	– 3	–/+ 2	+ 1	++ 0	E ____
95)	Ich bin *nicht* leicht zu beunruhigen.	– – 4	– 3	–/+ 2	+ 1	++ 0	N ____
96)	Ich bin stolz auf mein gesundes Urteilsvermögen.	– – 0	– 1	–/+ 2	+ 3	++ 4	G ____
97)	Ich meine, dass alle Menschen es wert sind, respektiert zu werden.	– – 0	– 1	–/+ 2	+ 3	++ 4	V ____
98)	Ich löse *nicht* gerne Denksportaufgaben.	– – 4	– 3	–/+ 2	+ 1	++ 0	O ____
99)	Bei Unterhaltungen rede ich selbst am meisten.	– – 0	– 1	–/+ 2	+ 3	++ 4	E ____
100)	Andere halten mich für einen leicht aufbrausenden, temperamentvollen Menschen.	– – 0	– 1	–/+ 2	+ 3	++ 4	N ____

Nun sind Sie sicherlich schon auf Ihr persönliches Ergebnis gespannt.

Auswertung und Interpretation

Der Persönlichkeitsfragebogen, den Sie soeben zum Einstieg absolviert haben, existiert wirklich. Es handelt sich bei den 100 Fragen um einen abgewandelten Auszug aus dem sog. NEO-Persönlichkeitsinventar (NEO-PI-R) der amerikanischen Psychologen Costa und McCrae. Der Originaltest umfasst 240 Fragen, für deren Beantwortung Ihnen circa 40 Minuten Zeit zur Verfügung stehen. Mithilfe dieses Fragebogenverfahrens sollen die fünf wichtigsten Bereiche Ihrer Persönlichkeit ermittelt werden. Die Merkmalsbereiche nennen sich:

- *Neurotizismus:* emotionale Robustheit, emotionale Empfindsamkeit, psychische Stabilität
- *Extraversion:* Geselligkeit, Orientierung nach außen
- *Offenheit für Erfahrungen:* Interesse an und Beschäftigung mit Neuem
- *Verträglichkeit:* Rücksichtnahme auf andere, Vertrauen in andere
- *Gewissenhaftigkeit:* Pflichtbewusstsein, Selbstdisziplin

In unserem Persönlichkeitsfragebogen beziehen sich je 20 der insgesamt 100 Aussagen auf einen der fünf Persönlichkeitsbereiche. Die einzelnen Bereiche werden durch einen Buchstaben (»N«, »E«, »O«, »V« und »G«) dargestellt. Notieren Sie jetzt in der rechten Spalte Ihre Punktwerte und zählen Sie die Punkte für jeden der einzelnen Buchstaben zusammen. So erhalten Sie fünf einzelne Punktwerte die jeweils zwischen 0 und 80 Punkten liegen müssen.

N = Neurotizismus (emotionale Stabilität)		Ihre Punkte
80	emotional zu wenig stabil	
70	emotional sehr wenig stabil	
60		
50	emotional wenig stabil	
40		
30	emotional stabil	
20		
10		

E = Extraversion		Ihre Punkte
80	zu stark ausgeprägt	
70	sehr stark ausgeprägt	
60	stark ausgeprägt	
50	durchschnittlich ausgeprägt	
40		
30	wenig ausgeprägt	
20	sehr wenig ausgeprägt	
10	zu wenig ausgeprägt	

O = Offenheit für Erfahrungen		Ihre Punkte
80	zu stark ausgeprägt	
70	sehr stark ausgeprägt	
60	stark ausgeprägt	
50	durchschnittlich ausgeprägt	
40		
30	wenig ausgeprägt	
20	sehr wenig ausgeprägt	
10	zu wenig ausgeprägt	

V = Verträglichkeit		Ihre Punkte
80	zu stark ausgeprägt	
70	sehr stark ausgeprägt	
60	stark ausgeprägt	
50 40	durchschnittlich ausgeprägt	
30	wenig ausgeprägt	
20	sehr wenig ausgeprägt	
10	zu wenig ausgeprägt	

G = Gewissenhaftigkeit		Ihre Punkte
80	zu stark ausgeprägt	
70	sehr stark ausgeprägt	
60	stark ausgeprägt	
50 40	durchschnittlich ausgeprägt	
30	wenig ausgeprägt	
20	sehr wenig ausgeprägt	
10	zu wenig ausgeprägt	

Wie viele Punkte haben Sie bei den einzelnen Charaktereigenschaften »N«, »E«, »O«, »V« und »G« erreicht? Bilden Sie sich mithilfe der folgenden Beschreibung der einzelnen Bereiche ein eigenes Urteil darüber, inwieweit Ihre Ergebnisse mit dem Bild, das Sie von sich selbst haben, übereinstimmen. Auf eine genaue Punkteskala und eine detaillierte Einschätzung Ihres Ergebnisses verzichten wir hier aus zwei Gründen: Erstens handelt es sich bei unserem Fünf-Persönlichkeitsfaktoren-Fragebogen lediglich um einen abgewandelten Auszug aus dem wissenschaftlich erarbeiteten Originalfragebogen (wenngleich die hier abgebildeten Fragen den Originalfragen ziemlich ähnlich sind) und zweitens sollten Persönlichkeitswerte immer in einem Gespräch mit dem persönlichen Eindruck, den man sich von einer Person macht, abgeglichen werden.

»N« steht für Neurotizismus. Psychologen sprechen hier von »emotionaler Stabilität«. Diese Charaktereigenschaft beschreibt den Unterschied zwischen emotionaler Empfindsamkeit auf der einen Seite und emotionaler Robustheit auf der anderen. Der Ergebniswert lässt eine Aussage darüber zu, wie stark eine Person positive wie negative Emotionen erlebt. Menschen mit höheren Werten neigen eher dazu, emotionaler und unangemessener auf Stresssituationen zu reagieren. Stress bringt sie leichter aus dem Gleichgewicht und sie verhalten sich eher betroffen, ängstlich, gereizt, bedrückt und traurig. Ein Punktwert unter 40 deutet auf eine emotional eher stabile Persönlichkeit hin. Personen mit einem niedrigeren Wert als 40 neigen dazu, auf Stress eher ruhig, entspannt, sicher, gleichmütig und weniger betroffen zu reagieren. Für nahezu alle Berufe, jedoch besonders für belastende Kontaktberufe mit Menschen, die beispielsweise im Bürgeramt einer Kommunalverwaltung oder bei Gericht, beim Zoll, bei der Polizei oder Feuerwehr zahlreich sind, ist deshalb ein Punktwert unter 40 wünschenswert.

»E« steht für Extraversion. Extravertierte Menschen lassen sich an einem natürlichen, geselligen, selbstbewussten, aktiven und optimistischen Verhalten erkennen. Wie bei allen Charaktereigenschaften, so gibt es auch bei der Extraversion ein »zu viel«, ein »genau richtig« und ein »zu wenig«. Personen mit einer sehr hohen Ausprägung des Faktors »Extraversion« können zu Geschwätzigkeit, Dominanz und zu einem übertriebenen Optimismus neigen. Menschen mit einer sehr geringen Ausprägung verhalten sich in der Regel eher zurückhaltend, neigen dazu, für sich allein zu bleiben, überlassen anderen das Reden und verspüren wenig Lust auf ausgelassene, lebhafte Aktivitäten. Je nachdem, welchen Ausbildungs- bzw. Arbeitsplatz Sie im öffentlichen Dienst anstreben, ist eine stärkere oder schwächere Ausprägung dieses Persönlichkeitsmerkmals gefragt. Ein Verwaltungsangestellter, der auf dem Bürgeramt täglich im Bürgerkontakt steht und der jeden Tag mit neuen Leuten in Kontakt kommt, sollte beispielsweise über einen höheren Ergebniswert verfügen als jemand, der im Job weniger mit Menschen zu tun hat, beispielsweise ein Archivar oder eine Bibliothekarin in unterschiedlichen öffentlichen Einrichtungen (Hochschulbibliotheken, Stadtbibliotheken ...). Wer eine mittlere Merkmalsausprägung aufweist, ist am unauffälligsten.

»O« steht für Offenheit gegenüber neuen Erfahrungen. Wer hier höhere Ergebniswerte erzielt, neigt in der Regel dazu, an vielen persönlichen und öffentlichen Vorgängen interessiert zu sein. Diese Menschen beschreiben sich selbst als wissbegierig, intellektuell und kulturell interessiert sowie gegenüber neuen Erfahrungen – gleichgültig welcher Art – aufgeschlossen. Personen, deren Ergebniswert sehr hoch ausgeprägt ist, neigen dazu, sich sehr schnell begeistern zu lassen, bei einem Objekt der Begeisterung jedoch nicht länger zu verweilen. Da diese Menschen ein reges Fantasieleben und eine lebhafte Vorstellungskraft besitzen, kommt es auch vor, dass sie sich in Tagträumen verlieren. Menschen mit einem sehr niedrigen Ergebniswert bevorzugen es, eher an Altbewährtem festzuhalten. Sie sind weniger neugierig und neigen zu konventionellem Verhalten und konservativen Einstellungen. Außerdem akzeptieren sie eher Autoritäten und Traditionen. Für welche Stellen bzw. Ausbildungsberufe eine höhere bzw. niedrigere Ausprägung des Persönlichkeitsmerkmals »Offenheit« wünschenswert ist, können Sie sich leicht selbst überlegen. In Verwaltungsberufen auf einem Finanzamt wird zum Beispiel weniger Offenheit erwartet als in einer Verwaltungsstelle im Kulturamt einer Stadtverwaltung.

»V« steht für Verträglichkeit. Menschen mit einer höheren Ausprägung dieser Charaktereigenschaft haben ein stärkeres Harmoniebedürfnis. Sie sind verständnisvoll und rücksichtsvoll im Umgang mit anderen, begegnen Menschen mit Wohlwollen und bemühen sich, anderen zu helfen. Ein sehr hoher Ergebniswert kann darauf hindeuten, dass die Person zu starker Selbstlosigkeit und dazu neigt, sich zu angepasst zu verhalten. Eine sehr niedrige Ausprägung des Charakterzugs »Verträglichkeit« zeigt sich in einem eher egozentrischen, misstrauischen Verhalten gegenüber anderen. Diese Menschen neigen eher zu Wettbewerbsverhalten als zu Kooperation. Je nach Stellen- bzw. Berufswunsch ist eine höhere oder niedrigere Ausprägung des Persönlichkeitsmerkmals »Verträglichkeit« gefordert. Bei einer Erzieherin in einer öffentlichen Kindertagesstätte erwartet man zum Beispiel eine höhere Ausprägung dieses Merkmals als bei einem Zollbeamten im Außendienst, der bei seinen Kontrollen auch hart durchgreifen können muss.

»G« steht für Gewissenhaftigkeit. Personen mit einer hohen Ausprägung dieses Charakterzugs sind genau, ordentlich, pünktlich, diszipliniert und zuverlässig. Sie arbeiten hart und engagiert, um ihr Ziel und/oder die vom Arbeitgeber vorgegebenen Ziele zu erreichen. Eine sehr hohe Ausprägung des Charakterzugs kann auf ein übertrieben hohes Anspruchsniveau hindeuten. Diese Menschen neigen oft zu einer zwanghaften Ordentlichkeit und zu Perfektionismus. Ein sehr niedriges Ergebnis deutet hingegen auf wenig Pflichtbewusstsein, Unzuverlässigkeit, möglicherweise sogar auf Faulheit hin. Eine durchschnittliche bis starke Ausprägung dieses Persönlichkeitsmerkmals ist für eine Ausbildung bzw. Position beim öffentlichen Dienst eher günstig.

Der originale NEO-PI-R-Fragebogen ist ein ausgereiftes Persönlichkeitstestinstrument, bei dem Inhalt und Aufbau wissenschaftlichen Kriterien entsprechen. Mithilfe dieses Persönlichkeitsfragebogenverfahrens versucht ein Arbeitgeber, auf Basis professioneller Durchführung Rückschlüsse auf die Persönlichkeitsstruktur der Kandidaten zu ziehen. Ihre Ergebnisse sollten als Grundlage für ein tiefer gehendes Gespräch im weiteren Verlauf des Einstellungsverfahrens dienen.

Sehen Sie sich jetzt noch einmal unseren Fünf-Persönlichkeitsfaktoren-Fragebogen genauer an. Gehen Sie die Fragen durch und überlegen Sie, welcher der drei Kategorien »Emotionale Stabilität«, »Kontaktfähigkeit« und »Leistungsbereitschaft« Sie die einzelnen Fragen zuordnen würden. Überlegen Sie auch, wie Ihre Antworten im Persönlichkeitsfragebogen auf einen Mitarbeiter im öffentlichen Dienst wirken. Prüfen Sie selbst, ob Ihre eigene Persönlichkeitsbeschreibung zu den Aufgaben des möglichen neuen Arbeitsfeldes passt.

Im nächsten Abschnitt lernen Sie weitere berufsbezogene Persönlichkeitsfragebogen kennen. Prüfen Sie einmal, ob Sie dabei durch Ihre Antworten eine ähnliche oder sogar gleiche Selbsteinschätzung Ihrer Persönlichkeit, Ihrer Einstellungen und Ihres Sozialverhaltens abgeben wie beim Einstiegsfragebogen.

Berufsbezogene Persönlichkeitsfragebogen

Arbeitgeber wollen mit einem berufsbezogenen Persönlichkeitsfragebogen berufsrelevante Persönlichkeitsmerkmale erfassen, um eine Aussage darüber treffen zu können, ob sich Bewerberinnen und Bewerber für eine bestimmte Ausbildung oder Arbeitsstelle eignen. Eines der drei gängigsten Fragebogenverfahren, den Fünf-Persönlichkeitsfaktoren-Fragebogen, haben Sie zum Einstieg bereits kennengelernt. Auf den nächsten Seiten stellen wir Ihnen zwei weitere für den Einsatz in der Arbeits-, Betriebs- und Berufspsychologie entwickelte Persönlichkeitsfragebogenverfahren vor: ein berufsbezogenes Inventar zur Persönlichkeitsbeschreibung und einen 16-Persönlichkeitsfaktoren-»Test«.

Berufsbezogenes Inventar zur Persönlichkeitsbeschreibung

Der folgende berufsbezogene Persönlichkeitsfragebogen ist an das Bochumer Inventar zur berufsbezogenen Persönlichkeitsbeschreibung der Psychologen Hossiep, Paschen und Mühlhaus angelehnt. Der Originalfragebogen umfasst 251 Fragen, für deren Beantwortung Ihnen 45 bis 60 Minuten Zeit zur Verfügung gestellt werden. Die Zeit ist ausreichend bemessen. Sie werden nicht unter Zeitdruck geraten. Jedoch haben Sie auch keine Zeit dazu, sich intensiv Gedanken über einzelne Fragen zu machen. Das ist so beabsichtigt, um möglichst spontane und damit ehrliche Antworten zu erhalten. Alle Fragen lassen sich vier Hauptbereichen der Persönlichkeit zuordnen:

- **Die berufliche Orientierung:** Wie stark ist Ihre Leistungs-, Wettbewerbs-, Gestaltungs- und Führungsmotivation ausgeprägt? Die Fragen, die dahinterstecken, lauten:
  - Wie engagiert werden Sie als Mitarbeiterin bzw. als Mitarbeiter arbeiten?
  - Wie sehr messen Sie Ihre Leistungen an den Leistungen anderer?
  - Wie stark wollen Sie auf berufliche Rahmenbedingungen Einfluss nehmen?
  - Wie wichtig ist es Ihnen, einmal eine Führungsposition zu erreichen?

- **Das Arbeitsverhalten:** Wie stark sind Ihre Gewissenhaftigkeit, Ihre Flexibilität und Ihre Handlungsbereitschaft ausgeprägt? Die Fragen hinter diesem Merkmalsbereich lauten:
  - Wie zuverlässig und sorgfältig werden Sie arbeiten?
  - Wie gut können Sie mit Veränderungen bzw. Routinen umgehen?
  - Wie lange überlegen Sie, bevor Sie handeln?

- **Die soziale Kompetenz:** Wie stark sind Ihre Kontaktfähigkeit, Ihre Verträglichkeit, Ihre Teamorientierung, Ihr Durchsetzungsvermögen und Ihr Einfühlungsvermögen ausgeprägt? Hier fragen sich die Vertreterinnen und Vertreter des Auswahlgremiums im öffentlichen Dienst Folgendes:
  - Wie leicht fällt es Ihnen, mit anderen in Kontakt zu kommen?
  - Wie freundlich wirken Sie auf andere und wie gehen Sie mit anderen Menschen um?
  - Wie kooperations- und kompromissbereit sind Sie?

- Wie gut können Sie sich behaupten?
- Wie gut gelingt es Ihnen, sich in andere hineinzuversetzen?

- **Die psychische Konstitution:** Wie stark sind Ihre Belastbarkeit, Ihr Selbstbewusstsein und Ihre emotionale Stabilität ausgeprägt? Hier lauten die Fragen:
  - Wie gut können Sie mit Stress und Arbeitsdruck umgehen?
  - Wie selbstsicher treten Sie auf?
  - Wie schnell kann Sie etwas belasten?

Sicherlich kommen Ihnen einige der aufgeführten Punkte bereits vertraut vor. Wenn Sie unseren Fünf-Persönlichkeitsfaktoren-Fragebogen zum Einstieg durchgeführt haben, erkennen Sie Ähnlichkeiten bei den Merkmalsbereichen, die abgefragt werden.

Fragebogen

Unser Fragebogen beinhaltet 60 Aussagen zu den oben beschriebenen vier Hauptbereichen der Persönlichkeit. Für die Bearbeitung stehen Ihnen ca. **15 Minuten** Zeit zur Verfügung. Beachten Sie wiederum, dass es keine »richtigen« oder »falschen« Antworten gibt. Wählen Sie deshalb spontan aus, wie stark Sie der jeweiligen Aussage zustimmen bzw. wie stark Sie die jeweilige Aussage ablehnen. Dabei umfasst die Bandbreite

- sehr starke Ablehnung
- starke Ablehnung
- Ablehnung
- Zustimmung
- starke Zustimmung
- sehr starke Zustimmung

Entscheiden Sie sich, auch wenn es Ihnen schwerfällt, einer Aussage zuzustimmen oder sie abzulehnen. Wählen Sie den Grad der Zustimmung bzw. Ablehnung, der Ihrem üblichen Denken und Handeln am meisten entspricht. Fangen Sie jetzt an und prüfen Sie, ob Sie die Systematik der folgenden Fragen verstehen.

Nr.	Hauptbereich 1 Aussagen zur beruflichen Orientierung	sehr starke Ablehnung	starke Ablehnung	Ablehnung	Zustimmung	starke Zustimmung	sehr starke Zustimmung	Punkte
1)	Ich ziehe eine fachliche Aufgabe einer Führungsaufgabe vor.	6	5	4	3	2	1	FM ____
2)	Ich muss *nicht* immer der Beste sein.	6	5	4	3	2	1	WM ____
3)	Ich habe einen großen Tatendrang, etwas zu bewegen.	1	2	3	4	5	6	GM ____
4)	Die schwierigsten Aufgaben und Probleme sollen lieber die anderen lösen.	6	5	4	3	2	1	LM ____
5)	Ich übernehme gerne die Verantwortung für wichtige Entscheidungen.	1	2	3	4	5	6	FM ____
6)	Ich messe meine Leistung gerne an der Leistung anderer.	1	2	3	4	5	6	WM ____
7)	Ich bin sofort dabei, wenn etwas Neues initiiert werden muss.	1	2	3	4	5	6	GM ____
8)	Wegen der Arbeit vernachlässige ich mein Privatleben *nicht*.	6	5	4	3	2	1	LM ____
9)	Ich sage anderen *ungern*, wo es langgeht.	6	5	4	3	2	1	FM ____
10)	Ich mag Konkurrenz *nicht* besonders.	6	5	4	3	2	1	WM ____
11)	Für meine Überzeugungen kämpfe ich nur, wenn ich keine Nachteile habe.	6	5	4	3	2	1	GM ____
12)	Ich bin sehr ehrgeizig.	1	2	3	4	5	6	LM ____
13)	Es gefällt mir, wenn ich die Macht habe, andere zu beeinflussen.	1	2	3	4	5	6	FM ____
14)	Bei sportlichen Aktionen will ich immer besser sein als die anderen.	1	2	3	4	5	6	WM ____
15)	Ich mag es *nicht* so gern, Dinge oder Prozesse zu beeinflussen.	6	5	4	3	2	1	GM ____
16)	Ich bemühe mich immer, meine Potenziale voll auszuschöpfen.	1	2	3	4	5	6	LM ____

Nr.	Hauptbereich 2 Aussagen zum Arbeitsverhalten	sehr starke Ablehnung	starke Ablehnung	Ablehnung	Zustimmung	starke Zustimmung	sehr starke Zustimmung	Punkte
1)	Ich bin ziemlich perfektionistisch veranlagt.	1	2	3	4	5	6	GE ____
2)	Mir ist es am liebsten, wenn alles seinen gewohnten Gang geht.	6	5	4	3	2	1	FL ____
3)	Mein Motto: Nicht lange denken, handeln.	1	2	3	4	5	6	HA ____
4)	Ich finde meine Unterlagen *nicht* immer sofort, sondern muss oft suchen.	6	5	4	3	2	1	GE ____
5)	Ich mag Routinetätigkeiten *nicht* besonders.	1	2	3	4	5	6	FL ____
6)	Ich verzettle mich oft und weiß oft nicht, womit ich anfangen soll.	6	5	4	3	2	1	HA ____
7)	Am liebsten plane ich alles im Voraus.	1	2	3	4	5	6	GE ____
8)	Viel Abwechslung ist mir bei meiner Arbeit wichtig.	1	2	3	4	5	6	FL ____
9)	Was ich erledigen soll, erledige ich sofort, ohne es aufzuschieben.	1	2	3	4	5	6	HA ____
10)	Arbeiten, die viel Sorgfalt benötigen, liegen mir *nicht* besonders.	6	5	4	3	2	1	GE ____
11)	Ich kann mich schnell auf Veränderungen einstellen.	1	2	3	4	5	6	FL ____
12)	Aufgaben, die ein sofortiges Handeln erfordern, mag ich *nicht* besonders.	6	5	4	3	2	1	HA ____

Nr.	Hauptbereich 3 Aussagen zur sozialen Kompetenz	sehr starke Ablehnung	starke Ablehnung	Ablehnung	Zustimmung	starke Zustimmung	sehr starke Zustimmung	Punkte
1)	Ich bemerke es schnell, wenn sich jemand in meiner Gegenwart nicht wohlfühlt.	1	2	3	4	5	6	EV ____
2)	In Gruppen mit fremden Menschen fühle ich mich oft angespannt.	6	5	4	3	2	1	KO ____
3)	Ich kann mich gut durchsetzen.	1	2	3	4	5	6	DV ____
4)	Die besten Leistungen erziele ich alleine.	6	5	4	3	2	1	TO ____
5)	Die meisten Menschen, die ich kenne, mag ich ganz gern.	1	2	3	4	5	6	VE ____
6)	In schwierigen Situationen treffe ich *nicht* immer den richtigen Ton.	6	5	4	3	2	1	EV ____
7)	Ich komme immer schnell mit anderen ins Gespräch.	1	2	3	4	5	6	KO ____
8)	Bei einem Streit gebe ich oft klein bei.	6	5	4	3	2	1	DV ____
9)	Ständig alles mit anderen zu diskutieren, mag ich *nicht*.	6	5	4	3	2	1	TO ____
10)	Andere halten mich oft für ziemlich berechnend und kühl.	6	5	4	3	2	1	VE ____
11)	Ich kann mich schnell und gut auf andere einstellen.	1	2	3	4	5	6	EV ____
12)	Es fällt mir *nicht* so leicht, auf andere Menschen zuzugehen.	6	5	4	3	2	1	KO ____
13)	Ich bin anderen gegenüber oft zu nachgiebig.	6	5	4	3	2	1	DV ____
14)	Gemeinsam erreicht man oft mehr als allein.	1	2	3	4	5	6	TO ____
15)	Wenn ich jemanden nicht mag, sage ich ihm das auch.	6	5	4	3	2	1	VE ____
16)	Ich bin mir oft *nicht* sicher, was andere über mich denken.	6	5	4	3	2	1	EV ____
17)	Ich habe viele Freunde und ein gutes Netzwerk.	1	2	3	4	5	6	KO ____
18)	Es fällt mir leicht, andere von etwas zu überzeugen.	1	2	3	4	5	6	DV ____

Nr.	Hauptbereich 3 Aussagen zur sozialen Kompetenz	sehr starke Ablehnung	starke Ablehnung	Ablehnung	Zustimmung	starke Zustimmung	sehr starke Zustimmung	Punkte
19)	Am besten arbeite ich mit anderen im Team zusammen an einer Aufgabe.	1	2	3	4	5	6	TO ____
20)	Ich komme eigentlich mit jedem gleich gut aus.	1	2	3	4	5	6	VE ____

Nr.	Hauptbereich 4 Aussagen zur psychischen Konstitution	sehr starke Ablehnung	starke Ablehnung	Ablehnung	Zustimmung	starke Zustimmung	sehr starke Zustimmung	Punkte
1)	Unter Druck arbeite ich besonders gut.	1	2	3	4	5	6	BE ____
2)	Ich zeige und verhalte mich meist so, wie ich auch wirklich bin.	1	2	3	4	5	6	SE ____
3)	Wenn mir etwas nicht gelingt, probiere ich es noch einmal.	1	2	3	4	5	6	ES ____
4)	Starke Belastungen verkrafte ich *nicht* so gut wie andere.	6	5	4	3	2	1	BE ____
5)	Ich stehe eher *ungern* im Mittelpunkt, das macht mich sehr nervös.	6	5	4	3	2	1	SE ____
6)	Ich grüble häufiger über persönliche Probleme.	6	5	4	3	2	1	ES ____
7)	Mich wirft so schnell nichts aus der Bahn.	1	2	3	4	5	6	BE ____
8)	Wenn jemand mich nicht mag, macht mich das sehr unsicher.	6	5	4	3	2	1	SE ____
9)	Andere behaupten, dass ich ein ziemlich dickes Fell habe.	1	2	3	4	5	6	ES ____
10)	Arbeitsbelastung und Stress machen mir ziemlich zu schaffen.	6	5	4	3	2	1	BE ____
11)	Es kümmert mich nicht besonders, was Leute über mich denken.	1	2	3	4	5	6	SE ____
12)	Ich erlebe mich selbst oft mutlos.	6	5	4	3	2	1	ES ____

Auswertung und Interpretation

In unserem berufsbezogenen Persönlichkeitsfragebogen beziehen sich je 4 der insgesamt 60 Aussagen auf ein einzelnes von 15 Persönlichkeitsmerkmalen der vier Hauptbereiche Ihrer Persönlichkeit. Die einzelnen Persönlichkeitsmerkmale werden jeweils durch zwei Buchstaben dargestellt:

Hauptbereich »Berufliche Orientierung«: Leistungsmotivation (LM), Wettbewerbsmotivation (WM), Gestaltungsmotivation (GM), Führungsmotivation (FM)

Hauptbereich »Arbeitsverhalten«: Gewissenhaftigkeit (GE), Flexibilität (FL), Handlungsbereitschaft (HA)

Hauptbereich »Soziale Kompetenz«: Kontaktfähigkeit (KO), Verträglichkeit (VE), Teamorientierung (TO), Durchsetzungsvermögen (DV), Einfühlungsvermögen (EV)

Hauptbereich »Psychische Konstitution«: Belastbarkeit (BE), Selbstbewusstsein (SE), emotionale Stabilität (ES)

Notieren Sie jetzt in der rechten Spalte des Fragebogens Ihre Punktwerte und zählen Sie die Punkte für jeden Hauptbereich Ihrer Persönlichkeit zusammen. So erhalten Sie vier Punktwerte – einen für jeden Hauptbereich. Mit der Auswertungstabelle können Sie sich einen schnellen Überblick über die Einschätzung Ihrer Ergebniswerte verschaffen. Eine detailliertere Beurteilung erreichen Sie mit der darauf folgenden Beschreibung der insgesamt 15 einzelnen Persönlichkeitsmerkmale. Zählen Sie dazu zunächst die einzelnen Punkte je Buchstabenkombination zusammen (in der rechten Spalte sehen Sie zu jeder Aussage eine Buchstabenkombination). Jeweils vier Aussagen beziehen sich auf ein Merkmal. Deshalb können Sie hier minimal 4 und maximal 24 Punkte je Persönlichkeitsmerkmal erreichen.

Berufliche Orientierung		Gesamtpunkte	Einzelpunkte min. 4 / max. 24
über 85 Punkte	sehr kritisch		Leistungsmotivation (LM) ______
über 72 Punkte	kritisch		Wettbewerbsmotivation (WM) ______
62–72 Punkte	gut		Gestaltungsmotivation (GM) ______
ab 45 Punkte	annehmbar		Führungsmotivation (FM) ______
unter 45 Punkte	kritisch		
unter 30 Punkte	sehr kritisch		

Arbeitsverhalten		Gesamtpunkte	Einzelpunkte min. 4 / max. 24
über 65 Punkte	sehr kritisch		Gewissenhaftigkeit (GE) ______
über 60 Punkte	kritisch		Flexibilität (FL) ______
50–60 Punkte	gut		Handlungsbereitschaft (HA) ______
ab 35 Punkte	annehmbar		
unter 35 Punkte	kritisch		
unter 20 Punkte	sehr kritisch		

Soziale Kompetenz		Gesamtpunkte	Einzelpunkte min. 4 / max. 24
über 105 Punkte	sehr kritisch		Kontaktfähigkeit (KO) ______
über 90 Punkte	kritisch		Verträglichkeit (VE) ______
80–90 Punkte	gut		Teamorientierung (TO) ______
ab 60 Punkte	annehmbar		Durchsetzungsvermögen (DV) ______
unter 60 Punkte	kritisch		Einfühlungsvermögen (EV) ______
unter 40 Punkte	sehr kritisch		

Psychische Konstitution		Gesamtpunkte	Einzelpunkte min. 4 / max. 24
über 65 Punkte	sehr kritisch		Belastbarkeit (BE) ______
über 60 Punkte	kritisch		Selbstbewusstsein (SE) ______
50–60 Punkte	gut		Emotionale Stabilität (ES) ______
ab 35 Punkte	annehmbar		
unter 35 Punkte	kritisch		
unter 20 Punkte	sehr kritisch		

Überlegen Sie jetzt einmal, welche Persönlichkeitsanforderungen in Ihrem Traumberuf im öffentlichen Dienst gefordert werden und welche dieser Persönlichkeitsmerkmale Sie mitbringen. Lesen Sie die Interpretation Ihrer Ergebnisse aufmerksam durch und prüfen Sie, inwieweit Ihr (Selbsteinschätzungs-)Profil zu der von Ihnen angestrebten Arbeitsstelle bzw. zum angestrebten Ausbildungsberuf passt.

Berufliche Orientierung – Was ist Ihnen im Beruf und in der Arbeit wichtig?

Leistungsmotivation (LM): Wenn Sie den Aussagen im Fragebogen deutlich zustimmen und einen hohen Punktwert erzielen, ist das ein Hinweis darauf, dass Sie sich selbst immer wieder etwas abfordern und etwas erreichen wollen. Ein niedriger Wert signalisiert eher Zufriedenheit mit dem, was Sie einmal erreicht haben. Extreme Punktwertausprägungen nach oben oder unten sind »verdächtig«. Eine sehr hohe Punktzahl deutet auf Ruhelosigkeit und Unzufriedenheit hin. Bei einem sehr niedrigen Wert werden Sie von den Vertreterinnen und Vertretern des Auswahlgremiums eher für faul und antriebsschwach gehalten.

Wettbewerbsmotivation (WM): Ein hoher Punktwert signalisiert, dass Sie sich gerne an den Leistungen der anderen messen und besser sein wollen. Niedrige Werte bedeuten hingegen, dass Sie mit sich und Ihren Leistungen eher zufrieden sind und sich nicht an anderen orientieren. Vorsicht vor extremen Punktwerten! Wer hier einen sehr hohen Wert erreicht, wird oft als (unangenehmer) Konkurrenztyp wahrgenommen, der immer besser sein will als alle anderen – wenn es sein muss auch auf Kosten anderer. Das wird besonders im öffentlichen Dienst nicht gerne gesehen. In diesem Arbeitsbereich geht es darum, unter fest definierten Rahmenbedingungen über eine lange Zeit zusammen gute Arbeit zu leisten. Wer einen extrem niedrigen Wert erzielt, läuft Gefahr, als zu wenig an den Leistungen und Ergebnissen anderer (im Team oder in der Abteilung) orientiert zu sein.

Gestaltungsmotivation (GM): Hohe Punktwerte bedeuten, dass Sie sich gern engagiert und aktiv an der Veränderung Ihrer (Arbeits-)Umgebung beteiligen. Niedrige Werte signalisieren, dass Sie eher am Bewahren des Bestehenden interessiert sind und nicht grundsätzlich alles infrage stellen. Auch hier deuten Extremwerte darauf hin, dass Sie die Dinge entweder zu sehr infrage stellen oder zu wenig Einfluss auf Ihre Umwelt nehmen wollen.

Führungsmotivation (FM): Ein hoher Punktwert wird als persönliche Bereitschaft interpretiert, Führungsaufgaben und -verantwortung übernehmen zu wollen. Ein niedriger Wert deutet hingegen eher auf eine fachliche Orientierung hin. Vorsicht bei Extremwerten! Wer hier einen sehr hohen Punktwert erzielt, gibt das Bild von sich ab, dass alles nach seinem Kommando laufen muss. Ein sehr niedriger Punktwert bringt zum Ausdruck, dass jemand überhaupt keinen Wert darauf legt, Führung und Verantwortung anzustreben und Einfluss zu nehmen.

Überlegen Sie einmal selbst, welche Ausprägung der vier beschriebenen Persönlichkeitsmerkmale und damit welche berufliche Orientierung für eine bestimmte Ausbildung bzw. für eine bestimmte Arbeit in einer Kommunal-, Landes- oder Bundesverwaltung wichtig ist.

Arbeitsverhalten – Wie arbeiten Sie?

Gewissenhaftigkeit (GE): Eine deutliche Zustimmung zu den Aussagen im Fragebogen signalisiert hohe Zuverlässigkeit, Genauigkeit, Sorgfalt und Termintreue. Zu hohe Werte deuten auf Perfektionismus und Zwanghaftigkeit hin. Niedrige Werte signalisieren dagegen eher, dass Sie auch einmal »fünf gerade sein lassen« und spontan sein können. Zu niedrige Werte werden als Unzuverlässigkeit, Oberflächlichkeit und Schludrigkeit interpretiert. Eine hohe Ausprägung des Persönlichkeitsmerkmals »Gewissenhaftigkeit« ist für alle Berufe wichtig, bei denen ein Arbeitsfehler schlimme Folgen hätte, beispielsweise bei Beamten der Bereitschaftspolizei oder bei Ingenieursstellen im Bereich der Kraftwerkssicherheit. In öffentlichen Einrichtungen, in denen es um das Wohl von Bürgerinnen und Bürgern geht, ist eine höhere Ausprägung der Gewissenhaftigkeit generell von Vorteil.

Flexibilität (FL): Wie leicht können Sie sich Veränderungen und neuen Gegebenheiten anpassen? Ein hoher Punktwert steht für eine hohe Flexibilität und Anpassungsfähigkeit. Ein niedriger Wert signalisiert, dass Sie ein eher geordnetes und geregeltes Arbeitsumfeld bevorzugen. Auch hier Vorsicht bei Extremwerten: Mit einem sehr hohen Wert zeigen Sie, dass Sie sich schnell langweilen und deshalb ständig Abwechslung brauchen. Ein extrem niedriger Punktwert zeigt, dass Sie bereits die kleinste Veränderung aus dem Konzept bringen kann. Besonders in Berufsfeldern mit ständigen Veränderungen, wie zum Beispiel im Bereich des IT-Service einer Behörde, ist eine höhere Flexibilität wichtig. In einer Finanzbehörde wird man es lieber sehen, wenn Sie ein geordnetes und geregeltes Arbeitsumfeld schätzen.

Handlungsbereitschaft (HA): Wie stark ist Ihre Ziel- und Ergebnisorientierung ausgeprägt? Hohe Punktwerte bedeuten, dass Sie entschlossen, mutig und rasch handeln. Ein niedriger Punktwert steht für überlegtes und manchmal zögerliches Handeln. Ein zu hoher Wert verweist darauf, dass Sie gegebenenfalls handeln, ohne vorher nachzudenken, und etwas um jeden Preis umsetzen. Hingegen signalisiert ein sehr niedriger Wert, dass Sie dazu neigen, oft zu zögern und zu zaudern und wenig beherzt zu handeln. Eine hohe Handlungsbereitschaft ist in Berufsfeldern mit Entscheidungsdruck wichtig, beispielsweise in Führungspositionen wie der Amtsleitung oder auch in Referentenpositionen bei Bundesbehörden. Aber auch im Veterinäramt oder beim Wirtschaftskontrolldienst wird eine höhere Ausprägung Ihrer Handlungsbereitschaft gern gesehen. Denn hier geht es darum, Gefahren für die Allgemeinheit zu erkennen und zügig zu handeln, um Schlimmeres zu verhindern. Eine mittlere Ausprägung passt dagegen gut zu den Aufgaben eines Verwaltungsangestellten im Bereich der Rechnungsprüfung.

Soziale Kompetenz – Wie gern und gut arbeiten Sie mit anderen zusammen und wie gut kann man mit Ihnen zusammenarbeiten?

Kontaktfähigkeit (KO): Neigen Sie eher zu Zurückhaltung oder dazu, auf andere zuzugehen? Hohe Punktwerte interpretiert man als Offenheit im Umgang mit anderen und als ausgeprägte Fähigkeit, mit anderen in Kontakt zu kommen. Niedrige Werte stehen für Zurückhaltung. Natürlich hängt es stark vom Ausbildungsberuf bzw.

von der jeweiligen Arbeitsstelle ab, welche persönliche Verhaltenstendenz als geeignet oder ungeeignet angesehen wird. Als Verwaltungsangestellter mit täglichem Bürgerkontakt ist eine höhere Ausprägung im Bereich Kontaktfähigkeit wünschenswert.

Verträglichkeit (VE): Ein hoher Punktwert deutet darauf hin, dass Sie von anderen stets als freundlich und sympathisch wahrgenommen werden. Allerdings kann eine zu hohe Ausprägung dieses Persönlichkeitsmerkmals auch dahin gehend interpretiert werden, dass es Ihnen schwerfällt, Nein zu sagen, unangenehme Dinge zu benennen, Kritik zu äußern, und dass Sie dazu neigen, auch faule Kompromisse einzugehen. Ein niedriger Punktwert signalisiert das Gegenteil. Hier fällt es Ihnen leicht, Ihre Meinung offen und ehrlich zu äußern und Sie scheuen keine Auseinandersetzung. Zu niedrige Werte werden als Unverträglichkeit interpretiert. Hier werden Sie von anderen als schonungslos, direkt und verletzend wahrgenommen. Besonders für die Aufgaben mit direktem Bürgerkontakt sollten Sie eine eher höhere Verträglichkeit mitbringen.

Teamorientierung (TO): Teamplayer oder Einzelkämpfer? Das ist die Frage, um die es hier geht. Hohe Punktwerte signalisieren hohe Kompromiss- und Kooperationsbereitschaft sowie -fähigkeit: Sie arbeiten gern und gut im Team, stimmen sich mit anderen ab und können sich einordnen. Niedrige Werte stehen für ein ausgeprägtes Selbstständigkeits- und Unabhängigkeitsstreben. Sie treffen Entscheidungen lieber selbst. Extreme Punktwerte in beide Richtungen sind wiederum erklärungsbedürftig. Ein zu hoher Wert kann dafür stehen, dass Sie sehr viel Sicherheit brauchen und das Risiko, das mit der Bearbeitung einer Aufgabe einhergeht, oder eine wichtige Entscheidung lieber auf andere abwälzen. Zu niedrige Werte können bedeuten, dass Sie ohne Rücksicht auf andere, ohne sich ein- und manchmal auch unterzuordnen, Ihre Entscheidungen allein treffen. Heutzutage wird fast überall im Team gearbeitet. Überlegen Sie einmal selbst, ob Sie für Ihren Beruf/Ihre Stelle oder Ihre Ausbildung beim öffentlichen Dienst eine besonders hohe Teamorientierung benötigen oder ob eine mittlere Teamorientierung ausreicht.

Durchsetzungsvermögen (DV): Dominant oder zu angepasst? Wie haben Sie sich durch Ihre Zustimmung bzw. Ablehnung zu den Aussagen dieses Persönlichkeitsmerkmals selbst beschrieben? Ein hoher Punktwert signalisiert, dass Sie auch einmal für die Durchsetzung Ihrer Meinung kämpfen. Dass Sie sich Gehör verschaffen können und sich, wenn nötig, auch durchsetzen. Wenige Punkte bedeuten, dass Sie eher dazu neigen, den Mund zu halten, Kompromisse einzugehen und sich anzupassen. Wer hier einen sehr hohen Punktwert erzielt, gilt als dominant, dickköpfig, uneinsichtig und autoritär. Zu niedrige Werte werden hingegen so interpretiert, dass Sie dazu neigen, zu schnell aufzugeben, dass Sie sehr beeinflussbar sind und sich zu angepasst verhalten. Führungskräfte im öffentlichen Dienst müssen sich durchsetzen können. Zollbeamte, Verwaltungsangestellte in der Kraftfahrzeugstelle des Bürgeramts und viele andere Mitarbeiterinnen und Mitarbeiter auf den verschiedensten Positionen im öffentlichen Dienst ebenfalls. Für diese Positionen ist eine hohe Ausprägung des Persönlichkeitsmerkmals »Durchsetzungsvermögen« wünschenswert. Jedoch kann zu viel Durchsetzungsvermögen im Bürgerservice auch kontraproduktiv sein. Denn als Mitarbeiterin bzw. Mitarbeiter der öffentlichen Hand sind Sie immer auch Dienstleister für die Bürgerinnen und Bürger im Land.

Einfühlungsvermögen (EV): Wie gut können Sie sich in andere Menschen hineinversetzen? Fällt es Ihnen leicht zu spüren, was andere denken und fühlen, oder bekommen Sie es gar nicht mit, wenn es Ihren Mitmenschen zum Beispiel schlecht geht? Ein hoher Punktwert bedeutet, dass Sie ein ausgeprägtes Einfühlungsvermögen besitzen. Es fällt Ihnen leicht, sich in verschiedene Menschen in unterschiedlichen Situationen hineinzuversetzen und zu spüren, wie es Ihrem Gegenüber gerade geht. Dadurch können Sie auch mit schwierigen Menschen in heiklen Situationen gut klarkommen, weil Sie sich bewusst oder unbewusst auf Ihr Gegenüber einstellen. Mit einem niedrigen Punktwert nehmen Sie vieles nicht wahr, was in anderen vorgeht. Deshalb erleben Sie Situationen oft als völlig unproblematisch, die jedoch schwierig oder gar gefährlich sind. Die Einschätzung des eigenen Einfühlungsvermögens ist nicht so einfach. Besprechen Sie Ihr Ergebnis deshalb auch mit Freunden und vergleichen Sie Ihre Selbsteinschätzung mit deren Fremdeinschätzung.

Psychische Konstitution – Wie viel Arbeits- und Leistungsdruck halten Sie aus? Was belastet Sie?

Belastbarkeit (BE): Wie schnell fühlen Sie sich überfordert? Wie lange reichen Ihre Kraftreserven aus? Mit Ihren Aussagen zum Persönlichkeitsmerkmal »Belastbarkeit« geben Sie darüber Auskunft. Hohe Punktwerte signalisieren eine robuste Gesundheit, Ausdauer und Energie. Sie sind auch starken Arbeitsanforderungen gewachsen und können mit Leistungsdruck umgehen. Niedrige Werte deuten darauf hin, dass Ihnen die Energiereserven schneller ausgehen. Ein zu niedriger Wert steht dafür, dass Sie dazu neigen, auf Stress, Arbeits- und Leistungsdruck mit körperlichen Symptomen (psychosomatisch) zu reagieren. Klassische Belastungssymptome sind: Kopfschmerzen, Magenschmerzen, Rückenschmerzen. Sie fühlen sich schnell überfordert und erschöpft. Für die Aufgaben der meisten Arbeitsstellen ist eine höhere Belastbarkeit von Vorteil. Allerdings signalisiert ein zu hoher Punktwert, dass – über eine längere Zeit betrachtet – die Gefahr der Selbstüberforderung besteht.

Selbstbewusstsein (SE): Hier geht es um die Einschätzung Ihrer Selbstsicherheit und Ihres Selbstwertgefühls. Sind Sie stolz auf sich und auf das, was Sie tun? Kümmert es Sie selten, was andere über Sie denken oder was andere von Ihnen halten? Können Sie Ihre Meinung auch vor einer größeren Gruppe äußern? Dann haben Sie einen hohen Punktwert erzielt und ein gesundes Selbstbewusstsein. Ein niedriger Punktwert signalisiert hingegen ein schwach ausgeprägtes Selbstbewusstsein. Achtung vor Extremwerten! Zu viele Punkte bedeuten, dass Sie eingebildet, selbstverliebt und arrogant wirken. Zu wenige Punkte deuten auf Unsicherheit hin.

Emotionale Stabilität (ES): Verkraften Sie Niederlagen, Misserfolge und Rückschläge? Wie leicht sind Sie irritierbar und wie schnell wirft Sie etwas aus der Bahn? Ein hoher Punktwert steht dafür, dass Sie mit positiver Stimmung, Gelassenheit und Optimismus auch großen Herausforderungen und sogar negativen Ereignissen gegenübertreten. Sie wirft so schnell kein Sturm des Lebens um. Niedrige Werte signalisieren eine leichte Irritierbarkeit. Sie fühlen sich schnell überfordert. Wenn die Dinge nicht so laufen wie geplant, reagieren Sie nervös. Rückschläge verkraften Sie kaum. Sie neigen zu Pessimismus und zum Grübeln. Eine hohe emotionale Stabilität ist für jeden möglichen neuen Arbeitgeber von Vorteil.

Die psychische Konstitution, das heißt Ihre Belastbarkeit, spielt für nahezu alle Arbeitsstellen und Berufe eine wichtige Rolle. Arbeitgeber wünschen sich belastbare Mitarbeiter. Überlegen Sie wieder selbst, wie hoch Ihre Belastbarkeit für eine von Ihnen angestrebte Tätigkeit im öffentlichen Dienst ausgeprägt sein sollte.

Wie beurteilen Sie Ihre (Selbst-)Einschätzung in unserem berufsbezogenen Persönlichkeitsfragebogen? Haben Sie den Eindruck, dass Ihr Ergebnis zu Ihnen und Ihren tatsächlichen persönlichen Eigenschaften und Einstellungen passt? Diskutieren Sie Ihre Ergebnisse mit Ihren Freunden. Es lohnt sich, eine Fremdeinschätzung einzuholen. Dadurch werden Sie in Ihrer Selbsteinschätzung sicherer und können diese Art berufsbezogener Persönlichkeitstestfragen leichter beantworten. Außerdem werden Sie sich dadurch bei der Besprechung Ihrer Persönlichkeitswerte in einem abschließenden Vorstellungsgespräch sicherer fühlen.

Lernen Sie nun einen weiteren berufsbezogenen Persönlichkeitsfrageboten kennen: den 16-Persönlichkeitsfaktoren-Test.

16-Persönlichkeitsfaktoren-Test

Wie jedes andere Persönlichkeitsfragebogenverfahren, so dient auch der 16-Persönlichkeitsfaktoren-»Test« (16 PF) dazu vorherzusagen, was ein Mensch in einer bestimmten Situation tun wird (beispielsweise in einer Konflikt- oder Stresssituation mit einem Kollegen am Arbeitsplatz oder in einer schwierigen Beratungssituation mit einem Bürger). Der 16 PF ist einer der ältesten und weltweit am häufigsten verwendeten Persönlichkeitsfragebogen im beruflichen Bereich und wurde in der neuen Fassung von 1994 von den Psychologen Schneewind, Schröder und Cattell entwickelt.
Der Originalfragebogen enthält 185 Multiple-Choice-Fragen, wobei die Kandidaten ihre Antwort aus drei Antwortmöglichkeiten auswählen sollen. Dafür stehen ihnen 30 bis 45 Minuten zur Verfügung. Die Zeit ist auch bei diesem Fragebogen ausreichend, wobei Sie nicht zu lange über einzelne Fragen nachdenken sollten. Denn es sind spontane und damit ehrliche Antworten gewünscht. Die einzelnen Fragen lassen sich insgesamt 16 verschiedenen Persönlichkeitsmerkmalen zuordnen:

1. Sachorientierung – Kontaktorientierung
2. konkretes Denken – abstraktes Denken
3. emotionale Labilität – emotionale Stabilität
4. soziale Anpassung – Selbstbehauptung/Dominanz
5. Besonnenheit – Begeisterungsfähigkeit
6. Flexibilität – Pflichtbewusstsein
7. Zurückhaltung – Selbstsicherheit
8. Robustheit – Sensibilität
9. Vertrauen – Misstrauen

10. Pragmatismus – Fantasie
11. Unbefangenheit – Überlegenheit
12. Selbstvertrauen – Besorgtheit
13. Sicherheitsorientierung – Veränderungsbereitschaft
14. Teamorientierung – Einzelgängertum
15. Spontaneität – Selbstkontrolle
16. Gelassenheit – Angespanntheit

Die 16 einzelnen Persönlichkeitsmerkmale werden zu fünf übergeordneten Persönlichkeitsbereichen zusammengefasst, die Ihnen teilweise aus den bereits vorgestellten Persönlichkeitsfragebogen bekannt vorkommen werden:

A. Extraversion
B. Unabhängigkeit
C. Ängstlichkeit
D. Selbstkontrolle
E. Unnachgiebigkeit

Vergleichen Sie einmal die verschiedenen Persönlichkeitsmerkmale des Fünf-Persönlichkeitsfaktoren-Fragebogens und des Inventars zur berufsbezogenen Persönlichkeitsbeschreibung. Immer wieder dreht es sich in den Persönlichkeitsfragebogen darum herauszufinden, wie stark oder schwach Ihre emotionale Stabilität, Ihre Kontaktfähigkeit im Bereich sozialer Beziehungen und Ihre Leistungsmotivation ausgeprägt sind.

Fragebogen

Unser Fragebogen stellt einen abgewandelten Auszug aus dem Originalfragebogen dar und beinhaltet 32 Aussagen zu den oben beschriebenen 16 Persönlichkeitsmerkmalen. Für die Bearbeitung stehen Ihnen circa **10 Minuten** zur Verfügung. Beachten Sie wiederum, dass es keine »richtigen« oder »falschen« Antworten gibt. Wählen Sie deshalb spontan, welcher der jeweils drei Aussagen Sie zustimmen, und kreuzen Sie die entsprechende Aussage an. Sie haben häufig auch eine mittlere Antwortkategorie: »teils, teils« bzw. »mal so, mal so«. Wenn Sie sich nicht zwischen Zustimmung und Ablehnung entscheiden können, kreuzen Sie diese an. Fangen Sie an und überprüfen Sie, ob Sie die Systematik der folgenden Fragen verstehen.

	Testaussage	Antwortmöglichkeit	Persönlichkeitsmerkmale
1)	Es macht mir Spaß, mich um die Bedürfnisse anderer Menschen zu kümmern.	a) stimmt b) teils, teils c) stimmt nicht	Sachorientierung: eher kühl, nüchtern
2)	Ich wäre lieber Handwerker als Sozialarbeiter.	a) stimmt b) teils, teils c) stimmt nicht	Kontaktorientierung: eher aufgeschlossen
3)	Flamme verhält sich zu Hitze, wie Rose zu	a) Dorn b) roten Blütenblättern c) Duft	Konkretes Denken: weniger intelligent
4)	Winter verhält sich zu Kälte wie Musik zu	a) Lärm b) Melodie c) Stille	Abstraktes Denken: deutlich intelligent

	Testaussage	Antwortmöglichkeit	Persönlichkeitsmerkmale
5)	Ob ich einen guten oder schlechten Tag habe, hängt sehr von meiner Stimmungslage ab.	a) stimmt b) teils, teils c) stimmt nicht	Emotionale Labilität: sich leicht beunruhigen lassen
6)	Wenn ich zu Bett gehe, schlafe ich meist schnell ein und auch durch.	a) stimmt b) teils, teils c) stimmt nicht	Emotionale Stabilität: ruhig und stabil bleiben
7)	Wenn andere meinen Standpunkt nicht teilen, kann ich sie meist von meiner Meinung überzeugen.	a) stimmt b) teils, teils c) stimmt nicht	Soziale Anpassung: sich unterordnen und anpassen
8)	Wenn ich eine lauwarme Suppe serviert bekomme, reklamiere ich das umgehend.	a) stimmt b) teils, teils c) stimmt nicht	Selbstbehauptung/Dominanz: sich selbstbewusst und unnachgiebig zeigen
9)	Ich besuche gerne das Theater und gehe gerne ins Kino.	a) stimmt b) teils, teils c) stimmt nicht	Besonnenheit: nachdenklich und ernsthaft
10)	Ich brauche den Nervenkitzel und das Abenteuer.	a) stimmt b) teils, teils c) stimmt nicht	Begeisterungsfähigkeit: sorglos und enthusiastisch
11)	Die meisten Regeln sind dazu da, übertreten zu werden, wenn es gute Gründe dafür gibt.	a) stimmt b) teils, teils c) stimmt nicht	Flexibilität: ungeordnet, ungezwungen
12)	Wenn ich eine Aufgabe nicht in der dafür vorgesehenen Zeit schaffe, dann	a) mache ich morgen damit weiter. b) teils, teils c) ärgere ich mich darüber.	Pflichtbewusstsein: ordnungsliebend, gewissenhaft
13)	Wenn es darum geht, neue Freunde zu gewinnen, mache ich meistens den ersten Schritt.	a) stimmt b) teils, teils c) stimmt nicht	Zurückhaltung: vorsichtig, gehemmt
14)	Auf einer Party einen Fremden anzusprechen, fällt mir schwer.	a) stimmt b) teils, teils c) stimmt nicht	Selbstsicherheit: sorglos, ungehemmt
15)	Ich glaube, dass ich mir weniger Sorgen mache als die meisten Menschen.	a) stimmt b) teils, teils c) stimmt nicht	Robustheit: realistisch, rücksichtslos
16)	Ich mag Poesie mehr als Zahlen, Daten und Fakten.	a) stimmt b) teils, teils c) stimmt nicht	Sensibilität: sensibel, intuitiv

	Testaussage	Antwortmöglichkeit	Persönlichkeitsmerkmale
17)	Ich bin sehr vorsichtig, wenn es darum geht, wem ich mich wirklich anvertrauen will.	a) stimmt b) teils, teils c) stimmt nicht	Vertrauen: tolerant, vergebend, vertrauensvoll
18)	Viele gehen über Leichen, um selbst voranzukommen.	a) stimmt b) teils, teils c) stimmt nicht	Misstrauen: kritisch, skeptisch, wenig vertrauend
19)	Meine Freunde finden, dass ich ein bisschen zerstreut und nicht immer praktisch bin.	a) stimmt b) teils, teils c) stimmt nicht	Pragmatismus: konventionell, bedacht, das Richtige zu tun
20)	Mein Motto lautet:	a) Gut geplant funktioniert alles besser. b) teils, teils c) Einfach mal machen, dann sehe ich schon, ob es funktioniert.	Fantasie: bereit, vom üblichen Vorgehen abzuweichen
21)	Es ist wichtiger, den eigenen Umgang mit Social Media bewusst zu steuern, als Social Media generell politisch zu reglementieren.	a) stimmt b) teils, teils c) stimmt nicht	Unbefangenheit: unkompliziert, natürlich, direkt
22)	Den eigenen Umgang mit der Datensicherheit zu überprüfen, halte ich für klüger, als sich nur auf politische Versprechungen zu verlassen.	a) stimmt b) teils, teils c) stimmt nicht	Überlegenheit: kultiviert, berechnend, clever
23)	Wenn ich Nachrichten über ein schreckliches Ereignis sehe, schlafe ich schwer ein.	a) stimmt b) teils, teils c) stimmt nicht	Selbstvertrauen: unbekümmert und schwer zu verunsichern
24)	Vor einer schwierigen Aufgabe fühle ich mich sehr unruhig.	a) stimmt b) teils, teils c) stimmt nicht	Besorgtheit: leicht zu entmutigen und sorgenvoll
25)	Ich denke mir gerne Wege aus, wie man unsere Welt verändern könnte, um sie zu verbessern.	a) stimmt b) teils, teils c) stimmt nicht	Sicherheitsorientierung: Risikovermeidung und Beständigkeit
26)	Ich nehme gerne Einfluss auf die Gestaltung und Verbesserung meiner Umgebung.	a) stimmt b) teils, teils c) stimmt nicht	Veränderungsbereitschaft: Risikobereitschaft, Bereitschaft zu widersprechen

	Testaussage	Antwortmöglichkeit	Persönlichkeitsmerkmale
27)	Ich erledige Dinge besser allein als in einer Arbeitsgruppe.	a) stimmt b) teils, teils c) stimmt nicht	Teamorientierung: kompromissbereit, konform und bereit, sich anderen anzuschließen
28)	Ich arbeite gerne in einem Einzelbüro und würde nie in einem Großraumbüro arbeiten wollen.	a) stimmt b) teils, teils c) stimmt nicht	Einzelgängertum: eigenständig, unabhängig, eigenbrötlerisch
29)	Ich kann mich auch in ungeordneten Umständen wohlfühlen.	a) stimmt b) teils, teils c) stimmt nicht	Spontaneität: unbeherrscht, spontan
30)	Meine Kollegen denken über mich, dass ich sehr strukturiert und effizient arbeite.	a) stimmt b) teils, teils c) stimmt nicht	Selbstkontrolle: zielstrebig, diszipliniert
31)	Vor einer Prüfungssituation oder einem Test bin ich	a) ganz gelassen b) teils, teils c) angespannt	Gelassenheit: entspannt, locker
32)	Ich habe es mir antrainiert, mit allen möglichen Menschen geduldig zu sein.	a) stimmt b) teils, teils c) stimmt nicht	Angespanntheit: nervös, angestrengt

Auswertung und Interpretation

In unserem abgewandelten Auszug aus dem 16-Persönlichkeitsfaktoren-»Test« beziehen sich je zwei der insgesamt 32 Aussagen auf eines der 16 Persönlichkeitsmerkmale. Im Originalfragebogen werden 185 Fragen vermischt dargeboten, damit eine Zuordnung der einzelnen Aussagen zu den Persönlichkeitsmerkmalen für die Kandidaten nicht so offensichtlich ist. Anders als im Originalfragebogen haben wir die einzelnen Persönlichkeitsmerkmale jeweils in der rechten Spalte erläutert.

Kreuzen Sie nun im Profilbogen an, welche der Antwortmöglichkeiten – also a), b) oder c) – Sie bei der jeweiligen Frage gewählt haben. Damit erhalten Sie einen Überblick über Ihre Persönlichkeitsausprägung in Beziehung zu den 16 Persönlichkeitsmerkmalen. Am besten verbinden Sie die einzelnen Kreuze miteinander. So erhalten Sie eine Profillinie. Stimmt das Ergebnis mit dem Bild, das Sie von sich selbst haben, überein? Haben Sie eine klare Orientierung zu jeweils einem der beiden möglichen Pole der einzelnen Persönlichkeitsmerkmale? Durch die Bearbeitung unseres Fragebogens bekommen Sie ein Gespür dafür, wie Sie in einem vergleichbaren Persönlichkeitsfragebogen bei einem Einstellungsverfahren im öffentlichen Dienst von den Vertreterinnen und Vertretern des Auswahlgremiums wahrgenommen werden.

Frage	Persönlichkeitsmerkmal (niedrige Ausprägung)	a)	b)	c)	Persönlichkeitsmerkmal (hohe Ausprägung)
1) 2)	Sachorientierung				Kontaktorientierung
3) 4)	konkretes Denken				abstraktes Denken
5) 6)	emotionale Labilität				emotionale Stabilität
7) 8)	soziale Anpassung				Selbstbehauptung
9) 10)	Besonnenheit				Begeisterungsfähigkeit
11) 12)	Flexibilität				Pflichtbewusstsein
13) 14)	Zurückhaltung				Selbstsicherheit
15) 16)	Robustheit				Sensibilität
17) 18)	Vertrauen				Misstrauen
19) 20)	Pragmatismus				Fantasie
21) 22)	Unbefangenheit				Überlegenheit
23) 24)	Selbstvertrauen				Besorgtheit
25) 26)	Sicherheitsorientierung				Veränderungsbereitschaft
27) 28)	Teamorientierung				Einzelgängertum
29) 30)	Spontaneität				Selbstkontrolle
31) 32)	Gelassenheit				Angespanntheit

Überlegen Sie immer, ob das Bild, das Sie durch Ihre Selbstbeschreibung in einem Persönlichkeitsfragebogenverfahren von sich abgeben, zu Ihnen als Person und zu Ihrem Auftreten sowie zur angestrebten Ausbildungs- bzw. Arbeitsstelle im mittleren, gehobenen oder höheren nichttechnischen bzw. technischen Dienst der öffentlichen Hand passt. Ihre mögliche Dienststelle geht beispielsweise davon aus, dass Sie bereits während Ihrer Ausbildung im Umgang mit Bürgerinnen und Bürgern und damit auch später als Verwaltungsangestellter ein guter Mitarbeiter sein werden, wenn Sie sich als kontaktorientierten, leistungsmotivierten, belastbaren, selbstsicheren und gelassenen Menschen beschreiben. Stellen Sie sich durch Ihre Antwortauswahl hingegen als sehr stark sachorientiert, zurückhaltend, wenig gewissenhaft, wenig belastbar und angespannt dar, könnte das bedeuten, dass Sie sich im direkten Umgang mit Bürgern gar nicht wohlfühlen. Deshalb könnte das Auswahlgremium zu dem Ergebnis kommen, dass Sie für den öffentlichen Dienst nicht geeignet sind.

Die 16 Persönlichkeitsmerkmale lassen sich zu fünf übergeordneten Persönlichkeitsbereichen bündeln, die Sie bereits aus den vorherigen Fragebogenverfahren kennen:

A. Extraversion: ausgeprägter Kontaktwunsch – geringer Kontaktwunsch
B. Unabhängigkeit: großes Autonomiestreben – geringes Autonomiestreben
C. Ängstlichkeit: emotionale Robustheit/Stabilität – emotionale Empfindsamkeit/Labilität
D. Selbstkontrolle: ausgeprägte Normorientierung – geringe Normorientierung
E. Unnachgiebigkeit: ausgeprägte Dominanz/Selbstbehauptung – Unterordnung/Anpassung

Die hier vorgestellten berufsbezogenen Persönlichkeitsfragebogenverfahren können bei richtiger Durchführung, Auswertung und Interpretation im Rahmen eines vertrauensvollen Personalauswahlverfahrens sinnvoll und hilfreich für beide Seiten sein. Beachten Sie, dass Sie ein Recht darauf haben, Ihre Ergebnisse mitgeteilt, erklärt und sogar ausgehändigt zu bekommen, wenn Sie das wollen. Nur wenn ein Arbeitgeber dies berücksichtigt, ist der Einsatz von berufsbezogenen Persönlichkeitsfragebogen als seriös zu bezeichnen. Die öffentliche Hand als Arbeitgeber ist verpflichtet, transparente und gerechte Einstellungsverfahren durchzuführen. Deshalb können Sie in der Regel davon ausgehen, dass die einzelnen Test- und Fragebogenverfahren seriös sind und professionell eingesetzt werden.

Biografische Fragebogen

Ein biografischer Fragebogen – oft auch »Personalfragebogen« genannt – sieht zunächst häufig so aus wie eine letzte Formalität, bevor der Ausbildungs- oder Arbeitsvertrag ausgestellt wird. Aber täuschen Sie sich nicht: Auch dabei handelt es sich um ein Testverfahren, denn Ihre Antworten werden von den Vertreterinnen und Vertretern des Auswahlgremiums in die Entscheidungsfindung einbezogen. Biografische Fragebogen dienen der standardisierten und damit systematischen Erfassung persönlicher Bewerberdaten. Man geht davon aus, dass künftiges Verhalten und künftiger Berufserfolg eines Menschen aus früherem Verhalten und früherem beruflichem (schulischem) Erfolg vorhergesagt werden kann. Ein klassischer Personalfragebogen beinhaltet neben den Angaben zu Ihrer Person (Name, Alter, Familienstand, Bildungsabschluss, Adresse) deshalb auch Fragen zu den folgenden Punkten:

- *schulischer Werdegang:* Lieblingsfächer, Leistungen, besondere Interessen, Misserfolge in der Schule und Gründe dafür
- *Ausbildung:* Berufs- bzw. Studienwahl, Ausbildungsschwerpunkte, Leistungen, Misserfolge während der Ausbildung/des Studiums und Gründe dafür
- *Berufserfahrung:* Arbeitsstationen, Fähigkeiten und Kenntnisse, Arbeitsplatzwechsel, Kündigungen und Gründe dafür
- *familiärer Hintergrund:* Ursprungsfamilie, Kindheit und Jugend, prägende Erfahrungen; eigene Familie, Partner, Kinder
- *Freizeitbeschäftigungen:* Hobbys, Interessen, ehrenamtliches Engagement, Erfolge, Auszeichnungen (bzw. Misserfolge und Gründe dafür)
- *Selbsteinschätzung:* Stärken und Schwächen, eigene Grenzen
- *Gesundheit:* Krankengeschichte, gegebenenfalls aktuelle oder chronische Erkrankungen (wer sich für den höheren Dienst, für eine Beamtenlaufbahn bzw. eine Beamtenstelle bewirbt, wird einer Gesundheitsprüfung unterzogen)
- *Ziele:* persönliche und berufliche Ziele, Zukunftsbetrachtung

Mit Ihren Antworten auf diese Fragen beschreiben Sie in der Regel Sachverhalte, die nachprüfbar sind. Darüber hinaus können biografische Fragebogen auch offene Fragen beinhalten, die Bewerberinnen und Bewerber frei, in Form eines Kurzaufsatzes, beantworten sollen. Typische Fragen, die oft denen in einem Vorstellungsgespräch ähneln, sind:

- Welche beruflichen Ziele haben Sie sich gesetzt? Was wollen Sie in den nächsten drei (fünf, zehn) Jahren erreicht haben?
- Wie müsste Ihr Traumberuf (Ihre Traumstelle) aussehen?
- Beschreiben Sie, wie Sie sich die Arbeit beim öffentlichen Dienst vorstellen.
- Welche Wünsche haben Sie?
- Angenommen, Sie würden morgen eine Million Euro im Lotto gewinnen, was würden Sie dann tun?
- Nennen Sie uns Ihr Lieblingsbuch (Ihren Lieblingsfilm). Warum mögen Sie dieses Buch (diesen Film) so gerne?
- Welches ist Ihr Lieblingsurlaubsort und warum?
- Wie haben Sie Ihren 18. Geburtstag gefeiert?

- Nennen Sie fünf Menschen, die Sie am meisten bewundern. Wofür bewundern Sie diese Menschen?
- Wenn Sie die Macht hätten, alle Missstände auf der Welt (in Europa, in Deutschland, in Ihrer Stadt) ändern zu können, was würden Sie dann ändern?

Aus Ihren Antworten schließen die Vertreterinnen und Vertreter des Auswahlgremiums auf Ihre Persönlichkeit, auf Ihre Einstellungen und auf Ihre Verhaltenstendenzen in der Zukunft. Wären Sie ein zuverlässiger, gewissenhafter, freundlicher und emotional stabiler Mitarbeiter (oder Auszubildender)? Beantworten Sie die oben gestellten biografischen Fragen und dann lesen Sie Ihre eigenen Antworten – nehmen Sie dabei die Perspektive eines Außenstehenden ein. Fragen Sie sich, wie »diese« Person auf Sie wirkt.

Bei der Bearbeitung eines biografischen Fragebogens – gleichgültig, wie umfangreich er ist – gilt: Überlegen Sie gut, was und wie viel Sie von sich erzählen wollen. Zurückhaltung ist hier angebracht. Geben Sie grundlegende Informationen über sich preis, aber offenbaren Sie nicht alle Details Ihres Lebens. Und fassen Sie sich generell eher kurz bei Ihren Antworten.

Assessment-Center-Aufgaben

Bewerberinnen und Bewerber für den gehobenen und höheren Dienst der öffentlichen Verwaltung, aber auch Bewerber für den mittleren, beispielsweise den feuerwehrtechnischen Dienst, müssen im Einstellungsverfahren des öffentlichen Dienstes mit Assessment-Center-Aufgaben rechnen. Assessment-Center-Aufgaben (AC-Aufgaben) dienen dabei zur Überprüfung Ihres Sozialverhaltens und Ihrer Charaktereigenschaften. Es geht um die Frage, wie Sie sich in verschiedenen Situationen tatsächlich verhalten, wie Sie mit anderen tatsächlich umgehen und welche Ergebnisse Sie bei unterschiedlichen Aufgabenstellungen erzielen. Wie kompromissbereit oder durchsetzungsstark zeigen Sie sich? Wie sprachgewandt und argumentationssicher treten Sie auf? Wie selbstsicher und wie sympathisch wirken Sie? Wie einfühlsam sind Sie in einem Konfliktgespräch mit einem Bürger? All diese Punkte und noch einige mehr werden mit unterschiedlichen AC-Aufgaben überprüft, die Sie entweder allein, zu zweit oder in der Gruppe bearbeiten müssen. Während der Aufgabenbearbeitung werden Sie und alle anderen Bewerberinnen und Bewerber von speziell geschulten Vertreterinnen und Vertretern des Personalamts, der Amts- und/oder Abteilungsleitung der betreffenden Dienststelle, des Personalrats, ggf. der Schwerbehinderten- und Gleichstellungsbeauftragten und ggf. auch von einem externen Berater beobachtet und bewertet.
Die Teilnehmerzahl und Dauer bei einzelnen AC-Aufgaben variiert. Es gibt Einzel-AC-Aufgaben, bei denen Sie alleine arbeiten (z. B. Postkorbaufgaben), und es gibt Gruppen-AC-Aufgaben, bei denen zwei, drei, vier oder mehr Bewerberinnen und Bewerber zusammenarbeiten. Solche AC-Aufgaben können eine halbe Stunde, eine Stunde oder auch länger dauern. Einzelne AC-Aufgabentypen werden immer wieder eingesetzt. Wer weiß, was auf ihn zukommt, und wer sich bereits zu Hause gut darauf vorbereitet, braucht vor einem AC-Baustein im Einstellungsverfahren des öffentlichen Dienstes keine Angst zu haben. Nehmen Sie sich deshalb die Zeit, rechtzeitig vorher alle Aufgaben zu üben – am besten mit Freunden, Kommilitonen oder Klassenkameraden.

Assessment-Center-Aufgaben im Überblick

Beachten Sie unbedingt, dass es sich bei den verschiedenen Assessment-Center-Aufgaben (AC-Aufgaben) um Prüfungen handelt. Sie werden bei jeder Aufgabe beobachtet und danach werden Ihr Verhalten und Ihre Leistungen bewertet. Ihre Ergebnisse bei den einzelnen AC-Aufgaben fließen mit den Ergebnissen der Persönlichkeitsfragebogen und den Testwerten der schriftlichen Tests zur Allgemeinbildung, zur Belastbarkeit und zur intellektuellen Leistungsfähigkeit in Ihre Beurteilung mit ein. Zusammen mit dem Eindruck, den Sie im Vorstellungsgespräch hinterlassen, kommt so ein Gesamteindruck zustande, der zu einer Zu- bzw. einer Absage führen wird. Die wichtigsten AC-Aufgaben sind:

Präsentationsaufgaben

Hinter diesem AC-Aufgabentyp verbergen sich unterschiedliche Aufgaben: die Selbstpräsentation bzw. die Partnerpräsentation (»Vorstellungsrunde«), bei denen sich

Bewerberinnen und Bewerber entweder selbst oder bei denen sie einen der Mitbewerber vorstellen müssen, oder thematische Präsentationen bzw. Vorträge. Hier geht es meist darum, ein fachliches Thema inhaltlich aufzubereiten und darüber anschließend einige Minuten zu referieren. Beobachtet wird, wie selbstsicher und souverän Sie wirken und wie gut Sie sich sprachlich ausdrücken können. Wer dabei ausschweifende Reden hält oder über Drei-Wort-Sätze nicht hinauskommt, hinterlässt keinen guten Eindruck. Üben Sie deshalb vorher – am besten vor Freunden – wie Sie in wenigen Minuten flüssig formuliert darstellen, wer Sie sind, was Sie bislang gemacht haben und warum Sie beim öffentlichen Dienst, der Sie zu einem Einstellungsverfahren eingeladen hat, eine Ausbildung absolvieren bzw. arbeiten wollen.

Gruppenaufgaben

Gruppenaufgaben finden sehr häufig in Form von Gruppendiskussionen statt und zählen zu den beliebtesten AC-Aufgaben überhaupt, weil sie unkompliziert in der Durchführung sind. Sie sind aufgefordert, zusammen mit anderen Bewerberinnen und Bewerbern Themen zu diskutieren (beispielsweise »Wie sieht ein angemessener Umgang mit Flüchtlingen aus?«) sowie Lösungen und Konzepte zu erarbeiten. Diese Aufgabe dient dazu, Ihr Verhalten im Team zu beobachten. Wie kompromissbereit verhalten Sie sich? Wie durchsetzungsstark sind Sie?
Wer sich dabei auf Kosten anderer Kandidaten in den Vordergrund drängt oder sich überhaupt nicht an der Diskussion beteiligt, macht keine gute Figur. Auch hier gilt es, den goldenen Mittelweg zu finden, das heißt, Interesse zu signalisieren an dem, was andere zu sagen haben, auf Argumente einzugehen, Standpunkte zusammenzufassen und die Diskussion aktiv mitzugestalten. Üben Sie wiederum im Vorfeld mit Ihren Freunden und diskutieren Sie mit ihnen über das Pro und Kontra verschiedener selbst gewählter Themen. Beispielsweise: »Mietpreisobergrenzen«, »Höhe der Sozialhilfe« oder »Ausbau der Straßeninfrastruktur zu Lasten des ÖPNV«. Alle Themen des öffentlichen Interesses kommen als potenzielle Diskussionsgrundlage infrage. Lesen Sie vor einem Einstellungsverfahren im öffentlichen Dienst unbedingt rechtzeitig und regelmäßig die regionale und eine überregionale Tageszeitung, um so bei aktuellen politischen Themen mitreden zu können.

Rollenspiele

Bei Rollenspielen handelt es sich immer um eine Gesprächssimulation, also eine dialogische Übung, bei der die Bewerberin oder der Bewerber ein Gespräch mit mindestens einem anderen Rollenspieler führen muss. Dazu bekommen Sie eine kurze Situationsbeschreibung, zum Beispiel »Überzeugen Sie einen Bürger im Rahmen eines Beratungsgesprächs davon, dass er nicht sozialhilfeberechtigt ist«. Ein schwieriges Kollegen- oder Mitarbeitergespräch zu führen, ist ein weiteres Rollenspiel, das häufig bei Bewerbern für den gehobenen bzw. höheren Dienst vorgegeben wird, die zukünftig eine Führungsrolle einnehmen sollen.
Bei Rollenspielaufgaben wird beobachtet, wie sprachgewandt, diplomatisch, entschieden und überzeugend Sie das Gespräch führen. Wie gut können Sie sich in Ihr Gegenüber einfühlen? Wie gut können Sie mit Einwänden umgehen? Können Sie einen erregten Gesprächspartner wieder

beruhigen oder einen unwilligen Bürger von der Sinnhaftigkeit bürokratischer Regeln überzeugen? Diese und weitere Kriterien werden bewertet. Wer hier die knallharte Linie fährt oder watteweich argumentiert und sich über den Tisch ziehen lässt, erhält keine gute Beurteilung. Probieren Sie einmal mit Freunden aus, wie Sie ein schwieriges Bürgergespräch führen können und wie Sie die Einwände Ihres Gesprächspartners überzeugend widerlegen können.

Postkorbaufgaben

Bei einer Postkorbaufgabe müssen Bewerberinnen und Bewerber unter hohem Zeitdruck eine große Anzahl unterschiedlicher Arbeitsaufträge sichten und schnell entscheiden, in welcher Reihenfolge sie die Bearbeitung angehen würden. Bei den Arbeitsaufträgen handelt es sich um alltägliche Aufgaben wie beispielsweise »ein Protokoll aus Notizen anfertigen«, »geschäftliche E-Mails beantworten bzw. schreiben«, »Anrufe abarbeiten (Meldungen auf dem Anrufbeantworter, die geschäftlich, aber auch privat sein können)« und so weiter.

Was muss zuerst bearbeitet werden? Was kann warten oder delegiert werden? Wer sich zunächst einen Überblick über die einzelnen Aufgaben verschafft und dann Prioritäten setzt, beweist Organisationstalent, Arbeitseffizienz und Entscheidungsfähigkeit. Kopfloser Aktionismus führt hingegen nicht zu einer guten Bewertung.

Feedbackrunden

Oftmals findet gleich im Anschluss an die einzelnen AC-Aufgaben, also nach einer Präsentation, nach der Gruppendiskussion, nach einem Rollenspiel oder nach einer Postkorbübung, ein kurzes Gespräch statt. Achtung: Auch dabei handelt es sich um eine AC-Aufgabe. Denn hier sollen Bewerberinnen und Bewerber in knapper Form Stellung zu ihrem eigenen Verhalten und zu ihren Entscheidungen nehmen (Prüfkriterium: Selbstreflexionsfähigkeit und realistische Selbsteinschätzung).

Handelt es sich um eine Gruppenaufgabe, werden die Bewerberinnen und Bewerber auch dazu aufgefordert, sich gegenseitig Feedback zu geben (Prüfkriterium: Fähigkeit, angemessen Kritik üben zu können).

Außerdem lässt das Auswahlgremium einige kritische Bemerkungen fallen, um zu prüfen, wie Bewerberinnen und Bewerber selbst mit Kritik umgehen.

In einer Feedbackrunde geht es also immer darum, Ihre Selbsteinschätzungs- und Kritikfähigkeit zu überprüfen. Wie gut passen Ihre Selbsteinschätzung und die Einschätzung der Beobachter zusammen? Wie gut können Sie Kritik entgegennehmen, aber auch üben? Lassen Sie sich in solchen Feedbackrunden nicht aus der Ruhe bringen oder zu Rechtfertigungen hinreißen. Es geht dabei darum, wie realistisch Sie sich selbst einschätzen können, also darum, ob Sie sich selbstkritisch hinterfragen können, um Kommunikationsfähigkeit (Feedbackregeln beachten) und um Glaubwürdigkeit.

Auf den folgenden Seiten finden Sie eine ausführliche Beschreibung der Bewertungskriterien bei den verschiedenen AC-Aufgaben. Sie erfahren, mit welcher Strategie Sie bei den jeweiligen AC-Aufgaben vorgehen und wie Sie sich optimal zu Hause vorbereiten können.

Bewertungskriterien bei Assessment-Center-Aufgaben

Ganz gleich, ob Selbstpräsentation oder Gruppendiskussion – auf bestimmte Bewertungskriterien müssen Sie achten. In erster Linie geht es immer um Ihr sicheres Auftreten und um Ihre Wirkung und Ausstrahlung auf andere. Dabei schauen die Beobachterinnen und Beobachter bei den einzelnen Assessment-Center-Aufgaben auf die folgenden kommunikativen, sozial-interaktiven und persönlichen Kompetenzen sowie auf das systematische Denken und Handeln:

Kommunikative Kompetenz

- *Rhetorik und Ausdrucksvermögen:* Formulieren Sie mündlich flüssig und unmissverständlich? Sprechen Sie klar und verständlich? Setzen Sie verschiedene Sprachmittel ein (Vergleiche, Sprachbilder, Variation des Ausdrucks)?
- *Überzeugungskraft:* Argumentieren Sie stringent? Sind Ihre Vorschläge plausibel? Wie flexibel sind Sie in Ihrer Argumentation? Erzeugt Ihre Argumentation Widerstand bei anderen?
- *Präsentations- und Moderationstechnik:* Setzen Sie didaktische und grafische Hilfs- und Darstellungsmittel ein? Visualisieren Sie an der Tafel, an der Flipchart oder mit PowerPoint?

Sozial-interaktive Kompetenz

- *Kontaktfähigkeit:* Gehen Sie aktiv auf andere zu?
- *Einfühlungsvermögen:* Erkennen und berücksichtigen Sie die Bedürfnisse anderer?
- *Kooperationsfähigkeit:* Greifen Sie andere Meinungen auf und führen Sie sie weiter? Verzichten Sie auf Druckmittel? Verzichten Sie auf dominantes Verhalten anderen gegenüber?
- *Durchsetzungsvermögen:* Wie gehen Sie mit Einwänden und Widerständen anderer um? Zeigen Sie Zielstrebigkeit, Beharrlichkeit und Ergebnisorientierung?
- *Integrationsfähigkeit:* Erkennen Sie Konfliktpotenzial? Berücksichtigen Sie divergierende Interessen? Können Sie unterschiedliche Standpunkte im Hinblick auf ein bestimmtes Ziel bündeln?

Persönliche Kompetenz

- *Souveränität:* Treten Sie selbstsicher und selbstbewusst auf?
- *Belastbarkeit:* Zeigen Sie sich belastbar? Wie gehen Sie mit Stress um?
- *Selbstbeherrschung:* Wie reagieren Sie auf Angriffe anderer? Bleiben Sie ruhig und freundlich?
- *Offenheit:* Wie offen gehen Sie mit Informationen um? Geben Sie Informationen weiter?
- *Führungspotenzial:* Übernehmen Sie eine Führungsrolle in der Gruppe? Werden Sie als Führungsperson von anderen Gruppenmitgliedern wahrgenommen?

Systematisches Denken und Handeln

- *Planung und Kontrolle:* Verschaffen Sie sich einen Überblick? Legen Sie (Gesprächs-)Ziele fest?
- *Analysefähigkeit:* Erfassen Sie alle Teilaspekte einer Aufgabenstellung?
- *Arbeitsorganisation:* Gehen Sie logisch und strukturiert vor? Halten Sie Zeitvorgaben ein?
- *Kombinationsfähigkeit:* Verarbeiten Sie alle Informationen und Standpunkte anderer? Entwickeln Sie Alternativen?

- *Entscheidungsfähigkeit:* Entwickeln und beurteilen Sie Lösungsvorschläge? Berücksichtigen Sie mögliche Konsequenzen jeweiliger Entscheidungen? Treffen Sie Entscheidungen?

Die Gewichtung der aufgeführten Bewertungskriterien variiert je nach zu besetzender Position. Einige Bewertungskriterien, wie beispielsweise das Führungspotenzial einer Bewerberin bzw. eines Bewerbers, spielt nur bei der Besetzung von Führungspositionen im gehobenen oder höheren Dienst der öffentlichen Verwaltung bzw. für die Prüfung der Eignung für eine Führungslaufbahn und damit für die Personalplanung sowie für eine spätere Entwicklung des Bewerbers eine Rolle.

Körpersignale und ihre Bedeutung

Mit allem, was Sie sagen, mit allem, was Sie von sich zeigen, hinterlassen Sie einen persönlichen Eindruck. Viele Personaler glauben, dass bereits die Art, wie Sie zur Tür hereinkommen, verrät, ob Sie ein eher zurückhaltender, höflicher Mensch sind oder sprichwörtlich »mit der Tür ins Haus fallen«. Ihr Händedruck zeigt angeblich, ob Sie »zupacken« können oder ein »Weichei« sind. Ihre Körperhaltung soll Rückschlüsse auf Ihre innere Haltung zulassen, und an der Art, wie Sie sprechen, erkennt man angeblich Ihre Vitalität und Ihr Selbstbewusstsein.

Aus kommunikationswissenschaftlicher Sicht handelt es sich bei unserer Körpersprache um sogenannte ausdruckspsychologische Merkmale unserer Persönlichkeit. Unser Blickverhalten, unsere Mimik und Gestik, die Köperhaltung, die Sprechweise und unser Geruch lassen tatsächlich Rückschlüsse auf unsere Persönlichkeit zu.

Allerdings ist auch hier die Welt nicht so einfach zu erklären, wie es mancher Personaler gerne hätte. Nur weil Sie während eines Vorstellungsgesprächs *einmal* mit verschränkten Armen dasitzen, heißt das noch lange nicht, dass Sie ein verschlossener Typ sind. Und wenn Sie bei der Beantwortung *einer* Frage einmal auf den Boden schauen, bedeutet das nicht, dass Sie der Frage aus dem Weg gehen wollen.

Die Interpretation von körpersprachlichen Merkmalen hat viel mit der Intuition und dem subjektiven Sympathieempfinden des Gegenübers zu tun. Unsere Empfehlung für den Bewerbungsprozess lautet deshalb: Verstellen Sie sich nicht, versuchen Sie sich so normal wie möglich zu verhalten. Wenn überhaupt, dann berücksichtigen Sie die folgenden sechs generellen Tipps:
- *Blickkontakt:* nicht zu viel (anstarren) und nicht zu wenig (wegschauen)
- *Mimik:* nicht zu viel (Grimassen schneiden, lachen, Augenbrauen hochziehen ...) und nicht zu wenig (versteinertes Gesicht ohne Lächeln ...)
- *Gestik:* nicht zu viel (zu fester Händedruck, verschränkte Arme, Hand vor dem Mund während des Sprechens, Hände hinter den Kopf ...) und nicht zu wenig (Hände in den Schoß und bewegungslos dasitzen)
- *Körperhaltung:* nicht zu viel (steif, als ob Sie einen Stock verschluckt hätten ...) und nicht zu wenig (schlaff im Stuhl hängend ...)
- *Sprechweise:* nicht zu viel (zu laut, zu schnell, zu umfangreich ...) und nicht zu wenig (zu leise, zu langsam, zu wenig ...)
- *Geruch:* nicht zu viel (Parfüm, Knoblauch ...) und nicht zu wenig (ungeduscht und mit ungeputzten Zähnen)

Auf den folgenden Seiten stellen wir Ihnen die gängigsten Assessment-Center-Aufgaben im Detail vor. Sie erfahren, was genau dabei im Einzelnen auf Sie zukommen wird, anhand welcher Kriterien Sie die Personaler bewerten, wie Sie bei der Bearbeitung strategisch am besten vorgehen, und vor allem, wie Sie sich bereits zu Hause planvoll und gut auf die Aufgaben vorbereiten können, um gelassen und sicher zu punkten.

Präsentationsaufgaben

Gleichgültig, ob Sie sich selbst oder eine andere Bewerberin oder einen anderen Bewerber in einer Vorstellungsrunde präsentieren sollen, ob Sie das Ergebnis einer Fallstudie vorstellen oder einen Kurzvortrag über ein vorgegebenes Thema halten sollen, es handelt sich dabei immer um die AC-Aufgabe »Präsentation«. Dabei geht es darum, ein Thema in der dafür vorgegebenen Zeit inhaltlich zu erfassen und es den Zuhörern strukturiert und verständlich darzulegen. Präsentationen gehören zu den Klassikern in einem Einstellungsverfahren, weil sie unkompliziert einzusetzen sind. Bewerberinnen und Bewerber müssen dabei entweder einen bestimmten Standpunkt vertreten oder die Zuhörer von etwas überzeugen, einen Sachverhalt erklären (eine Art Lehrprobe) oder sich selbst vorstellen. Für eine Präsentation steht der Bewerberin bzw. dem Bewerber eine mehr oder weniger lange Vorbereitungszeit zur Verfügung.
Die Selbstpräsentation innerhalb einer Vorstellungsrunde wird in der Regel aus dem Stand heraus verlangt. Ganz frei oder anhand einzelner Anweisungen, wie »Beschreiben Sie, wer Sie sind, was Sie können und was Sie wollen« oder »Schildern Sie uns die drei wichtigsten Ereignisse in Ihrem Leben« oder »Stellen Sie Ihren beruflichen Werdegang vor«. Hier ist der Kandidat gefordert, sich im Rahmen einer – am besten zu Hause vorbereiteten und eingeübten – Selbstpräsentation vorzustellen.
Für einen Kurzvortrag zu einem gesellschaftspolitischen Thema, beispielsweise »Die Eurokrise«, stehen in der Regel zehn bis fünfzehn Minuten Vorbereitungszeit für eine fünfminütige Präsentation zur Verfügung.
Und wenn es darum geht, die Ergebnisse einer mehr oder weniger umfangreichen Fallstudie zu präsentieren, erhalten die Bewerberinnen und Bewerber bis zu mehreren Stunden Bearbeitungszeit für das Unterlagenstudium und müssen einen Fall gegebenenfalls sogar zu Hause vor einem Einstellungsverfahren bearbeiten.
Bei Ihrer Präsentation beobachten und bewerten die Vertreterinnen und Vertreter des Auswahlgremiums, *wie* Sie präsentieren. Inhaltlich bewertet wird Ihre Präsentation – besonders wenn es sich um eine Ergebnispräsentation, einen Kurzvortrag oder eine Lehrprobe handelt – in der Regel erst später.

Bewertungskriterien

Bei einer Präsentation werden weniger Ihre zwischenmenschlichen oder fachlichen Fähigkeiten bewertet, sondern vielmehr die Wirkung und Ausstrahlung, die Sie durch Ihre Sprache und Ihr Auftreten bei anderen erzielen. Beachten Sie darüber hinaus alle Bewertungskriterien, die wir zu Anfang dieses Kapitels aufgeführt haben.

So punkten Sie bei einer Präsentation
Halten Sie unbedingt die Zeitvorgabe für die Vorbereitung Ihrer Präsentation ein. Wer die Beobachterinnen und Beobachter warten lässt, macht einen schlechten Eindruck, noch bevor er mit seiner Präsentation angefangen hat.
Halten Sie auch die Zeitvorgabe für die Präsentation ein. Wer seine Präsentations- bzw. Vortragszeit überzieht, kann nicht punkten. In der Regel werden Sie jedoch darauf hingewiesen, wenn die Zeit abgelaufen ist, und müssen Ihre Präsentation dann stoppen. Wer bis dahin nicht zum Punkt gekommen ist und es versäumt hat, wichtige Argumente zu nennen, erhält keine gute Bewertung. Damit Ihnen das nicht passiert, beachten Sie die folgenden Punkte:

- Mit einem guten *Einstieg in Ihre Präsentation* erregen Sie die Aufmerksamkeit und das Interesse der Zuhörer. Bereits am Anfang entscheidet sich, ob Ihnen die Zuhörer folgen werden oder ob sie gelangweilt weghören. Überlegen Sie sich deshalb, wie Sie die Zuhörer neugierig machen können. Vielleicht durch eine überraschende Frage, eine kurze Geschichte oder ein provokantes Statement am Anfang Ihrer Präsentation.
- Helfen Sie den Zuhörern, Ihrem Vortrag zu folgen, indem Sie ihn *strukturiert präsentieren*. Nutzen Sie dazu wenn möglich ein Medium (Tafel, Flipchart, PowerPoint). Ein Bild sagt mehr als tausend Worte, deshalb sollten Sie schwierige Zusammenhänge visualisieren. Schreiben Sie wichtige Schlüsselworte an die Tafel und verdeutlichen Sie Zusammenhänge mit Pfeilen oder Symbolen.
- *Sprechen Sie bildlich,* das heißt, setzen Sie sprachliche Bilder und Vergleiche ein. Sprechen Sie deutlich und nicht zu schnell.
- *Halten Sie Blickkontakt* mit all Ihren Zuhörern, indem Sie Ihren Blick in der Zuhörerrunde schweifen lassen.
- In der Regel stehen Sie bei einer Präsentation. Achten Sie dabei auf eine *aufrechte und ruhige Haltung*, stehen Sie schulterbreit und gestikulieren Sie angemessen. »Angemessen« bedeutet, dass Sie mit Ihren Armen und Händen nicht zu schnelle und nicht zu ausladende Bewegungen durchführen. Die Bewegung Ihrer Arme und Hände sollte sich im Bereich Ihres Oberkörpers abspielen.
- Wenn Sie von einem der Zuhörer unterbrochen werden, *gehen Sie auf die Frage ein*. Achten Sie dabei jedoch auf die Zeit, denn fünf bis zehn Minuten Präsentationszeit sind schnell vorbei und eine ausufernde Antwort auf eine Zwischenfrage kann zu viel Zeit kosten.
- Zum Schluss Ihrer Präsentation *fassen Sie die wichtigsten Aspekte des Themas kurz und präzise zusammen*. Am besten beenden Sie Ihren Vortrag so, wie Sie ihn begonnen haben – mit einem interessanten Abschlusssatz. Denn nicht nur der erste Eindruck ist entscheidend, sondern auch der letzte, der beim Zuhörer hängen bleibt.

Vorbereitung
Um bei einer (Selbst-)Präsentation zu punkten, können Sie zu Hause bereits einiges tun. Eine Selbstpräsentation lässt sich gut vorbereiten: Gehen Sie dafür zunächst Ihren Lebenslauf durch und formulieren Sie danach einen kurzen Vortrag zu den Fragen, wer Sie sind, was Sie können und warum Sie für den öffentlichen Dienst arbeiten wollen. Überlegen Sie, wel-

che Stärken, aber auch, welche Schwächen Sie haben, worauf Sie stolz sind und was Sie in Ihrer Freizeit am liebsten unternehmen. Und dann präsentieren Sie sich einmal vor Ihren Freunden. Genauso können Sie die Präsentation eines gesellschaftspolitischen Themas oder die Erklärung eines Sachverhalts üben. Machen Sie sich zum Beispiel Gedanken zu aktuellen Themen des öffentlichen Interesses wie »Energiewende«, »Europapolitik«, »Asylpolitik«, »Mietpreise«, »ÖPNV«, »Naturschutz«, »Kommunale Kulturförderung«, »Hunde in der Stadt«, »Sozialleistungen für Familien« usw.
Gleichgültig, welches Thema Ihnen in einer AC-Aufgabe vorgegeben wird, Sie können die eventuell zur Verfügung stehende zehn- bis fünfzehnminütige Vorbereitungszeit nutzen, um eine gute Präsentation zu erarbeiten. Wenden Sie dafür die folgende Strategie an:

Überblick verschaffen:

- Worum geht es bei der Präsentationsaufgabe?
- Was ist das Ziel der Aufgabe?
- Wie viel Zeit steht Ihnen für die Vorbereitung und die Präsentation selbst zur Verfügung?

Materialsammlung:

- Was fällt Ihnen zu dem vorgegebenen Thema spontan ein?
- Welche Schlüsselbegriffe enthält die Themenstellung?

Die klassischen W-Fragen (was, wer, wie, wann, wo, warum) helfen Ihnen dabei weiter. Befragen Sie sich zur Themenstellung einmal selbst:

- Was ist ...?
- Was bedeutet ... für wen?
- Wem nützt ...?
- Wem schadet ...?
- Wo findet was statt ...?
- Wie ...?
- Wann ...?
- Welche Ursache ...?
- Welches Ziel ...?
- Warum ...?

Schauen Sie sich das Thema aus unterschiedlichen Blickwinkeln an. Was würden Freunde, Kollegen oder Eltern zu dem Thema sagen?

Material sortieren und gliedern: Notieren Sie Ihre Gedanken und Antworten und sortieren Sie Ihre Stichworte nach Zusammengehörigkeit. Gliedern Sie Ihr Material nach Einleitung, Hauptteil und Schluss. Je nachdem, wie die Aufgaben- und Themenstellung genau lautet, bieten sich bestimmte Gliederungsformen an, z. B. eine Erörterung mit Pro- und Kontra-Argumenten. Hier geht es immer darum, zunächst das Thema kurz zu definieren und zu erklären (»Was versteht man unter Asylpolitik?«). Danach sollten Sie Argumente dafür (These) und Argumente dagegen (Antithese) erläutern und sie – wenn möglich – zu einer Lösung, einer Entscheidung oder einer Empfehlung (Synthese) zusammenführen.
Wenn es sich bei dem vorgegebenen Thema um ein (berufsbezogenes) Fachproblem handelt, bietet es sich an, zunächst zu benennen, worin das Problem besteht, zu skizzieren, wie bislang damit umgegangen wurde, und zu differenzieren, welche Lösungsansätze hilfreich sind und welche nicht. Zum Schluss zeigen Sie dann eigene Lösungswege und Empfehlungen auf.

Üben Sie dieses Vorgehen mit unterschiedlichen Themen und präsentieren Sie Ihren Vortrag vor Freunden. Beachten Sie während des Präsentierens, dass es hauptsächlich um das Wie Ihres Vortrags geht, und punkten Sie mit einem sicheren Auftreten, einer freundlichen Ausstrahlung und einer flüssigen Ausdrucksweise.

Gruppendiskussionen

Da es bei einer Gruppendiskussion darum geht, zusammen mit anderen Teilnehmern Themen zu diskutieren sowie Lösungen und Konzepte zu erarbeiten, präsentieren Sie sich bei dieser Aufgabe im direkten Vergleich mit Ihren Mitbewerberinnen und Mitbewerbern und zeigen dabei auch, wie Sie sich in einem Team verhalten.
An einer Gruppendiskussion nehmen drei, vier oder sogar mehr Bewerberinnen und Bewerber gleichzeitig teil. In der Regel werden sie von mehreren Vertreterinnen und Vertretern des Auswahlgremiums beobachtet (Amts- oder Abteilungsleitung, Referent des Personalamts, ein Vertreter des örtlichen bzw. des Gesamtpersonalrats, ggf. ein Schwerbehinderten- und/oder Gleichstellungsbeauftragter und ggf. ein externer Berater der Verwaltung). Bei Gruppendiskussionen unterscheidet man vier verschiedene Formen:

1) Diskussionsrunden mit einer allgemeinen Themenstellung ohne Zielvorgabe, beispielsweise: »Diskutieren Sie darüber, wie sinnvoll eine gesetzlich vorgeschriebene Mietpreisbremse in Deutschland ist.« Hier handelt es sich um eine freie Diskussion, bei der Bewerberinnen und Bewerber jedoch nicht einfach miteinander plaudern sollten. Die Vertreterinnen und Vertreter des Auswahlgremiums beobachten und beurteilen aufmerksam, wer in der Gruppe welche Rolle einnimmt:

- Wer übernimmt – von den anderen Gruppenmitgliedern akzeptiert – eine Führungsrolle?
- Wer zeigt sich als unscheinbares Gruppenmitglied, das nichts zur Diskussion beiträgt?
- Wer entpuppt sich als Bedenkenträger und dauernder Neinsager? Wer trägt konstruktiv zur Diskussion bei, indem er/sie eine Moderatorenrolle übernimmt?

Bei dieser Form der freien Diskussion werden die Bewerberinnen und Bewerber manchmal vor der Gruppendiskussion aufgefordert, die eigene Meinung zum Thema schriftlich festzuhalten. Im Anschluss wird dann verglichen, inwieweit jemand seinem Standpunkt treu geblieben ist, wie gut er/sie sich mit der eigenen Meinung in die Diskussion eingebracht hat und inwieweit die Gruppenbeurteilung von dieser Meinung abweicht.

2) Diskussionsrunden mit einer allgemeinen Themenstellung mit Zielvorgabe, zum Beispiel: »Sie planen einen Abteilungsausflug. Einigen Sie sich auf ein Ziel und auf fünf Programmpunkte.« Die Auswahl eines Ausflugsziels und verschiedener Programmpunkte unter vielen möglichen ist in einer Gruppe erfahrungsgemäß nicht leicht. Die Beobachterinnen und Beobachter beurteilen hier nicht, ob und, wenn ja, welcher Konsens gefunden wird, sondern wie die Gruppenmitglieder bei dem Versuch, sich zu einigen, vorgehen. Dabei spielt es wieder eine Rolle, welches Gruppenmitglied welche Rolle einnimmt und mit welchen kommunikativen Mitteln eine

Bewerberin oder ein Bewerber versucht, den eigenen Standpunkt zu vertreten und die anderen Gruppenmitglieder zu überzeugen.

3) Diskussionsrunden mit einer speziellen Aufgabenstellung: Bei dieser Variante der Gruppendiskussion wird Bewerberinnen und Bewerbern eine spezielle Problemstellung vorgegeben, für die in der Gruppe eine Lösung gefunden werden soll. Beispielsweise: »Die Vermittlungsquote der Agentur für Arbeit bei arbeitslosen Menschen ist im vergangenen Quartal dramatisch eingebrochen.« Die Aufgabe besteht darin, in der Gruppe einen Handlungsplan zu entwickeln, wie eine Steigerung der Vermittlungsquote arbeitsloser Menschen erreicht werden kann. Alle Gruppenmitglieder verfügen über schriftliche Grundlageninformationen und zusätzlich erhält jeder Diskussionsteilnehmer unterschiedliche Informationen. Eine Aufgabenlösung ist nur dann sinnvoll möglich, wenn alle Informationen beachtet und untereinander ausgetauscht werden. In der Gruppe wird es immer einen geben, der die Führungsrolle übernimmt und erst einmal dafür sorgt, dass alle Informationen allen zugänglich gemacht werden. Es hilft Ihnen sicherlich dabei, gut bewertet zu werden, wenn Sie diese Rolle einnehmen.

4) Diskussionsrunden mit einem vorgegebenen Thema und verteilten Rollen: Hier bekommt jeder einzelne Teilnehmer eine Rollenbeschreibung und soll während der Gruppendiskussion eine bestimmte Position vertreten. Ausgangssituation ist zum Beispiel: Alle Teilnehmer der Gruppendiskussion haben – als Mitarbeiter einer Abteilung – den Bedarf an einem neuen PC angemeldet, aber nur zwei neue PCs können für die Abteilung angeschafft werden. Jede Bewerberin / jeder Bewerber hat nun eine eigene Anweisung, warum gerade sie/er den neuen PC besonders dringend braucht. Beispielsweise: »Sie brauchen den neuen PC unbedingt, da Ihr Computer bereits so alt ist, dass die neue Software nur eingeschränkt darauf läuft« oder »Sie benötigen den neuen Rechner unbedingt, da Sie immer die Besprechungsprotokolle schreiben«. Beobachtet und beurteilt wird wieder, wie Sie Ihren Standpunkt vertreten und welche Rolle Sie in der Gruppe einnehmen.

Eine Gruppendiskussion dauert in der Regel zwischen 20 und 30 Minuten. Besonders Gruppendiskussionen zu einem allgemeinen Thema finden ohne lange Vorbereitungszeit »aus dem Stand« statt. Bei Diskussionen mit Zielvorgaben und/oder mit verteilten Rollen haben Sie in der Regel Zeit, sich vorzubereiten, um verschiedene Unterlagen und/oder die Rollenbeschreibung durchzulesen.

Bei einer Gruppendiskussion beobachten und bewerten die Vertreterinnen und Vertreter des Auswahlgremiums weniger den einzelnen Standpunkt der Bewerberinnen und Bewerber. Es geht vielmehr um Ihr Auftreten, Ihre Wirkung und Ihr Verhalten in der Gruppe – im direkten Vergleich mit Mitbewerberinnen und Mitbewerbern.

Bewertungskriterien

Bei einer Gruppendiskussion werden sowohl Ihre zwischenmenschlichen Fähigkeiten bewertet als auch Ihre Wirkung und Ausstrahlung, die Sie durch Ihre Sprache und Ihr Auftreten bei den Teilnehmerinnen und Teilnehmern der Diskussionsrunde erzielen. Beachten Sie wiederum die zu Beginn des Kapitels aufgeführten Bewertungskriterien.

So punkten Sie bei einer Gruppendiskussion

Die wichtigste Empfehlung für die Gruppendiskussion lautet: Bringen Sie sich nicht zu viel, aber auch nicht zu wenig ein. Weder das eine noch das andere wird die Vertreterinnen und Vertreter des Auswahlgremiums überzeugen.
Oft kommen Gruppendiskussionen nur schleppend in Gang, weil keiner der Teilnehmerinnen und Teilnehmer vorschnell handeln möchte. Das kann eine Chance sein. Versuchen Sie die Diskussion zu strukturieren und einen Beitrag für eine geordnete Auseinandersetzung mit dem Thema zu liefern. Wenden Sie dafür die folgende Strategie an:

Orientierungsphase: Worum geht es beim Thema der Gruppendiskussion? Wer gleich zu Beginn der Diskussion mit einer Lösung aufwartet, wird eine problematische Stimmung in der Gruppe erzeugen. Besser ist es, das Thema zunächst durch Fragen handhabbar zu machen. Mögliche Einstiegsfragen sind beispielsweise:

- Wo sieht jeder Einzelne in der Gruppe die Problematik?
- Worin besteht die Herausforderung?
- Wo existieren Gemeinsamkeiten, wo Unterschiede in der Ausgangssituation jedes Einzelnen?

Wenn Sie bereits in dieser Phase grafische Hilfsmittel nutzen und beispielsweise an der Flipchart visualisieren wollen, sollten Sie unbedingt die anderen Gruppenmitglieder fragen, ob sie damit einverstanden sind. Sonst sieht es schnell so aus, als wollten Sie sich in den Vordergrund drängen. Außerdem erzeugt nicht abgestimmtes Überengagement Einzelner meist Widerstand in der Gruppe.

Zielsetzung festlegen: Eine Gruppendiskussion dauert selten länger als 20 bis 30 Minuten. In der Kürze der Zeit lassen sich nicht alle Details eines Themas diskutieren und oftmals lässt sich kein perfektes Ergebnis erzielen. Denken Sie daran, dass es den Vertreterinnen und Vertretern des Auswahlgremiums auch gar nicht darum geht. Denn beurteilt wird hier nicht das Ergebnis der Gruppendiskussion, sondern der Weg, auf dem ein Ergebnis zustande kommt. Versuchen Sie, das den anderen Gruppenmitgliedern deutlich zu machen. Damit nehmen Sie sich und anderen Druck – und das ist für eine konstruktive Diskussion förderlich. Stellen Sie beispielsweise die Fragen:

- Welche Diskussionsziele sind in der Kürze der Zeit realistisch?
- Können wir das Thema eingrenzen, wäre das hilfreich?

Lösungsphase: Versuchen Sie, Struktur in die Diskussion zu bringen. Auch hier kommen Sie mit den richtigen Fragen am besten voran. Zum Beispiel:

- Wie wollen wir vorgehen, um zu einem Ergebnis zu gelangen?
- Welche Möglichkeiten haben wir, um ein Ergebnis zu erreichen?

Greifen Sie die Ideen und Vorschläge anderer Gruppenmitglieder auf und führen Sie sie weiter. Versuchen Sie, auch passivere Teilnehmerinnen und Teilnehmer zu ermuntern, sich an der Diskussion zu beteiligen. Wenn sich ein Gruppenmitglied besonders vorschnell oder dominant einzubringen versucht und Sie das Gefühl haben, dass das den Gruppenprozess stört, können Sie wiederum mit einer Frage an alle Gruppenmitglieder eingreifen: »Was meinen Sie, bringt uns dieses schnelle Vorgehen zu einem guten

Ergebnis?«. Dadurch zeigen Sie Kooperations- und Integrationsfähigkeit. Wenn Sie wahrnehmen, dass sich die Diskussion im Kreis dreht, können Sie eine Zwischenbilanzfrage stellen:

- Was können wir zum jetzigen Zeitpunkt zusammenfassend sagen?
- An dieser Stelle würde ich gerne einmal den Stand der Diskussion zusammenfassen.

Damit helfen Sie der Gruppe, das Ziel im Auge zu behalten.

Ergebnisphase: Oft ist die zur Verfügung gestellte Diskussionszeit zu kurz für die Bewerberinnen und Bewerber, um ein gefordertes gemeinsames Ergebnis zu erreichen. Das kann zu einer angespannten und gereizten Stimmung in der Gruppe führen, weil alle den Leistungsdruck spüren und Angst haben zu versagen. Dieser Stressfaktor wird in der Regel absichtlich eingesetzt, weil die Vertreterinnen und Vertreter des Auswahlgremiums sehen wollen, wie Sie mit Druck umgehen. Versuchen Sie in jedem Fall, ruhig zu bleiben und sich nicht von anderen Gruppenmitgliedern zu Aktionismus hinreißen zu lassen. Mit passenden Fragen kommen Sie auch hier wieder am besten weiter: »Was können wir in der verbleibenden Zeit realistischerweise als Ergebnis, vielleicht auch nur als Etappenergebnis erzielen?«.

Generell können Sie in einer Gruppendiskussion mit den folgenden Verhaltensregeln punkten:

- **Beachten Sie die allgemeinen Kommunikationsregeln:**
  - Schauen Sie denjenigen an, der spricht.
  - Sprechen Sie deutlich und ruhig.
  - Unterbrechen Sie niemanden.
  - Verzichten Sie ganz auf ironische, sarkastische oder gar zynische Aussagen.
  - Hören Sie aufmerksam zu. Und denken Sie immer daran: Wer fragt, der führt.

- **Achten Sie auf den Kontakt mit den anderen Gruppenmitgliedern:**
  - Gehen Sie auf Argumente anderer ein und beziehen Sie deren Argumente in Ihre Überlegungen mit ein.
  - Wertschätzen Sie Anmerkungen und Ideen anderer (»Das ist eine wichtige Anregung«, »Das ist eine wesentliche Frage«).
  - Achten Sie auf eine ausgeglichene Rollenverteilung.

  Sie müssen zum Beispiel nicht zu jedem Thema etwas sagen, einen Verbesserungsvorschlag machen oder Ihre Bedenken äußern, das könnte sonst schnell überengagiert und »selbstverliebt« wirken.

- **Bleiben Sie Mensch:**
  - Stellen Sie auch einmal Ihre eigene Meinung zur Diskussion (»Wie denken Sie über meinen Standpunkt?«).
  - Geben Sie Fehler offen zu (»Da haben Sie einen kniffligen Punkt in meiner Argumentation erkannt«).
  - Und wenn Sie das Gefühl haben, sich in einem Redebeitrag verrannt zu haben, dann sprechen Sie das ruhig offen an (»Da habe ich mich wohl vergaloppiert«).

Vorbereitung

Eine gute Vorbereitung hilft Ihnen, in der Gruppendiskussion besser abzuschneiden. Treffen Sie sich mit einigen Ihrer Freunde und simulieren Sie eine Gruppendiskussion. Ein Blick in die Tageszeitung hilft Ihnen dabei, aktuelle Themen des öffentlichen Interesses zu finden, die in der Presse kontrovers diskutiert werden. Nehmen Sie sich ein Thema vor, stellen Sie die Stoppuhr auf 20 bis 30 Minuten und beginnen Sie zu diskutieren. Versuchen Sie dabei, die beschriebenen Strategien für eine gute Diskussionsführung einzusetzen. Sie werden schnell merken, was Ihnen leichtfällt und wo Sie noch ein wenig üben sollten, um im Ernstfall gut abzuschneiden.

Rollenspiele

In einem Rollenspiel werden Situationen simuliert, wie sie im späteren Arbeitsalltag vorkommen. Beispielsweise ein schwieriges Gespräch zwischen Kollegen, ein Mitarbeitergespräch (als Führungskraft mit einem Mitarbeiter) oder ein Beratungsgespräch mit einer Bürgerin. Typische Rollen, die Bewerberinnen und Bewerber einnehmen sollen, sind beispielsweise:

- Verwaltungsfachangestellte in einer Abteilung mit Bürgerkontakt
- Referentin in einem Referat mit Pressekontakt
- Arbeitskollege eines »schwierigen« Mitarbeiters
- Team- oder Gruppenleiter eines kleinen Mitarbeiterteams
- Sachgebiets- oder Abteilungsleitung eines bestimmten Amtes

Bei einem Rollenspiel geht es in der Regel immer um etwas Unangenehmes, um Uneinsichtigkeit, Kritik, schlechte Leistung oder Streit. Als Rollenspielpartner fungieren eine Vertreterin oder ein Vertreter des Auswahlgremiums bzw. ein Mitbewerber. In der Regel geht es um ein Gespräch mit nur einem Gegenüber, seltener müssen Bewerberinnen und Bewerber auch ein Gespräch mit zwei Rollenspielpartnern führen. Die Rolle, in die Sie schlüpfen müssen, ist nicht einfach, denn Ihr Gegenüber hat die Aufgabe, es Ihnen schwer zu machen. Er oder sie wird Ihnen nicht allzu sehr entgegenkommen, wird Ihnen Widerstand entgegensetzen und Einwände vorbringen.

Ein Rollenspiel dauert, ebenso wie eine Gruppendiskussion, in der Regel zwischen 20 und 30 Minuten. Um sich mit der schriftlichen Rollen- und Situationsbeschreibung vertraut zu machen, steht Bewerberinnen und Bewerbern je nach Komplexität der Rolle eine Vorbereitungszeit von ca. 15 bis 30 Minuten zur Verfügung.

Bewertungskriterien

Die Vertreterinnen und Vertreter des Auswahlgremiums achten besonders darauf, wie Sie das Gespräch führen. Auch hier geht es wieder weniger um das eigentliche Ergebnis des Gesprächs, sondern vielmehr darum, wie ein Gesprächsergebnis zustande kommt. Im Arbeitsleben existiert mittlerweile kaum noch eine Arbeitsstelle, bei der man für sich allein arbeitet. In fast allen Tätigkeitsfeldern werden Sie zahlreiche und ganz unterschiedliche Gespräche mit anderen Menschen führen und Ergebnisse erzielen müssen. Im Rollenspiel werden diese Alltagssituationen simuliert und die Vertreterinnen und Vertreter des Auswahlgremiums verschaffen sich ein Bild über

- Ihre Kontakt- und Kommunikationsfähigkeit,
- Ihr Einfühlungsvermögen,
- Ihre Überzeugungskraft,

- Ihre Konfliktfähigkeit und Ihr Durchsetzungsvermögen,
- Ihr Verhandlungsgeschick und
- Ihre Führungskompetenzen.

Beachten Sie zusätzlich die am Anfang des Kapitels aufgeführten Bewertungskriterien.

So punkten Sie im Rollenspiel

Der wichtigste Tipp für ein Rollenspiel lautet: Bleiben Sie ruhig, auch dann, wenn Ihr Gegenüber versucht, Sie zu provozieren. Beachten Sie die generellen Kommunikationsregeln, die Sie bereits in der Gruppendiskussion kennengelernt haben:

- Halten Sie Blickkontakt.
- Lassen Sie Ihr Gegenüber aussprechen.
- Hören Sie aufmerksam zu.
- Sprechen Sie deutlich und nicht zu schnell.
- Steuern Sie das Gespräch, indem Sie Fragen stellen.
- Behalten Sie die vorgegebene Zeit und die Zielsetzung des Gesprächs im Auge.
- Versuchen Sie, zum Ende des Gesprächs zu einem Ergebnis zu gelangen – auch wenn es sich nur um ein Zwischenergebnis handeln sollte.

In der simulierten Gesprächssituation geht es immer darum, eine konstruktive Gesprächsatmosphäre zu schaffen, sich in das Gegenüber einzufühlen und mit den richtigen Fragen und einer geeigneten Gesprächsführung eine im Sinne des Arbeitgebers (und oftmals auch des »Kunden«, der im Falle des öffentlichen Dienstes in der Regel ein Bürger oder eine andere Behörde ist) gemeinsame und tragbare Lösung zu finden. Das Dilemma dabei: Man kann es nicht jedem recht machen, dem Bürger und dem Dienstherrn oder dem Mitarbeiter und dem Amtsleiter.

Die Vorbereitungszeit, die Ihnen zur Verfügung steht, um sich mit der Rollen- und Situationsbeschreibung vertraut zu machen, können Sie systematisch nutzen:

- **Überblick verschaffen:**
  - Um welche Personen geht es im Rollenspiel?
  - In welchem Verhältnis stehen diese Personen zueinander?

  Unterstreichen Sie alle aufgeführten Personen und überlegen Sie, in welcher Verbindung sie zueinander stehen.

- **Aufgabe benennen:** Was ist Ihre konkrete Aufgabe? Sollen Sie
  - einen Konflikt klären,
  - eine Verhandlung erfolgreich führen,
  - ein Problem gemeinsam lösen,
  - Ihr Gegenüber von etwas überzeugen oder
  - sicherstellen, dass ein kritikwürdiges Mitarbeiterverhalten aufhört (also Ihren Mitarbeiter führen)?

- **Schlüsselworte erkennen:** Enthält die Rollen- bzw. Situationsbeschreibung Schlüsselworte, auf die Sie in der Gesprächsführung achten müssen? Beispielsweise: »Ein langjähriger guter Mitarbeiter hat ein Leistungstief.« Hier wäre zu beachten, dass Sie als Führungskraft einfühlsam und motivierend gegenüber dem Mitarbeiter auftreten, ihm zwar deutlich machen, dass seine Leistungen aktuell zu wünschen übrig lassen, ihn jedoch auf jeden Fall wertschätzend »im Boot behalten« und nicht etwa autoritär auftreten.

- **Gesprächsziel festlegen:** Überlegen Sie sich in der Vorbereitungszeit, wie ein guter Gesprächsverlauf und ein gutes Gesprächsergebnis aussehen könnte.

Denken Sie dabei immer an die übergeordnete Zielsetzung der Dienststelle, Ihrer Abteilung oder Ihres Aufgabenbereichs, an die Umsetzbarkeit in Ihrer Abteilung und an die besondere Situation Ihres Gegenübers (beispielsweise eines Bürgers, Kollegen oder Vorgesetzten).

Die meisten Rollenspiele sind so angelegt, dass Sie als Bewerberin oder Bewerber ganz schön ins Schwitzen kommen können. Zum einen weil Ihr Gegenüber es Ihnen nicht leicht machen wird, zum anderen weil die Rollen- und Situationsbeschreibungen komplex sein können und die vorgegebene Zeit im Rollenspiel nicht ausreicht, um ein abschließendes Ergebnis zu erzielen. Lassen Sie sich dadurch nicht aus der Ruhe bringen. Rollenspiele sind darauf ausgelegt, Sie mit einer Belastungssituation zu konfrontieren und Sie unter Stress zu setzen. Man will dabei prüfen, wie Sie sich in Stresssituationen verhalten. Wer in so einer Situation seinen Gesprächspartner überfährt und mit dominanten und autoritären Machtmitteln unter Druck setzt, punktet nicht. Achten Sie darauf, dass niemand als Verlierer aus dem Gespräch geht.

Vorbereitung

Überlegen Sie, wie viele eher unangenehme Gespräche Sie in Ihrem Leben bereits geführt haben.

- Welche Rolle hatten Sie in diesen Gesprächen?
- Welches Ziel haben Sie in diesen Gesprächen verfolgt?
- Wie sind die Gespräche abgelaufen?

Knüpfen Sie in Ihrer Vorbereitung auf ein Rollenspiel – so wie in der Vorbereitung auf alle Assessment-Center-Aufgaben – an Ihre Erfahrungen aus der Familie, der Schule und gegebenenfalls aus dem Berufsleben an. Denn in Assessment-Center-Aufgaben werden immer Situationen simuliert, wie sie im (Arbeits-)Alltag auftreten. Schließlich will man ja sehen, wie Sie sich tatsächlich verhalten, wenn es darauf ankommt. Üben Sie verschiedene Gesprächssituationen mit Ihren Freunden.

Postkorbaufgaben

Eine Postkorbaufgabe bearbeitet in der Regel jeder Bewerber allein. Die Aufgabe besteht klassischerweise darin, dass Sie als Mitarbeiterin/Mitarbeiter (oder als Chefin/Chef) eine große Anzahl von Arbeitsaufträgen durcharbeiten müssen, die sich während einer längeren Abwesenheit (zum Beispiel aufgrund einer Dienstreise oder eines Urlaubs) in Ihrem »Postfach« angesammelt haben. Die Postkorbaufgabe wird entweder als Papier-und-Bleistift-Test oder zunehmend häufiger auch am Computer durchgeführt. Die Herausforderung dabei ist der hohe Zeitdruck, unter dem Sie stehen, denn die Aufgabenstellung lautet, dass Sie kurz nach Ihrer Rückkehr an den Arbeitsplatz schon wieder weg müssen, um beispielsweise eine Weiterbildungsveranstaltung zu besuchen oder weil das Wochenende vor der Tür steht.
Deshalb bleibt Ihnen für die Sichtung der Arbeitsaufträge und Ihre Entscheidung darüber, in welcher Reihenfolge, das heißt, mit welcher Priorität Sie die Bearbeitung angehen würden, nicht viel Zeit.
Bei den Arbeitsaufträgen handelt es sich um alltägliche geschäftliche, familiäre und andere private Dinge. Schauen Sie sich einmal das folgende Beispiel für eine Postkorbaufgabe genauer an:

Situation:
Sie sind Sachbearbeiter(in) für Grundsatzangelegenheiten in der Lohn- und Gehaltsbuchhaltung, stellvertretende(r) Teamleiter(in) und fachliche Ansprechperson für die Lohn- und Gehaltsrechner(innen) in Ihrer Abteilung im Personalamt einer Stadtverwaltung. Es ist Freitag, der 1. Februar, 13.15 Uhr. Soeben kommen Sie von einem Arztbesuch ins Büro zurück. Um 16.00 Uhr findet eine wichtige Sitzung mit der Amtsleitung statt, auf der Sie kurzfristig und ungeplant Ihre Teamleiterin vertreten müssen. Die Sitzung dauert erfahrungsgemäß bis nach 19.00 Uhr, sodass Sie nach der Sitzung keine Zeit mehr haben werden, irgendwelche Aufgaben zu erledigen – denn Sie müssen dann schnell nach Hause, da um 20.00 Uhr bereits Gäste zu Ihnen kommen. Außerdem ist heute Ihr letzter Arbeitstag vor Ihrem dreiwöchigen Urlaub in Schweden, wo Sie nicht erreichbar sein werden. Auf Ihrem Schreibtisch liegen zehn noch unerledigte Aufgaben und Nachrichten, die Sie unbedingt noch bearbeiten müssen, bevor die Sitzung beginnt. Um 15.45 Uhr müssen Sie los, um pünktlich zur Sitzung mit dem Amtsleiter zu kommen, den Sie nur ungern warten lassen wollen.

Aufgabe:
Wie würden Sie bei der Erledigung der nachfolgenden zehn Aufgaben und Nachrichten vorgehen? Sie haben 30 Minuten zur Verfügung, um sich stichwortartig zu notieren, für welche Aufgabenreihenfolge Sie sich entscheiden und wie Sie bei der Bearbeitung der Aufgaben, Ereignisse und Probleme vorgehen würden. Vermerken Sie bei jedem Schritt auch, wie viel Zeit Sie für die Bearbeitung einplanen. Beachten Sie, dass es »die richtige Lösung« nicht gibt. Aber Sie können die verbleibende Zeitspanne zwischen 13.15 und 15.45 Uhr (2 Stunden und 30 Minuten) effektiver oder weniger effektiv nutzen. Wie würden Sie dabei vorgehen?

Postkorbarbeitsaufträge:
1) In Ihrem Büro sitzt eine Lohn- und Gehaltsrechnerin und fängt sofort an, stolz von der erfolgreichen Umsetzung einer neuen Handlungsanleitung zu schwärmen. Sie geht tief ins Detail und Sie merken, dass die Mitarbeiterin Anerkennung und Lob von Ihnen möchte.
2) In dem Augenblick klingelt das Telefon. Ihr Partner will jetzt mit Ihnen kurz absprechen, welchen Wein Sie auf dem Nachhauseweg für das Abendessen mit Freunden besorgen sollen.
3) Eine Kollegin klopft an der Türe und bittet Sie um Hilfestellung bei der Bearbeitung eines Abrechnungsfalls, bei dem sie nicht weiterkommt. Ohne Ihre Hilfe bleibt dieser Fall die nächsten drei Wochen liegen.
4) Da sehen Sie Ihren Anrufbeantworter blinken und hören ihn ab. Ihre Teamleiterin hat angerufen und eine Nachricht hinterlassen, dass Sie sie unbedingt noch vor der Sitzung kontaktieren sollen, da es wichtige Informationen gibt, die Sie noch nicht haben.
5) Die Sekretärin der Lohn- und Gehaltsbuchhaltung legt Ihnen einen Fall vor. Es dreht sich um die Lohnsteuerbescheinigung eines Amtsleiters. Hier ist wohl ein Abrechnungsfehler unterlaufen und es gibt dringenden Klärungsbedarf, auf jeden Fall noch vor Ihrem Urlaub.
6) Die Arzthelferin Ihres Hausarztes hat Ihnen ebenfalls auf Ihre Mobilbox gesprochen. Sie haben Ihr Rezept ver-

gessen und nun möchte sie wissen, ob sie es Ihnen zuschicken soll oder ob Sie noch einmal vorbeikommen, um das Rezept abzuholen. Es dreht sich um ein Medikament, das Sie auf jeden Fall für Ihre Schwedenreise benötigen.

7) In Ihrem E-Mail-Account finden Sie sechs E-Mails vor:
   - Eine E-Mail der Personalentwicklung: Sie werden aufgefordert, noch vor Ihrer Abreise die Fachseminare zu benennen, die Sie dieses Jahr besuchen müssen, um hinsichtlich der Neuerungen im Lohn- und Sozialversicherungsrecht auf dem Laufenden zu bleiben.
   - Zwei E-Mails von Lohn- und Gehaltsrechnerinnen: Diese haben jeweils eine fachliche Frage zum Thema »Lohnpfändung« bzw. zur »Steuerpflicht von Leistungen«.
   - Eine E-Mail Ihrer Teamleiterin: Diese E-Mail haben Sie bereits seit Montag in Ihrem Account, aber bislang noch keine Zeit gehabt, sie zu bearbeiten. Ihre Teamleiterin möchte noch eine Stellungnahme zur Arbeitsanleitung 4, die ab dem 1. Februar, also ab heute, greifen soll.
   - Eine E-Mail einer Kollegin aus einem anderen Amt, die fragt, ob Sie am Montag mit Ihr zum Mittagessen gehen wollen.
   - Eine weitere E-Mail Ihrer Teamleiterin, vor einer halben Stunde erst eingetroffen: Darin finden Sie die Agenda für die Amtsleitersitzung, zu der Sie um 16.00 Uhr als Vertretung Ihrer Teamleiterin gehen müssen. Außerdem hängt dieser E-Mail ein 10-seitiges Grundsatzpapier an, das Sie zwar rudimentär kennen, mit dem sie jedoch nicht im Detail vertraut sind.

8) Ein Stapel »Altakten« türmt sich auf Ihrem Schreibtisch, den Sie schon lange, auf jeden Fall aber vor Ihrem Urlaub ablegen wollten.

9) Es klopft wieder an der Türe und eine Kollegin möchte Ihnen alles Gute für Ihren Urlaub in Schweden wünschen und einen Plausch mit Ihnen halten.

10) Sie haben vergessen, Ihre Kollegin zu bitten, ob sie in Ihrer Abwesenheit Ihre Blumen im Büro gießen kann.

Postkorbaufgabe-Lösungsblatt

Arbeitsaufträge in der Reihenfolge der geplanten Bearbeitung	Vorgehensweise bei der Bearbeitung	Geschätzter Zeitaufwand	Bemerkung
1)			
2)			
3)			
...			
10)			

Solche und ähnliche Arbeitsaufträge müssen Sie sichten, bewerten und entscheiden, was Sie in welcher Reihenfolge wie abarbeiten. Allein die Anzahl der Papiere in Ihrem »Postkorb« durchzulesen, um zu erfassen, worum es eigentlich geht, kostet bereits einen großen Teil der Ihnen zur Verfügung gestellten Arbeitszeit. Die wesentliche Aufgabe besteht jedoch nicht darin, alles zu lesen, sondern zu entscheiden, wie Sie schnell und angemessen auf die Anforderungen, die Probleme und die Ereignisse reagieren.
Die Bearbeitung einer Postkorbaufgabe dauert in der Regel zwischen einer halben und zwei Stunden. In einem anschließenden Gespräch (Dauer: ca. 15 Minuten) werden Sie von den Vertreterinnen und Vertretern des Auswahlgremiums gebeten, Ihre Entscheidungen zu erklären und zu begründen. In dieser Feedbackrunde werden gegebenenfalls auch kritische Fragen gestellt, um zu prüfen, wie Sie mit Kritik umgehen.

Bewertungskriterien

Bei einer Postkorbaufgabe werden besonders Ihre Planungs- und Organisationsfähigkeiten, Ihre Entscheidungskraft, Prioritäten zu setzen, und die Fähigkeit, die Konsequenzen Ihrer Entscheidungen abzuschätzen, geprüft. Da die Aufgabenbearbeitung unter hohem Zeitdruck stattfindet, können die Beobachterinnen und Beobachter zudem auch auf Ihre Belastbarkeit und Ihre Fähigkeit, mit Stress umzugehen, schließen.
Bei Postkorbaufgaben gibt es in der Regel keine allgemeingültige, richtige Musterlösung. Es kommt vielmehr darauf an, dass Sie in der anschließenden Feedbackrunde über Ihre Entscheidungen und Ihre Entscheidungsstrategie gut begründen, weshalb Sie sich für eine bestimmte Vorgehensweise und Aufgabenverteilung entschieden haben. Bewertet wird Ihre Entscheidungsstärke,

- welche der Arbeitsaufträge Sie sofort bearbeiten müssen, weil sie keinen Aufschub dulden (das sind wichtige und dringende Aufgaben),
- welche Aufgaben Sie delegieren können (das sind dringende, aber oftmals weniger wichtige Aufgaben) und
- welche Dinge Sie noch liegen lassen können (das sind weder wichtige noch dringende Aufgaben).

Zeigen Sie sich entscheidungsfreudig und entschlossen – auch wenn Sie nicht die Zeit hatten, alles gründlich zu durchdenken. Die Vertreterinnen und Vertreter des Auswahlgremiums wollen sehen, ob Sie Wichtiges von Unwichtigem unterscheiden können, ob Sie delegieren und Erfolgskontrollen einplanen und wie systematisch Sie arbeiten können. Beachten Sie zudem die einzelnen Bewertungskriterien zu Beginn dieses Kapitels.

So punkten Sie bei der Postkorbübung

Bei der Bearbeitung eines Postkorbs gelten immer die folgenden Regeln:

- geschäftlich vor privat
- wichtig vor unwichtig
- wenn dringend, dann schauen, ob auch wichtig
- Unwichtiges zum Schluss oder gar nicht

Verschaffen Sie sich zunächst einen Überblick über alle Informationen, die Ihnen vorgelegt werden. Dazu können Sie die folgenden Fragen nutzen:

- Wie viele einzelne Arbeitsaufträge befinden sich in Ihrem Postkorb – sind das 10, 15 oder 20?

- Wie viel Zeit steht Ihnen zur Verfügung?
- Können Sie einen Zeitplan erstellen?
- Lassen sich einzelne Vorgänge zusammenfassen?
- Welche Interessenlagen gibt es?

Versuchen Sie, die einzelnen Vorgänge und Ereignisse zu sortieren und zu ordnen. Nutzen Sie dazu beispielsweise diese Fragen:
- Welche Vorgänge sind wirklich wichtig – und warum?
- Welche Vorgänge können Sie zurückstellen – und warum?
- Welche Termine müssen unbedingt eingehalten werden – und was geschieht, wenn ein Termin verpasst wird?
- Welche Aufgaben müssen Sie selbst bearbeiten – welche nicht?

Entscheiden Sie dann, welche Ereignisse warten können und welche sofort bearbeitet werden müssen sowie welche Vorgänge Sie selbst bearbeiten müssen und was sich an andere Personen delegieren lässt. Vergessen Sie nicht einzuplanen, dass Sie die Effizienz und den Erfolg delegierter Vorgänge im realen Leben später auch überprüfen müssten.

Prüfen Sie abschließend Ihre Entscheidungen noch einmal kritisch: Könnte bei den Beobachterinnen und Beobachtern der Eindruck entstehen, dass Sie entscheidungsunsicher sind, weil Sie die meisten Vorgänge aufgeschoben haben? Oder dass Sie sich vor Aufgaben drücken, da Sie fast alle Aufgaben delegiert haben?
Hinterfragen Sie alle Ihre Entscheidungen noch einmal:
- Welche Konsequenzen ziehen Ihre Entscheidungen nach sich?
- Entstehen dadurch möglicherweise Probleme und haben Sie Lösungen oder Alternativen?
- Können Sie Ihre Entscheidungen erläutern und begründen?
- Werden die Vertreterinnen und Vertreter des Auswahlgremiums Ihre Beweggründe und Argumente verstehen?

Notieren Sie sich während der Bearbeitung der Postkorbübung einige Stichworte zu den Beweggründen für Ihre Entscheidungen (die Rubrik »Vorgehensweise bei der Bearbeitung« auf dem Lösungsblatt). Damit sind Sie für das anschließende Gespräch gut vorbereitet. Während der Bearbeitung der Postkorbübung sollten Sie konzentriert und möglichst ruhig und gelassen wirken. Denn wie bei jeder AC-Aufgabe wird auch beim Postkorb Ihre Körpersprache aufmerksam erfasst. Bewerberinnen und Bewerber, die sich sehr angestrengt und aufgeregt zeigen, werden schnell als wenig belastbar und unsicher wahrgenommen. Achten Sie unbedingt auf die Zeitvorgabe.

Vorbereitung
Eine Postkorbübung stellt, wie jede AC-Aufgabe, die Simulation einer Situation dar, wie sie im (Arbeits-)Alltag vorkommt. Gleichgültig, ob in der Schule, bei der Arbeit oder in der Familie, täglich haben Sie verschiedene Aufgaben zu erledigen, die mehr oder weniger wichtig und dringend sind und für deren Bearbeitung Sie Prioritäten setzen und einen Plan erstellen müssen. In einem Auswahlverfahren wird genau diese Alltagssituation – allerdings unter hohem Zeitdruck – simuliert. Zur Vorbereitung auf eine Postkorbaufgabe können Sie sich überlegen,

- wie Sie generell Wichtiges von Unwichtigem und Dringendes von weniger Dringendem unterscheiden,
- wie Sie mit wichtigen bzw. dringenden Aufgaben umgehen und
- wie Sie Ihren eigenen Arbeitsstil beschreiben würden.

Feedbackrunden

Besonders wichtig sind die Feedbackrunden nach einer Präsentation, einer Gruppendiskussion, einem Rollenspiel oder einer Postkorbaufgabe. Auch dabei handelt es sich um einen Test. Meist wird gleich im Anschluss an die jeweilige AC-Aufgabe in einem kürzeren Gespräch mit Bewerberinnen und Bewerbern über das gezeigte Verhalten gesprochen. Das Ziel dabei ist es, Ihre Selbsteinschätzungsfähigkeit und Ihre Kritikfähigkeit zu prüfen. Die Vertreterinnen und Vertreter des Auswahlgremiums haben während ihrer Beobachtungen umfangreiche Eindrücke zu den verschiedenen Bewertungskriterien gesammelt und notiert, und nun wird abgeglichen, wie Sie sich selbst einschätzen und wie Sie mit kritischen Rückmeldungen umgehen.
Typische Fragen dazu sind beispielsweise:

- Wie gut sind Sie bei Ihrer Präsentation Ihrer Meinung nach auf die Bedürfnisse der Zuhörer eingegangen?
- Welche Rolle haben Sie Ihrer Meinung nach in der Gruppendiskussion eingenommen?
- Wie gut sind Sie Ihrer Meinung nach im Rollenspiel mit den Einwänden der Bürgerin umgegangen?
- Aus welchem Grund haben Sie die Bearbeitungsreihenfolge in der Postkorbaufgabe gewählt?

Typische Aussagen wären:

- Wir haben beobachtet, dass Sie bei der Selbstpräsentation sehr nervös waren. Was sagen Sie dazu?
- Ihr Rollenspielpartner hat uns zurückgemeldet, dass er Sie als Führungskraft autoritär erlebt hat. Was sagen Sie dazu?
- Die von Ihnen gewählte Reihenfolge in der Bearbeitung der Postkorbaufgabe halten wir für wenig zielführend. Was sagen Sie dazu?

Sie punkten in einer Feedbackrunde durch Ehrlichkeit und Glaubwürdigkeit. Versuchen Sie, weder eine offensichtlich schlechte Leistung schönzureden noch eine gute Leistung schlechtzumachen.
Manchmal werden Sie auch danach gefragt, wie Sie die anderen Teilnehmerinnen und Teilnehmer (besonders bei der Gruppendiskussion) wahrgenommen haben und wer Ihnen besonders positiv bzw. negativ aufgefallen ist. Hier geht es darum, Kritik zu äußern:

- Wie haben Sie Ihren Mitbewerber, Herrn ..., in der Gruppendiskussion erlebt?
- Was hat Ihre Mitbewerberin, Frau ..., Ihrer Meinung nach im Rollenspiel besonders gut und was weniger gut gemacht?

Loben Sie dabei andere nicht in den Himmel, hacken Sie aber auch nicht unnötig auf ihnen herum, sondern versuchen Sie, in sachlicher Form mitzuteilen, wie Sie Ihre Mitbewerberinnen und Mitbewerber wahrgenommen haben.
Wenn Beobachterinnen und Beobachter Sie mit kritischen Aussagen oder Fragen zu Ihrem eigenen Verhalten konfrontieren, ist es wichtig, dass Sie die Verantwortung

dafür übernehmen, das heißt, Sie sollten sich nicht rechtfertigen oder eine zu enge Zeitvorgabe oder eine zu komplexe Themenstellung dafür verantwortlich machen. Die Beobachterinnen und Beobachter wissen selbst, wie viel Zeit zur Verfügung stand. Außerdem wirken Entschuldigungen und Ausreden wenig überzeugend. Man könnte daraus schließen, dass Sie gestresst und überfordert sind.
Manchmal findet die Überprüfung Ihrer Selbsteinschätzungs- und Kritikfähigkeit auch erst im Vorstellungsgespräch am Ende eines Einstellungsverfahrens statt. Dann heißt es, sich gut zu konzentrieren und noch einmal Revue passieren zu lassen, wie Sie sich in der jeweiligen AC-Aufgabe verhalten haben und wie Sie sich selbst einschätzen.
Zeigen Sie sich hier ehrlich. Denn nur wer sich selbst ehrlich einschätzt, wirkt glaubwürdig, und Glaubwürdigkeit ist die Grundvoraussetzung für eine gute Arbeitsbeziehung.

Beachten Sie bei Assessment-Center-Aufgaben generell die folgenden Tipps und Taktiken. Damit werden Sie punkten.

Tipps und Taktiken für Assessment-Center-Aufgaben

Auf den vorangegangenen Seiten haben Sie bereits zahlreiche Tipps und Taktiken zur Vorbereitung auf und Bearbeitung von Assessment-Center-Aufgaben erhalten. Die sechs wichtigsten Tipps und Taktiken finden Sie hier noch einmal zusammengefasst:

1) **Versuchen Sie immer, die andere Seite zu verstehen.** Das heißt, überlegen Sie sich genau,
   - bei welcher Behörde Sie sich für welche Ausbildungs- bzw. Arbeitsstelle bewerben,
   - welche Aufgaben Sie dort zu erledigen haben und
   - welche Fähigkeiten, Eigenschaften und Verhaltensweisen man dort erwartet.
2) **Werden Sie sich über sich selbst bewusst.** Das heißt, überlegen Sie im Vorfeld eines Einstellungsverfahrens gründlich
   - welche Qualifikationen, Fähigkeiten und Kenntnisse,
   - welche Eigenschaften und welche Interessen Sie haben

   und welche davon für Ihren potenziellen Arbeitgeber (bzw. Ausbilder) wichtig sind.
3) **Üben Sie die verschiedenen Assessment-Center-Aufgaben zu Hause.** »Übung macht den Meister.« Je mehr Erfahrung Sie im Vorfeld mit den spezifischen AC-Aufgaben, die auf Sie zukommen können, sammeln, desto gelassener werden Sie die Aufgaben im Ernstfall meistern.
4) **Hören Sie stets aufmerksam zu.** Zeigen Sie sich gegenüber den Vertreterinnen und Vertretern des Auswahlkomitees konzentriert und zugewandt, freundlich und offen. Halten Sie Blickkontakt, während Ihnen etwas erklärt wird. Scheuen Sie sich nicht nachzufragen, wenn Sie etwas noch nicht verstanden haben.
5) **Zeigen Sie, was Sie können.** Das heißt, überlegen Sie immer, welche ähnlichen Aufgaben wie die, die Ihnen im Einstellungsverfahren gestellt werden, Sie bereits im Schul-, Uni- oder Berufsleben bearbeitet haben, wie Sie das gemacht haben und was funktioniert hat – und dann zeigen Sie genau das.

6) **Glaubwürdigkeit steht an erster Stelle.** Das heißt, versuchen Sie nicht, sich während der einzelnen AC-Aufgaben zu verstellen, und bleiben Sie in den Feedbackrunden ehrlich.

Vorstellungsgespräch

Ein Vorstellungsgespräch im Rahmen eines größeren Einstellungsverfahrens dauert selten länger als 60 bis 90 Minuten. Es handelt sich dabei um einen mündlichen »Test«, bei dem es noch einmal um Ihr persönliches Auftreten, um Ihre Ausdrucksfähigkeit und um Ihre Glaubwürdigkeit geht. Hier ist es wichtig, Ihre Gesprächspartner davon zu überzeugen,

- dass Sie motiviert sind,
- dass Sie über die notwendigen Kompetenzen für eine Ausbildung bzw. eine Arbeit im öffentlichen Dienst verfügen und
- dass Sie persönlich, mit Ihren Eigenschaften und Ihrem Verhalten, zu einem besonderen Arbeitgeber wie dem öffentlichen Dienst passen.

Wenn Sie in einem Einstellungsverfahren so weit gekommen sind, stehen Sie kurz vor dem Ziel: einem Ausbildungs- bzw. Arbeitsvertrag bei Ihrem Wunscharbeitgeber. Bereiten Sie sich auf ein solches Einzelgespräch vor, indem Sie bereits zu Hause überlegen, welche Antworten Sie auf die verschiedenen Fragen geben können und wollen. Dabei geht es nicht darum, Antworten auswendig zu lernen, sondern darum zu wissen, was auf Sie zukommen kann – und dadurch im Ernstfall präzise Antworten geben zu können. Durch eine gute Vorbereitung fühlen Sie sich auf jeden Fall sicherer.

Der Ablauf eines Vorstellungsgesprächs

Der klassische Ablauf eines Vorstellungsgesprächs folgt fünf Phasen:

1) Aufwärmphase
2) Gesprächspartner stellen sich vor
3) Fragen an den Bewerber
4) Fragen des Bewerbers
5) Verabschiedung und weiterer Ablauf

In der Aufwärmphase versuchen Ihre Gesprächspartner zunächst einmal, eine gute Gesprächsatmosphäre herzustellen, indem sie Sie fragen, ob Sie gut hergefunden haben, Ihnen ein Glas Wasser anbieten und ggf. ein wenig Small Talk machen. Beachten Sie, dass Sie dabei auf keinen Fall über Schwierigkeiten bei der Anfahrt oder über andere schwierige Themen sprechen sollten. Es geht dabei lediglich um einen lockeren Austausch einiger Sätze, um miteinander »warm zu werden«, um Anspannung abzubauen und eine gute Gesprächsatmosphäre zu schaffen.

Danach stellen sich Ihre Gesprächspartner in der Regel erst einmal selbst kurz vor, sagen etwas zu ihrer Position und warum sie beim Gespräch dabei sind. Außerdem erläutern sie den Ablauf des weiteren Gesprächs.

Dann folgt der Hauptteil: die Fragen an Sie. Da der öffentliche Dienst verpflichtet ist, Einstellungsverfahren transparent und gerecht zu gestalten, werden Vorstellungsgespräche erfahrungsgemäß entlang eines (halb-)strukturierten Fragenkatalogs durchgeführt. Damit will man sichergehen, dass allen Bewerberinnen und Bewerbern die gleichen Fragen

- zu ihrem beruflichem Werdegang,
- zu Motivation,

- zu ihrer Persönlichkeit,
- zu Fähigkeiten und Kenntnissen sowie
- zu ihren beruflichen Zukunftsvorstellungen gestellt werden.

In der vierten Phase haben Sie die Möglichkeit, eigene Fragen zu stellen. Bereiten Sie auf jeden Fall einige Fragen vor. Zwischen drei und fünf Fragen können Sie erfahrungsgemäß unproblematisch stellen. Damit zeigen Sie echtes Interesse an einer Ausbildung, einer Anstellung oder an einer Beamtenlaufbahn bzw. einer Beamtenposition im öffentlichen Dienst und signalisieren Ihre Motivation.
Bei der Verabschiedung können Sie noch einmal damit punkten, dass Sie einen verbindlichen Abschluss schaffen. Fragen Sie nach dem weiteren Ablauf des Stellenbesetzungsverfahrens bis zur Entscheidung. Beachten Sie ebenfalls, dass Sie allen Vertretern des Auswahlgremiums bei der Verabschiedung die Hand reichen und in die Augen schauen. Dadurch erreichen Sie eine größere Verbindlichkeit.

Die wichtigsten Fragen im Vorstellungsgespräch

In einem Vorstellungsgespräch überzeugen Sie durch die präzise Beantwortung der Fragen, die Ihnen gestellt werden. Lassen Sie sich dabei nicht von harmlos klingenden Fragen täuschen. Ohne Übung ist es nicht einfach, im Ernstfall eine gute Antwort parat zu haben: Wer nicht genau weiß, was er auf bestimmte Fragen antworten will, redet oft »um den heißen Brei herum«, statt auf den Punkt zu kommen. Spielen Sie deshalb die folgenden Fragen einmal mit einer Freundin oder einem Freund durch. Was möchten Sie darauf antworten?

Die gängigsten Fragen

1) Stellen Sie sich einmal vor / Erzählen Sie uns etwas über sich.
2) Warum wollen Sie im öffentlichen Dienst arbeiten?
3) Warum streben Sie eine Laufbahn zur Beamtin / zum Beamten im öffentlichen Dienst an?
4) Was sagen Ihre Eltern (Geschwister, Freunde) zu Ihren beruflichen Plänen?
5) Seit wann interessieren Sie sich für den öffentlichen Dienst?
6) Was wissen Sie bereits über die Ausbildung (die Arbeit) in der Verwaltung?
7) Welche Vorteile (Nachteile) sehen Sie beim öffentlichen Dienst als Arbeitgeber?
8) Welche praktischen Erfahrungen bringen Sie bereits für die angestrebte Stelle mit?
9) Was können Sie besonders gut (weniger gut)?
10) Wie kommen Sie aktuell mit Ihren Kollegen (Ihrem Chef) aus?
11) Welche persönlichen Stärken haben Sie?
12) Welche Eigenschaften zeichnen Sie besonders aus?
13) Welche Schwächen haben Sie?
14) Wann kommen Sie an Ihre Grenzen?
15) Wodurch geraten Sie in Stress?
16) Wie gehen Sie mit Belastungen und Stress um?
17) Was ist für Sie fair?
18) Wie möchten Sie als Führungskraft von Ihren Mitarbeiterinnen und Mitarbeitern wahrgenommen werden?
19) Welche Prioritäten setzen Sie bei der Führung von Mitarbeitern?
20) Wie delegieren Sie Aufgaben?
21) Was ist für Sie ein schwieriges Mitarbeitergespräch?

22) Welche zwischenmenschlichen Qualitäten sind Ihnen besonders wichtig?
23) Wie gehen Sie damit um, wenn Sie von Ihren Mitarbeitern / Ihrem Chef kritisiert werden?
24) Welches Chefverhalten ist für Sie nicht akzeptabel?
25) In welchen Bereichen wollen Sie noch dazulernen?
26) Welche beruflichen Ziele haben Sie sich für die nächsten fünf (zehn) Jahre gesetzt?
27) Was machen Sie in Ihrer Freizeit?
28) Sind Sie ehrenamtlich aktiv? Wenn ja, wo und warum gerade da?
29) Überzeugen Sie uns abschließend in wenigen Sätzen davon, dass Sie der richtige Kandidat / die richtige Kandidatin für die Stelle sind.
30) Welche Fragen haben Sie noch an uns?

Bereiten Sie unbedingt drei bis fünf eigene Fragen vor, die Sie Ihrem Gegenüber im Verlauf des Vorstellungsgesprächs oder auf Nachfrage der anderen Seite zum Ende des Gesprächs stellen können. Zum Beispiel:

- Wie viele Auszubildende arbeiten in der Behörde?
- In welchen Abteilungen findet die Ausbildung statt?
- Wie findet die Einarbeitung statt?
- Worauf kommt es Ihnen bei Ihrem neuen Mitarbeiter besonders an?

Mit solchen Fragen signalisieren Sie, dass Sie sich vorbereitet haben und dass Sie wirklich interessiert und motiviert sind.

Stressinterviews

In Einstellungsverfahren des öffentlichen Dienstes werden in der Regel keine ausgesprochenen Stressinterviews geführt. Allerdings erleben die meisten Bewerberinnen und Bewerber das gesamte Einstellungsverfahren als solches – gleichgültig, wie umfangreich es ist – mit einem Auswahlgremium von drei bis sechs Personen und ggf. auch einer Präsentation vor dem gesamten Gemeinderat (bei manchen Auswahlverfahren für Stellen im höheren Dienst) als nicht wenig stressig.
Sollten Sie dennoch in ein »Stressinterview« geraten, will man Sie damit noch einmal unter Druck setzen, Stress erzeugen und prüfen, wie Sie darauf reagieren und wie Sie damit umgehen. Der wichtigste Tipp lautet: Bleiben Sie ruhig und lassen Sie sich nicht provozieren. Denn bei einem Stressinterview geht es weniger um die einzelnen Fragen und Ihre Antworten darauf als vielmehr darum, ob man es schafft, Sie aus der Fassung zu bringen.
Klassische »Stressfragen« lauten zum Beispiel:

- Was kann Sie so richtig aus der Fassung bringen (ärgerlich machen)?
- Wovor haben Sie Angst?
- Was war bislang Ihr größter Misserfolg?
- Was ist für Sie Erfolg (Scheitern, Leistung, Freundschaft, Gehorsam)?
- Welche Menschen lehnen Sie ab und warum?
- Was ist das Schlimmste, was passieren kann, wenn wir Sie einstellen?
- Was machen Sie, wenn wir Sie nicht einstellen?

Lassen Sie sich durch solche »Stressfragen« nicht in die Ecke drängen. Kritische Fragen sind kein Grund, emotional zu werden. Überlegen Sie, bevor Sie antworten. Nehmen Sie sich Zeit und fragen Sie gegebenenfalls nach, wenn Sie eine Frage oder den Sinn einer Frage nicht verstehen.

Unzulässige Fragen

Unzulässige Fragen sollten Ihnen in einem Einstellungsverfahren des öffentlichen Dienstes eigentlich nicht begegnen. Denn der öffentliche Dienst – so wie per Grundgesetz eigentlich jeder Arbeitgeber – ist dazu verpflichtet, die Persönlichkeitsrechte von Bewerberinnen und Bewerbern zu wahren. Damit Sie jedoch einschätzen können, bei welchen Fragen es sich um unzulässige Fragen handelt, geben wir Ihnen hier einen kurzen Überblick. Unzulässig sind:

- Fragen nach Ihrer politischen Meinung, der Zugehörigkeit zu einer politischen Partei oder Gewerkschaft
- Fragen nach einer Schwangerschaft und der Familienplanung
- Fragen nach Ihrer Krankengeschichte (Wenn Sie sich für eine Beamtenlaufbahn bzw. eine Position, die zur Verbeamtung geeignet ist, beworben haben, müssen Sie sich ohnehin einer gründlichen medizinischen Untersuchung unterziehen.)
- generell alle Fragen, die mit dem zu besetzenden Ausbildungs- oder Arbeitsplatz nicht in direktem Zusammenhang stehen

Solche Fragen würden eine Verletzung Ihrer Privatsphäre darstellen und deshalb könnten Sie als Bewerber von Ihrem Recht auf Notlüge Gebrauch machen: Sie müssten also nicht wahrheitsgemäß antworten. Unser Tipp: Wenn Sie auf eine unzulässige Frage nicht ehrlich antworten wollen – weil Sie davon ausgehen müssen, dass von einer bestimmten Antwort die Vergabe des Ausbildungs- oder Arbeitsplatzes abhängen kann –, sollten Sie eine möglichst kurze nicht wahrheitsgemäße Antwort geben. Den potenziellen Arbeitgeber darauf hinzuweisen, dass er doch sicherlich wisse, dass er solche Fragen nicht stellen darf, macht ihn nur neugierig und führt in der Regel zur Ablehnung.

Selbsteinschätzungsfragen und Fragen zum Einstellungsverfahren

In der Regel rundet ein Vorstellungsgespräch das gesamte Einstellungsverfahren ab. Die Vertreterinnen und Vertreter des Auswahlgremiums stellen Ihnen darin deshalb oft auch einige Fragen zum gesamten Verfahren, das Sie durchlaufen haben:

- Wie haben Sie das Einstellungsverfahren mit den unterschiedlichen Tests, Fragebogen und Aufgabensituationen erlebt?
- Wie zufrieden sind Sie mit Ihren Leistungen?
- Wo sehen Sie Ihre besonderen Stärken?
- Wie beurteilen Sie Ihre Mitbewerber?
- Was war gut, was war weniger gut?
- Was sollten wir Ihrer Meinung nach ändern?

Manchmal erhalten Sie auch schon eine erste Rückmeldung, wie Sie von den Vertreterinnen und Vertretern des Auswahlgremiums eingeschätzt werden. Diese Rückmeldung kann manchmal kritisch ausfallen. Bleiben Sie dann auf jeden Fall ruhig und fragen Sie nach, wie die Einschätzung zustande kommt. Vielleicht handelt es sich dabei nur um einen letzten mündlichen »Test«, um herauszufinden, wie Sie mit Kritik umgehen. Beachten Sie in einem Vorstellungsgespräch generell die folgenden Verhaltenstipps:

Tipps und Taktiken für das Vorstellungsgespräch

In einem Vorstellungsgespräch punkten Sie nicht nur durch das, was Sie auf die Fragen, die Ihnen gestellt werden, antworten (Worte), sondern auch durch die Art und Weise, wie Sie darauf antworten (ohne Worte). Wenn Sie die folgenden sieben Verhaltenstipps beachten, werden Sie verbal und auch nonverbal punkten:

1) **Zuhören:** Hören Sie aufmerksam und konzentriert zu und lassen Sie Ihren Gesprächspartner immer ausreden.
2) **Blickkontakt:** Halten Sie angemessenen Blickkontakt mit allen Interviewpartnern (nicht zu viel = »starren« und nicht zu wenig = »ausweichen«) und lächeln Sie ab und an. Denken Sie daran: Ein Lächeln ist die kürzeste Verbindung zwischen zwei Menschen.
3) **Auftreten:** Reden Sie nicht zu viel, bleiben Sie ruhig, sachlich und gelassen und verhalten Sie sich lieber etwas zurückhaltender als zu forsch.
4) **Antwortstrategie:** Um die Fragen, die Ihnen gestellt werden präzise zu beantworten, können Sie die »3-B-Methode« anwenden: **B**ehaupten – **B**egründen – **B**eispiel. Das, was Sie sagen (Behauptung), sollten Sie immer mit einem Beispiel begründen.

Denken Sie auch an die wichtigsten Regeln der Körpersprache. Sie entscheidet schnell darüber, wie sympathisch Sie auf Ihr Gegenüber wirken.

5) **Körperhaltung:** Achten Sie auf Ihre Körperhaltung (aufrecht) und auf Ihre Bewegungen (dynamisch), dadurch wirken Sie interessiert und motiviert.
6) **Gestik und Mimik:** Betonen Sie das, was Sie sagen durch Ihrer Gestik und Mimik. Achten Sie jedoch darauf, nicht zu viel zu gestikulieren oder gar Grimassen zu ziehen.
7) **Sprachlicher Ausdruck:** Sprechen Sie weder zu schnell noch zu langsam, weder zu laut noch zu leise. Achten Sie auf eine verständliche Aussprache.

Sie sollten sich in einem Vorstellungsgespräch – so wie im gesamten Einstellungsverfahren – nicht verstellen. Verhalten Sie sich so, wie Sie wirklich sind, denn nur dann werden Sie glaubwürdig auf die Vertreterinnen und Vertreter Ihres möglichen neuen Arbeitgebers wirken. Und Glaubwürdigkeit ist die Grundvoraussetzung für eine gute Arbeitsbeziehung. Das Schlimmste, was Ihnen passieren kann, wenn Sie sich verstellen, ist, dass Sie einen Ausbildungs- bzw. Arbeitsplatz im öffentlichen Dienst bekommen, zu dem Sie gar nicht passen – und dann müssten Sie sich jeden Tag verstellen.

Das Ergebnis und damit die Entscheidung, ob Sie den Ausbildungs- bzw. Arbeitsplatz im öffentlichen Dienst bekommen, wird Ihnen erfahrungsgemäß erst in den Tagen nach dem Einstellungsverfahren mitgeteilt. Bekommen Sie bereits beim ersten Mal den Zuschlag – dann herzlichen Glückwunsch! Sollte es trotz aller Vorbereitung beim ersten Mal nicht klappen, dann heißt das noch lange nicht, dass Sie für eine Laufbahn oder eine Stelle im öffentlichen Dienst nicht geeignet sind. Ihre intensive Vorbereitung und Ihre Teilnahme am Einstellungsverfahren waren nicht umsonst. So ein umfangreiches Einstellungsverfahren zu durchlaufen ist eine wertvolle Erfahrung. Zum einen konnten Sie einiges über sich selbst lernen. Zum anderen gehen Sie mit Sicherheit gelassener in Ihr nächstes Auswahlverfahren, da Sie nun wissen, was auf Sie zukommen wird. Glauben Sie an sich und an Ihr Ziel und bleiben Sie dran. Manchmal muss man hartnäckig sein und kämpfen, um sein berufliches Traumziel zu erreichen. Wir wünschen Ihnen viel Erfolg dabei!